南开大学年鉴

（2012）

南开大学办公室　编

南开大学出版社
天　津

图书在版编目(CIP)数据

南开大学年鉴. 2012 / 南开大学办公室编. —天津：南开大学出版社，2014.2

ISBN 978-7-310-04418-4

Ⅰ.①南… Ⅱ.①南… Ⅲ.①南开大学－2012－年鉴 Ⅳ.①G649.282.1－54

中国版本图书馆 CIP 数据核字(2014)第 017702 号

南开大学出版社出版发行

出版人:孙克强

地址:天津市南开区卫津路 94 号 邮政编码:300071

营销部电话:(022)23508339 23500755

营销部传真:(022)23508542 邮购部电话:(022)23502200

*

天津市蓟县宏图印务有限公司印刷

全国各地新华书店经销

*

2014 年 2 月第 1 版 2014 年 2 月第 1 次印刷

285×205 毫米 16 开本 37.5 印张 13 插页 908 千字

定价:110.00 元

如遇图书印装质量问题,请与本社营销部联系调换,电话:(022)23507125

12月16日，我校获评“孔子学院先进中方合作院校”。中共中央政治局委员、国务委员、孔子学院总部理事会主席刘延东为我校颁奖。

9月19日，全国政协副主席、九三学社中央副主席王志珍来校看望杨敬年教授。

9月15日，由我校、南京大学、国家统计局统计科学研究所共同组建的“中国特色社会主义经济协同创新中心”培育启动仪式在京举行。国家统计局局长马建堂、教育部副部长李卫红等出席。

3月2日，教育部党组成员、副部长鲁昕在津召开南开大学、天津大学新校区发展规划现场论证会。

2月28日，教育部党组成员、中纪委驻部纪检组组长王立英来校作加强高校党风廉政建设专题报告。

6月29日，召开哲学社会科学繁荣计划推动工作会议。教育部副部长李卫红等出席。

5月29日，由我校与天津大学联合组建的“天津化学化工协同创新中心”举行揭牌仪式。教育部副部长杜占元，天津市副市长张俊芳，中国科学院副院长李静海，中国工程院副院长谢克昌，全国人大常委会委员、全国人大教科文卫委员会副主任程津培等出席。

1月15日，举行科学发展评价指标体系暨科学发展指数研讨会。教育部党组成员顾海良等出席。

6月1日，举行教育部首批区域和国别研究培育基地南开大学日本研究中心启动仪式。全国政协外事委员会副主任、外交部原副部长武大伟等出席。

10月5日，举行哲学系（院）重建50周年庆祝大会。会前，举行李瑞环同志题词揭幕仪式。天津市政协主席、我校兼职教授邢元敏等出席。

1月18日，举行加强和创新社会管理工作座谈会暨南开大学社会建设与管理研究院揭牌仪式。天津市委常委、市委政法委书记散襄军等出席。

4月26日，举行新校区核心区项目委托建设签约仪式。天津市委常委、市委教育工委书记苟利军等出席。

6月14日，天津市委常委、市委教育工委书记朱丽萍来校调研。

4月26-27日，召开人才与师资队伍建设工作会议。

6月29日，召开先进党组织优秀共产党员表彰暨创先争优活动总结大会。

7月9日，举行“荣誉教授”授予仪式暨“特别贡献奖”颁奖大会。

9月14日，召开新一届学术委员会第一次会议。

10月6日，召开1977、1978级本科生，1978、1979级硕士生毕业30周年纪念大会。

10月17–18日，召开科研工作会议。

11月8–14日，中国共产党第十八次全国代表大会隆重召开。我校党委书记薛进文作为十八大代表出席大会，校长龚克列席大会并当选为第十八届中央委员会候补委员。

12月29日，召开新一届校务委员会第一次会议。

6月5-8日，党委书记薛进文率团访问英国。

9月3–4日，党委书记薛进文访问法国。

3月14–16日，校长龚克访问英国。

5月6–11日，校长龚克率团访问美国，并看望我校校友和学生代表。

9月21日，世界贸易组织首席经济学家帕特里克·罗（Patrick Low）一行来访。

2月10日，台湾大学校长李嗣涔一行来访。

2月13日，举行南开—博洛尼亚大学签约暨博加明客座教授致聘仪式。

5月11日，日本前首相福田康夫受聘为我校客座教授。

11月29日，授予台湾海峡两岸经贸文化交流协会荣誉会长江丙坤先生名誉博士学位。

12月22日，举行故宫学与明清宫廷研究中心揭牌暨单霁翔等兼职教授致聘仪式。文化部党组成员、故宫博物院院长单霁翔，原文化部副部长、故宫博物院前院长、我校兼职教授郑欣淼等出席。

6月13日，举行学生话剧《红旗谱》天津高校巡演活动启动仪式暨首场演出。天津市人大常委会主任肖怀远发来贺信。市委常委、市委政法委书记散襄军，市委常委、市委秘书长段春华，市委常委、市委教育工委书记朱丽萍等出席。

编辑说明

《南开大学年鉴(2012)》是南开大学编写的第11本年鉴,是反映南开大学2012年基本情况和改革发展的史料性文献资料。

全书分18部分,包括2012年基本数据、特载、学术人物、机构与负责人、学科建设、教育教学、科学研究、教学科研服务及相关机构、行政管理工作、基建与后勤保障、校办产业、党建与思想政治工作、群众工作、院系所情况、附属单位、表彰与奖励、2012年毕业生名单、2012年大事记以及附录2012年新闻媒体报道南开大学主要消息索引。

本书所收录的资料主要由各相关单位提供。

本书由南开大学办公室组织编写。

在编写过程中,得到了各有关单位的大力支持,在此谨表衷心感谢。

编　者

2013年7月

目　　录

2012 年基本数据

特　　载

学术人物

机构与负责人

学科建设

教育教学

科学研究

教学科研服务及相关机构

行政管理工作

基建与后勤保障

校办产业

党建与思想政治工作

群众工作

院所情况

附属单位

表彰与奖励

2012 年毕业生名单

2012 年大事记

附　　录

2012年基本数据

2012 年基本数据

学生

全日制在校生 23925 人，其中本科生 12749 人，博士研究生 3212 人，硕士研究生 7964 人；另有留学生 1960 人，远程教育学生 33966 人，成人教育学生 5779 人。

教职工

教职工总数 3914 人，其中专任教师 2041 人；专任教师中教授 714 人，副教授 792 人，博士学位 1596 人。研究生指导教师 1178 人，其中博士生导师 632 人，硕士生导师 546 人。

学科

博士点 172 个，硕士点 231 个，本科专业 76 个，专业学院 21 个。博士学位授权一级学科 29 个：哲学、理论经济学、应用经济学、法学、政治学、社会学、马克思主义理论、中国语言文学、外国语言文学、考古学、中国史、世界史、数学、物理学、化学、生物学、生态学、统计学、光学工程、材料科学与工程、电子科学与技术、控制科学与工程、计算机科学与技术、环境科学与工程、软件工程、临床医学、管理科学与工程、工商管理、公共管理。博士后科研流动站 27 个：数学、统计学、物理学、化学、生物学、生态学、光学工程、环境科学与工程、植物保护、控制科学与工程、理论经济学、应用经济学、工商管理、中国语言文学、中国史、世界史、考古学、外国语言文学、电子科学与技术、社会学、哲学、政治学、马克思主义理论、材料科学与工程、图书馆情报学与档案管理、计算机科学与技术、管理科学与工程。一级学科国家重点学科 6 个（覆盖 35 个二级学科）：理论经济学、应用经济学、历史学、数学、化学、光学工程。二级学科国家重点学科 9 个：中国古代文学、马克思主义哲学、政治学理论、农药学、动物学、微生物学、光学、环境科学、企业管理。一级学科天津市重点学科 27 个。国家基础学科人才培养和科学研究基地 9 个：数学、物理、化学、中文、历史、哲学、经济学、生命科学、生命技术。大学生文化素质教育基地 1 个。全国高校人文社会科学重点研究基地 7 个：中国社会史研究中心、政治经济学研究中心、跨国公司研究中心、中国 APEC 研究院、世界近现代史研究中心、公司治理研究院、人权研究中心。

资产

固定资产总值 311278.93 万元。其中教学科研仪器设备总值 101361.3 万元,图书 382.2 万册。有教学用计算机 6020 台。学校占地面积 2102366 平方米,其中绿化用地 630000 平方米,运动场地 97483 平方米。建筑面积 1241922 平方米,其中教学及辅助用房 408374 平方米,行政办公用房 75777 平方米,学生宿舍 231417 平方米,教职工住宅 390623 平方米。

科研

有国家级重点实验室 2 个:元素有机化学国家重点实验室、药物化学生物学国家重点实验室。国家工程中心 1 个:农药国家工程研究中心。省部级重点实验室(工程中心)23 个,其中教育部重点实验室 8 个:光学信息技术科学开放研究实验室、生物活性材料研究实验室、组合数学与核心数学实验室、弱光非线性光子学实验室、功能高分子材料实验室、分子微生物学与技术实验室、环境污染过程与基准实验室、高效微纳化学电源实验室;科技部重点实验室 1 个:"863"机器人网点实验室;国家环保总局重点实验室 1 个:国家环境保护城市空气颗粒物污染防治重点实验室;天津市重点实验室 11 个:信息光子材料与技术重点实验室、光电子薄膜器件与技术重点实验室、微生物功能基因组学重点实验室、金属与分子基材料化学重点实验室、组合数学重点实验室、城市生态环境修复与污染防治重点实验室、能源材料化学重点实验室、蛋白质科学重点实验室、分子药物研究实验室、模式动物与退行性神经系统疾病实验室、生物活性材料研究重点实验室。教育部工程中心 3 个:薄膜光电子技术教育部工程研究中心、微生物功能基因组与检测技术教育部工程研究中心、高效储能教育部工程研究中心。国家级实验教学示范中心 4 个:基础物理实验教学中心、化学实验教学中心、生物实验教学中心、经济实验教学中心。校级实验教学中心 20 个。国家外专局"111"创新引智基地 4 个。基金委创新研究群体 3 个。教育部创新团队 6 个。

2012 年入校科研经费 40179.82 万元,其中自然科学经费 31075 万元,人文社会科学经费 9104.82 万元。2011 年 SCIE 收录论文 1758 篇,EI 收录论文 700 篇,CPCI－S 收录论文 90 篇。

人才

两院院士 10 人,"863 计划"首席科学家 2 人,"973 计划"首席科学家 12 人(13 人次),发展中国家科学院院士 5 人,"千人计划"入选者 9 人,国务院学位委员会学科评议组成员 12 人,国家级有突出贡献的专家 12 人,长江学者特聘教授 30 人、讲座教授 15 人,"马克思主义理论研究和建设工程"首席专家 11 人、主要成员 29 人,国家"青年千人计划"入选者 2 人,国家"特支计划"青年拔尖人才 4 人,国家"杰出青年基金"获得者 31 人,国家"百千万人才工程"入选者 17 人,教育部"新世纪优秀人才支持计划"入选者 157 人,"跨世纪人才基金"获得者 23 人,教育部"教学名师奖"获得者 8 人,教育部"高校青年教师奖"获得者 9 人,天津市"131"人才工程第一层次人选 25 人。

(注:学生、教师数为本年 10 月报教育部规划司数据)

特　载

南开大学“十二五”事业发展规划纲要

一、编制原则和依据

1. 编制原则

本《规划纲要》的编制原则是：以提高办学育人的质量为宗旨，贯彻国家教育、科技和人才发展纲要，适应国家和区域战略需求，遵循教育规律，把握时代特征，切合我校实际，注重南开特色，主动改革创新，加快发展步伐。

2. 编制依据

《国家中长期教育改革和发展规划纲要(2010－2020年)》

《国家中长期人才发展规划纲要(2010－2020年)》

《国家中长期科学和技术发展规划纲要(2006－2020年)》

中共中央、国务院《关于深化科技体制改革加快国家创新体系建设的意见》

《教育部关于全面提高高等教育质量的若干意见》

《教育部 财政部关于实施高等学校创新能力提升计划的意见》

《国家国民经济与社会发展第十二个五年规划纲要》

《国家教育改革与发展第十二个五年规划纲要》

《天津市国民经济和社会发展第十二个五年规划纲要》

《滨海新区国民经济和社会发展第十二个五年规划纲要》

《南开大学事业发展战略规划纲要(2009－2019)》

《坚持育人为本，强化质量特色，努力建设世界知名高水平大学——薛进文同志在中共南开大学第八次党员代表大会上的报告》

3. 规划定位

本规划是实施《国家中长期教育改革和发展规划纲要(2010－2020年)》、落实学校第八次党代会精神的行动计划。

二、南开大学“十二五”期间的发展环境与机遇

1. 外部环境分析

从世界的角度看，全球性的发展转变有力地推动着教育的转型，提高质量已成为世界高

等教育的时代课题,高等教育作为科技第一生产力和人才第一资源的重要结合点,在各国发展中的地位和作用更加突出。教育国际化为我们在转型中利用国际资源提供了前所未有的机遇。然而,国际经济政治在转型发展中的矛盾冲突、境外教育机构对我校的竞争和挤压将是我们必须面对的挑战。

从中国的角度看,转变发展方式对教育改革形成强烈驱动,“加快创建世界一流大学和高水平大学的步伐”的要求更加紧迫,教育投入大幅增加,加快教育改革全面实施素质教育的大趋势已经形成。然而,在资源竞争性配置的形势下,一批国内重点大学在前些年资源集聚和扩张的后效逐步显现,一些高校在吸引杰出人才、建设学科基地、发展新兴学科和加强国际合作等重要方面已经占得先机,使我校面临前所未有的严峻竞争局面。

从区域的角度看,天津特别是滨海新区的快速发展形成对我校发展的强劲推动,前所未有地改善了学校发展的区域环境。然而,京沪等地的相对优势仍将继续,区域资源支持我校的通道尚不够畅通,我校与区域发展的结合尚不够密切和广泛。

总体来看,“十二五”期间我校既面临着前所未有的有利的外部环境,也面临着日益激烈的各种竞争。能否充分利用有利环境加快发展,在竞争中脱颖而出,关键在于我们能否认准“转型”趋势、抓住“转型”机会。

2. 内部环境

经过90多年特别是改革开放30多年的发展,我校已经奠定了迈向世界知名高水平大学的基础。“十一五”与“十五”相比,我校在办学规模结构、师资队伍水平、教学质量和水平、自主创新能力和承担重大科研项目的能力、重点学科建设、服务社会特别是滨海新区开发开放、开展国际合作等各个方面都有明显的发展。在服务支撑体系建设、信息网络化建设、基础设施建设和学校收入方面也有长足的进步。学校90多年的文化积淀和优良传统在新的时代条件下得以进一步发扬光大,使南开一直保持着较高的社会声誉。第八次党代会的召开,为学校“十二五”改革发展提出了明确的奋斗目标和任务,在广大师生员工中达成重要共识。这些都是发展的有利方面。

然而,我们仍然面临着一些突出矛盾。比如:

发展目标和发展资源的矛盾。学校已有的和基本落实的发展资源以及资源条件的使用效率,与创建世界知名高水平大学的目标差距很大。空间资源在新校区建成使用前,几乎没有发展调节余地;财力资源虽将有所扩大但面临相对强度下降和相对差距加大的危险;人力资源特别是高素质教职工队伍建设的任务最为紧迫。

发展要求和管理体制的矛盾。现行体制机制中许多与教学改革、队伍建设、科研创新和国际合作等方面的发展要求不相适应的方面,在加快发展的形势下更为突出,内部治理结构和体制机制亟待创新突破。学校即将形成“一校三区”的办学新格局,更对学校的运行管理带来新的挑战。

改革创新与传统观念的矛盾。在新的发展形势下,要实现发展目标,必须形成改革的动力机制,最大的障碍是不合时宜的思想观念。解放思想、更新观念是“十二五”发展必需的先导条件。

此外,学校事业改革发展中出现的新矛盾和历史累积的老问题往往相互交织,维护校园和谐稳定的任务十分繁重。

在这样的情况下,我们必须坚定在建校百年跻身世界知名高水平大学行列的目标和信心，增强忧患与竞争意识，振奋改革与创新精神，狠抓根本、谋划全局、突破重点，靠实干来改善环境，加快发展。

三、发展目标和思路

根据第八次党代会的精神，我校“十二五”期间的奋斗目标是：以高素质人才培养为根本任务，努力成为贯彻科学发展观、实施素质教育的排头兵，走在教育改革创新的前列，走在学术研究创新的前列，走在服务社会发展的前列，走在文化传承创新的前列；基本形成“公能”特色的南开素质教育体系、有利于交叉集成创新的学科体系、前沿与需求导向的科学研究体系，形成公能兼济、结构合理的高水平教工队伍，基本建成津南校区并形成多区协同发展的良好态势，显著提高管理服务和资源共享的水平与效率。

在此基础上，到建校100周年，基本建成科学发展、特色鲜明的世界知名高水平大学，为创建世界一流大学奠定坚实的基础。

为此，我校“十二五”期间发展思路的要点是：

● 育人为本，实施素质教育。实现“三个转变”——在办学观念上，从“学科为本”转变为“学生为本”，即真正实现“一切以学生成长作为出发点和落脚点”；在教育内容上，从“传授知识”转变为“发展素质”，即要超越知识教育，实施德智体美全面发展的素质教育；在培养模式上，从“以教为主”转变为“以学为主、教学相长”，即要努力形成学生自觉主动学习和师生良性互动的生动局面。

● 改革创新，提升体制活力。中心是人才培养模式改革，先导是更新教育观念，关键是管理体制机制特别是评价激励体系和机制改革，目的是调动教师教书育人和学生主动发展的积极性与创造力。

● 面向需求，适应国家战略。做到“四个主动适应”：一是主动适应我国素质教育发展的新趋势，努力在理念、模式、机制、方法和内容改革方面取得突破，形成具有公能特色的南开素质教育体系；二是要主动适应世界科技前沿和人类文化发展的趋势，集中优势，形成团队，努力争取在若干领域或方向上接近或达到国际先进水平，在国际学术领域扩大南开声誉提升南开地位；三是要主动适应创新型国家建设的需要，融入国家创新体系，努力承担大项目、建设大团队、带动大协作、建设大平台，创造好成果、培育好人才；四是要主动适应滨海新区开发开放的需要，努力创造条件，寻找机遇，拓展空间，在为区域发展服务方面大有作为、卓有成效。

● 突出重点，狠抓队伍建设。把队伍建设作为“十二五”发展改革及投入的重点，抓“师德”，抓“能力”，抓“结构”，关键是评价激励体系和机制。

● 彰显特色，发扬南开精神。突出以校训为核心的南开文化特质，对“公能”赋以新的时代内涵，并在教学、科研、队伍建设、管理服务等方面实施“公能”要求，以实现办学育人质量“日新月异”的提升。以“公能”精神凝聚广大师生、校友，通过南开改革、南开人物、南开学术等扩大南开文化在海内外的影响力。

四、工作任务和重点

1. 大力推进教学改革,实施公能特色素质教育

制定《南开大学素质教育实施纲要》,基本确立新时期南开特色素质教育的目标体系和"以德为先、能力为重、全面发展、勇于创新"的公能培养模式,包括:

● 全面改进和加强德育,完善以"见实效"为核心的全方位德育工作体系,探索多样化德育方式。

● 研究和改进智育,研究如何使知识学习和其他教育环节更好地达于发展心智的目的,以此为核心改进教学方法。

● 改革和加强体育,探索增进身体素质和体育精神的有效途径。采取有效措施开展公共卫生和健康教育。

● 规划和实施美育,提出美育基本要求和具体措施。

● 全面设计和强化"学习、实践、协作"能力训练,特别是在长度、广度和深度上加强实践训练,使"实际动手解决问题"成为每个南开学生的必修环节和社会认可的"强项",适度增加能力训练专项经费。

为此:

(1)实施教育教学改革创新工程(即"十二五"教改工程)。以伯苓学院为龙头,大力推进全方位、多层面、多样化的教改试点,按大类逐步将教改试验扩大到1/3以上的学生,基本覆盖到全部专业和学科。在教改实践中探讨构建具有南开特色的素质教育理论,提出并逐步完善"公能"发展核心要求的教育教学体系和相应的评价体系。继续探索跨学科、与海内外高校、研究机构和企业联合培养人才的新模式。

做好国家教育改革试点项目,以创新人才培养模式改革为核心,充分体现实施"公能"素质教育的各项要求,探索创新人才培养的方式与渠道,为全校教育改革探路先行。认真做好泰达学院等试点学院的综合改革。

(2)从"学"的角度丰富、更新、优化教学计划。要涵盖德智体美及课堂内外各个发展环节;要完善体现德智体美全面发展的大学核心课、厚基础重能力的学院核心课和各具特色富于启发性的专业/学科核心课,使之形成体系并有计划地将核心课程发展成影响全国的精品课程;要拓宽专业/学科口径、探索通识与专业相结合的不同方式,逐步扩大专业方向、课程及修课方式的可选择性,大胆探索和创造"以学为主"的素质教育模式。

(3)形成"立足研究"和"面向应用"的两种类型研究生培养机制。研究生要以学术或应用"项目"作为学业的核心,以"项目"为重要培养载体,以"项目"经费为资助主要来源,以"项目"成果为主要衡量指标。创造条件积极鼓励研究生参与对外交流合作。积极探索与博士、硕士、学士阶段的不同形式的贯通培养。

(4)完善"教学优先"的教学保障机制。专任教师都要直接从事足够的教学工作。改革教师教学评价体系和学生学习评价体系机制,改进评价内容,实现更加科学有效的多主体、多样化、多次性的开放式评价。

(5)要加强领导(建立统筹协调的领导工作机制,加强教学指导委员会体系建设),注重学习(开展干部带头、全校参与的教育理论学习活动)、大胆试验(所有项目建立干部教师学生等参加的工作机制），保障投入（统筹国家各种计划的有关资金，力争建立“南开大学素质教育基金”）。

（6）争取条件，适度扩大学生规模，为适应国家急需专业人才和天津滨海新区建设需要，创造条件，以提高质量为前提，适当争取必要的生源增量，优化专业、学科结构。以2010年招生规模为基础，争取每年扩大5%左右的招生名额。到“十二五”末，本科生招生规模控制在3800人以内，硕士研究生招生规模控制在3800人以内，博士研究生达到950人。

2. 优化学科布局，改善学科结构，提升学科水平

学科是大学进行教学科研、汇聚队伍、服务社会的综合性育人载体，体现大学的学术禀赋。学科水平是学校核心竞争力，有一批世界知名学科才能跻身世界知名大学。

（1）优化学科布局

面向国家战略需求和世界学术前沿，发展已有优势，加快以生物医药为背景的生命科学体系、以战略性新兴产业为背景的技术科学和国家急需的人文社会科学学科的建设，向更具综合性、前沿性和可持续性的方向发展。积极推动与战略性新兴产业相关的交叉学科建设，建设高水平的现代工学学科体系。

以津南校区建设为契机，统筹各校区发展，部署几个重点发展的新兴交叉学科，建设好几个多学科公共服务平台，组建几个跨学院研究平台。

（2）改善学科结构

以学院为主要载体，重点发展特色优势明显的一级学科，特别是要以重大学术问题和重要实践课题为纽带，带动多学科协同创新、集成交叉的学科群的发展。

（3）提升学科水平

以重点学科建设为基础，逐步地建设支撑各个领域的一级骨干学科，力争进入国家重点学科行列。重点学科建设要突出战略性、前沿性和带动性，每个重点学科都要培养一批新生长点和帮助若干“关联带动”学科。重点支持若干基础和实力雄厚的优势学科冲击世界一流水平。

（4）加强统筹协调和绩效激励

开展学科发展战略研究，强化学科建设对于教学科研、队伍建设、对外合作等方面的有效促进和带动。

统筹各学科的发展规划，统筹“211工程”、“985工程”和基本科研业务费等相关经费的预算，建立相应的工作机制。

加强绩效考评，建立并实行学科发展年度报告和开放性学科评议制度。在“985工程”实施中逐步加大绩效激励调节的力度。有选择地开展国际化的学科评估。

3. 着力建设公能兼备结构合理的教工队伍

造就一支师德高尚、业务精湛、结构合理、充满活力的教工队伍，是南开事业发展最重要的基础工作，是“十二五”期间改革的重点、发展的重点、投入的重点，务求有所突破。

队伍建设要体现育人为本，与学科发展规划相结合，控制总量，优化结构，提高水平，以引进和培训为抓手，改革评价体系和人事制度，营造聚人气、干事业、出人才的软环境。

（1）加强师德建设

将师德表现作为教师考核、评聘的首要内容。强调为人师表，注重教书育人、科研育人、服务育人，注重学风和学术规范建设，严肃查处学术不端行为；注重服务态度、质量和效率。

(2)加强员工培训

组建教师发展中心,制定并实施南开大学教师素质提升与职业发展计划,探索全员全周期多样化的培训制度和方法,不断提高各类教工的职业素质和能力,尤其是专职教师的教学与科研能力。增加专职教师国际学术工作经历和学术交流的深度广度,在有条件的学科试行将国际学术工作经历作为长期聘任或晋升高级职称的必要条件。

(3)改善队伍结构

改善层次结构。加大有国际影响力的学术带头人和有潜力的青年骨干的引进和培养力度,重点学科要创建国家级创新团队,各个学科要有进入国家杰出人才计划的人选,建立南开讲席、杰出和英才教授制度,加大组织实施国家“千人计划”尤其是“青年千人计划”的力度,实施南开大学“百名带头人”和“百名青年骨干”计划,营造人才辈出的局面。

改善学缘结构。“十二五”期间,本校毕业生留校原则上不超过当年新教师总数的 1/3,力争海外名校博士不少于 1/3。

改善类型结构。在质量水平的统一导向下,统筹教学科研、实验技术、管理服务等不同类型的队伍建设,各按规律、分类建设,各尽其职、各显其能。

(4)改善教工待遇

实施并逐步完善绩效激励,努力提高教工待遇,拓展来自社会的支持和奖掖教师的资金渠道。最大限度使用可以使用的资金用于队伍建设。筹建“南开讲习”基金。

(5)改革评价体系

入职、履职、晋职的评价要体现以德为先、公能兼备的要求,从严把握并逐步提高标准,实行专家与群众相结合的方式,逐步形成比较科学的多样化的南开特色教工评价体系。试行引入国际化评价。

(6)改革人事制度

积极探索从有期限聘任到长期聘任的“轨道式”教师聘任和短期聘任、兼职聘任以及退休回聘的多种形式互补的聘任制度,增大教工的流动性。

建立健全干部选拔、培养、管理、使用和交流制度,形成一支精干高效的高素质管理队伍。

加强实验及其他系列队伍的建设。

4. 积极构建前沿与需求导向的科学研究体系

科学研究是培养高素质创新人才的途径和平台,是提升学科水平和学校综合实力的基础。要面向国家战略需求和世界学术前沿,立足创新,积极承担有重大意义的课题与项目,创造更多具有国内外重要影响的成果(如国家级奖励),显著提升学术影响力和竞争力,显著提升研究育人能力和成效。

(1)狠抓大项目好项目

主动适应国家重大需求,瞄准世界学术前沿,加强科研的战略性前瞻性,增强研究解决社会重大问题的能力。建立大项目好项目培育基金,提升大项目好项目的比重。试行有针对性的管理政策,力争研究经费增加幅度大于中央财政对科技投入的增幅,积极推动重大政策研究、国防科技研究和国际合作研究,培育新的科研增长点。

(2)组建大团队大平台

以国家及省部级重点实验室和工程中心、研究基地和重大项目等为依托,组建参与国家重点发展领域或国际重大科技前沿研究的优秀创新团队，积极建设多学科合作平台，促进教学与科研相互渗透资源共享。建立重点基地平台建设基金和公共资源调节与共享基金。试行研究机构轮检。

(3)加强人文社科研究

积极参与“哲学社会科学创新工程”、“文化走出去工程”，充分发挥我校哲学社会科学学科在“认识世界、传承文明、创新理论、咨政育人、服务社会”中的综合优势，以重大现实问题为主攻方向，加强学术创新。

(4)大力推动协同创新

有重点地推进与天津大学和其他高校的协同创新、与天津生物医药联合研究院等科研院所的协同创新、与战略合作企业的协同创新、与海外重点合作伙伴的协同创新，并促进带动校内不同学科的协同创新，建立协同创新战略联盟，联合承担并开展重大科研项目攻关，促进资源与成果共享。按照“国家急需、世界一流”的要求，提升人才、学科、科研三位一体的创新能力，以创新发展方式转变为主线，推进在协同创新组织管理、人事制度、人才培养、人员考评体系、科研模式、资源配置方式、国际合作以及创新文化建设八个方面的改革，建设好面向科学前沿、面向文化传承创新、面向行业产业和面向区域发展的协同创新中心，为建设世界知名高水平大学奠定坚实基础。

(5)改革科研体制机制

建立以需求和前沿为导向、注重质量和创新的科研评价体系与机制，特别是要科学评价应用性研究，运用激励政策，充分调动各类科研人员的积极性、主动性和创造性。以大项目、好项目为纽带，探索试验新的研究组织形式。探索建立科研与教学特别是研究生培养、学科建设、队伍建设、后勤服务和各学科研究之间的协调机制。

5. 提升服务国家和区域发展的能力与成效

服务社会是大学育人的重要载体和应尽职责。要通过资源整合，形成若干具有明显优势和突出特色的社会服务领域，在各个领域策划并实施若干项重点项目，以服务赢得支持，努力把南开的学科、知识、人才、技术优势和创新能力转化为服务经济社会发展的现实生产力。

要重视促进科研成果的应用和转化。研究制定产学研用相结合的规划和政策，促进科研成果的转化，以及向课程教材、社会普及、政府决策、文化产品的转化，提高科研成果的经济、社会和学术效益。同时，规范教师与科研人员创办公司从事科技开发成果转化。更好地发挥云南、海南和深圳研究院的作用。

(1)自觉参与经济建设

根据国家、天津和滨海新区的重点发展方向、重大关键技术和转变发展方式调整经济结构中的重大理论和现实问题，开展攻关，提供人才和智力、技术支撑。特别是要主动参与推动战略性新兴产业的发展，构建与科研院所、行业企业相互开放、紧密合作的格局。

(2)自觉参与社会建设

要抓住改善民生、加强社会管理和创新公共服务的重大问题，组建社会建设与管理研究院，开展深入地联系实际的研究和有效的形式多样的培训，调动相关学科的积极性，参与到社会建设的实践中去。发展继续教育，开展科学普及，提供形式多样的教育服务和政策研究咨询服务。

(3)自觉参与文化建设

担当起文化传承与创新的历史使命与职责,凝练具有南开特色的大学文化精神,加强学校文化建设,积极发挥大学的文化辐射作用,弘扬优秀传统文化,传播世界先进文化,推进文化传承创新,参与文化产业的创新发展。

(4)积极推进对口支援

积极推进对延边大学、喀什师范学院的对口支援工作,做好新疆伊犁师院支教和研究生支教团等工作。

(5)认真建设好全国干部教育培训基地

根据中央文件精神,面向国家和区域经济社会发展的重大战略需要与实际,认真研究制定全国干部教育培训基地建设的目标、任务和措施,使其成为充分体现南开大学办学特色、具有一定办学规模和较强品牌影响力的干部教育培训工作的重要基地。

(6)全面强化与滨海新区的合作

以滨海开发研究院为龙头,全面深化与滨海新区的合作,通过进一步整合资源,进一步突出重点,进一步拓展领域,紧扣滨海发展战略需求,提升服务成效。

6.扩大和加深海外合作支持人才培养等工作

海外合作要融入教学科研、学科建设和队伍建设,促进改革和质量提升,扩大南开的国际影响。

(1)实施海外合作战略伙伴计划

以学生培养和合作研究为重点。着力加强与世界一流大学的交流与合作,积极引进海外高水平人才和学术团队,吸引更多高水平学者来校从事学术交流活动;大力推进学生交换、联合培养、海外实习等,提高我校师生海外研究和学习的数量与质量,加快国际化进程。同时,切实推进海外合作研究,部署建设若干国际合作研究基地,大力提升海外合作研究的规模与质量。

以学院为重心。充分调动学院开展国际学术交流与合作的积极性主动性,发挥学术带头人和知名学者的主体作用,探索以学院为平台的国际学术交流合作的新途径和新方式。

与青年骨干教师出国培养计划、后备师资百人计划和联合培养博士生等相互配合,改进海外合作的管理服务,研究制定相应政策,开展合作效益评估。

(2)实施“留学南开”计划

拓展留学生来源,逐步建设开放的国际化课程体系(选择若干有条件的专业试点实施全程英语授课),扩大留学生教育的专业覆盖面,提高留学生培养层次和学历生的比例,提高留学生比重,使南开成为留学中国的主要目的地之一。

在改进留学生服务的同时,试行留学生与国内学生的趋同管理与融合发展。

(3)搞好跨文化交流研究

继续发挥跨文化交流研究院的平台作用,提高海外孔子学院的办学水平,高质量完成汉语国际推广项目研究和培训工作,打造有世界影响的南开大学“跨文化交流”品牌。

7.基本建成津南校区,形成多区协同发展态势

津南校区建设是学校“十二五”期间的重大任务,对学校未来发展既是巨大机遇又是严峻挑战。在高起点规划的基础上,高水平建设,高效能管理,精心建设一座以师生为本的生态化、园林化、特色化、信息化和人文化的新校园。

要下力气抓好津南校区的建设，采取一次规划、分期建设的模式，一期争取完成建设项目 65 万平方米，二期完成建设项目 26 万平方米；抓好配套教工住宅的建设和分配；抓好资金的筹措和运用。保证质量和控制成本是工作的重点。

推进建立适应"八里台—津南—泰达"三区一体化办学新格局的服务方式，切实解决各校区间交通往来、管理衔接、文化氛围营造等问题。按照"功能互补、学科互动、动态调整"的原则，不断完善学校整体布局，努力把校园建设成为功能分区合理、基础设施完善、自然环境优美、文化气息浓郁的育人场所，为服务国家和地方经济社会发展，特别是滨海新区的开发开放，搭建更为广阔的平台。

8. 深化管理体制改革，建立健全现代大学制度

(1)加强改革顶层设计

科学设计学校改革与发展的目标、方法、步骤，破除制约学校科学发展的内部体制机制障碍。慎重研究制定《南开大学章程》(试行)。

(2)依法完善基本制度

完善党委领导下的校长负责制度，认真贯彻中央有关文件精神，加强领导班子自身建设，坚持重大事项充分论证、发扬民主、集中决策，提高驾驭全局、把握重点、破解难题的能力。

着力加强学术委员会体系的作用，实行教师推选委员，明确学术委员会在教学改革、学科建设、学术研究、学术评价、学术合作等方面的咨询、审议作用和对管理服务的评议监督作用。

强化教职工代表大会的作用，提升履职能力。进一步完善校院两级行政向教代会报告工作的制度，进一步扩大校院两级的信息公开。

探索学生通过学生代表大会参与学校治理的制度，健全学生代表大会体系。

(3)深化管理机制改革

以有利于服务教学科研一线、有利于统筹协调提高效率为原则，合理设置管理服务和后勤机构，逐步向综合化管理服务的方向发展，优化职能分工，规范工作流程，改进办事作风，高效提供服务。

(4)推进管理重心下移

理顺校院两级的职责关系，扩大学院自主权，强化学院在教学科研、学科和队伍建设等方面的主体地位，发挥院级学术委员会、教代会和学代会的重要作用。抓好"试点学院"改革。

加强校级战略管理，统筹资源、鼓励跨学院合作。

(5)深化人事管理改革

规范和优化编制管理、合理设置工作岗位，完善多种形式的聘用制。深化内部分配制度改革，建立与聘用制相适应的薪酬分配激励机制，引导教师潜心教学科研，营造环境使中青年优秀教师脱颖而出。

五、保障条件和措施

1. 政治思想

(1)加强政治思想工作，充分调动广大师生员工的积极性。

(2)加强各级领导班子建设,完善管理机制,进一步建立健全议事、决策及咨询、监督制度,加强群众评议。

(3)加强干部作风建设,各级领导干部要顾全大局、服务师生、勤奋廉洁、民主规范。

(4)加强党的建设,发挥党委的领导核心作用、基层党组织的政治核心作用和党员的先锋模范作用。

(5)加强反腐倡廉工作,贯彻落实中纪委、教育部、监察部有关精神,结合实际,构建有效的惩防体系。

2. 体制机制

(1)改善治理结构,充分发挥学术委员会、教代会和学代会的作用,落实民主办学。

(2)改善分工协同,健全有效协调机制,强化执行能力。

(3)改善机构设置,面向基层高效服务,创新管理模式。

(4)改善评价体系,实施质量和水平导向下的分类评价。

(5)改善上下关系,健全机制疏通渠道,密切联系群众。设立校长信箱、学生接待日、院长/部处长联席会等,加强各层面沟通,加强群众评议和监督。

3. 资源条件

(1)人力资源:提升水平绩效,改善队伍结构,创新用人机制。

(2)财力资源:扩大财源财力,统筹高效用钱,严明财务纪律,改进资金管理,强化财务服务;规范科研项目管理,加强科研经费管理;引导鼓励“向外发力”,大力开源节流。

(3)物力资源:试行资源(房屋、设备、文献、网络、水电等)效率评价制度,保证重点,扩大共享,逐步改善校园基础实施。

(4)空间资源:重点是做好校区空间布局和提高使用效率,完善约束机制。

(5)信息资源:提升信息化支持教学科研、管理服务、对外交流的能力和实效,整合资源,消除孤岛,统一标准,实现共享。

(6)合作资源:积极开拓和用好国内外合作资源。

(7)校友资源:加强校友工作,在服务校友发展的同时,以多种形式发挥广大校友对学校教学、科研、对外合作和文化建设等各个方面的积极作用。

4. 文化氛围

发展以“公能”为核心的南开特色文化,真正确立“育人为本”的观念和更新人才质量观,形成尊重教师、尊重学生、尊重劳动、尊重创造、尊重个性的氛围,形成崇尚学术、崇尚创新、学风严谨、求真务实的校风,形成讲大局、讲责任、讲协作、讲公德、讲诚信、讲正气的风尚。

担当起文化传承与创新的历史使命与职责,凝练具有南开特色的大学文化精神,为推动社会主义文化大发展大繁荣,努力建设社会主义文化强国做出较大的贡献。

5. 相关行动计划

(1)《南开大学素质教育实施纲要》(试行)

(2)《南开大学学科与师资队伍规划(2011—2015)》

(3)《南开大学津南校区总体建设规划》

(4)《南开大学校园建设规划》

(5)《南开大学研究生教育规划》

(6)《南开大学校园文化建设规划》

(7)《南开大学科技创新规划》

(8)《南开大学繁荣哲学社会科学发展规划》

(9)《南开大学国际学术交流与合作规划》

(10)《南开大学信息化建设规划》

(11)各专业学院《"十二五"事业发展规划纲要》

六、规划实施与调整

审定：经广泛征求意见，并由党委、学术委员会、学位评定委员会、教代会和学代会讨论修改后，由常委会审定。

实施：由校长办公会研定分工，由校长组织实施。编制工作小组相应调整为实施工作小组。实施情况向党委、教代会等汇报。

调整：跟踪实施情况及国家政策变化，由工作小组建议，根据调整内容咨询有关委员会和(或)教代会、学代会，报常委会确定。

南开大学素质教育实施纲要(2011—2015)

一、总纲

(一)实施"公能"素质教育是南开办学的基本战略。"允公允能、日新月异"是南开始终坚持的育人特色。《国家中长期教育改革和发展规划纲要(2010—2020年)》明确提出"坚持以人为本、全面实施素质教育是教育改革发展的战略主题,是贯彻党的教育方针的时代要求,其核心是解决好培养什么人、怎样培养人的重大问题,重点是面向全体学生、促进学生全面发展,着力提高学生服务国家服务人民的社会责任感、勇于探索的创新精神和善于解决问题的实践能力"。南开大学的素质教育在新的形势下要坚持和发扬"公能"特色,结合实际全面贯彻党和国家的新要求。

"公能"素质教育的核心理念是"以德为先、能力为重、全面发展、勇于创新"。它强调以"公能"为主线,促进知行合一,德、智、体、美的相互融合、协调发展。它具有多层次性和系统性,包括在人本层面,要求全面发展,人格丰富健全;在专业层面,要求优良的职业道德和专业素养,知识深厚,具有突出的创新和实践能力;在发展层面,要求公能兼备,具有爱国爱群之公德、服务社会之能力。

实施素质教育,教师要身体力行。广大教职员工要深入理解"公能"素质教育理念的精髓,努力提高教育教学和管理服务的水平,提高自身修养,成为自觉践行"公能"素质教育的表率。

(二)"公能"素质教育是南开教育传统的精髓。南开的教育理念在中国高等教育史上具有特殊的地位和鲜明的特色。南开历来重视学生德智体美全面发展,注重品行和能力培养,强调科学精神与人文素养的结合;历来重视基础知识,聘请优秀教师承担基础课的教学;历来重视学以致用和理论联系实际,并强调在实践中学习,"知中国,服务中国";历来重视体育和美育,鼓励学生要有"坚强之体魄、健全之精神"。

在新的时代条件下,南开的"公能"素质教育要发扬传统、与时俱进,不断赋予"允公允能、日新月异"以新的时代内涵,自觉地坚持南开道路、光大南开品格、弘扬南开精神,努力培养以周恩来为楷模的"爱国、敬业、创新、乐群"的栋梁之材。

(三)构建新时期"公能"素质教育体系是重要的历史使命。南开的"公能"素质教育,要"树立科学的质量观,把促进人的全面发展、适应社会需要作为衡量教育质量的根本标准",

坚持“课堂教学、校园文化、社会实践”三位一体的人才培养模式，坚持全员育人、全过程育人和全方位育人，培养德智体美全面发展的中国特色社会主义事业的建设者和接班人。

切实从德、智、体、美和实践等多方面进行全面部署，分层次有重点地提出“公能”要求，统筹好“教”与“学”两个方面，统筹学士、硕士和博士等不同教育层次以及各种教育类型与培养方式，以扎实、严谨、严格的工作作风狠抓落实，并从政策、资源等多方面予以保障。同时，要系统深入展开“公能”素质教育理论研究，在实践中不断丰富和发展南开特色的教育理念、模式和方法。

以改革为动力，实施教育教学改革创新工程。创新教学方法，强化实验、实践环节，注重培养学生自主学习、独立思考、实践操作、创新就业、适应社会、交流合作与组织领导等能力。推进基础学科拔尖培养计划，认真探索拔尖创新人才的成长规律。通过设立创新学分和创新基金，打造开放实验、科研“百项工程”等创新平台，促进学生学习的积极性。

深化研究生培养机制改革。积极探索研究生“公能”素质教育的有效方式；着力建设研究生创新平台，设立优秀学位论文培育基金等完整的激励体系；积极探索学士、硕士和博士阶段人才培养相贯通的规律；实施多层次、多方式的研究生创新计划，完善研究生的分类培养。

南开秉承“终身体育”的指导思想，广泛开展体育活动，深入进行体育教学改革。全面规划和实施具有“公能”特色的南开美育，培养学生良好的审美能力与艺术素养。实施多渠道的心理健康教育，培养学生具备良好的心理品质。

“南开学风，堪称一流”。保持和发扬南开优良学风，是实施“公能”素质教育的重要方面。

二、目标和主要任务

（四）“公能”素质教育的目标是促进学生全面发展。南开的“公能”校训与素质教育的理念、目标具有内在的一致性。牢牢抓住“全面发展”这个主题，逐步深化对党的教育方针和南开特色教育观、质量观的认识。到2015年，要基本形成南开特色的“公能”素质教育体系，使践行“以学生为本”的教育理念成为师生的自觉行动，全面提升南开育人质量，为社会培养一大批全面发展、特色鲜明的拔尖创新人才，进而为实现建设世界一流大学奠定坚实基础。

（五）更新教育观念，全面规划和切实落实“公能”素质教育。基本形成新时期“公能”素质教育的目标体系，树立全面发展的教育观和全面的“公能”素质观，形成“德育为先、能力为重、全面发展、勇于创新”的培养模式，建立并逐步完善“公能”为核心的学生发展体系和综合评价机制，推进“以学为主、教学相长”的教学模式改革。积极探索本—硕—博贯通培养和学术学位学生、专业学位学生分类培养方案。

完善“教学优先”的教学保障机制。改革教师教学评价体系和学生学习评价体系，改进评价内容，实现更加科学有效的多主体、多样化、多次性的开放式评价。

为此，要更新教育观念，努力实现“三个转变”：

——在办学观念上，从“学科为本”转变为“学生为本”，即真正实现“一切以学生成长作为出发点和落脚点”。学科是集教学、科研、队伍、基地等于一体的育人综合平台，学科建设要为“育人”服务。

——在教育内容上，从侧重“传授知识”转变为重在“提升素质”，即要超越知识教育，实施德智体美全面发展的素质教育。知识是提升素质的必要内涵和重要载体，既要给学生传授系统的专业知识，更要注意培养学生的学习能力、实践能力和创新能力。

——在培养模式上，从“以教为主”转变为“以学为主、教学相长”，努力形成学生自觉学习的生动局面。既要激发学生主动学习，也要积极发挥教师的引导作用，加强教学互动。

三、主要内容与措施

(六)坚持育人为本、德育为先。德育的核心是引导学生树立正确的世界观、人生观、价值观，养成良好的思想、政治、道德和心理品质。“公能”素质教育提倡“德育为先、公能兼备”。通过实施南开特色的德育，培养学生良好的道德品质与行为习惯。德育与智育、体育、美育相互渗透，贯穿于教育教学全过程，共同构成并推动“公能”素质教育。

切实提高德育的科学化水平，探索德育规律，创新德育方法，拓展德育途径，切实增强德育的针对性、实效性和吸引力、感染力；不断完善全员、全方位、全过程育人的体制机制。

(七)深入进行社会主义核心价值体系教育。用马克思主义中国化最新成果影响和教育学生，引导学生正确认识社会发展规律，主动关心国家前途命运，自觉承担社会历史责任，进一步坚定在中国共产党领导下走中国特色社会主义道路、实现中华民族伟大复兴的理想和信念。

要以爱国主义教育为重点，以思想道德和理想信念为基础，广泛开展社会公德、职业道德、家庭美德和个人品德教育。在学生中开展集体主义、遵纪守法、明礼诚信和团结互助教育，加强恪守学习纪律和学术道德的教育，提高学生的生存能力、实践能力和创新能力。

(八)创新德育形式，丰富德育内容。充分发挥思想政治理论课和其他各类课程的育人功能，深入开展形势政策与道德修养教育，加强实践教育，建立多层级、多种类的社会实践平台与基地。要大力加强校园文化建设，提高利用网络等方式开展德育工作的能力，引导学生建立网上“精神家园”。要加强和改进学生党建工作，加强对学生会、研究生会、班委会、学生社团等学生组织的指导，进一步健全学代会制度，畅通学生参与学校管理的有效渠道，积极促进学生自我教育、自我管理、自我服务。

要为学生成长成才创造良好条件。教师要成为学生的榜样，身体力行，以人格和学识魅力影响学生的做人、做事。调动教师特别是研究生指导教师参与德育工作的积极性，加强教师教书育人能力和师德学风建设。推进文化环境、舆论环境、校园及周边环境在育人中的协同联动。加大对经济困难学生的资助与帮扶力度，开展就业创业教育、辅导与服务，帮助学生解决实际问题。

(九)建立科学有效的综合评价体系。要适应“公能”素质教育的要求，明确考评的指导思想与功能，制订体现南开“公能”标准、符合学生个性发展规律和成长规律、适应不同层次和类型教育特点的指标体系和考评办法。完善学生奖学金尤其是研究生学业奖学金评定办法，促进学生诚信为人、勤奋学习、积极实践、全面发展。要建立学生对教师教书育人、对学校管理服务工作的有效评价反馈机制，促进教学科研与管理服务水平的提升。采取合理有效的方法和手段进行整体考核和综合评定，发挥评价工作的激励导向和监督作用。

(十)制定南开特色的专业培养目标。要以提高人才培养质量为目标，树立南开特色的质量观,将“公能”素质教育融入全部教学过程。夯实基础、拓宽专业、强化实践,培养综合素质高、创新能力强,具有社会责任感、高尚人格和卓越才干的创新性高层次专门人才。在专业培养目标设计中,要统筹德智体美、统筹理论与实践、体现专业特征并注重学生的持续发展,提出相应的“公能”要求。积极探索创新人才培养模式和培养方法,允许学生选择研究、应用、复合等不同类型的既有共性又有个性的发展目标,促进人人成才。

(十一)构建适应“公能”素质教育的教学体系。实现从侧重“传授知识”到重在“发展素质”,从“以教为主”到“以学为主、教学相长”的转变。根据学校定位和专业特点,制定符合“公能”素质教育的人才培养目标和方案,调整和完善课程结构,突出“宽口径、厚基础、强能力、重创新”。

从学生成才、社会需求和学科发展的角度,通过对各级各类课程比例关系等基础性问题的研究评估,努力做到课程结构科学合理、目标定位清晰准确。加强基础课程建设,积极调整课程内容,提高学生的学习能力,培养创新思维。

完善研究生分类培养方案,调整研究生课程结构,加强研究生课程精品建设和研究生优秀教材建设,按照不同类型建立差别化课程体系和培养模式。

要从育人为本和可持续发展的角度设计学科和专业发展计划,注重教育的内涵发展和深层次影响,在制度、方案和机制设计中注重对学生主动学习的激励和引导。将课堂教学、课外活动、环境营造等因素有机结合起来,形成良好的育人环境。

(十二)精心做好多层次的“公能”素质教育课程建设。调整教学内容,增强课程对于不同阶段、不同专业培养特点的适应性,鼓励教师创新教学方法和考试方法。

着力打造核心课程体系。将校级公共必修课程作为面向全体学生的核心课程进行建设,完善管理模式,稳定教学团队,增强教学效果;将院级基础必修课程作为学科核心课程进行建设,选聘高水平教授担任课程负责人和主讲人。对于专业核心课,要精心设计、结合科研、加强互动。要定期公布各层次核心课程的教学大纲,加强核心课教学研究,制定和完善教师承担各级各类核心课程教学、教研和教改工作的评聘体系和评价机制,有计划地将各层各类核心课程打造成精品课程。对各层各类选修课,要优化结构、丰富内容,为学生提供更多的选择性。加强高质量教材建设,不断推出具有广泛影响力的优秀教材。

要依据经济社会发展和学科发展调整研究生课程结构与内容,建立本科教学和研究生教学的衔接机制,鼓励优秀本科生修读研究生课程。加强研究生课程体系建设、教学研究和教材建设。

(十三)大力开展教学改革,提高教学质量。根据“公能”素质教育培养目标,在进一步做好伯苓学院教改的基础上,逐步推动各个专业的教学改革,改进教学计划,调整课程结构,设计课程目标,更新教学内容,强化实践教学,创新教学方法。坚持“以学生为主体、以教师为主导”;在教学中推行启发式、讨论式等教学方法,加强教一学互动,引导学生主动学习知识,发现问题,开展自主研究;探索以“讲一练二考三”为特点的教学组织与课程考试方式,强化“学习、实践、协作、创新”能力训练,激发学生自主学习。总结经验,全面推进本科生导师制。

不同层次和不同类别的研究生教育,要与研究生培养机制改革相适应,强化以项目为中心的研究性学习。教师的指导作用应与帮助研究生提升“公能”素质、建立适合个性发展的知识体系和开展学位论文研究相一致。为适应快速发展的专业硕士学位教育的需要,指导教师要将理论研究能力和实践能力相结合,加强与相关行业的联系,并在指导理念和授课内容、授课方式方面进行调整。

(十四)加强实验实践教学环节。全面加强实验、实习、社会实践和毕业设计(论文)等实践教学环节,是实施"公能"素质教育的重点之一。在重视理工类实践教学的同时,加强人文社科类实践教学建设。增加综合性、设计性和创新性实验比例,加大实验室开放程度,引导更多的学生面向问题进行研究式、实践性学习,努力使每一位学生都受到动手解决实际问题的锻炼。加强实践教学管理和实践基地建设,使理论基础扎实和实践应用能力强成为南开学生的特色。要建立实验技能标准,制定考核办法,引导并鼓励学生自主设计并在教师指导下开展实验,培养学生分析问题和解决问题及安全防护的技能。

鼓励并大力支持学生参加科技项目研究及创新创业实践活动,完善实践教学和社会实践规程和措施。通过实践教学与第二课堂的有机结合以及各种资源整合,为学生提供多层次、多渠道的锻炼机会,形成"学习—实践—再学习—再实践"的良性循环。学校要提高对"本科生创新科研百项工程"为代表的实践性学生学习活动和学生实习的经费投入。

(十五)搭建学科交叉人才培养平台。充分利用综合性大学的学科资源,打造学科、专业、学院之间共同培养人才的平台,扩大在师资、课程、实验、实习等各方面优质教育教学资源的共享。各学科、专业都要对其他学科专业开放课程,促进学生自主设计个性化的课程结构。增设本科阶段的辅修、双学位计划。巩固和扩大南开—天大的人才合作培养专业。探索研究生联合培养的新模式、新途径,鼓励指导教师为学生创造到高水平大学和研究机构短期研究的条件。鼓励研究生进行多层次学术交流,支持研究生学术论坛、研究生学术节等活动。

(十六)实施人才培养的国际化战略。推动"南开学生海外学习"计划,加大实施校际交换、"百人计划"(即"后备师资培养计划")、暑期学校、海外访学等项目的力度,显著提高学生参加交换学习、海外访问和参加国际学术会议的数量和质量,开阔视野、丰富经历,增进跨文化交流的能力。大力实施"留学南开"计划,通过扩大校际合作计划、建设英语授课课程、拓展专业项目、设置奖学金,提高留学生的规模、质量和多元化程度,促进国内外学生的融合,改进对留学生的管理与服务,创建国际化校园。探索对留学生进行"公能"素质教育的方式方法。

(十七)继承南开光荣传统,树立"终身体育"思想。重视体育是南开教育的特色之一。继承和发展南开体育传统是落实"公能"特色素质教育的重要组成部分。引导学生自觉参加体育活动,养成锻炼习惯,并从中体验拼搏竞争、循规守则、耐受输赢的体育文化精神。

充分发挥体育运动委员会的作用,建立健全校、院、系、年级、班级体育活动管理体系以及相关制度,加强体育教师队伍建设,落实年度体育工作计划。

(十八)深化体育教学改革。调动教师积极性,完善"课内外一体化"的体育教学模式,强调突出"两能"效果(体能、技能),增强体育承载的文化内涵。研究改进体育课程教学方法、内容和途径,探索建立学生全方位锻炼制度。要创造条件,完善以学生为本的"自主选择教师、自主选择项目、自主选择上课时间"的"三自主"体育教学方式,完善体育考核与评价体系,使学生通过体育课程学习和课外体育锻炼,积极参与各类体育比赛,养成体育锻炼的习惯,争取使每个学生学会一项体育技能。

积极探索学生身体素质发展规律,建立南开"公能"特色的综合身体素质考核指标体系,促进学生主动形成适合自身特点的锻炼方法和习惯。

（十九）积极开展“阳光体育”活动和建设好高水平运动队。建设“阳光体育”活动平台，建立学生健康档案，推进学校的各项体育活动。建立有效机制，鼓励各学院主动开展体育活动，扶持学生体育社团建设。每位学生每天应有一定的时间用于体育锻炼，创造机会使每位学生在校期间至少参加一次体育竞赛活动。

根据学校发展需要和资源条件，建设若干支高水平运动队。探索优秀运动员培养规律，提高运动竞技水平；探索通过高水平运动队建设带动学校群众体育运动发展的规律，实现高水平运动队建设与师生全员健康素质提高的良性互动。完善优秀运动员学籍、训练、比赛管理规定，统筹安排好训练竞赛和专业学习。

（二十）重视并实施心理健康教育。心理素质是学生整体素质的重要组成部分。要通过多种有效的方法和手段提高学生良好的心理素质：培养乐观豁达的心态，砥砺愈挫愈奋的精神，炼就坚忍不拔的意志，发展强健丰满的人格。加强心理健康师资队伍建设。要通过课堂教学、校园文化、社会实践等多渠道广泛开展心理健康活动。做好大学生心理危机预防与干预。

（二十一）全面规划和实施具有“公能”特色的南开美育工作。美育是提高学生综合素质的重要方面，在陶冶道德情操、提高文化品位、提升审美能力、发展形象思维、开发多元智能、增进心理健康等方面发挥着重要作用。全面规划和实施南开美育，积极发挥美育在“公能”素质教育中的作用。着重培养学生的审美观和感受美、鉴赏美、创造美的能力，将美育贯穿于学校教育教学的全过程，使之成为“公能”素质教育的鲜明特色之一。

（二十二）发挥综合性大学优势，拓宽美育途径。发挥综合性大学优势，促进学生科学素养和人文素养的整体提升。加强艺术教育，开展丰富多彩的校园文化艺术活动，加强专业教师对学生艺术社团的指导。建立艺术教育网站，促进校园艺术教育与社会艺术文化相互交流，鼓励师生参与高品位艺术交流活动，专项资助高水平艺术教育成果的出版。加强对教师的美育培训，使广大教师自觉追求“真、善、美”，在课堂教学和各种教育活动中揭示深刻而多彩的“学术之美”。

（二十三）加强美育资源的拓展、整合和利用。创建各类校园美育品牌项目，吸收和利用社会各方面的美育资源，在文学、美术、创意、语言、表演、音乐、造型和科学技术等领域拓展和整合美育资源，增强学生的多方面多层次的美感体验，联系实际加强大学美育研究，努力发展南开美育特色。

继续办好周末乐坛、文化素质教育节等校园文化品牌活动；积极参与全国和国际文艺展演与竞赛活动，带动美育工作上水平。

四、保障体系

（二十四）加强组织与领导。动员全校师生实施“公能”素质教育。建立学校实施素质教育的领导机构与工作机制，全面组织全校的素质教育工作，制定实施方案和配套方案，统筹协调素质教育中的重大问题和重要工作，分阶段有重点地组织实施，把推进素质教育作为各学院、各部门业绩考核的重要内容，对素质教育实施情况进行及时评估和跟踪检查。

（二十五）全面推进高素质师资队伍建设。建设高素质的师资队伍是落实素质教育的关键。要健全教师培训制度，完善教师培训设施，把教师的素质教育意识、素质教育能力、教育理论和教学方法的培训,作为教师发展中心的重要任务。通过持续不断的制度化培训,切实提高教师特别是青年教师实施素质教育工作和专业教学工作的能力。

(二十六)制定和完善有效激励制度。要建立全员实施素质教育的制度,把全校育人的工作重点真正引导到素质教育上来。要在岗位设置、考核评价、收入分配和职称聘任方面进行适应"公能"素质教育的改革,切实有效激励教师以"育人为本"做好各项工作。设立素质教育改革示范奖、青年教师素质教育优秀奖,鼓励教师对素质教育工作的探索创新,鼓励学院之间合作开设素质教育课程。

(二十七)加大投入,充实和保障实施素质教育的条件。设立实验教学设备配备、更新和实验教学耗材供给专项基金和南开学生社会实践的专项基金,统筹规划全校的科研创新、实践教学和假期社会实践,使每个南开学生都能有组织地深入了解社会。为学生提供更加丰富的图书文献资源,使图书馆成为学校开展素质教育活动的主要平台之一。改进校园网络服务,提高学生的信息素养。提高职能部门、学院、后勤的服务意识与服务质量。保障公共艺术课程教学所需的专用教室、基础设施和器材,优化艺术教育环境。协调规划校园中革命传统、爱国传统、校史校训、杰出人物、环境风貌等方面的特色纪念设施或历史遗迹的建设与保护,充分发挥其育人功能。改进对体育设施的管理,更好地服务于全体学生和教职员工。

(二十八)营造实施素质教育的良好氛围。深入学习宣传《国家中长期教育改革和发展规划纲要》精神,广泛研讨南开"公能"素质教育的理念、内涵、模式、方法和意义,动员全校师生员工和广大校友进一步关心、支持和参与教育教学工作的改革和发展,为本纲要的实施创造良好的校园环境和舆论氛围。积极建设和谐向上的校园文化,推进大学文化传承与创新。

南开大学 2012 年工作要点

2012 年全校工作的总体要求是：学习贯彻中央、教育部和天津市对高等教育改革发展的一系列部署要求，以落实第八次党代会精神、强化质量特色为主题，以迎接党的十八大胜利召开、全面实施《南开大学"十二五"事业发展规划纲要》为主线，以人才与师资队伍建设为重点，以新校区开工建设为契机，解放思想、大胆探索、奋勇争先，实干、苦干、拼命干，在创新"公能"素质教育模式、提升核心竞争力上取得新突破，在弘扬南开精神、促进和谐发展上取得新成效，为建设世界知名高水平大学奠定更加坚实的基础。

一、围绕落实第八次党代会精神，推进全局性重点工作

1. 深入贯彻落实第八次党代会精神，全面实施《南开大学"十二五"事业发展规划纲要》。把学习贯彻落实第八次党代会精神作为全年工作的首要政治任务，紧紧围绕党代会提出的奋斗目标和战略举措，进一步增强大局意识、忧患意识，进一步振奋改革精神、创新精神，出实招，干实事，求实效。把《南开大学"十二五"事业发展规划纲要》作为落实党代会部署的行动计划，认真组织实施，狠抓贯彻执行。抓紧制定学校各专项规划和各学院单位的"十二五"规划，形成全面推进、上下联动的局面。

2. 全面推进"公能"素质教育，深化和拓展教育教学改革。强化"育人为本"观念，按照《南开大学素质教育实施纲要(2011—2015)》，完善实施素质教育的配套政策和措施，探索德智体美"四育并进"的有效途径。各专业学院要广泛发动师生，结合实际做好素质教育实施方案，共同创新有南开特色的"公能"素质教育模式。结合教育部第二期"质量工程"要求，以国家和天津市教改试点项目为带动，加快推进"十二五"教改工程。丰富、更新、优化教学计划，进一步提升实践教学和专业建设、课程建设、教材建设水平。完善基础学科拔尖学生培养实验计划，扩大拔尖学生培养的学科专业覆盖面。研究启动文科教改试点。进一步落实"教学优先"的教学保障机制，探索改革教学评价体系。启动筹备并在下一个学年试行夏季学期制。积极推进泰达学院承担的试点学院综合改革任务。

3. 扎实推进新校区建设工程，科学谋划校区布局调整实施方案。修订完善新校区总体规划，继续完善能源、景观、信息化等专项规划，优化重点单体建筑的功能设计。继续争取多方面支持，做好涉及新校区建设的各类立项报批和资源配置工作，按期启动并有效推进一期工程。着眼打造优质精品工程，以保证质量和控制成本为重点，健全规章制度，加强质量监

控,开展全过程跟踪审计,探索代建制模式下的工程项目资金监管和廉政监督机制。酝酿制定一校三区布局调整实施方案,研究谋划多校区协同发展的管理运行机制,做好校区布局调整的有关前期准备工作。

4.进一步加强高水平人才与师资队伍建设,筹备召开人才工作会议。通过谋划并落实人才强校的各项举措,切实把队伍建设作为改革发展及投入的重点。组建教师发展中心,制定并实施教师素质提升与职业发展计划。探索推进以重点学科、重点实验室、重点研究基地为载体的人才特区建设。采取有效措施调动各学院引进人才的积极性,进一步加大高层次人才引进培养力度,完善高端人才岗位制度。深化模拟绩效工资改革,修订各类教工考核评价体系,做好学年末的首次绩效考评。积极探索建立灵活高效的人事聘用及岗位分类管理体系。推进专业技术职务评审改革,进一步提高标准、严格要求。继续加强师德建设,更加注重学术道德和学术规范建设。

二、围绕提升质量和强化特色,抓好年度常规性工作

5.着力提升学科建设水平。认真做好一级学科评估相关工作。以迎接学科评估为契机,开展学科状况调研,加强学科发展战略研究,为新一轮国家重点学科遴选打好基础。按照强化优势学科、加快以医药为背景的生命科学、以战略性新兴产业为背景的技术科学、国家急需的人文社会科学学科建设和促进学科交叉集成的思路,全面加强学科建设的统筹协调与综合考评,进一步改善学科结构、提升学科水平。从优势学科做起,尝试建立学科发展报告制度,试点开展开放性学科评议。紧密结合学科建设,谋划推进新一期“985 工程”和“211 工程”,进一步强化绩效调节。扎实做好“985 工程”和“211 工程”阶段总结与检查验收等相关工作。

6.增强前沿与需求导向的科研创新能力。筹备召开科技工作会议。加强科研大团队大平台建设,积极组织培育重大科研项目。选择若干不同类型层次的重点项目,分阶段、有重点地做好总结、执行、预研、策划等工作。拓宽国防科技领域项目渠道,进一步提高承担军工项目的能力。加快推进药物化学生物学国家重点实验室筹建工作,积极培育新的国家重点实验室、工程实验室或研究中心。进一步完善机制,抓好“基本科研业务费专项资金项目资助计划”的实施。抓好各级奖励、基金和项目的申报,力争总体科研经费有明显增长。落实《教育部关于进一步贯彻执行国家科研经费管理政策 加强高校科研经费管理的通知》,引导科研项目负责人管好用好科研经费,发挥最大效益。修订颁布《人文社会科学优秀成果奖励办法》和《科学技术奖励办法》。抓住繁荣发展高校哲学社会科学的机遇,制定《南开大学哲学社会科学繁荣计划实施方案》。加强人文社会科学重点研究基地建设,积极筹划申报新的基地。实施哲学社会科学“走出去”计划,设立专项出版基金,力求打造南开精品。加强研究机构管理,启动实施年检制度。创新科研组织形式,加强科研过程管理。探索质量为先的科研评价标准体系。

7.进一步提高研究生培养质量。筹备召开研究生教育工作会议。完善“立足研究”和“面向应用”的两种类型的研究生培养机制。开展对研究生课程质量和教学水平的全面评估,进一步改进研究生课程设置和课程内容。继续实施研究生创新培养计划,做好研究生学术交流平台和创新平台建设。进一步完善促进研究生科研与创新能力培养的奖学金体系。

积极推进研究生教育国际化，创造条件鼓励研究生参与多种形式的对外交流合作。积极推进博士生招生改革，突出考察学术潜力和科研创新能力。加强针对研究生的科学道德与学风建设工作力度，创新科研诚信教育的方式方法。加强研究生导师培训，进一步明确导师职责，提高指导水平。

8.大力创新学生工作。加强理想信念教育、形势政策教育，进一步改进思想政治理论课教育教学。规划并推进“公能”素质陶铸工程，引导学生树立秉公尽能、德才兼备的成长观。落实学生党员“公能”成长计划、学生“容止”修身计划和“公能”读书计划，在学生中营造良好的素质教育氛围。强化心理健康教育和心理辅导，努力提高学生心理素质。加强体育工作，改进体育场所管理，发挥体育在育人中的重要功能。注重国防教育，强化军训育人成效。深化实践育人，拓展学生社会实践和志愿服务基地。创新学生党建、团建、班建工作，加强学生骨干队伍培养，加强学生社团组织管理。创新招生宣传工作，增强学校对优秀生源的吸引力。做好毕业生就业工作，进一步提高就业质量。紧密配合教学改革，积极推进学生综合评价体系和机制的改革创新。继续加强辅导员队伍建设，研究制定《学生工作评价指标体系及评分标准》。

9.完善多层次服务社会平台。以重大现实和理论问题为主攻方向，发挥学科综合优势，强化当代中国问题研究院、人权研究中心等机构的功能作用，成立社会建设与管理研究院，推动形成南开智库群。以泰达学院、滨海开发研究院、经济与社会发展研究院等为平台，进一步深化拓展与滨海新区的合作，提升服务天津经济社会发展的成效。主动参与战略性新兴产业和文化产业创新发展，组建技术服务与转移中心，加大科研成果应用转化力度，促进产学研紧密结合。落实《高等学校创新能力提升计划》，加强与天津大学、天津国际生物医药联合研究院的协同创新联盟，全面构建与高校、科研院所、行业企业紧密合作的协同创新格局。进一步深化各种类型的国内交流合作，做好对口支援有关工作。大力推进干部教育培训基地建设，增强影响，办出特色。进一步加快发展继续教育，扩大规模，提高质量。

10.启动海外合作战略伙伴计划。加强与海外伙伴的强强联合与实质性合作，探索建设国际合作研究基地，着力组织推荐重大国际合作项目。以深度参与冬季、夏季“达沃斯”论坛和公立大学联盟为契机，拓展与世界一流高校的交流渠道，加强与港澳台高校、科研机构的合作。进一步实施“南开师生走出去”工程，提升师生海外学习交流的数量与质量。全面实施“留学南开”计划，进一步扩大留学生招生规模。提升留学生生源质量，优化培养结构。完善留学生管理和服务机制，提高学院和教师参与留学生教育的积极性。继续办好跨文化交流研究院，高质量完成各类培训与研究项目，进一步加强海外孔子学院的建设和管理。

11.深化支撑保障体系建设。积极筹措发展资金，明显增加办学收入。多方面节约办学成本，推进节支改革与物力资源有偿共享机制改革。进一步加强预算管理，统筹高效用钱，探索建立校院两级预算绩效评价体系。严肃财经纪律，认真做好财务收支审计、科研经费审计、工程审计和经济责任审计。健全与招投标管理机制相衔接的各项制度。进一步理顺后勤管理运行机制，提高服务保障水平。发挥膳食工作委员会作用，加强学生食堂管理。大力推进节能校园建设，持续优化校园环境。继续加强“数字化校园”建设，推出新的学校主页系统和信息发布平台。加快学校办公自动化系统及其他主要业务系统建设，实现分步实施、重点突破。加强数字图书馆建设，推动各学院图书资源面向全校开放共享。接受军工保密资质评估认证，健全保密管理责任体系。切实加强经营性资产管理，继续完善校办产业体制。

三、围绕迎接党的十八大,创新党建工作,促进校园和谐

12.加强思想建设和组织建设。突出迎接党的十八大胜利召开和学习宣传贯彻党的十八大精神这项重要任务,组织开展一系列内容丰富、形式多样、声势蓬勃的主题宣传教育活动,更好地发挥党委的领导核心作用、各级党组织的战斗堡垒作用和广大党员的先锋模范作用,形成迎接十八大、共创新未来的良好氛围。继续推进学习型党组织建设,启用党员干部学习网,创新各级党委中心组学习方式。进一步加强思想政治工作,重点做好青年教师的思想引导,牢牢把握意识形态领域主导权。进一步深入开展创先争优活动,做好民主评议、整改提高、评优表彰等环节工作,并使创先争优活动常态化。继续开展"创最佳党日"活动。落实中央把2012年作为"基层组织建设年"的部署,修订《基层支部工作细则》,全面加强基层党组织建设。进一步提高发展党员质量,继续优化党员队伍结构。制定《党员教育培训工作实施方案》,增强党员教育培训的实效性针对性。继续做好中层行政领导班子换届和中层干部的补充调整工作。完善干部选拔任用机制,加大竞争性选拔力度。完善中层干部交流轮岗制度,拓宽干部交流范围。进一步创新干部考核评价办法,加强干部教育培训,提升干部队伍的思想政治素质和治校理教能力。

13.加强民主建设和管理服务作风建设。调整充实校务委员会,完成学术委员会和学位评定委员会换届,进一步健全完善相关制度机制。强化各级教代会工会作用,进一步提升民主履职能力。加强学代会、研代会建设,发挥其参与学校治理的积极功能。落实党员代表发挥作用的方式途径,深化推进党内民主。适时召开共青团代表大会。进一步实施党务公开、校务公开。开展"作风建设年"活动,以"作风大转变、服务大提升"为目标,大力倡导奋发有为、服务师生、民主规范的工作风气,全面带动校风、教风、学风建设。进一步密切党群干群关系和师生关系,完善党委常委联系基层、校领导接待日、校长信箱、院长联席会、部处长联席会等机制,改进各层面沟通。进一步优化职能分工,规范办事流程,改进会风文风,提高工作效率,形成科学高效、公开透明的管理服务体系。认真办好师生群众特别关切的若干项实事。

14.加强党风廉政建设。深入开展党性党风党纪教育,引导党员干部严格遵守政治纪律,严格遵守《廉政准则》和《直属高校党员领导干部廉洁自律"十不准"》。认真总结惩防体系建设经验,切实推进反腐倡廉建设,不断完善教育、制度、监督、改革、纠风、惩处各项措施。贯彻《关于实行党风廉政建设责任制的规定》,进一步完善和落实责任体系。深化"阳光治校"工作,健全"三重一大"决策制度。加强重点领域和关键环节的制度建设与监管创新,进一步构建廉政风险防控体系。

15.加强大学文化建设。贯彻党的十七届六中全会和第20次全国高校党建会精神,深入培育和弘扬南开特色的大学精神、大学文化,凝炼社会主义核心价值观的南开表达,围绕实施"公能"素质教育,形成以文化人、育人兴文的浓厚氛围。大力实施校园文化创新项目,开展丰富新颖、吸引力强的校园文化活动。进一步加强校园网络文化建设和管理。集中对教学改革、育人创新等工作进行深度宣传,探索新媒体环境下加强新闻宣传、提升学校声誉的新途径。筹备召开南开校友代表大会暨南开校友总会换届大会。积极筹备校友工作会议,完善校友工作机制。以"我爱南开"校友林项目为带动,引导广大校友关心支持学校发展

建设，通过海内外校友扩大南开文化的社会影响。

16.维护校园和谐稳定。继续加强平安校园建设，建立健全安全防范体系，逐级落实安全保卫工作责任制。全面加强安全教育和安全规范检查，制订出台加强实验室和实验用品安全管理的专门文件。完善应急工作机制和应急预案，妥善处置各类紧急突发事件。召开离退休工作会议，制定《关于加强新形势下离退休人员工作的意见》，健全离退休工作两级管理体制。进一步完善统战工作机制，加强党外代表人士队伍建设，做好港澳台侨和民族、宗教统战工作。

南开大学2012年文件目录

南党

文件字号	标　　题
南党1号	关于成立南开大学孔子学院工作办公室的通知
南党2号	关于成立南开大学社会建设与管理研究院的通知
南党3号	关于成立南开大学重症医学暨器官移植研究院的通知
南党4号	关于邹玉洁等职务任免的通知
南党5号	关于同意后勤党委增补委员的批复
南党6号	关于成立南开大学“十二五”事业发展规划实施工作小组的通知
南党7号	关于成立南开大学社会建设与管理研究院理事会的通知
南党13号	关于孔令国等职务任免的通知
南党14号	关于调整南开大学资产经营有限责任公司董事会、监事会、经营班子组成人员的决定
南党15号	关于同意机关党委调整委员的批复
南党16号	关于同意周恩来政府管理学院党委增补委员的批复
南党17号	关于同意滨海学院党委调整委员的批复
南党18号	关于孔令国等职务任免的通知
南党19号	关于调整校保密委员会的通知
南党20号	关于调整校计算机及其网络安全保密工作小组的通知
南党21号	关于同意机关党委调整委员的批复
南党22号	关于成立南开大学教师发展中心的通知
南党23号	关于元青等职务任免的通知
南党24号	关于同意物理科学学院党委调整委员的批复
南党25号	关于公布新一届南开大学学术委员会委员及组织构成名单的通知
南党26号	关于调整校评模领导小组的通知
南党27号	关于成立档案工作办公室的通知
南党28号	关于南开大学公司治理研究中心更名为南开大学中国公司治理研究院

	的通知
南党 29 号	关于赵桂敏等职务任免的通知
南党 30 号	关于同意历史学院党委调整委员的批复
南党 31 号	关于同意医学院党委调整委员的批复

南党发

文件字号	标　题
南党发 1 号	关于印发南开大学“十二五”事业发展规划纲要的通知
南党发 2 号	关于印发南开大学素质教育实施纲要(2011—2015)的通知
南党发 3 号	关于印发南开大学 2012 年工作要点的通知
南党发 4 号	关于印发《南开大学 2012 年党风廉政建设工作要点》的通知
南党发 5 号	南开批转校宣传思想工作领导小组《南开大学 2012 年宣传思想工作要点》的通知
南党发 6 号	关于做好出席中共天津市第十次代表大会代表选举工作的通知
南党发 7 号	批转校创先争优活动领导小组关于对基层党组织和党员开展创先争优活动情况进行群众评议的通知
南党发 8 号	南开大学 2012 年理论学习安排意见
南党发 9 号	关于深入开展学雷锋活动的通知
南党发 10 号	关于转发袁贵仁同志在教育系统在创先争优活动中深入开展基层组织建设年活动视频会议上的讲话的通知
南党发 11 号	中共南开大学委员会关于深入开展保持党的纯洁性教育的实施意见
南党发 12 号	关于评选表彰创先争优先进基层党组织、优秀共产党员的通知
南党发 13 号	南开大学关于进一步加强新形势下离退休人员工作的意见
南党发 14 号	印发《南开大学关于对离退休人员实行两级管理的规定》的通知
南党发 15 号	关于进一步改进会风和提高会议效率的通知
南党发 16 号	印发《南开大学关于执行“三重一大”制度的暂行办法》的通知
南党发 17 号	关于认真学习贯彻天津市第十次党代会精神的通知
南党发 18 号	关于表彰 2011 年度“创最佳党日”活动的决定
南党发 19 号	关于表彰先进党组织和优秀共产党员的决定
南党发 20 号	印发南开大学关于在重点领域开展廉政风险防控工作实施方案的通知
南党发 22 号	关于深入学习贯彻胡锦涛总书记在省部级主要领导干部专题研讨班上重要讲话精神的通知
南党发 23 号	关于印发 2012 年下半年校、院中心组专题学习计划的通知
南党发 24 号	关于表彰赵甘同志见义勇为先进事迹的决定
南党发 25 号	关于印发《南开大学哲学社会科学繁荣计划(2011—2015 年)》的通知
南党发 26 号	关于印发《南开大学百名高端人才支持计划》的通知
南党发 27 号	关于印发《南开大学百名青年学科带头人培养计划》的通知

南党发 28 号	关于印发《南开大学教师国际化支持计划》的通知
南党发 29 号	关于印发《南开大学人才引进工作暂行办法》的通知
南党发 30 号	关于印发《南开大学聘用制人员管理暂行办法》的通知
南党发 31 号	关于认真学习宣传贯彻党的十八大精神的通知
南党发 32 号	关于印发《南开大学机关部门职责》的通知
南党发 33 号	关于做好党的十八大精神宣讲工作的通知

南发字

文件字号	标 题
南发字 1 号	关于杜长有等职务任免的通知
南发字 2 号	关于聘任沈中阳为重症医学暨器官移植研究院院长的通知
南发字 3 号	关于李冰清等职务任免的通知
南发字 4 号	关于终止杨一伦留校察看处分的决定
南发字 5 号	关于吴志成等职务任免的通知
南发字 6 号	关于聘任李肇星为周恩来政府管理学院名誉院长的通知
南发字 7 号	关于聘任林丽韫为外国语学院名誉院长的通知
南发字 8 号	关于变更南开大学虚拟经济与管理研究中心挂靠单位的通知
南发字 9 号	关于成立南开大学故宫学与明清宫廷研究中心的通知
南发字 10 号	关于赵颖等职务任免的通知
南发字 11 号	南开大学关于同意将所持有的天津南大强芯半导体芯片设计有限公司股权无偿划转至天津南开大学资产经营有限责任公司的决定
南发字 12 号	关于印发《南开大学教师系列高级专业技术职务评聘业务条件的规定》的通知
南发字 13 号	关于印发《南开大学 2011 年度专业技术职务评聘工作指导意见》的通知
南发字 14 号	关于刘玉斌等职务任免的通知
南发字 15 号	关于成立南开大学中国金融租赁研究中心的通知
南发字 16 号	关于成立南开大学专业技术职务评聘工作领导小组的通知
南发字 17 号	关于调整部分专业技术职务评审机构的通知
南发字 18 号	关于给予宋芳薇记过处分的决定
南发字 19 号	关于陈家刚任职的通知
南发字 20 号	关于杨坤等职务任免的通知
南发字 21 号	关于刘伟伟任职的通知
南发字 22 号	关于给予古丽巴努姆·苏来曼记过处分的决定
南发字 23 号	关于撤销吴犇学历证书并给予退学处理的决定
南发字 24 号	关于给予刘偲垚记过处分的决定
南发字 25 号	关于李一峻等职务任免的通知
南发字 26 号	关于周震等职务任免的通知

南发字 27 号　关于李霞任职的通知
南发字 28 号　关于周环等职务任免的通知
南发字 29 号　关于撤销吴犇硕士学位的决定
南发字 30 号　关于成立资源循环科学与管理系的通知
南发字 31 号　关于公布第九届全国大学生运动会南开大学组委会成员名单和办事机构成员名单的通知
南发字 32 号　关于同意天津市津为建材经营服务部申请注销的批复
南发字 33 号　关于调整南开大学学生申诉处理委员会委员库的通知
南发字 34 号　关于印发《南开大学校长办公会议工作规则》的通知
南发字 35 号　关于邹玉洁等职务任免的通知
南发字 36 号　关于调整校能源委员会的通知
南发字 37 号　关于印发《南开大学学位评定委员会章程》的通知
南发字 38 号　关于周启星等任职的通知
南发字 39 号　关于涂俊等职务任免的通知
南发字 40 号　关于终止栾琳留校察看处分的决定
南发字 41 号　关于终止李明非留校察看处分的决定
南发字 42 号　关于印发《南开大学控制吸烟实施细则(试行)》的通知
南发字 43 号　关于成立南开大学控烟工作领导小组的通知
南发字 44 号　关于调整校图书工作委员会的通知
南发字 45 号　关于印发《南开大学教职工绩效考核工作指导性意见》的通知
南发字 46 号　关于成立南开大学出版社转制工作领导小组的通知
南发字 47 号　关于调整校军训领导小组的通知
南发字 48 号　关于调整校征兵工作领导小组的通知
南发字 49 号　关于调整校学生资助工作领导小组的通知
南发字 50 号　关于调整校奖学金评审委员会的通知
南发字 51 号　关于成立校本科生招生工作领导小组的通知
南发字 52 号　关于成立南开大学世界经济研究中心的通知
南发字 53 号　关于印发《南开大学人文社会科学研究奖励办法》的通知
南发字 54 号　关于公布 2011 年教师系列专业技术职务聘任名单的通知
南发字 55 号　关于认定部分其他系列专业技术人员任职资格的通知
南发字 56 号　关于认定肖胜利等研究员任职资格、王玲等副研究员任职资格、伍承聪等助理研究员任职资格的通知
南发字 57 号　关于认定周新凯等讲师任职资格的通知
南发字 58 号　关于印发《南开大学国家科技计划项目间接经费管理办法(试行)》的通知
南发字 59 号　关于认定边强等其他系列中级专业技术职务任职资格的通知
南发字 60 号　关于印发《南开大学信息公开实施办法(试行)》的通知
南发字 61 号　关于成立南开大学信息公开工作领导小组及其工作机构的通知
南发字 62 号　关于公布南开大学第八届学位评定委员会及其分组、各学位评定分委员会及其审核组组成人员名单的通知

南发字 63 号　关于调整南开大学财经工作领导小组的通知
南发字 64 号　关于调整南开大学银行贷款资金管理小组的通知
南发字 65 号　关于调整教育部高校辅导员培训和研修基地(南开大学)建设和管理工作委员会的通知
南发字 66 号　关于调整南开大学关心下一代工作委员会的通知
南发字 67 号　关于成立南开大学学生就业工作领导小组的通知
南发字 68 号　关于盛斌等职务任免的通知
南发字 69 号　关于给予买苏提江·阿帕尔留校察看处分的决定
南发字 70 号　关于给予哈丽叶·买买提记过处分的决定
南发字 71 号　关于孟凤林等职务任免的通知
南发字 72 号　关于公布南开大学国家教育体制改革试点工作领导小组成员名单的通知
南发字 73 号　关于成立南开大学明代历史文献整理研究中心的通知
南发字 74 号　关于成立南开大学书画艺术与美学研究中心的通知
南发字 75 号　关于成立南开大学国际发展研究中心的通知
南发字 76 号　关于环境科学与工程学院环境工程与管理系更名的通知
南发字 77 号　关于程同顺等职务任免的通知
南发字 78 号　关于印发 2012 年度 2012 级学生军事技能训练实施方案的通知
南发字 79 号　关于下达 2012 年成人高等学历教育招生计划的通知
南发字 80 号　关于杨立波等职务任免的通知
南发字 81 号　关于终止李学钊留校察看处分的决定
南发字 82 号　关于调整校本科生教学指导委员会及其工作规程的通知
南发字 83 号　关于成立南开大学对口支援工作领导小组的通知
南发字 84 号　关于调整校国家(部门)重点实验室指导委员会的通知
南发字 85 号　关于调整校实验动物管理和使用委员会的通知
南发字 86 号　关于调整校实验动物福利伦理审查委员会的通知
南发字 87 号　关于调整南开大学与解放军总医院合作办学领导小组的通知
南发字 88 号　关于调整校卫生防疫和食品安全领导小组的通知
南发字 89 号　关于调整校计划生育委员会的通知
南发字 90 号　关于调整校环境保护委员会的通知
南发字 91 号　关于调整校绿化委员会的通知
南发字 92 号　关于调整校爱国卫生运动委员会的通知
南发字 93 号　关于撤销校绿色化学化工国家重点实验室筹备申报工作领导小组和工作小组等机构的通知
南发字 94 号　关于调整校大型仪器管理委员会的通知
南发字 95 号　关于给予郑玮开除学籍处分的决定
南发字 96 号　关于给予余敏淑开除学籍处分的决定
南发字 97 号　关于给予王逸楠留校察看处分的决定
南发字 98 号　关于给予魏胜男记过处分的决定
南发字 99 号　关于于宏兵等职务任免的通知

南发字 100 号　关于印发《南开大学本科家庭经济困难学生资助工作实施办法》的通知
南发字 101 号　关于修订《南开大学国家奖学金、国家励志奖学金、国家助学金评选办法》的通知
南发字 102 号　关于修订《南开大学本科学生奖学金评选办法》的通知
南发字 103 号　关于修订《南开大学本科生勤工助学管理办法》的通知
南发字 104 号　关于印发《南开大学本科生学费代缴实施办法》的通知
南发字 105 号　关于表彰第九届全国大学生运动会南开大学优秀志愿者的决定
南发字 106 号　关于表彰第九届全国大学生运动会南开大学先进个人的决定
南发字 107 号　关于取消贾小永等 54 人 2012 级研究生入学资格的决定
南发字 108 号　关于常胜江免职的通知
南发字 109 号　关于翟锦程等职务任免的通知
南发字 110 号　关于修订《南开大学本科学生学则》的通知
南发字 111 号　关于专业学院学术委员会换届工作的通知
南发字 112 号　关于认定黄一等教师系列中、初级专业技术职务任职资格的通知
南发字 113 号　关于认定张钊等博士后人员教师系列中级专业技术职务任职资格的通知
南发字 114 号　关于认定张颖等其他系列、王冰等教育管理研究系列中、初级专业技术职务任职资格的通知
南发字 115 号　关于公布 2012 年自主设置学科名单的通知
南发字 116 号　关于印发《南开大学岗位聘任工作指导性意见(2012 年 9 月—2014 年 8 月)》的通知
南发字 117 号　关于印发《南开大学科级机构及岗位设置和科级管理人员任用暂行办法》的通知
南发字 118 号　关于乔清举等职务任免的通知
南发字 119 号　关于修订《南开大学研究生助管津贴管理办法》的通知
南发字 120 号　关于印发《南开大学本科专业目录(2012 年)》的通知
南发字 121 号　关于开展 2012 年优秀教学成果评奖工作的通知
南发字 122 号　关于印发《南开大学校务委员会工作规则》的通知
南发字 123 号　关于公布新一届校务委员会组成人员名单的通知
南发字 124 号　关于刘景泰等职务任免的通知
南发字 125 号　关于调整南开大学学位评定委员会学士学位分组组成人员的通知
南发字 126 号　关于周申等职务任免的通知
南发字 127 号　关于印发《南开大学 2012 年度专业技术职务评聘工指导意见》的通知
南发字 128 号　关于调整部分专业技术职务评审机构组成人员的通知
南发字 129 号　关于公布 2010—2012 年度实验教学技术成果奖和教学实验室管理成果奖获奖名单的通知
南发字 130 号　南开大学关于同意天津市天骄公关服务中心申请注销的批复
南发字 131 号　关于终止宋芳薇记过处分的决定
南发字 132 号　南开大学公布自主设置目录内二级学科的通知

南办发

文件字号	标　　题
南办发 2 号	关于转发科技处《南开大学"天津市工程技术中心"管理暂行办法》的通知
南办发 3 号	关于启用"南开大学孔子学院工作办公室"印章的通知
南办发 4 号	关于印发南开大学 2012 年工作要点任务分解表的通知
南办发 5 号	关于清明节和"五一"节放假的通知
南办发 6 号	关于启用"南开大学社会建设与管理研究院"印章的通知
南办发 7 号	关于转发党委组织部 2012 年工作要点的通知
南办发 8 号	关于转发党委统战部 2012 年工作要点的通知
南办发 10 号	关于转发校保密委员会 2012 年保密工作要点的通知
南办发 14 号	关于清理规范各类议事协调机构和临时机构的通知
南办发 15 号	转发研究生院关于公布《南开大学天津市高等学校第四期重点学科名单》的通知
南办发 16 号	转发校保密委员会关于调整定密工作小组的通知
南办发 17 号	关于端午节和暑假放假的通知
南办发 18 号	关于切实做好 2012 届毕业生有关工作的通知
南办发 19 号	转发研究生院关于公布南开大学自主设置目录外二级学科(第一批)的通知
南办发 21 号	转发党委学生工作部关于做好 2012 届毕业生就业情况统计分析工作的通知
南办发 22 号	转发校保密委员会关于印发南开大学保密工作制度的通知
南办发 23 号	转发研究生院《关于公布南开大学 2012 年优秀硕士学位论文名单的通知》
南办发 24 号	转发研究生院《关于公布南开大学 2011 年优秀博士学位论文名单的通知》
南办发 25 号	转发研究生院《关于表彰优秀博士学位论文指导教师的通知》
南办发 26 号	转发保卫处关于加强校园消防安全工作的紧急通知
南办发 27 号	关于启用"南开大学教师发展中心"印章的通知
南办发 28 号	关于中秋节和国庆节放假的通知
南办发 30 号	关于启用"南开大学中国公司治理研究院"印章的通知
南办发 31 号	转发校保密委员会《关于规范定密和标密工作的通知》
南办发 32 号	关于启用"南开大学档案工作办公室"印章的通知
南办发 33 号	转发党委宣传部关于举办学习宣传贯彻党的十八大精神征文活动的通知
南办发 34 号	关于元旦和寒假放假的通知
南办发 35 号	关于做好元旦、寒假期间安全稳定工作的通知

学术人物

中国科学院院士(9 人)

申泮文　程津培　葛墨林　饶子和　宋礼成　龙以明　张伟平　周其林　陈永川

中国工程院院士(1 人)

李正名

教育部“长江学者奖励计划”特聘教授(30 人)

饶子和　陈永川　张伟平　周其林　许京军　刘　育　席　真　龙以明　王　磊
王　鹏　李维安　周启星　卜显和　李卫东　陈志刚　董金堂　陈　军　严秀平
刘　林　王慧田　尹芝南　向　荣　程　鹏　张　毅　袁小聪　陈　佺　朱光磊
扶　磊　韩际宏　冯　露

教育部“长江学者奖励计划”特聘讲座教授(15 人)

汪徐家　黄劲松　朱晓夏　沈中华　张土生　张仲寅　马奇英　戴先哲　曾崇纯
Antti Niemi　张洪明　王　奇　雷　鸣　潘多加　何杨辉

国家级有突出贡献的专家(11 人)

张光寅　范　曾　薛敬孝　李正名　朱光华　程津培　卢桂章　项寿鹤　王庆人
陈永川　黄润秋

国务院学科评议组成员(12 人)

冼国明　李维安　龙以明　朱光磊　逄锦聚　陈志强　王慧田　刘　育　王　磊
袁小聪　周启星　柯　平

国家“百千万人才工程”入选者(17 人)

李　毅　陈永川　张伟平　许京军　刘　育　佟家栋　冼国明　卜显和　周启星
田建国　扶　磊　王　磊　严秀平　程　鹏　吴志成　陈　军　孔德领

国家“杰出青年基金”获得者(31 人)

陈永川　张伟平　周其林　刘　育　许京军　严秀平　史林启　田建国　朱晓晴
王　磊　卜显和　陈　军　邵学广　程　鹏　周启星　扶　磊　董金堂　陈　佺
王慧田　刘　林　尹芝南　冯　露　卜文俊　孔德领　崔春明　孙平川　周　军
李宝会　廖　益　胡俊杰　孙红文

国家“千人计划”入选者(9 人)

王　鹏　董金堂　金守光　王志强　潘多加　汤平平　刘　洋　毛洪钧　杨　诚

教育部“跨世纪人才基金”获得者(23人)

刘 育 许京军 卜显和 袁 直 田建国 符方伟 张 琚 李学良 孙 骞
扶 磊 陈 军 郑健禺 孔勇发 陈志强 马君潞 佟家栋 李 毅 王南湜
朱光磊 张 毅 曾晓渝 马建标 陈宗胜

教育部“高校青年教师奖”获得者(9人)

程 鹏 李坤望 佟家栋 李 毅 朱光磊 李维安 张 毅 王先明 邵学广

教育部“教学名师奖”获得者(8人)

朱光磊 顾 沛 程 鹏 佟家栋 陈 洪 申泮文 李维安 李治安

教育部“新世纪优秀人才支持计划”入选者(157人)

申 虹 白承铭 曹又佳 邓少强 高学平 哈全安 朱朝锋 孔德领 史林启
宋 峰 孙红文 孙文昌 唐良富 汪清民 王佰全 王新生 王志耕 武东生
原 新 张国权 朱旭东 陈 威 陈增强 崔春明 冯 露 李 莉 李宝会
刘 刚 刘志远 王利华 王宁宁 吴志成 吴志强 严 正 臧维平 张衡益
张玉利 赵 颖 赵万里 左 旭 陈景灵 程同顺 戴金平 赵 新 方勇纯
江 沛 廖 益 刘士心 乔明强 王立新 薛富兴 尹学博 袁忠勇 张望清
周 军 祝凌燕 白 钢 陈铁红 李国山 李锡龙 林润辉 刘 毅 刘民千
刘伟伟 龙家福 沈伯雄 沈月全 孙甲明 阎国栋 张 驰 张会旗 赵 斌
刘秀贵 刘海涛 杨茂志 杨建军 谢建华 周 震 吴世安 张晓丹 周明华
张心正 乔清举 赵学功 耿传明 梁 琪 周 建 朱旭峰 陈 璟 丁龙云
韩召颖 侯庆虎 李金铮 李 伟 刘艳格 刘智波 渠 瑾 沈立岩 王莹莹
吴学国 薛有志 张伯伟 陈 湧 范小云 方 晖 顾 兵 孔德明 刘风景
刘忠信 楼慈波 Mark Bartlam 乔文涛 王建军 吴 帆 徐 鹤 言天英
叶培新 余新忠 朱守非 意西微萨·阿错 孙卫国 陈建洪 包 群 李勇建
武立东 孙 涛 岳纯之 杨立波 武 莉 张天浩 李兰冬 张拥军 周正洪
刘新奇 罗 义 孔晓红 杨 爽 尹 正 罗振亚 邹长亮 魏正涛 周向锋
李 鑫 姚 颐 许 晖 李宗金 谢志平 马小东 杨志谋 贾向桐 李俊青
田利辉 许光耀 管 健 周志强 陈 絮 刘岳兵

教授名录(773人)

文学院

教授

陈 洪 刘俐俐 卢盛江 赵 季 乔以钢 陶慕宁 石 锋 王志耕 张永敬
曾晓渝 张 毅 孟昭连 李瑞山 孙克强 李春霞 沈立岩 张峰屹 刘 畅
韩长利 罗振亚 吴晓丁 耿传明 薛 义 宁稼雨 孟超美 杨 琳 王红旗

高迎进　李新宇　杨　岚　张　品　孔祥卿　刘运峰　尹沧海　李锡龙　谢　朝　意西微萨·阿错　查洪德　郜积意　张培锋　赵　均　周志强　李　军

高级工程师(教授级)

涂　俊

编审

王之江

历史学院

教授

张分田　乔治忠　李治安　刘　敏　许　檀　杨巨平　常建华　侯　杰　江　沛　王先明　张　思　陈志强　孙立群　元　青　哈全安　刘　毅　王利华　杜家骥　韩　琦　赵伯雄　张荣明　马世力　韩　铁　赵学功　李　凡　余新忠　李少兵　朱彦民　王　萍　王以欣　孙卫国　李金铮　胡宝华　王晓欣　闫爱民　陈　絜　付成双　肖玉秋　杨栋梁

研究员

门连凤　杨令侠　李小林　王　薇　何孝荣　王力平

日本研究院

教授

李　卓　莽景石　刘岳兵

研究员

赵德宇　宋志勇

哲学院

教授

韩　强　李淑梅　任晓明　王南湜　阎孟伟　薛富兴　李国山　李　娜　周德丰　严　正　翟锦程　张晓芒　王新生　乔清举　王左立　吴学国　王建军　陈建洪

法学院

教授

侯欣一　赵正群　朱京安　付士成　何红锋　于语和　张　玲　程宝库　万国华　史学瀛　陈耀东　张　勇　魏健馨　岳纯之　刘士心　左海聪　刘风景　张心向　郑泽善　韩　良　许光耀

周恩来政府管理学院

教授

关信平　王处辉　彭华民　沈亚平　张睿壮　赵万里　汪新建　朱光磊　杨　龙　王　骚　谭　融　李　强　吴志成　金东日　陈钟林　程同顺　韩召颖　唐忠新　袁同凯　徐　行　孙晓春　柏　桦　常　健　孙　涛　周一骑　赵龙跃　朱旭峰

周　详　谭　琳　宣朝庆　季乃礼

外国语学院

教授

吕世生　王宏印　石云艳　李树芬　苏立昌　李　艺　苗　菊　王健宜　段云礼
刘雨珍　陈　曦　阎国栋　韩立红　索金梅　刘　英　李　莉　李　兵　张文忠
王新新　胡翠娥

公共英语教学部

教授

王一普　李　洁　李菊菊　黄跃华　徐月芳　韩丽娜

商学院

教授

刘志远　周晓苏　张继勋　王迎军　于仲鸣　张玉利　侯文华　戚安邦　袁庆宏
薛有志　王全喜　陈国欣　李东进　伍振华　齐善鸿　韩德昌　吴晓云　严建援
王知津　林润辉　周　建　柯　平　李新建　李维安　崔　勋　徐建华　李勇建
李建标　马连福　李　莉　许　晖　于　斌　黄福广　杨　斌　李桂华　于良芝
程新生　张永强　李晓新　申光龙　王永进　王　芳　齐　岳　武立东　焦媛媛
李　姝　刘建华　张　伶　李月琳　任　兵

研究员

孙　跃

经济学院

教授

佟家栋　马君潞　朱铭来　李志辉　何自力　李长英　张世晴　刘纯彬　赵　津
张彤玉　陈建国　景维民　江曼琦　刘骏民　张志超　李坤望　高乐咏　刘重力
江生忠　周　申　李秀芳　赵胜民　段文斌　周立群　逄锦聚　黄兆基　柳　欣
钟茂初　盛　斌　安虎森　王玉茹　冼国明　宫占奎　邱立成　张晓峒　戴金平
蒋殿春　李荣林　原　新　刘秉镰　李建民　范小云　张伯伟　刘　刚　梁　琪
陈卫民　陈国富　张连增　陶　江　龚　刚　胡昭玲　刘　玮　周爱民　陈典发
刘澜飚　刘晓欣　邓向荣　贺京同　陈　英　倪志良　张俊山　谢娟娟　李冰清
包　群　马蔡琛　田利辉　李俊青　刘凤义　周京奎　马建标　陈宗胜　张东刚
郝寿义

研究员

曹小衡　谢思全　朱　彤　孟　夏　葛顺奇　朱镜德　黄　乾　邓宏图　周云波
张　诚

经济与社会发展研究院

教授

王　燕

研究员

杜传忠　白雪洁

旅游与服务学院

白长虹　徐　虹　李天元　王　健

马克思主义教育学院

教授

丁　军　杨永志　杨晓玲　李　毅　杨　谦　寇清杰　邓　红　刘景泉　赵铁锁
张　静　吴克峰　武东生　平章起　赵美玲　高晓雁　刘　娟　付　洪　陈　弘
纪亚光　姬丽萍

汉语言文化学院

教授

王立新　崔建新　卢福波　郭继懋　施向东　田桂民　郑天刚　王吉辉　鲍震培
祖晓梅

研究员

肖胜利

数学科学学院

教授

由同顺　顾　沛　刘春根　郭军义　张春生　王日生　梁　科　邓少强　王　红
刘民千　张震球　王兆军　马世旺　王向军　叶培新　郑奔冰　陈鲁生　杨庆之
孙文昌　朱少红　金应烈　阮吉寿　丁龙云　段火元　张　阳　刘秀贵　朱富海
向开南

陈省身数学研究所

教授

葛墨林　龙以明　张伟平　符方伟　扶　磊　吴志强　陈景灵

研究员

朱朝锋　白承铭

组合数学中心

教授

陈永川　李学良　高维东　路在平　杨立波

研究员

侯庆虎

物理科学学院

教授

许京军 李乙钢 缪炎刚 赵 柳 申 虹 孟新河 孙甲明 李宝会 刘玉斌
赵丽娟 朱 箭 宋 智 李任植 李川勇 喻纯旭 张小兵 臧维平 田建国
孔勇发 宋 峰 孙 骞 张国权 张天浩 罗延安 陈志刚 姚江宏 李树杰
李俊英 陈 璟 王玉芳 杨茂志 张心正 廖 益 王慧田 李玉栋 魏正涛
Romano A. Rupp 张立新 张连众

研究员

曹亚安

高级工程师(教授级)

舒永春 张 玲

生命科学学院

教授

饶子和 耿运琪 王 勇 叶丽虹 卜文俊 李翠凤 金守光 牛淑敏 刘 方
王 磊 陈 佺 李后魂 王宁宁 高玉葆 宋文芹 石福臣 冯喜增 陈月华
陈 强 刘国卿 王新华 张 涛 李明刚 陈德富 李明春 郑坚瑜 张晓东
乔明强 孔德领 曹又佳 宋存江 董金堂 刘燕强 白艳玲 王淑霞 古 松
尹芝南 吴世安 宁 文 赵立青 胡俊杰 邓 涛 刘 林 朱旭东 周 军
沈月全 韩际宏 龙加福 刘新奇 杨 军 王淑芳 洪章勇 乔文涛 吴卫辉
马克·巴特拉姆 王永健 门淑珍 杨志谋 陈凌懿 蔡 峻 欧来良 陈喜文
任安芝

研究员

张 琚 吴秀英

高级工程师(教授级)

李秀兰

泰达生物技术学院

冯 露 王金忠 王 颖 曹勃阳

医学院

教授

朱天慧 刘 文 张京玲 汪 洋 孔晓红 向 荣 杨荣存 杨 卓 沈啸洪
李宗金 车永哲

化学学院

教授

申泮文　王　维　黄唯平　杨光明　程　鹏　李　伟　严秀平　宋礼成　李卫东
刘　育　程津培　崔春明　朱晓晴　王佰全　杨池明　阮文娟　李正名　史林启
陈朗星　郑吉民　席　真　李一峻　刘　欣　李立存　李文友　赵汉英　刘双喜
关乃佳　陈　军　陈铁红　郑文君　李　靖　孙　波　孙怀林　唐祥海　董襄朝
周其林　徐效华　吴　强　张守民　渠　瑾　陈永胜　唐良富　张智超　张会旗
孙宏伟　范志金　黄　有　尚贞锋　石可瑜　周正洪　邱晓航　邵学广　张　弛
黄积涛　何良年　张拥军　蔡文生　王忠文　贺峥杰　袁忠勇　赵　斌　张明慧
孔德明　陈　湧　尹学博　苗志伟　叶世海　黄　毅　梁广鑫　郝邦增　李朝兴

研究员

卜显和　汪清民　张衡益　王贵昌　孙平川　赵卫光　高学平　邹小毛　郭天瑛
王一菁　李晨曦　阎虎生　张政朴　杨化滨　袁　直　郑健禺　徐凤波　言天英
周　震　谢建华　张望清

高级工程师(教授级)

赵国锋　刘桂龙　王亦农

信息技术科学学院

教授

杨愚鲁　白　刚　袁晓洁　徐敬东　袁小聪　陈增强　邵秀丽　赵　新　陈秋双
刘国华　刘　晖　方勇纯　孙青林　许　静　赵新杰　张建忠　赵加祥　张伟刚
赵　颖　刘伟伟　常胜江　孙桂玲　孟志国　刘景泰　张建勋　周玉龙　辛运帏
李国峰　朱晓农　顾泽苍　陈万义　戴宇杰　王庆人　敖建平　贾春福　左　旭
卫金茂　方　晖　刘艳格　张小兴　吴　虹　张红光　刘海涛　张德贤　王　刚
刘维一　刘忠信　杨建军　刘　波　贾芸芳

研究员

张建军　孙　云　耿卫东　林　列　王富春　张晓丹

高级工程师(教授级)

赵庚申

软件学院

教授

黄亚楼　程仁洪　高铁杠　张　波　李庆诚　刘晓光

高级工程师(教授级)

马　捷

环境科学与工程学院

教授

孙红文 朱 琳 陈 威 李慧明 鞠美庭 王玉秋 黄岁樑 李洪远 周启星
沈伯雄 周明华 王莹莹 刘 璐 徐 鹤 祝凌燕 刘东方 于宏兵 冯银厂
王建友 罗 义 唐景春 漆新华 毛洪钧 刘 洋

研究员

王南林

药学院

教授

王 鹏 白 钢 沈炳谦 郗日沫 李鲁远 陈 悦 尹 正 林建平 李月明
杨 诚

体育教学部

教授

杨向东 冯永丽 高 谊 游江波

滨海学院

教授

张东升

机关

教授

孙广平 杨克欣 艾跃进 袁 辛 赵桂敏

研究员

薛进文 张式琪 张万光 王惠兰 翟兆魁 张志尧 苏明辉 杨庆山 李小肃
张 亚 高海燕 白云龙 杜长有

高级工程师(教授级)

张思为

研究馆员

王刚夫

学报编辑部

教授

姜胜利

跨文化研究中心

译审

滕建辉

图书馆

研究馆员

王娟萍　张伯山　江晓敏　陈成桂　穆祥望　邓克武

出版社

编审

张　蓓　莫建来　纪益员　胡晓清　陈　岩　张　彤

研究员

周素华

高等教育研究所

教授

闫广芬　张晓唯　陈巴特尔

研究员

宋秋蓉

后勤管理办公室

主任医师

石玉荣　董瑞玲

研究员

王雁飞

资产经营公司

高级工程师(教授级)

周占明

名誉教授(58人)

张明瑞　袁家骝　科斯比　李　浩　李政道　贝切勒　基辛格　厉鼎毅　朱卓任
杨振宁　李远哲　亚当斯　金大中　杨忠道　伊尔斯　林继俭　朱经武　林家翘
尼伦伯格　法捷耶夫　池田大作　罗伯特·蒙代尔　克林克曼　韩素音　朱鹏年
陈万华　李行伟　查良镛　泽尔腾　奥西波夫　久曾神升　安相洙　武田信照
肯尼思·沃尔兹　詹姆斯·莫里斯　罗马诺·普罗迪　田佳美　彼得·乔治
洛朗·法比尤斯　格林·戴维斯　Richard J·Roberts　Aaron Ciechanover
Timothy. A. Springer　Richard Stanley　Stephen P. Goff　Andrew McMichael

Fred Wudl　Assar Lindbeck　Richard Flavell　George Andrews
Patricia Anne Nuttall　Alan Finke　Paul H. Rabinowitz　Noriyoshi Sakabe
Peter Charles Doherty　Neil William Isaacs　Jean－Pierre Bourguignon
K. Barry Sharpless

客座教授(376 人)

杨登贵　王言明　徐　雷　陈耀明　宝建中　冯哲川　梁定邦　朱力行　李稻葵
张俊森　张俊喜　武常岐　王苏生　李又欣　张建波　纪晓辉　何建宗　杨振寰
林　南　程广禄　梅祖麟　坂本琉璃　王耿介　王念祖　蒲慕明　稻田耕一郎
夏天长　加德纳　何国梁　胡德伟　黎汉明　乔玲丽　吴健福　陈新滋　筏义人
海　斯　成露西　田中和夫　索罗斯　中岛章夫　皮格纳塔罗　潘毓刚　周耀歧
霍尔希　田中隆庄　笠原十九司　井户田侃　韩德扬　施略德　杰夫里·龙因
段开龄　叶嘉莹　傅雷鸣　明石春浦　詹姆斯葛登纳　李华伟　斋藤博　陈德恒
诺斯基　蒋隆科　马忆华　曹希仁　挂川晖夫　竹本喜一　人见胜人　今西幸男
科　恩　谢灵顿　潘宗光　王　冀　史泰默　周元朗　田边信治　佐佐木健一
杨伟国　张　鑫　柯特茨　刘君若　朱树豪　卫藤沈吉　江藤守总　江口圭一
谢正刚　许立达　邱获蒙　胡宝星　V. A. 达凡科夫　田中隆治　立石信雄
孙　梅　李忠熹　王学荆　朱鹏年　查理·伍德　马修·蒂雷尔　克林克曼
舒其望　罗杰·米尼尔　王士元　乔　伟　王保强　斋藤道彦　陈捷先　彭炳进
黄荣春　伊住宗晃　张明杰　大火田笃四郎　土田英俊　千宗之　岛田多喜子
肖　文　饶馀庆　山田辰雄　L. P. 沃克特　支志明　森清范　黄清溪　关海山
韩荣国　木村创　富永健一　和野元昭　水野忠恒　郑天佑　吴　奇　陈北方
V. 罗格哈文　山根幸夫　桥本寿朗　梁天培　李竞生　赵　康　B. L . 普罗兹
J . 帕雷　赵启光　刘遵义　范维凯　小野寺忍　辛世文　王贵国　林达·格洛夫
罗伯特·霍纳德　威廉·罗斯韦尔　张洪年　丁邦新　朱　葆　罗梅君　李　革
秋山仁　新井郁男　加纳干雄　青木利晴　香坂昌纪　宫川俊彦　服部千春
杨允中　史狄夫·克拉克·洛克菲勒二世　古德曼　朱晓夏　李　钰　廖伟民
高崎泰明　岩国哲人　安东尼·加罗蒂尼奥　迈克尔·萨达克斯　J. D. 洛克
王大栋　张　雯　戴维廉　李　钟　曾宪章　约翰逊　山崎泰彦　昼马辉夫
张伯礼　金　奇　张　磊　袁锦泉　江　燕　朱荫贵　戴一峰　王寒松　徐引篪
谢作伟　郭海成　钱小安　陈志刚　张宪文　陈学飞　裘元伦　徐二明　吴世农
席酉民　魏迎远　王乃静　孙昌璞　何小刚　顾海良　林茱莉　陈永庆　杨仁敬
张基福　蔡茂诚　田　丰　王建方　贡华章　郭一令　贾长华　王　蒙　詹晓宁
唐方方　吴仰儒　吕述望　杨巨平　鲍元恺　王小慧　邱晓华　余永定　万　有
杨恩辉　周　立　曹幸穗　郭克莎　李北海　汪　晖　董乃斌　王铁琨　黄范章
陈启云　蒋仕斌　黄小同　崔　健　张洪杰　林振阳　李君如　贾国成　杨　坚
张振家　张　范　张金生　徐益明　唐双宁　郑兰荪　李　航　蔡文桐　刘长乐
樊建平　林毅夫　张朝阳　齐　众　杨雄里　李新正　黄大卫　唐国强　麦　耘
苗振伟　沈　平　赵　宇　邱菀华　汪寿阳　朱道立　李一军　丁原洪　刘丹青

马庆国　种　康　马克平　肖怀远　金永健　吴朝安　何学秋　康　乐　王　夔
张文中　张洪明　胡志德　汤天申　冯胜利　姚储枫　萧启庆　荣立军　张　震
道江义赖　山下彰一　科诺辛格　小川健夫　小林重顺　格泽戈雷兹·科勒德克
奥列格·博格莫洛夫　迈克尔·多伊尔　琼·瓦伦蒂娜　陈家洵　山姆·森德
约瑟夫·休斯　阿迪·艾森伯格　加加美光行　格雷希拉·齐齐尔尼斯基
克里斯蒂安·乌德　杰克·尼奇　约翰·库特　格雷厄姆·郝吉斯　小长井诚
席慕容　窦士学　许　浚　马维英　北川进　奥山忠信　清水啓典　威兼·科恩
福尼尔·迪蒂尔　麦克欣·利尼尔　罗杰·威尔士　黛安娜·布雷瑟顿　徐志红
乔恩·汉森一保尔　乔恩·皮德尔森　彼得·伊克伦德　平川均　阿兰·卡洪
姜钟平　邱永和　赵利济　侯维忠　艾　恺　张明杰　徐　杰　聂书明　吴传跃
梁锦松　李长存　李行德　高大伟　金在烈　坂部知平　赤池敏宏　森田茂纪
乔帝·查托帕海雅亚　里卡多·谢飒　星野昭吉　道格拉斯·迪安·奥谢罗夫
柳佑益　陈文茜　陈靖涵　Ole A. Saether　Colin Storey　Rita Wong
Herbert W. Roesky　James Z. Lee　Pedro Alvarez　Toshio Fujita
Thomas Heberer　Maqsudul Alam　Vernon D. Parker　Li Yu—ning
Mark Wiesner　Chou Wen—chung　Tomo Razmilovic　John G. Watson
Judith C. Chow　Khalil A. Ham　Thomas Yili Huang　John Naisbitt
Peter. A. Englert　Mason Tomson　Frank Newman　Karl Barry Sharpless
Jay Barney　Doris Naisbitt　Oliver Braddick　Janet Atkinson　Amy Kan
Leszek Borysiewicz　Heimut Klocker
（备注：截止时间为 2012 年 12 月 31 日）

机构与负责人

校级领导

党委书记 薛进文
校　　长 龚　克
党委副书记 杨庆山　刘景泉　张式琪　杨克欣
副 校 长 杨克欣(兼)　许京军　佟家栋　关乃佳　朱光磊　孙广平
纪委书记 张式琪(兼)

校长助理、教务长、总会计师

校长助理 冼国明　刘秉镰
教 务 长 朱光磊(兼)
总会计师 孙广平(兼)

校党委常委

薛进文　龚　克　杨庆山　刘景泉　张式琪　杨克欣　佟家栋　关乃佳　朱光磊
孙广平　张　亚

校党委委员

(按姓氏笔画为序)

王丽平　王富春　田　冲　白云龙　朱光磊　刘　育　刘景泉　关乃佳　孙　骞
孙广平　苏明辉　李　靖　杨庆山　杨克欣　杨清海　吴志成　佟家栋　邹玉洁
沈亚平　张　亚　张玉利　张式琪　陈　军　冼国明　夏静波　高海燕　龚　克
景维民　薛进文

校纪委委员

(按姓氏笔画为序)

卜文俊　平章起　杜长有　李　元　李小肃　张式琪　张亚辉　高　键　翟兆魁

校务委员会成员

主　任 薛进文
副主任 龚　克　洪国起　侯自新　杨庆山　刘景泉　张式琪　焦　玮
委　员 (以姓氏笔画为序)
卜显和　马君潞　王文俊　尹芝南　孔繁丰　卢桂章　叶向明
乐国安　冯　露　冯小品　朱　坦　朱天慧　刘士聪　刘振祥
刘景泉　李宝会　李喜所　李德福　杨　龙　杨庆山　吴本湘
吴功宜　扶　磊　张　毅　张玉林　张式琪　张伟平　张秀珍
张景荫　陈志强　陈晏清　周立群　孟昭华　赵秀清　赵铁锁
南炳文　侯文强　侯自新　侯钧生　洪国起　顾　沛　席　真

阎世平　龚　克　葛墨林　焦　玮　廖代正　薛进文　霍耀秀
学生会主席　研究生会主席

注:校务委员会办事机构挂靠学校办公室,张亚为校务委员会秘书。

校学术委员会成员

主　　任　龚　克
副 主 任　(按姓氏笔画为序)
龙以明　陈　洪　周其林　冼国明
委　　员　(以姓氏笔画为序)
卜文俊　王　磊　王南湜　王新生　左海聪　龙以明　田建国
白长虹　朱光磊　向　荣　刘　育　刘志远　刘景泉　关信平
许京军　严秀平　李　兵　李治安　李鲁远　杨栋梁　佟家栋
张玉利　张伟平　陈　军　陈　洪　陈永川　周启星　周其林
冼国明　赵　颖　逄锦聚　袁晓洁　耿运琪　龚　克　曾晓渝

校学位评定委员会成员

主　席　龚　克
副主席　许京军　佟家栋　朱光磊
委　员　(以姓氏笔画为序)
王　磊　王新生　左海聪　龙以明　朱晓农　向　荣　刘　育
刘玉斌　刘景泉　关乃佳　李　兵　李　靖　李治安　杨栋梁
张玉利　陈　洪　周启星　周其林　冼国明　逄锦聚　袁晓洁

机关各部门、工会、教代会、团委负责人

部门名称	正职	副职
办公室	张　亚	刘文华(兼)　邢志杰　孙　玮　李向阳
组织部	孔令国	王　君　牛文利
党　校	薛进文(兼)	孔令国(兼)
干部教育培训基地办公室	张玉利(兼)	王　君(兼)
宣传部、新闻中心	邹玉洁	丁　峰　马长虹
统战部	赵桂敏	
纪委、监察室	翟兆魁	谢桂玲(正处级)　李　元　夏春田
学生工作部、学生工作办公室、武装部	杜长有	邵庆辉　郑宝金　刘月波　高志勇　赵清泰
教代会、工会	刘景泉(兼)	王惠兰(正处级)　付　洪　孙　骞(兼)　李晓肃(兼)

		夏静波(兼) 崔 勋(兼)
团委	方 伟	李 康 计景成 贺文霞
保密办公室	李长利	
机关党委	张式琪(兼)	苏明辉(正处级)
研究生院	佟家栋(兼)	李 靖(正处级) 申丽梅(正处级) 盛 斌(正处级) 王 凤(兼) 林淑艳 申丽梅(兼) 王刚夫 王成辉
研究生工作部	王 凤	王世恒
"211"、"985"工程办公室	黄唯平	李坤望
发展委员会办公室	张 亚(兼)	曾利剑
校友工作办公室	张 亚(兼)	曾利剑(兼)
战略发展研究部	翟锦程	张 健
人事处	苏 静	韩 旭
医保管理办公室		程铁民
教务处	杨光明	刘立松 季纳新 蒋雅文
科学技术处	田建国	张剑影 王 巍
专利和知识产权管理办公室		贺京同
社会科学研究管理处	翟锦程	管 健
国际学术交流处	高海燕	种 健 林润辉
港澳台事务办公室	高海燕(兼)	种 健(兼)
孔子学院工作办公室	高海燕(兼)	李 莉
财务处	王丽平	许文毅 张红星
审计处	高 键	张 波
实验室设备处	张万光	许宏山 翟春红
校产管理办公室	张思为	张志尧(兼) 高红梅
保卫处	白云龙	冒乃健 王志忠
离退休人员管理处	周德喜	宋燕平 张 岚
招投标管理办公室	李晓肃	吴晓晨 董丽静
南开大学天津大学合作办学管理办公室	田 冲(兼)	

各学院负责人

学院名称	**正职**	**副职**
文学院	乔以钢 沈立岩	翟明睿 李瑞山 罗振亚 冯大建
历史学院	门莲凤 杨栋梁	蓝 海 王利华 江 沛 高艳林 刘 毅
哲学院	李 君	杨晓峰 李国山 陈建洪 胡 军

	王新生	
外国语学院	张亚辉	邢丽芳　王一普　李　艺　焦艳婷
	李　兵	
法学院	付士成	李　悦　侯欣一　陈耀东　孙玉静
	左海聪	
周恩来政府管理学院	王　慧	奚先来　汪新建　常　健　李红钢
	吴志成	孙　涛
马克思主义教育学院	平章起	马亚男　寇清杰　陈　平
	纪亚光	
汉语言文化学院	肖胜利	王　坚　肖胜利(兼)　刘春兰
	王立新	
经济学院	景维民	魏占玲　张伯伟　范小云　万　俊
	梁　琪	
商学院	孙　跃	刘立新　刘志远　薛有志　韩德昌
	张玉利	王永进　崔　勋　张志刚
旅游与服务学院	陈　敬	乔丽梅　周福才　刘　凯　徐　虹
	白长虹(兼)	
数学学院	田　冲	易勇军　梁　科　姜立滨　王日生
	郭军义	李学良　王兆军
物理科学学院	孙　骞	王胜利　李川勇　南晓宇　罗延安
	刘玉斌	
化学学院	郝邦增	郑　龙　程　鹏　郑健禺　袁　直
	刘　育	席　真　张守民
生命科学学院	吴秀英	何璟炜　刘　方　乔明强　周　军
	卜文俊	徐　波
环境科学与工程学院	王南林	郭呈才　孙红文　鞠美庭　谢藏娥
	周启星	
信息技术科学学院	王富春	胡　军　孟志国　薛　牧　袁小聪
	袁晓洁	张建军　方勇纯　孙桂玲
医学院	刘　文	张开显　刘　文(兼)　唐路扬
	向　荣	孔晓红　倪　红
药学院	刘艳霞	马　晶　白　钢　李月明
	尹　正	
软件学院	黄家友	韩　玲　程仁洪　张　波　沈祖庭
	袁晓洁(兼)	刘晓光
泰达学院	冼国明(兼)	崔满顺　夏静波(兼)　毛峻坎
	夏静波	陈建国　张　鹏
泰达应用物理学院	Romano A Rupp	孔勇发
泰达生物技术学院	王　磊	尹春燕

直属、附属单位负责人

部门名称	正职	副职
体育教学部	高建军	高　谊　张永荣
迎水道校区	张德宝	刘树国　王树强
图书馆	元　青 张　毅	穆祥望　王娟萍
出版社	周素华 孙克强	纪益员　张　蓓
直属单位党委	陈　敬	
档案工作办公室、档案馆	史永红	
信息化建设与管理办公室	张四海	唐柏权
学报编辑部	姜胜利	韩召颖
现代应用技术研究院	许京军(兼)	高　翔(正处级)
伯苓学院	许京军(兼)	卜文俊(兼)
教师发展中心	沈亚平(兼)	
附属小学		李树花　黄旭东
接待服务中心	刘文华	朱晓文　林国禄
远程与继续教育党总支	白长虹	
继续教育学院	白长虹(兼)	
远程教育学院	白长虹(兼)	徐　雷
后勤党委	孙广平(兼)	曲　凯(兼)　赵学锋 王利文(兼)
后勤管理办公室	曲　凯	狄开莲
校医院		齐善鸿
房产管理处	李秀林	袁　伟
基建规划处	于　海	李兆群　马瑞萍
新校区规划建设指挥部		郭　强　郭　伟
膳食服务中心	张　嵩	许立群　杨　捷
动力供应与维修中心	王利文	严　骏
校办企业党委	张志尧	段爱龙
资产经营有限责任公司	佟家栋(兼) 张志尧(兼)	周占明　段爱龙(兼)　高红梅(兼)
改制企业留守管理中心		周占明(兼)
驻深圳办事处	张　亚(兼)	赵雨清
离退休党委	周德喜(兼)	韩明亮
滨海学院	张东升 张景荫	李玉峰(正处级)　陈庆璠　李维祥

研究机构负责人

部门名称	正职	副职
陈省身数学研究所	扶　磊	王志强　白承铭
高等教育研究所	沈亚平	闫广芬
日本研究院	宋志勇	
社会建设与管理研究院	关信平	
经济与社会发展研究院	刘秉镰(兼)	王迎军(正处级)
中国 APEC 研究院	盛　斌(兼)	吴弘宝
金融发展研究院		马君潞(正处级)　戴金平(兼)　田利辉
滨海开发研究院	赵启正	周立群(正处级)　刘　刚
跨文化交流研究院	陈　洪	赵启光(兼)　高海燕(兼)　滕建辉
重症医学暨器官移植研究院	沈中阳(兼)	

国家重点实验室、教育部重点研究基地负责人

部门名称	正职	副职
元素有机化学国家重点实验室	周其林	席　真(兼)　崔春明
药物化学生物学国家重点实验室		尹　正(兼)　沈月全　严秀平
农药国家工程研究中心(天津)	李正名	赵卫光
中国社会史研究中心	常建华	张国刚(兼)　余新忠
世界近现代史研究中心	杨栋梁(兼)	韩　琦
APEC 研究中心	宫占奎	吴弘宝(兼)　刘晨阳
政治经济学研究中心	逄锦聚	周立群(兼)　陈宗胜(兼)　柳　欣
跨国公司研究中心	冼国明(兼)	戴金平　蒋殿春
中国公司治理研究院	李维安(兼)	武立东　马连福
人权研究中心	薛进文(兼)	常　健(兼)　夏静波(兼)

学科建设

学 科 建 设

学科建设情况

年末，有博士学位授权一级学科 29 个（哲学、理论经济学、应用经济学、法学、政治学、社会学、马克思主义理论、中国语言文学、外国语言文学、考古学、中国史、世界史、数学、物理学、化学、生物学、生态学、统计学、光学工程、材料科学与工程、电子科学与技术、控制科学与工程、计算机科学与技术、环境科学与工程、软件工程、临床医学、管理科学与工程、工商管理、公共管理），博士点 172 个；硕士学位授权一级学科 15 个（民族学、教育学、心理学、新闻传播学、艺术学理论、美术学、设计学、信息与通信工程、生物医学工程、安全科学与工程、植物保护、基础医学、口腔医学、药学、图书馆、情报与档案管理），硕士点 231 个，硕士专业学位点 24 个。有博士后科研流动站 27 个（数学、统计学、物理学、化学、生物学、生态学、光学工程、环境科学与工程、植物保护、控制科学与工程、理论经济学、应用经济学、工商管理、中国语言文学、中国史、世界史、考古学、外国语言文学、电子科学与技术、社会学、哲学、政治学、马克思主义理论、材料科学与工程、图书馆情报学与档案管理、计算机科学与技术、管理科学与工程）。有一级学科国家重点学科 6 个（理论经济学、应用经济学、历史学、数学、化学、光学工程，覆盖 35 个二级学科），二级学科家重点学科 9 个（中国古代文学、马克思主义哲学、政治学理论、农药学、动物学、微生物学、光学、环境科学、企业管理）；一级学科天津市重点学科 27 个（哲学、理论经济学、应用经济学、法学、政治学、社会学、马克思主义理论、中国语言文学、外国语言文学、中国史、世界史、数学、物理学、化学、生物学、生态学、统计学、光学工程、材料科学与工程、电子科学与技术、控制科学与工程、计算机科学与技术、环境科学与工程、植物保护、管理科学与工程、工商管理、图书情报与档案管理）。

本年度制定《南开大学关于遴选“天津市高等学校第四期重点学科”工作方案》，我校哲学、理论经济学、应用经济学、法学、政治学、社会学、马克思主义理论、中国语言文学、外国语言文学、考古学、中国史、世界史、数学、统计学、物理学、化学、生物学、生态学、光学工程、控制科学与工程、计算机科学与技术、环境科学与工程、软件工程、植物保护、基础医学、药学、管理科学与工程、工商管理、图书情报与档案管理共 29 个一级学科申请参加评估。其中 27 个一级学科获批天津市第四期重点学科。

批准设置交叉学科 4 个，目录外二级学科博士点 24 个，硕士点 5 个。

正式发布《南开大学学位评定委员会章程》（南发字[2012]37 号）。开展南开大学学位评定委员会及其分组、各分委员会及其审核组的换届工作。

经全国医学专业学位研究生教育指导委员会审核,国务院学位委员会批准我校临床医学专业硕士学位下设“全科医学领域”。

新认定博士生指导教师资格 36 人(含兼职 9 人),选聘博士生指导教师共 657 人(含兼职 108 人)。新认定硕士生指导教师资格 16 人。

经校学位评定委员会八届二次会议审定,推荐 8 人的博士学位论文参评 2013 年全国优秀博士学位论文。开展我校和天津市优秀硕士学位论文推荐评选工作。推荐硕士学位论文 21 篇。

“211 工程”建设

组织校内专家匿名评审 18 个建设项目的总结报告。汇总专家评审意见反馈各建设项目。召开“211 工程”三期建设子项目验收交流会,校内验收专家组对各建设项目的建设任务完成情况和资金使用情况进行了验收,并提出了针对性意见。在各项目总结报告基础上,撰写完成《南开大学“211 工程”三期总结报告》。

根据“211 工程”部际协调小组办公室的要求,南开大学“211 工程”三期建设经过了网络验收、抽查验收和第三方验收。向教育部提交《南开大学“211 工程”三期总结报告》、《“211 工程”三期重点学科建设项目总结报告》、《“211 工程”三期创新人才培养项目总结报告》、《“211 工程”三期队伍建设项目总结报告》、《“211 工程”三期子项目验收专家组意见》和《“211 工程”三期建设项目审计报告》,接受验收专家的网络验收。7 月,龚克校长向教育部验收专家组现场汇报了南开大学“211 工程”三期建设任务完成情况、取得的建设成效以及专项资金使用情况。受国家三部委委托,北京华盛中天国际咨询有限责任公司根据《南开大学“211 工程”三期专项资金汇总表》和《专项资金执行与预算执行对照表》等材料,对南开大学的专项资金使用管理情况、使用效益等进行评审。12 月,“211 工程”部际协调小组办公室反馈了国家验收结果,南开大学较好地完成了“211 工程”三期建设任务,实现了预期目标。

“985 工程”建设

按教育部下达的预算控制数 8000 万元,组织各项目编报 2013 年度中央专项资金预算文本,通过教育部委托的中介机构的审核。本年度到校中央专项资金 19000 万元,划拨项目经费 21003 万元,其中队伍建设经费 11400 万元,学科建设项目经费 9603 万元。

按照《关于召开“985 工程”建设座谈会的通知》(教重办[2012]1 号)要求,组织校内各建设项目完成“985 工程”阶段总结,撰写《南开大学新一轮“985 工程”建设阶段性总结报告》,总结阶段建设目标和任务完成情况、改革方案的实施情况、资金使用管理情况、项目管理情况以及建设中存在的主要问题等。

为适应新一期“985 工程”建设的需要,对原有“985 工程”管理文件进行修订,形成《南开大学“985 工程”建设管理办法》、《南开大学“985 工程”专项资金管理办法》和《南开大学“985 工程”仪器设备购置管理办法》修改稿。

根据“985 工程”绩效考核的指标参数,汇总各学科建设单位的数据,完成 2012 年各学科建设项目的绩效数值测算和审核。

根据《关于推荐“2011 协同创新中心”评审专家的通知》(教技司 2012[246]号)要求,推荐“2011 计划”评审专家 190 人,其中校内专家 75 人,校外专家 115 人。

(撰稿人:史国荣 王刚夫等)

教育教学

普通本科生教育

概况

年末，有本科专业76个，其中哲学类3个，经济学类6个，法学类6个，文学类11个，历史学类3个，理学类19个，工学类9个，医学类2个，管理学类14个，艺术学类3个。有基础学科人才培养基地9个（数学、物理、化学、生物技术、生物科学、中文、历史、哲学、经济学），文化素质教育基地1个。

落实素质教育实施纲要

结合《南开大学素质教育实施纲要（2011—2015）》，开展了新时期我校各专业“公能”素质人才培养目标与方案的有关工作。各单位通过研讨，制定出了各单位素质教育实施纲要的落实方案与工作计划，并已逐步实施。各学院根据会议要求，确定了具有专业特色、体现专业实力的人才培养目标，并制定出了“公能”素质人才培养方案。各专业结合学校施行夏季学期有关要求，完成了夏季学期教学计划、课程设置、课程安排等相关工作。

教学改革

完成年度“天津市普通高等学校本科教学质量与教学研究计划”申报工作，立项20项，其中重点项目5项，一般项目15项。

启动年度校级教育教学改革立项工作。

启动年度校级教学成果奖励工作，积极筹备天津市及国家级教学成果奖遴选组织推荐工作。

专业建设

根据《教育部关于印发〈普通高等学校本科专业目录（2012年）〉〈普通高等学校本科专业设置管理规定〉等文件的通知》（教高[2012]9号），完成我校现设本科专业整理工作。

完成年度新增本科专业的申报工作，上报国际商务、服务管理、物联网工程、城市管理4个本科专业。

完成教育部“专业综合改革试点项目”的申报工作，推荐旅游管理、生物技术2个专业参加教育部遴选。

开展年度“新专业建设立项”工作，投入120万元资助口腔医学、分子科学与工程、药学、德语、资源循环科学与工程、智能科学与技术、信息安全等7个新专业建设。完成“南开大学2011年新专业建设立项”结项检查工作。

课程建设

文学院叶嘉莹教授主讲的“小词中的修养境界”、生命科学学院蔡峻教授主讲的“生命科学漫谈”、周恩来政府管理学院管健副教授主讲的“心理学与生活”、哲学院薛富兴教授主讲的“美与生活”入选2012年度教育部精品视频公开课名单。

完成21门原国家级精品课程的转型升级为精品资源共享课工作。

面向承担公共基础课程教学任务的单位,开展“公共基础课程”改革立项,全面推动公共基础课程改革。

召开第二批文化素质教育核心课程建设立项评审会。第二批文化素质教育核心课程建设立项共9门,涵盖我校文史艺术等学科领域。

完成“十二五”普通高等教育本科国家级规划教材的第一次推荐遴选工作,共推荐教育部“十二五”国家级规划教材推荐教材419册。

启动2012年度校级教材建设立项工作,立项24项,4项获重点支持。

合作办学

按照“独立办学,紧密合作”的模式,继续与天津大学合作办学。天津大学有92名学生获得我校金融学专业经济学双学士学位,27名学生获得南开大学分子科学与工程专业理学双学位,4名学生获得南开大学光电子技术科学专业工学双学位;我校学生获天津大学工商管理专业双学位76人,获天津大学分子科学与工程专业双学位18人,获天津大学光电子技术科学专业双学位3人。

批准修天津大学工商管理双学位120人,批准接收天津大学修读我校金融双学位学生120人。

2011—2012学年第二学期和2012—2013学年第一学期,天津大学每学期为我校开设3至4门公共选修课程,南开大学为天津大学每学期开设5门公共选修课程。

教学教务管理

更换公共教学楼多媒体教室多媒体设备的计算机主机109台、投影机29台、8间教室的空调和全部多媒体教室读卡器(121个)。更新公共计算机机房更新全部计算机,包括迎水道校区共526台。

学校本部公共教室建成标准化考场,实现国家级考试每个考场和发卷点实时上传视频和声音。

在第二主楼增加5台触摸屏查询系统,改造教师休息室门禁系统,更换大厅显示屏。

完成教学教务信息系统基本升级工作,启用新的功能,如排考系统;本年全部实现学校本科生课程在教务系统的排考和网上排考信息发布、查询。

师资培养与访问学者

接受国内访问学者进修教师67名,其中教育部青年骨干教师国内访问学者16名,一般国内访问学者19名;进修教师32名,其中教育部质量工程对口支援进修教师22名,一般进修教师10名。派代表出席高等学校青年骨干教师国内访问学者项目工作研讨会。

以举办本科教学观摩会的形式庆祝第28个教师节。党委书记薛进文、校长龚克分别观摩了由经济学院李志辉教授主讲的“商业银行管理学”和生命科学学院李登文副教授主讲的“生物化学”。

文化素质教育

举办包含数学之美论坛、人文知识竞赛、文化素质教育课程管理优秀奖评选、十佳校园记者评选等活动的第十一届南开大学大学生文化素质教育节,并对在年度大学生文化素质教育工作中做出贡献的集体和个人进行表彰。

在三北、四川地区高校文化素质教育工作中发挥协调作用,与四川师范大学组织承办“三北四川片”文化素质教育理论研讨会,来自三北四川地区共有200余名高校代表参加会议。

积极参加中国高等教育学会大学素质教育研究会年会暨高层论坛,作大会报告。会议对第一届大学素质教育优秀研究成果进行表彰,文学院陈洪教授主持的《大学生母语文化素质教育研究与改革》、数学科学学院顾沛教授主持的《南开大学数学文化课程的建设与推广》获得试验成果类一等奖,文学院文化素质教学部主任杨岚教授主持的《南开大学艺术教育公选课教学模式改革探索》获得试验成果类二等奖,物理科学学院李川勇教授主持的《自主组织系列讲座提升大学生的综合素质》获得试验成果类三等奖。

全年编辑发行《南开本科教学》12 期。

支持文化素质教学部每学期开展文化素质课程汇报演出,积极探索公选课考试改革,改变过去单纯以期末考试定分数的惯例,对学生实际表演能力进行考查,让学生登上舞台展示自己的学习成果,实现了第一课堂和校园文化的有机融合。

继续支持迎水道校区开展校区周末论坛、编辑期刊等大学生文化素质教育活动,举办新生面对面解读教务教学管理制度活动。

本科生创新科研

对本年度本科创新科研项目进行结题验收暨优秀项目评选,其中有 376 项顺利结题,8 项申请延期,27 项申请终止,共评出优秀项目 102 项。“基于全内反射法的生物组织折射率的研究”等 20 项被评为一等奖,25 项被评为二等奖,29 项被评为三等奖,28 项被评为优秀。

组织开展创新学分奖励工作,经过申报、审核,全校有 127 学生给予以创新学分奖励。

第九届本科创新科研计划项目经过学生申请、专家评审,共立项 409 项。其中2012 年度“国家级大学生创新创业训练计划”项目 71 项,创新训练项目 62 项,创业训练项目 8 项,创业实践项目 1 项,“百项工程”项目 347 项,参与学生 1800 余名、指导教师 460 名。

举办年度本科生创新科研基本技能培训班,开展针对科研方法、文献检索、调研方法、知识产权等方面讲座 8 场。各学院组织专业科研技能讲座 20 余场。

我校推荐的“国家级大学生创新创业训练计划”项目“华章剪艺有限责任公司”入选第五届全国大学生创新年会论坛。

组织学校创新教育文化月活动,整理编印了《本科生创新教育 10 年概览(2002—2012)》。开展第十届百项工程中期检查,共有 331 项通过检查,16 项终止。

实验、实践教学

实施本科生开放实验资助计划,为本科生开展自主实验,培养实验技能和创新能力搭建的平台,今年投入 40 万元,共在化学、基础物理、生物、电子、环科、医学、药学、文学、经济等 9 个实验中心开展。

21 个学院 55 个专业 2953 名学生完成专业实习,资助经费 63.4 万元。

本科数据

2012 届本科生共 3169 人,其中留学生 118 人。毕业 3067 人(其中留学生 70 人),结业 120 人(其中留学生 48 人),肄业 11 人,获得学士学位 3038 人(其中留学生 70 人),获双学位 302 人,获天津大学工商管理专业双学位 76 人,获天津大学分子科学与工程专业双学位 18 人,获天津大学光电子技术科学专业双学位 3 人。

本年度授予成人教育本科毕业生学士学位 105 人。

有转专业学生 150 人,批准天南大工商管理双学位 120 人,批准我校双学位和辅修学生 400 余人，批准接收天津大学修读我校金融双学位学生 120 人；处理休、复、转、退等学籍异动学生 200 多人。

安排两次学生选课，上半年安排 2391 个班次，选课人次为 119349 人次，下半年安排 2486 个班次，选课人次为 122082 人次。

6 月和 12 月组织两次全国大学外语四、六级考试。6 月份考试英语四级 1358 人，英语六级 5847 人，日语四级 130 人，日语六级 18 人，俄语四级 17 人，俄语六级 11 人，德语四级 157 人，德语六级 2 人，法语四级 292 人；12 月份英语四级 2372 人，英语六级 5154 人。4 月、5 月和 10 月组织三次全国大学生英语六级网考试点考试，分别为 38 人、57 人、63 人。

完成年度推荐免试研究生工作，共推荐 799 人免试攻读硕士、博士研究生(含支教团 14 人，不占我校推荐名额的校外直博 45 人)，其中校内推荐 459 名，校外推荐 340 名，推荐到清华大学 23 人、北京大学 79 人、中国科学院 63 人，共占校外推荐人数的 48.5%。

教学获奖情况

组织 26 个代表队参加全国大学生数学建模竞赛活动，有 11 个代表队获奖。其中国家二等奖 1 个；天津一等奖 2 个，天津市二等奖 8 个。获 2012 年天津市普通高等学校毕业设计(论文)管理工作先进单位。

(撰稿人：张建民 刘文 索海军 金柏江 杜君 吴晓华)

研究生教育

概况

继续推进研究生教育信息化建设。开展研究生教育管理信息系统的研究生答辩模块的测试和修改工作。试运行非全日制研究生管理信息系统。运用“学位审核电子化系统”推动博士学位审核电子化工作。

整合成立专业学位办公室，统一管理和协调有关专业学位研究生教育的各项工作，包括非全日制专业学位研究生的招生管理以及全校专业学位研究生(含全日制与非全日制)的培养工作。本年度我校专业学位研究生在校生规模为6132人，其中全日制专业学位研究生2639人，非全日制3493人。

本年度研究生课程进修班共计招收学员1607人。

全年招收全日制硕士研究生3160人，其中学术型硕士研究生1979人，专业学位硕士研究生1181人；博士研究生827人；港澳台研究生44人；外国留学研究生65人。

毕业研究生3544人，其中硕士毕业生2843人，博士毕业生701人。授予研究生学位4921人，其中硕士学位4222人，博士学位699人。

招生工作

研究生招生总体规模保持稳定的同时，以提高质量为核心，坚持科学选拔，发挥复试的重要作用；以国家需求为导向，推动研究生教育结构调整和优化；狠抓考试安全管理，完善信息公开制度，确保研究生招生公平公正。

组织本年度硕士研究生入学统一考试。我校考点共有考生4747名，共设103个考场。监考人员在考务办公室领取试题并进行条码扫描的过程首次进行全程摄录。继续启用金属探测器、作弊克等反作弊仪器。按照20%的差额率实行差额复试，保证复试的科学性，做到公开、公正、公平。复试分数线划线将学术型硕士和专业硕士分开划定，其中学术型硕士按照12个学科门类分别划定，专业硕士按照各不同专业分别划定。对未达到我校复试分数线但已经达到国家复试分数线的考生进行调剂工作，调出917人次。

编制2013年硕士研究生招生专业目录。我校教育学、历史学、农学门类各学科由以往使用全国联考试题改为自主命题，经济学院专业硕士2门业务课也实现了自主命题。派出10个学院的专家团队前往湖南大学、武汉大学进行接收推荐免试研究生的提前面试工作；暑期经济学院、软件学院、信息技术科学学院、化学学院举办优秀大学生暑期夏令营活动；中国教育在线对我校部分学院的院长关于研究生招生的专访视频公布在研究生院网页上供学生观看；参加中国教育在线在成都举办的全国研究生招生现场咨询会，等等。

接收推荐免试硕士生648名,其中本校应届本科毕业生405名,外校应届本科毕业生243名,直接攻博学生75名。全日制专业硕士学位推荐免试研究生77名。完成2013年招生宣传和报名、考务组织工作,报考硕士研究生14015人。

完善和改进从推荐免试硕士生和优秀硕士生中选拔录取博士生的方式和程序,直接攻博的接收范围由理工农医类扩大到了文科经管类的国家重点学科。同时,我校经济学院第三届分类培养硕士研究生以硕博连读方式转为博士研究生工作完成,共有23人以分类培养方式转为博士研究生。

港澳台有61人报名报考我校研究生,录取总人数为44人,其中硕士研究生21人,博士研究生23人。录取人数较多的专业集中在经济、管理等专业。

有69人报考我校留学研究生,共录取65人,其中硕士研究生56人,博士研究生9人。录取考生集中在文学、历史、法学、经济、管理等门类。

培养工作

进一步加强对研究生教学环节的质量监控,规范教学管理,促进教风和学风的建设。继续实施研究生课程体验问卷调查工作,切实提高专业课教学水平。

对21门研究生专业课进行问卷调查,并将调查结果反馈给相关学院和教师,提出督导意见。问卷调查工作列为一项年度常规工作。开展新一轮研究生课程建设和全英语教学课程建设工作,共有30门课程获得立项建设资格,其中19门课程为研究生课程立项建设项目,11门课程为研究生全英语教学课程建设项目。

继续实施研究生教育创新计划,遴选并最终资助36项研究生教育创新项目申请,其中博士生学术论坛7个,博士生学术会议17个,研究生暑期学校6个,其他研究生创新计划6个。

组织开展研究生培养质量督导委员会的换届工作,对研究生培养政策与管理规定的合理性与科学性进行监督和指导,同时作为专家组成员,参与研究生培养项目的评审工作。

参评教育部博士生学术新人奖,我校20名博士生当选。确定资助15名优秀博士生进入“南开大学优博培育资助计划”。继续资助博士生参加国际学术会议,共资助37名博士生参加高水平国际学术会议,包括欧美及亚洲多个国家或地区。

完善研究生分类培养机制,2011级硕士生有28人通过筛选成为学术研究型研究生。

完成年度公派博士生联合培养工作,派出52人,其中攻读博士学位学生11人,联合培养博士研究生41人。继续推动研究生国际化培养工作,目前以双硕士及单硕士培养为主,被英国伯明翰大学录取29人,被澳大利亚墨尔本大学录取12人。

承担三项“全国研究生学术交流平台项目”,即全国政治经济学博士生学术论坛、环境历史与人类文明博士论坛、全国超分子化学研究生暑期学校。

完成研究生新生入学资格复查工作,对2012级54名研究生新生做出取消入学资格的决定。

学科与学位工作

推进我校和天津市优秀博士学位论文推荐评选工作,共推荐博士学位论文17篇,其中推荐8人的博士学位论文参评2013年全国优秀博士学位论文。

推进我校和天津市优秀硕士学位论文推荐评选工作,共推荐硕士学位论文21篇,其中推荐21人的硕士学位论文参评2013年天津市优秀硕士学位论文。

使用学位论文学术不端行为检测系统

开展研究生学位论文不规范问题检测，共接受1807人进行学位论文学术规范检测，其中专业学位1678人、高校教师47人、同等学力82人。330人进行二次检测。检测结果为1674人正常答辩，133人因论文查重延期答辩。

完成全国同等学力人员申请硕士学位管理工作信息平台管理工作，完成近1700人的现场确认和审核工作。163名申请人通过资格审查，进入论文撰写阶段。

校学位评定委员会八届一次全会和分组会批准授予博士、硕士学位3843人，其中博士学位611人、硕士学位3232人。校学位评定委员会八届三次全会和分组会共批准授予博士学位88人、硕士学位990人。

完成博士、硕士学位档案存档工作，共6153卷。填写和发放各种类型研究生学位证书4922本。

非学历教育工作

完成全国联考在职攻读硕士学位研究生招生工作，招收研究生399人，其中法律硕士100名，公共管理硕士80名，会计硕士57名，工程硕士162名。工程硕士分布在9个专业领域，包含电子与通信工程11人，控制工程1人，计算机技术22人，环境工程21人，化学工程1人，生物工程4人，制药工程5人，项目管理76人，物流工程21人。

有919人报考在职攻读硕士学位研究生，其中报考工程硕士290人，法律硕士358人，公共管理硕士168人，会计硕士103人。规范和完善软件工程硕士（MSE）和高级管理人员工商管理硕士（EMBA）自主招生宣传、资格审查、命题及考试等各个环节的工作。自主招生录取高级人员工商管理硕士349人，软件工程硕士701人。

按受同等学力申请硕士学位学员全国统考报名及资格审查，审核报考外语考生1311人，专业综合考生1234人，87人考试合格获得申请硕士学位资格。

受教育部学位与研究生教育发展中心委托，完成公共管理硕士、会计硕士4门科目的主观题阅卷工作，实际阅卷58332份。

完成1882名专业学位研究生毕业资格审核及离校工作，其中全日制专业学位研究生688人，非全日制专业学位研究生1194人。

建立健全《南开大学全日制硕士专业学位研究生管理规定》等各种规章制度；完善专业学位研究生培养方案，强化课程设计和教学要求。参加全国学位与研究生教育文理科学术年会，组织第二届全国旅游管理硕士专业学位教指委会议。作为全国第一批15所翻译硕士专业学位研究生培养单位的外国语学院开展教学合格评估自评及实地评估筹备工作。

（撰稿人：刘小茵 张蕾 王成辉 刘军）

其他类别教育

继续教育、现代远程教育和高端继续教育年度总体办学收入达到10845万元,比上年增加2003万元,为学校贡献2180万元。截至年底,远程教育在校生37868人,函授和夜大学教育在校生5794人,合计43662人。

远程教育全年录取16591人。夜大学、函授报到学生2053人。成人高等教育有4家校内教学单位本年有招生计划,另有4个函授站有招生计划。高端继续教育组织27个专题培训班,1159人次参加培训。

成人高等教育

概况

年末，有在校生 5794 人，其中函授 2806 人(专科 1110 人、专升本 1696 人)，夜大学 2988 人(专科 612 人、专升本 2258 人、高起本 118 人)。本年度毕业生 1800 人，其中专科 455 人，专升本 1345 人。本科毕业生中有 189 人获得学士学位。

教育部下达我校成人高等学历教育招生计划 2700 人，实际录取 2053 人。专科录取 951 人，其中夜大学录取 197 人，函授录取 754 人；本科录取 1102 人，其中夜大学专升本录取 740 人，函授专升本录取 362 人。

本年有招生计划的教学单位有商学院、周恩来政府管理学院、经济学院、跨国公司研究中心。有招生计划的函授站有深圳函授站、东莞函授站、南昌函授站、南宁函授站。

专业设置

夜大学专科专业有商务管理、物流管理、人力资源管理、国际经济与贸易、行政管理、会计学、动漫设计与制作，专升本专业有金融学、国际经济与贸易、会计学、工商管理、人力资源管理、计算机科学与技术、英语、法学、物流管理、博物馆学、财务管理、商务策划管理，高起本专业有国际经济与贸易、财务管理。

函授专科专业有人力资源管理、行政管理、经济管理、工商管理、会计学专业，专升本专业有金融学、会计学、工商管理、法学、行政管理、人力资源管理、财务管理、社会工作。

其他工作

组织开办专科层次和本科层次的成人高考考试辅导班。完成 3 个年级 6 个函授站 8 专业 50 个班的教学安排，派遣及外聘教师 174 人，安排课程 189 门，完成 2996 学员面授及考试管理工作。

修订《南开大学授予成人高等教育本科毕业生学士学位工作细则》。

履行主考校职责，为 3428 份毕业证副署盖章，其中专科 647 份，本科 2781 份。

(撰稿人：赵睿)

现代远程教育

概况

全年录取16591人,同比净增2139人,增幅14.8%。远程教育授权奥鹏学习中心291家,减少4家,在奥鹏学习中心内部居第八位;启动学习中心253家,增加29家,启动率87%,居第六位,新增中心共招生364人。完成缴费学生人数28488,同比增幅25.2%。

毕业生人数7056人,授予成人学士学位248人。

专业设置

在专科、专升本、本科3个层次设有工商管理、人力资源管理、会计学、法学、保险实务、国际经济与贸易、财务管理、行政管理、财政学、法学事务、广播电视新闻学、旅游管理、市场营销、计算机科学与技术、金融学、工程管理37个专业,2012年新增物业管理专业。

学习中心管理

新建外省学习中心1个和教学站1个,对11家申请合作单位进行前期接洽,对其中5家单位进行实地考察。完成江苏、山东、陕西等9个省市学习中心的年检工作。

教学工作

召开远程教育教学指导委员会和教学指导小组会议,开展远程教育教学方法课题研究,全面启用奥鹏远程教育公司教学管理平台。引进旅游行业覆盖8个系列的实训32门课程,引进11门通识课程,引进人力资源管理实践平台、电子政务教学实践平台,引进Lecturemaker课件录制软件,鼓励任课教师自行完成网络课程设计和课程制作。

专科、专升本、本科累计开设732门次课程,聘用19名辅导教师进行在学辅导。全年组织3次课程考试,累计考试课程684门次,累计设考点710个,累计涉考242735人次。组织完成1155人次毕业论文写作和远程视频论文答辩工作,组织完成6905人次毕业报告。

资源建设

本年度完成课程录制55门、共2045件网络视频课件,完成各类相关资源的编辑、部署、发布、备份及运行监控工作。完成各类相关设备的调试和维护工作,保证课程录制系统正常运转并为学院其他部门做好相应的支持与服务。整理课件管理系统需求分析、实现功能及系统流程。

其他工作

分别与天津市经济技术开发区和天津港保税区管委会合作,启动优秀外来建设者“圆梦计划”,为优秀外来建设者提供继续学习的平台。

积极导入 ISO9001:2008 质量管理体系认证，初步形成 22 大管理程序，70 余个管理规定。

高端继续教育(EDP)中心永泰红磡馆建设工程验收完工，并于 10 月 6 日举行落成移交仪式。

高端继续教育(EDP)中心

组织针对泰达津联自来水公司、海南省委组织部、建设银行湖北省行、四川省旅游局、中央电视台、株洲市妇联等单位的 27 个专题培训班，其中政府培训班 15 个，企事业单位培训班 12 个，1159 人次来校参加培训。

中心实现办学收入比去年翻一番的目标，总收入 640 万元。

加入由浙江大学等高校共同组建的中国 EDP 联盟。公开课开始面向市场招生。

在与海南省组织部共同开办的“海南省新任市县领导干部培训班”项目中，形成政府培训的新模式。

(撰稿人：赵睿)

科学研究

自然科学研究

概况

年度到校科技经费保持3亿元以上，竞争性经费与去年基本持平。学校教师获天津市科学技术奖一等奖2项，新增重大研究计划项目首席科学家1人，新增1个教育部“功能高分子材料”创新团队，2人获得基金委杰出青年基金，5人获得优秀青年基金，“微分几何”创新群体获得滚动资助。

有国家重点实验室2个，国家工程中心1个，教育部重点实验室8个，教育部工程研究中心3个，天津市重点实验室11个，国家环保部重点实验室1个。

10月17—18日，学校召开科研工作会议。

科研项目与科研经费

年度到校科研经费3.11亿元，其中纵向经费2.64亿元，横向经费4675万元。其中国家自然科学基金项目1.01亿元，“863”项目1620万元，“973”项目6871万元，教育部项目551万元，国家科技支撑计划项目479万元，国际合作项目892万元，天津市项目1535万元，其他各部委项目2395万元；拨付基本科研业务费专项资金1990万元。

国家自然科学基金委资助的各类项目：全校共申请各类国家基金618项，申请青年一面上延续项目13项，合计申请631项，其中理工科申请529项，承担、参加201项，累计立项经费1.33亿元，面上项目的平均资助率为32.8%。

孙红文、胡俊杰获得基金委杰出青年基金，朱守非、谢强、杨志谋、谢志平、侯庆虎等5人获得优秀青年基金，张伟平作为学术带头人的“微分几何”创新群体获得滚动资助。

科技部科学计划：(1)承担、参加“973”及重大研究计划项目课题44项，立项经费7909万元。向荣作为国家重大科学研究计划项目首席科学家，承担“肿瘤干细胞在实体肿瘤发展中的调控机制研究”项目，获批经费2300万元。执行“973”及重大研究计划课题9个(课题负责人为周军、姚江宏、陈永胜、王慧田、宋智、周其林、崔春明、曹又佳、程鹏)，将于2013年开始执行的课题有7个(课题负责人为向荣、尹正、杨诚、刘海涛、张国权、符方伟、冯露)。(2)承担、参加“863”计划项目课题13项，立项经费2977万元(承担的课题负责人分别为王一菁、刘景泰、杨荣存)。上报高新技术发展、社发及农村领域预备征集项目8项；2013年将启动的课题有3项(课题负责人为赵新、周启星、王会才)。(3)承担支撑计划项目10项，资助经费590万元；2013年将启动的课题有1项(课题负责人方勇纯)。(4)申报科学仪器开发项目1项(课题负责人为葛墨林)，已被列入2013年优先考虑的10个项目。

教育部资助项目：新教师类课题资助

25项,博导类课题资助26项,优先发展领域资助2项,总立项经费492万元。教育部留学回国启动基金有7项立项,立项经费23万元。史林启牵头的“功能高分子材料”获得“长江学者与创新团队发展计划”资助。8人入选“新世纪优秀人才支持计划”。教育部“111”引智基地连续支持1项。

申报博导类课题44项,新教师类课题59项,优先发展领域课题6项,共109项,较去年增加16项。

天津市项目:主持、参与天津市科技计划项目立项70项,总立项经费1727万元,其中科技支撑项目5项190万元,应用基础与前沿技术研究计划项目58项(青年项目16项128万元、面上项目21项210万元、重点项目21项420万元),科技创新专项500万元,平台建设专项100万元,作为参与单位承担天津市科委项目立项经费145万元。获批天津市海洋局科技兴海项目2项(项目负责人为孙红文、朱琳),申报天津市应用基础与前沿技术研究计划项目200项、科技兴海项目申报5项、农业科技成果转化与推广项目2项。

其他部委级项目:其他部委项目新立项经费1738万元,其中参与国家重大科学仪器设备开发专项课题2个,经费517万元;参与国家科技重大专项5项,经费910万元;参与科技基础性专项1项,经费36万元;参与环保公益项目2项,经费87万元;参与实验室开放课题3项,经费15万元。

基本科研业务费项目:基本科研业务费累计拨款1964万元,其中第四批青年及海外启动项目立项19项,拨付经费114万元;重大培育项目续拨10项,经费271万元;重大平台项目立项23项,拨付经费523万元;特别资助类项目立项4项,拨付经费185万元;产业化培育项目立项1项,拨付经费35万元,优秀团队建设项目7项,拨付经费836万元。

横向科研项目:签订横向科研合同239项,总金额6515万元;到账经费364笔,总金额4675万元。

加入多个产业技术创新战略联盟,如“无汞触媒产业技术创新战略联盟”、“机器人产业技术创新战略联盟”、“甘氨酸及其衍生物产业技术创新战略联盟”和“新型健身器材产业技术创新战略联盟”等,加强与高校、企业等的深度合作,实现优势互补、资源共享、协同创新、带动发展。积极发展面向滨海新区支柱产业的现代技术学科,发挥科技创新的引擎效应,努力为滨海新区开发开放提供技术支撑。我校与滨海新区企事业单位签署的横向项目数、合同额分别占与全市的42%、53%。

科研成果

获得天津市科学技术奖一等奖2项(自然科学奖:定光桂,科技进步奖:孙军)、二等奖2项,作为参与单位获得一等奖2项、三等奖2项。获得中国抗癌协会科技三等奖1项。胡俊杰获得首届国际青年科学家奖。

2011年度科技论文收录SCIE论文1158篇,EI论文700篇,CPCI－S论文90篇。2012年度共同第一作者发表在《SCIENCE》论文1篇,2011年中国百篇最具影响国际学术论文2篇。在2011年度科技论文收录SCIE论文1158篇,EI论文700篇,CPCI－S论文90篇。2012年度共同第一作者发表在《SCIENCE》论文1篇,2011年中国百篇最具影响国际学术论文2篇。在“表现不俗的中国论文”统计中,我校有493篇入选,全国高校排名第二位。提交专利申请324项(其中发明专利306项、实用新型18项),取得授权专利129项(其中发明专利122项、实用新型7项),计算机软件著作权登记申请22项。

完成我校校徽(41类)申报天津市著名商标工作。李正名院士课题组专利“防治玉米田杂草组合物”获“天津市最有价值发明专利”荣誉称号。

院士服务工作

4 月，承办“中科院化学部资深院士咨询联谊会”。6 月，参加院士工作局“2012 年中国科院院士大会”，并全程参与化学学部的服务工作。9 月，组织中科院“科学与中国”院士专家巡讲团在津活动报告之一。9 月，参与由天津市政府和中科院主办的“第三世界院士大会”部分组织工作，为部分来津院士和领导提供接待服务。

科学技术协会工作

在天津市第 27 届科技活动周的系列活动中，积极与市科协联系并落实主题活动，承办“津港论坛”。10 月，配合完成 2011—2012 学年度“中国科协科技馆基金会合展励学金”评选工作，获得 45.2 万元的资助。为学生科技创新实践提供支持服务。

附录

表 1 两院院士名单

姓　名	学　部
申泮文	中国科学院化学学部
程津培	中国科学院化学学部
饶子和	中国科学院生命科学和医学学部
葛墨林	中国科学院数理学部
龙以明	中国科学院数理学部
张伟平	中国科学院数理学部
宋礼成	中国科学院化学学部
周其林	中国科学院化学学部
陈永川	中国科学院数理学部
李正名	中国工程院化工、冶金与材料工程学部

表 2 科研活动机构情况

机构名称	主管部门	单位
元素有机化学国家重点实验室	国家发改委	化学学院
药物化学生物学国家重点实验室	科学技术部	
农药国家工程研究中心	国家发改委	化学学院
功能高分子材料教育部重点实验室	教育部	化学学院
生物活性材料研究教育部重点实验室	教育部	生命科学学院
组合数学与核心数学教育部重点实验室	教育部	数学科学学院
弱光非线性光子学教育部重点实验室	教育部	物理科学学院
光学信息技术科学教育部重点实验室	教育部	信息技术科学学院
分子微生物学与技术教育部重点实验室	教育部	泰达生物技术学院
环境污染过程与基准教育部重点实验室	教育部	环境科学学院
高效微纳化学电源教育部重点实验室	教育部	化学学院
薄膜光电子技术教育部工程研究中心	教育部	信息技术科学学院
微生物功能基因组与检测技术教育部工程研究中心	教育部	生命科学学院
高效储能教育部工程研究中心	教育部	化学学院
国家环境保护城市空气颗粒物污染防治重点实验室	国家环保总局	环境科学学院
机器人与信息自动化研究科技部“863”重点实验室	科技部	信息技术科学学院
天津市金属与分子基材料化学重点实验室	天津市	化学学院
天津市城市生态环境修复与污染防治重点实验室	天津市	环境科学学院
天津市微生物功能基因组学重点实验室	天津市	生命科学学院
天津市组合数学重点实验室	天津市	数学科学学院
天津市信息光子材料与技术重点实验室	天津市	物理科学学院
天津市光电子薄膜器件与技术重点实验室	天津市	信息技术科学学院
天津市能源材料化学重点实验室	天津市	化学学院
天津市蛋白质科学重点实验室	天津市	生命科学学院

续表

机构名称	主管部门	单位
天津市分子药物研究实验室和模式动物重点实验室	天津市	药学院
天津市模式动物与退行性神经系统疾病重点实验室	天津市	医学院
天津市生物活性材料研究重点实验室	天津市	生命科学学院
中药有效成分提取分离技术中心	天津经委	化学学院
光通讯器件技术中心	天津经委	信息技术科学学院
陈省身数学研究所	教育部	数学科学学院
元素有机化学研究所	教育部	化学学院
高分子化学研究所	教育部	化学学院
现代光学研究所	教育部	信息技术科学学院
分子生物研究所	教育部	生命科学学院
新能源材料化学研究所	教育部	化学学院
组合数学研究中心	学校	数学科学学院
光电薄膜器件与技术研究所	学校	信息技术科学学院
机器智能研究所	学校	信息技术科学学院
催化研究所	学校	化学学院
光子学研究中心	学校	物理科学学院
应用化学研究所	学校	化学学院
机电与冶炼研究中心	学校	物理科学学院
光电材料研发中心	学校	物理科学学院
智能信息处理实验室	学校	软件学院
环境科学研究中心	学校	环境科学与工程学院
受污染环境修复与绿色化学研究所	学校	环境科学与工程学院
水资源开发与研究中心	学校	环境科学与工程学院
泰达膜分离技术研究开发中心	学校	环境科学与工程学院

图表3 理科科研经费来款情况

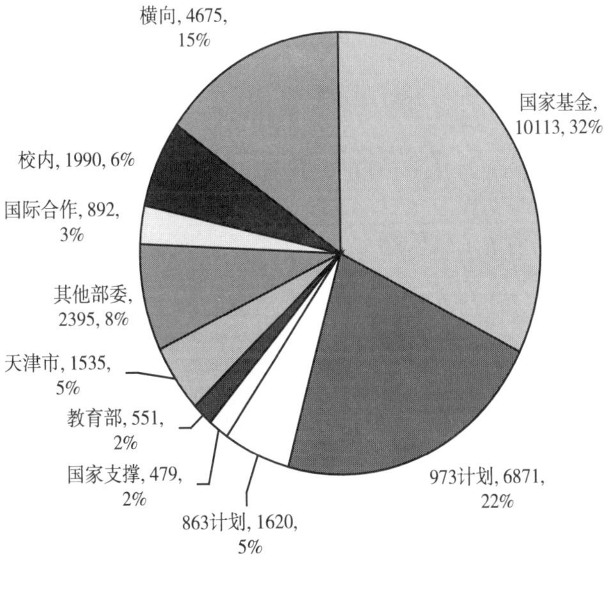

表 4　2012 年度科研成果获奖情况

1. 获国家、省、市、自治区级奖项目

获奖类别	等级	获奖项目名称	获奖人	所在单位
市自然科学奖	一	Banach 空间中等距映像与 Lipschitz 映像的延拓问题	定光桂	数学科学学院
市科技进步奖	一	系列实用高温度稳定性电光调 Q 激光系统的开发与应用	孙军、王富章、许京军、张文平、孔勇发、窦飞飞、张玲、刘小伟、韩文杰、崔梦琳、严洁、程惠珍	物理科学学院
市科技进步奖	二	生产工艺优化和调度集成系统的研究与开发	邵秀丽、范钦赞、刘军、张文杰	信息技术科学学院
市科技进步奖	二	基于物质流与能流分析的区域环境问题诊断研究及应用	鞠美庭、楚春礼、刘伟、赵树明、邵超峰、王军锋、于敬磊、孟伟庆	环境科学与工程学院

2. 其他奖项

获奖类别	评审机构	获奖项目名称	获奖人	所在单位
抗癌协会科技三等奖	抗癌协会	原癌基因 Imo2 致 T 淋巴细胞白血病机制的研究	朱天慧	医学院
首届国际青年科学家奖	霍华德・休斯医学研究所		胡俊杰	生命科学学院

表 5　2012 年度部分科研项目获资助情况

1. “973”项目

类别	项目名称	单位	负责人	合同号	总经费(万元)
“973”子课题承担项目	上皮组织细胞分裂与细胞命运决定	生命科学学院	周军	2012CB945002	345
“973”子课题承担项目	超快激光与硅表面相互作用机理研究	物理科学学院	姚江宏	2012CB934201	295
“973”子课题承担项目	石墨烯的可调宏量与大面积制备	化学学院	陈永胜	2012CB933401	289
“973”子课题承担项目	空间结构光场的调控机理、生成技术和新颖性质	物理科学学院	王慧田	2012CB921901	425
“973”子课题承担项目	新颖动量和角动量光场与微结构作用的量子效应	物理科学学院	宋智	2012CB921903	292
“973”子课题承担项目	有机磷新试剂和新功能研究	化学学院	周其林	2012CB821601	528

续表

类别	项目名称	单位	负责人	合同号	总经费（万元）
“973”子课题承担项目	新颖稀土有机化合物的合成和应用研究	化学学院	崔春明	2012CB821604	372
“973”子课题承担项目	蛋白质生命周期过程及调控关键蛋白质复合物的功能研究	生命科学学院	曹又佳	2012CB917204	258
“973”子课题承担项目	基于配位作用的多孔框架化合物研究	化学学院	程鹏	2012CB821702	276
“973”子课题承担项目	女性更年期诱发心血管疾病的分子机理	生命科学学院	韩际宏	2010CB945003	305
“973”子课题承担项目	基于微结构光纤的新型功能器件、异质兼容结构与光电子集成	信息技术科学学院	刘艳格	2010CB327605	255
“973”子课题承担项目	调控细胞增殖与细胞凋亡的分子机制研究	生命科学学院	吴世安	2010CB912204	400
“973”子课题承担项目	新型三维成像与三维微显示技术及器件基础研究	信息技术科学学院	袁小聪	2010CB327702	340
“973”子课题承担项目	新分子靶标导向的杀虫候选药物研究	化学学院	李正名	2010CB126106	330
“973”子课题承担项目	候选靶标的生物特异性及化学成药性研究	化学学院	席真	2010CB126102	362
“973”子课题承担项目	光子束超衍射纳米加工基本原理基础研究	物理科学学院	张心正	2010CB934101	256
“973”子课题承担项目	卵巢衰老的分子机理	医学院	唐向东	2010CB945001	341
“973”子课题承担项目	生物膜形态发生及维持的分子机制	生命科学学院	胡俊杰	2010CB833702	158
“973”子课题承担项目	细胞抗病毒先天免疫识别与应答的结构生物学研究	生命科学学院	刘新奇	2010CB911804	234
参与“973”子课题项目	蛋白质定量新方法及相关技术研究	化学学院	陈朗星	2012CB910601	70
参与“973”子课题项目	糖基化修饰功能元件的挖掘与表征	泰达学院	王磊	2012CB721001	52
参与“973”子课题项目	低维稀土端粒相关蛋白在基因表达调控及细胞分化中的作用	生命科学学院	刘娜	2012CB911202	70
参与“973”子课题项目	硫化氢对真核细胞中蛋白质表达谱、蛋白间相互作用以及蛋白与核酸	生命科学学院	马克	2010CB912602	30
参与“973”子课题项目	泛素化与其他蛋白质翻译后修饰之间的动态相互作用研究	药学院	王鹏	2012CB910303	70

续表

类别	项目名称	单位	负责人	合同号	总经费(万元)
参与“973”子课题项目	高容量低维储氢材料及其吸放氢反应的热力学与动力学	化学学院	王一菁	2010CB631303	115
参与“973”子课题项目	氢与轻金属体系的相互作用研究及新型储氢材料设计和探索	化学学院	陶占良	2010CB631301	103
参与“973”子课题项目	优势小基因组和复合功能微生物的构建及其功能验证	生命科学学院	宋存江	2012CB725204	75
参与“973”子课题项目	胶体玻璃化转变微观机理及其动态结构	化学学院	赵汉英	2012CB821501	58
参与“973”子课题项目	基于共价作用的多孔框架化合物研究	化学学院	卜显和	2012CB821700	110
参与“973”子课题项目	抗体抗原相互作用规律的结构生物学基础	生命科学学院	周卫红	2010CB833602	126
参与“973”子课题项目	空间结构光场与微结构的线性和非线性耦合效应	物理科学学院	田建国	2012CB921902	66
参与“973”子课题项目	纳米器件制备工艺创新与应用基础研究	物理科学学院	李威	2010CB934104	40
参与“973”子课题项目	抗体一抗原分子识别的结构基础和功能研究	生命科学学院	陈凌懿	2010CB833603	57
参与“973”子课题项目	RA 干预新策略的研究	药学院	王鹏	2010CB259106	82
参与“973”子课题项目	新型配体与手性催化剂体系研究	化学学院	周其林	2010CB833301	183
参与“973”子课题项目	禽流感病毒快速定量测定及其传播途径	环境工程学院	王莹莹	2010CB530304	41
参与“973”子课题项目	UPS 在生理病理中作用	生命科学学院	胡俊杰	2012CB910302	71
参与“973”子课题项目	减反与广谱吸收的黑硅材料研究	物理科学学院	吴强	2012CB934202	86
参与“973”子课题项目	病毒包膜蛋白与受体互作的结构基础及入侵抑制	生命科学学院	周卫红	2010CB530105	50
参与“973”子课题项目	趋化因子及其受体信号系统在癌细胞骨转移过程中的作用及机理	生命科学学院	石建党	2009CB918903	20
参与“973”子课题项目	参与萜类化合物合成的糖基转移酶基因的筛选和鉴定	泰达学院	冯露	2012CB721101	45
参与“973”子课题项目	蛋白质生成的结构生物学研究	生命科学学院	沈月全	2012CB917201	62
参与“973”子课题项目	RA 细胞免疫负调控机理研究	生命科学学院	尹芝南	2010CB529104	110
“973”子课题承担项目	玻璃化转化过程的扩散与动态松弛行为	化学学院	孙平川	2012CB821503	57

2. “863”高技术项目

类别	项目名称	单位	负责人	合同号	总经费（万元）
“863”专项或作为合作单位	动力锂离子电池新材料及体系关键技术研究	化学学院	杨化滨	2011AA11A255	40
“863”专项或作为合作单位	基于太赫兹量子级联激光器的无线通信系统研究	信息技术科学学院	常胜江	2011AA010205	195
“863”课题承担	机器人模块化单元技术	信息技术科学学院	刘景泰	2012AA1041403	832
“863”专项或作为合作单位	高性能四足机器人仿生设计与系统集成	信息技术科学学院	王鸿鹏	2011AA041002	10
“863”专项或作为合作单位	高效硅基薄膜太阳电池技术研究	信息技术科学学院	侯国付	2011AA050503	155
“863”专项或作为合作单位	氧化锌铝纳米粉体及靶材中试技术研究	物理科学学院	舒永春	2012AA030315	143
“863”专项或作为合作单位	基于异质结结构的热光伏太阳电池技术	信息技术科学学院	张德贤	2011AA050500	38
“863”专项或作为合作单位	加氢站用固态/高压混合储氢技术	化学学院	陶占良	2012AA051503	73
“863”专项或作为合作单位	废轮胎胶粉改性利用关键技术	化学学院	刘双喜	2012AA063008	90
“863”专项或作为合作单位	聚合物材料与波导芯片的特性测试	信息技术科学学院	赵新	无	15
“863”专项或作为合作单位	天然多糖的制备与功能多糖的研制	药学院	白芳	2012AA021505	14
“863”课题承担	多能干细胞的多能性及三胚层诱导分化组织干细胞标志物的研发	医学院	杨荣存	2012AA022616	450
“863”主持项目	基于可再生能源的 300Nm³ 的氢储能热电联供系统	化学学院	王一菁	2012AA051901	922

3. 国家科技支撑项目

项目名称	单位	负责人	合同号	总经费（万元）
1,2,3－噻二唑类农药先导发现及其衍生	化学学院	范志金	2011BAE06B02－06	25
湿地生态退化区生态功能恢复关键技术	环境科学与工程学院	孙红文	无	45
基于网络的生物信息关键技术及软件产品	生命科学学院	周卫红	2008BAI64B03	37
视神经炎的临床研究	医学院	李玉皓	2012BAI08B06	75

续表

项目名称	单位	负责人	合同号	总经费（万元）
村镇环境污染诊断技术及环境承载力分析与评估技术	环境科学与工程学院	邵超峰	2012BAJ24B04－2	104
候选创制杀虫剂 NK－0601 的研究与开发	化学学院	邹小毛	2011BAE06B01－09	75
次级代谢物功能的研究	生命科学学院	刘方	2012AA022105D	45
真菌二萜紫杉烷类化合物的基因原件挖掘及分子改造	生命科学学院	潘皎	2012AA022105E	45
新型西啶类等生物活性分子的合成	化学学院	汪清民	2012BAK25B03－3	39
腔镜手术辅助机器人嵌入式控制系统开发	信息技术科学学院	张建勋	2012BAI14B00	100

4. 国家自然科学基金项目

项目类型	项目类别	项目名称	单位	负责人	批准号	总经费（万元）
国际合作	外国青年学者	Development and Application of Integrated Electrochemical Advanced Oxidation Technologies to Enhance the Remediation of Waters Contaminated with Organic Pollutants	环境科学与工程学院	周明华	21250110515	20
国际合作	一般国际合作	第十六届国际环糊精会议	化学学院	刘育	21210302002	5
国际合作	一般国际合作	参加 4th Hope Meeting 会议	化学学院	刘育	21281240002	1
国际合作	一般国际合作	偏微分方程分析及应用	数学科学学院	魏雅薇	11211130030	1
国际合作	一般国际合作	中俄 2012 年激光物理研讨会	物理科学学院	宋峰	6128122202	10
国际合作	一般国际合作	表示论和调和分析研讨会	数学科学学院	朱富海	11210301035	2
国际合作	一般国际合作	超分子化学研究生暑期学校	化学学院	刘育	J1221002	20
国际合作	一般国际合作	通过对大肠杆菌 O 抗原结构及基因簇的解析研究细菌多样性的分子进化机制	泰达学院	王荃	31211120330	5
国际合作	一般国际合作	亚洲鳞翅目昆虫保护学术研讨会	生命科学学院	李后魂	31210303035	6
国际合作	一般国际合作	电磁频谱的新科技与新应用研讨会	信息技术科学学院	常胜江	61281260457	1
国际合作	一般国际合作	中欧生物材料研讨会	化学学院	袁直	51281230604	2
面上项目	青年基金	三氯乙烯污染地下水矿物一微生物联合修复机制	环境科学与工程学院	王薇	31200396	21

续表

项目类型	项目类别	项目名称	单位	负责人	批准号	总经费(万元)
面上项目	青年基金	宽锁定范围锁相环频率合成器稳定特性研究	信息技术科学学院	刘艳艳	61204028	28
面上项目	青年基金	有奇流中的非一致双曲链传递集	数学科学学院	李明	11201244	22
面上项目	青年基金	大气污染物浓度时间序列中污染源及气象因素贡献的解析方法研究	环境科学与工程学院	张裕芬	41205089	24
面上项目	青年基金	基于四嗪骨架的多孔共价有机框架的合成与性质研究	化学学院	常泽	21202088	25
面上项目	青年基金	计算机模拟纳米碳材料—离子液体复合体系中的溶剂化效应和界面性质	化学学院	李姝	21203100	22
面上项目	青年基金	温度敏感型纳米贵金属材料的制备及在不对称氢化中的应用	化学学院	楼兰兰	21203102	25
面上项目	青年基金	活性开环歧化嵌段共聚合法合成珠状高分子苄基化试剂	化学学院	任红霞	21204039	25
面上项目	青年基金	主族金属单质锡参与的羰基化合物的炔丙基化新反应及其应用研究	化学学院	柳凌艳	21202084	25
面上项目	青年基金	含 Lewis 酸结构单元的配体的稀土二烷基化合物及其衍生物:合成和催化活性的研究	化学学院	李建峰	21202085	25
面上项目	青年基金	经由σ键复分解的C—H键催化官能化反应研究	化学学院	关冰涛	21202085	25
面上项目	青年基金	可用于骨组织修复的多功能可注射型聚氨基酸基水凝胶的研究	化学学院	伍国琳	51203079	25
面上项目	青年基金	重金属存在条件下土壤中典型多环麝香的生物有效性及其影响机制	环境科学与工程学院	陈翠红	21207068	26
面上项目	青年基金	含碳气溶胶采样偏差评估研究	环境科学与工程学院	吴建会	21207069	25
面上项目	青年基金	基于受体—后轨迹耦合模型的大气颗粒物 PM2.5 区域源方位解析方法研究	环境科学与工程学院	史国良	21207070	26
面上项目	青年基金	环境新型污染物在人体中的暴露途径及其与不孕不育症的关系	环境科学与工程学院	章涛	21207071	26

续表

项目类型	项目类别	项目名称	单位	负责人	批准号	总经费(万元)
面上项目	青年基金	紫茉莉修复镉和多环麝香复合污染土壤研究	环境科学与工程学院	刘家女	31200395	22
面上项目	青年基金	纳米结构的复合催化电极设计及电化学催化还原脱氯研究	环境科学与工程学院	焦永利	51208267	25
面上项目	青年基金	动态全光控表面等离子体新型光镊基础研究	信息技术科学学院	闵长俊	11204141	30
面上项目	青年基金	基于人类驾驶行为的移动机器人无标定优化视觉伺服方法研究	信息技术科学学院	张雪波	61203333	25
面上项目	青年基金	华美曼蝽不同地理种群分化的研究(半翅目:异翅亚目:蝽科)	生命科学学院	范中华	31201738	21
面上项目	青年基金	可注射抗癌药物小分子水凝胶的制备及功能研究	生命科学学院	李东霞	51203078	25
面上项目	青年基金	研究 Netrin－1 基因对骨髓干细胞移植治疗心肌梗死的改善作用	生命科学学院	张钧	81201207	23
面上项目	青年基金	超曲面的变分问题及拉格朗日子流形的研究	数学科学学院	王险峰	11201243	22
面上项目	青年基金	风险理论中的渐近分析及其应用	数学科学学院	李津竹	11201245	22
面上项目	青年基金	动态和多元非参数控制图的研究与应用	数学科学学院	李忠华	11201246	22
面上项目	青年基金	传统和网络渠道并存模式下产品的定价和退货策略研究	数学科学学院	胡威	71202162	22
面上项目	青年基金	基于宽场显微荧光成像技术的一氧化氮亚硝基化修饰对激活的嗜中性粒细胞质钙调节机制的研究	物理科学学院	潘雷霆	11204142	28
面上项目	青年基金	卤素掺杂 CeO_2 及其对甲烷催化的第一性原理计算研究	物理科学学院	胡振芃	21203099	24
面上项目	青年基金	双溶剂高分子溶液的 monte carlo 研究	物理科学学院	王铮	21204040	25
面上项目	青年基金	聚合物分散液晶体系的多光子聚合超衍射加工研究	物理科学学院	李威	61205035	28
面上项目	青年基金	抗紫外光损伤铌酸锂晶体及其应用研究	物理科学学院	刘宏德	61205176	28

续表

项目类型	项目类别	项目名称	单位	负责人	批准号	总经费(万元)
面上项目	青年基金	面向敏感网络图像过滤的原生数字图像文本提取关键技术研究	信息技术科学学院	王恺	61201424	24
面上项目	青年基金	异构 GPU 集群混合粒度任务协同调度与动态均衡机制研究	信息技术科学学院	李涛	61202005	22
面上项目	青年基金	基于认知模型的步行辅助机器人与老年人协调控制研究	信息技术科学学院	段峰	61203339	25
面上项目	青年基金	杂环肽类 DENV 丝氨酸蛋白酶抑制剂的设计、合成及活性研究	药学院	尚鲁庆	21202087	25
面上项目	青年基金	基于反应机理的肽酰基精氨酸脱亚胺酶 4(PAD4)抑制剂的虚拟筛选	药学院	李冬梅	21203101	22
面上项目	青年基金	固体有机化合物在超临界 CO_2 中溶解度预测模型的构建和验证	药学院	李红茹	21206077	25
面上项目	青年基金	针对耐药性结核杆菌重要靶点蛋白质 OtsB2 的三维结构研究及耐药机制分析	药学院	李汀	31200586	23
面上项目	青年基金	生物人工胰腺的皮下移植在 1 型糖尿病治疗中的应用	医学院	漆智	81201206	23
面上项目	青年基金	靶向调节 SOX_2 信号通路在人非小细胞肺癌治疗中的研究	医学院	吕丹	81201790	23
面上项目	青年基金	B 细胞骨髓免疫耐受机制—抗原非依赖性 IgH 和 Igkappa 的 V(D)J 基因重排	医学院	刘菲菲	81202309	23
面上项目	青年基金	Coxeter 群的组合性质	数学科学学院	郭龙	11201247	22
面上项目	自由申请	飞秒激光诱导复合梯度载药层预防再狭窄及抗早晚期血栓洗脱支架的制备与机理研究	信息技术科学学院	杨建军	51171058	10
面上项目	自由申请	抗性基因在抗生素制药废水处理过程的分布特征、消长机制及控制原理	环境科学与工程学院	罗义	21277075	82
面上项目	自由申请	天津滨海地下水排放与营养盐输入研究	环境科学与工程学院	易立新	41276112	87
面上项目	自由申请	基于细胞弹性的微操作方法研究	信息技术科学学院	赵新	61273341	80

续表

项目类型	项目类别	项目名称	单位	负责人	批准号	总经费(万元)
面上项目	自由申请	多元函数的稀疏逼近与随机逼近	数学科学学院	叶培新	11271199	75
面上项目	自由申请	张量最优化中的若干理论和算法研究	数学科学学院	杨庆之	11271206	50
面上项目	自由申请	李理论与齐性芬斯勒流形	数学科学学院	邓少强	11271198	50
面上项目	自由申请	哈密顿系统与辛几何中的闭轨道	数学科学学院	张端智	11271200	60
面上项目	自由申请	具有应用前景的葡萄糖响应性药物载体	化学学院	马如江	21274001	60
面上项目	自由申请	长足摇蚊亚科高级阶元系统发育研究	生命科学学院	王新华	31272284	79
面上项目	自由申请	复杂结构试验的设计与建模	数学科学学院	刘民千	11271205	50
面上项目	自由申请	金催化剂的修饰及其对CO催化氧化性能、机理和失活研究	化学学院	张守民	21271110	80
面上项目	自由申请	含卟啉和C60的铁铁氢化酶模型物的设计合成及催化功能研究	化学学院	宋礼成	21272122	80
面上项目	自由申请	有机—无机杂化的生物金属仿肽设计与Trp/His芳香环配对的阳离子—pi作用之构效与功效	化学学院	杨池明	21272124	80
面上项目	自由申请	新型丙烷脱氢制丙烯Pt—Sn/Cr_2O_3/Al_2O_3催化剂设计，合成及性能研究	化学学院	吴世华	21271107	80
面上项目	自由申请	具有强电子受体连接的桥联环糊精的合成及其分子选择键合行为研究	化学学院	陈湧	21272125	80
面上项目	自由申请	基于噁二唑及杯芳烃结构单元的高选择性Cu^{2+}荧光探针的合成与性质研究	化学学院	韩杰	21272130	80
面上项目	自由申请	组蛋白翻译后修饰及其结合蛋白系统鉴定新方法的研究	化学学院	张锴	21275077	80
面上项目	自由申请	基于石英晶体微天平与抗原决定基印迹技术的新型蛋白质传感体系的构建与应用研究	化学学院	李文友	21275078	80
面上项目	自由申请	功能化金纳米簇探针的构建及其在细胞成像中的应用	化学学院	严秀平	21275079	80

续表

项目类型	项目类别	项目名称	单位	负责人	批准号	总经费(万元)
面上项目	自由申请	基于点击化学反应分离富集目标蛋白质的新材料新方法研究	化学学院	陈朗星	21275080	80
面上项目	自由申请	纳米粒子毛细管电泳/电色谱技术应用于元素形态分析	化学学院	唐安娜	21275081	80
面上项目	自由申请	基于磷叶立德化学的环状化合物串联合成方法学研究	化学学院	贺峥杰	21272119	80
面上项目	自由申请	石蒜科和莲花烷生物碱的不对称催化合成	化学学院	谢建华	21272120	80
面上项目	自由申请	基于卟啉和酞菁为光敏剂的单线态氧氧化反应研究	化学学院	朱义州	21272123	80
面上项目	自由申请	重要生理活性的三尖杉酯碱类似物的设计合成及构效关系研究	化学学院	陈莉	21272126	40
面上项目	自由申请	具有除草活性的不对称芳香二硫醚类化合物的设计合成、构效关系及作用机制研究	化学学院	王建国	21272128	80
面上项目	自由申请	新型磺酰脲分子多功能生物活性的基础研究	化学学院	李正名	21272129	80
面上项目	自由申请	位点特异标记稀土金属离子在蛋白质构象分析中的应用	化学学院	苏循成	21273121	80
面上项目	自由申请	PEG 接枝大分子 RAFT 试剂的设计及其对无皂乳液 RAFT 聚合嵌段共聚物胶体结构的影响	化学学院	张望清	21274066	83
面上项目	自由申请	棒状病毒的高分子刷修饰及其液晶行为研究	化学学院	张珍坤	21274067	80
面上项目	自由申请	快速响应的水凝胶超薄膜及其用于光学生物传感器的研究	化学学院	关英	21274068	80
面上项目	自由申请	树形高分子包裹多金属氧酸簇杂化物的合成和超分子结构的研究	化学学院	王维	21274069	82
面上项目	自由申请	单壁碳纳米管/石墨烯杂化材料的电弧法合成及应用研究	化学学院	马延风	51273093	80
面上项目	自由申请	β淀粉样多肽聚集抑制剂设计、性能及作用机理研究	化学学院	袁直	51273094	80

续表

项目类型	项目类别	项目名称	单位	负责人	批准号	总经费（万元）
面上项目	自由申请	负载多重活性信号的天然多糖支架在肝组织工程中的应用	化学学院	王蔚	51273095	79
面上项目	自由申请	无机石墨烯：计算设计、性能预测与应用探索	化学学院	周震	21273118	78
面上项目	自由申请	锂离子电池富锂层状正极材料的结构调控与电化学性能研究	化学学院	叶世海	21273119	80
面上项目	自由申请	轻金属硼基氢化物复合材料的制备及储氢性能研究	化学学院	陶占良	51271094	80
面上项目	自由申请	富锂层状氧化物的结构调控与电化学性能研究	化学学院	高学平	51272108	80
面上项目	自由申请	BiO_X 催化剂的计算设计、可控合成及其对饮用水中内分泌干扰物的光催化降解研究	环境科学与工程学院	刘璐	21271108	78
面上项目	自由申请	高效电化学多相催化体系的构建及其降解有机污染物机理研究	环境科学与工程学院	周明华	21273120	80
面上项目	自由申请	基于生物配体模型解释及预测不同类型金属联合毒性作用的机制	环境科学与工程学院	朱琳	21277076	78
面上项目	自由申请	全氟化合物支链/直链异构体在水体多界面分配行为与生物积累代谢差异研究	环境科学与工程学院	祝凌燕	21277077	85
面上项目	自由申请	生物炭强化石油烃污染土壤生态修复及机理研究	环境科学与工程学院	唐景春	31270544	79
面上项目	自由申请	超微细菌一生物炭联合修复石油污染土壤机理研究	环境科学与工程学院	王莹莹	31270545	84
面上项目	自由申请	毕赤酵母多不饱和脂肪酸生物合成相关脱氢酶基因的功能及其分子调控机制的研究	生命科学学院	李明春	31270096	80
面上项目	自由申请	L一Ser 代谢的遗传操作及其影响植物生长发育的分子机制研究	生命科学学院	王勇	31270296	80
面上项目	自由申请	不同种类内生真菌对禾草宿主及其所在群落影响的比较研究	生命科学学院	任安芝	31270463	85
面上项目	自由申请	端粒酶相关的蛋白复合物 p19/p45 调控端粒酶活性的结构基础	生命科学学院	曾志雄	31270787	80

续表

项目类型	项目类别	项目名称	单位	负责人	批准号	总经费(万元)
面上项目	自由申请	延伸体(Elongator)复合物的装配机理及功能研究	生命科学学院	龙加福	31270815	90
面上项目	自由申请	造血细胞特异性鸟苷酸交换因子 Vav1 在 T 细胞及癌细胞中的作用机制探讨	生命科学学院	曹又佳	31270925	15
面上项目	自由申请	新型抗哮喘天然产物的分子作用机制及构效关系研究	生命科学学院	洪章勇	31270926	80
面上项目	自由申请	SDHB 在线粒体能量代谢和三羧酸循环中的关键作用	生命科学学院	朱玉山	31271529	85
面上项目	自由申请	8 细胞胚胎紧密化中多个信号通路对 Ezrin 磷酸化的调控	生命科学学院	陈凌懿	31271547	80
面上项目	自由申请	Fstl1 通过调节肺上皮细胞分裂方向参与气管形状决定的作用	生命科学学院	宁文	31271559	88
面上项目	自由申请	iPS 细胞端粒重编程及其稳定性维持的分子机制	生命科学学院	刘林	31271587	88
面上项目	自由申请	胞外游离锌离子在急性脑缺血致神经死亡中的意义	生命科学学院	刘燕强	31272317	81
面上项目	自由申请	中国巢蛾科系统分类与动物地理学研究	生命科学学院	李后魂	31272356	82
面上项目	自由申请	孤雌胚胎干细胞向心肌细胞的阶段性分化调控及对心肌梗死的治疗研究	生命科学学院	欧来良	81271710	75
面上项目	自由申请	隐球菌 AMPK 激酶 Snf1 调节粘附和侵入生长的分子机制	生命科学学院	朱旭东	81271801	70
面上项目	自由申请	HIV－1 的辅蛋白 Vpr 活化 TAK1 进而激活 HIV－1 复制的分子机理	生命科学学院	谈娟	81271812	70
面上项目	自由申请	癌蛋白 HBXIP 调控 Hippo－YAP 通路促进乳腺癌增殖的作用及其分子机制研究	生命科学学院	叶丽虹	81272217	16
面上项目	自由申请	YAP 癌基因在乙肝病毒 X 蛋白致癌中的作用及其分子机制的研究	生命科学学院	张晓东	81272218	65

续表

项目类型	项目类别	项目名称	单位	负责人	批准号	总经费(万元)
面上项目	自由申请	ERRF对雌激素受体功能的调控和对乳腺上皮细胞增殖、分化及癌变调节的作用机制研究	生命科学学院	朱正茂	81272219	16
面上项目	自由申请	激活LXR通路抑制肿瘤发生与发展的机理研究	生命科学学院	韩际宏	81272460	70
面上项目	自由申请	建立以血小板聚集途径为识别元件的生物传感体系探究益气活血方剂药效机制	生命科学学院	陈强	81273993	74
面上项目	自由申请	非线性变分问题的几个课题	陈省身数学研究所	王志强	11271201	50
面上项目	自由申请	杨—巴克斯特方程相关代数	陈省身数学研究所	白承铭	11271202	50
面上项目	自由申请	典型类随机过程的现代理论研究及其在信用风险中的应用	数学科学学院	王永进	11271203	60
面上项目	自由申请	关于图上随机游走、渗流的几个问题	数学科学学院	向开南	11271204	50
面上项目	自由申请	常见致病军团菌O抗原基因簇分子进化机制的研究	泰达学院	曹勃阳	31270144	15
面上项目	自由申请	细菌表面多糖抗原合成基因功能的系统研究	泰达学院	刘斌	31270003	83
面上项目	自由申请	变形杆菌O抗原合成相关糖基转移酶的生物信息学分析及功能鉴定	泰达学院	王荃	31270016	80
面上项目	自由申请	海洋石油细菌T7—7降解烷烃的分子机制的研究和功能优化	泰达学院	冯露	31270133	80
面上项目	自由申请	半导体多晶薄膜中缺陷的形成与控制动力学	物理科学学院	张立新	11274179	75
面上项目	自由申请	用于提高硅基太阳电池效率的表面等离子体激元增强量子剪裁效应研究	物理科学学院	宋峰	11274180	90
面上项目	自由申请	飞秒矢量光场的超衍射极限微结构制备及特性研究	物理科学学院	涂成厚	11274183	90
面上项目	自由申请	基于二阶姜—泰勒效应的非中心对称磷酸盐功能晶体化合物的设计、合成、结构与性质	物理科学学院	孙同庆	21271109	80
面上项目	自由申请	电压门控质子通道蛋白Hv1对肿瘤发生和发展作用机制的研究	物理科学学院	李树杰	31271464	80

续表

项目类型	项目类别	项目名称	单位	负责人	批准号	总经费(万元)
面上项目	自由申请	原子层沉积稀土氧化物和硅酸盐纳米复合薄膜硅基MOS电致发光器件的研究	物理科学学院	孙甲明	61275056	82
面上项目	自由申请	自适应光脉冲整形技术在电子加速中的应用研究	物理科学学院	臧维平	61275148	76
面上项目	自由申请	Cu_2ZnSnS_4 薄膜太阳电池异质结调控及电池性能研究	信息技术科学学院	张毅	61274053	91
面上项目	自由申请	基于折射率多维调制结构的空间光纤光栅理论与应用研究	信息技术科学学院	张伟刚	11274181	87
面上项目	自由申请	手性过渡金属配合物催化下非官能化烯烃的不对称卤胺化反应	药学院	李月明	21272121	80
面上项目	自由申请	基于“凸凹互补”原理模拟组蛋白去乙酰化酶水解过渡态的选择性小分子探针	药学院	沈杰	21272127	80
面上项目	自由申请	基于蛋白——多肽特异性结合的抗癌药物小分子水凝胶的制备及其应用	药学院	王玲	31271018	15
面上项目	自由申请	基于无极 QCM－D/LSPR 双技术芯片的微流控系统及其对生物薄膜的多参数检测分析	信息技术科学学院	刘国华	61271099	88
面上项目	自由申请	二进制代码路径混淆方法研究	信息技术科学学院	贾春福	61272423	80
面上项目	自由申请	翼伞自主归航雀降阶段控制方法研究	信息技术科学学院	孙青林	61273138	80
面上项目	自由申请	微结构光纤回音壁模式机理及应用的研究	信息技术科学学院	张昊	11274182	82
面上项目	自由申请	激光诱导界面微结构对热辐射特性的影响及其调控机理研究	信息技术科学学院	杨建军	11274184	86
面上项目	自由申请	超短脉冲激光多光子电离显微术研究	信息技术科学学院	朱晓农	11274185	90
面上项目	自由申请	微介质锥、纳金属锥和纳金属锥孔中的光场调控	信息技术科学学院	匡登峰	11274186	80
面上项目	自由申请	飞秒矢量光束与物质相互作用的超快过程研究	信息技术科学学院	王晓雷	61275133	74
面上项目	自由申请	人类长菱家族1号基因RHBDF1在癌细胞中调控缺氧诱导因子 HIF－1α 氧非依赖型降解的机理	药学院	李鲁远	81272356	85

续表

项目类型	项目类别	项目名称	单位	负责人	批准号	总经费(万元)
面上项目	自由申请	纳米材料对肾脏足细胞功能及发育的影响及其机制研究	医学院	杨卓	31271074	80
面上项目	自由申请	M2巨噬细胞表达Legumain促进肾间质纤维化损伤修复的机理及应用研究	医学院	谭小月	81270774	70
面上项目	自由申请	解析细胞膜新受体LRRC19在人类相关疾病发生发展过程中的作用	医学院	杨荣存	81271782	16
面上项目	自由申请	δEF1诱发乳腺癌产生抗雌激素耐药的功能研究	医学院	杨爽	81272184	70
面上项目	自由申请	TLR4信号通路对肝癌生物学特征的影响与分子机制研究	医学院	刘成虎	81272316	70
面上项目	自由申请	新型pH敏感口服纳米DNA疫苗的研制	医学院	向荣	81273331	75
面上项目	自由申请	有限阿贝尔群上若干堆垒问题研究	数学科学学院	高维东	11271207	60
面上项目	自由申请	组合数学	数学科学学院	张连增	71271121	54
人才	创新群体	微分几何	陈省身数学研究所	张伟平	11221091	420
人才	海外	结构化水凝胶生物材料的研究	化学学院	朱晓夏	21228401	20
人才	基础科学人才	南开大学昆虫分类学特殊学科点项目	生命科学学院	卜文俊	J12100095	300
人才	基础科学人才	南开大学化学基地人才培养支撑条件建设项目	化学学院	程鹏	J12100046	200
人才	基础科学人才	南开大学物理学基地人才培养支撑条件建设项目	物理科学学院	李川勇	J12100098	200
人才	杰出青年	粒子物理实验	物理科学学院	杨茂志	11125525	20
人才	杰出青年	生物膜结构与功能	生命科学学院	胡俊杰	31225006	200
人才	杰出青年	环境地球化学	环境科学与工程学院	孙红文	41225014	200
人才	优秀青年基金	过渡金属催化的有机合成化学	化学学院	朱守非	21222205	100
人才	优秀青年基金	动物系统学	生命科学学院	谢强	31222051	100
人才	优秀青年基金	生物材料	生命科学学院	杨志谋	51222303	100
人才	优秀青年基金	细胞自噬	医学院	谢志平	31222034	100
人才	优秀青年基金	组合数学	数学科学学院	侯庆虎	11222112	100
重大研究计划	面上项目	弱光非线性光子学材料的缺陷设计与构筑	物理科学学院	孔勇发	91222111	100

续表

项目类型	项目类别	项目名称	单位	负责人	批准号	总经费（万元）
重大研究计划	面上项目	磁有序自组装结构构筑：弱键及磁耦合强度调控	物理科学学院	张立新	91227101	75
重大研究计划	面上项目	具有疏水腔的环状分子为媒介的分子组装与构效关系	化学学院	刘育	91227107	100
重大研究计划	面上项目	多相聚合物溶液体系受限于软膜内的自组装行为研究	物理科学学院	李宝会	91227121	75
重点项目	学部重点项目	新型锂电池多电子反应锰基电极材料研究	化学学院	陈军	21231005	300
重点项目	学部重点项目	人工纳米材料对水环境中有机污染物界面过程的影响机制研究	环境科学与工程学院	陈威	21237002	300
重点项目	学部重点项目	γδ T 细胞在肝脏天然免疫应答中的作用	生命科学学院	尹芝南	31230025	325
重点项目	学部重点项目	组合数学	数学科学学院	陈永川	11231004	220
专项	天元	第十六届全国数学研究生暑期学校	数学科学学院	龙以明	11126364	15
专项	委主任基金	利用转基因斑马鱼研究小胶质细胞在视网膜感光细胞损伤及再生中的作用	医学院	李玉皓	81250017	10
专项	委主任基金	富勒烯的生物转化：机理及毒性效应	环境科学与工程学院	张承东	81250003	10
专项	学部主任基金	第六届全国物理无机化学学术会议	化学学院	卜显和	21241402	4
专项	学部主任基金	EMT 在雌激素效应增强诱导良性前列腺增生发生中作用机制的研究	生命科学学院	张琚	81241024	10
专项	仪器	具有飞秒级时间分辨率的脉冲数字全息实时探测仪的研制	信息技术科学学院	翟宏琛	61227010	350
面上项目	青年基金	Fstl1 在纤维化以及 Ant-rodinB 抑制活化的肝星状细胞分泌胞外基质中的分子作用机制	生命科学学院	宁文	31201020	12
面上项目	青年基金	低碳理念下基于人工智能的城市空间结构的热岛效应模拟预测研究	环境科学与工程学院	李洪远	无	5
面上项目	自由申请	球面稳定同伦群中的周期性元素	数学科学学院	王向军	11261062	18
面上项目	自由申请	靶向 AHAS 蛋白新型抑制剂的发现与抗结核活性研究	化学学院	王建国	81271777	20

续表

项目类型	项目类别	项目名称	单位	负责人	批准号	总经费(万元)
面上项目	自由申请	基于多种保费准则的最优风险控制	数学科学学院	张春生	11271385	8
面上项目	自由申请	高维数据建模与分析的若干问题	数学科学学院	杨建峰	11271355	10
重点项目	学部重点项目	重大病毒导向的绿色农药化学研究	化学学院	汪清民	21132003	80
重点项目	学部重点项目	大功率、短波长、窄线宽深紫外全固态激光器研究	物理科学学院	宋峰	611038004	56
重点项目	学部重点项目	双金属有机合成试剂研究	化学学院	宋礼成	21132001	150
重点项目	学部重点项目	折/衍混合成像元件的飞秒激光超精细加工技术及应用研究	信息技术科学学院	朱晓农	61137001	80
重点项目	学部重点项目	高维数据统计建模与分析	数学科学学院	王兆军	11131002	16
重点项目	学部重点项目	中微子物理学若干重要前沿问题的理论研究	物理科学学院	李学潜	11135009	20
重点项目	学部重点项目	锂离子电池金属基负极材料的多相多尺度结构与性能	化学学院	陈军	51231003	130
重点项目	学部重点项目	关于知觉认知与知觉决策的神经动力学研究与实验分析	生命科学学院	张涛	11232005	103
重点项目	学部重点项目	医用钛合金骨植入体表面激光合成	生命科学学院	男赵强	81271715	5
专项	学部主任基金	暗物质理论研究	物理科学学院	李学潜	11055002	8

5. 其他部委级项目

项目名称	类型	单位	负责人	合同号	总经费(万元)
结核病分子标识的研究	国家重大专项	泰达学院	冯露	2012ZX10003002	160
预防性艾滋病疫苗研究	国家重大专项	生命科学学院	刘新奇	2012ZX1001－008	217
HIV感染者的疾病进展与临床转归的关键生物学标志及新药靶的研究	国家重大专项	生命科学学院	乔文涛	2012ZX10001006	181
流域水环境多因子耦合生态学基准	国家重大专项	环境科学与工程学院	朱琳	2012ZX07501－003－03	150
重点流域优控污染物沉积物基准与验证方法	国家重大专项	环境科学与工程学院	祝凌燕	2012ZX07501－003－04	203
污染环境突发事件应急监测	其他	环境科学与工程学院	姬亚芹	2011YQ0611106	170

续表

项目名称	类型	单位	负责人	合同号	总经费(万元)
飞行器采样的流体力学理论计算与实验验证(重大仪器专项)	其他	环境科学与工程学院	王宝庆	2011YQ060111	347
半翅目昆虫DNA条形码	基础性专项	生命科学学院	卜文俊	2011FY120200	36
太湖流域生物体中多溴联苯醚的定量分析	其他	环境科学与工程学院	单国强	201009026－04	8
制药行业VOCs与恶臭控制技术政策研究	其他	环境科学与工程学院	沈伯雄	201109004	79
农田土壤中毒害污染物风险评估、污染控制欲生态修复	其他	环境科学与工程学院	周启星	35	15
200米深动态高温高精度地热井水位一温度测量模块	其他	信息技术科学学院	郭澎		85
新安江流域水环境管理模型相关技术研究	其他	环境科学与工程学院	王玉秋	2012A012	40
农药及杂质标准品制备	其他	化学学院	范志金		10
大气灰霾数值模式与协同控制方案	其他	环境科学与工程学院	高丽洁		5
肝癌复发、转移个体化预测指标的筛选机研究方法的建立	其他省市项目	生命科学学院	董金堂	KSF－11001	2
城市重要基础设施风险防范与应急技术支撑体系建设	其他省市项目	环境科学与工程学院	周晓猛		16
拟除虫菊制剂对棉铃虫神经细胞钙激活钾通道作用机理	实验室开放课题	生命科学学院	贺秉军		3
多孔金属有机框架的合成及其在电分析化学中的应用	实验室开放课题	化学学院	李一峻		2
低维稀土分子材料的磁/电性能研究	实验室开放课题	化学学院	程鹏		10

6. 天津市项目

类型	类别	项目名称	单位	负责人	合同号	总经费(万元)
科技支撑计划	重点项目	基于近红外光谱的油料农作物品质快速检测的全固定式仪器研发和应用	物理科学学院	徐晓轩	12ZCZDGX02100	30
科技支撑计划	重点项目	基于单室沉积大面积微晶硅的叠层薄膜太阳电池组件中试技术的研发	信息技术科学学院	张晓丹	12ZCZDGX03600	30
科技支撑计划	重点项目	食品中重要致病菌检测基因芯片的研制及其产业化研究	泰达学院	王敏	12ZCZDSF01100	50

续表

类型	类别	项目名称	单位	负责人	合同号	总经费(万元)
科技支撑计划	重点项目	稳定纳米铁材料的制备与原位修复土壤重金属污染研究	环境科学与工程学院	李铁龙	12ZCZDSF01400	30
科技支撑计划	重点项目	生物质固废提取综纤维素生产木糖/乙醇关键技术研究	环境科学与工程学院	鞠美庭	12ZCZDSF01700	50
科技支撑计划	重点项目	应对突发时间实验室体系的建立及重大传染病快速检测关键技术研究	医学院	刘寅	11ZCKFSF00200	13
科技支撑计划	重点项目	锂离子电池新型硅碳负极材料的开发	化学学院	杨化滨	12ZCZDGX04000	15
科技支撑计划	重点项目	抗糖尿药物(五类新药)的开发	药学院	白钢	11ZCKFSY01300	7
应用基础研究	基础重点项目	基于虚拟化云计算平台的若干安全问题的研究	信息技术科学学院	邵秀丽	11JCZDJC28100	20
应用基础研究	基础重点项目	基于表面纳米结构的电子器件高效辐射散热技术研究	信息技术科学学院	杨建军	12JCYBJC20200	20
应用基础研究	基础重点项目	新型双技术融合生物传感芯片及其微流控系统研究	信息技术科学学院	刘国华	12JCYBJC20400	20
应用基础研究	基础重点项目	基于微纳光子带隙光纤的新型功能集成器件研究	信息技术科学学院	刘艳格	12JCYBJC20600	20
应用基础研究	基础重点项目	云计算可信服务模型及其安全机制研究	信息技术科学学院	许静	12JCYBJC20800	20
应用基础研究	基础重点项目	HIV 与宿主细胞相互作用对抗 HIV 药物影响的研究	药学院	马永钢	12JCYBJC21800	20
应用基础研究	基础重点项目	磷(膦)酸肌醇类似物的设计合成及生物活性研究	化学学院	陈文彬	12JCYBJC22000	20
应用基础研究	基础重点项目	神经振荡与突触可塑性及其对认知功能损伤检测的意义	生命科学学院	张涛	12JCYBJC22300	20
应用基础研究	基础重点项目	全血中多肿瘤标志物无标记联合检测系统的研究	信息技术科学学院	贾芸芳	12JCYBJC22400	20
应用基础研究	基础重点项目	真菌疏水蛋白 HGF1 功能研究与医学应用	生命科学学院	乔明强	12JCYBJC22600	20
应用基础研究	基础重点项目	超耐盐杜氏藻基因的克隆及其在植物耐盐工程中的应用	生命科学学院	陈德富	12JCYBJC22900	20
应用基础研究	基础重点项目	固醇在拟南芥响应干旱和低温胁迫中的作用机理研究	生命科学学院	门淑珍	12JCYBJC23200	20

续表

类型	类别	项目名称	单位	负责人	合同号	总经费(万元)
应用基础研究	基础重点项目	斑马鱼模型动物在帕金森氏病研究中的应用	医学院	李雷	12JCYBJC24000	20
应用基础研究	基础重点项目	端粒相关蛋白在多能性干细胞中的作用及调控	生命科学学院	刘林	12JCYBJC24800	20
应用基础研究	基础重点项目	非病毒微载体重编程心脏干细胞为诱导多能干细胞的研究	医学院	李宗金	12JCYBJC24900	20
应用基础研究	基础重点项目	抗超级细菌抑制剂的设计合成、生物活性和安全性研究	化学学院	王建国	12JCYBJC25700	20
应用基础研究	基础重点项目	(一)－isatisine A 全合成方法的优化及生物活性研究	化学学院	梁广鑫	12JCYBJC26400	20
应用基础研究	基础重点项目	氧/硫化物微纳结构设计、制备及在太阳能电池中的应用	化学学院	周震	12JCYBJC28100	20
应用基础研究	基础重点项目	基于一维和二维光子晶体的太阳电池陷光结构研究	信息技术科学学院	侯国付	12JCYBJC28300	20
应用基础研究	基础重点项目	改性层柱粘土联合脱硝脱汞的机理研究	环境科学与工程学院	沈伯雄	12JCYBJC29300	20
应用基础研究	基础重点项目	典型塑化剂在地表水中迁移与修复机理研究	环境科学与工程学院	王莹莹	12JCYBJC29700	20
应用基础研究	面上项目	染料敏化太阳能电池中铂替代材料的研究	化学学院	李国然	12JCQNJC00700	8
应用基础研究	面上项目	楔形超声角锥驱动的光纤结构的滤波色散特性及其应用	物理科学学院	高峰	12JCQNJC00900	8
应用基础研究	面上项目	100℃低温制备高效非晶硅/纳米晶硅异质薄膜太阳电池	信息技术科学学院	倪牮	12JCQNJC01000	8
应用基础研究	面上项目	矢量光场下的表面等离子共振及表面增强拉曼研究	物理科学学院	齐继伟	12JCQNJC01100	8
应用基础研究	面上项目	基于病毒水凝胶的葡萄糖响应和胰岛素缓释智能材料	化学学院	张珍坤	12JCQNJC01800	8
应用基础研究	面上项目	糖药物蛋白 Interferonβ N－glycan 的均一、人源化改造	药学院	程剑松	12JCQNJC02900	8
应用基础研究	面上项目	脯氨酰胺类催化剂的设计合成及其在不对称反应中的应用	化学学院	柳凌艳	12JCQNJC03500	8
应用基础研究	面上项目	镍基复合材料的制备及催化硼氢化物制氢研究	化学学院	程方益	12JCQNJC03500	8

续表

类型	类别	项目名称	单位	负责人	合同号	总经费(万元)
应用基础研究	面上项目	“ED/UF”同步耦合过程在抗生素废水处理中的应用	环境科学与工程学院	卢会霞	12JCQNJC05100	8
应用基础研究	面上项目	Fe_3O_4 纳米磁晶脱除水中5－氯酚的效能研究	环境科学与工程学院	展思辉	12JCQNJC05800	8
应用基础研究	面上项目	高释放的牛泡沫病毒载体的构建	生命科学学院	谈娟	12JCQNJC06100	8
应用基础研究	面上项目	Rac1在斑马鱼心管左移和心脏环化过程中的作用	医学院	王利凤	12JCQNJC06300	8
应用基础研究	面上项目	CpG ODN对病理性心肌肥大的抑制作用研究	医学院	杨亮	12JCQNJC08300	8
应用基础研究	面上项目	新型NO供体修饰PAM-AM纳米传递体提高生物利用度的研究	药学院	卢亚欣	12JCQNJC08500	8
应用基础研究	面上项目	非病毒载体基因药物肿瘤靶向混合聚合物胶束系统的研究	药学院	尹永梅	12JCQNJC08900	8
应用基础研究	面上项目	通过可控降解和功能梯度改善细胞向支架材料内生长	生命科学学院	赵强	12JCQNJC09300	8
应用基础研究	面上项目	面向敏感网络图像过滤的无约束文本提取	信息技术科学学院	王恺	12JCYBJC10100	10
应用基础研究	面上项目	飞秒矢量光场焦场调控及其超衍射极限微纳加工应用研究	物理科学学院	涂成厚	12JCYBJC10700	10
应用基础研究	面上项目	多孔硅掺杂制备“黑硅”及其光电性质和微观机理研究	物理科学学院	张春玲	12JCYBJC10900	10
应用基础研究	面上项目	光催化小分子水凝胶的制备及其抑癌应用	药学院	王玲	12JCYBJC11300	10
应用基础研究	面上项目	硅分布可控SAPO－34分子筛的合成与表征	化学学院	李牛	12JCYBJC12700	10
应用基础研究	面上项目	纤维素催化转化制取液体燃料2,5－二甲基呋喃	环境科学与工程学院	漆新华	12JCYBJC13000	10
应用基础研究	面上项目	新型修饰金催化剂的制备和性能研究	化学学院	张守民	12JCYBJC13100	10
应用基础研究	面上项目	G－四链体DNA酶类传感器的设计及应用研究	化学学院	孔德明	12JCYBJC13300	10
应用基础研究	面上项目	新型双核化学核酸酶的设计及其抗癌活性的探讨	化学学院	田金磊	12JCYBJC13600	10
应用基础研究	面上项目	计算机模拟基于离子液体电解质的超级电容体系	化学学院	言天英	12JCYBJC13900	10

续表

类型	类别	项目名称	单位	负责人	合同号	总经费（万元）
应用基础研究	面上项目	15 种致病嗜肺军团菌分子进化研究和 PCR 检测方法的建立	泰达学院	曹勃阳	12JCYBJC15100	10
应用基础研究	面上项目	慢病毒 Gag 蛋白 SUMO 化修饰的研究	泰达学院	王颖	12JCYBJC15200	10
应用基础研究	面上项目	γδT 淋巴细胞在小鼠慢性结肠炎一大肠肿瘤中的作用	生命科学学院	赵强/女	12JCYBJC15700	10
应用基础研究	面上项目	临床药物去铁胺去除卤代醌类污染代谢物毒性的机制研究	环境科学与工程学院	单国强	12JCYBJC16000	10
应用基础研究	面上项目	O－GlcNAcase 抑制剂对阿兹海默病 Tau 蛋白磷酸化的调控	医学院	赵炜	12JCYBJC18600	10
应用基础研究	面上项目	组成型高效表达 chi 基因的 Bt 生防菌株构建	生命科学学院	陈月华	12JCYBJC19800	10
应用基础研究	面上项目	含黄瓜 DNA 类质粒的叶绿体表达载体构建	生命科学学院	白艳玲	12JCYBJC20000	10
应用基础研究	面上项目	新颖稀土有机催化剂的合成和性质的研究	化学学院	李建峰	12JCYBJC31100	10
应用基础研究	面上项目	张量最优化中若干理论和算法研究	数学科学学院	杨庆之	12JCYBJC31200	10
应用基础研究	面上项目	肿瘤微环境中的透明质酸对肿瘤干细胞分化特性的影响	医学院	罗娜	12JCYBJC30900	10
应用基础研究	面上项目	基于矢量光束操控的表面等离子体新型光镊基础研究	信息技术科学学院	闵长俊	12JCYBJC31000	10
其他		新型高效硅基薄膜叠层太阳电池制造技术研发	信息技术科学学院	赵颖	11TXSYGX22100	500
其他		天津市药物化学生物学重点实验室建设	药学院	王鹏	11TXSYJC28700	100
其他		云计算模式下基于手机信令的智能交通指挥与突发事件感知平台	物理科学学院	徐晓轩		110
其他		生态校园水资源综合利用成套技术示范工程	环境科学与工程学院	王建友	08FDZDSF03200	35
其他		天津市海洋污染物排放权市场化配置研究	环境科学与工程学院	朱琳	KJXH2012－22	8
其他		近海岸水环境中典型有机污染物的被动采样监测技术与免疫分析	环境科学与工程学院	孙红文	KJXH2012－22	60

续表

类型	类别	项目名称	单位	负责人	合同号	总经费(万元)
其他		海洋石油污染物处置与管理技术及其产业化应用	环境科学与工程学院	李洪远	KJXH2011—10	40
其他		项目报评审核过程管理系统及应用研究	软件学院	程仁洪	1120111	60
其他		国家“863”计划产业化伙伴城区建设模式研究	信息技术科学学院	刘景泰	2011—BK15R005	10
其他		共享平台的资源构建研究	信息技术科学学院	张金	D01—0809	1

7. 教育部项目

基金类型	项目名称	单位	负责人	合同号	总经费(万元)
重大项目	叶片衰老与氮素“源”“库”间输送对大豆产量的协同调控研究	生命科学学院	王宁宁	313032	50
博士点基金	基于铁基硼/磷化物新型碱性二次电池电极材料	化学学院	王一菁	20120031110001	12
留学回国人员活动经费	参与型交通规划的评价指标体系与方法	环境科学与工程学院	单春燕	教外司留[2012]940号	3
博士点基金	基于 CO_2 电化学催化反应的新型储能体系的设计	化学学院	周震	20120031110008	12
博士点基金	有机膦小分子催化的基于 β,γ—不饱和 α 酮酸酯 Domino 反应研究	化学学院	黄有	20120031110002	12
博士点基金	基于天然多羟基双萘酚的环境友好的高效新颖抗植物病毒剂的设计合成和活性及构效关系研究	化学学院	汪清民	20120031110010	12
博士点基金	基于聚电解质—表面活性剂复合介晶模板的多级孔结构材料合成及其应用	化学学院	陈铁红	20120031110005	12
留学回国人员活动经费	动态识别肌电假手特征值的研究	信息技术科学学院	段峰	教外司留[2012]940号	4
留学回国人员活动经费	具有奇异解的 Navier—Stokes 方程的基于 L2 投影的多尺度稳定化	数学科学学院	段火元	教外司留[2012]940号	4
留学回国人员活动经费	基于金属离子同位素标记的反应质谱新方法及其在手性分析中的应用	化学学院	孔祥蕾	教外司留[2012]940号	3

续表

基金类型	项目名称	单位	负责人	合同号	总经费(万元)
留学回国人员活动经费	基于金属离子同位素标记的反应质谱新方法及其在手性分析中的应用	化学学院	孔祥蕾	教外司留[2012]940号	3
留学回国人员活动经费	有关球面稳定同伦群的研究	数学科学学院	刘秀贵	教外司留[2012]940号	3
留学回国人员活动经费	研究O型乙酰葡萄糖胺化在胚胎干细胞分化中的功能	生命科学学院	水雯箐	教外司留[2012]940号	3
博士点基金	基于点击化学反应分离富集目标蛋白质的整体柱材料合成及其应用	化学学院	陈朗星	20120031110007	12
博士点基金	烟酰胺辅酶类有机负氢化合物电子转移重组能的测定	化学学院	朱晓晴	20120031110011	12
博士点基金	抗性基因在抗生素制药废水处理过程中的分布特征、归趋和传播扩散机制研究	环境科学与工程学院	罗义	20120031110014	12
博士点基金	石油烃降解基因在土壤中的分布及其在生态修复中的作用研究	环境科学与工程学院	唐景春	20120031110015	12
博士点基金	生防芽孢杆菌几丁质酶转录调节因子的确定	环境科学与工程学院	陈月华	20120031110019	12
博士点基金	DNA拓扑异构酶II型抑制剂防治动脉粥样硬化的机理研究	生命科学学院	韩际宏	20120031110020	12
博士点基金	代数化杨—巴克斯特方程	陈省身数学研究所	白承铭	20120031110022	12
博士点基金	框架重构算法与函数空间刻画	数学科学学院	孙文昌	20120031110023	12
博士点基金	张量特征值的若干性质及算法研究	数学科学学院	杨庆之	20120031110024	12
博士点基金	周期映射与稳定同伦	数学科学学院	王向军	20120031110025	12
博士点基金	Navier—Stokes方程组非H1空间极弱解的有限元方法研究	数学科学学院	段火元	20120031110026	12
博士点基金	黑洞熵的修正与量子反常	物理科学学院	缪炎刚	20120031110027	12
博士点基金	电压门控质子通道Hv1对结直肠癌的发生和发展机制的研究	物理科学学院	李树杰	20120031110028	12
博士点基金	基于光折变非线性光学表面波的可调谐长程传播表面等离子激元	物理科学学院	张天浩	20120031110030	12
博士点基金	基于三维纳米结构陷光的CZTS薄膜太阳能电池的理论设计与实验研究	信息技术科学学院	张晓丹	20120031110039	12
博士点基金	应用飞秒激光辐照调控材料热功能特性的研究	信息技术科学学院	杨建军	20120031110032	12

续表

基金类型	项目名称	单位	负责人	合同号	总经费(万元)
博士点基金	空间交错式微结构光纤光栅矢量传感研究	信息技术科学学院	张伟刚	20120031110033	12
博士点基金	基于行波微泵的生物芯片微流控系统研究	信息技术科学学院	刘国华	20120031110031	12
博士点基金	基于多传感器融合低能耗的智能手机定位方法研究	信息技术科学学院	张建忠	20120031110035	12
博士点基金	基于市场机制的制造资源共享与多主体调度方法研究	信息技术科学学院	陈秋双	20120031110036	12
博士点基金	基于化学生物学方法的哮喘方剂的网络药理学研究	药学院	白钢	20120031110042	12
博士点基金	含双负离子二亚胺配体的二价稀土化合物的合成和性质研究：氧化还原活性配体对二价稀土反应性的影响	化学学院	李建峰	20120031120001	4
博士点基金	介孔含氮分子筛的制备表征与应用	化学学院	武光军	20120031120002	4
博士点基金	碳材料吸附态有机污染物的化学反应机理及其主要影响因素	环境科学与工程学院	李尧	20120031120007	4
博士点基金	港口及近岸海域环境问题诊断方法与生态环境管理机制研究	环境科学与工程学院	邵超峰	20120031120016	4
博士点基金	PrtR调控铜绿假单胞菌细胞毒性和耐药性的研究	生命科学学院	吴卫辉	20120031120019	4
博士点基金	叶绿体蛋白转运相关基因 Gm-cpSecA在大豆产量性状形成中的作用	生命科学学院	王丹	20120031120018	4
博士点基金	向量场链回复集中的非孤立奇点	数学科学学院	李明	20120031120024	4
博士点基金	Jacobi算子的特征值估计及其应用	数学科学学院	王险峰	20120031120026	4
博士点基金	关于常平均曲率曲面的若干问题研究	数学科学学院	马世光	20120031120028	4
博士点基金	类石墨烯型光学微结构制备及光传播特性研究	物理科学学院	宋道红	20120031120031	4
博士点基金	复合等离子体超材料非线性光学特性及其应用研究	物理科学学院	程化	20120031120032	4
博士点基金	非金属掺杂氧化铈及其在固体氧化物燃料电池中潜在应用的第一性原理计算研究	物理科学学院	胡振芃	20120031120033	4
博士点基金	基于轴对称矢量光束动态操控的表面等离子体新型光镊研究	信息技术科学学院	闵长俊	20120031120034	4
博士点基金	云存储中多用户可搜索加密的关键问题研究	信息技术科学学院	刘哲理	20120031120036	4

续表

基金类型	项目名称	单位	负责人	合同号	总经费（万元）
博士点基金	面向社会网络的大规模属性图搜索基础问题研究	信息技术科学学院	张海威	20120031120038	4
博士点基金	移动机器人无期望图像视觉伺服方法研究	信息技术科学学院	张雪波	20120031120040	4
博士点基金	低温制备窄带隙微晶锗薄膜及其在全光谱太阳电池上的应用研究	信息技术科学学院	倪牮	20120031120044	4
博士点基金	离化 Ga 蒸发源的研制及其在最佳带隙 Cu（In0.3Ga0.7）Se_2 薄膜太阳电池中的应用	信息技术科学学院	张力	20120031120045	4
博士点基金	桉烷型倍半萜内酯白念珠菌菌丝发育抑制活性、构效关系及初步作用机制研究	药学院	谢春锋	20120031120048	4
博士点基金	杂环肽类新型 DENV 丝氨酸蛋白酶抑制剂的设计、合成及活性研究	药学院	尚鲁庆	20120031120049	4
博士点基金	氟脒抑制肽酰基精氨酸脱亚胺酶 4(PAD4)机理的理论研究	药学院	李冬梅	20120031120052	4
博士点基金	基于硫化氢供体益母草碱－SPRC 缀合物的作用机制研究	医学院	刘春华	20120031120053	4
博士点基金	microRNA－142 调控 T 细胞增殖相关靶基因鉴定及其功能机制研究	医学院	孙伟	20120031120056	4
博士点基金	B 细胞骨髓免疫耐受机制——receptor editing 的分子机理	医学院	刘菲菲	20120031120057	4
博士点基金	生物人工胰腺的皮下移植在胰岛移植中的应用	医学院	漆智	20120031120058	4
博士点基金	基于异金属功能单元的分子基光磁材料	化学学院	程鹏	20120031130001	40
博士点基金	锂离子动力电池用高容量正极材料	化学学院	高学平	20120031130002	40

8. 企事业单位委托合作项目

合同名称	合同金额（万元）	单位	负责人
LCos 芯片的版图验证与优化	1	信息技术科学学院	刘艳艳
树脂法回收稀土技术开发及工业化设计	12	化学学院	张政朴
丁醚脲（Diafenthiuron）、甲磺隆（Metsulfuron－methyl）原药的全组分分析研究	14	化学学院	高如瑜
经超声和放射处理的细胞的生物效应研究	2	生命科学学院	陈家童

续表

合同名称	合同金额(万元)	单位	负责人
候选药物的细胞实验和动物实验评价	10	生命科学学院	孔德领
噻虫嗪＋异丙威对水稻稻飞虱的农药生物活性筛选	1	化学学院	熊丽霞
合作成立院士工作站协议书	30	化学学院	李正明
考虑用户意图的查询短文本聚类研究	10	信息技术科学学院	卫金茂
消防职业技能培训平台的技术保障模式研究	14	环境科学与工程学院	宋文华
中国作业环境有毒有害气体探测设备市场研究	20	环境科学与工程学院	宋文华
杭州市大气颗粒物重金属污染特征与防治对策研究 I	6	环境科学与工程学院	冯银厂
杭州市大气颗粒物重金属污染特征与防治对策研究 Ⅱ	10	环境科学与工程学院	冯银厂
中药丹参基因组三倍化优势利用技术及优良品种丹参的推广种植	500	生命科学学院	陈力
基于光纤光栅的油气管线腐蚀监测系统的研究与应用	32	信息技术科学学院	刘波
手性螺环吡啶胺基膦配体化合物与合成方法及其应用(专利申请号:201010550836.0)专利申请权转让合同	10	化学学院	周其林
高句丽五盔坟5号墓壁画菌斑成因研究及预防实验	25	生命科学学院	潘皎
高容量锂层状氧化物锂离子电池用正极材料的研究	40	化学学院	李国然
“离子交换材料、EDI组件及EDI设备”合作开发协议	20	环境科学与工程学院	王建友
碳纳米材料和超级电容器的合作研究开发及应用	30	化学学院	陈永胜
环渤海地区大气灰霾特征与控制途径研究	12	环境科学与工程学院	冯银厂
云计算数据中心安全技术及应用	15	信息技术科学学院	张建忠
丹东国际会展城项目环境影响报告书/报告表	35	环境科学与工程学院	华涛
沈阳广隆机械制造有限公司水泵及配件生产项目	1	环境科学与工程学院	华涛
沈阳中街冰点城食品有限公司生产车间及冷库工程项目	1	环境科学与工程学院	华涛
不同香型风格烟叶特征化学成分组成、含量及比例的关系研究	180	化学学院	邵学广
滨海新区第一次全国水利普查技术支撑及组织实施	434	环境科学与工程学院	李克勋
组合小型气浮机的研制	3	环境科学与工程学院	李克勋
新型抗生素定量检测及来源追踪技术的开发	120	生命科学学院	金守光
寡层石墨制备技术研究	20	化学学院	郭天瑛
标准组分/成分库样品管理系统	2	信息技术科学学院	刘忠信
专用焊接设备机头运动控制系统的硬件设计与软件开发	33	信息技术科学学院	段峰
掌纹自动识别技术开发	5	信息技术科学学院	史广顺
一种基于光纤传感的埋地油气管线外腐蚀实时监测装置(发明专利)	1	信息技术科学学院	刘波
一种基于光纤传感的埋地油气管线外腐蚀实时监测装置(实用新型专利)	1	信息技术科学学院	刘波
一种基于光纤传感的埋地管线焊缝实时应力在线监测装置(发明专利)	1	信息技术科学学院	刘波
一种基于光纤传感的埋地管线焊缝实时应力在线监测装置(实用新型专利)	1	信息技术科学学院	刘波

续表

合同名称	合同金额（万元）	单位	负责人
一种介孔氧化铝的合成方法(专利号:ZL200910069671.2)专利实施许可合同	10	化学学院	李伟
在中国城市推进可持续消费	156	环境科学与工程学院	鞠美庭
中温选择性催化还原烟气脱硝催化剂再生技术	35	环境科学与工程学院	沈伯雄
天津市第四次综合交通调查人口研究专项	12	数学科学学院	刘民千
PostgreSQL 技术咨询项目	9	软件学院	袁晓洁
体外培养脐血单核细胞及基因转导研究	1	生命科学学院	陈家童
全球变化条件下森林土壤微生物群落组成与多样性分析	15	环境科学与工程学院	刘家女
连续激光对材料的作用机理理论研究	30	物理科学学院	宋峰
技术合作意向协议	0	化学学院	庞美丽
锂离子动力电池新型硅碳负极材料的研发	45	化学学院	杨化滨
加纳阿克拉市粪便废水处理工程项目技术咨询	5	环境科学与工程学院	华涛
L—薄荷醇及其异构体混合物合成探索性试验	15	化学学院	朱守非
植物激活剂甲噻诱胺作用机制的研究	20	化学学院	范志金
天津龙德鑫混凝土有限公司项目、灵北制药(天津)有限公司及中铁四局物资工贸天津分公司新建仓库及实验室项目	1	环境科学与工程学院	周明华
共建南开一华禹天元联合研发中心的协议	50	商学院	严建援
电光晶体研制合同	30	物理科学学院	孙军
利用竹炭开发超级电容碳材料的研究	96	环境科学与工程学院	沈伯雄
双环戊二烯丙烯酸酯合成技术	3	化学学院	何尚锦
医药集中采购和物流配送系统的搭建及调试	8	信息技术科学学院	邵秀丽
供热公司收费系统升级及机打票接口	14	信息技术科学学院	刘嘉欣
金属磷化物催化剂制备及反应机理研究	50	化学学院	张明慧
城镇生态环境风险辨识技术研究	5	环境科学与工程学院，软件学院	周晓猛，李忠伟
白洋淀底栖动物鉴定分析	5	生命科学学院	王新华
滦河底栖动物鉴定分析	5	生命科学学院	王新华
SAPO 类分子筛合成制备规律研究	10	化学学院	李牛
F—1004/X—0203/FX—2/G—0058 菌种鉴定	2	生命科学学院	李明春
腾讯天津研发数据存储中心二期工程环境影响评价报告表	1	环境科学与工程学院	邵超峰
空气产品(天津)气体有限公司二期扩建项目环境影响评价报告表	1	环境科学与工程学院	邵超峰
红外加热板控制系统的研发	4	信息技术科学学院	司敏山
N3 注射剂的初步制剂学研究	2	药学院	卢亚欣
专利"照明设备的智能控制系统"专利实施许可合同	7	信息技术科学学院	孙桂玲
催化裂化催化剂的研发与工业应用	63	化学学院	李牛
立体图像质量客观评价系统的系能测试	1	信息技术科学学院	常胜江
大庆炼化柴油加氢改质降凝组合技术小试研究	50	化学学院	袁忠勇
订货合同	5	环境科学与工程学院	刘茂

续表

合同名称	合同金额(万元)	单位	负责人
光子晶体光纤结构设计	10	信息技术科学学院	王志
基于用户意图发现和投票模型的社交网络广告推荐	15	软件学院	袁晓洁
含丙烯腈废水处理工程菌的筛选和培养	8	环境科学与工程学院	唐景春
季鏻盐类路易斯酸性例子液体的合成工艺及催化性能的开发研究	20	化学学院	常卫星
抚州金巢生物医药技术研究中心产学研合作实施协议	0	化学学院	徐凤波
技术微控制器(MCU)的数据采集器的设计开发	5	信息技术科学学院	刘艳艳
大港城区供水多水源调配方案制定－安全供水管理人机界面软件	47	环境科学与工程学院	刘东方
大港城区供水多水源调配方案制定－安全供水应急预案 HACCP 体系设计	49	环境科学与工程学院	刘东方
新化合物农药活性筛选	3	化学学院	汪清民
预应力钢绞线用缓粘结涂层技术	15	化学学院	张保龙
利用个体化眼模型研究角膜屈光手术后色差与视觉不良症状的关联机制	20	信息技术科学学院	王肇圻
芝麻核型分析及部分 BAC 克隆定位	20	生命科学学院	陈成彬
含油废弃物生物处理技术研究	20	环境科学与工程学院	唐景春
热法海水淡化系统技术经济分析	30	数学科学学院	江一鸣
体外培养肿瘤干细胞的分选研究	2	生命科学学院	陈家童
斑马鱼促/抗血管生成活性及胚胎发育毒性研究	38	医学院	王利凤
2－氯－5－氯甲基吡啶合成工艺研究与开发	100	化学学院	邹小毛
铁皮石斛种苗简易化生产技术	15	生命科学学院	李秀兰
中新天津生态城绿色统计指标框架咨询	3	环境科学与工程学院	华涛
天津市气象局服务器虚拟化试验平台搭建	5	数学科学学院	向兵
燃煤烟气 PM2.5 控制技术开发	10	环境科学与工程学院	沈伯雄
环境样品中有机农药的定量分析	10	环境科学与工程学院	单国强
样品表面积(BET)、X 射线粉末衍射(XRD)和激光粒度分析	2	化学学院	陈军
培养数学建模/分析和公共卫生决策制定及项目评估的边缘交叉学科处理应对技能－补充协议 2	6	数学科学学院	阮吉寿
西藏怒江松塔水电站可行性研究阶段水库诱发地震研究	2	环境科学与工程学院	易立新
“常山酮氢溴酸盐的合同”“专利申请技术实施许可合同	10	化学学院	李卫东
太原市燃煤锅炉 PM2.5 排放规律及防治对策研究	5	环境科学与工程学院	吴建会
蓟县 2012 年土地利用总体规划调整方案环境影响篇章	8	环境科学与工程学院	白宏涛
威士伯涂料(天津)有限公司年产 12 万吨涂料建设项目职业卫生专篇技术服务与咨询	6	环境科学与工程学院	谢藏娥，宋文华
甲基硫菌灵 70%水分分散剂在黄瓜上残留试验研究协议书	32	化学学院	张智超
三唑酮 9%微乳剂在小麦残留试验研究协议书	30	化学学院	张智超
中关村政府采购报价指数分析系统维护	2	信息技术科学学院	袁晓洁
北大港水库沉水植物过度生长的控制技术研究	19	环境科学与工程学院	刘春光

续表

合同名称	合同金额（万元）	单位	负责人
新型纤维素酯化产物的分析与表征	5	化学学院	张保龙
北大港水库生态修复技术	1	环境科学与工程学院	刘春光
假单胞菌 ND6 菌株邻位途径降解基因表达分析	2	生命科学学院	蔡宝立
假单胞菌 ND6 菌株的芳香烃邻位降解途径生物信息学分析	4	生命科学学院	蔡宝立
假单胞菌 ND6 菌株芳香烃降解底物范围的测定	2	生命科学学院	蔡宝立
防治韭菜韭蛆的生物技术推广	4	生命科学学院	阮维斌
植物病毒病防治药剂 NK－007 涉及的五项中国发明专利实施许可合同	130	元素所	汪清民
南港工业区水务公司工艺、设备及日常管理标准及手册	39	环境科学与工程学院	刘东方
基于硬盘 SMART 的智能预测与预警研究	15	信息技术科学学院	王刚
降低甲基叔丁基醚(MTBE)的硫含量技术开发	50	环境科学与工程学院	卢会霞
原位生态修复技术修复大港油田中低浓度石油污染土壤技术研究	5	环境科学与工程学院	周启星
N3 注射剂的临床前药学研究	40	药学院	尹正
改性氧化铝制备 2,5－二氢呋喃的生产工艺	30	化学学院	刘桂龙
新型二氧化钼超深度脱硫催化剂的研发	10	化学学院	王丹红
地下水中有机物的测试分析研究	5	环境科学与工程学院	周明华
先进激光材料及全固态激光技术研究	60	物理科学学院	李勇男
柔性 PI 衬底薄膜太阳电池器件优化	10	信息技术科学学院	刘玮
上海市自来水市北有限公司物资库存软件开发	5	信息技术科学学院	张红光
醋酸戈舍瑞林合成及纯化方法研究	8	生命科学学院	杨志谋
蛋白质聚合状态研究	2	生命科学学院	沈月全
新型心血管造影剂的研发	10	化学学院	贺峥杰
2－氯－5－氯甲基吡啶的环合新工艺	60	化学学院	邹小毛
天津市滨海新区“十二五”节约用水规划	15	环境科学与工程学院	李克勋
成都市中心城区大气颗粒物来源解析	9	环境科学与工程学院	史国良
水处理相关微生物分离纯化和发酵培养方法及其应用研究	20	生命科学学院	宋存江
宜君县科技工业园区总体规划环境影响评价	30	环境科学与工程学院	华涛
新疆典型油藏内源微生物驱油试验方案研究	150	生命科学学院	马挺
绿色计算器开发	6	信息技术科学学院	李涛
钢管制造信息化系统及管端参数测量系统的研究与开发	238	物理科学学院	田建国
抗干扰无线数据传输数码显示大量程高精度压力传感器的开发	70	物理科学学院	田建国
空港名富物流园环境影响评价报告表	2	环境科学与工程学院	邵超峰
西青区可持续发展实验区建设规划	1	环境科学与工程学院	邵超峰
利用纳秒脉冲激光方法制备太阳电池互连片	1	物理科学学院	王宏杰
宝坻区 2012 年土地利用总体规划调整方案环境影响篇章	8	环境科学与工程学院	白宏涛
高分子量缔合聚合物缔合作用机制及影响因素以及	30	化学学院	刘育

续表

合同名称	合同金额(万元)	单位	负责人
NK－007临床批件申报合作开发	0	生命科学学院	尹芝南
低温SCR催化剂配方优化开发	50	环境科学与工程学院	沈伯雄
组建南开－中安四海产学研合作平台协议	30	环境科学与工程学院	沈伯雄
本源微生物基因组分子分型分析	5	生命科学学院	马挺
共建南开－安舒贴药用新材料联合实验室合作协议书	100	化学学院	李伟
一株嗜热解烃的地芽孢杆菌DM－2及其用途	3	生命科学学院	马挺
天津市重要行业综合用水定额制定	240	环境科学与工程学院	李克勋
天津古海岸与湿地国家级自然保护区综合科学考察——植物考察	5	环境科学与工程学院	李洪远
天津古海岸与湿地国家级自然保护区综合科学考察——昆虫、水生生物考察	5	生命科学学院	王新华
基于自抗扰控制的电阻炉控制系统开发研究	33	信息技术科学学院	孙青林
铜锌锡硫薄膜太阳电池的研究开发	40	信息技术科学学院	张力
Visio专用模具开发及其技术研究	22	信息技术科学学院	辛运帏
基于健康风险分析的职业病预防控制技术及综合示范	6	环境科学与工程学院	刘茂
新型RS译码器算法分析与测试	6	信息技术科学学院	刘艳艳
以痘苗病毒(Western Reserve株)为载体的溶瘤型抗肿瘤药物的研究开发	90	医学院	汪洋
重污染城市示范城市——兰州颗粒物样品分析研究	5	环境科学与工程学院	吴建会
重污染城市示范城市——太原颗粒物样品分析研究	5	环境科学与工程学院	吴建会
重污染城市示范城市——包头颗粒物样品分析研究	5	环境科学与工程学院	吴建会
微生物降解卡基材料研究	20	环境科学与工程学院	王莹莹
叶丝加料工艺中加料均匀性和有效性的分析研究	8	化学学院	袁忠勇
共建"天津滨海国际工业设计园"	26	信息技术科学学院	邵秀丽
CIGS太阳能电池的制作及技术咨询	17	信息技术科学学院	敖建平
基于微型惯性传感器的手机交互关键技术及示范应用研究	24	信息技术科学学院	史广顺
银川市环境保护局创建国家环保模范城市持续改进规划大气污染防治和节能专题研究	15	环境科学与工程学院	冯银厂
天津市野生植物资源调查	30	生命科学学院	石福臣
电化学絮凝－电生物膜耦合处理重金属有机物复合废水	5	环境科学与工程学院	焦永利
化合物DSSZn的结构确证	3	化学学院	王丽华
临床常用麻醉剂对患者认知功能影响的研究	2	生命科学学院	张涛
白砂糖品质提升关键技术开发	5	化学学院	李兰冬
北辰区土地利用总体规划调整环评	8	环境科学与工程学院	白宏涛
可溶性淀粉、酵母提取物等产品质量分析研究	1	药学院	白钢
天津不同含水层沉降效应研究	50	环境科学与工程学院	易立新
高三尖杉酯碱的合成	20	化学学院	李卫东
医用级碘化钾的研制	5	化学学院	王有名
宁夏GEF旱地生态保护与恢复项目生物多样性监测与评价合同	64	生命科学学院	何兴东

续表

合同名称	合同金额（万元）	单位	负责人
中药抗癌成分聚合物给药系统研究	1	化学学院	张政朴
基于自抗扰控制的电阻炉控制系统制造与安装调试	37	信息技术科学学院	孙青林
北京地区不同气象条件下二次有机气溶胶污染特征研究	3	环境科学与工程学院	吴建会
“一种新的a—淀粉酶抑制剂阿卡他定系列化合物及应用”专利实施许可合同	100	药学院	白钢
乌鲁木齐市大气环境容量核算及污染防治方案研究	420	环境科学与工程学院	冯银厂
国家合作项目—农药创制项目	9	化学学院	汪清民
日化产品配方剖析优化技术的研发	60	化学学院	乔园园
海量数据分布式运算测试技术研究	10	信息技术科学学院	许静
海量数据分布式存储及运算技术研究	10	信息技术科学学院	袁晓洁
海河、大沽河地区环境样品采集研究	3	环境科学与工程学院	马小东
近红外技术在制丝生产线的应用研究—2012年度项目合作协议	50	化学学院	邵学广
天津市固体废物产生情况试点调查分析	5	环境科学与工程学院	鞠美庭
用于生物样品快速分析的双功能分离材料的研发	5	化学学院	董襄朝
中新天津生态城环境管理方案研究	12	环境科学与工程学院	鞠美庭
分布智力资源驱动的产品创新设计理论与方法研究	25	信息技术科学学院	仝雄文
聚酰胺—胺型高分子纳米材料修饰及结构分析	4	化学学院	丁飞
伺服驱动包嘴倾转式自动浇注机项目环境影响评价报告表	2	环境科学与工程学院	邵超峰
改性壳聚糖微球作为胆红素吸附剂的中试放大研究	10	化学学院	张政朴
中德财政合作中国北方荒漠化治理宁夏项目生态效益监测研究合同	22	生命科学学院	何兴东
大港区域供水多水源调配方案制定—安全供水管网应急改造工程规划与投资估算	23	环境科学与工程学院	刘东方
超高效除草剂单嘧磺脂的改进生产技术	10	化学学院	李正名
新型嘧啶类化合物性能评价研究	4	化学学院	赵卫光
杀菌剂综合性能评价研究	2	化学学院	赵卫光
固体光气合成单嘧磺脂工艺	5	化学学院	郑占英
丁烯酮的合成新工艺	5	化学学院	郑占英
有机质垃圾处理与资源化利用关键技术研究	40	环境科学与工程学院	鞠美庭
一种燃油深度脱氮方法（ZL201010541223）专利实施许可	1	环境科学与工程学院	于宏兵
国际再保险业务风险管控政策与制度评估	5	数学科学学院	李静
一种土壤微生物燃料电池及修复石油烃污染土壤的方法（ZL201110324912.0）专利实施许可合同	1	环境科学与工程学院	鞠美庭
组建南开—书生数字文档技术联合实验室产学研合作协议	30	信息技术科学学院	许静
数字文档及云存储技术研究	10	信息技术科学学院	许静
江苏沿海开发有机污染控制研究与样品测试分析	9	环境科学与工程学院	毕晓辉
平板膜MBR处理多晶硅废水技术	6	环境科学与工程学院	毕晓辉

续表

合同名称	合同金额(万元)	单位	负责人
新型鱼尼丁受体激动剂衍生物的合成	15	化学学院	范志金
数据采集软件购置	19	信息技术科学学院	李涛
抗癫痫药伊来西胺新合成工艺	20	化学学院	胡方中
多气室飞艇超压控制仿真与控制律设计技术研究	8	信息技术科学学院	孙青林
“基于与计算的医药行业电子商务平台项目申报”工作合作协议	67	信息技术科学学院	邵秀丽
Illumina Genome AnalyzerIIx 测序协议	55	生命科学学院	刘斌
基于 zigbee 技术的环境温度传感器实时监控平台的软件开发	11	物理科学学院	徐晓轩
离子交换吸附类树脂的制备及在卷烟减害降焦中的应用研究	20	化学学院	王春红
氨基酸谱图解析和微量成分模型研发技术合作合同	40	化学学院	蔡文生
沉积物中氟调醇类化合物的分析研究	1	环境科学与工程学院	孙红文
20 草铵膦水剂农药登记药效试验协议书	1	化学学院	刘斌
25％莠去津硝磺草酮悬浮剂农药登记药效试验协议书	1	化学学院	刘斌
新型饮用水絮凝剂的研究开发	10	化学学院	栗方星
高纯化学品分离用离子交换树脂的研制	40	化学学院	阎虎生
天津市第一次全国水利普查市区六区经济社会用水情况及水利行业能力建设情况专项普查	120	环境科学与工程学院	李克勋
电池新材料的分析研究	2	化学学院	陶占良
学位论文评审系统升级维护	15	软件学院	程仁洪
“211 工程”三期验收管理系统	10	软件学院	程仁洪
公共安全技术防范职业技能培训平台的技术保障模式研究	5	环境科学与工程学院	孙红文，宋文华
面向控制模型、非线性鲁棒控制方法软件编程、仿真平台接口驱动软件与测试	2	信息技术科学学院	邵秀丽
南开大学津南校区(一期工程)环境影响评价的修订	12	环境科学与工程学院	鞠美庭
Comparison of the sensitivity and specificity of new and evolving methods of detecting multiple serotype carriage	1	生命科学学院	冯露
450 克/升咪鲜胺水乳剂农药登记药效试验	1	化学学院	范志金
30％稻瘟灵水乳剂农药登记药效试验	1	化学学院	范志金
30％三环唑悬浮剂农药登记药效试验	1	化学学院	范志金
32％稻瘟灵咪鲜胺水乳剂农药登记药效试验	1	化学学院	范志金
南开大学津南校区(一期工程)环境影响评价	52	环境科学与工程学院	鞠美庭
0.01％芸苔素内酯水剂农药登记药效试验	1	化学学院	李永红
安卓系统客户端软件的性能测试分析	5	信息技术科学学院	张蕾
样品处理、薄层层析等内容的研究	15	生命科学学院	马挺
原油乳化效果粒度、稳定性分析等内容的研究	17	生命科学学院	马挺
A climate－friendly urban particulate matter reduction strategy	6	环境科学与工程学院	王秀艳

表 6　2012 年度专利授权情况

专利名称	类型	专利号	发明人	授权公告日	单位
邻菲咯啉钌环糊精—金刚烷芘—单壁碳纳米管三元超分子体系的制备方法及应用	发明专利	ZL200910070083.0	刘育、喻森、陈湧	2012.02.15	化学学院
单台物理投影仪上同时显示多个计算机桌面的方法	发明专利	ZL201010518550.4	李旭东、王水清	2012.02.01	软件学院
聚酰胺—胺树形高分子改性的大孔交联壳聚糖微球和制备方法	发明专利	ZL201010122044.3	张政朴、吴丽平、欧阳春平、赵顺新、简军、苑丰	2012.02.22	化学学院
雷洛昔芬类化合物在制备防治良性前列腺增生症药物中的应用	发明专利	ZL200810152333.0	张琚、石建党、杨睿、杜小玲、马洪顺、杨占坡	2012.03.14	生命科学学院
非天然异香豆素衍生物的制备和用途	发明专利	ZL200510122353.X	范志金、瓜勒姆·瓜弟尔、那斯姆·汗山·拉姆	2012.03.14	化学学院
一种含4—甲基—1,2,3—噻二唑基团的双酰肼类化合物及其制备方法和用途	发明专利	ZL201010187048.X	范志金、王唤、付一峰、杨知昆、米娜、王守信、左翔、郑琴香、国丹丹、赵晖、张海科、范谦、杨维清	2012.02.08	化学学院
蚕沙总生物碱中的α—糖苷酶抑制剂化合物及其应用	发明专利	ZL200910070770.2	朱元元、白钢、亓晖	2012.01.11	药学院
水热法无氟合成 $AlPO_4$—34	发明专利	ZL201110077425.9	李牛、吴金雄、项寿鹤	2012.03.21	化学学院
噻二唑类杂环化合物及其合成方法和用途	发明专利	ZL200910068659.X	范志金、左翔、米娜、张海科、马琳、杨知昆、郑琴香、王唤、贝尔斯卡娅·娜特丽娅·帕沃洛娃、巴库勒夫·瓦西里耶·阿勒克什维奇	2012.04.25	化学学院
一种含CuCl的KCl晶体材料及其制备方法	发明专利	ZL200910070501.6	袁忠勇、张绘、侯晓旭	2012.01.11	化学学院
含1,2,3—噻二唑的双三唑并噻二唑类化合物及其制备方法和用途	发明专利	ZL201010179821.8	范志金、王守信、付一峰、张海科、王唤、米娜、国丹丹、赵晖、姜申德、黄云	2012.05.30	化学学院
含4—(1,1,2,2—四氟乙氧基)—3,5—二氯苯胺基的4—甲基—1,2,3—噻二唑的衍生物及其合成方法和用途	发明专利	ZL201010270390.6	范志金、王守信、王唤、付一峰、米娜、黄杰、李岳东、房震、赵晖、国丹丹	2012.06.27	化学学院
基于波前技术的角膜接触镜制作方法	发明专利	ZL201110076603.6	王肇圻、李蕊、饶丰、张振华	2012.05.30	信息技术科学学院

续表

专利名称	类型	专利号	发明人	授权公告日	单位
基于拓扑结构的二进制图像脆弱水印嵌入与提取方法	发明专利	ZL201010241567.X	苏明、高铁牛	2012.04.04	信息技术科学学院
一种 $AlPO_4-34$ 磷酸铝分子筛的合成方法	发明专利	ZL201110022596.1	李牛、王晨光、项寿鹤	2012.06.27	化学学院
一类4—卤代甲基—1,2,3—噻二唑类化合物及其制备方法和用途	发明专利	ZL201010236733.7	范志金、赵晖、付一峰、王守信、国丹丹、王唤、米娜、黄杰	2012.07.04	化学学院
用于微创外科手术机器人的三维力传感器	发明专利	ZL201110123095.2	代煜、张建勋、王树新、李进华、何超	2012.07.04	信息技术科学学院
一种零拷贝快照方法	发明专利	ZL201110007886.9	刘晓光、王刚、高岩、曹瑞、甄彩军、徐广治	2012.05.23	信息技术科学学院
倒排索引压缩的预处理方法	发明专利	ZL201110007170.9	敖耐勇、吴迪、张帆、刘晓光、王刚	2012.08.22	信息技术科学学院
一种锂离子电池负极用碳包覆磷酸盐复合材料的制备方法	发明专利	ZL201010222080.7	周震、张秀娟、张燕、魏进平	2012.07.04	化学学院
一种用于锂硫二次电池正极复合材料的制备方法	发明专利	ZL201010193869.4	魏进平、靳佳、周震、秦杏、邢丽英	2012.07.04	化学学院
一种金属硫化物单晶材料及其制备方法	发明专利	ZL201010130742.8	杨化滨、齐洁	2012.07.25	化学学院
紫色幼叶融合基因及其作为可视筛选标记基因在植物转基因技术中的应用	发明专利	ZL201010160349.3	王宁宁、金凤、李鹏丽、党利洁、李姝、柴文婷、龚清秋	2012.07.04	生命科学学院
一种植物叶脉特异性启动子及其应用	发明专利	ZL201010156117.0	王宁宁、金凤、李姝	2012.08.08	生命科学学院
一种植物叶片特异性启动子及其应用	发明专利	ZL200910070574.5	王宁宁、李鹏丽、党利洁、刘栋	2012.02.22	生命科学学院
一种快速获得大豆转基因愈伤组织的转化方法	发明专利	ZL200910229111.9	王宁宁、刘栋、常大松、石强、龚清秋	2012.02.08	生命科学学院
风光互补型光伏组件清扫装置智能控制系统	实用新型	ZL201120339579.6	赵庚申、赵耀、程如歧、郭天勇	2012.05.02	信息技术科学学院
一种燃油深度脱氮方法	发明专利	ZL201010541223.0	王胜强、王瑞聪	2012.07.04	环境科学与工程学院
一种梯度温度生长柔性衬底绒面结构ZnO薄膜	发明专利	ZL201110087970.6	陈新亮、赵颖、张德坤、魏长春、张建军、张晓丹、耿新华	2012.06.27	信息技术科学学院
一种用于硅薄膜电池陷光结构研究的化学学院气相沉积设备	发明专利	ZL201110156698.2	陈新亮、赵颖、张晓丹、任慧志、张德坤、魏长春、张建军、耿新华	2012.08.29	信息技术科学学院

续表

专利名称	类型	专利号	发明人	授权公告日	单位
一种绒面结构 BZO/HGZO 复合薄膜及应用	发明专利	ZL201110058727.1	陈新亮、耿新华、王斐、闫聪博、张德坤、孙建、魏长春、张建军、张晓丹、赵颖	2012.09.05	信息技术科学学院
一种可富集咖啡酸苯乙酯的分子印迹聚合物制备方法	发明专利	ZL201010523656.3	刘方、李宁、王常容、曲丽媛、吕鹏云、赵蕊丽、石玢	2012.05.30	生命科学学院
具有有机无机杂化环的亚磷酸铝微孔晶体材料及合成方法	发明专利	ZL201010124113.4	李牛、晁然、项寿鹤	2012.10.03	化学学院
分布式电源抗谐波同步控制系统	实用新型	ZL201120498501.9	赵耀、赵庚申、程如歧、郭天勇、殷杰	2012.07.11	信息技术科学学院
去氢胆酸－钼杂多酸盐－去氢胆酸类化合物及其合成方法	发明专利	ZL201110098953.2	王维、杨海宽、于伟、颜雨坤、胡敏标、苏明明	2012.10.03	化学学院
抑制 HIV－1 的双长发卡结构 RNA 表达原件的构建及功能检测	发明专利	ZL201110357481.8	刘畅、孔晓红、梁之聘、袁青、刁丹红	2012.10.10	医学院
一种靶向传递阿霉素抗癌药的组装体及其制备方法	发明专利	ZL201110156858.3	刘育、杨洋、张瀛溟	2012.11.07	化学学院
倾斜长周期及超长周期光纤光栅的激光脉冲写制方法	发明专利	ZL201110037832.7	张伟刚、魏石磊、范弘建、刘波、耿鹏程、颜爱东	2012.05.02	信息技术科学学院
一种面向海量小规模 XML 文档融合路径约束的 XML 检索方法	发明专利	ZL201010160331.3	袁晓洁、张莹、温延龙、刘众奇、汪陈应	2012.07.25	信息技术科学学院
一种在关系型数据库中无缝集成纯 XML 查询引擎的系统	发明专利	ZL200910245204.0	张海威、袁晓洁、张路、王敏辉、胡翔宇	2012.07.25	信息技术科学学院
一种秸秆酒糟混合发酵饲料及其生产方法	发明专利	ZL201110064499.9	刘金鹏、鞠美庭、王平、刘英华、吴文韬、佟树敏	2012.10.30	环境科学与工程学院
用于霍尔元件的新型薄膜材料	发明专利	ZL201010123102.4	程雅慧、李鲁艳、罗晓光、刘晖	2012.02.22	信息技术科学学院
一种制备非晶态合金催化剂的方法	发明专利	ZL200710056637.2	张明慧、李伟、吴志杰、陶克毅	2012.08.01	化学学院
一种用于染料敏化太阳电池的三苯胺染料	发明专利	ZL200810151310.8	陈军、裴娟、梁衍亮、陶占良、梁静、高峰	2012.04.11	化学学院
一种有机复合物氨硼烷储氢材料及其制备方法	发明专利	ZL201010561064.0	陈军、王艳、杨在兴、潘跃德、程方益	2012.07.04	化学学院
一种用氨基络合物合成高容量固态储氢材料氨硼烷的方法	发明专利	ZL201110024651.0	陶占良、邹少爽、马华、马建丽、梁静、程方益、陈军	2012.11.14	化学学院

续表

专利名称	类型	专利号	发明人	授权公告日	单位
空间角分复用参考光脉冲分束方法及分束系统	发明专利	ZL201010031320.5	杨勇、刘灿、王晓雷、翟宏琛	2012.07.04	信息技术科学学院
一种改善单室沉积微晶硅基薄膜太阳电池性能的方法	发明专利	ZL200910071052.7	张晓丹、赵颖、王光红、许盛之、郑新霞、魏长春、孙建、耿新华、熊绍珍	2012.03.21	信息技术科学学院
薄膜太阳电池用双层氧化锌透明导电薄膜及其制备方法	发明专利	ZL201010156218.8	张晓丹、黄茜、赵颖	2012.05.30	信息技术科学学院
一种非晶硅/微晶硅叠层太阳电池及其制备方法	发明专利	ZL201110137576.9	任慧志、赵颖、张晓丹、葛洪、王宗畔	2012.08.22	信息技术科学学院
一种高稳定性非晶硅/微晶硅叠层太阳电池及制备方法	发明专利	ZL201110186291.4	任慧志、赵颖、张晓丹、葛洪、王宗畔	2012.11.07	信息技术科学学院
三唑类化合物及其制备与应用	发明专利	ZL201010151995.3	范志金、张海科、米娜、贝尔斯卡娅·娜特丽娅·帕沃洛娃、巴库勒夫·瓦西里耶·阿勒克什维奇	2012.11.21	化学学院
一类5－卤代甲基－1,2,3－噻二唑类化合物及其制备方法和用途	发明专利	ZL201010236695.5	范志金、王守信、付一峰、赵晖、国丹丹、王唤、米娜、黄杰	2012.11.21	化学学院
超细纤维多孔膜材料及其制备方法	发明专利	ZL200810053899.8	王淑芳、宋存江、陶剑、孙村民、耿伟涛	2012.10.24	生命科学学院
生物相容性γ－聚谷氨酸水凝胶制备方法	发明专利	ZL201110261625.X	王淑芳、洪彦航、张明睿、宋存江、李岩冬、解慧、陈思原	2012.08.29	生命科学学院
Salinosporamide A 及其类似物的不对称全合成	发明专利	ZL201010203965.2	李卫东、白迎军、陈莉	2012.07.25	化学学院
N－取代基－O－硅基取代－丝氨酸三氯乙酯化合物及其合成	发明专利	ZL200910071005.2	李卫东、崔佳、陈莉	2012.05.09	化学学院
一种测定畜牧粪便中抗生素的方法	发明专利	ZL200910069925.0	胡献刚、周启星、罗义	2012.01.25	环境科学与工程学院
一种等离子体辅助硒硫化处理装置及工艺	发明专利	ZL201010518539.8	孙国忠、敖建平、李宝璋、张超、何青、周志强	2012.10.24	信息技术科学学院
利用内源性 NO 供体构建抗凝血性血管支架材料的方法	发明专利	ZL200910228706.2	王淑芳、孔德领、张磊、孔梅梅、陈思原、洪彦航、李岩冬、宋存江	2012.11.28	生命科学学院
一种土壤微生物燃料电池及修复石油烃污染土壤的方法	发明专利	ZL201110324912.0	王鑫、周启星、蔡章、唐景春	2012.12.05	环境科学与工程学院
一种多功能可移动式风蚀风洞	实用新型	ZL201220056859.0	姬亚芹、吴丽萍、王嘉珺	2012.11.14	环境科学与工程学院

续表

专利名称	类型	专利号	发明人	授权公告日	单位
一种测定土壤中酞酸酯的方法	发明专利	ZL201010208752.9	姬亚芹、刘玲玲、赵雪艳	2012.11.14	环境科学与工程学院
一种壳聚糖基肝靶向纳米粒子给药系统及其制备方法	发明专利	ZL200910070231.9	袁直、王蔚、田秦、王秀华、黄微、张闯年	2012.05.23	化学学院
纳米聚合物胶束药物传递系统和制备方法及应用	发明专利	ZL200710150588.9	王永健、于翯、张悦	2012.03.21	生命科学学院
一种通过水热法制备可见光响应催化剂 $Bi_{3.84}W_{0.16}O_{6.24}$ 的方法	发明专利	ZL201010160333.2	祝凌燕、王春英	2012.07.04	环境科学与工程学院
应用遗传算法自动生成XSS跨站点脚本漏洞检测参数的方法	发明专利	ZL201010242794.4	许静、练坤梅、田伟、刘磊、张莹	2012.05.30	信息技术科学学院
基于多分形小波的网络流量并行生成方法	发明专利	ZL201010242783.6	许静、张华川、周正吉、郭岭、刘群忠	2012.02.15	信息技术科学学院
温敏性蛋白质分子印迹整体柱及其制备方法和应用	发明专利	ZL201010160311.6	张玉奎、秦磊、李文友、何锡文	2012.11.14	化学学院
卡宾诱导的卤代硅烷脱卤化氢制备硅烯的方法	发明专利	ZL200910069613.X	崔春明、崔海燕、邵延军、李晓斐、孔令兵、张建颖	2012.08.29	化学学院
一株具有解磷作用的枯草芽孢杆菌及其应用	发明专利	ZL201010532768.5	宋存江、李保宾、王淑芳、李强、耿伟涛、曹明锋、孙秀梅、苏文萍、张伟	2012.09.12	生命科学学院
一株聚羰基脂肪酸酯合成菌及其发酵培养方法	发明专利	ZL201110079590.8	宋存江、杨小娟、郭文斌、王淑芳、李园、刘耀辉、孙肇直、石晓宇	2012.10.24	生命科学学院
一株具有解钾作用的胶质芽孢杆菌及其应用	发明专利	ZL201010532774.0	宋存江、李保宾、王淑芳、李强、郭文斌、王媛媛、解慧、冯俊	2012.05.16	生命科学学院
一种可提高酶热稳定性的高分子复合胶束及其制备和应用	发明专利	ZL201110186298.6	史林启、刘学、陶倩、黄帆、刘阳、马如江、安英丽	2012.11.14	化学学院
一种黄常山水华藻种生长抑制剂的制备方法及应用	发明专利	ZL200910228735.9	石福臣、齐婉君、范文颖	2012.11.21	生命科学学院
限进手性色谱固定相材料及其制备方法	发明专利	ZL201010560508.9	董襄朝、王怀松	2012.11.14	化学学院
一种用温敏性聚合物结构导向剂制备介孔二氧化硅的方法	发明专利	ZL201010279875.1	闫锐、张望清	2012.09.05	化学学院

续表

专利名称	类型	专利号	发明人	授权公告日	单位
基于眼电信号和头部运动信号的智能轮椅	实用新型	ZL201020662078.7	刘国华、费翔、陈芳霖、陈欣民、张玮、蔡文波	2012.01.04	信息技术科学学院
一种多级孔结构介孔二氧化硅材料及其制备方法	发明专利	ZL201010160350.6	陈铁红、王金桂	2012.05.23	化学学院
一种多模板超宽带信号帧级时间同步捕获方法	发明专利	ZL200910228916.1	赵加祥、徐微、王东、艾小溪	2012.09.05	信息技术科学学院
一种提高非晶态合金催化性能的方法	发明专利	ZL200710150674.X	李伟、闫洪、张明慧、陶克毅	2012.12.19	化学学院
一种用于制备氯乙烯的低汞催化剂的制备方法	发明专利	ZL201110023199.6	李伟、段琼、关庆鑫	2012.10.03	化学学院
一种介孔氧化铝的合成方法	发明专利	ZL200910069671.2	李伟、修飞	2012.04.25	化学学院
一种高分散负载型加氢催化剂的制备方法	发明专利	ZL200910068810.X	李伟、刘皓、张海保、张增入	2012.05.23	化学学院
次磷酸盐前体热分解法制备磷化钼(MoP)	发明专利	ZL200910070122.7	李伟、关庆鑫、张明慧	2012.01.25	化学学院
氧化镍低温还原法制备 $Ni_{12}P_5$	发明专利	ZL200910070567.5	李伟、关庆鑫、张明慧	2012.01.25	化学学院
次磷酸盐前体热分解法制备 Ni_2P 催化剂	发明专利	ZL200810054033.9	李伟、关庆鑫、张明慧、陶克毅	2012.01.04	化学学院
一种低温还原制备磷化镍的方法	发明专利	ZL201010248335.7	李伟、张濛、关庆鑫	2012.04.18	化学学院
一种还原三氧化钼前体制备磷化钼的新方法	发明专利	ZL200910070458.3	李伟、关庆鑫、张明慧	2012.03.28	化学学院
一种制备负载型和非负载型磷化钼的方法	发明专利	ZL200910070457.9	李伟、关庆鑫、张明慧	2012.03.28	化学学院
一种高效加氢非晶态合金催化剂的制备方法	发明专利	ZL200810052096.0	李伟、闫洪、张明慧、陶克毅	2012.08.29	化学学院
漆原镍在间二硝基苯液相加氢制备间苯二胺中的应用	发明专利	ZL200710150517.9	李伟、刘皓、张明慧、陶克毅	2012.08.29	化学学院
一种温和条件下制备负载型 Ru_2P 的方法	发明专利	ZL201010211175.9	李伟、孙翠平、关庆鑫	2012.06.27	化学学院
低温热处理还原氧化镍前体法制备 Ni_2P	发明专利	ZL200910070566.0	李伟、关庆鑫、张明慧	2012.04.25	化学学院
氧化铜前体还原法制备负载型和非负载型 Cu_3P	发明专利	ZL200910070725.7	李伟、关庆鑫、张明慧	2012.02.29	化学学院
碱性条件下制备廉价高结晶度纯硅 MCM－41 分子筛的方法	发明专利	ZL200810052831.8	李伟、关庆鑫、付斌、王全义、李春刚、张明慧、陶克毅	2012.04.04	化学学院

续表

专利名称	类型	专利号	发明人	授权公告日	单位
程序升温法快速合成小晶粒SAPO－43分子筛	发明专利	ZL200710150518.3	李伟、关庆鑫、王小野、唐珺、李春刚、张明慧、陶克毅	2012.07.11	化学学院
一种制备小晶粒SAPO－34分子筛的方法	发明专利	ZL200710060297.0	李伟、关庆鑫、王小野、唐珺、李春刚、张明慧、陶克毅	2012.01.04	化学学院
一种复合型固体超强酸的制备方法	发明专利	ZL201010521020.5	李伟、韩冲、王寰、付斌	2012.09.12	化学学院
菲并吲哚里西啶生物碱衍生物及其盐和抗癌活性	发明专利	ZL201010515383.8	汪清民、蒙凌华、张翱、吴萌、李峥、王开亮、王兹稳、刘玉秀	2012.05.30	化学学院
一种含乙螨唑·甲维盐复合物的高效低毒绿色杀虫杀螨剂	发明专利	ZL200910228031.1	李永强、汪清民	2012.12.19	化学学院
菲并吲哚里西啶和菲并喹喏里西啶衍生物及其盐在农药上的应用	发明专利	ZL201110060446.1	汪清民、王开亮、黄治强、刘玉秀、李昊、胡天顺、金钟、范志金、黄润秋	2012.11.28	化学学院
一种氢等离子体氛围中铝诱导晶化多晶硅薄膜的制备方法	发明专利	ZL200910244845.4	罗翀、李娟、孟志国、吴春亚、熊绍珍	2012.05.23	信息技术科学学院
一种采用背面保温层技术激光晶化多晶硅薄膜的方法	发明专利	ZL201010197397.X	李娟、尹春建、熊绍珍、杨明、吴春亚、孟志国	2012.06.05	信息技术科学学院
一种抑制靶基因表达的组合物	发明专利	ZL200810210898.X	席真、张强哲、张彩虹	2012.08.08	化学学院
一种高性能可充镁电池及其制备方法	发明专利	ZL201010561071.0	陈军、梁衍亮、陶占良、冯茹君、马华、梁静	2012.12.19	化学学院
一类用于端粒酶活性检测的引物	发明专利	ZL200910228532.X	孔德明、蔡莉莉、沈含熙	2012.05.23	化学学院
具有除草活性的天然产物AB5046A和AB5046B的合成方法	发明专利	ZL200910068506.5	徐效华、崔庆、王娇、杨海申、谢龙观	2012.05.30	化学学院
4,6,4′－三羰基－3′,5′－二甲氧基橙酮及衍生物的合成和应用	发明专利	ZL200810153170.8	徐效华、张敏、崔艳、谢龙观、孔垂华	2012.09.19	化学学院
一种梯度氢气法生长绒面结构ZnO－TCO薄膜及应用	发明专利	ZL201110132760.4	陈新亮、耿新华、王斐、张德坤、魏长春、黄茜、张建军、张晓丹、赵颖	2012.11.07	信息技术科学学院
一种生长绒面结构ZnO－TCO薄膜的方法及应用	发明专利	ZL201110122983.2	陈新亮、王斐、耿新华、张德坤、魏长春、张晓丹、赵颖	2012.12.12	信息技术科学学院
高效激发表面等离子体的微纳结构光学器件	发明专利	ZL201110197846.5	匡登峰、杜忠勋、方志良	2012.12.12	信息技术科学学院

续表

专利名称	类型	专利号	发明人	授权公告日	单位
一种废轮胎胶粉中多环芳烃的降解方法	发明专利	ZL201110009171.7	刘双喜、于凯、董艳玲	2012.12.12	化学学院
快速合成固载磺酸的介孔固体酸催化剂的方法	发明专利	ZL201010554661.0	刘双喜、杜斌、张轩、李金涛	2012.12.12	化学学院
基于立体视觉的吊车避障系统	发明专利	ZL201110052073.1	方勇纯、苑英海、王鹏程、刘笑含、孙宁	2012.09.05	信息技术科学学院
三明治结构光寻址电位传感器载片台	发明专利	ZL200910070603.8	贾芸芳、郭子瑜、聂利利、张福海、田红丽、岳钊、刘国华、牛文成	2012.07.25	信息技术科学学院
时间分辨的光诱导生物体超微弱光子检测系统	实用新型	ZL201120169134.8	汤国庆、白华、陈平、林列、母国光	2012.02.22	信息技术科学学院
用于海洋油污染快速检测的装置	实用新型	ZL201220076371.4	陈平、毛嵩程、张丰、张磊、李星、刘敬婷、林列	2012.10.31	信息技术科学学院
单嘧磺酯类化合物的复配除草剂组合物	发明专利	ZL200710150519.8	李正名、寇俊杰、王满意、鞠国栋、王素华、张晓光、李永红、王建明	2012.04.25	化学学院
埃博霉素类似物,制备方法及其药物组合物和用途	发明专利	ZL201010510728.0	陈悦、桑锋、冯鹏、段希焱、张泉、翟佳黛、李晓茜、张斌	2012.08.22	药学院
含笑内酯及其衍生物用于治疗癌症的用途	发明专利	ZL201010510726.1	陈悦、张泉、卢亚欣、丁亚辉、翟佳黛、马维维、范洪霞、张浩亮、王淼	2012.08.15	药学院
含笑内酯及其衍生物用于治疗丙型肝炎的用途	发明专利	ZL201010510940.7	陈悦、张泉、卢亚欣、翟佳黛、马维维、丁亚辉、范洪霞、张浩亮、王淼	2012.07.04	药学院
图书馆人数计数器	实用新型	ZL201220001432.0	苏超、徐建华	2012.08.15	商学院
一种制备 Fe－B 非晶态合金纳米线的方法	发明专利	ZL200810052093.7	李伟、韩奕、张明慧、陶克毅	2012.12.26	化学学院
一种以电压门控质子通道 Hv1 作为乳腺癌治疗的靶向位点的基因药物	发明专利	ZL201010297433.X	李树杰、王一凡、王汉中、赵青、潘君成	2012.08.29	物理科学学院
一种生物质发酵反应装置及应用	发明专利	ZL201110195273.2	李维尊、鞠美庭、张德强、刘乐、李铁龙、王雁南	2012.12.26	环境科学与工程学院
一种 2－氨基－5－氯苯甲酰胺的制备方法	发明专利	ZL200910068852.3	徐凤波、张奉志、董建兰、金艳娟	2012.03.28	化学学院
一种提高产业化单室沉积非晶硅基薄膜电池效率的方法	发明专利	ZL201010528189.3	张晓丹、赵颖、郑新霞、魏长春、许盛之、任慧志、熊绍珍、耿新华	2012.12.12	信息技术科学学院
一种改善 ZnO 薄膜形貌和电学特性的方法	发明专利	ZL201110189292.4	张晓丹、赵颖、焦宝臣、魏长春	2012.12.12	信息技术科学学院

表 7 2012 年计算机软件著作权申请项目

软件名称	开发人	所在单位
源解析研究平台——化学质量平衡二重源解析计算软件	冯银厂、李响、吴建会、史国良、田瑛泽、朱坦	环境科学与工程学院
移动机器人视觉反馈控制系统 V1.0	方勇纯、张雪波	信息技术科学学院
山区复杂地形人群疏散模拟系统 V1.0	王丽、刘茂	环境科学与工程学院
科技论文在线个性化系统	黄亚楼、刘杰、刘天笔、董星亮、王媛	信息技术科学学院
HXSIM——基于 Hadoop 平台的 XML 结构相似性计算系统	卫金茂、范宝泉、杨汀、王旭、韦阳、侯树昇	信息技术科学学院
滨海新区产业准入平台	刘伟、楚春礼、赵心宇、薛菲、鞠美庭	环境科学与工程学院
NK－基于 JavaScript 引擎的交互式动态 URL 获取系统	许静、周正吉、张彪、李晶	信息技术科学学院
NK－UI 自动化 Web 评测系统	许静、过辰楷、张思雪、高佳秀	信息技术科学学院
冲积河流受泥沙运动影响污染物迁移转化平面二维数值模拟计算子程序软件	黄岁樑	环境科学与工程学院
MOSS 权限管理工具系统 V1.0(NK－MAMT1.0)	赵宏、倪晋华、孔令志	信息技术科学学院
基于停车场视频监控的车辆检测与跟踪系统 V1.0	刘杰	信息技术科学学院
PDF 图书自动目录抽取系统 V1.0	刘杰	信息技术科学学院
基于条件随机场的英文缩略词搜索系统(Acronym Search)	刘杰	信息技术科学学院
地表开放源风蚀尘预测模型软件系统 V1.0(NKWEPS1.0)	李涛、姬亚芹、韩婷婷、陈莉、白志鹏	信息技术科学学院
上市药物小分子数据库查询系统	徐峰	药学院
远程文件系统本地镜像 MFS 系统	李旭东、史宝旭	软件学院
基于 Zigbee 技术的无线传感网络路由优化软件系统	孙青林、庞毅、王超、陈增强	信息技术科学学院
单幅扫描电镜图像的黑硅表面三维重建系统	赵新、王琦琦、朱福运、张海霞	信息技术科学学院
企业生产数据实时采集监控管理系统	孙桂玲、党卫、冯硕、李彤	信息技术科学学院
基于无线传感器网络的企业生产信息采集管理系统	孙桂玲、李彤、党卫、冯硕	信息技术科学学院
激光加工仿真软件	陈平、林列、刘敬婷、张丰、李星、王岩	信息技术科学学院
基于激光和单目视觉信息融合的运动目标的跟踪和检测系统 V1.0	苑晶	信息技术科学学院

（撰稿人：王巍）

人文社会科学研究

科研项目与经费

全年实际入校研究经费9104.82万元，比2011年度增长10.5%，其中纵向经费5311.5万元，横向经费3793.32万元。

在科研项目立项方面，共有52项国家社科基金项目获准立项，经费资助1340万元，其中重大招标项目6项，重点项目6项，一般项目20项，青年项目13项，后期资助项目3项，学术期刊资助项目3项，中华学术外译项目1项。承担国家自然科学基金项目28项，资助经费1055.5万元，其中面上项目15项，青年项目12项。承担教育部人文社会科学研究各类项目55项，资助经费646.5万元，其中重大攻关项目1项，一般项目32项，重点研究基地重大项目11项，后期资助(重点)项目1项，专项任务项目8项，普及读物项目3项，委托课题2项。承担国家旅游局面上项目2项，资助经费6万元。承担天津市社科规划项目42项，资助经费87.6万元，其中重点项目4项，一般项目38项。承担天津市科技发展战略研究计划项目11项，资助经费26万元。此外，积极争取并承担各类横向项目，在为各级政府、企事业单位提供决策咨询服务和战略规划设计的同时，促进学校文科科研项目与经费的快速增长。

在科研项目结项方面，有29项国家社科基金项目提交了鉴定结项材料，20项已出鉴定结果，其中3项鉴定等级为优秀、12项为良好；有13项国家自然科学基金项目、3项教育部哲学社会科学研究重大课题攻关项目、7项重教育部点研究基地重大项目、22项教育部人文社会科学研究一般项目和13项天津市社科基金项目顺利结题。另外，有56项校内项目结题。

科研成果与奖励

完成各类科研成果2355项，其中专著128部、教材54部、译著27部、学术论文2017篇、研究报告117篇、译文8篇、古籍整理4部。有些咨询服务项目的成果得到了中央部委和省、市领导及有关部门、企事业单位的表彰。

在教育部组织的第六届高等学校科学研究优秀成果奖(人文社会科学)奖励中，有12项成果获奖。在第十七届“安子介国际贸易研究奖”评选中，获得优秀论文奖三等奖1项、学术鼓励奖1项。在第四届钱端升法学研究成果奖评选中，有3项成果获得提名奖。

有4项成果入选《国家哲学社会科学成果文库》，入选成果数目在全国高校中位居首位，包括：历史学院王利华的《人竹共生的环境与文明》，日本研究院李卓的《“儒教国家”日本的实像——社会史视野的文化考察》，外国语学院李兵的《阿尔泰语言元音和谐研究》和文学院王志耕的《俄罗斯文学经典的一种文化阐释》。

《南开学报》（哲学社会科学版）、《南开经济研究》、《南开管理评论》均获得国家社科基金社科类重点学术期刊资助，资助周期为3年，每年资助40万元。

科研成果转化

由佟家栋主持的《构建现代职业教育体系，服务现代产业体系建设》和刘秉镰主持的《美国制造业教育改革路线图的解读及启示》课题受到教育部表彰，并以成果专报的形式报送刘延东同志、教育部党组成员和中央教科所、教育规划与战略研究中心各理事单位。

由逄锦聚主持、统计制度与方法研究中心完成的两项研究成果《科学发展评价指标体系研究》和《天津市科学发展水平测度与分析》受到肯定，张高丽、黄兴国、杨栋梁等分别做出重要批示。《科学发展评价指标体系研究》在理论界和实际部门反响热烈，30多家媒体予以报道，一批著名经济学家和统计学家给予高度评价，并上报国家相关部门做决策参考。《天津市科学发展水平测度与分析》则运用科学发展评价指标体系对天津市近年来经济社会发展的状况进行评价、分析，提出促进天津市进一步科学发展的若干建议。谢思全、周立群承担的《天津市滨海新区综合配套改革试验支持民营经济发展第二个三年专项计划》和《天津市民营经济2012—2015年发展规划》成果得到有关单位的好评。杜传忠主持的《加快天津制造业与生产性服务业融合发展研究》，马连福主持的《天津市水务建设投融资体制研究》，何会文主持的《基于资源系统整合的天津会展产业发展战略研究》分别得到黄兴国、崔津渡、熊建平和任学锋等领导的批示。

文科基地发展

我校7个教育部人文社会科学重点研究基地高质量地完成部分在研项目，成功申报12项教育部人文社会科学重点研究基地重大项目。各文科研究基地共获得天津市人文社会科学重点研究基地重大项目7项。日本研究中心被确定为教育部首批区域和国别研究培育基地。

非实体科研机构建设

根据《南开大学人文社会科学研究机构（非实体）管理办法》，学校稳步强化对校内非实体研究机构的规范化管理。对既有研究机构注重考核评估，以评估促发展；对新申报机构，严把申报关，切实扶植那些有积极的学术价值与实用价值的研究机构。新成立国际发展研究中心、明代历史文献研究中心、世界经济研究中心、中国金融租赁研究中心、书画艺术与美学研究中心、故宫学与明清宫廷研究中心。

国内外学术交流

先后举办上百场重要学术研讨会。邀请学界、政界以及商界等领域的众多知名人士来校交流，并派出大量教师参加国内外学术会议，开展对外交流。较有代表性的学术会议有：科学发展评价指标体系暨科学发展指数研讨会、加强和创新社会管理工作座谈会、金融发展前沿学术论坛、与时代同行——南开大学毕业30周年校友系列报告会、第四届周恩来研究国际研讨会、"贯彻落实马克思主义理论研究和建设工程工作会议精神，推动高校哲学社会科学繁荣发展"座谈会、"全球金融危机与资本主义经济和制度的新变化"国际学术研讨会、明代国家与社会学术研讨会、南开大学第二届旅游国际学术研讨会、世界经济论坛天津合作伙伴城市圆桌会议、"日常生活史视野下中国的生命与健康"国际学术研讨会、第二届"酒店行业人才培养暨校企合作论坛"、元代国家与社会国际学术研讨会、东亚文学与文化交流国际学术研讨会、全国高校体育工作座谈会、网络舆情研讨会、钓鱼岛问题座谈会、第十二届“中国青年经济学者论坛”、第四届全国科学社会学学术会议、“学习胡锦涛总书记7·23重要讲话迎接党的十八大”学者论坛、南开哲学发展论坛、南开大学科研工作会议、庞德国际学术研讨会、中国金融创新与监管高端论坛、中国公司治理指数发布与研讨会、迈向新时期中国社会学与社会发展学术论坛、“企业效率、市场环境和中国崛起”南开论坛、“政治哲学与生活世界”全国学术研讨会、“‘公能’特色马克思主义教育60年”研讨会、“2020的中国和天津经济”研讨会,等等。

附录

表1 文科各单位科研经费实际入校数额统计表

单位		纵向课题经费（万元）	横向课题经费（万元）	合计（万元）
经济学院		770.16	714.92	1485.08
商学院		757.1	158.47	915.57
周恩来政府管理学院		395.45	410.61	806.06
经济与社会发展研究院		277.06	435.1	712.16
历史学院		310.58	62.61	373.19
金融发展研究院		43.9	323	366.9
哲学院		194.07	130	324.07
环境与社会发展研究中心		17.5	277.18	294.68
文学院		206.34	53	259.34
循环经济哲学社会科学创新基地		35	224.17	259.17
法学院		54.56	184.72	239.28
旅游与服务学院		69.6	141.55	211.15
泰达学院		132.22	62	194.22
滨海开发研究院		28	112.47	140.47
跨文化交流研究院		126.41	0	126.41
欧洲问题研究中心		12	113.2	125.2
日本研究院		70.5	40.01	110.51
图书馆		23.78	57.45	81.23
马克思主义教育学院		73.34	5	78.34
汉语言文化学院		67.56	0	67.56
外国语学院		44.7	3.76	48.46
高等教育研究所		35.9	0	35.9
公共英语教学部		12.86	7	19.86
教育部重点研究基地	APEC研究中心	113	62.54	175.54
	政治经济学研究中心	106	25	131
	中国公司治理研究院	123.5	75.1	198.6
	跨国公司研究中心	113	84.88	197.88
	中国社会史研究中心	108.5	5	113.5
	世界近现代史研究中心	106	0	106
合计		5311.5	3793.32	9104.82

表 2 国家社科基金各类项目立项情况

所在单位	项目负责人	项目名称	项目类别	经费(万元)	项目批准号
哲学院	李淑梅	社会认同视角下的中国特色社会主义共同理想建设研究	重大招标项目	80.00	12&ZD006
经济学院	佟家栋	经济全球化调整期的国际保护主义发展新趋势及我国的应对策略研究	重大招标项目	80.00	12&ZD087
经济学院	贺京同	经济稳定增长前提下优化投资与消费的动态关系研究	重大招标项目	80.00	12&ZD088
历史学院	李治安	元代北方金石碑刻遗存资料的抢救、发掘及整理研究	重大招标项目	80.00	12&ZD142
经济学院	马蔡琛	我国预算绩效指标框架与指标库建设研究	重大招标项目	80.00	12&ZD198
周恩来政府管理学院	乐国安	基于大规模网络实际测量的个体与群体行为影响分析研究	重大招标项目	80.00	12&ZD218
马克思主义教育学院	丁军	国外收入分配制度改革的历史经验与有益启示——以独联体中东欧(原社会主义)国家为对象的研究	重点项目	25.00	12AZD055
文学院	石　锋	汉语普通话的语气语调的实验研究	重点项目	25.00	12AYY004
文学院	刘　畅	中国古代著述思想研究	一般项目	15.00	12BZW014
文学院	任德魁	清代词学文献学研究	一般项目	15.00	12BZW065
历史学院	李治安	元、明前期的江南政策与社会发展脉络	重点项目	25.00	12AZS006
历史学院	刘　敏	二十等爵制与秦汉吏民等级研究	一般项目	15.00	12BZS019
历史学院	高艳林	明代中国朝鲜日本三国关系与东亚国际秩序研究	一般项目	15.00	12BZS037
历史学院	许　檀	明清时期华北的城市结构与市场层级	一般项目	15.00	12BZS069
历史学院	哈全安	中东现代化进程中的世俗政治与宗教政治研究	一般项目	15.00	12BSS014
历史学院	赵学功	核武器与美国对外关系研究	一般项目	15.00	12BSS033
历史学院	刘　毅	明代藩王陵墓的考古学研究	一般项目	15.00	12BKG012
哲学院	王南湜	历史唯物主义阐释中决定论与能动论的张力及解决方式探讨	重点项目	25.00	12AZX002
哲学院	李　娜	公理化真理论研究	一般项目	15.00	12BZX059
哲学院	谢永康	实践理性的颠覆与重建:法兰克福学派的伦理学研究	青年项目	15.00	12CZX063
经济学院	马蔡琛	我国预算制度的演化与改进研究	一般项目	15.00	12BJY134
经济学院	孙浦阳	国际金融危机对发展中国家经济发展的影响研究	一般项目	15.00	12BJL049

续表

所在单位	项目负责人	项目名称	项目类别	经费(万元)	项目批准号
经济学院	王　璐	马克思主义经济学的危机理论研究	青年项目	15.00	12CJL004
经济学院	姜　磊	双重二元结构约束下我国劳动报酬比重下降的原因及对策研究	青年项目	15.00	12CJL024
经济学院	文东伟	新型国际生产分工体系下我国贸易顺差的实际利益分配格局研究	青年项目	15.00	12CJY083
商学院	冯湘君	基于档案部门视角的存档网络信息采集模式研究	青年项目	15.00	12CTQ039
周恩来政府管理学院	乐国安	网络群体性事件发展规律的社会学研究	重点项目	25.00	12ASH006
周恩来政府管理学院	沈亚平	政府公共服务质量评价体系研究	重点项目	25.00	12AGL009
周恩来政府管理学院	周　详	集体智慧在协同创新中的生成与应用研究	一般项目	15.00	12BSH053
周恩来政府管理学院	赵聚军	城市化进程中的居住现象及社会稳定的影响研究	青年项目	15.00	12CZZ017
周恩来政府管理学院	杨　娜	金砖国家崛起与国际秩序变革研究	青年项目	15.00	12CZZ058
周恩来政府管理学院	柳建文	社会转型过程中城市社区建设与民族融合研究	青年项目	15.00	12CSH011
周恩来政府管理学院	郑飞北	社会转型期的儿童贫困问题研究	青年项目	15.00	12CSH083
周恩来政府管理学院	陈　纪	少数民族流动人口的城市社会融入问题研究	青年项目	15.00	12CMZ043
法学院	许光耀	企业集中行为的反垄断法调整问题研究	一般项目	15.00	12BFX098
旅游与服务学院	姚延波	我国旅游企业诚信评价体系研究	一般项目	15.00	12BGL073
汉语言文化学院	李晓芹	清初曲学与《曲谱大成》研究	一般项目	15.00	12BZW053
汉语言文化学院	冉启斌	类型学视野下的汉语极端音系调查与研究	青年项目	15.00	12CYY059
汉语言文化学院	曹　霞	“十七年”文学评论与社会主义意识形态的建构研究	青年项目	15.00	12CZW075
泰达学院	何会文	会展项目的社会网络及其机理研究	一般项目	15.00	12BGL071
泰达学院	周　杰	企业战略转型模式与实施路径的匹配关系研究	青年项目	15.00	12CGL033
经济与社会发展研究院	王家庭	快速城市化进程中我国城市蔓延的成本—收益评估与治理模式构建研究	一般项目	15.00	12BJY048
日本研究院	李　卓	中日古代社会结构比较研究	一般项目	15.00	12BSS015
公司治理研究中心	戴文涛	企业内部控制综合评价模型与中国上市公司内部控制质量研究	一般项目	15.00	12BGL032

续表

所在单位	项目负责人	项目名称	项目类别	经费(万元)	项目批准号
高等教育研究所	闫广芬	构建大、中、小学相衔接的德育目标体系研究	一般项目	15.00	12BKS073
法学院	郑泽善	刑法分论争议问题比较研究	后期项目	15.00	12FFX005
文学院	汪梦川	南社词人研究	后期项目	15.00	12FZW042
外国语学院	胡翠娥	现代文坛翻译论争与文学文化论争	后期项目	15.00	12FZW051
经济学院	丁长青	中国对外经济关系史(英文版)	中华学术外译项目	50.00	12WJL006

表3　国家自然科学基金项目各类立项情况

所在单位	项目负责人	项目名称	经费(万元)	项目批准号	项目类别
经济学院	张连增	非寿险定价与索赔准备金评估的分层模型研究	54.00	71271121	面上项目
经济学院	梁　琪	我国商业银行综合经营与股票市场资源配置效率研究——基于承销商独立性视角	53.00	71272183	面上项目
经济学院	蒋殿春	中国企业海外并购与产业国际竞争力研究	54.00	71273142	面上项目
经济学院	李　磊	国际直接投资对我国性别歧视的影响研究:就业、工资与家庭	19.00	71203102	青年科学基金项目
经济学院	周　兴	代际间的职业传承与收入流动及其对居民收入差距的影响——基于群组分析的研究	19.00	71203103	青年科学基金项目
经济学院	盛　丹	中国企业低价出口之谜:基于企业边际成本加成率的研究	21.00	71203104	青年科学基金项目
经济学院	郭玉清	中国地方财政隐性赤字的规模估测、风险量化与动态监管研究	21.00	71203106	青年科学基金项目
经济学院	邵　敏	出口贸易、劳动力收入与企业中的非正规就业	19.00	71203107	青年科学基金项目
商学院	古志辉	中国传统文化情境中的投资者保护研究	54.00	71271123	面上项目
商学院	任　兵	合法化战略、制度环境变迁、机会开发与企业竞争优势的关系研究	53.00	71272178	面上项目
商学院	李　莉	知识产权保护、政治资源获取与高科技企业融资行为研究	54.00	71272180	面上项目
商学院	张　伶	中国情境下家庭亲善工作实践的内容结构、前因与后果研究	55.00	71272181	面上项目
商学院	崔　勋	雇佣方式多元化下的中国企业雇佣策略研究	53.00	71272182	面上项目

续表

所在单位	项目负责人	项目名称	经费（万元）	项目批准号	项目类别
商学院	周　建	基于战略决策资本的企业战略治理与可持续竞争优势研究	53.00	71272184	面上项目
商学院	胡望斌	创业企业组织能力形成机理与绩效作用机制研究	54.00	71272185	面上项目
商学院	杨　俊	技术型创业企业的商业模式形成规律及绩效作用机制研究	56.00	71272186	面上项目
商学院	姚　颐	政府监管、询价机制与IPO高抑价研究	56.00	71272187	面上项目
商学院	于良芝	信息不平等的发生机理及政策启示研究——基于个人信息世界的整体性考察	56.00	71273141	面上项目
商学院	任星耀	第三方B2B电子商务平台的交易治理机制研究：类型、影响效果、适用情景	18.50	71202163	青年科学基金项目
周恩来政府管理学院	刘文理	语音范畴知觉中频谱分析与整合的时间进程	18.00	31200848	青年科学基金项目
旅游与服务学院	于海波	电子商务创新与城市休闲消费空间的相互作用机理研究	23.00	41201119	青年科学基金项目
旅游与服务学院	陈增祥	竞争者品牌丑闻：危机还是机遇？——基于社会比较理论中的选择通达机制研究	22.00	71202164	青年科学基金项目
泰达学院	徐　曼	基于CBR/RBR融合模式的医疗决策代价敏感性研究	19.00	71201087	青年科学基金项目
泰达学院	徐　亚	不确定环境下多码头泊位的联合应急调度研究	22.00	71202161	青年科学基金项目
泰达学院	梁　峰	基于多类型患者需求及关键资源约束的门诊预约递阶控制机制与动态调度方法研究	53.00	71271122	面上项目
经济与社会发展研究院	刘维林	全球价值链嵌入对本土制造业绩效的影响测度与提升路径研究	21.00	71203105	青年科学基金项目
金融发展研究院	田利辉	私募股权、发行上市和我国企业绩效研究	55.00	71272179	面上项目

表4　教育部人文社会科学研究各类项目立项情况

所在单位	项目负责人	项目名称	资助额度（万元）	项目批准号	项目类别
周恩来政府管理学院	关信平	流动人口管理和服务对策研究	80.00	12JZD022	重大攻关项目
文学院	杨琳	俗语词考源	9.00	12YJA740090	规划项目

续表

所在单位	项目负责人	项目名称	资助额度(万元)	项目批准号	项目类别
文学院	曾晓渝	明代南京官话军屯移民语言在云南的历史演变研究	9.00	12YJA740102	规划项目
文学院	陈宁	中国男性杂志发展研究	7.00	12YJC860004	青年项目
文学院	梁小建	媒介融合中学术期刊转型的适应机制研究	7.00	12YJC860024	青年项目
文学院	白云娇	北齐文学与文化考论	7.00	12YJC751003	青年项目
历史学院	丁见民	疾病入侵、土著民族与殖民主义——论生态殖民主义在美国早期历史上的影响	9.00	12YJA770010	规划项目
历史学院	李宪堂	“天下”秩序的构成、演变与未来可能性——兼论东亚区域一体化的文化基础	9.00	12YJA770024	规划项目
历史学院	曹志红	老虎与人:华南虎种群历史变迁的人文影响因素研究	7.00	12YJC770006	青年项目
历史学院	董瑜	美国建国初期商业公司的演变与政治文化的互动研究	7.00	12YJC770011	青年项目
经济学院	刘纯彬	基于产业融合理论的中国生产性服务业发展战略研究	9.00	12YJA790082	规划项目
经济学院	马蔡琛	公共预算监督绩效的行为经济学分析	9.00	12YJA790097	规划项目
经济学院	李健英	大危机对中国近代重化工业技术创新和技术扩散的影响	7.00	12YJC790094	青年项目
经济学院	彭支伟	新型国际分工、全球经济失衡及中国的对策研究	7.00	12YJC790151	青年项目
经济学院	邵敏	融资约束、研发投入与技术升级——基于企业微观层面的理论与经验研究	7.00	12YJC790156	青年项目
经济学院	杨光	跨越收入分配与中等收入陷阱——中国经济的双重挑战	7.00	12YJC790226	青年项目
商学院	崔勋	我国人力资源多样化对企业有效性的影响路径研究	9.00	12YJA630021	规划项目
商学院	方磊	面向突发性自然灾害的救济供应链集群构建与绩效评价研究	8.80	12YJA630028	规划项目
商学院	李姝	上市公司社会责任信息披露与权益资本成本的互动关系研究	9.00	12YJA630062	规划项目
商学院	任兵	合法化战略、制度变迁与企业竞争优势获取的关系研究	9.00	12YJA630096	规划项目
商学院	申光龙	整合营销传播在中国互益性非营利组织管理中的应用研究	8.90	12YJA630098	规划项目
周恩来政府管理学院	刘丰	美国海外军事干涉行为与国际秩序演变研究	7.00	12YJCGJW007	青年项目

续表

所在单位	项目负责人	项目名称	资助额度（万元）	项目批准号	项目类别
周恩来政府管理学院	乐国安	集体行动的个体参与动机研究	9.00	12YJA190011	规划项目
法学院	王彬	指导性案例的创制技术与适用方法研究	7.00	12YJC820096	青年项目
汉语言文化学院	刘佳	京剧流派传承论	7.00	12YJC760046	青年项目
外国语学院	刘雨珍	清代首届驻日公使馆员在日笔谈资料研究(1877—1882)	9.00	12YJA770031	规划项目
外国语学院	王雪明	“五四”时期翻译高潮中的另面景观:以《学衡》翻译为例	7.00	12YJC751086	青年项目
旅游与服务学院	陈晔	基于服务界面的服务品牌资产提升研究	6.80	12YJC630019	青年项目
经济与社会发展研究院	王玲	中国物流产业生态效率评价与提升路径——基于能源消耗与环境污染内生化的视角	9.00	12YJA790136	规划项目
经济与社会发展研究院	刘维林	地方公共服务的多元化供给与治理模式研究	7.00	12YJC790123	青年项目
体育教学部	高谊	普通高校体育课程对大学生体质健康影响的实验研究	9.00	12YJA880027	规划项目
高等教育研究所	赵允德	社会认同视域下的高校学生群体性事件研究	9.00	12YJA880168	规划项目
金融发展研究院	田利辉	政府控股、外国投资和生产效率:中国企业能否赶超?	9.00	12YJA790124	规划项目
文学院	孙克强	清代词学家研究	12.00	12JHQ008	后期资助(重点)项目
工会	王惠兰	新时期新任务下高校保卫机构、队伍建设创新研究	8.00	12JDSZ1012	“高校思想政治工作”专项任务项目一类课题
组织部	牛文利	高校学生党支部思想政治教育功能理论研究与实践探索——以××大学为例	1.00	12JDSZ300	“高校思想政治工作”专项任务项目辅导员专项
马克思主义教育学院	杨晓玲	马克思主义经济学本体论研究特征及时代价值	6.00	12JD710001	“马克思主义中国化 时代化 大众化”专项任务项目一类课题
马克思主义教育学院	平章起	中国社会发展阶段性特征对大学生思想观念的影响研究	2.00	12JD710025	“马克思主义中国化 时代化 大众化”专项任务项目二类课题

续表

所在单位	项目负责人	项目名称	资助额度(万元)	项目批准号	项目类别
高等教育研究所	王阳	中国大学处理学术不端的机制和组织机构研究	7.00	12JDXF002	“科研诚信和学风建设”专项任务项目一般课题
经济学院	逄锦聚	学习宣传贯彻党的十八大精神理论研究课题	2.00	12JFXG034	专项课题
经济学院	冼国明	学习宣传贯彻党的十八大精神理论研究课题	2.00	12JFXG033	专项课题
周恩来政府管理学院	朱光磊	学习宣传贯彻党的十八大精神理论研究课题	2.00	12JFXG035	专项课题
周恩来政府管理学院	吴志成	中东北非问题研究	1.00	12JF011	委托课题
滨海开发研究院	薄文广 周立群	日本核泄漏对中国经济的影响	1.00	12JF011	委托课题
哲学院	王南湜	改变世界的哲学——历史唯物主义新释	15.00	12JPJ008	普及读物项目
经济学院	谢思全	中华汉字五千年	15.00	12JPJ040	普及读物项目
文学院	陈洪	“四大奇书”话题	15.00	12JPJ041	普及读物项目

表5 教育部人文社会科学重点研究基地重大项目立项情况

所在单位	项目负责人	项目名称	资助额度(万元)	项目批准号
公司治理研究中心	李勇建	中国情境下供应链协作与关系治理研究	20.00	12JJD630004
跨国公司研究中心	谢娟娟	对外直接投资支持体系:国际比较研究	20.00	12JJD790035
跨国公司研究中心	周申	后危机时代的跨国公司投资、国际资本流动趋势与我国外资政策	20.00	12JJD790048
世界近现代史研究中心	侯建新	西欧文明的基础:9至20世纪农民土地产权的历史	20.00	12JJD770008
世界近现代史研究中心	赵德宇	东亚三国早期西学演化路径研究	20.00	12JJD770024
APEC研究中心	宫占奎	中国参与2013年印度尼西亚APEC会议咨询研究	20.00	12JJD810007
APEC研究中心	宋玉华	中国的FTA战略研究	20.00	12JJD810018
政治经济学研究中心	何自力	中国模式的政治经济学分析	20.00	12JJD790014
政治经济学研究中心	周云波	经济结构升级与经济体制转型中我国行业收入差距问题研究	20.00	12JJD790050
中国社会史研究中心	王力平	隋唐五代日常生活	20.00	12JJD770016
中国社会史研究中心	闫爱民	秦汉日常生活	20.00	12JJD770020

表 6 天津市社科规划项目立项情况

所在单位	项目负责人	课题名称	资助经费（万元）	项目批准号
档案馆	张兰普	张伯苓文献研究与整理	3.2	TJJX12－006
法学院	阎愚	网络侵权法律规制的国际私法路径研究	3.2	TJFX12－001
法学院	李建人	中国政府预算信息公开——理论约束和制度障碍的分析与对策	1.8	TJFX12－003
法学院	刘士心	中美刑法因果关系基础原理与司法认定规则比较研究	1.8	TJFX12－005
公共英语教学部	王一普	西方来华传教士对近代中国思想文化转型的影响	1.8	TJZL12－002
汉语言文化学院	温宝莹	汉语普通话语调习得的实验研究	1.8	TJHY12－003
汉语言文化学院	郭继懋	语法格式使用条件例释说明——用理论之水浇灌教学之田	4.0	TJHY12－001
经济学院	李飞跃	国际合作与中国区域经济格局变化趋势：基于技术进步转变	1.8	TJLJ12－008
法学院	刘士心	中美刑法因果关系基础原理与司法认定规则比较研究	1.8	TJFX12－005
经济学院	周兴	天津市产业结构升级背景下的就业问题与对策研究	1.8	TJSR12－002
历史学院	潘芳	“阿根廷之谜”的文化诠释	1.8	TJSL12－002
历史学院	陈畅	春秋战国至秦汉时期中国北方地区物质文化与民俗研究	1.8	TJZL12－009
历史学院	王昊	近代天津社会转型中的南开学校	1.8	TJZL12－012
历史学院	张分田	隋唐孝治理论研究	4.0	TJZL12－004
旅游与服务学院	王庆娟	服务业非正式员工薪酬公平的研究	1.8	TJGL12－009
旅游与服务学院	邱玮	滨海新区旅游业开放式创新体系研究	1.8	TJYY12－001
马克思主义教育学院	韦幼苏	关于德国左翼党的比较研究	1.8	TJKS12－002
马克思主义教育学院	高晓雁	劳动者股份合作制度创新与共同富裕	3.2	TJKS12－035
商学院	王志红	我国上市公司多元化折价动机的研究	1.8	TJGL12－002
商学院	梅丹	内部控制缺陷信息披露的经济后果研究	1.8	TJGL12－004
商学院	杨红	基于手机图书馆的手机阅读用户需求研究	1.8	TJTQ12－001
商学院	李新建	劳动力市场柔性与可雇佣能力的协同机制及开发途径研究：以天津为例	2.8	TJGL12－006
泰达学院	付宏琳	基于道德认知发展的会计道德决策研究	1.8	TJGL12－012
泰达学院	李治	创业投资中的协同效应研究	1.8	TJYY12－002
外国语学院	回春萍	消费主义背景下美国后现代童话改写	1.8	TJWW12－002

续表

所在单位	项目负责人	课题名称	资助经费(万元)	项目批准号
外国语学院	杨玉平	法国象征主义诗歌与文革地下写作	1.8	TJWW12－003
外国语学院	张雅丽	高校英语专业教学中的中国文化缺失原因及对策研究	1.8	TJWY12－002
外国语学院	韩立红	从"正直"语义的不同考察中日文化的差异	1.8	TJWY12－004
外国语学院	李春江	戏剧符号学视角下的莎剧翻译	1.8	TJWY12－005
文学院	熊培云	转型期重大突发公共事件与新媒体(微博)介入研究	3.2	TJXC12－001
文学院	马瑞洁	网络出版法律规制问题研究	1.8	TJXC12－004
文学院	耿传明	清末民初文学的代际演变与文化转型	1.8	TJZW12－001
文学院	刘俐俐	张爱玲小说艺术与中国文学传统	1.8	TJZW12－002
文学院	刘堃	晚清文学异域经验与新女性形象(1870－1911)	1.8	TJZW12－003
文学院	杨传庆	民国津门文人结社研究	1.8	TJZW12－005
哲学院	齐艳红	当代英美马克思主义政治哲学方法论研究	1.8	TJZX12－002
哲学院	卢兴	中西比较视野下的儒家个体观研究	1.8	TJZX12－003
周恩来政府管理学院	徐行	加强执政党建设的一个重要环节——党内监督与党外监督互动机制研究	1.8	TJDJ12－001
周恩来政府管理学院	许尧	群体性事件中的冲突升级规律及政府治理对策研究	1.8	TJGL12－003
周恩来政府管理学院	李霞	正式指导关系的影响因素和结果研究	1.8	TJJX12－004
周恩来政府管理学院	曹钦	左翼自由至上主义研究	1.8	TJZZ12－001
周恩来政府管理学院	黄海涛	西方国际干涉的理论基础与实践模式研究	1.8	TJZZ12－002
周恩来政府管理学院	管健	美与身体意象的社会表征:基于中国、意大利、巴西、西班牙和罗马尼亚青年的对比研究	2.8	TJJX12－003

表7 天津市科技发展战略研究计划项目立项情况

所在单位	项目名称	负责人	经费(万元)	合同编号
公司治理研究中心	科技型中小企业债权性直接融资研究	李姝	4.00	12ZLZLZF00400
周恩来政府管理学院	天津科研事业单位评价体系研究	李瑛	2.00	12ZLZLZF07100
跨国公司研究中心	以企业为主体的科技创新体系的缺失与重构	张宇	2.00	12ZLZLZF07200

续表

所在单位	项目名称	负责人	经费(万元)	合同编号
跨国公司研究中心	天津市科技型中小企业参与国际生产网络对策研究	李磊	2.00	12ZLZLZF03800
泰达学院	产学研虚拟动态联盟模式选择及其激励机制研究	曾晖	2:00	12ZLZLZF04800
泰达学院	中小企业产学研合作创新模式及影响因素的实证研究——以天津市为例	隋静	2.00	12ZLZLZF04900
经济学院	中国科技创新的金融生态及其优化研究——基于科技型中小企业发展的金融支持视角	陈瑞华	2.00	12ZLZKZF03900
经济学院	科技型中小企业信贷资产支持证券及风险管理研究——提升科技小巨人成长计划的金融支持	邓向荣	4.00	12ZLZLZF07900
商学院	天津市加强开放创新推动创新型城市建设的对策研究	严建援	2.00	12ZLZLZF07700
商学院	基于产业互动与能力升级的天津市高端服务业跨越式发展及其政策研究	许晖	2.00	12ZLZLZF01600
公共英语教学部	高校产学研合作激励机制研究	林军	2.00	12ZLZLZF06900

表 8 国家旅游局科研项目立项情况

课题名称	申请人	批准经费(万元)	批准号	项目级别
产品层次理论下经济型酒店服务创新研究	徐虹	3.00	12TABG017	面上项目
旅游目的地营销绩效的测量及实证检验	陈增祥	3.00	12TAAG008	面上项目

（撰稿人：宫立杰）

教学科研服务及相关机构

图 书 馆

概况

年末，有教职工133人，其中研究馆员6人，副研究馆员37人，馆员61人，助理馆员9人，具有高级职称人员占职工总数32%。具有本科以上学历的106人(其中博士6人，硕士40人)，占职工总数的80%。招聘新职工1人，退休2人。

文献资源建设

全年投入经费1593.95万元，其中用于购买数据库经费和数据库使用费605.6万元。现有数据库系统42个，子库57个；可访问数据库系统97个，子库315个。中央书目数据库总数据量为543111种，1500846册，其中中文书372112种，1127101册；外文书161260种，229527册；中文刊6323种，116489册；外文刊3416种，46039册。中、外文图书经费277.3万元，购期刊经费369.0万元。截至年末，文献总量382.2万余册。新购中文图书24589种，53840册；外文图书3050种，3197册；购中文报刊及合订本1547种，2003册；外文报刊57种，115册；购置电子文献资源30万册；接受捐赠中文图书1969册，外文图书655册；接受捐赠中文期刊4304册，外文期刊607册。

读者工作

全年接待读者1014347人次，借书230788册次，还书232284册次；馆际互借1029册，文献传递12193件；读者培训和迎新教育77次，3300余人参加。完成科技查新检索报告812项，收录引用检索报告266份，博士论文SCI、EI认证695项。

调整不同类型读者的借书权限，增加师生图书借阅数量。调整后，本科生最多可借书10册，研究生、讲师可借书15册，副教授、教授可以借书20册。

作为CASHL服务馆，全年为校外CASHL读者提供服务1778篇(册)，为我校读者申请CASHL文献601篇(册)。在CASHL年度评估中获得CASHL服务一等奖。

查新站通过教育部年审，完成科技查新报告812项(其中国内外科技查新报告280项，占34.5%，校外课题量682项)，博士论文SCI、EI收录认证695篇；收录引用检索报告266项，检索证明1289份，各项服务均有较高增长。

举办主题为“翰墨飘香，书韵流传”的第二届“南开读书节”系列活动，与北京图书大厦联合举行大型图书展卖会，引进500家出版社的1.5万种畅销新书，方便师生选购和推荐图书馆藏。先后多次组织读者采购团，让师生代表参加第十九届北京国际图书博览会、首届国际新闻出版装备博览会等图书选购活动。

在第十六届优质服务月活动中，图书馆

面向全校师生开展系列主题活动，包括：Scifinder Web 数据库、NoteExpress 文献管理软件等用户培训，免费原文传递活动，学科服务活动，送书上门服务，改善新、老馆阅览环境等。

拓宽图书馆的信息宣传渠道，开辟微博、人人网等图书馆专版，由专人负责主动将图书馆各项服务进行推广，并及时获取反馈信息。

数字化工作

年末有服务器 18 台，存贮容量 70TB，数据容量 30TB，业务用 IP150 个，读者用 IP150 个。拥有可访问的数据库系统 97 个，子库 315 个，图书馆出资购买的数据库系统 42 个，子库 57 个。

开通电子图书网络阅读平台，提供电子图书和电子工具书的数字化阅读，涵盖人文科学、社会科学和自然科学的各大门类，按月更新图书排行榜，实现全天 24 小时在线服务。有效解决图书馆馆舍分散、复本量不足的问题，为资源共享提供新思路。

在阅览室和书库实现无线网络覆盖，方便师生随时上网进行电子信息检索。

在对原有数据库进行内容更新和功能完备的基础上，建设 CALIS 三期项目“公司治理研究专题数据库”、“南开大学名师数据库”、“高校教学参考书全文数据库”等。“公司治理研究专题数据库”获得 CALIS 三期全国高校专题特色数据库建设项目三等奖。“南开大学本科生创新数据库”、“南开大学博士后出站报告数据库”等在建设中。

参加 CALIS 三期虚拟咨询、信息素养、高端课题咨询等一系列服务项目，有 9 个课件分别荣获“精品课件”和“优秀课件”。组织知识库建设的工作，共完成知识库问答 3875 条。牵头组织天津高校图书馆联合虚拟参考咨询工作，5 名馆员获得 CALIS 三期咨询项目服务杰出贡献奖、优秀内容建设奖等奖项。

科研与学术交流

发表有关图书馆建设和业务管理方面的学术论文 43 篇，其中核心期刊 42 篇；参加业务培训 19 人次，邀请、接待国内外同行、专家来访 7 次；选派业务骨干参加国内专题学术研讨会 17 人次；申报立项教育部社科基金项目 2 个。

承办图书馆界学术会议及馆长培训班，具体包括：天津市图书馆学会六届五次常务理事会、教育部高校图书及情报工作指导委员会期刊研究工作组会议、高等学校新任图书馆馆长高级研修班。

管理工作

发布《关于加强职工馆藏文献借阅管理的通知》、《关于建立图书馆工作督查制度的通知》、《关于加强本馆职工外出管理的通知》等。

推出 5 项服务新举措，包括：在考研及期末复习考试期间延长新馆阅览室的开放时间；利用微博的简捷便利，拓宽图书馆的信息宣传渠道；推出畅借图书排行榜；利用学校邮件系统，推送图书馆服务信息；新馆主要阅览室实现无线网络覆盖。

组织参加天津市第一届“高校图书馆馆员基本功竞赛”活动，开展评选表彰文明服务团队和文明服务岗活动，改革年度考核和奖金分配办法。

首次完成外文图书的采购招标工作。文献采购工作全面实行招标。对新老图书馆进行维修更新，建立消防档案，为读者创造舒适、安全的阅读环境。

党群工作

年末有党员 70 人，其中新发展党员 3 人，预备党员转正 1 人。有入党申请人 6 人。

开展党风馆风教育和建设，认真落实的反腐倡廉建设工作责任体系。积极落实“基层组织建设年”，以“强组织，增活力，创先争优迎十八大”为主题开展创先争优活动。评选出3个先进党支部、14名优秀共产党员、3名优秀党支部书记。高标准高质量完成保持党的纯洁性教育活动各项任务。

举办爱心赠书漂流活动、“如你所愿”主题书展征集活动。组织馆内职工捐款捐物，举办“新浪扬帆计划”——偏远地区中小学图书库爱心捐赠项目爱心义卖活动。

（撰稿人：董蓓 宋琳）

档 案 馆

概况

年末，馆藏档案包括南开大学（1949年以前）（1号全宗）、解放后南开大学（1950年以后）（2号全宗）、天津对外贸易学院（3号全宗）共3个全宗，馆藏档案共计127264卷，照片22104张，光盘897张，案卷排架长度2538.5米。

11月2日，经南开大学第十二次党委常委会议研究决定，成立南开大学档案工作办公室，为正处级行政管理单位，与南开大学档案馆是一个机构两块牌子，党的隶属关系不变。成立档案工作办公室，主要目的是强化档案管理职能，其主要职责是依照国家法律法规和学校规章制度管理学校档案工作。

11月24日，第十一次校长办公会议研究决定范曾先生留赠学校作品事宜。根据学校有关规定和范曾先生本人的意见，决定由学校统一保管，在档案馆设特藏室。

档案资源建设

全年收集整理并移交入库各类档案9115卷，基建档案（底图）3063张，实物129件，照片270张，光盘223张；销毁档案7140卷。

启动基建档案接收入馆工作。学校基建档案原设在基建处档案分室，随着新校区筹建，以及档案分室保存条件所限，原有基建档案全部移交档案馆集中保管，在基建处的大力协助下，整理移交基建档案（底图）3063张。

开展征集名人档案，抢救档案资源工作。相继开展了陈茹玉院士档案、申泮文院士档案、母国光院士档案征集工作，并稳步推进。完成陈茹玉院士全宗档案的接收工作，包括陈茹玉人物档案8卷、音视频光盘26张。

同时，档案馆通过校友会向校友征集西南联大时期老照片143张及其他珍贵文物，大大丰富了馆藏。

数字档案建设

积极稳妥地推进对原有纸质档案目录数字化工作,现有机检目录725333条,其中案卷级87071条,文件级638262条。本年增长机检目录89303条,其中案卷级增长7923条,文件级增长81380条。档案全文6188件,其中党政类文件2462件,学位档案3724件,其他2件。完成了1958年至1994年部分党政管理文件的文件级目录录入工作,及相应校发文件(主要是人员任免、职称晋升、组织关系接转)的全文录入工作。

档案利用

全年提供档案利用5830卷次,966人次,提供各类证明1370余件,复印、拍照档案资料25600余页。

开展科研项目结题审计档案利用专项服务活动,被学校列为20件实事之一。除原有的档案复印服务外,新增档案翻拍服务,提高了工作效率,大大方便了教师。一年来,共有111人次查阅了1959卷次的财会档案,复印、拍照档案13713页。

开展档案编研工作,编制《南开大学招生情况(1919—1949)》及《南开大学教职员名录(1919—1949)》,作为学校校史资料。

配合学校开展的纪念77级、78级校友入学30周年纪念活动,对学生注册卡进行扫描、复制、做旧,作为礼物送给前来"与时代同行——南开大学毕业30周年校友系列报告会"的部分校友,以及校庆期间返校的77、78级校友。

档案管理

加强档案的规范化管理,对70多个归档单位进行立卷指导,特别是对近两年新建6个处级单位进行归档立卷工作指导,主动与他们取得联系,商定兼职档案员,确定归档范围,对23名新上岗的兼职档案员进行归档规则及档案网络管理系统操作使用培训,对部分学院开展档案业务专题培训,提高档案归档的质量。

加强制度建设,修订《南开大学档案实体分类法》、《南开大学档案保密制度》。

(撰稿人:史永红)

出 版 社

概况

南开大学出版社初创于1929年,1983年恢复重建。南开大学出版社为教育部直属的华北高校文科教材基地之一,出书范围包括人文社会科学、管理科学、自然科学、外语、计算机等诸多门类的教材、教参、学术专著、译著及工具书,其中以经济、管理、旅游、计算机、语言、历史、哲学、化学、生物、物理等学科图书为重点。

南开大学出版社现有9个科室，分别是社长办公室、总编办公室、策划编辑室、文稿编辑室、审校室、财务部、出版部、市场营销部和图书储运部。

现在编人员74人，其中编审7人，研究员1人，教授1人，副编审11人，具有高级职称人员占职工总数的27%。本科及以上学历为57人，占职工总数的77%。

本年度出书424种，其中新版书267种，总印数132.21万册，码洋4000万元，回款实洋2000万元。

2012年是我社发展的重要一年。经历了从经营低谷向振兴的转变。在逆境中出版社领导班子团结奋进，共谋发展，带领全职工努力拼搏，使出版社的各项经营指标均取得了较好成绩，来稿和出书量比上年增加40%，发书量增加20%，回款增加20%，资金状况达到较好水平。总体来看，出版社已经走出低谷，开始了艰难的上升。

明确发展方向，完善规章制度

自2012年新学期开始，领导班子加强和完善出版社的日常管理工作。对于当时出版社的现状，多次召开班子会，统一思想，统一认识。通过调研和学习反思，我们深深认识到，在出版理念上、在选题组织上、在管理水平上、在服务意识上、在生产规模上、在社会影响上，都存在明显的差距。但是，我们在认识到差距的同时，并没有气馁，而是痛定思痛，增强创业信心和勇气。上半年班子成员多次开会研讨新的改革方案，为全年的工作计划，制定纲领性的大政方针。

大力实施精品战略和品牌战略，提高出版社的核心竞争力

根据图书出版规律、市场发展要求和读者的阅读需求，调整选题结构，继续实施精品战略和品牌战略，继续坚持以出版高校精品教材为重点的选题思路，扩大了选题范围，开发了《历代词人词话》、《滨海新区开发开放研究系列丛书》(含《滨海新区开发开放与区域发展》、《滨海新区开发开放与涉外经济》、《滨海新区开发开放与产业发展》、《滨海新区开发开放与社会管理》、《滨海新区开发开放与综合配套改革》等)、《古典小说评论资料系列》等大批新选题，在学术界引起较大反响。

进一步加强管理，提高产品质量

始终把图书政治质量、编校质量作为生产的重要环节来抓。按照新闻出版署颁布的《图书质量保障体系》的要求，继续加强编辑、校对、审读等各环节的工作。特别注重图书的政治质量，强化了编辑们的政治意识、责任意识和大局意识；进一步加强了三审制和书稿终审这一关键环节的工作，特别对重点图书、人文社科和政治读物类图书加强把关，避免出现政治问题。一年来，图书编校质量保持稳定，没有出现任何政治问题。天津市新闻出版局、天津市出版物质量检测中心抽检出版社责任编辑图书25种，质量基本合格。

进一步加强营销工作

2011年全国出版行业景气下滑，我社的经济状况更是充满挑战。在坚持以往行之有效的做法的同时，2012年主要采取了以下办法加强营销工作：一是把营销工作的重点由原来的新华书店征订转为直接将教材推向高校，省去中间环节；二是根据不同地区教育文化等方面的差异，对不同学科专业、不同内容的教材进行有针对性的销售；三是在重点地区召开图书营销推介会。尤其在年底回款关键时期发行部门每星期召开工作例会，加大工作力度。6月初在银川举办的全国图书博览会上，我社的图书受到广泛关注和好评。

做好党建工作

认真组织党员干部学习落实党的十八大精神。继续坚持领导班子的学习制度、党风廉政建设责任制度和领导班子民主生活会制度，使出版社的党建工作进一步制度化。以支部为单位，积极开展保持党的纯洁性教育活动，召开专题民主生活会。积极做好组织发展工作。支持工会按照自己的章程开展活动。

南开大学出版社 2012 年新书目录

序号	书　名	编著(译)者	出版时间
1	造子成龙　英才强国(第一册)	(法)斯特·博士著	2012/1
2	南开大学年鉴(2010)	南开大学办公室编	2012/1
3	微生物发酵工程综合实验原理与方法	宋存江主编	2012/1
4	跨文化交际专题研究	王明利著	2012/1
5	世界民族综论	高永久等编著	2012/3
6	寿险业务结构研究	江生忠、邵全权、王辉、王洪涛著	2012/3
7	中国低成本集约型城市化模式及其土地利用研究	杨树海著	2012/3
8	卢评贪渎	卢拥军编著	2012/3
9	国际市场营销学	戴万稳编著	2012/3
10	离散族裔文学批评读本——理论研究与文本分析	徐颖果主编	2012/3
11	名义账户制公共养老保险制度研究——兼论中国特色名义账户制公共养老保险制度构建	李菁著	2012/3
12	吴鼎昌文集	林绪武、邱少君编	2012/3
13	日语外来语多功能词典(上册·基本词汇篇)	张兵、张小妮编	2012/4
14	日语外来语多功能词典(下册·分类词汇篇)	张兵、张小妮编	2012/4
15	滨海新区开发开放与社会管理	郝寿义、吴敬华、曹达宝主编	2012/4
16	滨海新区开发开放与综合配套改革	郝寿义、吴敬华、曹达宝主编	2012/4
17	滨海新区开发开放与区域发展	郝寿义、吴敬华、曹达宝主编	2012/4
18	滨海新区开发开放与产业发展	郝寿义、吴敬华、曹达宝主编	2012/4
19	滨海新区开发开放与涉外经济	郝寿义、吴敬华、曹达宝主编	2012/4
20	生活英语图解	宜新文化事业有限公司编	2012/4
21	旅游英语图解	宜新文化事业有限公司编	2012/4
22	新日本语能力测验对应－N1 全真模拟问题集	北岛千鹤子编	2012/4
23	新日本语能力测验对应－N2 全真模拟问题集	北岛千鹤子编	2012/4
24	新日本语能力测验对应－N3 全真模拟问题集	北岛千鹤子编	2012/4
25	新日本语能力测验对应－N4 全真模拟问题集	北岛千鹤子编	2012/4

续表

序号	书　名	编著(译)者	出版时间
26	新日本语能力测验对应—N5 全真模拟问题集	北岛千鹤子编	2012/4
27	全国计算机等级考试一级 MS Office 教程(2012 年版)	教育部考试中心教材研究所编	2012/4
28	全国计算机等级考试一级 MS Office 考试参考书(2012 版)	教育部考试中心教材研究所编	2012/4
29	全国计算机等级考试上机考试习题集(一级)2012 版	教育部考试中心教材研究所编	2012/4
30	全国计算机等级考试上机考试习题集(二级 Java 语言程序设计)2012 版	教育部考试中心教材研究所编	2012/4
31	全国计算机等级考试上机考试习题集(二级 Visual FoxPro 数据库程序设计)2012 版	教育部考试中心教材研究所编	2012/4
32	全国计算机等级考试笔试考试习题集(二级 C++语言程序设计)2012 版	教育部考试中心教材研究所编	2012/4
33	全国计算机等级考试上机考试习题集(二级 C 语言程序设计)2012 版	教育部考试中心教材研究所编	2012/4
34	全国计算机等级考试上机考试习题集(二级 Visual Basic 语言程序设计)2012 版	教育部考试中心教材研究所编	2012/4
35	全国计算机等级考试上机考试习题集(二级 Access 数据库程序设计)2012 版	教育部考试中心教材研究所编	2012/4
36	全国计算机等级考试笔试考试习题集(二级 Visual FoxPro 数据库程序设计)2012 版	教育部考试中心教材研究所编	2012/4
37	全国计算机等级考试笔试考试习题集(二级 Access 数据库程序设计)2012 版	教育部考试中心教材研究所编	2012/4
38	全国计算机等级考试笔试考试习题集(二级 C 语言程序设计)2012 版	教育部考试中心教材研究所编	2012/4
39	全国计算机等级考试笔试考试习题集(二级 C++语言程序设计)2012 版	教育部考试中心教材研究所编	2012/4
40	全国计算机等级考试笔试考试习题集(二级 Visual Basic 语言程序设计)2012 版	教育部考试中心教材研究所编	2012/4
41	全国计算机等级考试笔试考试习题集(二级 Java 语言程序设计)2012 版	教育部考试中心教材研究所编	2012/4
42	全国计算机等级考试上机考试习题集(三级汇编语言程序设计)2012 版	教育部考试中心教材研究所编	2012/4
43	全国计算机等级考试上机考试习题集(三级 C 语言程序设计)2012 版	教育部考试中心教材研究所编	2012/4
44	全国计算机等级考试笔试考试习题集(三级数据库技术)2012 版	教育部考试中心教材研究所编	2012/4
45	全国计算机等级考试笔试考试习题集(三级网络技术)2012 版	教育部考试中心教材研究所编	2012/4
46	全国计算机等级考试笔试考试习题集(三级信息管理技术)2012 版	教育部考试中心教材研究所编	2012/4

续表

序号	书　名	编著(译)者	出版时间
47	唐宋音乐管理与唐宋词发展研究	龙建国著	2012/4
48	中国古代玉器	袁胜文著	2012/4
49	《红楼梦》资料汇编(精装版)	朱一玄编	2012/5
50	《儒林外史》资料汇编(精装版)	朱一玄、刘毓忱编	2012/5
51	《聊斋志异》资料汇编(精装版)	朱一玄编	2012/5
52	明清小说资料汇编(上下)(精装版)	朱一玄编	2012/5
53	《金瓶梅》资料汇编(精装版)	朱一玄编	2012/5
54	《西游记》资料汇编(精装版)	朱一玄、刘毓忱编	2012/5
55	《水浒传》资料汇编(精装版)	朱一玄、刘毓忱编	2012/5
56	《三国演义》资料汇编(精装版)	朱一玄、刘毓忱编	2012/5
57	土地利用规划的经济学分析	袁浩正、赵霞著	2012/5
58	城市化快速发展过程中土地的节约集约利用问题研究	金丽国、刘灵伟著	2012/5
59	城乡建设用地增减挂钩的理论与实证	宋娟、白钰、张宇著	2012/5
60	城乡统筹下的土地利用规划创新研究	张峰、李红军著	2012/5
61	土地利用规划的理论与实践研究 ——基于可持续发展理念	曹林、韦晶磊著	2012/5
62	《近代化学导论(第二版)》学习辅导	车云霞、李姝、叶世海编	2012/5
63	平家物语的构想——历史叙述与前兆事件	杨夫高著	2012/5
64	走向世界的宝贵创获 ——驻外使节与晚清社会变革研究	祖金玉著	2012/5
65	从经典公有制到社会主义市场经济公有制 ——马克思主义所有制理论发展	陈弘著	2012/5
66	江泽民关于党的制度建设科学化的理论与实践研究	肖光文、秦明月、赵铁锁等著	2012/5
67	马克思主义中国化与中国人的现代化	杨永志等著	2012/5
68	护士职业素养	区伟雄主编	2012/5
69	体育与健康	方永信主编	2012/5
70	中国现代文学文化现象与性别	乔以钢等著	2012/5
71	县域经济发展问题研究	王德第、荣卓著	2012/5
72	现代汉语趋向补语范畴研究	李燕著	2012/5
73	经济分析中的时间序列模型	赵国庆著	2012/5
74	新时期人民内部阶层矛盾问题研究	周多刚著	2012/5
75	实用合同日汉互译例解	高彦彬编著	2012/5
76	高职高专外贸英语专业人才培养方案与课程体系设计	林文斌、黄晶晶著	2012/5
77	伊丽莎白·乔利小说三部曲的多维阐释	刘宏伟著	2012/5
78	新编应用英语综合教程(第三册)(学生用书＋教师用书)	安维彧主编	2012/5
79	金融时间序列的长记忆特性及预测研究	王文静著	2012/5

续表

序号	书　名	编著(译)者	出版时间
80	变换的边界 ——亚裔美国作家和批评家访谈录	刘葵兰著	2012/6
81	梁简文帝集校注(一)	萧刚著;肖占鹏、董志广校注	2012/6
82	实用技能日语(能力篇)(配练习册及光盘)	何芳、刘明洋主编	2012/6
83	中国股市价格泡沫研究 ——泡沫度量及其影响因素分析	孟庆斌著	2012/6
84	体育与健康	钱北军、顾久贤、邢希强主编	2012/6
85	户外游憩	Roger L. Moore B. L. Driver 著; 李健译、刘慧梅校	2012/6
86	零售营销	王国才编著	2012/6
87	旅行社经营与管理	王玉霞、贾红丽主编	2012/6
88	客房服务与管理	李智、庄坚毅、李晓东主编	2012/6
89	中国旅游地理	高嘉诚主编	2012/6
90	新日本语能力测试真题全解・N1	日本语能力测试命题研究组编	2012/6
91	新日本语能力测试真题全解・N2	日本语能力测试命题研究组编	2012/6
92	新日本语能力测试应考必备 N3 听解	宋秀环编	2012/6
93	新日本语能力测试应考必备 N3 文字词汇文法	宋秀环编	2012/6
94	新日本语能力测试 N4 考前模拟试题集	亚洲学生文化协会编	2012/6
95	新日本语能力测试 N5 考前模拟试题集	亚洲学生文化协会编	2012/6
96	专项完全掌握 N1 文字词汇文法	日本语能力测验问题研究会编	2012/6
97	专项完全掌握 N2 文字词汇文法	日本语能力测验问题研究会编	2012/6
98	南开法律史论集	侯欣一主编	2012/6
99	透视美国华裔文学	张龙海	2012/7
100	全产业链视阈下的旅游发展	魏小安、魏诗华	2012/7
101	地学美学	陈诗才	2012/7
102	国际商务(英文):中国视角	杨春妮编著	2012/7
103	当代性与新世纪乡村小说研究	陈国和	2012/7
104	南开情未了	曹桂芳著	2012/7
105	WPF 和 Silverlight 教程	张洪定主编	2012/7
106	汉语新词语英译概览	吕世生等编著	2012/7
107	现代跨文化传通——如何与外国人交往	王宏印著	2012/7
108	慢病毒与泡沫病毒分子生物学文选	耿运琪主编	2012/8
109	成年仪式的德育功能研究	平章起著	2012/8
110	诗沐斜阳	李书贵	2012/8
111	英语会话宝典——衣食住行	珠海宜新软件科技有限公司编	2012/8
112	英语会话宝典——乐享人生	珠海宜新软件科技有限公司编	2012/8
113	关于日语主题省略的研究	刘泽军	2012/8
114	语料库及内省法在日汉语言研究中的应用策略探讨	朱鹏霄	2012/8
115	普通高校体育与健康理论教程	高宜、冯永丽	2012/8

续表

序号	书名	编著(译)者	出版时间
116	回眸与新探	俞祖华、赵慧峰、胡瑞琴主编	2012/8
117	酒店英语	王琳主编	2012/8
118	旅游学概论	田言付、朱沁夫等编著	2012/8
119	金融发展差异与中国区域经济增长非均衡性研究	王婷、叶军	2012/8
120	新编应用英语综合教程(第二册)(学生用书+教师用书)	安维彧主编	2012/8
121	经典阅读	郑尚泽、秦玉明主编	2012/8
122	机械制图与计算机绘图	杨殿海、梁士宝	2012/8
123	高职体育与健康规划教程	张占忠、陈刚、曹俊主编	2012/8
124	实用语文	牟岩、王瑾娟主编	2012/8
125	文学欣赏	彭一君主审	2012/8
126	汉字形意与文化	杨琳著	2012/8
127	大学生安全教育	于永红总主编	2012/9
128	大学生职业生涯规划与就业创业指导	余勇总主编	2012/9
129	大学生心理健康教育	黄学军、韦磐石主编	2012/9
130	大学生心理健康教育	姜凤云总主编	2012/9
131	C语言实验指导书	朱金付总主编	2012/9
132	电子商务与物流	戴国武、李琳娜、万海霞主编	2012/9
133	管理学基础	鲍卫东、周东、饶雪玲主编	2012/9
134	推销原理与实务	郭延江主编	2012/9
135	成本会计实务	丁修平主编	2012/9
136	物流信息系统	乔毅主编	2012/9
137	财务会计	侯风亮、赵国栋、梁蕤主编	2012/9
138	仓储知识与技能	刘建清、姜洪源、王蕾蕾主编	2012/9
139	财务管理基础	王军平、金才亮、张光军主编	2012/9
140	物流管理基础	宋宝瑞、黄一鹤主编	2012/9
141	经济学基础	李东、张玉双、李坤主编	2012/9
142	大学体育教程	黎伟、王德深、陈克宇主编	2012/9
143	预算会计	顾爱春、巴根那主编	2012/9
144	唐宋人词话(增订本)(上、下卷)	孙克强编著	2012/9
145	金元明人词话	孙克强、邱淑贞编著	2012/9
146	清人词话(上、中、下卷)	孙克强、杨传庆、裴喆编著	2012/9
147	快速城市化进程中来自新市民的声音——天津宅基地换房农民的就业与生活考察	马林靖著	2012/9
148	中国古代诗歌赏析教程——诗歌也可以这样读	韩秋月著	2012/9
149	数学模型与数学建模方法	陈国华,韦程东,蒋建初,付军主编	2012/9
150	学前美术教育	李玮、金宇黎、丁玲主编	2012/9
151	学前语言教育	武建芬主编	2012/9

续表

序号	书　名	编著(译)者	出版时间
152	幼儿园组织与管理	周国剑主编	2012/9
153	幼儿园区域活动系列化材料	庄爱平、吴宝珊主编	2012/9
154	大学语文	刘维国主编	2012/9
155	计算机应用基础(Windows XP+Office2003)	李吴松总主编	2012/9
156	大学应用文写作教程	章毅、邱燕、张国仲主编	2012/9
157	新编大学心理健康教育	吉家文总主编	2012/9
158	大学体育与健康教程	蒋宁、关正春、何德福主编	2012/9
159	大学生入学教育	张亚总主编	2012/9
160	教师口语训练教程	路玉才、张海燕主编	2012/9
161	大学英语分级阅读教程	王娟主编	2012/9
162	概率论与数理统计全程导学	孙国红、金惠兰编著	2012/9
163	循环经济产业共生网络研究	齐宇著	2012/9
164	旅游文化学	朱立新、左薇薇、顾佳琦编著	2012/9
165	大学体育英语	薛伟、薛英主编	2012/9
166	C++程序设计语言 ——上机实习指导与习题集	赵宏主编	2012/9
167	新编体育与健康	阿不里米提·哈斯木主编	2012/9
168	基础会计	徐哈军主编	2012/9
169	龙书(精)	高迎进、杨国驰主编	2012/9
170	龙书(平)	高迎进、杨国驰主编	2012/9
171	C++程序设计语言	赵宏主编	2012/9
172	龙文——中国龙文化研究	王树强、冯大建主编	2012/9
173	探索之路——南开哲学院院庆论文集	王新生主编	2012/9
174	旅游目的地形象测量方法与应用研究	李宏著	2012/9
175	欧美哲学通史(3卷本)	李国山、常健、王建军编著	2012/9
176	两岸四地立法语言中的情态动词研究	苏小妹著	2012/9
177	三峡文化综论	汪长星著	2012/9
178	中国哲学史	刘文英主编	2012/9
179	数理逻辑的思想与方法	李娜编著	2012/10
180	逻辑学实验教程	李娜编著	2012/10
181	中国逻辑史教程	温公颐、崔清田主编	2012/10
182	马克思主义哲学高级教程	陈晏清、王南湜、李淑梅著	2012/10
183	欧洲哲学通史(上、下卷)	冒从虎、王勤田、张庆荣主编	2012/10
184	归纳逻辑教程	任晓明、熊立文、黄闪闪、王东浩编著	2012/10
185	欧美哲学通史(精编本)	李国山、王建军、贾江鸿、郑辟瑞编著	2012/10
186	商务英语阅读——中国视角	李桂媛、高嘉勇主编	2012/10
187	美国游记文学名篇导读与翻译	张慧芳、温秀颖主编	2012/10
188	不对称反应中的有机磷试剂	唐除痴、周正洪编著	2012/10
189	基础化学实验技术	刘庆余主编	2012/10
190	当代中国身份重建中的语言运用	田海龙、曹青主编	2012/10
191	地方政府职能转变问题研究 ——基于杭州市的实践	朱光磊主编	2012/10

续表

序号	书　名	编著(译)者	出版时间
192	陈子龙诗文创作与文学理论研究	李新著	2012/10
193	Visual FoxPro6.0 程序设计基础教程	郑军红总主编	2012/10
194	Visual Basic6.0 程序设计教程	吴长海、蒋厚亮、栾国森主编	2012/10
195	女神　女性　女性文学	盛英著	2012/10
196	翻译学研究方法导论	刁克利主编	2012/10
197	急救与灾难应变	倪虹	2012/10
198	神经创伤学新进展(四)	张赛、李建国主编	2012/10
199	教育审计创新研究	刘智刚主编	2012/10
200	批评性语篇分析:经典阅读	田海龙、赵芃编	2012/11
201	计算机应用基础	刘蓉、李明主编	2012/11
202	马克思主义中国化与中国经济现代化	赵美玲等著	2012/11
203	马克思主义中国化与中国文化现代化	张静等著	2012/11
204	会展物流	郭慧馨主编	2012/11
205	社会转型与规则变迁:潜规则盛行的社会学阐释	吕小康著	2012/11
206	国有产权改革与国有资产监管	陈旭东著	2012/11
207	宏观经济风险传导路径研究	李伟著	2012/11
208	中国适度财政收入规模理论与实证	郭彦卿著	2012/11
209	会展活动策划与管理经典案例	王起静主编	2012/11
210	科学史与科学文化	吕增建著	2012/11
211	卡斯尔雷的对欧政策(1812—1822)	霍特著	2012/12
212	国际规范与国内制度改革	刘兴华著	2012/12
213	中国经济改革与未来发展方向 ——首届中国留美经济学会会长论坛文集	王艳灵、李坤望主编	2012/12
214	现代与传统的对话・美学与中国古典舞高峰论坛论文集	周志强、满运喜主编	2012/12
215	日本学研究(第六辑)	王铁桥、孙成岗主编	2012/12
216	研究与实践	陈明铎主编	2012/12
217	天津市房地产业发展"十二五"规划(2011—2015)	天津市房地产业发展"十二五"规划编委会编	2012/12
218	翻译现代性 ——晚清到五四的翻译研究	赵稀方著	2012/12
219	野间宏文学研究 ——以"全体小说"创作为中心	莫琼莎著	2012/12
220	2013 全国计算机等级考试一级 MS Office 考试参考书(2013 年版)	全国计算机等级考试命题研究组编	2012/12
221	2013 全国计算机等级考试上机考试习题集(一级)2013 年版	全国计算机等级考试命题研究组编	2012/12
222	2013 全国计算机等级考试上机考试习题集(二级 C++语言程序设计)2013 年版	全国计算机等级考试命题研究组编	2012/12
223	2013 全国计算机等级考试上机考试习题集(二级 Java 语言程序设计)2013 年版	全国计算机等级考试命题研究组编	2012/12

续表

序号	书　名	编著(译)者	出版时间
224	2013 全国计算机等级考试上机考试习题集(二级 C 语言程序设计)2013 年版	全国计算机等级考试命题研究组编	2012/12
225	2013 全国计算机等级考试上机考试习题集(二级 Visual Basic 语言程序设计)2013 年版	全国计算机等级考试命题研究组编	2012/12
226	2013 全国计算机等级考试上机考试习题集(二级 Access 数据库程序设计)2013 年版	全国计算机等级考试命题研究组编	2012/12
227	全国计算机等级考试上机考试习题集(二级 Visual FoxPro 数据库程序设计)2013 年版	全国计算机等级考试命题研究组编	2012/12
228	2013 全国计算机等级考试上机考试习题集(三级汇编语言程序设计)2013 年版	全国计算机等级考试命题研究组编	2012/12
229	2013 全国计算机等级考试笔试考试习题集(三级网络技术)2013 年版	全国计算机等级考试命题研究组编	2012/12
230	2013 全国计算机等级考试笔试考试习题集(三级数据库技术)2013 年版	全国计算机等级考试命题研究组编	2012/12
231	2013 全国计算机等级考试笔试考试习题集(三级信息管理技术)2013 年版	全国计算机等级考试命题研究组编	2012/12
232	2013 全国计算机等级考试笔试考试习题集(三级 PC 技术)2013 年版	全国计算机等级考试命题研究组编	2012/12
233	2013 全国计算机等级考试上机考试习题集(三级 C 语言程序设计)2013 年版	全国计算机等级考试命题研究组编	2012/12
234	企业战略的性质及治理效应	郭勇峰著	2012/12
235	南开法律评论(2012)	张楠主编	2012/12
236	Visual Basic 程序设计基础	张青、杨族桥、何中林	2012/12
237	大学语文	禹明华、周妮主编	2012/12
238	C 语言程序设计基础	张青、何中林、杨族桥主编	2012/12
239	高等数学	杜明银、张伟、陈凤华、程慧燕主编	2012/12
240	大学英语(上、下册)	刘春霞主编	2012/12
241	高职生职业发展与就业创业指导	刘法权、白东海、孙永禄主编	2012/12
242	二〇一二·天津美术馆　尹沧海书画集	尹沧海绘	2012/12
243	事件影响研究	王起静著	2012/12
244	大学生职业发展与就业创业指导	杨克欣主编	2012/12
245	家庭与农村工业 ——以河北省为中心的考察	白宏钟著	2012/12
246	变与不变 ——21 世纪一个中国村落的民族志研究	刘华芹著	2012/12
247	创新争优与高校机关党建工作创新	张式琪、苏明辉主编	2011/12
248	拥军拍案	卢拥军著	2011/12
249	拥军解法	卢拥军著	2011/12
250	卢眼看法	卢拥军著	2011/12
251	全国计算机等级考试笔试考试习题集(三级 PC 技术)2012 版	教育部考试中心教材研究所编	2010/12

学报编辑部

编辑工作

南开大学学报(哲学社会科学版)全年收到来稿1000余篇,出刊6期,发表文章95篇。创办以本校优势和特色学科为基础、由国内外专家学者共同参与的特色栏目,如“当代西方研究”、“性别视角下的中国文学与文化”“小说与文化”等,转载率比一般栏目大幅提高。及时反映哲学社会科学研究的动态和发展趋势,跟踪理论前沿问题和社会热点问题,进行专题研究,先后设立了“区域治理与府际关系”、“信息法制与中国社会发展”、“全球治理”等专题,所发文章反响热烈。与南京大学学报继续合作创办的“当代西方研究”专栏。选题包括“近代日本人的中国观”、“欧债危机与全球治理”及“全球化与全球治理”等。《新华文摘》、《高校社科学术文摘》等媒体作转载和报道。为乔以钢教授担任首席专家的“性别视角下的中国文学与文化”设立“性别视角下的中国文学与文化”专栏。

南开大学学报(自然科学版)全年收到来稿600余篇,出刊6期,发表文章113篇。在学术质量上,注重反映各学科的学术水平和发展动向,及时报道各学科重大科研成果和科研进展,注重高新技术基础性研究和科学技术转化为生产力的报道。围绕全面提高学术质量,按照五个注意(注意增加应用基础和新技术论文的发表,注意年轻学术带头人论文的发表,注意交叉学科与新学科生长点论文的发表,注意专版编辑与校内外专家审查意见的综合,注意刊物的学术声誉及社会效益)的要求组织稿件。继续深入开辟专栏研究,其中包括“新型功能配合物及生物无机化学研究”“新型功能配合物研究”“新能源材料研究”等一批有影响力的学术带头人的高水平论文在这些专栏中发表。

社会影响

《南开学报》(哲学社会科学版)获国家社科基金首批资助。参与创刊编辑《中国高校系列专业期刊·历史学报》,并再次进入CSSCI来源期刊目录。同时被清华大学主办的“中国学术期刊(光盘版)电子杂志社”等多种数据库作为索引刊物。2011—2012年度被《新华文摘》、《中国社会科学文摘》、《高等学校文科学报文摘》、《人大复印资料》等重要文摘刊物大量转载、摘编,摘转率在全国近千家文科学报中位居前列,所发文章有多篇获省部级社科奖项。

南开大学学报(自然科学版)发表的论文中,国家自然科学基金、国家“863”和“973”及国家攀登计划和省部级以上自然科学基金资助课题所占的比例极高,各期的基金比例平均为83.82%(第1期基金比例为80%,第2期为89.4%,第3期为94.1%,第4期为68.42%,第5期为85%,第6期为86%)。收录本刊的权威性文摘及数据库有5家以上，同时被清华大学主办的“中国学术期刊(光盘版)电子杂志社”即“万方数据”等多种数据库作为索引刊物。

南开大学学报(哲学社会科学版)2012年总目录

篇名	作者	期数	页码
当代西方研究			
近代日本人的中国观			
民国初期内藤湖南的“支那论”辨析	杨栋梁	第1期	1—10
胜海舟的中国认识——兼与松浦玲先生商榷	刘岳兵	第1期	11—19
辛亥革命时期北一辉的对华观	王美平	第1期	20—27
吉野作造的日本在华权益观	赵晓靓	第1期	29—35
全球化与全球治理			
新多边主义视野下的全球治理	吴志成 朱旭	第3期	1—8
美国霸权与全球治理——美国在全球治理中的角色及其困境	刘丰	第3期	9—16
欧盟的全球治理战略	杨娜	第3期	17—25
日本参与全球治理及其战略意图——以《京都议定书》的全球环境治理框架为例	刘小林	第3期	26—33
欧债危机与全球治理			
有效全球治理的原则	戴维·赫尔德 凯文·扬	第5期	1—11
欧洲主权债务危机与欧盟经济一体化进程深化	周燕 佟家栋	第5期	12—17
欧债问题溯源:偿付危机还是丧失货币主权的危机?	刘新华	第5期	18—24
性别视角下的中国文学与文化			
中国男性杂志中的性别关怀意识	陈宁	第2期	1—10
论“十七年”中国大陆电影的“半边天”叙事	屈雅君	第2期	11—17
女学生:民族国家视域下的新妇女想象	张莉	第2期	18—26
异类姻缘故事中的性差意识浅析——以志怪传奇小说为例	吴艳	第2期	27—34
性别差异与文化阶位——以周蕾、李欧梵等海外学者的相关研究为例	陈惠芬	第4期	35—44
流行小报视域中的早期中国电影女星——以《罗宾汉》(1926—1929)为中心的考察	许航	第4期	45—51
严歌苓:历史重述与性别乌托邦	吴雪丽	第4期	52—58
新疆生产建设兵团文学叙事中的女性角色	王志萍	第4期	59—66
反民族国家的话语的崛起——无政府女权主义的历史意义	刘慧英 陈燕谷	第6期	1—11
哪一种传统观念? 哪一种现代意识?——《玉梨魂》的男性至情观	李玲	第6期	12—22
论“十七年”文学中的性别、阶级与身体享乐	李蓉	第6期	13—29
清末小说女性形象的社会性别意识与乌托邦想象——以《女子世界》小说创作为例	刘钊	第6期	30—37
小说与文化			
论唐代的侠风与两种类型武侠小说	罗立群	第1期	98—109

续表

篇名	作者	期数	页码
历史·政治·文学 ——姜子牙形象的演变与文化内涵	刘彦彦	第1期	110—116
士风、学风、藏书风转变造就的文学奇观 ——明代中后期文言小说汇编繁盛原因新探	刘天振	第5期	35—43
“他者”的反思与沉溺 ——浅议《再生缘》及其批评性再创作	盛志梅	第5期	44—50
古代诗赋			
关于唐诗的分解与选评 ——金圣叹、王夫之唐诗接受方式刍议	张毅	第3期	37—48
“贞元之风尚荡”析	方丽萍	第3期	49—56
司空图“象外之象、景外之景”内涵的重新阐释	徐艳	第3期	57—64
两宋之际的党争与辞赋创作	刘培	第3期	65—73
墓葬与古代礼制			
中国古代帝王陵墓碑制探析	刘毅	第5期	51—57
再论天马—曲村晋侯墓地的墓主年代序列 ——兼论晋国早期的都城变迁问题	贾洪波	第5期	58—67
两汉帝王陵墓反映的丧葬思想浅论	刘尊志	第5期	68—75
汉代诸侯王墓用玉制度研究	袁胜文	第5期	76—85
明代中朝关系			
丁应泰弹劾事件与明清史籍之建构	孙卫国	第3期	74—86
试论高丽辛禑王朝对明朝和北元的“骑墙”外交	张献忠	第3期	87—93
近现代日本女子教育			
近代日本女子教育发展原因探析	李卓　张冬冬	第2期	69—76
女教育家与日本女子学校的发展	周萍萍	第2期	77—84
战后日本女子教育的发展及启示	臧佩红	第2期	85—91
中共党史上的两个历史决议			
中国共产党对待自身历史的科学态度 ——以两个《历史决议》的起草为例	张健　任春峰	第1期	38—48
中国共产党对第二个《历史决议》的若干新认识	肖光文	第1期	49—59
外国哲学与思想			
黑格尔论贫富分化	阎孟伟　李福岩	第3期	94—101
关于柏拉图恋爱论中“不死”问题的辨析	林美茂	第3期	102—112
日本人伦理思想中的“正直”观	韩立红	第3期	113—119
美学研究			
艾伦·卡尔松论建筑美学的生态学方法	薛富兴	第1期	123—131
审美人生,何以可能?	邓军海	第1期	132—140
区域治理与府际关系			
中国区域发展战略的调整及对府际关系的影响	杨龙　胡慧旋	第2期	35—47
从区域公共管理到区域治理研究:历史的转型	陈瑞莲　杨爱平	第2期	48—57
中国地方合作的兴起及演化	柳建文	第2期	58—68
社会管理			
社会冲突管理中的冲突控制与冲突化解	常健　张春颜	第6期	74—85

续表

篇　　名	作者	期数	页码
劳动力市场的结构变迁与动态特征 ——求职过程的宏观分析	秘舒	第6期	86—97
信息法制与中国社会发展			
中国的行政执法信息公开制度实践考察 ——一项基于知情权保护视角的实证研究	莫于川　雷振	第4期	1—12
盗用个人信息行为的违法性及其法律责任论析 ——对"罗彩霞案"的信息法解读	赵正群　王进	第4期	13—23
税务公开语境下的纳税人信息保护	李建人	第4期	24—34
亚太区域经济合作			
竞争性自由化格局中的大国经济利益 ——美国视角的分析	孟夏　宋丽丽	第4期	67—77
中日韩货物贸易自由化比较研究	张彬　胡渊	第4期	78—84
东盟区域经济一体化战略及其对APEC合作影响	李文韬	第4期	85—94
全球治理			
全球治理中的国际货币体系改革:历史与现实	盛斌　张一平	第1期	60—69
国际贸易新格局与全球贸易治理	于津平	第1期	70—76
全球经济治理之全球经济再平衡	黄薇	第1期	77—88
人民币汇率调整的外部性与全球金融治理	刘程	第1期	89—97
俄罗斯的全球治理战略	杨雷	第6期	38—46
印度的全球治理理念	刘兴华	第6期	47—54
拉美国家参与全球治理的历史与现实	王翠文	第6期	55—63
南非视野下的全球治理	黄海涛	第6期	64—73
法学研究			
拒不支付劳动报酬罪立法研究	赵秉志　张伟珂	第2期	92—102
社会风险控制视域下的危险驾驶罪研究	张心向　王强军	第2期	103—111
口供的政治学解释:暴力与同意	白冬	第3期	120—126
保险契约故意免责条款之故意对象研究 ——基于比较法的视角	岳卫　周馨	第3期	127—133
民法适用解释的政策检视	齐恩平	第5期	113—120
日本知识产权司法改革及其借鉴	张玲	第5期	121—132
经济研究			
重化工业时代政府功能的重新定位	赵津　李健英	第2期	112—123
制造业在世界大都市发展中的地位、作用与生命力	江曼琦　席强敏	第2期	124—132
资本管制到金融全球化时代的美国对外投资	王志军	第2期	133—140
科学发展评价指标体系的构建与测度	张海鹏　逄锦聚	第5期	86—97
经济全球化调整期与中国开放型经济建设	彭支伟	第5期	98—104
中国基本养老保险金缺口的宏观控制	徐晓华	第5期	105—112
历史研究			
绥远抗战时蒋介石的两副面孔	魏宏运	第4期	95—99
20世纪上半期留美学生与中国文化的对外传播	元青　马良玉	第4期	100—111
傅山政治思想平议	李宪堂　王申	第4期	112—122
金代宗室的任用与政治运作	李玉君	第4期	123—131
从"以厩名官"看《周礼》的国别与时代	李晶	第4期	132—140

续表

篇　　名	作者	期数	页码
从科苏特访美看美国自由与奴役的悖论	张聚国	第6期	98—106
论“民族阵线”时期哥伦比亚的政治重建	王萍　任克佳	第6期	107—118
巴西后威权时期的文武关系	董经胜	第6期	119—128
其他			
从《负苞堂集》看臧懋循	陶慕宁	第1期	117—122
微博问政对于政府管理的价值与功能分析	沈亚平　董向芸	第3期	134—140
中国美术史研究受西方艺术史观的影响及其对策——以滕固、李朴园、柯律格、方闻为例	陈池瑜	第5期	133—140
文化的正态分布与文化均衡发展	王兆萍	第6期	129—135

南开大学学报(自然科学版)2012年总目录

第1期

第2期

新型功能配合物研究

研究简报

第 3 期

危险化学品重大危险源辨识与火灾爆炸危险性研究

第 4 期

第 5 期

研究简报

第 6 期

研究简报

(撰稿人:刘晓静)

信息化建设与管理办公室

概况

年末有教职工 24 人,其中高级实验师 10 人,副研究馆员 1 人,实验师 10 人,助理研究员 1 人,高级技师 1 人,其他 1 人。

年度工作要点:继续完善校园网日常管理和维护、网络公共信息资源服务、公共多媒体教室日常管理和维护、教育技术相关科研教学工作;继续扩大"数字化校园"项目建设、集成和应用推广的范围;推动津南新校区信息化建设的规划、设计,以及根据学校"十二五"事业发展规划对本单位承担的校级信息化建设和管理服务工作进行系统性的优化整合。

网络建设与管理

已建成横跨多校区,多业务并行和有线无线互补,IPv4 和 IPv6 双栈运行,支持下一代互联网接入的校园网络平台。校园网核心主干带宽为 10G,主核心设备构成环形加双星型的冗余拓扑,教学区万兆三层汇聚有主楼、二主楼、伯苓楼、信息化办楼、信息化办信息部等 5 处主干三层节点,实现了校园网管理的扁平化和集中化。

校园网拥有教育网、中国电信、中国联通 3 个互联网出口,边界已具备 10G 计费、10G 接入互联网的条件;办公区域大部分具备 1000M 接入条件,学生宿舍已全部实现 1000M 到楼、100M 到桌面接入条件,中心机房实现 10G 接入;实现了网络多出口冗余。现主干管网地下路由约为 2 千米,支线合计长度达到 22 千米,全网运行的交换设备近 1400 台。

下一代互联网建设方面,年内继续推进教育部下一代互联网 CNGI 的 IPv6 升级项目建设,落实自筹配套资金投入和项目实施,共投入资金 500 余万元,其中自筹配套 250 余万元。在改造校园网络地下路由和线路的基础上,通过升级校园网核心(汇聚)主干和接入设备,实现了高速接入 CNGI-CERNET2 主干网,提供了 IPv4/IPv6 双栈服务,建设起大量 IPv6 信息资源和应用系统,部署了"IPv6 网络支撑技术试商用"环境,完成了项目的建设任务。现在全校 IPv4/IPv6 双栈覆盖率已达 100%,IPv6 接入用户达 1.5 万人以上,共建设了 53 个 IPv6 信息资源与应用系统,提供了 DNS、WEB、邮件、音视频等多方位的 IPv6 应用,满足了校园网用户对 IPv6 普遍访问并实现了校园网信息资源的 IPv6 普遍服务。

无线校园网建设于 2010 年开始逐步展开,采用 AC+AP 的集中组网管理模式,支持 802.11a/b/g 与 801.11n 协议。在上一年度实现二主楼、学生活动中心、综合实验楼、图书馆经济分馆等教学区域覆盖的基础上,年内完成了新图书馆、物理学院及经济学院等区域的接入。此外在学校组织的两次迎新工作中,再次在迎新现场部署了专用的无线环境，为迎新工作提供保障。

年内完成的专项网络改造项目有5项：为全国大学生运动会相关场馆进行专用网络建设并提供技术和服务支持；配合接待服务中心完成机房和主干网络改造工作；作为新一期校园网拓扑调整的最后部分，对伯苓楼周边的七教、老图书馆、新图书馆、化学楼部分楼群的网络进行调整；根据教育部要求，协同教务处、研究生院完成了标准化考场专网建设；为改善中心实验室网络接入环境，为中心实验室敷设光缆专线，实现1000M接入伯苓楼主节点。

此外，根据师生对网络服务提出的新需求，在调研和征求意见的基础上制定了新的校园网资费方案，改变旧有"一刀切"的计费方式，允许不同层次的用户根据流量需求自主选择资费标准，并大幅降低了单位费率，新方案自6月1日开始实行。同时，开始建立起网络维修队伍的7×8小时值班制度，保证周六、周日也能及时处理网络故障，提供维修服务。

公共信息服务

基于校园网为师生提供的信息资源服务，现已发展为6个门类数十种。其中IT基础服务类包括南开大学信息门户及统一身份认证平台、南开邮件系统、南开大学短信平台、软件正版化平台、虚拟主机、视频会议系统等；教育管理类包括注册系统、迎新离校系统、研究生管理系统（学籍、选课、导师、学位评定）、学生工作管理系统、校友管理系统等；教学科研资源类包括教育在线系统、电子图书资源、大型仪器管理系统、多媒体教室监控管理系统等；对外交流类包括各级主页系统、远程教学等；校园文化建设类包括各类特色专题网站、BBS、网络电视、音乐点播、视频点播等；校园生活服务类包括校园一卡通系统、综合信息服务网以及由学生社团参与共建的各类服务网站等。

年内完成的系统改造和升级项目主要有6项：进行南开大学主页系统改版，建设南开大学综合信息网，完成南开大学信息公开网的升级改造，建设南开大学新校区捐赠网，建设南开大学教育基金会网站，建设数据中心机房监控系统等。另外，从7月开始推动学校的软件正版化工作，建立了南开大学正版软件管理运营平台，先后在平台上部署了包括Office 2003、Office 2007、Office 2010、Windows XP、Windows 7、Windows 8、福昕PDF电子文档处理套件等正版化产品。

另外，从7月份起采取了一系列措施强化校内网站的安全管理，主要包括：对校内网站进行全面的排查，对发现问题的网站做出限制外网访问或关闭网站责令整改的处理；对2004年颁布的《南开大学网站建设与管理规定》进行修订；购买专业的漏洞扫描设备，建设南开大学网站安全审查系统，构成全新的南开大学网站安全审查机制。年内共审核登记网站170个，出版了2期《南开大学校内网站与信息系统安全监测报告》。

整体上，各类信息服务系统的规模和用户群年内继续扩展，截至12月，南开邮件系统用户已超过74300个（教学办公用户约7300，学生用户约67000），主页托管用户25个，受托管主机43台，交付虚拟主机120余台（其中部处使用95台），校园网拥有的二级域名达446个（包括IPv4域名388个，IPv6域名58个），整体用户规模和系统负载比2010年同期增长超过10%。

数字化校园建设

南开大学"数字化校园"（一期）建设项目主要包括支撑平台建设、跨部门业务系统建设以及若干部门级业务系统的建设和集成，在过去几年基本完成一期规划内全部建设项目的基础上，年内完成了5个新业务系统的建设,并继续进行已有系统的改进、完善和推广使用。

平台建设和运维方面,统一身份认证平台、信息门户平台、共享数据库平台自2009年初投入正式运行,现已稳定使用近4年。年内完成了7500余名2012级本硕博新生和新教职工用户的数据采集、门户开放和权限分配,年末,信息门户和统一身份认证平台管理的全校师生(包括部分已毕业的校友)用户达60000余人,其中活跃用户接近三分之二。共享数据库平台按要求建立了全校统一的业务数据定义和执行标准,实现业务系统之间的必要数据共享。

新建业务系统方面,研工系统于5月份根据研工部要求启动建设,经过多次前期功能商讨和测试部署,于9月份进入试运行阶段;实验室设备综合管理系统自经过多次测试部署、版本升级和需求调整,已实现预定的全部系统功能;其中设备清查功能配合学校本次设备清查工作已经提前投入运行;校友系统先后完成需求确认、系统设计、软件开发等工作,将实现校友信息的管理、地方校友会管理、相关活动管理、校友信息的查询统计、校友交流社区的建立等功能,于上半年进入试运行阶段;南开大学OA系统为学校办公室提供全新便捷新闻消息发布和管理功能,于年初确定功能需求,现已完成开发和测试,即将进入试运行阶段;旨在为全校各单位系统建设运行提供数据支持、身份认证、系统入口等服务的对外公共数据服务平台于暑假前初步建成,现已为设备处的大型仪器管理系统、实验室安全培训系统提供身份认证和人员数据等服务,为财务处网上报销e系统和设备处网上商城系统提供服务的功能正在建设中。

与其他应用信息系统的集成方面,先后完成了与南开大学实验室安全教育培训与考试系统、南开大学正版软件管理运营平台、南开大学网站安全审查系统、学生邮件系统以及inankai网站的集成。

校园一卡通系统的建设和管理方面,自2009年9月系统正式上线以来,已实现了3个学年的持续稳定运行,包含商户消费、浴室水控、图书馆借阅和扣缴费、门禁通道机、校园网自助缴费、电子阅览室计费管理、仪器设备使用、天津城市一卡通消费以及依托“数字化校园”其他子系统的注册、迎新离校等功能先后开通。年内完成了基于校园卡的学生宿舍门禁系统的建设和集成,进行了一卡通消费数据综合查询统计系统的建设,并开始为相关部门提供数据分析服务。年末,“校园一卡通”系统持卡用户总数已经突破39000人,各类商户140余个,日平均交易流水近50000笔,全年总交易额超过5000万元。

教育技术及音视频系统建设

多媒体教室管理维护方面,现负责管理和维护的公共多媒体教室共有130间,主要分布在主楼和二主楼,部署了基于校园网TCP/IP协议相关技术的集中管理和监控系统,通过教师卡身份认证系统管理的教师数量保持在2000名以上。通过双重认证机制,为部分外聘教师及其他未取得校园卡的授课教师正常使用多媒体教室提供解决方案。另外负责管理和维护迎水道校区的5个PC机房和1个多媒体教室,平均每周接待师生上课和自主学习1600多人次。

实验室建设方面,现设有教育技术实验室、多媒体课件制作实验室、摄录编实验室等教育技术类实验室,承担教育技术学科的科研和教学工作。开设72学时的“电视片的编导与制作”课程和实验课程,指导的学生作品多次参与全国高校DV比赛并获奖。

另外,在学校组织的大学英语四六级考试、博士生入学英语考试、汉语水平考试、日语水平考试等考试活动中,负责无线调频广播放音、多媒体教室放音、耳机发放和检修回收等工作。

规划类工作

津南新校区规划建设方面，按照学校关于新校区规划建设的目标，在去年完成包括综合布线及地下管网系统、校园网络系统、一卡通系统、语音通信系统、多媒体教学系统、多媒体导航及电子公告系统、校园公共广播及背景音乐系统、卫星及有线电视系统、后勤节能监控管理系统、安全防范系统、视频会议系统、IDC数据中心与管理信息系统等13个分系统初步设计的基础上，配合基建处进一步完成了新校区综合布线导则、弱电系统布点导则的制定。

起草并发布“十二五”信息化专项规划（征求意见稿），同时进行相关建设项目方案的设计和论证工作。

6月，制定并开始实行新的校园网资费方案。

7月，开始构建新的南开大学网站安全审查机制。

上半年，先后完成学生宿舍门禁系统在八里台校区两个主要宿舍区的部署。

下半年，开始进行南开大学主页系统的改版工作。

12月，组织召开南开大学信息化建设工作推进会，向校内各单位通报了近年来学校信息化建设的总体情况和下一阶段的规划部署，对进一步强化各单位在信息化建设中的协调配合、提高信息化应用水平、加快优质信息资源建设、加强教职工信息安全意识等方面问题进行了讨论。

（撰稿人：曲申）

迎水道校区

概况

年末，有教职工38人，其中副高职称3人（副研究员2人，副编审1人），中级职称12人（会计师1人，讲师1人，助理研究员7人，技师2人，小学高级教师1人）。

上半年在校区就读的本科一年级学生为1378人，另有法学院2010级本科生116人、研究生287人。下半年入住学生1717人，其中新入学文科一年级学生1375人，法学院2011级本科生122人，研究生220人。

党建工作

按照学校党委的部署，积极开展创先争优活动、基层组织建设年活动和保持党的纯洁性教育活动，党委和支部共制定整改措施4项，为群众办实事5件，组织理论中心组学习10次，组织党员收看《廉政中国》光盘3次。积极开展“创最佳党日”活动，组织全体党员开展向雷锋同志学习活动，参观“雷锋精神展”，为党员购买发放《雷锋精神学习读本》，各支部开展学习雷锋组织生活会。党委开展“踏寻雷锋足迹 弘扬雷锋精神”最佳党日活动。教工党支部、校区工会进行换届。

行政工作

坚持政务公开,凡涉及校区发展和与校区教职工切身利益相关的事项均予以公示。

膳食服务坚持货采源头,积极联系蔬菜安全生产基地,实现农校对接,减少中间环节,减低成本,让利于学生,并努力增加主副食花色品种,更好地满足学生就餐需求。针对学生清真食堂就餐人数少,饭菜凉的快等情况,食堂决定采取学生随到随炒的方式供餐,保证少数民族学生能吃上热菜热饭。

动力维修对教学楼、图书馆 2283 平方米漏雨屋顶进行修缮,更新阶梯教室和礼堂供热设备。对礼堂内墙粉刷,改善了教学环境。延长浴室开放时间,并铺设防滑垫。

安排宿舍楼委坚持学生公寓夜间安全巡查制度,检查制度落实情况并做好日志;针对校外发生的侵害学生安全事件,为学生公寓二楼的所有窗户加装金属护栏;增加宿舍值班人员。完成 1364 名学生搬迁和 1418 名新生、128 名专业硕士研究生入住工作。

学生工作

完成教学监督、检查、协调、保障工作。加强教学管理工作和学生使用教室审批、监督工作。

加强学生干部队伍建设,对学生干部进行系统培训,开展校区优秀学生干部评比活动。加强班长联席会、班长联席会、学术论坛部、阳光俱乐部、采蕴记者团等队伍建设。以心理健康教育为重点,积极开展学生教育管理工作,开展有针对性的学生团体活动。开辟岗位安排校内勤工助学学生 100 名,解决部分特困学生生活困难。广泛开展校内外志愿服务活动,号召同学们以服务身边人为实践的主要形式,将社会实践活动日常化,与学生活动有机结合。

积极开展主题教育活动,举办“五四”精神座谈会、“感谢有你”系列活动、“粽叶飘香进南开”包粽子比赛等,引导学生爱国爱校、感恩父母师长。通过开展各种文化活动,加强学生团队精神。以学生科研立项、“挑战杯”大学生课外学术科技作品竞赛等为切入点,努力提高学生科技创新意识和能力。搭建学生交流平台,邀请在“百项”、“桃战杯”中优秀的学生,为大一新生讲解本科生的“科研”之路。

坚持校区周周有讲座,加强校园文化建设。举办周末论坛、成长论坛等讲座 21 期,内容涵盖时事政治、经济、文学、学生个人成长、学业发展等方面。举办英语沙龙 12 期,举办“学术争鸣、百花齐放”学术征文比赛、英语口语赛、“印象·南开”摄影书画大赛等学术比赛,开展“爱心联盟”、周末电影沙龙、派发阳光早餐、母亲节特别策划、生日会、“茶语·南开”、“青色记忆——校区美好生活”的随手拍照片、视频比赛等系列活动。宣传推行《弟子规》,提高学生修养。

安全保卫工作

确立以加强保卫干部队伍、保安队伍和物业管理队伍为重点的人防机制。严格执行保卫干部责任制,将整个校区划分重点和次重点,分片包干,责任到人。先后有针对性地组织 8 次大型安全管理工作监督、检查,对进出车辆实行了严格的出入登记和验证制度,制作发放车辆出入证 67 个,停车证 54 个。建立学生安全保卫巡逻队和安全信息员队伍。

落实消防安全和综合治理安全责任,本着谁谁主管、谁负责的原则,分别组织校区直属和驻校区的 28 个工作单位签订《社会治安综合治理目标责任书》和《安全防火责任书》。同时对消防器材、应急设施、消防泵等进行严格检查。

(撰稿人:王树强)

行政管理工作

办公室工作

文秘工作

发文办理方面，制发正式公文445件。其中，南发字128件，南办发34件，南请42件，南报5件，南函122个，校长办公会议纪要12件；南党发34件，南党31件，南党请4件，南党报11件，南党函6件，党委常委会议、党委全委会议纪要16件。制发便函230件，贺信29件，唁电2件，请假报告10件。制发外事类文件317件，其中南外函139件，南开港澳台178件。

收文办理方面，校内来文905件，其中，部处来文545件，学院来文360件。教育部来文920件，上级及同级单位部门来文497件，外事来文1450件，机要来文1470件，内部刊物5000余份；教育部网上来文325件，市教委网上来文647件。接收校内各单位分报给校领导阅知的简报等各类资料。

修订校长办公会、校务委员会工作规则，简化部分文件流转程序。发布《关于进一步改进会风和提高会议效率的通知》。启动并协调实施每年为师生办20件实事工作机制，进一步加强督察督办工作机制，参与学校“三重一大”制度制定，协助教育部完成对我校“三重一大”决策制度执行情况专项检查。起草、修改讲话稿、主持词、报告稿、工作总结、上报材料等258件。直接起草学校重要文稿150余件。

启动新办公网和学校办公自动化oa系统开发工作。全年校发文件发布上网177份。审核并发布学校主页重要通知与公告260份。发布统计一周会议日程43期。发布《督查专报》18期。年初到教育部完成两证年检工作。全年共办理《事业法人证书》、《组织机构代码证》副本及其复印件借出手续400余次。

组织全校机要人员培训，召开专题会议。做好机要文件的接收、登记、传阅、落实、管理等工作。修订、增补机要工作管理规定3项(机要室进出人员管理规定、涉密人员交接规定、机要室阅文须知)。制定学校普通密码工作管理规定6项(密码工作人员行为守则、密码安全保密管理职责、密码使用人员管理规定、密码设备及部件管理规定、密码安全应急处置预案、密码安全保密检查与考核规定)。按市委要求销毁本年度机要文件。完成2013年内部刊物订阅工作。取、送机要文件130余次。协助做好天津市保密局、国防科工委联合检查接待工作。

文印室复印50余万张，包括上级部门来文、校发文件、贺信、便函、校情简讯、高教动态、双周督查、党政一周会议日程、校长办公会议材料、党委常委会议材料、领导出访安排、年鉴及机关各部门的复印工作等。完成装订10万余次，扫描文件70多版。将所有文件分类归档、整理，重大、特殊事项设立专卷，向档案馆移交2011年档案215卷。

协调召开党委全委会议 4 次、党委常委会议 13 次、校长办公会议 12 次。协调完成校务委员会换届并召开年度会议。负责全校性大会及专题性会议的协调组织及通知签到工作 65 次。

综合管理

协调举办全校性重要会议、活动 35 场次，主要有："中国特色社会主义经济协同创新中心"培育启动仪式，中宣部、教育部、中国记协"走基层、转作风、改文风"活动来校报告会，新校区核心区项目委托建设签约仪式，津南校区一期建设工程融资建设项目框架协议签约仪式，南开大学人才与师资队伍建设工作会议，南开大学科研工作会议，1977、1978 级本科生和 1978、1979 级硕士生毕业 30 周年纪念大会，第九届全国大学生运动会南开大学赛区赛事，南开大学学生话剧《红旗谱》天津高校巡演活动启动仪式暨首场演出，2012 天津·尹沧海书画艺术展等。

接待国家部委、地方政府、合作单位、兄弟院校等领导客人 40 批次。主要有：教育部、文化部、国家教育咨询委员会、中央文献研究室、天津市、重庆市等相关领导来校视察，清华大学、中国政法大学、中国石油大学、海南大学、华东理工大学、北京语言大学、延边大学、四川大学、新疆师范大学、新疆喀什师范学院、海南琼州学院、广西河池学院、武警杭州士官学校、天津银行、渤海化工集团公司等来校访问或交流。

进一步加强总值班室工作，确保不空岗、不漏岗，认真做好应急值守工作。继续做好公章使用工作，加盖党章、校章、钢印、法人章共计约 216786 余次。完成校领导财务代理工作。随时做好账目登记和账单装订工作。做好捐款捐物及救灾的经费支出，统计机关部门的经费预算及任务分配工作。全年共收发普通信件 3428000 余件，报纸 9160000 余份，挂号邮件 57600 余件，特快专递 37500 余件，寄出平信及挂号信件 23400 余件，国际国内特快专递 647 件。做好全年 810 场次会议的会务工作，领导出行的车辆安排工作，公务用车、接待用车和其他临时性、突发性事件用车工作，离退休校领导和两院院士的服务工作，办公楼的物业管理、安全保卫与消防工作，校领导、办公室固定资产及办公用品的采购、分发和管理工作，办公设备的维护、报废与耗材配备，校领导、老领导的医保工作以及总收发室管理等工作，不断提升服务水平。

国内合作

与国内有关单位开展交流合作 18 项次，主要有：协调安排访问海南大学、海南农垦集团、延边大学，学校与相关单位共建天津化学化工协同创新中心、天津现代口岸协同创新中心、东亚跨文化研究协同创新中心等协同创新中心，2012 年对口支援教师进修和干部挂职，学校与甘肃省庄浪县开展定点扶贫对接工作，学校与中国移动天津分公司、渤海化工集团合作事宜等。

信息、调研、统计

编发上报信息 220 篇，分别报教育部、天津市委、市政府、市委教育工委、市教委等部门。其中被《教育部简报》编发我校单篇简报 1 篇，编发教育要情、要情综合、简报综合、一线采风、每日快报等 20 余条，得到中央领导批示 5 次。教育部信息工作积分 110 分，列全国高校第十二位。编辑《南开简讯》18 期，采用校内各类信息 730 余条。配合天津市委、市政府、市委教育工委做好信息调研工作。信息上报工作完成年度任务，实现挖掘学校工作亮点进行重点宣传的目标，得到学校领导和相关单位好评。

编发《高教动态》17 期，收集各类高等教育信息 190 余条。协助做好调研、会议、报告相关材料的准备工作，做好相关会议记录。就高校信息公开、院务公开、大学章程制定等开展调研，为领导提供决策参考。积极关注国际国内高等教育前沿动态，高质量做好信息收集整理工作。向上级教育部门汇报我校师生思想动态30余篇，调研反馈我校落实上级指示精神情况10余次。

组织各单位部门开展校情数据核实工作，对各单位上报的各种数据进行核实、汇总、校对。完成本年度教育事业统计工作，经主要领导同意上报天津市教委和教育部发展规划司。配合天津市教委和市统计局，协调校内相关单位完成社会服务业季度统计、年度统计工作。更新校情数据和南开简介。

完成《南开大学年鉴(2011)》组稿、编审和协助出版工作。完成《天津教育年鉴》、《中国教育年鉴》(2012卷)撰稿任务。编写《南开大学大事记》2012年稿。

信息公开

认真贯彻落实《中华人民共和国政府信息公开条例》、教育部《高等学校信息公开办法》，积极做好重大决策、重要校情的信息公开，切实加强信息公开平台建设，不断加大信息公开工作监督检查力度。完成南开大学信息公开自查工作。

加强制度建设，健全组织机构，完善公开平台。发布《南开大学信息公开实施办法(试行)》，成立南开大学信息公开工作领导小组及其工作机构。及时更新学校信息公开目录、信息公开网最新信息栏目，建立并完善专业学院信息公开指导目录。在信息公开网开设“信息公开在线服务平台”，受理校内师生及社会公众的信息公开申请，并按要求及时予以答复。

在学校门户网站显著位置发布校情通报29条，发布重要通知与公告260条，公开动态类信息1572条。通过学校办公网、信息公开网主动公开党政公文类信息261条。编发《南开大学校务公报》25期，详细公开学校各类文件、领导讲话、重要协议、重要事件等信息1175条，64万余字。制作《南开大学校务公报》本年度合刊2期。通过教代会、学代会、校领导接待日、新闻发布会、校长信箱及其他方式公开信息。

收到中国公民通过电子邮件形式及在信息公开在线服务平台提出的信息公开申请8件，已全部按时答复申请人；接待80余人次电话及当面咨询，内容涉及教学管理、教学科研、招生就业、本科生转专业、双辅修等方面，均视不同情况给予答复、解释或协助了解。

法律事务

为校领导、各专业学院和各部门单位提供法律事务咨询、协调与建议。建立健全法律事务审批制度、诉讼案件备案制度、咨询案件及纠纷处理意见登记制度和案件归档制度。参与办理诉讼及仲裁案件4件，解答非诉讼法律事务咨询13件，出具4份法律建议书，草拟法律函件2份，编制《高校法治动态》2期。按照教育部要求起草依法治校案例稿件并上报。

积极与校内各部门、各院(系)进行调研、交流，将国家新出台的法律法规与学校实际情况相联系，提高法律意识，解决实际问题，推进依法治校。

信访工作

全年接待受理各类信访事项1146件，1194人次。其中，来人访72件(重复访按一件次计)，来电话92人次，来信函21封，有效电子邮件(来自校长信箱)961封。全年发生重复访32次，集体访6批次。信访事项办结率98%。

编写《校长信箱月度分析》11期。完成矛盾排查统计分析4次。

(撰稿人：尹刚等)

战略发展规划工作

事业规划专题

全面推进"十二五"事业规划实施工作，组织实施《南开大学"十二五"事业发展规划纲要》；编制学校"十二五"事业规划实施工作小组办公室的相关工作计划；提交学校暑期办公会关于我校"十二五"事业规划执行情况的报告；根据教育部要求，起草调整"十二五"事业规划的有关说明。经过广泛征求我校"十二五"事业规划调整意见和建议，形成调整建议方案，上报党委常委会并审定通过，完成学校"十二五"事业规划调整与上报工作。根据学校"十二五"规划的总要求，抓紧推进学校各专项规划和各学院单位的"十二五"规划的制定实施进程，收集汇总各学院、各有关单位"十二五"事业规划编制的程序、进度以及实施情况中存在的主要问题和困难。年末，各学院分规划已基本完成。以《素质教育纲要》为核心的本科教学规划已充分实施；学校召开了繁荣哲学社会科学推动会、人事与人才工作会、信息化工作推动会、科研工作会议，相关规划已征求意见，经过一定程序后出台实施。

赴生命科学学院、历史学院、物理学院、商学院调研学校"十二五"规划的落实情况和院级规划的编制情况。参与举办院长联席会，提交有关学校情况通报，并推进院级规划编制工作。

专题调查与研究

协助推动协同创新和有关协同创新中心的建设和推动工作。参与修改教育部"2011 计划"认定方案意见稿，并就协同创新中心的绩效评价体系建设问题提出了建议和初步方案。作为天南大两校协同创新工作小组成员，参加两校协同创新的相关筹备工作；与天津大学战略中心合作起草相关文件；参与学校与北京大学、中国社会科学院组建"世界文明与区域研究协同创新中心"，与南京大学、国家统计局组建"中国特色社会主义经济协同创新中心"，与天津财经大学组建"中国滨海金融协同创新中心"等工作。

积极准备学校章程编制的前期工作。参加教育部"高校章程施行办法"培训班，参加学校章程工作小组筹备工作；会同学校办公室提出我校编制章程工作建议，上报教育部学校章程建设情况。

参与教育部、天津市相关工作

作为专家组成员参加教育部科技司"2011 计划"宣传工作研讨会；参与教育部直属高校工作咨询会相关准备工作；参加《中国教育改革发展丛书：高等学校内涵发展探索》一书编辑工作。

协助天津市教委准备天津市"2011 计

划”相关文件，提供相关文稿。

报告起草

2012年共参加起草学校领导的各种文稿、相关报告40多篇及PPT文稿制作。起草校长在77与78级毕业30年纪念大会上的校情报告，并制作PPT文档；参加起草校领导新学期工作部署会讲话稿、校长提交教代会的工作报告和PPT文档等。准备有关数据和辅助材料，为学校领导和上级有关部门提供了具有重要参考价值的相关信息，为领导提供参考决策依据。

其他工作

协助旅游学院与苏州太湖国家旅游度假区洽谈合作事宜，参与起草学校党委保持纯洁性教育总结报告，参加学校“211工程”三期的校内验收工作。

作风与制度建设

认真学习党的十八大精神，把落实贯彻十八大精神作为工作重心。认真学习十八大报告精神，集体学习和讨论十八大报告。按照学校的统一部署，认真开展创先争优活动和保持党的纯洁性教育活动。

认真学习国家有关政策、追踪国际高等教育发展的趋势，主动为学校领导做好参谋，积极为师生做好服务。在编制规划过程中，深入基层调研，取得良好效果。自觉落实党风廉政建设责任制，组织党员干部开展党性、党风、党纪教育活动，自觉落实反腐倡廉的有关制度。

在进一步建立健全部门内部工作制度的基础上，加强和规范内部工作制度和职能分工，进一步完善部门内部工作流程，优化部门内部资源配置，使部门工作进一步规范化。

重要事件

4月，赴教育部科技司，参加“2011计划”宣传工作研讨会，并起草相关宣传稿件。

4月22日，作为专家组成员，参加天津市教委“2011计划”筹备工作会议。

5月，参加两校协同创新中心挂牌仪式协调会议，准备相关工作。

6月，赴银川参加教育部“高校章程施行办法”培训。

8月，参加教育部直属司筹备第二十二次咨询会有关工作。

9—10月，广泛征求我校“十二五”事业规划调整意见和建议，并形成调整建议。

11月1日，参加中国高等教育战略研究会成立大会，并当选常务理事单位。

（撰稿人：刘妍伶）

国际学术交流与合作工作

交流工作

全年,共接待来自全球24个国家和地区的来访团组169批次,总计961人次,比2011年的119批次来访团组增长了近三分之一;安排校级代表团出访14次;与11个国家和地区的21所高校和机构签署协议共31份,其中新签协议25份,续签协议6份,较2011年的协议签署总数19份增加了近一倍。

始终坚持以"学生为中心"的外事工作,积极拓展学生交换与合作项目,2012年与15所院校签署了学生交换协议或联合培养学生项目协议,占本年度合作校总数的71%,其中15份学生交换协议或联合培养协议为新签,占全部学生协议的88%。

以达沃斯论坛、全球公立大学论坛等高端组织为平台,拓展和加强了与国际知名高校的交流合作。1月,校长龚克代表南开大学赴瑞士达沃斯参加全球大学领导者论坛,与哈佛、耶鲁、牛津、剑桥等34所大学校长共商交流与合作事宜,标志着南开大学正式加盟达沃斯世界顶尖大学社区。11月,副校长关乃佳出席在摩洛哥穆罕默德五世大学举办的第六届公立大学国际论坛(IFPU)年会。会议决定2013年论坛年会将在南开大学举行,并将论坛秘书处移至南开大学。

同时,通过邀请世界经济论坛主席施瓦布、意大利前总理普罗迪、日本前首相福田康夫、台湾海峡两岸经贸文化交流协会荣誉会长江丙坤、诺贝尔化学奖得主罗伯特·科尔、美国前国防部长科恩等国(境)外政要、名人和科学家来学校访问、演讲或致聘南开客座教授等一系列活动,进一步促进了学校与海外高校与研究机构之间的交流与合作。

留学生工作

全年,留学生总人数为2689人,其中长期生1951人,短期生738人。长期生人数比2011年增加131人。此外,借助中国政府奖学金、孔子学院奖学金以及天津市政府奖学金的大力支持,我校高层次长期留学生人数稳步增加,硕士、博士研究生人数占留学生学历生总数的27%,比去年增长12%。交换生人数也有显著提高,2012年交换生人数增幅达42%。

全年,共有来自英国、美国、哥伦比亚、立陶宛、尼日利亚的7名学生进入我校第一个全英文硕士项目国际经济与商务专业进行学习。同时,先后举办了法国鲁昂全英文授课项目和澳大利亚佛林德斯全英文授课项目,共有31名学生参加学习。

专家工作

全年,利用外专经费聘请的短期外国文教专家149人,90%以上的所聘外国专家具有博士学位和副教授以上职称。学校获得国家外国专家局拨付的外专经费共计756万元，其中包括4个创新引智基地、1个海外名师项目、1个学校特色项目以及语言教师和常规项目。学校拿出70万元专项外事经费用于资助具有一定学术价值的重点引智项目，鼓励各学院邀请国(境)外较高层次外籍专家来校讲学或合作研究，该项计划被列入我校机关服务师生20件实事之一。

派出工作

全年，学生出国(境)总人数达750人次，其中本科生人数为440人次，硕士生111人次，博士生132人次。教师总人数达842人次。校领导出访团组39个，共计93人次。2012年共向58所交流院校派出交换生184人。25名同学申请国家留学基金委资助的“优秀本科生项目”赴13所院校交流学习，为期一个学期。

全年，与国(境)外院校机构合作共同举办23个寒暑期课程，其中包括英国牛津大学暑期课程、美国加州大学伯克利分校暑期课程、英国剑桥大学寒假课程等。参加人数达到173人次。其中牛津大学暑期夏令营共有57名同学参加，美国加州大学伯克利分校暑期课程共有27名同学参加。

孔子学院工作

本年度党委书记薛进文、校长龚克以及其他校领导多次赴国外参加孔子学院访问、指导，大大促进了学校孔子学院工作的开展。

6月，学校召开孔子学院工作会议，研究孔子学院发展规划，制定关于中方院长、汉语教师和志愿者管理工作的相关规定，加强了孔子学院工作的制度化、规范化建设。

国家汉办/孔子学院总部设立“孔子新汉学计划”，我校入选中方13所执行高校之一。根据《孔子学院发展规划(2012—2020)》，孔子学院总部将建设一支长期从事国际汉语教育事业的孔子学院专职教师队伍，我校作为12所专职教师储备高校之一。

港澳台工作

全年，共接待港澳台地区来访团组24批次，签署协议6份，其中5份为新签协议。授予台湾海峡两岸经贸文化交流协会荣誉会长江丙坤名誉博士学位，进一步深化了我校在台湾地区的影响力。

利用香港回归15周年契机拓展对香港地区高校的交流与合作，成功入选教育部对港“万人计划项目”首批成员校17所之一。

(撰稿人：魏晓红)

人事工作

概况

全年,紧紧围绕学校中心工作,不断落实"人才与师资队伍建设工作会议"的各项文件和精神,坚持把师资队伍建设作为学校发展的核心任务来抓,继续大力实施人才强校战略,坚持"高质量、有特色"的师资队伍发展思路,在人才队伍建设、人事人才制度改革创新和改善人才发展环境等方面进行了努力的工作和积极的探索。

教职工队伍状况

年末,全校在职教职工总数为4000人,离退休人员2956人。专任教师1992人,思想政治教育教师151人。在专任教师中具有正高级职称705人,占35.4%;具有副高级职称775人,占38.9%。在专任教师中具有博士学位的1571人,占78.9%;具有硕士学位的270人,占13.6%。

人才工作

为深入贯彻落实学校第八次党代会精神,经过充分调研和准备,学校于4月召开南开大学人才与师资队伍建设工作会议。此次会议以科学发展观和科学人才观为指导,全面总结近年来南开大学人才与师资队伍建设工作的基本经验,科学分析在人才与师资队伍建设问题上面临的形势与挑战,根据南开大学第八次党代会精神和《南开大学"十二五"事业发展规划纲要》的要求,进一步研究南开大学新时期"人才强校"的战略思想和计划措施,以推进学校改革和各项事业的发展,全面加快建设世界知名高水平大学的步伐。经过近一年时间的酝酿起草,并经与学校师生代表的多轮调研座谈以及人才与师资队伍建设工作会议的广泛征求意见和充分讨论,经学校校长办公会议审议和党委常委会议审定,出台了《南开大学百名高端人才支持计划》、《南开大学百名青年学科带头人培养计划》、《南开大学教师国际化支持计划》、《南开大学人才引进工作暂行办法》以及《南开大学聘用制人员管理暂行办法》等5个文件,从高层次人才引育、支持措施、国际化培养、聘用机制改革以及团队和人才特区建设等方面推出一系列符合人才发展规律和适应当前海内外人才竞争形势的政策举措,着力引进,注重培养,深化改革,完善体制机制,推进国际化,构建南开特色人才队伍建设体系。

按照《南开大学百名高端人才支持计划》的要求,设置"南开讲席教授"岗位20个、"杰出教授"岗位30个、"英才教授"岗位50个,实施人文社会科学、自然科学并重的高端人才岗位制度。截至年底,学校共聘任"南开讲席教授"11人、"杰出教授"20人和"英才教授"27人。

按照《南开大学"资深教授特别聘任计划"实施办法》的要求,截至年底,学校共聘任“南开资深教授”2 人。

为表彰老一辈著名学者在学校事业发展中做出的开创性、奠基性和历史性贡献，大力弘扬尊师重教的优良传统，经各学院推荐，专家组评审，授予 18 位退(离)休著名学者南开大学“荣誉教授”称号并颁发了“特别贡献奖”。

人才引进工作继续以海内外高层次人才为重点，依托重点学科、重点实验室和国家重点创新项目等科研平台，集中优势资源，着力推动“千人计划”、“国家特支计划”和“长江学者奖励计划”等高层次人才计划的实施，继续坚持多层次、多渠道的人才引进工作，开拓人才引进的途径，加大人才招聘工作的宣传力度。截至年末，有“两院”院士 10 人，长江学者 45 人，国家“千人计划”入选者 9 人，天津市“千人计划”入选者 21 人，国家杰出青年基金获得者 31 人，“973 计划”首席科学家 12 人，“新世纪百千万人才工程”国家级人选 17 人，“新世纪优秀人才支持计划”入选者 157 人。

全年，共有 20 人申请通过我校引进人才项目到校任教，通过校外同行专家评审和校高层次人才工作会议评审的共有 14 人，他们都具备海外知名高校或科研机构研究背景，高层次人才队伍不断壮大。

招聘优秀博士毕业生来校工作，全年共招聘 49 名博士毕业生来校工作，其中有海外留学背景的 19 名。

管理与培训

颁布实施了《南开大学教师国际化支持计划》。根据教育部、国家留学基金管理委员会及校际相关国际合作项目选派要求，组织教师申请国家留学基金委面上项目，共录取 19 人。执行国家留学基金委公派项目及校际交流项目 15 项，派出教师 24 人。以自寻资助方式派出教师 29 人。

支持国家汉办(孔子学院总部)的对外汉语教学及孔子学院管理工作，选派 3 名汉语教师开展对外汉语教学工作。

实施“南开大学百名后备师资培养计划”，2012 年度选拔学生 44 名，其中 39 名学生已获得国外院校录取将赴国外深造学习。

继续执行我校与美国加州大学洛杉矶分校学生合作培养项目，选拔、资助 10 名优秀本科生赴美研修。

继续实施国家建设高水平大学公派研究生项目，共遴选、派出学生 69 人，其中赴国外攻读博士学位 28 人，与国外大学导师联合培养博士生 41 人。

组织开展 2012 年度新教工岗前培训工作，共有 90 余名新教工进行岗前培训，组织校领导、相关部处负责人和名师分别进行了校史、本科生教学、科研项目申请、信息化工作、师德师风、人事人才政策等方面的教育，使新教工更好更快地适应新岗位并顺利地投入工作。

推荐评选上海宝钢教育基金会优秀教师奖 4 人、优秀学生奖 10 人、港澳台优秀学生奖 16 人。

专业技术职务评聘

颁布实施《南开大学教师系列高级专业技术职务评聘业务条件的规定》。3 月进行 2011 年度专业技术职务评审工作，专业技术职务评审工作在继续实行三级评审制度、教授会议评议制度和“代表作”制度的基础上，加大校外同行专家评审的力度，进一步规范外审工作，校外同行专家均为国内外一流大学或科研机构相关学科领域的权威学者，采用“盲审”方式对被评审人进行全面评审；理工类学科试行国际评审制度，聘请海外高水平院校专家对申请人学术代表作进行评价，突出国际化要求。在“代表作”评议制度方面，注重学术成果和教学科研业绩的创新性和实际应用价值，相关评议组织坚持

“质量导向”、“国际化导向”及“高水平导向”,建立和完善“顶尖期刊目录”制度。经过个人申请、各系列牵头单位审核、学院评审和学校专业技术职务评审委员会终审,教师系列评审出28名教授(研究员),46名副教授(副研究员)和24名中级职务。其他系列晋升人员共101名。10月,根据专业技术职务评审的有关规定,认定教师系列中、初级专业技术职务50人,其他系列中初级专业技术职务15人。

绩效考核

颁布实施《南开大学教职工绩效考核工作指导性意见》,在模拟绩效工资制度的实施框架下,创新教师绩效考核办法,坚持以提升教师队伍的素质进而提高教育质量为目的,要求各学科结合自身实际科学设置长期及阶段考核指标和细则,顺利完成2011—2012学年度全校教职工绩效考核工作。

科级干部管理

颁布实施《南开大学科级机构及岗位设置和科级管理人员任用暂行办法》,规范科级机构和人员的管理。全年按照程序共任命142名科级干部,相关专业学院增设正科级人事秘书岗位,为我校管理队伍补充了力量,提高了我校管理工作的效率,促进了我校管理队伍的建设。

岗位聘任及聘用制度改革

制定出台《南开大学岗位聘任工作指导性意见(2012年9月—2014年8月)》,根据岗位分类管理的要求,科学设置各类岗位指标,严格遵循岗位聘任工作程序,截至年末,学校共聘任高端人才58名(其中人文社会科学高端人才21名、自然科学高端人才37名)、专业技术人员2063名、党政管理人员882名和工勤人员200名,并为其兑现了相关待遇。

颁布实施《南开大学三级职员岗位聘任暂行办法》,完成三级职员岗位申报工作并经教育部人事司审批通过,聘任三级职员岗位2人并为其兑现相关待遇。

颁布实施《南开大学聘用制人员管理暂行办法》,积极探索建立长期聘用与短期聘用结合,事业编制与非事业编制互补的南开特色人事聘用制度,推进以国家重点研究基地为载体的人才特区建设,最大限度地激发和调动广大教职工的积极性和创造性,提升教职工队伍的素质与水平。

根据《南开大学科研项目研究人员管理暂行办法》的要求,认真履行南开大学科研项目研究人员聘用工作程序,根据科研项目实际工作需要,利用项目经费吸纳科研项目研究人员7名,其中具有硕士学位人员6名,具有学士学位人员1名。

教职工招聘与退休

在严格控制编制增长、优化队伍结构的基础上,共招聘教职员工96名,其中专任教师45名,党政管理人员26名,其他专业技术人员13名,思想政治教育人员12名。经学校审批通过,98名达到退休年龄人员办理了退休手续。

工资与福利

为考核合格的人员晋升一级薪级工资,为工作年限及任职年限符合条件的人员晋升工作津贴,为符合条件的人员晋升模拟绩效工资;调整全校在职职工补充公积金的缴费基数;完成2013年度全校人员社会保险缴费基数的调整;按月为全校教职工缴纳社会基本医疗保险、失业保险、工伤保险、生育保险,为合同制工人缴纳养老保险;按照天津市规定缴纳2011年度残疾人就业保障金;为全校教职工缴纳商业医疗保险;对知名专家学者,长期病休、当年离退休及援藏援疆人员、烈属等进行慰问;对病故教职工遗属发放遗属补助;为离退休人员发放两节补助。完成天津市人社局对我校上年度劳动年检工作。

医疗保险

全年,全校6782名教职工参加医疗保险,参保学生26120多人,离休干部143人。2011年职工商业补充保险理赔金额729万余元(理赔案件7602份)。我校职工、学生继续执行以天津市基本医疗保险为主、商业补充医疗保险为辅的新型医疗保险模式。1月,通过招投标程序,确定由中国人寿保险公司承保我校2012年度职工商业补充医疗保险。7月,通过招投标程序,确定由渤海保险股份有限公司承保2012级学生商业补充医疗保险,对于低保、特困、助学贷款的学生减免保险费。离休干部门诊医药费继续实行投递式报销方式,减少离休干部排队等候时间,采用非现金报销方式,将医药费直接存入离休干部本人银行账号。

人事档案管理

人事档案管理进一步规范化、系统化,建立健全人事档案计算机管理系统,人事档案管理流程进一步细化。收集并整理2012年全校在站博士后的基本信息,教职工的出国信息,退休人员、辞职人员、在职教职工的基本信息。

全年,派遣、转出学生档案8000份,转递出国学生档案52份,整理出国学生档案37份,学生档案材料归档近10000份,接待学生档案查阅2600余次,建立博士后入站档案18份,转递博士后出站档案30份,转出教职工档案27份,接收整理新入校教职工档案10份、原中国旅游干部管理学院人事档案113份,教职工档案材料归档4000余份,整理归档退休人员档案99份,整理转递无头档案93份,接待人事档案查借阅800余次,提供咨询等其他服务3000余次,圆满完成中组部对我校现任中层干部人事档案的审校工作。

博士后工作

全年,共有53名博士后入站工作,出站博士后51名。组织申报第八批博士后科研流动站工作,我校获准新设计算机科学与技术、管理科学与工程2个博士后科研流动站,因学科、专业调整,获准增设考古学、世界史、统计学、生态学4个博士后科研流动站,确认中国史、数学、生物学3个博士后科研流动站。目前,我校共有博士后科研流动站27个。组织申报天津市2012年优秀博士后国际化培养计划项目,其中5人入选,4人已成功派出。组织在站博士后申报国家第51和52批博士后科学基金、第5批博士后特别资助以及香江学者计划,其中第51批有4人获得资助,第52批博士后科学基金有6人获得资助,第5批博士后特别资助有4人获得资助。与天津城市规划设计研究院、无锡中彩科技有限公司、巴莫科技有限公司、天津尖峰弗兰德医药科技发展有限公司、天津银行签订企业联合培养博士后协议书。协助举办全国博士后金融论坛。

(撰稿人:杨丽新)

离退休工作

概况

年末,有离退休人员 2934 人,其中离休干部 144 人,退休教职工 2790 人。全年新退休教职工 92 位,去世 61 位(离休干部 8 位,退休教职工 53 位),净增 31 位。现有党员 1138 人(离休党员 104 人),11 个党支部。全处在编人员 8 位。

落实政治待遇

按规定将关于离退休人员的政策和文件及时准确地传达给离退休人员。保证离退休人员能够收到、阅读有关政策文件并参加学校有关会议和活动,参加学校活动 10 余次。组织党员就近就地参观学习活动 4 次,组织分党委委员活动 2 次。及时向离退休人员通报情况,制定了走访慰问等制度。按照政策规定每年为部分离退休人员订阅《天津老干部》和《老干部参考》。

开展一系列迎庆党的十八大活动。4 月,离退休党委举办"喜迎十八大"老年健身活动。6 月、10 月,与工会联合举办迎接十八大书画展和摄影展。11 月 8 日,组织 50 多位离退休老党员和文学院党委师生共同收看党的十八大开幕式盛况。11 月 24 日,分党委传达学校党委精神,安排党员学习领会十八大报告和新党章。11 月 27 日,举办了喜庆十八大演唱会。

落实学校离退休工作会议精神。6 月,召开会议传达薛进文书记在学校离退休工作会议上的讲话,贯彻落实学校离退休工作会议精神。

加强和改进离退休党组织建设。一是通过支部使老党员的政治优势不断发扬光大。二是按照基层组织条例科学设置支部。三是每年为每个支部划拨 1000 元活动经费,开展创新活动。四是把开展"创最佳党日"与创建"五好"党支部结合起来,"重质量、重效果",使支部工作生动、活泼、效果好,有效地增加了支部党员的凝聚力。去年,北村离休党支部获市委老干部局"创先争优'好支部'"称号。离退休处获天津市老干部"幸福乐园"称号。

各支部根据学校、离退休党委、离退休处的工作安排,结合本支部实际情况,积极开展活动、组织学习,认真填写《支部工作手册》,坚持开展组织生活,组织观念不断加强。"七一"期间利用党费提留部分,为每位党员送上一份纪念品。

发挥老同志政治优势,积极做关心下一代工作。今年学校新一期聘任组织员中,许多老同志被聘为兼职组织员、革命传统宣讲员;刘瑞亭、苏宜、霍洪喜被续聘为天津市夕阳红宣讲团成员;离休北村、离休西南村、退休二支部分别与周恩来政府管理学院和信息技术科学学院通信工程、电子类专业学生支部联合开展支部共建,与学生交朋友、结对子,他们为学生讲党课、讲人生、讲革命历史传统、讲如何做学问及党员的党性修养，也有的党员自发的与学生结成忘年交，做关心下一代工作。

落实生活待遇

积极配合相关职能部门落实各种生活待遇，确保老同志能够第一时间享受到这些待遇。

学校每年两次为离休干部报销医药费。及时通知并配合医保办确保每一位离休干部的医疗费按规定足额报销，住院随时转账。为在外地的离休干部按照规定开具转账支票。组织享受市保健的离休人员到定点医院体检。全年，全校离休人员报销药费的有151人，医药费支出余1088万元，其中患大病29人，支出药费742万元。退休人员参加退休职工医疗保险，医药费按规定报销。

开展慰问活动。一种是对健在离退休教职工慰问。慰问长年住在医院的离休干部；为逢五逢十的离休干部送上生日蛋糕；慰问临时住院的和发生意外事件的一些老同志；节日大范围的慰问，主要指中秋时的四节慰问(含教师节、中秋节、国庆节、老年节)和春节慰问(含元旦、春节)，为所有离退休人员发放慰问金。春节前，集中慰问生病住院的老同志、癌症患者、烈属、孤老户、解放前参加革命工作的老工人、90岁以上离退休老同志以及各文体团队的骨干。根据临时困难补助机制，对一些家庭临时出现困难的离退休职工、病故职工家属给予300元到500元不等的经济补助，并在五一节、中秋节、春节来临前走访了有困难的离退休职工。另一种是教职工去世后对家属的慰问。全年共去世61位，其中离休干部8位，退休教职工53位。在第一时间送上慰问，及时将学校的有关政策告知家属，协助家属做好丧葬费和抚恤金领取以及政策范围内的事宜。

从2012年起，每年拨专款为退休人员体检，涉及人员近2000人。更新离退休处的人员库以及原二级单位的人员库，解决了一些历史遗留问题。协助医疗保险办公室做好退休人员对医疗保险报销相关规定的咨询、解释工作。

离退休费及各项补贴能够按规定足额发放。1月，按照财政部、人社部的规定，为离休老干部和建国前老工人增加一个月工资(工资的第一项)。6月，学校党委常委会通过提高离退休人员一次性补贴。9月，为每位离退休人员发放一次性补贴(1500元、2000元、3000元三个标准)并提高了补贴标准(分别比去年增加了500元、500元、600元)。按照政策规定，为两位生活长期不能自理的离休干部提高了护理费标准。继续为无工作的离休干部配偶或遗孀办理了城镇居民基本医疗保险登记手续。

对北村的门球场大门进行维修、更换。学校党委拨专款改善活动中心的基础设施，对龙腾里党支部活动室进行装修。

为每一批新退休教职工举行迎新座谈会，每学期一次。

活动中心工作

活动中心坚持常年为离退休人员开放阅览室、棋牌室、乒乓球室、舞厅等室内活动场所，实行管理与提供服务；同时还组织合唱团、京剧队、舞蹈队、书画协会、摄影协会、交谊舞协会等活动团体按时开展活动。

积极开展适合老年人的一系列文体活动，使老同志老有所乐，老有所学，促进离退休老同志的身心健康。我校现有13个离退休人员活动团体，举办了书法、绘画、摄影、周末乐坛、户外健身运动会等不同主题的活动。2012年，开展了一系列迎庆党的十八大活动，如：参加天津市高校老年风筝比赛；举办南开大学第五届老年健身活动展示会，除集体表演项目外，组织老同志在操场上竞走;老年太极表演活动;老年文艺汇报演出——周末乐坛。

老年大学开设了适合老年人特点的课程,丰富了离退休人员的业余文化生活。每年有多次针对老年人心理、饮食、医疗保健等内容的健康讲座,受到老同志的普遍欢迎。

重要事件

4月8日,离退休人员管理处党支部与医学院2009级党支部,在西南村、北村活动中心联合开展“医学雷锋季 志愿健康行”活动。

4月12日、9月14日,为退休教职工举行迎新座谈会。

4月24日,举办“迈步健身行,喜迎十八大”南开大学第五届老年健身活动展示会。

5月11日,组织离退休老同志参加北京平谷一日游活动。

5月18日,学校召开离退休工作会议,党委书记薛进文出席并讲话。

9月20日,组织部分离退休党员干部赴天津西郊杨柳青大柳滩农业生产基地参观现代农业技术展览。

9月24日,校党委副书记杨庆山到家中看望老同志李万华。

10月10日,联合举办“喜迎十八大,和谐南开园”南开大学教职工摄影大赛作品展。

10月11日,组织离退休老同志赴北京怀柔游览青龙峡风景区。

11月8日,组织50多位离退休老党员和文学院党委师生共同收看党的十八大开幕式盛况。

11月23日,离退休党委召开扩大会议。

(撰稿人:宋燕平)

财 务 工 作

总体财务情况

全年,各类经费总收入234309万元,较上年增加10559万元;各类经费总支出192925万元,比上年减少23898万元。

收入情况

本年,学校经费总收入234309万元,较上年增加10559万元,增幅4.72%。总收入中,财政拨款145787万元,占62.22%,比上年增加18057万元;上级补助收入31万元,占0.01%,比上年减少近13万元;事业收入47231万元,占20.16%,比上年减少8229万元,其中财政专户管理资金比上年减少7696万元;经营收入56万元,占0.02%,比上年减少1万元;附属单位缴款金额为零,比上年减少113万元;其他收入41204万元(含本级横向财政拨款25083万元和非本级财政拨款3746万元),占17.59%,比上年增加859

万元。

2012年收入增减情况：教育经费拨款中，中央教育经费拨款减少15393万元（其中“211工程”专项资金减少1898万元，“985工程”专项资金减少2000万元，高校化债资金减少27000万元）；科研经费拨款增加1756万元；其他经费拨款增加4656万元，其中住房改革拨款增加5220万元。

支出情况

全年，学校经费总支出192925万元，比上年减少23898万元。其中，人员经费支出99080万元，占51.36%，比上年增加4722万元；公用经费支出93845万元，占48.64%，比上年减少28619万元。人员经费支出中，工资福利支出55847万元，比上年增加752万元；对个人和家庭补助支出43233万元，比上年增加3970万元。公用经费支出中，商品和服务支出74963万元，比上年增加7915万元；基本建设支出为1205万元，比上年增加1205万元；其他资本性支出15746万元，比上年减少35685万元；债务利息支出1931万元，比上年减少2054万元。

影响2012年支出变化的主要因素：一是上年度中央财政拨付化债资金（含化债奖励）27000万元用于偿还银行贷款本金并列支于“房屋建筑物构建”，致使本年度其他资本支出较上年度大幅减少；此外，专用设备购置与大型修缮款较上年度分别减少4965万元、5636万元。二是本年度我校偿还银行贷款本金22000万元，使得债务利息支出减少；三是我校事业发展带来的商品和服务支出增加。

部门预算执行情况

全年，教育部核定学校收入总预算307800.58万元，支出总预算307800.58万元。

在预算执行过程中，学校积极开源节流，努力提高资金使用效益，确保事业计划顺利完成。2012年部门决算收入为234309万元，完成预算的76.12%；部门决算支出为192925万元，完成预算的62.68%。预算数中包含新校区相关收入和支出，因2012年新校区建设未开工，部分相关收入、支出没有实现。

年末财务状况

年末，学校拥有资产456219万元，比年初增加38796万元，增长9.29%。其中，固定资产净值增加12292万元流动资产减少7398万元，基本建设资金占用增加33902万元。年末，学校负债28171万元，比年初减少23322万元。其中，银行贷款减少22000万元，应缴财政专户减少4394万元。年末，学校净资产388127万元，比年初增加28217万元。

财务管理工作

全年，结合学校改革与发展，财务工作创造性地开展，较为出色地完成各项任务，获得教育部下达我校的预算执行绩效奖励1050万元，并被评为“天津市教育系统创先争优先进基层党组织”。

推行网上报销方式，推动财务服务改革创新。作为转变作风服务师生的20件实事之一，于5月推出网上报账方式，网上报销使财务报销更加规范、科学、简化，进一步提高了报销效率，改变了师生报销排队等候的局面，加强了财务管理职能。为方便教师就近投递报销单据，先后在校内设立4个投递点。截至年底，自愿使用网上报销的报销量（次）已占总量的75%以上。网上投递数量的不断增加，反映了师生对财务服务新方式的认可。

配合完成上级检查，及时研究堵塞管理漏洞。2月，针对财政部专员办在我校财经检查中发现的问题进行整改，起草整改报告上报教育部；3月，配合教育部完成化债工作专项检查；6月，配合财政部完成我校改善基本办学条件专项2011年执行情况核查、2013年项目评审以及离退休人员情况调查;7月,配合教育部进行"211工程"三期专项资金结项审计;8月至9月,配合科技部完成2012年度科技经费专项审计;10月,配合发改委完成我校收费工作检查;11月,配合财政部票据监管中心对我校进行票据检查。每一次检查都抽调大量人力精心准备,对于检查发现的一些问题认真梳理,及时研究堵塞管理漏洞。

加大统筹调整力度,推进专项预算执行进度。积极推动专项资金的统筹分配,加大对专项资金执行进度的督促力度。按照重大专项执行情况月报制度,定期向教育部上报统计表;每月统计分析全校中央专项资金执行情况并上报学校领导,同时,向资金使用单位、各主管部门下发专项资金余额明细表。主管领导多次召开专题会议,督促各项目在合理合法使用资金的前提下加快预算执行进度。由于本年新校区建设没有如期开工,新校区基本建设资金共3亿元仅支出1205.22万元。剔除这一因素影响,截至年底,我校中央专项资金结转2774.01万元,预算执行率为93.92%。

科学筹划化债工作,贷款风险和利息负担切实降低。2009年至2012年,是中央财政主导支持的高校化债期。期间,通过积极争取,我校共获得中央财政化债奖励及垫付资金4.21亿元,自筹4.29亿元,累计偿还贷款本金8.9亿元。全年,学校获得中央财政化债奖励经费2000万元,直接用于偿还银行贷款;在充分测算银行存款水平和现金流量的基础上,自筹资金偿还贷款2亿元。至年末,学校银行贷款本金余额降至1.1亿元,外债风险切实降低,利息负担大大减轻。

创新收费方式,高效完成收费工作。继续推进收费管理信息化。更新收费系统,实现与银行实时联机,以往完成一次扣款及信息回传至少需两天时间,现在仅需20分钟左右。2月,开通自助终端缴费功能,学生可自行安排时间,就近利用天津市近百个交行网点的自助终端进行缴费,同时在注册中心设置5台自助终端,基本实现全天候服务。8月,报名费网银支付系统开通并投入测试。10月,正式使用该系统进行研究生考试报名费的收取工作,针对没有使用在线支付的同学,可以采用自助终端缴费方式,实现了报名费无现金收缴。

开展科研经费使用培训,提高科研财务服务水平。每月末召开学院会计人员、科研助理培训会,重点培训科研经费使用规定。11月,开展科研项目负责人、科研助理项目预算编制及结题培训,提高科研项目负责人对预算的重视度和预算编制的科学合理性,为后期顺利使用科研经费打下好的基础;同时强调科研经费使用必须严格执行有关规定,确保经费使用的合法性。

加强学习型处室建设,形成多篇科研成果。加强"学习型"处室建设,努力提高干部研究能力和政策水平。组织撰写了部属高校2011年财务情况对比分析;多篇文章在《教育财会研究》等中文核心期刊发表;承担天津市教育会计协会23项研究课题,其中7篇科研论文被评为优秀,3篇科研论文荣获天津市会计学会论文评选奖。这些研究成果紧贴学校财务工作实际,对完善财务管理、提升服务水平起到了积极作用。

(撰稿人:董秋林)

审计工作

概况

依据《南开大学2012年工作要点》精神，认真开展财务收支审计、经济责任审计和工程审计工作。全年，共完成各类审计项目28项，其中经济责任审计26项，专项审计1项，企业注销前审计1项；审计涉及金额7.38亿元；督促被审计单位清理长期挂账暂付款15.6万元；为学校挽回损失5.2万元；提出加强和改进管理意见与建议45项。完成建设和修缮工程结算审计389项，送审金额6304.13万元，审定金额5864.51万元，核减439.62万元。完成科研项目审签325项，审签金额7650.7万元。工程结算审计数量已经达到历年之最，报审512项，已完成389项，送审金额6304.13万元，审定金额5864.51万元，为学校节约资金439.62万元。参与开展全程同步的建设工程招投标与合同条款的谈判，合理审核津南校区建设工程造价，有效实施审计监督。

经济责任审计

受党委组织部委托，先后开展对26个单位领导干部的任期经济责任审计，涉及25人。项目多、任务重、时间紧，审计部门积极增加工作时间，改进工作方法，提高工作效率。审计期间，从被审计单位的业务管理流程入手，从规范内部管理、防范管理风险着眼，重点关注被审计单位敏感问题、热点问题，对关键环节变抽查为详查，扩大审计范围。延伸审计期间，对审计情况及时与被审计单位沟通，实事求是、客观评价，帮助提高认识，取得共识，边审边改，切实帮助被审计单位完善内部控制，促进其内部管理。

工程审计

对所有工程结算审计需要的文件进行分类梳理，对不同版本的报送件提出相应的资料细化要求，同时在审计过程中不断优化结算审计工作流程，大小工程分类管理，流程控制详细化，做到审计准确、查找简便、记录完整。主动加强与项目管理部门、建设单位的协调与沟通，在合适的时间节点进行检查，既能加快整体工程审计的工作进度，又可减少隐蔽工程等不易核查范围的疏漏，保证审计质量。

参与新校区规划建设

开展全程同步的建设工程招投标与合同条款的谈判与审计监督。通过经济谈判事宜、招投标工作、合同条款谈判，有效的节约了资金，提高了资金使用效益，同时为前期概算及后期施工奠定了较好的基础。

审计人员在对设计工程概算审查时，将限额设计和细化设计深度问题作为重点，通过对概算编制准确性、项目完整性、计算准确性的审核，有效避免了后期施工阶段大量工程变更、工程投资超概算等问题的发生。

召开经济责任审计联席会

5月,协调组织召开2012年学校中层干部任期经济责任审计联席会。审计处就2009年以来经济责任审计工作总体情况进行了汇报。与会的联席会成员单位就近几年审计中发现的普遍性、倾向性和典型性的问题和了解的情况进行了认真的研究和分析,并提出进一步强化对分管财务工作中层领导及会计人员的培训,促使相关人员提高学校财经制度执行力;加强组织部、纪委监察等部门的联动性,多角度开展新任领导干部任前谈话,提高领导干部责任意识、风险控制意识及工作管理水平。

队伍建设

党风廉政建设方面。根据学校相关文件精神,自觉落实党风廉政建设责任制,同时抓好审计处的党风廉政建设、作风建设,带领审计处全体人员廉洁奉公、恪尽职守,自觉遵守内部审计人员职业道德规范,保持廉洁勤政的领导形象。对重大事项注意广泛听取意见,领导班子集体研究决策,向全处随时公开各项经费的收支情况,在职称职务评定、福利待遇分配等问题上,做到公开、公正、公平。

加强审计队伍思想建设。充分发挥党支部在思想教育和队伍建设中的作用,进一步加强审计机关作风建设,通过支部生活等方式,对每位审计干部进行思想锻炼、作风锻炼、党性锻炼,增强了“免疫力”,筑牢思想防线,切实加强审计人员的职业道德教育和精神文明建设,营造团结和谐、积极向上的良好环境和氛围,提高做好本职工作的积极性和自觉性。

坚持“让爱传承”爱心资助活动,增强审计人员创建和谐南开的责任意识和社会责任感。

重视审计人员培训。积极参加中国教育审计学会、天津市内部审计协会举办的培训班学习,使审计人员的业务素质得到了提高。

延长工作时间,改进工作方法。在工作任务重、时间紧、人员少的情况下,为高质高效的完成工作,经2月17日处务会研究决定,从2月18日开始,延长工作时间,实施六天工作制,至12月14日结束。

重要事件

1月,按照教育部财务司《关于报送2011年教育审计工作总结的通知》(教财司函[2011]417号)精神,将学校2011年审计工作总结及相关统计资料上报教育部财务司。

2月,高键同志参加在地质大学举行的中国教育审计学会第五次会员大会暨第五届常务理事会第一次会议,当选中国教育审计学会第五届理事会常务理事。

7月,审计校产党支部举行“让爱传承,携手创未来”爱心资助活动。

(撰稿人:薛凤荣)

实验室设备管理工作

概况

年末，全校有各类实验室37个，实验室使用面积72259平方米；全校可开出实验项目1183个，全年实验时数（人时数）12313学时；全校实验技术专业职称人员349人。全校仪器设备总值为118697.78万元，共计80527台（套）。全年全校仪器设备入账金额为14685.34万元，计6908台（套）；2012年报废、调出仪器设备2346.19万元，计3933台件。其中部管（单价≥40万元）分析测试类贵重仪器30329.08万元，计265台（套）。

党建工作

根据学校党委的统一部署，在学校第八次党代会的精神鼓舞下，认真学习宣传贯彻党的十八大精神，以科学发展观为指导，切实转变工作思路，为建设学习型、服务型、创新型机关而努力工作。到河北隆化董存瑞烈士陵园开展最佳党日活动。

实验室管理工作

投入160万元用于实验教学中心建设工作，其中物理、化学、生物、经济、文学5个国家级实验教学中心投入经费85万元；电子信息、环境科学、医学、药学4个实验教学中心投入75万元。利用“985”专项经费900万元对化学、物理、生物3个理科国家级实验教学示范中心进行重点建设，配备具有一定前瞻性、品质优良、组合优化、数量充足的仪器设备，以满足综合性、设计性、创新性等现代化实验教学的要求。

完成教育部对我校化学、物理、生物、经济4个国家级实验教学示范中心的评估验收。组织完成我校电子信息和文学实验教学中心“十二五”国家级实验教学示范中心的申报工作，其中文学实验教学中心顺利通过教育部审核，获批为“十二五”国家级实验教学示范中心。年末，我校国家级实验教学示范中心已增至5个。组织完成我校电子信息、环境科学和医学实验教学中心申报“天津市实验教学示范中心”的工作。目前3个中心通过天津市专家组的评审已成定局。

深入到各国家级示范中心了解实验室建设、项目开展以及经费使用情况，并与实验室负责人一起探讨实验室可持续发展的可行性方案。

开展专业技术职务评聘工作。实践“为师生提供优质的服务”的理念，将“服务”作为贯穿工作的一条主线。结合学校数字化校园建设以及未来多校区办学，加强信息化建设。“实验室设备处综合管理系统”经过一年的建设已初具规模，2013年投入使用；“南开大学大型仪器管理系统”一期94台已上线运行；化学试剂电子商城管理系统和通用设备网上竞价系统（新）正在建设中，预计2013年投入使用。

实验教学成果奖评审工作

南开大学2012年第七届实验教学成果奖申报评审工作共收到申报项目52项,其中申报"实验教学技术成果奖"42项,申报"实验教学管理成果奖"10项。12月27日,经学院申报、同行专家初审、校实验教学技术成果奖评审组审议,并报分管校长批准,共评出2010—2012年度"实验教学技术成果奖"18项(含一等奖5项,二等奖4项,三等奖9项),"教学实验室管理成果奖"6项(含一等奖1项,二等奖2项,三等奖3项)。

新校区建设规划工作

全年多次参与新校区综合实验楼和实验动物中心的平面布局研讨工作,并根据各实验教学中心的需求,与基建处多次对接,进行优化方案、合理布局工作。目前,新校区综合实验楼施工图基本完成,实验动物中心的最终平面设计方案正在同基建处和天津市动管会进行论证优化之中。

实验室安全技术和综合实验楼管理工作

全年共参加学校组织的安全大检查6次;配合保卫处安全科联合抽查实验室6次;对全校实验教学中心实验室进行安全检查,先后检查18个实验教学中心及实验教学单位,共200余间实验室,对教学实验室安全管理工作起到了促进作用。重新修订补充《南开大学实验室安全规章制度汇编》。

加强对实验室危险化学品、生物试剂和放射性仪器(放射源)采购、使用的管理,严格管理属于易制毒品和剧毒的化学试剂。为全校实验室订购易制毒和剧毒化学品21000多公斤,处理废弃试剂约20吨、废试剂瓶约10吨。

对全校理科学院进行《南开大学实验室安全教育培训与考试系统》培训,已有3100多名师生顺利通过该系统的网上培训考试,有效减少学校实验室安全事故的发生。注重规范消防档案,并根据市消防局要求继续完成"综合实验楼消防安全标准化"工作;配合化学、物理、高分子所等实验教学中心(所)先后进行了7次灭火和应急疏散演练,参加演练的师生达800多人;结合11月9日消防日,组织综合实验楼9个驻楼单位(计500多人)参加的应急疏散和实战灭火演练,受到师生好评。组织理科学院实验室人员参加天津市安全教育和核与辐射安全管理工作培训班,并取得相关证书。

仪器设备招投标采购和仪器设备管理工作

2012年全校仪器设备采购统计

项　目	数量(台)	金额(万元)	备　注
全年购置仪器设备	6749	7456.35	
进口仪器设备	629	3333.91	招标50次,319台件,1995.05万元;
国内采购仪器设备	6120	4122.44	招标43次,1505台件,1465.33万元;代购1525台件,726.40万元;自购3090台件,1930.71万元;网上竞价177次,162.93万元

全年仪器设备入账6235台件,总金额13305.44万元。全年销账处理报废仪器设备3679台件,金额2226.49万元。

布置2011—2012学年度我校03类40

万元以上教育部管理大型仪器设备使用情况考核统计工作，本期共考核统计大型仪器设备 225 台。

组织大型仪器购置可行性论证工作，全年共组织网上论证两次；大型仪器论证会七次，共计 28 台，约 2477 万元。

完成学校大型仪器管理系统一学年的测试收入分配工作，制定相关分配制度。一期建设纳入系统仪器共计 94 台，加入系统的课题组共 276 个，加入系统人数 2493 人，其中教师 316 人。截至目前系统财务收支情况：校内转账收入 512.80 万元，已完成测试 305.94 万元。

全年完成购车审批 9 单，报废车辆审批 9 单，转移车辆审批 2 单。

保密和档案工作

认真贯彻落实《关于加强高等学校保密工作的通知》的要求，加强和落实保密工作责任制，增强保密意识，认真检查和梳理本单位保密工作。参与学校质量管理体系内审工作，配合现代应用技术研究院等相关部门完成 2012 年学校质量体系认证工作。全年整理各类档案 120 卷，接待档案查询 15 次。

（撰稿人：翟春红）

安全保卫工作

概况

牢固树立“校园安全稳定是做好学校一切工作的基础”的理念，不断增强政治意识、责任意识、全局意识、忧患意识，倡导“以真情打动人、以换位理解人、以正气感召人、以水平带动人”的工作作风，健全强化应急处置机制，全力维护学校稳定。围绕党的十八大、九一八事变 81 周年和第九届全国大学生运动会等重大事件及活动，深入分析国内外整体安全形势，狠抓工作中的薄弱环节，依法处置多起影响校园安全稳定的事件，努力为师生创建平安、稳定的校园环境。

政保工作

积极防控校园内的非法宗教活动。利用校园监控、巡逻等手段，发动师生群众，密切关注高校内非法传教渗透活动，坚决予以打击和取缔。从源头入手，将极少数沉溺于非法宗教活动的师生列为重点对象，选派专人加强联系，掌握其思想和活动情况，把教育引导放在首位，做好思想转化工作。9 月，连续查获 2 起 7 人在校园内进行“非法传教”事件。全年共处置“非法传教”事件 3 起，涉案人员 9 名。

深入开展对“法轮功”的斗争。日常巡查监控与重点时期部署相结合，坚决打击“法轮功”邪教组织在学校煽动退党、反动宣传等破坏正常教学秩序的非法活动。加强对校区重点部位的监控、巡查,防止校外"法轮功"分子进校从事破坏活动。在重要节假日和敏感时期,针对原"法轮功"重点监控人员,联合其所属管界派出所,落实"双重监控"措施。通过正面谈心、侧面了解等方式,多角度掌握其平时的思想、言论和动向,做好教育引导和日常监督工作。

敏感时期及涉外安全保卫工作。按照学校要求,周密部署党的十八大、"九一八"、重大节假日等敏感时期的校园安全保卫任务;配合相关部门做好涉外安全保卫工作;做好留学生参加的各项活动的安全保卫工作。始终保持高度的政治敏感性,关注社会动态,重点关注如钓鱼岛、"九一八"等社会焦点性、敏感性话题,积极疏导学生情绪,引导学生正确认识相关问题。提早发布"安全预警信息",确保学校平稳地度过敏感期。

首长警卫和大型活动安全保卫工作。提前研究制定活动安保方案,部署具体任务及分工,确保活动及人员安全。全年共完成中央及地方领导来校视察警卫任务10余次;国内外专家学者等重要人物来校访问交流活动安保任务20余场次;"南开大学人才与师资队伍建设工作会议"、"纪念1977、1978级本科生,1978、1979级硕士生毕业30周年大会"、"2012亚洲教育高峰会"等校内重大活动以及国际性、全国性学术会议(比赛)、高考咨询会、招聘就业咨询会、入学毕业系列活动等大型活动内部安保任务40余次。

网络监控。在重大节假日和敏感时期,安排专人24小时监控校园BBS,发现问题及时上报,防止不法分子利用校园网煽动滋事;加强学生监控队伍的引导和管理,预防和控制网络有害信息的传播;配合公安、安全、保密等部门对学校BBS的检查、管理工作。

政审和回访工作。办理对因私出国(境)人员、入伍人员等的政审493人次,并立卷存档。配合国家安全、公安等部门的阅档、调查、回访等专项任务39次。

消防工作

深入开展安全检查,整改隐患漏洞。实行校领导带队检查、主管部门检查与单位自查相结合的安全检查制度。党委副书记杨庆山、副校长孙广平等校领导先后5次率相关部门负责人对本部、校区的宿舍、食堂、理科实验室、图书馆、外事区、招待所、施工工地等部位开展全校性安全大检查。重点查看各单位安全责任制度、管理制度落实情况,安全设施、标识、灭火器材安全使用情况,消防控制室人员持证上岗情况,实验室安全制度落实情况等。全年,开展日常检查和复查50余次,对查出的90多项消防安全隐患,认真组织整改方案的制定和监督落实,全年所有责令整改通知书所涉及隐患已全部完成整改和复查。

签订《防火责任书》,加强技能培训与工程监管。3月,学校与69个中层单位"一把手"逐一签订《2012年安全防火责任书》,落实"谁主管,谁负责"的逐级防火责任制。多次组织学校各单位负责消防工作的干部参加市有关部门举办的消防培训学习,拓宽业务知识,提高防火意识。全年完成老体育馆、化学学院大楼、新图书馆等多个重要消防改造项目;完成西区公寓8、9号楼、图书馆经济学分馆、蒙民伟楼的消防报警系统改造项目;完成对校内15个有消防报警系统的楼宇的消检项目;修复消防系统工程故障80余个;启动全校84座建筑(部位)消防设施维保项目,提升火灾预警和控制水平。

加强冬季安防建设,建立消防维保档案。12月19日,学校召开安全工作会议,校党委副书记杨庆山出席,会议要求各单位提高重视,切实做好冬季火灾高发期的防火等各项安全防护工作;为全校52个重点单位建立“消防维保档案”；颁布《实验室消防安全规定(试行)》，下发《关于做好校内部分建筑消防设施维护保养工作有关事项的通知》等文件，进一步提升消防设施规范化、标准化管理水平。

组织消防培训和消防宣传，提高师生防火意识及自救能力。3月，联合学府街派出所开展“防盗防骗、拒绝毒品”校园宣传活动，以展牌、条幅、传单等多种形式开展宣传，向师生散发各类材料1000余份。4月11日，联合学府街派出所、信息技术与科学学院团委开展“防范网络诈骗”校园宣传活动，以摆放展牌、悬挂条幅、发放传单等多种宣传形式，现场发放防诈骗知识材料1000余份。11月9日，举办“11·9消防主题日宣传暨有奖知识问答”活动，制作大幅展板、条幅及宣传彩页，设置“有奖问答”等环节，丰富活动形式及内容，现场派发消防知识传单2000余份、逃生自救彩页1500余份，千余名师生参与。

治安工作

全年共发生刑事案件6起、治安案件1起，发案数同比降低46%。协助公安机关破获各类案件40余起，校园总体治安形势良好，师生安全感和满意度增强。

积极开展打击盗窃自行车专项行动。根据天津市打击盗窃自行车违法犯罪活动专项行动动员大会精神及市公安局相关通知要求，结合校园内自行车盗窃案件的特点和规律，充分利用视频监控网络覆盖全校的优势，对自行车集中存放区域进行24小时重点布控，充分发挥技防系统的跟踪指挥作用和巡逻人员的现场处置能力，形成快速联动处理机制。全年破获盗车案件30起，抓获嫌疑人33名。

集中清理流浪犬，保障师生人身安全。行动前提前公示，在校内相关平台发布清理公告，请师生理解清理工作的意义。全年联合学校动物保护组织和公安部门使用针剂麻醉等方法开展清理行动数十次，清理流浪犬30只，全部送交校动物保护组织养犬基地或区野犬收容部门。

依靠技防、加固人防，默契配合、精准打击。学校“一级视频监控指挥中心”设在保卫处，省身楼、MBA大楼、二主楼、学生活动中心、体育中心、生物实验站6座重点教学楼分设“二级站”，与“指挥中心”联网。重视人防体系建设，拥有一支由30多人组成的治安巡逻和电子监控队伍，定期组织专业培训和岗位考核，实行24小时巡控机制。通过培训提高“两防系统”的协同作战能力，形成快速反应机制，确保“两防系统”间信息的快速传递和准确对接，提高校园突发、危急情况的应对能力和处置效率。

进校施工人员管理。校内工程施工队入校时必须与保卫处签订《施工单位安全保证书》，按照“谁用工，谁负责”的原则，明确安全施工负责人；建立登记、教育、自查、检查相结合的管理机制；多次联合公安部门召开南开大学驻校施工单位安全工作会议，加强对务工人员的管理，杜绝各类违法行为。

招待所、体育场(馆)的管理工作。多次深入招待所、餐厅、体育馆等人员密集场所检查安全管理制度落实情况，排查安全隐患。

学校社会治安综合治理工作。编发《南开大学2012年社会治安综合治理工作意见》；与76个中层单位签订《南开大学2012年社会治安综合治理目标责任书》，督促各单位建立治安工作档案并组建安全治保小组。

交通工作

进一步改善校园交通环境，建立畅通、有序的交通秩序。以“电子门禁管理”为中心，深化校园交通治理工作。加强道路和门禁管理，巩固前期交通治理效果。做好上下班高峰期进校车辆疏导工作。4月、10月,按照学校交通管理委员会要求,分别发出第十二批和第十三批门禁磁卡申报通知,为符合条件的单位和个人提供磁卡发放服务,累计磁卡发行量2000余张。9月,启动门禁磁卡续期工作。早7点至晚7点进出学校教学科研区的车辆保持在2700辆次左右,交通治理效果良好且持续稳定。

及时处理交通事故、纠正违章,确保教学科研区交通秩序。校园内遇有交通事故,驻校交警、保卫干部、交通巡逻队员三股力量形成联动机制,立即赶赴现场处置,采取保护现场、救护伤员、疏导交通、维护现场秩序、疏散围观群众、隔离矛盾双方等方式防止事态扩大。对于事故当事人涉及本校师生的,及时通报所属单位,共同做好调解、疏导及善后工作。采取分区域不间断巡逻方式,及时发现交通隐患和校园内的机动车违规、违章行为,通过劝导、纠正和粘贴《违章通知书》等管理手段,减少违章行为的发生,全年纠正各类交通违章行为700余次。

做好校园交通车的管理、养护。电子门禁制度实施以来,校园交通车的环保、快捷、方便已得到师生及家属认可。定期对车辆检查、保养,严格司机聘用资格审查,加强日常监督管理,开展安全行车和热心服务竞赛,并适当给予奖励,提升司机的服务意识和水平,保证安全运营,充分满足师生出行需求。继续推行免费乘车服务,累计为学校65周岁以上的退休老同志发放免费车证1345个。

安全教育与宣传

"入学教育"与"安全选修课"双措并举。作为新生入校的重要一课,面向全校7000多名本硕博新生开设入学安全教育讲座,普及安防、维稳知识。对学生进行各类政治性、非政治性安全知识教育,特别是宗教渗透、非法传销、网络安全、出行安全、户外运动安全、食品卫生安全、人身及财产安全方面的教育,全力防止学生意外伤害及生命和财产损失事件的发生。在"大学生安全教育选修课"的教学中,安排国家安全、人身、财产、消防、交通等课程,在教学中将案例教学与动手实践相结合,突出实用性和参与性。进一步调整并充实授课内容、增加课程深度,课程在2012—2013学年度第二学期实现学分、学时的提高,强化课程的影响力和重要性。全年多次开展"打击盗窃非机动车法制宣传"、"校园防火知识"等专题宣传,累计吸引万余名师生参与,发放《新生入学安全手册》、《三防知识手册》等宣传品16000余份。

创新宣传教育模式,丰富宣传教育手段。积极探索"新媒体"宣教模式,大力倡导"互动式"教育模式,多部门单位联合进行网络技术合作,充分利用"南开大学官方微博"、"南开大学手机报"、"我爱南开BBS"、"人人网"等平台,通过微博、手机报、微电影等大学生喜闻乐见的新媒体形式宣传安防知识。大力倡导"互动式"教育模式,引导学生成为宣教工作主体。开展多种形式的安全教育,如"安防教育月"系列活动、"平安校园 你我共建"主题书签设计大赛、校园文明系列活动——100条安全提示语征集活动、本科生模拟实习保卫工作等活动。

(撰稿人:吕雪晶)

发展委员会工作

基金会工作

天津南开大学教育基金会2012年捐赠收入为2177.551086万元，实际支出为992.677743万元，年末基金余额为4874.449490万元。

3月6日至8日，以通讯会议的形式召开2012年度第一次理事会会议，审议通过了基金会2011年度工作报告和2012年工作要点。12月20日，召开基金会2012年度第二次理事会会议，会议审议通过基金会2012年度运营情况和2013年工作要点。

3月15日，教育基金会通过了2012年度年检。

年底，教育基金会在非公募基金会等级评估中，获得“5A级非公募基金会”称号；基金会秘书长曾利剑同志被评为“天津市社会组织先进工作者”；基金会副秘书长陆建军同志被评为“天津市社会组织优秀共产党员”。

2012年“我爱南开”年度捐款活动中，制作发放《牵手新校友》7000册，制作发行“我爱南开”年度捐款纪念徽7000枚；来自18个院、所的毕业生参加捐款，捐款总额为24593.9元。

海内外校友积极参与“我爱南开”校友林、校友树捐赠活动，参与校友超过2000人次，捐款总额达55.6万元人民币。1977、1978级校友和1988级金融系校友在集体返校时，分别捐种“77、78级毕业30周年纪念校友林”和“金融88级‘我爱南开’纪念校友林(第88号)”。

5月，化学学院1990级校友向学校第一、第二主教学楼的每个大教室捐赠一把木质沙发型爱心椅，优化教师课间休息质量，被命名为“校友椅”。10月17日，香港校友会副会长陈金城先生向学校捐赠价值15万元人民币的LED节能灯，命名为“校友灯”。10月22日，福昕软件公司副总裁、南开旧金山湾区校友会原会长、数学系1965级校友林昇恒带领福昕软件公司向学校捐赠20000份PDF电子文档处理套件，被命名为“校友软件”。

全年，印制和发放《南开大学2011年发展工作报告》1500册，编辑发行《周恩来奖学金五周年纪念册》300册。

（撰稿人：曾利剑）

校友办公室工作

校友工作

南开江苏常州校友会、南开浙江宁波校友会、南开大学哲学院校友分会、南开大学金融校友会等校友组织成立。

积极筹备,周密组织,成功举办1977、1978级校友毕业30周年纪念系列活动。编辑发行《毕业30周年留念簿》2300册;发放"珍藏版"校徽2300枚;1040名校友返校参加活动,占年级校友总数的59.56%;10月6日,成功举办毕业30周年纪念大会;成功邀请于振起、韩小蕙等30名校友返校开展"与时代同行"系列报告会;成功启动"1977、1978级校友毕业30周年纪念校友林",共1516名校友参与捐款,占年级校友总数的86.83%,18个校友班级中有14个班级捐款参与率达100%,捐款总额达207911.5元;历史系1977级李德福校友及其领导的企业永泰红磡控股集团出资近400万元人民币,捐建南开大学高端继续教育(EDP)中心永泰红磡馆。

协助举办或参与哲学校友纪念建系50周年系列活动、元素所校友纪念建所50周年系列活动、金融系校友纪念建系30周年系列活动、社会学校友纪念建系30周年系列活动、纪念西南联大建校75周年大会、南开长三角校友联盟2012年年会、南开常州校友联谊会成立大会、南开深圳校友会2012年校友大会暨迎新大会等。支持和指导开展金融系1988级、管理系1988级、物理系1982级、数学系1962级、化学系1962级等19场大规模校友返校聚会活动,接待或协助接待返校校友5000余人次。

6月19日,举行南开大学2012届校友工作年级理事致聘仪式,59名应届毕业生获聘,其中本科24名、硕士28名、博士7名。

全年发行校友电子期刊《八里台》20期,读者覆盖与南开校友组织有联络的所有校友。编印、发行《南开校友通讯》2期,每期8000册。年底,向海内外校友寄发2013年新年贺卡近7000封、电子贺卡超过10000封。全年,有26名地方校友工作者获评"南开大学2012年优秀校友工作者"。

(撰稿人:曾利剑)

招投标管理工作

概况

全年共完成各类招标项目233项，累计招标金额12559万元。招标采购项目主要覆盖修缮工程、仪器设备及大宗物资与图书采购、医疗保险与物业服务等领域。

制度建设

收集整理招投标相关的国家法律法规、天津市法规规章和学校规章制度，编印《南开大学招标采购制度汇编》，下发到各个学院、单位、机关部门，以期能够更加熟悉和深入掌握招投标工作的相关规定，进一步完善学校招投标工作的管理和运行。

按照学校关于"健全与招投标管理机制相衔接的各项制度"的要求，起草制定了《南开大学招标采购供应商诚信管理暂行办法》，使招标采购中对供应商不规范行为的处理有章可循，同时进一步完善学校招标采购工作制度体系的建设。该项办法已提交学校招投标工作领导小组审议。

起草《招标过程中出现的特殊情况及其处理方法》，提交学校招投标工作监督小组讨论，待统一意见后作为今后处理相关情况和问题的共同依据。9月，起草《南开大学招标采购工作情况汇报》，经主管校领导签批后上报教育部财务司。

招标采购工作

全年，共完成招标项目233项，累计招标金额约12559万元。其中，维修工程招标53项，招标金额约2649万元；教学科研及管理用仪器设备招标142项，招标金额约5180万元；大宗物资及服务招标38项，招标金额约4730万元。

在理化分析楼和日本研究院维修改造项目中，认真编制招标文件，数次研究评标方法，既节约了经费，又符合用户的各项要求。大宗物资及服务领域招标金额超过100万的项目多达11个，特别是在职工和学生商业补充医疗保险与冬煤采购项目中，通过充分的竞争和谈判，为学校节约了资金，维护了师生员工的利益。11月至12月，仪器设备招标大量集中，共计招标75项，招标金额达2104万元。

信息管理工作

门户网站和管理平台建设。及时在《南开招标网》上公布招标公告、结果公示、中标公告，招标过程公开、透明，广泛接受社会监督。进一步对招标采购管理系统进行优化和完善，实现立项申请、招标公告、专家抽选、结果公示、统计查询等工作流程的计算机管理，增强了招标采购过程的规范性，减少了随意性，降低了管理风险。

学校招标采购评审专家库建设。3月，

向首批通过学校招投标工作领导小组审定的评审专家发放了聘书和《南开大学招标采购制度汇编》。全年,共有57名校内外专家提交了加入学校评审专家库的申请,将提交学校招投标工作领导小组审定。

供应商数据库建设。全年新增320家注册供应商,累计注册的国内外各领域供应商达800家。

廉政建设

严格执行《招投标管理办公室工作手册》中的各项规定,完成《招投标管理办公室招标项目业务承办单》的编制,使每一步业务流程都留有痕迹,以确保责任清晰、明确。按照学校纪委关于在重点领域开展廉政风险防控工作的统一部署,完成招标采购业务流程图的绘制、单位风险点的查找及其风险等级的评定。

(撰稿人:满媛)

基建与后勤保障

基建规划工作

新校区规划建设

积极开展新校区规划建设工作，调整完成了新校区总体规划布局及单体规划设计方案。新校区总体立项及可行性研究报告已经获得天津市发改委批复。中央预算内投资项目获得教育部批复并列入年度投资计划，并下达中央投资。勘察、设计已完成招标备案。核心区项目已完成土方回填及临时用水、用电相关工作。新校区用地申请也已由市政府报国务院审批。4 月 26 日，与海河教育园区投资开发有限公司签署《南开大学津南校区核心区项目委托建设合同》。6 月 30 日，与紫光集团有限公司签署《津南校区一期建设工程融资建设项目框架协议》。

新校区建设总体规划、修建性详细规划、能源及生态校园规划已经完成。核心区图书馆、教学楼、实验楼和综合业务楼已完成施工图设计。非核心区学院楼、学生宿舍等项目已基本完成初步设计及概算编制。市政、景观等专项设计业已开展。

新校区项目得到市、校领导高度重视，被列入天津市重点建设工程。向市领导汇报新校区规划方案及单体方案约 16 次，向天津市规划局汇报方案约 20 次，组织设计单位与使用单位对接约 20 次，组织设计单位与天津海河教育园区投资开发有限公司对接约 12 次。编制《新校区指挥规划建设指挥部工作简报》6 期。做好新校区规划建设网站的维护更新工作，全年发布信息 55 条。

制度建设

编制并颁布 12 项规章制度。分别为：《指挥部办公经费支出管理办法》、《指挥部公用设备器材使用管理暂行办法》、《指挥部印章管理暂行办法》、《指挥部固定资产及办公用品管理暂行办法》、《指挥部车辆管理暂行办法》、《指挥部受理事项首问责任制》、《指挥部公文管理办法》、《指挥部办公会议规则》、《指挥部公文格式》、《指挥部工作人员行为规范》、《指挥部廉政建设工作制度》、《指挥部网站管理办法》。

按照学校党委、纪委的统一部署，建立和完善重点领域基本建设关键环节的制度建设与流程设计，进一步构建廉政风险防控体系。

（撰稿人：冯静）

后勤管理工作

概况

对南开大学后勤管理类议事协调机构和临时机构做如下调整:撤销南开大学卫生工作领导小组、南开大学食品卫生管理领导小组及南开大学甲型 H1N1 流感防控工作领导小组;按照席位制原则,保留南开大学卫生防疫和食品卫生安全领导小组、南开大学计划生育委员会、南开大学环境保护委员会、南开大学绿化委员会和南开大学爱国卫生运动委员会。

人口与计划生育工作

学校计划生育委员会与各单位签订《南开大学 2012—2014 年度人口和计划生育工作目标管理责任书》,将任务落实到人。与南开区生殖健康服务中心联合开展对学校 500 余名妇女的免费妇科体检。发放独生子女奖励 5 万余元。联合校医院举办“大学生青春期性健康教育”知识讲座。与南开区疾病预防控制中心联合开展“艾滋病日”主题宣传活动。学校获评“2009—2011 年度天津市人口和计划生育工作先进集体”。

校园环境卫生与绿化

完成全校 10.5 万平方米道路及公共区域的卫生清扫及保洁工作。新购小型电动扫道机 2 台,实现人机结合,区域互补,时段互补,并通过专人负责和检查小组定期巡视的方式,加强卫生监督检查。全年清运学校生活垃圾 6935 吨、工程垃圾 1200 吨,更换学校教学区和学生生活区垃圾箱 100 个。做好 22 万平方米绿地的日常养护,春季种植树木 330 株,铺种草坪 3700 平方米。完成南开大学幼儿园 1175 平方米后院景观的改造,对大中路沿线绿地草坪更新工程、敬业广场周边草坪更新工程等进行验收。落实避免溺水安全防控措施,在马蹄湖、新开湖、小引河周边安放 18 个温馨提示牌,购置 6 套救生设施分别放置在后勤办、化学楼、生科院等离水面较近的地点供急需使用。学校获评“天津市 2012 年度市级卫生红旗单位”。

物业服务

做好全校 24 栋宿舍楼和 4 个住宅小区的维修工作,全年共进行宿舍水、电、门窗玻璃等日常零修 10599 项。保证学校本部 5 个开水锅炉房的开水供应及日常维护。完成龙腾里、龙兴里小区屋顶防水工程 3000 平米,改造加宽道路 4000 平米。完成龙腾里、迎水道 100 号小区自行车棚改造维修 1800 平米。自 8 月起调整宿舍保洁工作管理方式,由原来的雇佣临时工改为整体外包。做好 4 个住宅小区及西区公寓、21 宿舍区 8000 多学生的门卫管理及日常保安工作。完成龙兴里住宅小区监控系统安装工程,监控范围全面覆盖小区各个主要位置。

完成龙腾里、龙兴里住宅小区共计 74 个单元的对讲系统设备改造。为学生宿舍及家属区门卫配置防暴叉和防暴网以应对突发事件。学校获评中国高等教育学会后勤管理分会“中国高校物业管理工作先进集体”。

工程管理

全年开展幼儿园户外场地绿化及铺装工程、住宅小区综合治理工程、浴室维修改造工程等工程项目 38 项，其中招标 5 项。在工程实施过程中，严格控制预算造价，最大限度节约学校投资。

校医院服务

加强人才队伍建设，引进 2 名专业技术人员和 1 名管理人员。参加天津市卫生局医师协会组织的继续教育学术活动 10 次，开展传染病培训 4 次。全年开展各类门诊服务 99817 人次，同比增长 18.3%。完成实验室检查 9626 项目次。完成输液 2624 人次，注射 1793 人次，换药 2000 余人次。主动上门开展社区卫生服务，入户诊查、输液、注射、送药 1000 余人次。增加中药配方颗粒服务项目，提供中药配方颗粒处方 197 人次。合理安排购药计划，采购中西药 900 余种，处方 121000 人次。完成 2012 届毕业生体检 5754 人，2012 级新生体检 6542 人。对 2012 级新生进行麻疹疫苗接种工作，接种人数 2382 人。为广大师生接种甲肝、乙肝、流感等其他各类疫苗共计 576 人次。做好学校大型活动的医疗保障工作。在第九届全国大学生运动会期间，选派医师和护士实行 24 小时值班制，为我校赛区运动员和教练员提供医疗服务 5 次。完成新生军训、校运会及学校其他各种会议的医疗保障工作。利用网络、板报宣传栏等向师生进行各种健康教育及疾病预防宣传活动。积极开展控烟宣传教育工作，在世界结核病防治日中，向广大师生发放宣传资料 1000 余份。开设包括传染病防治、外伤处理等内容的健康教育公选课 192 学时，全年选课学生约 1200 人。

幼儿教育服务

6 月，组织开展以“服务南开，铸造精品”为主题的 60 年园庆系列活动，并开展“服务南开，铸造精品”主题党日活动。对青年教师进行师德教育，开展素质教育和诚信建设活动，强化各岗位的学习与培训。同时开展“走出去，请进来”的学习交流活动，组织教师参加上海名教师来津的教育活动观摩，接待日本和美国留学生来园参观。配合卫生保健部门做好疾病的防治、防疫工作。针对手足口病例的发生，及时启动传染病应急预案，有效地控制病情蔓延。改善教学条件，完成庭院景观改造工程及操场、后院的周边绿化铺设工程。对教学楼、教室进行维修，添置玩具柜、桌面建构游戏、消毒柜、冰柜等。加强安全工作，安装电子刷卡门禁系统，家长持卡接送孩子，解决了幼儿入园、离园时的安全隐患问题。同时在重要部位增设监控摄像头。

其他工作

完成 2012 届 2000 余名应届毕业生的户口迁出工作及 2012 级 3000 余名新生的户口迁入工作。在劳动服务公司推行多劳多得的分配原则，根据网点位置和经营项目的不同，对服务项目与经济效益发生矛盾的网点给予经济补贴，确保师生能够得到便捷的服务。加强生产发展中心基础设施建设，完成中心范围的路面维修工程。

（撰稿人：蒋斌）

房产管理工作

房屋修缮

完成老体育馆粉刷维修工程、数学学院阶梯教室精装修工程、教学楼及住宅楼屋面防水维修工程、学生5宿舍和8宿舍粉刷维修工程、第六教学楼屋面维修工程、伯苓楼局部卫生间及给水系统改造工程、行政办公楼楼梯间等公共走道粉刷工程、化学院高分子所会议室改造工程及各类零星维修工程。开工理化分析楼维修改造工程、日本研究院楼维修改造工程。维修建筑物总面积18000平方米，维修屋面总面积超过10000平方米，工程总造价近1200万元。

公房管理

全年调整房屋507平方米，用于满足新增科研和教学用房需要。将伯苓楼第一会议室130.25平方米、第二会议室130.25平方米分配给信息技术科学学院；伯苓楼第一贵宾室75平方米、第二贵宾室75平方米暂借远程教育学院。将信息技术科学学院位于主楼212的办公室36.5平方米与206教室60平方米调换。

加强教学楼管理，在空调冷热、课桌椅损坏、自来水跑冒滴漏等方面，发现问题及时解决。抽查教室使用情况，维护设备正常使用秩序。采取新举措，建立反应机制，以处长信箱、报修电话等形式，为师生监理多条渠道反应机制，切实方便师生、服务师生。

严格教学楼查证工作，杜绝校外办班机构在教学楼内开课和闲杂人员进入楼内的现象，与物业公司签订了查证责任书。

做好北村服务市场、南园商场、龙兴里龙腾里底商及会议场地出租管理工作，认真落实收费工作，按时催缴租金。全年收取伯苓楼场地租金29万元，伯苓楼管理费6.3万元，文科类管理费8万元，北村服务市场、南苑商场、交通银行等房屋租赁费154万元。

住宅管理

安排4位博士后入住63楼博士后公寓，安排34名单身教职工入住21斋，对住宿人员进行清查，清理需退宿人员。将多年来21斋公共厨房煤气罐更换为电磁炉，安装微波炉，消除重大安全隐患。出售公有住房产权11套，办理住宅交易59户，更换公有住房租赁合同205份。做好住房货币补贴发放补漏收尾工作，向7名教职工发放住房补贴，总金额42.28万元。完成迎水道校区和旅游管理干部学院土地更名事宜，将取得的迎水道校区土地证、旅游管理干部学院土地证存档。研究新校区住宅建设方案，向教职工发放问卷调查，收回有效问卷1116份，并提前着手相关准备工作，如排序新校区教工名单，模拟进行新校区建设、排榜、出售等流程，为新校区住宅建设工作实际开展做好准备。

其他工作

制定《南开大学公房出租出借管理规定》、《单身教工宿舍(21 斋)管理规定》、《南开大学 20 斋管理规定》、《房产管理处零修工程管理工作规程》。推进信息化建设,将全校公房图纸扫描、修复处理为电子版,解决学校建筑图纸存量大,部分图纸老化不便于保存和查阅的问题。制作三维校园展示、管理系统,在高效管理的同时,为学校管理资源共享奠定基础。加强网站建设,进一步实现网上办公和服务功能。

附录

2012 年房屋基本情况(建筑面积)

总合计	1077539 平方米				
合计	686916 平方米		合计	390623 平方米(120 栋)	
公用房	教室	86284 平方米	教职工住宅	校内	264158 平方米
	图书馆	31302 平方米		兴南小区	38514 平方米
	实验室	168844 平方米		龙兴里小区	40502 平方米
	会堂	2270 平方米		迎水道校区	47008 平方米
	行政办公	62426 平方米		校外	441 平方米
	体育馆	28800 平方米			
	学生宿舍	195585 平方米	房 型	三室一厅以上	1521 套
	食堂	18362 平方米		二室一厅	2599 套
	教工单身宿舍	6038 平方米		一室一厅	1597 套
	其他附属用房	87005 平方米		合计	5717 套

数据截至 2012 年 12 月 31 日。

(撰稿人:宋莹)

接待服务工作

概况

年末,有专家楼、明珠园、爱大会馆、静园和谊园 2、3、4 号楼 7 栋楼宇;拥有专家楼餐厅、明珠园餐厅、谊园餐厅、爱大会馆餐厅、静园餐厅 5 个餐厅;客运部拥有各种车辆 30 余部,可满足宾客对住宿、餐饮、出行等方面不同层次的需求。

本年度主要围绕以下几个方面开展工作:一是做好人才队伍建设工作,建立稳固的人力资源队伍；二是坚持学校利益优先下的“企业化经营战略”，抓好经营管理；三是坚持“服务至上、宾客至上”的服务理念，做好接待服务工作；四是依法经营、严格财务管理，确保国有资产保值增值；五是坚持不懈练内功，全方位提升管理水平；六是积极推进硬件改造，实质性提升服务水平；七是坚持推行“以人为本、人性化管理、善待员工”的管理理念，重视企业文化建设；八是重视反腐倡廉工作，重视党团工会建设。

人才队伍建设

继续巩固和拓展与多所旅游类职业院校的合作伙伴关系，确保人力资源的可持续供给。截至年末，与中心确立实习生合作关系的职业技术学校增至21所院校。先后与河北冀中职业学院、河北工业职业技术学院、河北衡水科技学校、天津商业大学、河北保定学院、保定职业技术学院等大中院校就酒店管理专业的学生在中心实习、就业达成合作意向。继续培养和储备高素质、高水平的酒店管理骨干队伍。4月，选派第二批外派挂职人员赴北京国际艺苑皇冠假日酒店进行为期半年的挂职培训，培训良好效果，为一线员工起到良好示范效应。进一步优化人力资源配置。6月4日，开展第五次全员竞聘上岗工作，有效提升了人力资源队伍的核心竞争力。7月，主办“第二届酒店行业人才培养暨校企合作论坛”，将学校与各旅游管理类大中专院校、系所的合作推上一个新的台阶，同时也为各院校之间提供交流和学习的平台。

经营管理

不断拓展新的经济增长点，积极探索带有南开标识、有南开特色的礼品纪念品的开发和制作，打造南开品牌文化产品，力求提升南开大学国际品牌的影响力。针对高校校园宾馆的特点，结合学校实际情况，经过认真调研和反复研究确定的“差异化服务”经营方针已显成效，不同餐厅和客房逐步形成各自的特色，满足了不同的目标客户群需求。

接待服务

本着“服务至上、宾客至上”的服务理念，追求服务精细化、专业化、人性化，全年承接了多次较高规格的国内外学术会议，如：东亚文学与文化交流国际学术研讨会、第三届中国埃兹拉·庞德国际学术研讨会、第四届全国科学社会学学术研讨会、第九届全国大学生运动会等，接待能力和水平迈上新的台阶。“讲政治、顾大局”，认真做好外籍专家、留学生、学校对口支援教师、挂职干部、附小班车等接待服务工作，做到了“社会效益优先下”的稳步发展。

财务管理

坚持依法经营，规范经营，严格财务管理工作，主要措施有：修订中心的固定资产管理制度，完善固定资产保管责任制。成立固定资产清查小组，指定专人负责，对中心现有的固定资产进行全面的清查、登记，同时完善新购固定资产的各项手续。规范中心的经营与管理，保障消费者的利益，出台《签单消费管理规定》和《应收账款回收工作管理措施》，实行有效签单人签模预留制度，有效地减少呆账、坏账的发生，避免国有资产的流失。

内部建设

坚持不懈地抓内部建设，练内功，积极开拓经营市场，重视节能减排和安全管理工作，具体措施是：坚持节能减排、降本增效，从点滴做起，从我做起。采取一系列的节流措施，在工作中做到人走灯灭、龙头无滴水，注意各种设备设施的维护，有故障及时报修，不因为无人管理造成中心资源的浪费；

坚持实行管理干部24小时值班制度，使管理层能掌控和及时处理运行中的问题，以确保将安全管理工作落到实处；高度重视消防安全工作，强化消防培训，定期检查消防设施和器材，遇有问题及时整改，8月，面向主管级以上员工开展第五期消防安全培训活动；高度重视食品安全工作，坚持食品留样制度，实行规范的食品采购索证、索票台账，贯彻落实联合监督检查制度、培训制度和信息通报制度，定期开展卫生安全专项检查，重视跟踪落实；坚持预警机制，严格贯彻执行《接待服务中心关于突发事件的应急预案》。

硬件改造

完成对静园的提升改造、设施更新、员工岗前培训等各项工作。静园于7月22日重新开业，中心的硬件水平得到进一步的实质性提升。年末，启动谊园2号楼、3号楼装修改造工作。

企业文化建设

高度重视和探索中心的企业文化建设，坚持推行“以人为本，人性化管理，善待员工”的管理理念，尊重员工。在重大事情的决策上，采取“自下而上”的模式，注重倾听和采纳基层员工的意见；关爱员工；重视员工的生活和工作环境的改善，拨出专款修缮员工宿舍，配备专门的宿舍管理员，定期和不定期召开员工座谈会；关注员工的成长；关注职工文化生活，定期举办系列员工文化活动，营造积极、健康、向上的文化氛围，增强中心的凝聚力和向心力。3月31日，学校获评“2011年度院校涉外住宿系统优秀单位”。

党团工会组织建设

高度重视党风廉政建设工作和员工思想建设工作。领导班子带头坚持“依法办事、按制度办事”，涉及经济利益问题、重大决策问题时，坚持严格自律，廉洁奉公。注重发挥党员先锋、教工先锋、优秀员工的模范带头作用，定期召开民主生活会、退休职工座谈会、优秀党员团员参观学习等活动。

（撰稿人：高俊芹）

膳食服务工作

伙食保障

加强食堂内部管理，加强成本核算，节能增效，积极消解涨价压力。每月结算后召开全体管理员例会，总结当月经营情况。探索膳食管理体制和运行机制改革的新思路，积极挖掘潜力，加强成本核算。根据全年一卡通消费统计，人均早餐消费2.02元，人均午餐消费5.66元。将实习餐厅定位向大伙食堂靠拢，增加基础供餐比例；要求学二食堂一楼名厨每餐确保供应 1 至 2 元菜品，单品最高菜价不超过 6 元等。

膳食服务中心重视清真饮食供餐工作，充分满足少数民族学生各种需求，每月综合各项补贴总计近万元，确保稳定供应。设立平抑物价基金，在社会物价大幅度上涨的情况下确保食堂价格稳定，充分保证高校食堂供餐的公益性。

大力推进采购规范管理和价格控制工作，实施“阳光采购工程”。对大宗物资始终坚持实行招投标采购，严格食品原材料的采购和管理程序，从供货源头控制物资的质量和价格。中心积极与供货商谈判，对于价格上涨幅度较大、食堂需求量较大的米、面、油等原材料，采取期货式交易方式提前购进，暑期以 195 元/桶价格集中购进食用油 4000 桶，节约采购成本 20000 元，把实惠留给学生。

通过上述措施，保持了膳食价格基本平稳，全年供给价格总体保持在 2008 年水平，确保了学生的利益和学校的稳定。

拓宽经营

在保障基础伙食供应的前提下，探索性的对伙食保障结构进行调整，以合作经营的形式引入明明德(天津)投资管理有限公司与学校共建美膳广场，努力提高餐饮服务的质量和水平。美膳广场供餐模式以即时加工的中式简餐和特色小吃为主单品价格多集中在 5 至 10 元左右，并确保经营一定数量的特价菜和平价菜，填补食堂服务的空白，丰富学校餐饮种类。美膳广场经营时间为早 10 点至晚 9 点，满足部分学生在非正常就餐时的餐饮需求，促进学生餐饮群体向学校规范餐饮服务回归。

硬件改造

利用专项维修经费 147 万元于暑期完成学二食堂一楼洗碗消毒间改造工程、大厅墙面粉刷工程、转门改造工程、排烟设备维修工程，增配电子显示屏菜牌和磁力菜牌，更新照明设备并维修防火幕墙，增设热水器一台；学二食堂二楼电力改造工程；学一食堂操作间装修改造工程，并更换厨房设备；清真食堂维修屋顶漏水，进行墙面粉刷；学一、学三、清真食堂添加购置保鲜柜；实习餐厅、馨香园新增空调机并完成各部门空调机清洗维护工作；完成实习餐厅厨房送风系统改造工程，馨香园安装防火通道电磁门。自筹经费 29.7 万元完成总计 24 项零修工程并购置部分设备，例如增加公共区域监控系统；扶梯增添安全设施；购置自动洗地机；在食堂各入口安装防风门帘；自行设计、制作了筷子消毒车；改装收餐车加装防振垫；在洗手池安装热水器；学二食堂一楼更新、更换了部分灭火器。

人事聘任

在内部管理上，科学设置基层管理岗位，根据管理职能将工勤人员岗位分别设定为部门经理岗、副经理岗、主管岗和普通工勤人员岗，对膳食服务中心全体工勤人员进行重新聘岗，充分调动全体职工工作积极性。

膳食工作委员会工作

做好膳食工作委员会办公室相关工作，综合协调膳食相关管理工作。做好信息调研、整理，按时报送《膳食督察专报》。完成膳食工作委员会交办的其他工作，实现规范管理、安全饮食、保障基础、品种多样、热情服务、持续改进。成立膳食学生助理管理工作小组建设，畅通信息沟通渠道。学生助理由校学生会干部和来自不同学院的学生代表构成，在学生工作部、膳食服务中心和校学生会的指导下开展各项工作，让学生切实参与学校食堂的管理、监督和改进工作，促进膳食保障工作不断完善。

(撰稿人：闫林韬)

动力供应与维修工作

概况

动力供应与维修中心负责学校动力供应与保障、基础设施维修改造、能源管理等工作。4 月，学校能源委员会完成人员调整。6 月，动力供应与维修中心将原电力部、锅炉部、工程部、零修部、经营部、木业部、办公室、节能办 8 个部门调整为电力科、供热科、维修科、综合科和能源办公室 5 个职能科室并面向校内公开招聘。制定《科室的工作职责》、《专项工程管理流程》、《零修工程管理流程》、《冬煤采购供应流程》、《物资采购流程》等规章制度。动力中心网站上线运行。

维修工程

下达专项工程 38 项，其中延续项目 19 项，新增项目 19 项，项目经费总计 2300 万元，工程开工率为 95%。

西南村 45、46、47、48 楼墙保温工程被列为学校承诺的今年 20 项服务师生实事之一。通过充分市场调研，最后采用保温砂浆施工，保证施工质量和安全。为龙兴里、龙腾里两个小区，迎水道 98 号院 4 栋家属宿舍和西南村 7、13、38 全楼以及西南村 11、51 部分楼栋进行上下水改造。为西南村 17、18、60 楼，北村 14 楼以及东村部分平房做屋顶防水维修。更新西南村 22 楼、44 楼 2 座露天箱式变电站。为老图书馆旧窗更新断桥铝窗，保证供热温度。为新图书馆更换水箱，进行卫生间改造。

为新建的成人教育学院新址做环境配套，铺设地砖，增设路灯。更新改造 6 教至外事区的燃气中压管道。为汉语言文化学院、嘉园暖气做整体改造。对 8、21 宿舍暖气外网进行改造，为 14、15 宿舍地面更新，为 22 宿舍上水管道维修。为静园、日本所、理化楼、成教学院建筑整体改造做管网配套。

完成日常繁杂的零修工作任务。

节能降耗

年度(2011 年 10 月—2012 年 10 月)全校用电量 4802 万度，同比下降 74 万度；全校用水量 170 万吨，同比增加 16 万吨。全校水电费支出 3262 万元，同比增长 123 万元，增幅 3.92%。

全年水电费回收 730 余万元(含代扣)；煤气、暖气、地热水等回收 640 余万元(含代扣)，与去年同期基本持平。

节能监管系统进入实质建设阶段。完成监控室装修改造，招标完成与监控系统配套的智能电表、远传水表等终端设备，基本完成市场调研和监控系统标书设计工作。

根据市教委“万家企业节能低碳行动”要求，完成对学校 2010－2011 年度能源审计。

5月,停止对西南村新八楼412户居民的地热水供应。维修服务到每家每户,根据居民需要更新电路,安装专用插座,拆移旧管道,方便居民安装电热水器。

完成学生活动中心田家炳音乐厅的供热系统改造。拆除二次换热装置,采用直接盘管供热和风机吹风送暖的方式革新改造。

应急保障

8月,及时启动应急预案,对大暴雨造成的校园积水和外事区供电电缆受损状况进行评估维修。录制全校道路积水录像,绘制积水地图,为今后道路和雨排改造积累一手资料。

为老体育馆铺设新电缆,疏通所有大运会场馆、住所的上下水管。备置备用电缆和上下水维修材料,相关技术人员常驻场馆。

(撰稿人:张俊杰)

校办产业

校办产业

概况

年末，南开大学拥有校办企业21家。2012年校办产业的工作重点是校办企业规范化建设工作。

校办企业规范化建设

5月3日，南开大学调整了天津南开大学资产经营有限责任公司董事会、监事会。佟家栋任天津南开大学资产经营有限责任公司董事长，张思为任副董事长，佟家栋、张思为、张志尧、王惠兰、周占明组成新一届董事会；高键、王丽平、翟兆魁组成新一届监事会。张志尧任天津南开大学资产经营有限责任公司总经理，周占明、段爱龙、高红梅任副总经理。

南开大学申报2011年国有资本收益的企业共12家，分别为天津南开大学资产经营有限责任公司、天津市绿保农药化学科技开发有限公司、南开大学出版社、南开大学印刷厂、天津天高国际经济发展公司、南开大学汽车修理厂、南开大学玻璃仪器厂、南开大学金工仪器厂、天津市南大润滑油经营部、天津市广告策划中心、天津市天骄公关服务中心、天津市南开大学华兴技术开发综合公司。完成南开大学2011年度国有资本收益零申报。

3月9日，天津市津为建材经营服务部提出注销申请。6月21日，天津市津为建材经营服务部完成工商注销登记。

11月5日，南开大学完成了对天津南开大学资产经营有限责任公司前任法人的离任经济责任审计工作。

（撰稿人：高红梅）

党建与思想政治工作

组 织 工 作

创先争优活动及基层组织建设年活动

指导基层党组织通过调查摸底、分类定级、整改提高等环节，加强长效机制建设，推动创先争优活动深入开展。配合学校纪委做好深入开展保持党的纯洁性教育活动的相关工作。

十八大代表候选人初步人选推荐

按照天津市委和教育工委安排，组织完成出席中国共产党第十八次全国代表大会代表候选人初步人选推荐提名并经校党委全委（扩大）会议通过，共提出18名（包括市级领导代表10名、市级老同志代表1名、教育系统代表7名）同志作为出席党的十八大代表候选人初步人选。

市十次党代会代表选举

根据市委《关于中国共产党天津市第十次代表大会代表选举工作的通知》和教育工委的安排意见，通过召开党员代表会议差额选举方式，选举产生我校出席天津市第十次党代会代表7名。

“七一”表彰和“创最佳党日”等活动

授予历史学院党委等5个基层党组织“红旗党组织”称号，授予陈军等10名同志“共产党员标兵”称号，授予组合数学中心三支部等28个基层党组织“先进党组织”称号，授予刘晓雨等81名同志“优秀共产党员”称号。另外，经推荐，陈军同志获评“天津市创先争优优秀共产党员”；王君等10名同志获评“天津市教育系统创先争优优秀共产党员”；历史学院党委等10个基层党组织获评“天津市教育系统创先争优先进基层党组织”。学校党委还表彰了“创最佳党日”活动一等奖5个，二等奖12个，优秀奖38个。“七一”前夕，学校党委组织召开党龄达到30年老党员座谈会，颁发纪念杯；举行32位兼职组织员致聘仪式并颁发聘书；组织千余名新党员在周恩来总理塑像前举行集体宣誓大会。

基层组织概况

年末，学校党委下设33个分党委（党总支），各基层党组织共设有党支部624个。年末，全校共有党员12856人，其中专业技术人员1781人、专职党政干部860人、工人88人、离退休人员1415人、学生8712人。学生党员占学生总数的24.78%，教职工党员占教职工总数的61.06%。

党员发展

严格执行入党积极分子备案、入党志愿书编号和领用登记、发展党员月报等制度，进一步规范发展党员程序和档案，严格落实发展党员计划。全年发展党员2202人，其中学生2171人、教工31人；预备党员转正

1695人。

党务管理

指导各分党委、党总支规范使用“中国共产党基本信息管理系统”,做好党员信息库维护更新和党内统计工作。做好组织关系接转及新生党员档案审查工作。全年办理党员组织关系接转手续5261人次,其中转出3616人次、转入1645人次、校内流动206人次。对2012级新生党员组织关系接转和入党档案进行审查、梳理。坚持定期收缴和按时划转党费,指导各分党委、党总支合理使用党费。全年党员缴纳党费519262.4元,全校使用党费488564.97元。

迎接中组部干部选人用人工作检查,加大制度建设力度

中组部检查组认为学校党委能够坚持正确的用人原则、标准和导向,选人用人风气正;重视选人用人制度建设,制度健全,严格规范;创新干部培养模式,干部培养锻炼成效突出。编印《南开大学组织干部工作文件汇编》,完成《南开大学选人用人工作整改措施》起草及上报。

中层领导班子建设

继续做好专业学院行政班子换届工作,先后完成对物理学院等5个单位的行政班子换届工作,完成数学科学学院等3个单位行政领导班子的民主测评和民主推荐。在换届工作中,严格执行换届程序,充分发扬民主,严肃换届纪律,确保换届工作风清气正,有序进行。

机构调整

制定出台《南开大学机关部门职责》,明确35个部门的工作职责,为进一步提升管理效能,强化绩效考核奠定了基础。本年度新成立教师发展中心和档案工作办公室2个处级机构。

干部选拔任用

全年对45个领导岗位进行了民主推荐,1108人次参加了民主推荐会,个别听取意见近500人次。提拔中层领导干部40位,其中正处级干部8人,副处级干部32人;中层干部校内交流9人。加大干部竞争性选拔工作力度。全年共拿出16个处级领导岗位进行公开选拔,9人通过公开选拔走上处级领导岗位。重视干部队伍结构建设,大力选拔优秀年轻干部、党外干部和女干部。2012年共提拔35岁及以下副处级干部11人,占新提拔干部总数的27.5%;党外干部6人,占新提拔干部总数的15%;女干部17人,占新提拔干部总数的42.5%。

干部培养

组织管理骨干参加各级各类培训。全年选送15人次参加中组部、教育部、中央党校、天津市的各类培训;4人赴香港中文大学研修,1人赴美国、5人赴澳大利亚研修。

加大干部挂职锻炼力度。全年新派出15人赴中组部、教育部、国家留学基金委、江西省、市委组织部、市委教育工委、市规划局、市社联、市政府夏季达沃斯论坛筹委会、南开区、红桥区、兄弟高校挂职锻炼。

完善激励和保障措施。推荐1名干部在职攻读硕士学位,3名干部在职攻读博士学位。促进干部在教学科研与管理岗位间的交流,对7名不再担任管理职务的“双肩挑”干部给予经费资助,为2名干部申请了学术假期。

重视后备干部队伍建设。全年共选送3名后备干部赴香港中文大学研修,选派6名后备干部到上级机关或地方挂职锻炼,全年提拔使用后备干部26人。

干部考核与监督

3月，根据教育部要求完成2011年度校级领导班子、领导干部年度考核和新提任处级干部民主评议工作。

加强对中层领导班子和领导干部考核工作的组织和指导。6月至7月，开展并完成2010—2011年度中层领导班子和领导干部考核工作，共考核中层领导班子73个，中层领导干部274人。

严格干部日常管理，完善干部考察、任职、培训、考核的档案工作。及时更新中层领导干部和出入境人员报备数据库。做好中层党员领导干部报告个人有关事项工作。会同审计处完成21名中层干部的离任经济责任审计。

干部教育培训基地建设

2012年我校有6名教师入选全国干部教育培训师资库，完成8门视频课程的录制并报送中组部。配合市委组织部，认真开展干部自主选学组织工作，培训基地开发16个专题和22个讲座，其中2个专题和4个讲座已在天津市2012年干部自主选学中采用。2012年基地累计培训处级以上领导干部832人次。

党校工作

组织好学生党课暨公共选修课《中国共产党基础知识》和教职工入党申请人培训。全年举办学生党课2期，培训2100人；举办教职工入党申请人培训班1期，培训35人。指导滨海学院、泰达学院举办学生入党积极分子培训班3期，培训1260人。

人才和知识分子工作

为43人办理天津市干部保健证，组织完成1244名正高级职称教师干部的查体工作。继续做好援疆、援藏、挂职干部的走访慰问、有关补贴发放以及家属慰问等工作。

自身建设

继续做好组织部门“讲党性、重品行、作表率”活动，加强自身建设。明确人员职责及分工，加强内部工作制度及规范建设，做好部门网页更新。组织撰写的《破解改革发展难题 规范专业学院管理和运行机制》入选全国组织干部学院《组织工作改革创新案例》。

宣传思想工作

宣传报道党的十八大

党的十八大召开前，南开新闻网、党悟网、党员干部学习网开辟“科学发展，成就辉煌”专栏，南开大学电视台播出相关专题片和主旋律影片50余部，校内宣传栏、橱窗举办“科学发展,成就辉煌”、“开拓前进,勇于创新”主题图片展,为迎接十八大召开营造氛围。

组织收听收看十八大开幕式。制作“中国共产党第十八次全国代表大会”专题网站,全面整合十八大相关报道,及时宣传南开师生迎接、学习、贯彻十八大的相关新闻,并充分发挥网络优势,推出大量报道专题,成为学校学习贯彻十八大精神的重要网络平台。

组织校中心组集中学习十八大精神,为校、院中心组、校党委和纪委委员及各单位购买各种十八大精神学习材料近7000册。组织学习十八大精神理论征文和知识竞赛。

组织开展全校范围内的十八大精神宣讲活动

主办“学习胡锦涛总书记‘7·23’重要讲话,迎接党的十八大学者论坛”、“学习贯彻十八大精神——中国特色社会主义理论教育研讨会”。

“南开周末影坛”举办“科学发展,成就辉煌”的系列影片展映,放映了包括《飞天》、《新生万喜》、《惊天动地》在内的10余部反映我国新时期辉煌成就的主旋律影片,在师生中反响强烈。

组织举办“高举旗帜,继往开来——庆祝党的十八大胜利召开教职工合唱音乐会”。

围绕十八大组织对外宣传,11月8日当天撰写的消息《党的十八大隆重召开 南开师生反响热烈》记录了南开大学师生迎庆十八大的实况,被新华社收纳采用。11月9日,中央主要文字媒体在头版重要位置刊发了全国各地收听收看十八大反响的新闻通稿,南开大学的“声音”作为第一批“回声”出现在各大报刊上。人民日报、新华每日电讯、光明日报等媒体,均以较大的篇幅刊发了南开师生的言论和反响。十八大召开期间,通过与媒体的沟通策划,人民日报刊发十八大代表、我校党委书记薛进文的观点3篇。中央电视台新闻联播、天津电视台、天津人民广播电台等媒体对我校专家学者进行多次采访报道。十八大闭幕后,对于我校学习贯彻十八大精神的相关活动,中央电视台新闻联播、焦点访谈等栏目给予广泛报道。经百度新闻统计,各类媒体共发布南开师生迎庆学习十八大新闻近400条。

理论工作

继续深入开展创先争优活动,专题网站更新内容300余条,编发简报9期。我校创先争优专题网站荣获第五届全国高校百佳网站评选中的“十佳创先争优专题网站”称号。

建设在线理论学习平台“党员干部学习网”,专人维护、更新,配合保持党的纯洁性教育等活动,开设专题学习课程。

推进学习型党组织建设。制订并认真执行年度学习安排意见和专题学习计划,继续推动党委中心组理论学习制度化规范化建设,编辑《理论学习摘编》11期。通过中心组学习手册等形式引导基层党支部开展学习型党组织建设,拓展学习内容、途径、方式。

加强理论研究和宣传调研。全校6项课题获天津市优秀调研成果奖,8项课题获天津市教育系统优秀调研成果奖。承担起草或参与起草学校党委有关重要文稿、领导讲话、上报材料20多件次。

思想政治教育工作

傅佩缮等7位老师获评天津市教育系统优秀思想政治工作者。完成第二十一次师生思想政治状况滚动调研。结合国内外形势变化和社会热点难点问题,开展形势政策教育。

继续推进“六五”普法相关工作,组织全

校处级以上领导干部法律知识考试。

全年举办“南开名人讲座”和“南开文化周末”等主流校园文化活动50多场次，“南开周末乐坛”高水平演出超过10场。“与时代同行”——77、78级校友返校系列讲座活动在校内外产生广泛影响。支持基层学院、部门开展丰富多彩的各类“文化节”、“艺术节”、“体育节”活动数百场。

觉悟网全新改版，突出思想政治教育主题并入选天津市首批文明网站。“我爱南开BBS”推出新版，在数据库结构、网站构架、页面设计、互动方式等方面进行改进。“我的南开”网站入选第五届全国高校百佳网站。编发《每周舆情动态参阅》26期，并针对“重庆市委主要负责同志职务调整”、“研究生补助问题”等编写《网络信息专报》5期。多次组织召开网络舆情会议，探索网络突发事件科学应对机制。参与制定《南开大学校园网站建设与管理安全目标责任书》。积极参与“中国大学生在线”和“天津大学生”网站的建设，有关工作受到肯定。

承办第八届中国传媒年会。

新闻宣传

全年百度搜索南开大学相关新闻664000条，其中直接以“南开大学”为标题的新闻4600篇。

重点报道了学校人才与师资队伍建设工作会议，77、78级校友返校，第二十次学代会、第三十一次研代会召开，新校区建设，协同创新中心成立，西南联大成立75年，社会各界救助患病学生袁霞，红旗谱高校巡演，南开大学入选首批新汉学计划，第29届物理中的群论方法国际大会，南开学子荣获中国青年志愿者优秀个人奖，南开大学成立国内首家“公司治理研究院”等新闻事件。

《南大全球诚招百名“牛”教授》、《南开打破教师铁饭碗》、《南大恢复高考后首批毕业生30年后母校走青春》、《南开大学校务委员会首设学生席位》等稿件刊发于人民日报、中国教育报、中国青年报、天津日报等重要媒体。

针对黄金周高速免费、莫言获奖、手机泄密、房价走势等社会热点问题以及高考招生、就业招聘、学生实践、生涯规划等校园热点话题，组织或推荐相关学科领域的专家，在各类媒体上发出南开声音。

建设以“南开大学新浪官方微博”和“南开大学人人网官方主页”为主平台的南开大学新媒体矩阵群。南开大学报全年出版34期。发送手机报62期。南开大学电视台全年播出新闻948条，制作专题节目2部。

组织“南开大学2012年度新闻”评选，召开新闻网年度工作总结表彰会，邀请优秀通讯员座谈。

统 战 工 作

贯彻落实文件精神

深入学习中共中央颁发的《中共中央关于加强新形势下党外代表人士队伍建设的意见》，贯彻落实天津市加强新形势下党外代表人士队伍建设工作会议要求，着力加强党外代表人士队伍建设、服务民主党派组织发展。

人大政协工作

1月,政协天津市第十二届委员会第六次会议、天津市第十五届人民代表大会第五次会议举行,我校市政协委员、人大代表参加会议。我校全国政协委员和全国人大代表、党委统战部负责人列席。

3月,全国“两会”召开,我校共有3位全国人大代表、8位全国政协委员参会。

10月至11月,开展我校全国政协委员、天津市政协委员的推荐考察工作。

党外代表人士工作

调整交友联系安排。年初,统战部协助学校党委对交友联系工作进行了调整,形成《南开大学校党员领导与党外代表人士交友联系的安排》。

加强对党外代表人士培养。8月,侯杰参加民革市委会组织的第十一届一期市委委员暨部分中青年党员培训班;9月至11月,李洪远参加中央社会主义学院组织的第二十八期民主党派干部培训班;9月,侯杰、李冰清等6人参加“天津市民主党派新任常委、委员培训班”;9月,赵国锋、李川勇参加天津市民主党派新任常委、委员培训班;10月,叶丽虹参加市侨联组织的学习调研活动。

党外专家挂职工作。3月,教育系统第一批党外专家服务区域发展工作总结会召开,周建在会上作了总结发言。5月,市委统战部与市教育工委联合开展第二批党外专家挂职工作,信息技术科学学院邵秀丽等4人入选。

组织党外代表人士参加活动。9月,组织党外代表人士及院士、中青年专家代表参加“天津市教育系统知名专家学者代表中秋国庆联谊活动”。

民主党派工作

开展民主党派基层组织调研。4月至5月,在党委副书记杨庆山同志的主持下,先后与7个民主党派基层组织开展了调研活动。

我校民主党派基层组织换届工作基本完成。民建南开大学新一届支部委员会组成:主委周建、副主委左海聪,委员石鉴、滕建辉、韩文霞、李欣光、张津。致公党南开大学总支第二届委员会组成:主委卜显和,副主委王勇、孙青林、李洪远,委员:程仁洪、万国华、杨化滨、许静。

多位教师入选各党派新一届市委会、中央委员会。6月至7月,天津市民主党派组织完成换届。12月,各民主党派中央委员会完成换届。

民主党派成员发展情况。全年有12位新成员加入民主党派组织。

民革南开大学支部信息。9月,民革南开大学支部党员参加民革市委高教总支活动,赴河北阜平参观红色根据地,接受爱国主义教育。

民盟南开大学委员会信息。春节前夕,民盟南开大学委员会慰问了我校离退休老盟员。9月,民盟市委高教委在我校举行2012年年会暨部分高校组织“关于高校内涵发展问题”座谈会。10月,组织我校在职盟员参观济南战役纪念馆,接受革命传统教育。11月,为4位年届八旬的老盟员举行贺寿会及民盟工作总结会。

民进南开大学委员会。11月,组织部分会员赴山东开展联谊活动。

农工党南开大学支部信息。3月,开展“学两会、论发展”主题活动,邀请全国政协委员侯欣一为全体党员及部分同学解读2012年全国“两会”精神。11月,农工党南开大学支部与天津大学支部、天津工业大学支部的部分党员联合组织参观了天津达仁堂京万红药业有限公司。

致公党南开大学总支信息。9月，致公党南开大学总支委员会看望了朱坦、朱天慧和臧弢石等致公党老领导、老同志。9月，致公党南开大学总支召开了总支全体会，共祝国庆、欢度中秋。11月，致公党南开大学总支一支部全体党员召开座谈会，祝贺中共十八大的召开、热烈讨论十八大报告。

九三学社南开大学委员会。12月，九三学社南开大学委员会举办社员代表座谈会，学习贯彻中共十八大精神。

民族宗教、侨务及留学归国人员工作

民族宗教工作。上半年，多次协助市教育工委统战处排查我校民族宗教有关工作情况。4月，正确引导，适当协助藏族学生社团“博藏文化社”开展第六届西藏文化节活动。8月，向天津市民族团结与宗教和睦促进会推荐6位少数民族教师成为该会会员。

侨务及留学归国人员工作。4月，协助天津市侨联举行新西兰籍华人著名书画家区本先生“艺术回归祖国”书画巡展。6月，协调陈洪、周立群、吴志成教授为国侨办组织的华侨华人社团负责人研习班授课。7月；向市侨联报送我校华侨捐赠情况，举行南开大学留学归国人员座谈会。9月，向市侨联提交“纪念天津市侨联成立55周年”征集照片，组织我校老归侨代表参加市侨办举办的“国庆中秋”侨界人士联谊活动。10月，开展我校侨界代表人士的调查工作。10月，由国务院侨办主办、天津侨办承办的“文化中国，名家讲坛”活动举行，历史学院教授孙立群作为“文化中国，名家讲坛”天津巡讲团成员开展中华文化海外巡讲。11月，组织我校侨界人士参加天津市侨联举行的新侨工作座谈会。

受表彰情况

8月，在“中国侨界贡献奖”的颁奖仪式上，我校化学学院陈军教授荣获“创新人才奖”，化学学院卜显和教授负责的“新型功能配位聚合物的构筑与结构性能调控”研究成果荣获“创新成果奖”，经济学院李维安教授带领的“南开大学公司治理研究中心”团队荣获“创新团队奖”。今年天津市共获得奖项11项，我校占3项。

10月，民盟南开大学委员会被民盟中央授予“宣传工作先进集体”。

12月，天津市政协召开优秀提案表彰会议，我校市政协常委袁直提案《关于促进天津设施农业发展的建议》、市政协常委钟茂初提案《关于有规划、有进度时间表，加快全市过街天桥建设的建议》等3项提案被政协天津市委员会评为政协优秀提案。

附录1

我校民主党派人士在新一届党派天津市委会的主要任职情况

(按姓氏笔画排序)

民革天津市第十一届委员会

常务委员:钟茂初

委　　员:李庆诚　侯　杰

民盟天津市第十三届委员会

主任委员:高玉葆

副主任委员:袁　直

委　　员:周志强　赵国锋

民建天津市第十一届委员会

委　　员:左海聪　周　建

民进天津市第十一届委员会

副主任委员:邱立成

常务委员:张建勋

委　　员:王立新　严秀平　李荣林　范小云　黄唯平

农工民主党天津市第十届委员会

副主任委员:侯欣一

委　　员:朱铭来　李川勇

致公党天津市第五届委员会

副主任委员:卜显和

委　　员:王　勇　李洪远

九三学社天津市第十一届委员会

主任委员:陈永川

常务委员:田建国

委　　员:李冰清

附录 2

我校民主党派人士在新一届党派中央委员会的主要任职情况

（按姓氏笔画排序）

中国国民党革命委员会第十二届中央委员会

委　　员:李庆诚　钟茂初

中国民主同盟第十一届中央委员会

常务委员:高玉葆

委　　员:袁　直

中国民主促进会第十三届中央委员会

委　　员:邱立成

中国致公党第十四届中央委员会

副 主 席:程津培

中国农工民主党第十五届中央委员会

委　　员:侯欣一

九三学社第十三届中央委员会

常务委员:陈永川

纪 检 监 察

党风廉政建设

传达中纪委十七届七次全会、市纪委九届十次全会及教育系统党风廉政建设工作会议精神，深入贯彻落实《南开大学关于党风廉政建设责任制的实施意见》，制定《2012年党风廉政建设工作要点》及任务分解方案；协助组织召开 2012 年学校工作部署暨党风廉政建设工作会；组织 11 名校级领导和全校 61 个处级单位的 284 名中层干部签订《党风廉政建设责任书》，组织实施全校党风廉政建设责任制年度考核，建立中层单位和中层干部廉政档案。1月10日，组织召开纪委八届二次全会，审议通过《南开大学2012年党风廉政建设工作要点》和《关于进一步发挥纪检监察组织服务保障作用的意见》。2月23日，召开2012年工作部署暨党风廉政建设工作会，部署学校党风廉政建设工作。11月28日，组织召开纪委八届三次全委(扩大)会议，学习党的十八大精神。

廉政廉洁教育

结合工作抓好廉洁自律教育、警示教育、预防教育、专题教育和日常教育。邀请教育部党组成员、中纪委驻教育部纪检组组长王立英来校作反腐倡廉专题报告，提高教育针对性和实效性；组织21个学院和部(处)单位近2100余人次学习观看廉政廉洁教育片；为7个学院和部(处)单位举办党风廉政建设专题讲座；组织参加全国和天津市高校廉政文化作品大赛，申报作品14件，其中获全国三等奖2项，天津市一等奖2项、二等奖1项、三等奖5项，并获天津市优秀组织奖；结合各项活动开展，编辑印发纪检监察简讯、简报22期。牵头组织开展保持党的纯洁性主题教育活动，先后组织编写《保持党的纯洁性教育工作简报》9期，综合点评2期，提交工作总结2份、理论成果报告1篇，协调保纯办成员单位列席参加33个分党委领导班子民主生活会，教育部网站“一线采风”栏目和天津市保持党的纯洁性教育办公室第4期简报专题介绍我校经验做法。4月25日，召开分党委书记会，全面部署开展保持党的纯洁性教育活动。

信访和案件查处工作

全年共受理群众信访33件，及时息诉罢访13件，函复教育部、天津市督办函4件，在认真核实基础上，重点调查10件，约谈12人次，处理率100%，办结率90%。建立并严格执行重要信访报送制度，编写《信访举报情况统计分析简报》4期。加强学习培训，参加中纪委和天津市组织的信访办案交流培训活动3次。

“三重一大”决策制度落实工作

协助党委制订出台《南开大学关于执行“三重一大”制度的暂行办法》，根据教育部统一部署，组织开展“三重一大”决策制度执行情况自查自纠和迎检准备工作，梳理印制《“三重一大”决策制度工作实践材料汇编》和《制度文件汇编》，汇总整理各类支撑材料3大类、61卷，教育部检查组对我校执行“三重一大”制度情况给予“高度重视、认识到位、措施得力、成效显著”的高度评价。

廉政风险防控和监督监察

探索开展廉政风险防控工作。制定《南开大学关于在重点领域开展廉政风险防控工作的实施方案》，首批选取招生录取、后勤服务、招标采购等8个重点领域的17个处级单位试点推开，探索构建关口防控、逐级管理、责任清晰的廉政风险防控体系，为全校廉政风险防控常态化管理奠定基础。

加强对党员领导干部和选人用人的监督。先后对74名拟提拔中层领导干部以及人大代表、政协委员推荐人选进行书面廉政鉴定；对77名新提任中层领导干部进行廉政谈话，签订《廉洁从政承诺书》；协调组织全校33个分党委(党总支)、599个党支部召开保持党的纯洁性教育专题民主生活会。

做好新校区规划建设内控监督工作。积极参与新校区建设指挥部监审部工作，积极协助新校区建设指挥部探索建立代建制模式下的工程项目决策机制、资金和项目监管机制。研究制订内控制度6项，全力打造优质高效精品廉洁工程。

推进“科技控权”机制建设。会同招投

标管理办公室和实验室设备处，先后启动招投标远程监控、10万元以下通用设备购置“网上竞价”和“网上超市”3个系统的研发工作，已进入试运行阶段。

统筹完成多项监察工作。组织协调招投标评委抽选和现场全程监督227次，审核非公开招标方式项目申请125项，招标金额1.24亿元。先后参加选聘教师和管理干部、岗位竞聘、自主类招生等全过程监督29批次，为公开、公正、平稳运行提供保障。

3月22日，举行南开大学第二届特邀监察员致聘仪式。7月4日，组织召开重点领域廉政风险防控工作动员部署会。10月18日，京津沪渝四市教育纪检监察工作研讨会在我校举行。11月14日，组织召开2012年新提任干部廉政谈话会，40名新提任中层领导干部参加会议并签订《廉政承诺书》。

队伍建设、调研和信息工作

研究制定《关于进一步发挥纪检监察组织服务保障作用的意见》。完成学校第二届特邀监察员的聘任，调整充实33个分党委(党总支)纪检员。

广泛开展理论实践调研，全年报送上级有关论文、研讨文章以及总结、报告等各类材料41篇。作为教育部直属共建高校纪委第三片组组长单位，与河海大学共同组织举办片组研讨会，提交专题研究论文1篇。全年向教育部纪检组、天津市纪委和天津市教育工委等上级单位报送工作信息26条，我校廉政研究中心被确定为中纪委调研与创新联系点。

本科生教育管理

全年学工部牵头的学生工作共获得市级以上荣誉11项。包括：学生合唱团获得“第七届世界合唱比赛(美国辛辛那提)”3项金奖和“第三届全国大学生文艺展演活动”一等奖；“打造文化育人的‘排头兵’——南开大学依托学生合唱团推进‘公能’素质教育”获“2011年高校校园文化建设优秀成果评选特等奖”；KAB创业俱乐部获得“2011年全国十佳KAB创业俱乐部”；6个本科生班集体荣获“天津市普通高等学校市级学生先进集体”称号，其中商学院2010级管理科学与工程本科生班获得“天津市普通高等学校市级学生先进集体标兵”称号；6名本科生荣获“天津市普通高等学校三好学生”称号，7名本科生荣获“天津市普通高等学校优秀学生干部”称号；医学院2008级本科生闫建军同学获“2011中国大学生年度人物”提名奖；信息技术科学学院2008级本科生杜芳美同学获“第二届全国大学生职业生涯规划大赛”天津赛区第一名。

学工部就业指导中心被评为“全国青年就业创业教育2011年度先进集体”和“大学

生 KAB 创业教育基地”。共有 8 位专职学生工作干部获得市级以上奖项 5 个,其中有赵甘同志荣立中共新疆维吾尔自治区委员会、新疆维吾尔自治区政府颁发的“6·29”反劫机二等功,赵桂敏、魏占玲、易勇军 3 位同志荣获“2012 年度天津市教育系统优秀思想政治工作者”,周凯同志荣获“中华人民共和国第九届大学生运动会”市级先进个人,刘婷同志荣获“全国青年就业创业教育”2011 年度先进个人,谢扬今同志荣获“2011 全国高校辅导员年度人物”入围奖。张明奎荣获“全国高校学生公寓管理服务”先进个人。

经济学院党委副书记兼副院长魏占玲论文《转专业学生的心理适应及心理辅导问题调研报告——以南开大学为例》获得“华北地区第十七次高校德育研讨会”优秀论文;生命科学学院辅导员刘巍的论文《济困、立志、强能贫困生资助三维角度模式探讨》获得“天津市 2011 年度高校辅导员优秀论文评选”一等奖和“全国 2011 年度高校辅导员优秀论文评选”一等奖;时任化学学院党委副书记兼副院长牛文利课题《高校学生党支部思想政治教育功能理论研究与实践探索——以南开大学为例》成功中标 2012 年教育部人文社会科学研究专项任务项目(高校思想政治工作)辅导员专项。

《教育部加强和改进大学生思想政治教育工作简报》第 998 期和第 1060 期分别对我校开展社区志愿服务活动和新生入学前社会实践活动进行了专文介绍。教育部网站“一线采风”栏目分别对我校多渠道促进毕业生就业和我校探索推进大学生心理健康教育的经验做法进行了专题报道。

思想政治教育

印发《关于认真组织本科生党员学习宣传贯彻党的十八大精神的通知》。开展本科生党员“学习宣传贯彻党的十八大精神”党建创新立项活动,收到立项申请 41 项,涉及 21 个专业学院的 41 个本科生党支部。开辟“学生党员学习贯彻党的十八大精神”专栏。成立学生党建研究会和本科生党支部联席会。

继续推行“公能”素质陶铸工程。举办首届“品在南开,公能天下”读书节。制作“南开欢迎你”学前指导光盘,随录取通知书一同发放给新生。抓住新生入学教育契机,邀请校长龚克与新生代表座谈,邀请副校长朱光磊解读《南开大学素质教育实施纲要(2011—2015)》,邀请高教所张晓唯主讲校史校情。邀请第七届“中华慈善奖”得主、广西“安琪之家”创办人王芳等做客南开大学“公能讲坛”。开展“坚持远大理想 创造人生辉煌”本科毕业生教育系列活动。组织 7 年以来坚持开展的新生学前社会实践活动。

落实学校 2012 年转变作风服务师生 20 件实事之一,加强校企合作,与天津经济技术开发区和奖助学金捐资单位等签署社会实践基地共建协议。举办“南开大学—天津经济技术开发区‘深化校区合作,推进实践育人’大学生实习实践双选会”,三星公司、赛威公司和国际生物医药联合研究院等 20 家单位参会,共提供实习实践岗位 200 多个。举办“南开大学 2012 年暑期实习招聘会”,共 75 家单位参会,提供实习实践岗位 1100 多个。

开展“党旗飘扬,引领成长”基层组织建设年主题教育活动。“七一”前,共表彰学生党员标兵 10 人、红旗学生党支部 10 个、优秀学生党员 195 人、先进学生党支部 22 个、先锋团队 12 个、党建创新项目 32 个、学生骨干培训班优秀学员 30 人和结业学员 82 人、“公能”读书节征文获奖学生 50 人、学生工作信息报送先进个人 10 人、优秀学生党建指导教师 10 人。

举办第四届“周恩来班”命名仪式。举办南开大学第二十八期学生业余党校、南开大学2012年学生骨干培训班，培训党员、党支书、班长近400人。

开展学习党的十八大精神学生思想动态调研、教育部2012年高校大学生思想政治状况滚动调查、学生寒暑假返校思想动态等专题调研。调研起草《南开大学本科生综合素质测评指标体系》、《南开大学学生工作考评指导意见》等调研报告。启动本科生学习状况调研，历时两个多月，组织召开4次推动会，发出学生问卷3889份，教师问卷500份，形成《南开大学本科生学习状况调查报告》。

6月1日，举行2012届优秀本科毕业生表彰大会暨毕业生教育活动启动仪式。6月28日，举行2011—2012学年度本科生党建创新工程暨先进学生党支部、优秀学生党员表彰大会。

心理健康教育

全学年开设《大学生活导航》等4门公选课。撰写《南开心育》、《心案如是》等相关书籍总结南开心育十年经验。接待个体咨询350多人次，处理心理危机事件7起。积极探索学生心理健康朋辈辅导工作，逐步形成南开特色的前伸后移立体化多轨制心理健康教育模式。为2012级7000余名本科和硕博新生建立心理健康档案。指导心理协会举办“第七届天津市高校心理类社团学生心理剧大赛”。举办2012NKheart心运会。协助策划2012年天津市高校“激扬青春 心海同游”525主题教育活动。指导爱心俱乐部联合天津市13所高校相关社团，承办“情暖人间、与爱同行——2012西部温暖计划”公益活动。指导紫荆助学会获赠欧莱雅（中国）公司5000元赞助支持广西贫困学生一对一助学活动。定期召开心理健康专兼职教师工作例会。选派21名专兼职咨询教师和专职学生工作干部参加“焦点解决短期心理治疗”工作坊，选派2名专职学生工作干部参加“催眠治疗师”培训班，推荐10名专职学生工作干部参加国家二级心理咨询师资格考试。举办“学生心理健康教育专项研究课题”答辩会，共有17个项目通过答辩顺利结项。

艺术教育

举办迎新晚会、新年音乐会、欢送毕业生晚会等大型文艺活动。学生艺术团应邀参加中华人民共和国第九届大学生运动会开幕式、首届北京青年艺术节等10多项文化交流活动。7月，南开大学学生合唱团在美国辛辛那提举办的第七届世界合唱比赛中，摘得室内混声组、宗教组及有表演民谣组3项金奖。7月20日，学生合唱团在纽约曼哈顿区林肯中心卡夫曼音乐厅举行“2012南开纽约夏季音乐会”，慰问南开北美校友。

评优与资助工作

制定出台《南开大学本科家庭经济困难学生资助工作实施办法》和《南开大学本科生学费代缴实施办法》，修订《南开大学国家奖学金、国家励志奖学金、国家助学金评选办法》、《南开大学本科学生奖学金评选办法》和《南开大学本科生勤工助学管理办法》。

2011—2012年度，共有4116人次本科生受到各级各类奖励，奖励总经费840.77万元。其中，国家奖学金奖励182人，奖励总金额145.6万元；天津市人民政府奖学金奖励51人，奖励总额为40.8万元；校优秀学生奖学金奖励3361名，奖励总额436.5万元；社会奖学金27项，共奖励432人，奖励总额182.6万元；本年度共评选出10个校级先进班集体；960名校级三好学生、519名校级优秀学生干部，奖励总额17.42万元。

2011—2012年度，共有3466人次本科生受到各级各类资助，资助覆盖面达26.26%，资助总经费1068.18万元。其中，国家励志奖学金奖励资助414人，资助总额207万；国家助学金资助2152人，资助总额645.6万；社会助学金资助800人，资助总额215.58万。

此外，为1600多名学生审核发放国家助学贷款近1000万元。评选校级勤工助学优秀个人150名，开展勤工助学专题调研。组织15名获得思源奖助学金的学生赴复旦大学参加思源社2012年会，组织15名舜尧支教团成员赴香港协青社参加义工实习培训，组织12名新长城自强社学生赴湖南湘西开展关爱留守儿童的社会实践活动。成立绿色通道学生社团，在新生报到现场设立服务站。探索学生团队策划各类奖助学金颁奖典礼的仪式育人新模式。

为140名家庭经济困难学生发放总计5万元的寒假返乡路费，一次性资助餐卡日均消费低于10元且上年度已获奖助学金在5000元以内的家庭经济困难学生72名。设立划拨专项资金用于资助家庭经济困难学生出国(境)开展短期交流。

2月25日，举行首届"南开上海校友会允公校友奖学金"颁奖仪式。6月21日，建立"本科生评优学生评委库"，面向全体在校本科生公开招募成员。11月19日，举行2012年国家助学贷款签约仪式。12月6日，举行"博学笃行，立公增能——南开大学2012年本科生奖助学金"颁奖典礼。12月20日，学生代表赴北京人民大会堂参加曾宪梓教育基金会成立20周年庆祝大会暨优秀大学生奖励计划2012年度颁奖大会。

国防生工作

全年招收国防生55名，分布在化学学院、商学院等5个学院7个专业，其中男生52名，女生3名。10月，80名国防生参加军事交通学院阅兵，被评为"阅兵优胜方队"。组织2009级国防生到沈阳军区锻炼。环境科学与工程学院2003届毕业国防生刘宪善获评"总后优秀地方大学生干部标兵"。在国防部网发布我校国防生培养工作情况，成为唯一一所被国防部网站发布培养工作情况的高校。

宿舍管理与宿舍文化建设

开展宿舍区门禁系统、监控系统安装调试工作，安装摄像头77个，门禁读卡器95个，维修保养宿舍区灭火器925个，应急灯411台，开展6次消防安全普查工作，改造逃生窗314个，斥资6万多元，在所有单元式宿舍水房内加装582套晾衣杆，方便学生日常生活。

完成2012年学生宿舍调配工作。4月至6月，组织开展2012级研究生住宿确认工作。6月，办理老生退宿申请112人、住宿申请32人，延期毕业研究生续住申请284人。7月初，校本部送毕业生5301人，清理毕业生宿舍1700多间。同时，组织各住宿区域学生搬迁，儒苑公寓回迁校本部1671人，迎水道校区回迁校本部1364人，泰达学院回迁校本部363人，送泰达学院161人，送天津大学117人，调整本部内跨楼搬迁577人，总计涉及搬迁人数4253人。

暑假，对学生第5、8宿舍进行整体维修，安排临时住宿500多人。校本部入住新生2491人(其中本科生1753人，博士生738人)，迎水道校区入住新生1544人(其中本科生1415人，硕士生129人)，儒苑西公寓入住新生1697人(全部为硕士生)，泰达学院入住新生538人(其中本科生142人，硕士生396人)。

全年，共安排研究生夫妻临时团聚用房34人次，受伤或术后恢复期行动不便学生入住特护宿舍区46人次。

加强对宿舍管理人员的培训和管理。举办第六届"特色宿舍"申报及评选工作，评选出“特色宿舍”77个。调换宿舍文化长廊展板近700块，新增或修复展板126块。通过签订承诺书形式，在本部2011、2012级学生中试行熄灯制度，共涉及宿舍1021间。举办第八届“爱心传递”活动，共有346名家庭经济困难新生领取了毕业生捐赠的衣物、书籍、自行车和生活用品。

招生工作

加强招生宣传工作，成立由校党委副书记、副校长任团长，23名学院、部处领导和专家任分团长的“南开大学招生工作团”。成立由68名教师组成的“杰出青年教师讲师团”。成立“南开大学招生志愿者协会”，组织开展“摄影比赛”、“征文比赛”等活动。搭建网上招生工作交流平台，与校内1100多名师生建立网上联系。调整自主选拔招生体系，初步形成“普通自主选拔招生、夏令营自主选拔招生、非通用语自主选拔招生”三类互补的自主选拔招生体系。6月24日，举办南开大学2012年校园开放日暨高考招生咨询会。

2012年计划录取本科生3230人，实际录取本科生3248人。其中，港澳台学生25人，保送生48人，自主招生录取222人，高水平运动员39人，艺术特长生27人，少数民族预科班47人，新疆内地高中班26人，西藏内地高中班22人，新增贫困专项30人。2012年本科生录取最低分数线与一本线的差值理科、文科各有18个省份高于2011年。

就业工作

分层分类开展就业创业培训252场，组织学生社团活动80多场。指导12名就业工作干部开设《大学生职业生涯规划与就业指导》、《大学生KAB创业基础》公选课。推荐7名专职学生工作干部参加职业指导师资格认证考试；举办“南开大学第四届职业生涯规划大赛”、“南开大学第二届研究生模拟招聘大赛”等7场大型比赛。成功举办第六届“南开往事”校友寻访活动，开设“创业之旅—创业实战模拟平台”。为就业困难学生提供至少3次个体咨询、2次重点推荐、1次技能培训的“321”服务。划拨17万元资助学院就业工作项目共计74项。

2011—2012学年，到校招聘单位8291家，比去年同期增加44.4%，提供岗位信息数66328个，比去年同期增加28.37%。组织学生参加“2012年全国民营企业招聘周”等10次网上招聘会。

规范工作流程，调研分析就业数据和就业质量，反馈给教学部门，促进招生、教学、就业联动机制的形成与完善。

2012届毕业生总数为6490人，初次就业率为95.99%。本科毕业生3015人，就业率为96.19%。研究生毕业生3475人，就业率为95.83%。就业地区仍以津、京、粤、沪为主。

队伍建设和基地建设

加强辅导员队伍建设。完成2012年研究生留校、2013年本科生留校的初选工作和2012年兼职辅导员的选拔工作。加强辅导员工作机制建设，定期召开学院副书记例会和4个本科年级辅导员例会制度。加强辅导员培训，邀请校党委书记薛进文、校党委副书记张式琪等做专题讲座。全年，共举办各类讲座12场。推荐23名专职学生工作干部参加境内外各级各类培训和挂职锻炼。

启动“南开大学专职学生工作干部职业生涯规划试点工作”。完成全国高校辅导员年度人物选推工作。法学院辅导员谢扬今荣获“2011全国高校辅导员年度人物”入围奖。

教育部高校辅导员培训和研修基地（南开大学）承办“第三十九期全国高校辅导员

骨干培训班”。举办“2012年天津市高校新任辅导员岗前培训班”,来自天津市40所高校的242名辅导员参加了培训。4月,基地顺利通过了教育部检查组的评估审查。10月9日,“高校辅导员综合素质提升高级研修班”入选全国高校辅导员示范培训项目。

部门自身建设

完成学工部党支部支部委员改选和工会小组改选工作。完成学工部2012—2014聘期岗位聘任工作,各级岗位编制已基本配备齐整。落实“作风建设年”活动要求,实行学院主管学生工作副书记例会制度。与周恩来政府管理学院2009级本科生党支部联合举办学生事务现场咨询会。注重加强党风廉政建设。按照相关文件要求,认真加强学生资助管理中心、招生办公室等重点部门防控,制定《党委学生工作部党建工作督导检查制度》和《党委学生工作部党风廉政建设责任制实施办法》,仔细梳理工作业务流程,实行科级及以上岗位党风廉政建设责任制。9月6日至18日,参与“中华人民共和国第九届大学生运动会”南开大学赛区工作。

研究生教育管理

大力开展迎庆党的十八大主题教育活动。组织开展“科学发展、成就辉煌”主题教育;举办以“公能兼备 领航南开”为主题的研究生党建工作巡礼活动;组织研究生党员认真学习贯彻党的十八大精神,召开南开大学、天津大学研究生党员骨干学习十八大精神座谈会;举办“创新之路”研究生党支部学习贯彻党的十八大文艺汇演;举办研究生“学习十八大精神 践行青年人使命”主题知识竞赛;成立南开大学博士生讲师团,深入企业、社区、学校、医院等单位深入宣传十八大精神。

推进研究生党员教育与党支部建设。组织89名研究生党员骨干参加第六期研究生业余党校暨十八大精神学习班;开展“研究生创先争优志愿服务月”活动,推动学雷锋活动的机制化、常态化;成立研究生党支部书记联席会;开展研究生“创最佳党日活动”立项工作,立项30个;开展年度研究生党员青年先锋、先进党支部和优秀共产党员评选、表彰及展示活动,评出并表彰35名研究生党员青年先锋、11个红旗党支部、50个先进党支部、20名优秀共产党员标兵、221名优秀共产党员、10个研究生“创最佳党日”组织奖。

开展科研诚信与学术道德教育,狠抓研究生学风建设。完成全校29个培养单位7000余名研究生学习科研状况问卷调查,形成4万字的调研报告;邀请校长龚克为4000余名研究生新生作学术道德与规范专题报告,并向新生赠送《学术诚信与学术规范》读本;邀请李正名、程津培等院士为研究生作科研道德和学风建设专题报告；开展研究生学风建设主题活动月、导师推荐书目精读活动、“南开十杰”经验分享会等活动；开通“研究生学风建设专题网站”；指导研究生科研道德和学风建设自律促进委员会开展《研究生科研道德与学风建设自律公约》征集、学风建设主题签名、科研诚信文化活动月等活动。教育部网站以“南开大学多举措加强研究生学风建设”、“南开大学以研究生入学第一课推进科研道德教育”为题，专题报道我校开展科学道德与学术道德教育的经验做法。

组织开展首期研究生“公能”素质教育创新示范项目申报立项工作，确立12个立项项目，挖掘加强研究生思想政治教育工作的典型事迹和先进经验，开展优秀项目现场展示和工作推动会。

推进研究生实践育人工作。组织开展首期“知行南开”研究生社会调研项目，申报立项56个项目，发放“公能”励学金，指导调研团队利用暑假时间奔赴祖国各地开展调研活动，撰写完成调研报告56篇、学术论文50余篇，部分成果已经得到了实际应用和推广。召开项目总结表彰大会，聘任首批项目顾问，创设南开大学研究生服务经济社会发展交互网，做好重点项目的宣传推广工作。协同南开区科学技术和信息化委员会完成第二届南开区青年博士服务团组建和管理工作，配合江苏省政府完成本年度教授博士柔性进企业项目。

推动研究生校园文化活动。举办首期“南开公能讲坛”；与天津大学共同组织开展第六届南开大学—天津大学研究生联合学术文化节；组织开展77、78级校友毕业30周年主题报告会；开展研究生学术周末系列活动，累计开展活动20余场；指导校研究生会开展校领导接待日等活动；指导学生国际交流协会开展第一届南开大学校内模拟联合国大会、留学经验交流会，联合天津大学共同举办第二届天南大模拟联合国大会；举办研究生迎接大运会倒计时100天定向越野大赛；举办第四届儒西公寓文化活动月，开展宿舍党员挂牌服务活动、安全宣传周、趣味运动会等。

建立研究生资助管理信息系统，完成部分研究生事务管理工作信息化。推动了经济困难生数据库、助管岗位、助教岗位等项目上线运行，实现了研究生部分事务管理工作在网上的申请、报送、审核、批准等功能，提升了研究生事务管理信息化水平。

精心组织新生入学和毕业生离校教育工作。组织开展2012级新生入学及开学典礼、2012届毕业生离校及毕业典礼工作。召开2012届优秀毕业生座谈会，开展毕业生感念师恩主题征文、毕业生寄语母校等活动；指导学生社团开展庆祝教师节系列活动；开展研究生优秀毕业生评选表彰活动，评选出南开大学2012届优秀毕业研究生235人。

大力提升研究生思想政治教育工作队伍的专业化水平。定期组织开展研究生辅导员沙龙。加强兼职辅导员队伍建设，继续鼓励青年专业教师担任研究生班主任，指导各研究生培养单位在高年级研究生中选拔德育工作助理，充实研究生教育管理工作力量。

做好研究生校园媒体建设工作。指导《南开研究生》杂志出刊4期。杂志在2012中国研究生媒体联席会上荣获“优秀研究生校园媒体”奖，以及“优秀深度报道”、“优秀人物访谈”、“优秀栏目”、“优秀专题”等多个单项奖。向《中国研究生》杂志推荐优秀稿件16篇，参与专题组稿3篇。开通“南开研究生”人人网主页、新浪微博，利用新媒体进行研究生教育管理工作信息传播。

做好研究生评优奖励工作。完成2012年研究生国家奖学金、校级优秀奖学金、宝钢教育基金会港澳台奖学金、工银创新奖学金、周恩来奖学金等奖学金推荐评选工作，总计获奖人数824人(次)，累计获奖金额978.4万元。完成2012届研究生优秀毕业生、2012年度研究生先进集体、三好学生、优秀学生干部评选表彰工作，累计表彰562人(次)。推荐天津市创新创业奖学金4人(其中特等奖1人)、天津市先进集体4个、天津市“十佳”大学生1人、市级优秀学生干部和三好学生10人。举行南开大学优秀研究生、优秀奖学金颁奖大会及各类表彰会10余个。

完成2012年研究生助学贷款申请发放工作，累计发放384人，累计金额358.6万元。完成研究生助学金、临时困难补助和膳食补贴评定发放工作，累计发放817人(次)，累计金额80.22万元。做好研究生春节寒假期间、中秋慰问工作，慰问研究生累计311人(次)，发放慰问品累计5.2万元。

做好研究生“三助”及日常管理工作。修订《研究生助管津贴管理办法》。完成研究生“三助”(助管、助教和助研)岗位设立、聘任、考核和薪酬发放工作，累计发放金额570余万元。完成2012级2638名新生档案审核工作及2012年度研究生学业奖学金评定工作，发放研究生学业奖学金(含普通奖学金)5.47万余人次，发放金额5007余万元。

本年度，编制《南开研究生工作简讯》16期、《加强和改进研究生思想政治教育工作简报》27期、《南开研究生工作》35期，《研究生思想状况调查》10期。在南开新闻网、南开大学报发表新闻稿件百余篇。

国 防 教 育

军事理论教学

研究制定《南开大学2012年度2011级学生军事理论课教学计划》。根据教学计划安排，组织完成了全校2011级3116名本科生一个学期共17周34学时(循环时数340学时)的中国国防、军事思想、国际战略环境、军事高技术、信息化战争等16项专题内容的军事理论教学任务。

军事技能训练

制定下发《南开大学2012年度2012级学生军事技能训练实施方案》。8月20日至9月6日，组织2012级3248名本科生圆满完成为期18天共计216学时的条令条例教育、队列训练、步兵战术基础、轻武器射击、阅兵式分列式训练等6项内容的军事技能训练任务。

8月28日，教育部、总参联合检查组对我校2012级学生军训安全工作进行了专项检查指导。10月22日，教育部国防教育办公室对我校狠抓军训安全工作的经验和做法进行了通报。

研究生培养

组织落实军事思想专业2009级硕士研究生毕业生论文答辩、毕业典礼工作。完成2012级5名硕士生的招录工作和军事思想专业硕士研究生年度教学任务，组织2012级军事思想硕士研究生赴天津总队训练基地完成军事实践必修课程。

武装工作

征集并呈报部分师生对设立国防教育日及开展全民国防教育的意见和建议，为全国人大立法调研提供了咨询意见。积极支持并组织学生社团军事爱好者协会参加天津市南开区全民国防教育纪念日和国防教育活动周启动仪式等社会实践活动。配合南开区武装部聘请数学学院辅导员阿依古丽为南开区2012年冬季征兵宣传形象大使，促进了年度征兵工作开展。通过学校国防教育网站开辟征兵宣传栏目、发放张贴宣传材料和组织现场咨询等多种形式，强化征兵动员效果。2012年，我校为部队输送1名硕士生、3名本科生。统筹完成年度军事潜力统计、档案资料建设、教学辅助管理、规章制度完善、“双拥共建”活动等日常工作。1月，组织开展年度南开大学复转军人慰问活动，发放慰问品和慰问信。4月，展开2012年大学生入伍预征宣传咨询和组织落实工作。9月，启动学校冬季征兵工作。11月，完成2012年冬季征兵体检和政审工作。

保密工作

组织领导

6月，副校长、保密委员会主任朱光磊主持召开年度第一次保密委员会会议。9月，召开校保密委员会年度第二次全体（扩大）会议。同月，天津市军工保密资格审查认证组一行10人，对我校进行现场审查认证。经审查评估，学校通过军工保密资格（二级）审查认证。11月，召开校保密委员会第三次全体会议，审议并原则通过《关于规范定密和标密工作的通知》校发文件。

制度建设

根据新修订保密法和《武器装备科研生产单位保密资格标准》的要求，保密办公室在开展调研工作的基础上，对我校保密工作制度进行了整体修订和完善，共修订发布16项制度。7月，整理完成《南开大学保密工作制度汇编》，内含19项保密工作制度、25项保密管理流程和87套保密管理审批表格，并及时发送到有关单位和涉密人员手中。11月，保密委员会发布《关于规范定密和标密工作的通知》文件，明确了定密、标密的条件、程序及要求。

宣传教育

2月,组织军工涉密人员集中学习和讨论中央和天津市有关保密工作的文件精神。3月,结合“军工涉密人员考核试题库”,学习更新保密知识和技能。7月,在全校机要人员培训会上,做保密专题培训。8月,组织军工涉密人员学习新版《保密工作制度汇编》,重点学习、讨论各项保密工作流程。11月,在“2013年研究生招生命题工作会”上,做保密专题培训。

积极参加上级部门组织的各项保密培训。8月,派员参加市保密局举办的“天津市保密检查大队培训班”,考核合格并获得结业证书。9月,派员参加市国防科工办举办的军工定密和保密管理培训班,考核合格并获得资格证书。10月,派员参加市保密局组织的“保密新闻宣传培训班”。11月,派员参加天津市教育工委举办的“教育系统保密干部全员培训班”。

保密管理

定密工作管理。根据新颁布的定密管理要求,初步建立了我校定密责任体系。目前我校有1位法定定密责任人,并由法定定密责任人授权了5位指定定密责任人,负责授权业务范围内的定密工作。

涉密人员管理。本年度,完成了多名新进涉密岗位人员的岗前审查、涉密等级界定、上岗培训、保密承诺书签订等工作。对因工作调动或项目结题离开涉密岗位人员,及时进行了脱密审批、离岗保密承诺、涉密载体交接等工作。

涉密办公信息设备管理。为所有涉密计算机安装“三合一”保密管理设备和“主机安全监控审计系统”。购置“计算机保密检查工具”,并分发到每个涉密部门和军工项目组,用于日常保密检查。

保密要害部门部位管理。落实保密要害部位人防、技防、物防措施建设,完成视频监控、电子门禁等保密防护设施设备的安装。

监督检查

按照《武器装备科研生产单位保密资格标准》要求,完成对各军工科研项目组的定期保密检查要求。

5月和10月,开展2次网上信息安全保密检查,督促规范各单位网上信息发布的流程和审批手续,履行《保密承诺书》签订程序。

8月,成立“南开大学国家考试保密检查工作小组”,组织开展了国家考试保密检查工作。对全国大学英语四六级考试的考务工作、研究生招生考试的命题和考务工作进行了保密检查。

9月26日,天津市军工保密资格审查认证组对我校军工保密资格申请进行现场审查认证。经审查评估,我校通过了军工保密资格(二级)审查认证。

10月,针对军工保密资格审查认证组的反馈意见,组织开展有关计算机和涉密载体的专项保密检查。

机关党建

概况

年末，机关党委所属党支部22个，分设在学校27个职能部门，党员（不含离退休党员）325人。机关党委由9名委员组成，设书记、副书记、秘书各1人。机关党委书记由校党委副书记张式琪兼任。

继续推进机关党的建设

完成机关党委部分组织调整工作，为做好机关党建工作奠定基础。调整工作包括：按照规定的程序增补5名机关党委委员，健全了机关党委会（现任党委委员是：张式琪、苏明辉、张亚、孔令国、邹玉洁、杜长友、苏静、杨光明、王丽平）；完成机关团委的换届工作（团委书记：高杨，副书记：翟晓静、刘思南）和机关工会委员增补工作（新增补工会委员是：李军、杨哲、祁轶舲）；对机关党支部做出调整，新设研工部党支部和武装部党支部，并对部分党支部书记进行补选。

完成“创先争优活动”群众评议工作。在此基础上，完成“基层组织年”机关党支部定级工作。

积极有序开展保纯教育活动。机关党委从机关实际出发，组织开展如组织机关处级干部开展网上理论学习；组织处级干部赴西青监狱参观等活动。

完成与党的十八大胜利召开相关的工作。完成十八大代表的推选工作；召开机关党委扩大会，专题布置在机关组织开展学习宣传贯彻党的十八大精神的工作。

完成“七一”学校先进党组织和优秀党员的评选工作，机关财务处党支部获得南开大学“红旗党组织”称号，组织部王君获评南开大学“优秀共产党员标兵”，学校办公室党支部获评“先进党组织”，宣传部丁峰等5人获评“优秀共产党员”。机关党委《机关青年干部组织庆祝建党九十周年系列活动纪实》获校最佳党日一等奖，发展办战研部联合党支部的《了解滨海，服务天津，献力地校共发展——记发展委员会办公室和战略发展研究部联合支部空港之行》获校最佳党日优秀奖。完成天津市教育系统“最佳党日”评选的申报工作，机关党委“机关与基层支部共建活动”获天津市教育系统教工组最佳党日一等奖；完成学校党建立项的申报工作并获得立项；完成年度组织发展工作，共发展党员3人（曹颖、宁华、刘晶平），为6名预备党员办理转正手续。

干部与人事工作

配合人事处完成2012年机关干部招聘工作，共招聘新员工26名（其中机关11名）。

积极开展机关干部管理改革的探索与调研工作，形成《关于进一步加强机关干部队伍建设有关情况的报告》。11月召开关于机关青年干部队伍建设协调会，对机关党委报告中所提五点建议逐一进行研究落实。

完成机关干部年度绩效工资考核的组织及奖励工作，制定《南开大学机关管理人员绩效考核办法》，完成考核工作并自行解决和兑现奖励，机关共有42名同志获得奖励。

机关作风建设工作

在“七一”前夕，机关党委与后勤党委等单位联合组织了“为学生服务咨询日”活动，近20个为学生服务的窗口部门为学生提供面对面的咨询服务，共收到学生建议单200多份，受到学生的充分肯定。

开展以“加强机关作风建设，提升机关服务水平”为主题的评优活动。财务处党支部等5个党支部获得先进党支部称号；学校办公室等5个部门获得文明处室。交流处党支部“服务师生月”系列党日活动等7个党支部活动获得最佳党日活动，交流处党支部等5个党支部获得报送新闻优秀党支部，交流处党支部等5个支部获得《党支部手册》填写优胜支部。学校办公室胡楠楠等12人获得机关青年文明岗，人事处王乐和等29人获得优秀共产党员，组织统战小组等6个工会小组获得先进工会小组。办公室杨颖等11人获得机关工会工作先进个人。

12月底，召开“加强机关作风建设，提升机关服务水平经验交流会”，办公室、学工部等部处的负责人分别以“讲服务，促三风，抓落实”、“改进工作作风，提升服务理念，提高服务水平”等题目，对部门改进作风方面的经验进行了介绍。机关作风建设经验交流会的召开，有效地推进了机关作风建设向深入开展。

青年工作

成功组织机关青年干部赴山东大学学习交流；组织机关青年干部对校内重点学科、特色专业参观考察；配合校工会完成机关青年干部技能竞赛初赛的组织工作；完成由校团委组织的机关青年干部“五四”评优工作；完成机关新员工培训及第四期赴中国地质大学进行素质拓展训练；启动了新一期机关青年干部征文活动，收到投稿70余篇，并已和南开大学出版社进行洽谈，力争尽快出版第二本《机关青年干部论文集》。

其他工作

组织并参加校“三八”系列活动并取得最佳组织奖；成功举办第六届机关趣味运动会；在学校教工排球赛上获得男子甲组冠军；在校运会上再次蝉联教工组冠军；在学校庆祝党的十八大胜利召开合唱比赛上，再次蝉联第一名并荣获最佳组织奖；成功举办机关年度表彰暨联欢会。

直属单位党建

直属单位党委所属1个党总支(所属3个党支部)、7个直属党支部,分设在8个单位,共有党员100人(其中学生党员14人)。全年发展党员4名,办理预备党员转正2名。

4月至12月,在全体党员中深入开展保持党的纯洁性教育活动。认真贯彻《南开大学关于党风廉政建设责任制的实施意见》,自觉落实党风廉政建设年度责任制目标,积极开展形式多样的党风廉政教育。

由现代应用技术研究院党支部组织的赴河北省阜平晋察冀边区革命纪念馆参观和附小退休党支部组织的参观滨海新区和大学新校区的创最佳党日活动,均获得了学校的优秀奖

档案馆的史永红荣获天津市教育系统创先争优优秀共产党员,学报编辑部荣获学校先进党组织,高等教育研究所张鸿获学校优秀共产党员称号,附属小学李树花荣获天津市教育系统“教工先锋岗”,信息化建设与管理办公室荣获天津市教育系统“教工先锋号”。

11月,2012届博士毕业生夏全胜专门给校长信箱发来《一封迟到的感谢信》,赞扬档案馆“以学生为中心,积极服务学生”的精神,校长龚克专门批示:请将此信转给档案馆和机关党委、直属单位党委,借以进一步促进转变作风、改善服务。

直属单位单位较多,人员分散,为增强凝聚力,调动积极性,于年初举办了直属单位首届新春联谊会,取得了非常积极的效果。在学校2012年田径运动会中,代表队获得丙组团体总分第二名的佳绩。在学校羽毛球、排球和乒乓球比赛中,积极参与,勇于拼搏,获得了良好的成绩。

群众工作

教代会、工会

概况

教代会工会主管校领导为校党委副书记、教代会工会主席刘景泉，教代会工会共有专职工作人员9人，包括常务副主席王惠兰、副主席付洪，另有兼职副主席4人：孙骞、李小肃、夏静波、崔勋。教代会下设4个专门工作委员会，工会下设3个专门工作委员会。

教代会工作

召开第六届教代会提案工作委员会工作会议，就第六次教代会暨第十五次工代会所征集的各项提案提出审核意见。确定在征集到的72件提案中立案43件。4月，召开提案答复民主沟通会，就提案进行答复。

就新校区规划建设问题召开民主通气会。会后，校"两会"牵头组织了专题调研并形成书面报告报送校领导。

深入开展"走、转、改"活动，先后到19个专业学院和单位的基层分会调研，听取基层单位对于以往工作的经验总结及对校"两会"工作的建设性意见。

举办青年教师职业道德培训，并赴山东沂蒙山革命老区、英雄孟良崮战役纪念馆等地，进行了为期3天的社会实践活动。

举办全校性的青年教师和管理干部基本功竞赛以及图书馆岗位知识技能竞赛。近400名青年教师、管理干部和图书馆管理人员参加大赛，在此基础上选拔了39名选手参加市级大赛并全部获奖。15人获一等奖，其中邱玮获青年教师教学基本功竞赛第一名，李力文、陆萍获图书馆岗位知识技能竞赛第一名，他们同时获天津市"五一"劳动奖章；8人获二等奖，16人获三等奖，名列天津市高校之首，创造我校历年参赛的最佳成绩，同时校工会获得优秀组织奖。

组织有关教师成立"天津市高校青年教师住房状况的调查及对策建议"专项课题组，以天津医科大学等10所本市高校的青年教师为调查对象，就青年教师的住房状况和需求展开调研。

组织宣传工作

6月和10月，校工会分别举办"喜迎十八大"南开大学教职工书画展和摄影作品展，共收到书画作品100余幅，摄影作品190余幅。举办庆祝党的"十八大"胜利召开教职工合唱音乐会，来自全校各专业学院、单位的21支代表队参加，参演人数达到1000余人，队伍数量和参演人数均创历届之最。

在教师节期间，召开庆祝教师节教工代表座谈会，组织教职工代表赴北京国家博物馆参观大型展览《复兴之路》。

组织开展评选、表彰2011年度各类先进集体和先进个人活动。评选结果：张琚荣获2011年度全国"五一"劳动奖章，马世力等荣获2011年度天津市"五一"劳动奖章，机器人与信息自动化研究所荣获2011年度天津市"五一"劳动奖状；经济学院国际经济与贸易系等荣获天津市教育系统教工先锋号；陈朝辉等获教工先锋岗；校工会获得天津市教育系统工会工作"十大创新发展成果奖"；谢思全所作《南大西南村生活服务市场的治理》提案获得"十大金点子奖"，陈志强所作《尽快出台青年人才培养计划，发挥高端人才学术创新能力》提案获得"优秀合理化建议和教代会提案奖"；校工会杨哲获天津市教育系统工会信息工作先进个人。

参加教育部部分直属高校第十八次工会工作研讨会，提交论文并发言；与来访的上海交通大学等兄弟院校的同仁就"两会"的相关工作进行了深入的研讨；组织开展了天津市教育工会系统——南开大学片区工活动；全年共出版发行《南开大学报·教工之声》报6期，上报天津市教育工会信息59条。

文体活动

举办秋季运动会，排球比赛，乒乓球比赛，游泳比赛等大型的教职工体育比赛项目，同时依托各文体协会组队参加全国、全市的比赛和演出，包括组织教工柔力球协会代表队参加天津市第三届"体彩杯"全民健身大会柔力球比赛等；举办南开大学教工合唱团成立20周年大型庆祝活动；组织我校京剧团参加"第九届全国高校京剧演唱研讨会暨全国高校京剧艺术周"等，在各项赛事中我校均获得了优异的成绩。

女教职工工作

举办"南开大学女教职工庆'三八'才艺展演"，外语学院工会、等获最佳组织奖，同时还评选出最佳表演奖、最佳创意奖、最佳人气奖和最佳效果奖。举办"大学里的女性——所见所闻所思"征文活动。为全校中层女干部举办"着装艺术与服饰文化"专题讲座。

生活福利工作

坚持做好"三节"期间的慰问活动，对因疾病医疗等造成困难的89名教职工发放临时困难补助4.5万元。

组织20余名单身教工参加市教育工会女教职工委员会主办，天津科技大学工会承办的"展文化魅力，结知识情缘"单身青年联谊活动。

以落实提案为契机，将两年一度的教职工体检改为一年一度，并在10月组织了本年度的教职工体检工作，本次体检共有3000余名教职工参与。

共青团工作

组织建设与骨干培养

年末，有共青团员14882名，团支部514个。优化现有组织体系，不断扩大组织的有效覆盖率。进一步推动网络建团，每个支部均开通了网络微博，使组织建设形式与青年习惯需求衔接更为紧密。

创新干部队伍建设机制，推动专职团干部多岗位挂职交流锻炼，本年度我校共青团选派了2名专职团干部赴基层组织挂职锻炼；实施专职团干部交流任用制度，以能不能胜任、青年拥护不拥护作为选用团干部的主要标准；整合现有学生骨干培养阵地，成立学生骨干培养中心，统筹规划全校学生骨干培养、考核、任用工作，提升学生骨干培养工作的规范化、科学化水平。

在全国和天津市共青团系统评优中，哲学院2008级本科生班级团支部获评2011年“全国五四红旗团支部”，生命科学学院教授、博士生导师胡俊杰获评第十二届“天津青年五四奖章”，经济学院团委获评2011年“天津市五四红旗团委”，数学科学学院2011级伯苓班团支部获评2011年“天津市五四红旗团支部标兵”，校团委书记方伟获评2011年“天津市优秀共青团干部标兵”，校青年志愿服务与社会实践中心副主任、经济学院团委学生副书记周安获评2011年“天津市优秀共青团员”。

在年度校级评优中，南开大学学生“学雷锋”志愿服务队、南开大学化学学院能源与环境催化创新与研究小组获评“青年五四奖章”(集体)，周恩来政府管理学院王修彦等9名同学获评“青年五四奖章”(个人)，学校办公室信息调研科等18个集体获评“青年文明号”，学校办公室王辉等57名同志获评“青年岗位能手”，经济学院2010级本科生经管法试点班团支部等10个班级团支部获评“五四红旗班级团支部标兵”，经济学院风华团小组等10个团小组获评“五四红旗团小组标兵”，信息技术科学学院刘成成等10名同学获评“优秀共青团干部标兵”，信息技术科学学院张召富等10名同学获评“优秀共青团员标兵”，经济学院2010级本科生经济学班团支部等44个班级团支部获评“五四红旗班级团支部”，环境科学与工程学院梦之翼团小组等23个团小组获评“五四红旗团小组”，商学院徐小捷等44名同学获评“优秀共青团干部”，商学院张芮等47名同学获评“优秀共青团员”。

理论学习与宣传教育

成立学生十八大精神研究会、哲学推广社团爱智学社等学生课外理论学习社团，并依托于此开展了“与信仰对话——学生理论社团经典研读季”、党史名家讲坛、“十八岁走进十八大——特殊成年礼”、学哲学用哲学等活动，在南开园掀起了学理论、用理论的浓厚氛围。在全校范围内开展理论课题申报立项活动。来自全校各学院、各学生组织的91个理论专题项目组参加了立项申报。

宣传工作积极活跃。及时采写编发团学新闻，充分发挥《南开青年报》、团委官方网站、团委官方微博、青梅手机客户端等宣传阵地的各自优势，进一步完善立体化的宣传平台。按照宣传战线“走转改”要求，改版《南开青年报》，推进《南开青年报》的电子化、网络化。针对我校2012年团委工作，《人民日报》刊登报道3篇，《光明日报》1篇，《中国青年报》3篇，中央电视台新闻频道2则，《天津日报》5篇，天津电视台《天津新闻》6则，《今晚报》、《渤海早报》、《城市快报》、《每日新报》等也进行了大量新闻采写。学校新闻网、大学报等媒体刊发团委50余篇新闻报道，并就“学雷锋”、“第九届全国大学生运动会志愿者”、“让我和您一起劳动”等设置新闻专题，进行集中宣传。

学生会与研究生会工作

畅通学生利益诉求渠道，切实维护学生权益。学生会、研究生会共举办“校领导接待日”5次，征集学生提案179份，发放并收回问卷8700余份，就图书馆建设、网络资费等问题与校领导面对面沟通；11月召开南开大学第二十次学生代表大会与第三十一次研究生代表大会，学生会共接收来自21个学院的学生代表提案61份，研究生会共接收来自25个学院(所、中心)的学生代表提案31份；学生会与研究生会主席进入学校校务委员会，同时还分别选派学生代表进入膳食委员会、交通委员会等学校事务管理委员会。

组织开展丰富的品牌文化活动。组织开展了包括三小球(乒乓球、网球、羽毛球)、三大球(篮球、足球、排球)、绳毽及棋牌类比赛在内的“校长杯”系列体育比赛，2000余名学子参加比赛，有效辐射范围达万余人次；举办“女生节”活动、“校长杯”辩论赛、第二十一届“校园十大歌手”比赛、“勇往职前”实习招募大赛等优秀品牌校园文化活动；举办学术品牌活动“博雅·弘毅”论坛14期；举办南开大学第六期暑期实习招聘会，提供实习岗位近800个。

不断完善组织与制度建设。第二十次学生代表大会、第三十一次研究生代表大会审议通过了《南开大学学生会章程修正案》、《南开大学研究生会章程修正案》，增设常务副秘书长一职，主席团对秘书处负责，接受秘书处监督。大会选举产生了学生会第二十届委员会及第二十届委员会主席团。梁伟宏当选南开大学学生会第二十届主席团主席，张开迪当选执行主席，李若曦等当选副主席；张鹏飞被聘为学生会秘书长，高笑颜被聘为学生会常务副秘书长，刘凌飞等被聘为学生会副秘书长。学生会“实践部”变更为“大型活动事务部”，“新闻传媒部”与“宣传部”合并为“新闻宣传部”，部门职能更加明晰，工作效率显著提高。

南开大学第三十一次研究生代表大会选举产生研究生会第三十一届委员会以及第三十一届委员会主席团。张慧当选南开大学研究生会第三十一届主席团主席，谷文浩当选执行主席，杜星等当选副主席，增补刘嘉为副主席；张鹏飞被聘为研究生会秘书长，苏明明被聘为研究生会常务副秘书长，庞玥等被聘为研究生会副秘书长。定期召开研究生会主席团例会及全委会，制定了财务、例会、新闻宣传、信息公开等制度，规范化程度不断提高。

学生社团建设

加强对社团的注册管理。截至年末，共有学生社团128个。其中理论学习类社团6个，公益类社团13个，科技类社团10个，学术类社团32个，文艺类社团21个，体育类社团20个，综合类社团26个。参加学生社团的总人数达13000余人，现有社团指导教师105人。加强社团团支部建设，实现学生社团团支部对社团的全覆盖。

加强学生社团之间的联系与沟通，研讨学生社团的管理方法和发展方向。按照社团类别分别召开8场社团研讨会，就社团自身的建设经验和存在困难做了交流；面向社团骨干组织专项培训；共将100余项优秀学生社团活动选树为共青团“双优工程”立项，给予重点支持。

翔宇剧社获评“天津市优秀学生社团标兵”；辩论与口才协会、海风游泳协会获评“天津市优秀学生社团”。在年度校级社团评优中，绿色行动小组等10个学生社团获评“2012年度十佳学生社团”；冯庆宇等10名同学获评“2012年度十佳学生社团负责人”；艾跃进等10位老师获评“2012年度优秀学生社团指导教师”。20个优秀学生社团、15个优秀学生社团负责人、16个社团集体获得单项奖。

社会实践与志愿服务工作

组织成立了南开大学团委实践部，全面负责学生社会实践工作。7月，组织开展主题为“喜迎十八大 五彩耀中华”的社会实践活动，共选派33支校级社会实践示范团队、

10 支专业教师课题调研团队、7 支院级实践队伍以及 180 余名同学参加实践，共计 5000 余名师生踏访了祖国 20 余个省市自治区，与当地联手共建了 14 个暑期社会实践基地。发放问卷 1625 份，回收有效问卷 1465 份，回收率达 90%，形成了关于基层教育现状和南开校友谈学校发展专项调研报告 2 份，以及 106 份实践调研报告和 37 万余字的团队和个人的实践总结。在寒假组织以“我筑中国梦”为主题的社会实践活动，带领同学围绕“返乡宣传十八大”、“用镜头记录变迁、用语言描述发展”和“身在南开心系母校”3 个主题进行实践，共选派 153 支校级社会实践示范团队和 439 名同学参加实践，共计 1250 名同学奔赴祖国各地，投身到理论宣讲、教育帮扶、科技支农、法律援助、医疗服务、预就业实习、等多项有益社会的寒假实践活动中。

各实践队积极创新实践形式，开展特色活动，在天津市乃至全国为我校争得了荣誉。赴甘肃省灵台县暑期社会实践团入选了全国重点服务团队，团学干部赴山东省五莲县暑期社会实践团等 20 支队伍被评为“2012 年天津市大中专学生志愿者暑期社会实践活动优秀团队”，姜悦等 25 人被评为“2012 年天津市大中专学生志愿者暑期社会实践活动先进个人”，校团委被评为“2012 年天津市学生社会实践优秀组织单位”。此外，还评选出“南开大学 2012 年学生社会实践十佳团队”、20 支“南开大学 2012 年学生社会实践优秀团队”、10 名“南开大学 2012 年学生社会实践优秀指导教师”以及“南开大学 2012 年学生社会实践百人标兵”，极大地鼓舞了全校师生参与实践的积极性。

全年，共有新增注册中国志愿者 2222 名。组织近千名学生志愿者服务第九届全国大学生运动会、2012 天津夏季达沃斯论坛等活动，保证大型活动的顺利进行。在雷锋同志逝世 50 周年，各基层学院志愿服务中心与社区、居委会、经济困难户、孤老户等我校定点服务对象进一步拓展联系。开展志愿服务西部计划以及交通协管、公益宣传、扶老助残、支教助学等特色服务活动 100 余项，进一步巩固了中国金融博物馆、天津博物馆、周恩来邓颖超纪念馆等志愿服务基地建设。

在志愿者活动中，数学科学学院研究生汪泽波获评“中国青年志愿者优秀个人奖”，是我国青年志愿服务领域的最高荣誉；周恩来政府管理学院获评“2012 年天津市优秀志愿服务团队”；南开大学获评“天津文化中心城市青年志愿者服务工作优秀组织单位”；刘成成等 5 人获评“天津市服务第九届全国大学生运动会优秀志愿者”，高东辉等 80 人获评“南开大学服务第九届全国大学生运动会优秀志愿者”，赵情获评“第九届全国大学生运动会最美志愿者冠军”，南开大学获评“第九届全国大学生运动会志愿服务优秀组织奖”。

学生课外学术科技创新工作

在 2012 年全国“挑战杯”竞赛中，我校获得 1 金 3 铜，成为天津市唯一获得全国金奖的高校。在天津市“挑战杯”竞赛中，我校获得 4 金 4 银 2 铜。

搭建学生就业创业实践平台，建立学生就业创业见习基地，为优秀人才的成长提供良好的外部环境，做实共青团促进科技型中小企业发展工作，一年中共帮扶 10 家企业完成科技型中小企业的认证工作。

院所情况

数学科学学院

概况

学院设有数学与应用数学、信息与计算科学、统计学3个本科专业,教学与研究机构设有数学系、信息与概率系、统计学系、应用数学系、科学与工程计算系、数理金融与精算科学系、高等数学教学部、计算实验室,拥有核心数学与组合数学教育部重点实验室。

年末,有教职工100人。有专任教师78人,其中教授28人(含博士生导师20人),副教授28人,讲师22人;国家级"教学名师奖"获得者1人,"新世纪优秀人才支持计划"入选者7人(新增1人),入选中组部首批青年拔尖人才支持计划1人。有学生1002人,其中本科生697人,硕士研究生258人(专业硕士52人,墨尔本项目27人),博士研究生47人。

全年,招聘教师1人,引进天津市"青年千人计划"入选者1人,1名教师退休。录取本科新生175人,硕士研究生77人(专业硕士25人、墨尔本项目5人),博士研究生20人。

学科建设

学院有基础数学、概率论与数理统计、应用数学3个国家重点学科,数学学科为一级学科国家重点学科。拥有数学、统计学一级学科博士学位授予权,并设有数学、统计学博士后流动站。学院在基础数学、计算数学、概率论与数理统计、应用数学、生物信息学5个二级学科和统计学一级学科招收和培养研究生。

2012年教育部学科评估结果中,数学排名并列第五,统计学并列第四。6月,数学学科第四次入选天津市重点学科,新增设的统计学一级学科首次被确定为天津市重点发展建设学科。9月,统计学获准增设为博士后科研流动站。11月,增设生物信息学和数理经济二级交叉学科。

教学工作

组织教学督导组对青年教师的课程进行听课、评课。本年度,在校级教师教学基本功竞赛中,学院教师获一等奖1项、二等奖1项、三等奖2项。在第十一届天津市高校青年教师基本功竞赛中,获理科二等奖1项、三等奖1项。

开展17个本科生创新能力提高训练项目,定期举办创新研究与训练系列讲座、本科生统计论坛和本科生论坛等学术活动。在2012年本科创新科研项目校级终审中,获百项一等奖1项,二等奖、三等奖各1项。在立项方面,获百项重点项目2项,一般项目10项。为贯彻"公能"素质教育纲要,启动第二轮公共高等数学教学改革,拟将高等数学课程分为三个模块(数学一、数学二、数学三)提供给相关学院进行选择授课。

积极推进同国外一流高校联合培养研究生的合作,邀请在美国德克萨斯州政府机构从事信息和统计工作,拥有多年统计实践经验的张大干来院讲学4周,为应用统计专业硕士开设统计实践系列学术讲座。

组织教师积极申报课程立项及研究生创新计划,安桂梅副教授主讲的研究生基础课《泛函分析》获得立项资助,段火元教授组织的"高性能及多尺度科学与工程计算的基础算法与可计算建模国际暑期学校"、王兆军教授组织的"变点问题及其他统计方法研讨会"、杨庆之教授申办的"张量特征值及相关优化问题博士生学术论坛"3个项目获得研究生创新计划资助。

顾沛教授主持的《南开大学数学文化课程的建设与推广》项目获第一届大学素质教育试验成果类一等奖。孟道骥、周性伟、林金坤等8位老师编写的《南开大学数学教学丛书》(第二版)和顾沛教授编写的《数学文化》入选第一批"十二五"普通高等教育本科国家级规划教材。在学校2012年本科毕业论文(设计)、试卷及成绩管理检查工作中,获得2012届本科生毕业论文(设计)管理工作二等奖,2011—2012学年度期末考试试卷和成绩管理工作二等奖。

2008级博士研究生胡志广、李忠华获2011年南开大学优秀博士学位论文,指导教师分别为邓少强教授、王兆军教授。2009级硕士研究生尚锁平、万里获2012年南开大学优秀硕士学位论文,指导教师分别为王兆军教授、杨庆之教授。

组织全国大学生数学建模竞赛,学校26个代表队共获得全国二等奖1项,天津赛区一等奖3项,二等奖8项。2月,在美国大学生数学建模竞赛中,共获得一等奖4项,二等奖13项。

2009级本科生共60名成为推荐免试研究生,保研率达到35.7%,其中有23人进入北京大学、中科院等高校院所继续学习深造。

出版《数学之美》第8期,举办南开大学第七届"数学之美"学生论坛活动。

科研工作

注重科研团队建设,建立"分析数学类"、"代数、几何与拓扑"、"统计学"、"计算数学"、"应用数学"、"现代概率论和信息科学若干前沿理论和应用问题研究平台"等6个科研创新平台。

全年,学院教师共发表科研论文114篇,其中被SCI、EI收录论文113篇,核心期刊论文1篇;出版专著1部。刘民千教授参与完成的教材《试验设计与建模》获全国统计科研优秀成果统计教学奖一等奖,2008级博士研究生李忠华的论文《自适应和非参数控制图的研究》获全国统计科研优秀成果博士论文奖一等奖。

全年,学院承担的科研项目开题27项,经费592.2万元。主承担26项,经费586.2万元,其中国家自然基金20项,经费532.2万元,教育部4项,经费32万元;在研113项,经费2025万元。主承担106项,经费1887万元,其中国家自然基金51项,经费1313.2万元,教育部15项,经费79.8万元;结题40项,经费710.3万元。主承担37项,经费652.8万元,其中国家自然基金19项,经费484.2万元;教育部5项,经费22.6万元;新申请基金21项,经费993.5万元;国家自然基金19项,经费987万元;教育部2项,经费6.5万元。

学术交流

本年度,邀请校外专家来院作学术报告共43人次;资助3名青年教师到国际知名大学访问;学院教师赴国内外开展合作研究、参加学术会议、进行访问考察共计62人次;邀请境外专家来院进行短期讲学18人次。

2012年，墨尔本大学、荷兰格罗宁根大学理工学院、美国德雷克赛尔大学的代表访问我院，双方讨论联合办学等合作项目。7月，举办“高性能及多尺度科学与工程计算的基础算法与可计算建模国际暑期学校”，来自全国29所高校的67名学员参加。9月，举办第八届全国有限元会议，来自53所大学和单位的179位的教师、学者参会。10月18日，王梓坤院士执教六十年重回南开大学，并作演讲“学习与成才”，校党委书记薛进文会见王梓坤先生夫妇。11月，举办“变点问题及相关应用研讨会”、“南开小型统计研讨会”。

党建工作

学院党委继续深入开展纯洁性教育，不断提升基层党组织的先进性；全院上下凝聚一心，学习贯彻十八大精神；围绕基层党组织建设年，丰富创新各项党建工作，完成了支部分类定级，并查找问题制定出整改措施。学院注重创新党组织活动形式，开展丰富多彩的党日活动。学院选拔政治坚定、实绩突出、作风过硬、师生信任的党员担任党支部书记，并对所有学生党员骨干进行支部工作实务及发展党员工作流程的专题培训，加强带头人队伍建设。

学院党委注重加强领导班子建设，强调提高民主意识，在教师职称的评定和晋升，教师出国进修访问，保送研究生，引进人才，选留青年教师等方面加强民主程序，增加决策的透明度、公正性和合理性。坚持完善党政联席会议制度，实行集体决策，不断提高工作效率，强调为师生服务的工作宗旨，进一步提升班子的凝聚力。

年末，有教工党支部7个，学生党支部13个，混编党支部1个。全年，共发展学生党员64人，其中本科生39人、研究生25人。预备党员转正54人，其中教工2人、本科生22人、研究生30人。截至年底，学院入党积极分子共82人，其中教工5人、学生77人；入党申请人共182人。

本年度，组合数学中心三支部获评“天津市教育系统创先争优先进基层党组织”、“南开大学先进党组织”。4名教师党员获评“南开大学优秀共产党员”。

院务工作

加强财务管理，制定经费预算并严格按预算执行。大额资金的使用，一律提交党政联席会议讨论决定，定期向“两会”委员会通报学院财务的执行情况。严肃财经纪律，规范财务行为，确保各项经费的规范管理与使用。

做好各项保障性工作，认真执行《南开大学设备采购管理办法》，做好学院会议和活动的筹办、服务等各项工作；对第一教室进行现代化改造、完成“姜立夫先生纪念墙”、数学家宣传画框、“我们的家园”宣传画框等制作装饰工作等，提升学院整体的工作环境。

积极发挥工会、教代会的作用，组织教师参加南开大学教职工排球赛，获男队乙组冠军、女队乙组亚军；组织参加学校教职工合唱获甲组二等奖。12月，刘民千教授获评2012年度天津市教育系统“教工先锋岗”先进个人。

学生工作

成功获批《数学伯苓班党支部的组建模式及实践探索》课题。学院整合4个年级伯苓班，组建伯苓班党支部。开展“探访数学家爱国足迹，弘扬十八大时代精神”主题党日活动。2009级本科生党支部继续开展针对低年级学生的“启航计划”。

院团委继续开展各年级“宿舍长周汇报制度”，2011级开始实行“导员周记”制度。在新生教育中重点安排安防教育、专业认知及大学生生涯规划教育、大学生青春励志演讲等内容。开展新老生交流会,组建学习成长小组。

学院暑期实践团获评“南开大学2012年学生社会实践十佳团队”,罗善妮等13位同学获评“南开大学2012年学生社会实践百人标兵”,另有2人获评“天津市社会实践优秀个人”。在团中央、中国青年志愿者协会组织的第九届中国青年志愿者评选表彰活动中,研究生汪泽波获评“中国青年志愿者优秀个人”。2011级伯苓班团支部获评“天津市五四红旗团支部标兵”、“南开大学五四红旗班级团支部标兵”。2011级本科生第一班团支部和第二班团支部均获评“南开大学五四红旗班级团支部”。

院学生会和研究生会承办第一届南开大学数学建模大赛和研究生数学建模大赛、数学文化节等活动。在首批研究生思想政治教育工作创新示范项目中,导师参与研究生教育管理机制建设项目,和以学术竞赛推动研究生综合素质能力提升项目,获得学校研究生教育示范项目立项。

本年度,本科生中评出国家奖学金10人,国家励志奖学金23人,国家助学金76人,天津市人民政府奖学金3人,社会奖学金21人,优秀学生干部26人,三好学生52人,校级奖学金180人,社会助学金20人。3人获南开大学优秀共青团干部,3人获南开大学优秀共青团员。研究生优秀奖学金15人,其中特等奖学金1名;助学金13人。校级三好学生5名,优秀学生干部4名,先进班集体1个。优秀毕业生6名。

成立数学学院就业指导与服务中心,开展第三届就业指导月和2013届毕业生就业工作推动会。全年,本科生毕业187人,其中读研71人,出国68人,一次就业率92.8%。硕士研究生毕业64人,其中继续深造13人,就业46人,就业率96.9%。

组合数学中心工作

组合数学中心通过天津市重点实验室评估。陈永川教授当选为中国工业与应用数学学会第六届理事会副理事长,当选为九三学社天津市第十一届委员会主委,被聘为天津大学教授与天津大学应用数学中心主任,由其负责的科研项目获得国家自然科学基金委重点项目资助。李学良教授等的专著《Graph Energy》与《Rainbow Connections of Graphs》由Springer出版社出版。高维东教授领衔完成的“有限Abel群上若干堆垒问题研究”获天津市自然科学二等奖。侯庆虎教授获得国家自然科学基金委优秀青年科学基金项目资助。杨立波教授入选教育部“新世纪优秀人才支持计划”。

在学术交流方面,中心举办“组合数学及其应用研讨会”与“第四届图论及其应用研讨会”。在科研成果方面,共开展、完成科研项目10余项,新增国家自然科学基金委项目4项,出版专著2部,被国内外学术杂志录用发表(以论文接受日期为准)科研论文33篇,包括一些权威杂志*Proc. London Math. Soc.*、*Proc. Edinb. Math. Soc.*、*Internat. Math. Res. Notices*、*J. Combin. Theory Ser. A*、*Adv. in Appl. Math.*、*J. Graph Theory*、*European J. Combin.*等。

(撰稿人:王贺)

物理科学学院

概况

学院设有物理学系、光电信息科学系、生物物理科学与技术系、基础物理与实验教学中心、光子学研究中心、光电材料研发中心、介观物理与纳米科技中心。

年末，有教职员工137人，其中教授37人。拥有“长江学者”特聘教授3人，入选天津市“千人计划”(创新人才短期项目)1人，国家杰出青年基金获得者6人，“跨世纪人才”4人，“新世纪人才“16人；特聘教授3人，讲座教授7人。

教学工作

在学生科研创新和实践教学方面，组织“今日物理”系列讲座近20余次，《自主组织系列讲座提升学生的综合素质》获得首届全国大学素质教育优秀研究成果三等奖。第九届百项工程立项18项，获得一等奖1项，二等奖3项，三等奖2项，优秀奖2项。国家大学生创新性实验计划立项5项，参与学生17人，教师8人；结题项目6项，参与学生25人，教师7人。学院现有8个本科生校外实习基地，利用暑假77人参加为期3至4周的实习。5月，举行学院2011—2012年本科生学术竞赛现场比赛。7月，组队参加在北京师范大学举办的2012年中国大学生物理学术竞赛(CUPT)，35所高校的36支队伍参赛，南开大学队获得一等奖(第二名)。9月，组织2009级伯苓班学生参加在中山大学举办的2012年物理年会。10月，组织学生参赛队参加在台湾师范大学举办的第二届大专生物理辩论高峰会，获三等奖。11月，举行学院2012—2013年度的学术竞赛，参与学生150余人，教师评委40余名。

在国际交流方面，本科生的短期国际交流机会增多，共有近10名学生分别到台湾、英国、德国、加拿大等的大学交流学习。启动学院和台湾师范大学物理系的学生交流项目。在全国范围选拔和培训IYPT2012(国际青年物理学家锦标赛)5人组建中国代表队，带队参加在德国举行的第二十五届IYPT，近20名本科生参加IYPT志愿者工作。

加强师生交流工作，有40余名教师担任2011、2012级学生的学业导师，组织30余次交流日活动。编写2012级本科生学习手册。完成2012年免试推荐研究生，共有32名学生获得免试推荐，攻读研究生学位。

组织2009级、2010级、2011级伯苓班的人员流动考核，以及2012级伯苓班的选拔，22人入选。为每班配备学业班主任，进一步规范伯苓班物理专业的教学计划和培养方案的制定。基地能力项目共40余项，2012年申请的国家基础科学人才培养基金——南开大学物理学基地获得资助，经费200万元。

全年,硕士研究生报名人数194人,录取75人;博士研究生报名人数30人,录取23人(含直博、转博)。研究生培养工作以"优秀博士"和"研究生科研项目"等为切入点,学生自主科研积极性得到提高,科研能力培养环境日臻完善。申请立项研究生教育创新计划,组织举办第二届物理学科博士生创新论坛,邀请北京大学、清华大学、中科院等高校和科研院所的博士生举行专场学术报告会,同时继续举办南开大学物理科学学院博士生学术沙龙。

加强教师培训和教学研讨,教师参加各类全国教学研讨会50余人次。7月,学院召开2012年素质教育纲要实施教育研讨会探讨落实纲要的教学方法、教学内容和课程体系等。8月,配合伯苓学院组织2012年全国拔尖学生试验计划的物理学科和国际化专题研讨会。2012年南开大学创新教育征文中,提交21篇,其中学生10篇,教师11篇。申报南开大学2012年教育教学改革项目23项。规范教学环节,进一步完善《学业导师制度》和《学院的考试成绩复查规定》,细化《物理学院本科毕业论文工作流程》。申请天津市普通高等学校本科教学质量与教学改革研究计划项目,获重点项目资助1项,一般项目资助2项。

科研工作

发表科研论文呈稳步上升趋势,特别是在高水平专业期刊上发表论文数量有所增加。全年在研项目140项,科研经费总计9191.42万元,同比上升65.9%。共申请国家级、省部级科研项目71项,获批24项,项目经费批准额度1003万元。

党团建设与学生工作

积极开展学习宣传贯彻落实学习党的第十八次代表大会精神、基层组织建设年、保持党的纯洁性教育等活动。认真组织开展民主生活会、群众评议。领导班子通过座谈会等形式征询师生对学院建设的意见建议,认真组织进行研讨,根据意见建议进行教学课程设置等。学院工会组织教师开展趣味运动会、柔力球活动、全校排球联赛、跳绳比赛、合唱比赛等,积极参加学校运动会,坚持为教师开放羽毛球场地。及时了解退休教师的思想动态、对学校及学院的意见建议,通过慰问、走访等形式,在学院力所能及的范围内,解决退休教职工的生活困难。

按照《南开大学基层单位组织条例》的相关规定,坚持委员会负责制,坚持党政民主议事、集体决策。在学校党委统筹下,顺利完成学院行政领导班子换届,平稳进行工作交接。加强各项信息的公开、公布,通过学院主页、院情通报、学生工作简报等形式,及时公布学院各项工作,严格执行公示等必要的民主程序。严格按照程序组织党的第十八次代表大会及天津市第十次党代会代表候选人推荐及选举工作,1人当选天津市代表。通过学生会、研究生会、学生党总支等机构,加强学生的自我管理、自我教育、自我服务意识。

组织全院党员开展"创先争优"和保持党的纯洁性教育活动,做好"最佳党日"活动,积极开展党建创新立项,努力探索形成以强化党性实践锻炼和学术道德建设为载体的学生创先争优活动长效机制。组织"红色周末"的实践活动。加大学生党员教育与培训工作,举办第二期学生业余党校暨骨干培训班,坚持学生党总支和学生党支部书记例会制度。加强党组织自身建设,继续做好党员发展工作,建立研究生入党征求导师意见制度,注重对学生入党积极分子、预备党员的考核教育效果。全年共发展学生党员39人,转正23人。学院学生党支部获评学校研究生红旗党支部1个,优秀党员标兵1名,创"最佳党日"立项1个,党员青年先锋2名;本科生党员青年先锋队一等奖,党建创新立项三等奖，标兵和红旗支部各1个。

院务工作

按照学校要求，完成首次绩效考核及第四次岗位聘任工作。完成学校各部门、各类项目的申报工作。全年多次对全院实验室进行安全检查，对不符合要求的实验室下达整改通知书，及时清查仪器设备，建立健全规章制度。组织全院师生参加实验室安全培训及考试，保证实验室安全、规范。及时准确向上级部门及全院师生发布学院新闻，同时收集师生们的新闻素材，每季度制作1期综合性学院通讯，总计12期。收集全院师生意见，重建物理科学学院网站。首批引进电子报销系统，提高财务工作效率。先后组织学院教学工作会议、57级和77级校友聚会、拔尖计划会议、彭桓武理论物理论坛、各学科教学研讨会、全国中学生奥赛集训等多次大型会议及活动。积极组织学院青年教师和管理干部参加基本功竞赛活动，我院青年教师薄方获天津市第十二届青年教师基本功大赛理科组第一名。

（撰稿人：刘丽军）

化学学院

概况

年末，有教职工人数370人（新增7人），其中专任教师204人。有教授（研究员）91人，副教授（副研究员）90人。院士、长江学者、杰出青年基金获得者、各类科技人才基金获得者共44人。在校本科生942人，硕士研究生698人，博士研究生388人。

应届本科毕业生229人，按期毕业221人，取得学位217人，结业8人。招收本科生250人，其中化学专业145人、材料专业56人、分子专业27人、化学生物学专业22人。

学科建设

现有跨理、工、农3大门类的4个一级学科下设13个二级学科，共10个博士点，13个硕士点，2个工程硕士点。2012年，化学、植物保护、材料科学与工程被评为2011年天津市重点一级学科。完成化学一级学科下的2个自主设置学科化学生物学、精细化学品化学博士点的重新论证工作。

根据《南开大学硕士专业学位研究生指导教师选聘办法》，制订化学学院工程硕士校外兼职导师聘任办法，首次聘任33名化学学院工程硕士校外兼职导师，目前已有91名导师完成工程硕士导师资格的认定。

教学工作

完成化学生物学专业本科教学计划的制定、论证工作，并将计划纳入教务管理系统，该专业首次招收本科生22人。修订专业学位简介、非全日制工程硕士招生简章和培养方案。完成2012年博士生导师遴选和资格审核工作，重新核对博导72人，兼职博导3人，硕士生导师110人。协助校学位办完成南开大学第八届学位评定委员会换届和分委员会调整工作。学院现有化学、工学、植物保护3个学位评定分委员会和4个审核小组，即化学分委员会下设化学一、二、三学位审核小组和工学分委员会下设的专业学位审核小组。

学生创新活动方面，共有6项获得2012年“国家级大学生创新创业训练计划”创新项目立项资助，有37项获得学校第十届“百项工程”项目立项资助。有33个学生创新项目结题，共获得校级一等奖2项，二等奖3项，三等奖2项，优秀奖3项。

组织申报2012年新专业建设、南开大学教材建设资助、精品资源共享课和教学改革立项。开展2012年南开大学教学成果奖、教学实验室管理成果奖、实验技术成果奖组织申报工作。其中申泮文教授主编的《近代化学导论》(上、下)和朱志昂、阮文娟教授主编的《近代物理化学》(上、下)均入选南开大学首批推荐“十二五”普通高等教育本科国家级规划教材名单。李一峻教授负责的《分子科学与工程专业实验课程建设》项目入选南开大学2012年新专业建设立项项目。邱晓航教授负责的公选课程《化学史话》入选“南开大学第二批文化素质教育核心课程建设立项项目”。青年教师朱宝林、庞美丽分别获得学校青年教师教学基本功竞赛理科组二等奖和三等奖。在教务管理工作检查中被评为“2012届本科生毕业论文(设计)管理优秀单位”。

完成2013届免试研究生推荐工作。今年共推荐学术型校内43人，学术型校外29人，专业硕士12人。6月，赴武汉和长沙地区进行推免生提前面试工作，形成详细的生源情况报告，为学校扩大接受外校优秀免试生的数量、更新接收推免生学校范围、制定招生政策提供依据。协助完成2012年在学研究生公派项目选派工作，共申报联合培养4人、攻读博士学位3人，分别去往德国、美国等国家。另有2名朝鲜高级进修生报到。

无机化学专业李亚飞和分析化学专业古志远获2013年天津市优秀博士学位论文，高分子化学与物理专业张敏超获2013年天津市优秀硕士学位论文。有机化学专业徐彬、张志君和无机化学专业唐青获2012年教育部学术新人奖资助。材料物理与化学专业韩晓鹏获2012年南开大学优博培育资助。物理化学专业马天翼和有机化学专业杨珍珍获2012年唐敖庆奖学金。

科研工作

全年新获得国家自然科学基金的支持课题43项，其中面上基金31项，青年基金8项，重点、优青、海外人才和基础科学人才基金各1项，新增经费达3239万元。周其林院士作为首席科学家主持的项目“若干重要元素的有机化学前沿”获得国家“973项目”3500万经费支持。截至年底，全院在研项目349项，在研项目经费总额度为25922.56万元。

全年共提交发明专利申请102项，获得专利授权23项。签订横向合作合同52项，合同总金额1264.6万元。

全年共发表SCI收录科研论文680余篇，平均影响因子接近3.3，其中影响因子在6.0以上的高水平论文有31篇，特别是《科学》杂志发表陈永胜教授课题组博士生李娜和美国德州达拉斯大学雷·鲍曼教授组博士后马修·立玛共同担任第一作者的研究论文，实现了我院在该级别期刊发表论文的重大突破。

5月29日，与天津大学化工学院合作启动“2011计划”项目“天津化学化工协同创新中心”的立项申请并举行首届理事会。

学术交流

全年共举办重要学术活动128次(其中16次为包含多个学术报告的论坛及系列讲座);出国进行学术交流44人次;邀请78人次国外专家来院讲学(不包括前来参加学术会议的国外代表)。

主办或承办的重要学术活动有:5月6日,主办第16届国际环糊精会议。7月10日至23日,经教育部批准,受国家自然科学基金委资助,举办超分子化学研究生暑期学校,邀请全国23名超分子领域的学者讲座授课,共有155名研究生、青年教师、本科生学员参加。7月,举办首届有机化学夏令营、化学学院第四次中青年学术交流会。10月13日,与天津师范大学联合承办第六届全国物理无机化学会议。11月底,承办中国化学会第二十六届全国高中学生化学竞赛暨冬令营,近600名选手、领队及其他工作人员参加。

党建工作

年初,完成党支部的民主评议工作。学院党委委员分别出席全院43个党支部的民主评议会。进一步落实学校保持党的纯洁性教育活动的相关工作,成立以书记和院长为组长的学院保持党的纯洁性教育活动领导小组,制订学院深入开展保持党的纯洁性教育活动实施方案,针对学校的要求和学院的具体工作,提出各节点需要完成的任务。按照学校要求及时上报学院保持党的纯洁性教育活动记录表,组织党员干部观看廉政教育影片,全院各党总支、直属党支部、学院学习中心组等8批次160多名教工党员和所有党员中层干部全部观看了教育影片。6月,学院党委按照校党委的要求对化学学院领导班子、农药国家工程研究中心、元素有机国家重点实验室领导班子和领导干部进行考核。11月,启动学院行政班子换届工作。10月至12月,开展围绕"聚焦十八大"为主题的系列活动,包括"党的纯洁性"主题组织生活会、"青春献礼十八大,公能精神伴我行"主题生活会、党史知识竞赛等。

陈军获评天津市优秀党员、天津市教育系统创先争优优秀共产党员。学生党总支获评天津市教育系统先进党总支及南开大学红旗党组织。化学系分析化学教研室研究生党支部获评学校研究生红旗党支部。化学系高分子教研室等3个研究生党支部获评学校先进党支部。

年末,有党员903人,其中教工191人、学生712人。入党申请人434名。有党总支5个,党支部46个,其中学生党支部29个、教工支部17个。全年计划发展130人,实际发展133人,转正党员103人。

学生工作

举办第二届研究生模拟招聘大赛。组织开展救助2009级硕士研究生袁霞活动。3月,为2011级博士、硕士研究生举行学年第二次火险消防安全演练。4月,组织研究生和已经进入实验室的本科生签署实验室安全责任承诺书。9月,为2012级新生举办安全教育及火险消防安全演练。

(撰稿人:陈友安 郑龙)

生命科学学院

概况

年末,有教职工 166 人。专职教师 108 人,其中教授 61 人,研究员 1 人,副教授 28 人,副研究员 5 人,讲师 11 人,助理研究员 2 人。有中国科学院院士 1 人,国务院学科评议组成员 1 人,国家"千人计划"特聘教授 2 人,教育部长江学者奖励计划入选者 11 人,国家杰出青年基金获得者 10 人,人事部"新世纪百千万人才工程"国家级人选 2 人,教育部(跨)新世纪人才计划入选者 14 人,国家优秀青年科学基金获得者 2 人。本年度专任教师退休 1 人,调出 2 人。

有学生 1310 人,其中本科生 490 人、硕士研究生 525 人、博士研究生 295 人。留学生 4 人,在站博士后 10 人。

学科和师资队伍建设

"211 工程"和"985 工程"建设取得重要成果,为 3 座老楼购置一批仪器设备,更新换代部分陈旧仪器设备。以引进"国家千人"为主,建立相关学科的研究平台,为学科发展提供重要的仪器和技术支撑平台。

完成国家第三轮一级学科评估和天津市第四期重点学科申报工作,生物学科和生态学科均为天津市一级学科重点学科。完成第八批博士后科研流动站申报工作,生物学博士后科研流动站和生态学博士后科研流动站均成功入选。

"国家千人计划"入选者董金堂教授全职到岗工作。美国约翰霍普金斯大学潘多加教授从我校申报"国家千人计划"短期项目并入选。美国得克萨斯西南医学中心贾大博士从我校申报"国家青年千人计划"并入选。从美国哈佛大学引进的吴卫辉博士入选"天津市青年千人计划"。胡俊杰教授获得国家杰出青年科学基金资助、入选中组部首批青年拔尖人才培养计划,杨志谋教授和谢强副教授获得国家优秀青年科学基金项目资助,周军教授入选天津市"131"创新型人才培养工程第一层次人选,陈强教授入选"天津市千人计划"(创业人才),刘新奇教授入选教育部"新世纪优秀人才支持计划",刘方教授获得国务院政府特殊津贴,宋存江教授获得宝钢教育基金优秀教师奖。胡俊杰教授获"中国青年科学之星"生命科学金奖,杨志谋教授获"中国青年科学之星"材料科学银奖。张琚教授获得"全国五一劳动奖章"。胡俊杰教授获得天津市五四青年奖章。王磊教授获得"天津市师德先进个人"。张金红教授主持的"加强实验教学中心内涵建设,构建生命科学拔尖创新型人才培养实训平台"获得天津市普通高等学校本科教学质量与教学改革研究计划重点项目立项。孙彬获得天津市高校青年管理干部基本功竞赛一等奖,马挺、贺秉军、张翠竹获青年教师教学基本功竞赛三等奖。胡俊杰与刘新奇课题组发表在《PNAS》(《美国科学院院刊》)中题目为 *Structures of the atlastin GTPase provide insight into homotypic fusion of endoplasmic reticulum membranes* 的论文被列入“2011 年度中国百篇最具影响的国际学术论文”。

全年派出 4 位青年骨干教师出国进修。

教学工作

加强制度建设,完善教学管理,制定《关于教师授课资格的规定》、《本科教学课程管理制度》、《伯苓班学生培养管理工作细则》、《本科生修读双学位、辅修细则》、《本科生转专业细则》、《推荐免试研究生工作细则》、《本科毕业论文“查重”工作实施方案细则》等规章制度。

为加强学生科研训练和创新意识的培养,资助教学改革项目 31 项,素质教育类 9 项,资助本科生科研创新项目 4 项。伯苓班学生全部实验课程和部分必修核心课程实现单独授课。鼓励青年教师参加学校和天津市教学基本功竞赛以及全国各类教学会议和教学培训。

重视教学改革,组织申报校级教材立项 8 项,校级教改项目 18 项,申请省部级以上教学改革和人才培养项目 4 项。修订完善教学计划,申报教育部精品资源共享课程 2 门,精品视频公开课程 1 门。

科研工作

认真组织国家级、省部级和校级各类科研项目的申报工作,获得国家自然科学基金委重点项目 1 项,杰出青年科学基金项目 1 项,优秀青年科学基金项目 2 项,面上基金项目 22 项,青年基金项目 3 项。获得教育部博士点基金 6 项。获得天津市应用基础与前沿技术研究计划项目 10 项,其中重点项目 5 项。获得校级科研项目 4 项。

全年到位科研经费约 5987 万元。共发表 SCI 论文 140 余篇,其中影响因子大于 5 的文章 40 余篇,影响因子大于 9 的文章 7 篇。学院退休教授唐廷贵参与的“《中华人民共和国植被图(1:100 万)》的编研及其数字化”研究项目获得国家自然科学奖二等奖。

学术交流

“功能蛋白质科学创新引智基地”项目取得重要建设成就,获得滚动支持。共邀请 40 位国内外知名的生物学家做短期访学和交流合作。接待来自美国、新加坡等国家多所知名高校来访,派出 61 人次赴国外及港澳地区开展合作研究、参加学术会议、进行访问考察及短期讲学等。

主办“亚洲鳞翅目保护”研讨会、第二届“心血管组织工程与再生医学”学术研讨会、小口径血管国际会议和学院第五届学院学术交流会议,协办第九届亚洲线粒体研究与医学学会年会暨第五届中国线粒体 2012 国际学术会议。创立“生命科学青年沙龙”,为各学科、各专业青年教师提供交流平台,推动跨学科合作和学科间协同创新。

党建工作

加强领导班子建设和全体党员的理论学习。强化院班子中心组学习、建立廉政建设责任制、落实领导干部岗位职责,建立院领导、学生党总支委员联系师生党支部制度,促进党员干部深入基层,加强对支部工作的联络和指导。制定党员年度学习计划,学习党中央、天津市委和学校有关重要会议精神。组织收看党的十八大开幕式,并开展系列学习和贯彻十八大精神的活动。

积极推进学院党组织思想建设和组织建设完善党员发展程序与党员发展制度。全年共发展党员 58 名,其中本科生 26 名,硕士研究生 24 名,博士研究生 7 名,教师 1 名。

继续开展创先争优活动和多种形式的

党日活动,将基层组织建设年、保持党的纯洁性教育、创最佳党日活动相结合,全院师生党支部结合专业优势,创新活动形式,积极开展主题党日活动。

院务工作

加强后勤检修检查,对生物楼楼顶进行防水处理,对3座老楼的实验设施和部分管网进行改造。积极落实动物房改造工程资金,有序推进设计招投标和实验动物转移。完成2012级研究生的实验室安全知识考试工作、实验室废试剂和实验动物尸体安全管理和转运工作。

本年度招聘实验技术系列人员2人、教职工退休4人、调出6人。完成教工职称评聘、履岗考核和岗位聘任工作,顺利实现学术委员会、学位委员会和职称评聘委员会换届工作。

加强规范化建设,编写办公室行政工作指南,用于指导日常管理工作,编写教职工手册,做好服务师生工作。推进信息化建设,提高办事效率和管理水平。

学生工作

贯彻落实学生党员修身计划和基层组织建设年工作,完善制度建设,积极开展面向入党申请人、党员、党员干部的3期业余党校,定期举办党支部书记培训,提高学生党员发展质量和学生党建工作水平。深入开展基层团委、团支部的组织、思想和作风建设,依托校院两级的团支部评优、团员团干评优,实现以评促建,其中2010级1个支部获得学校红旗团支部称号,多个个人获得优秀团员、团干标兵称号。

以党支部和团支部等学生组织为抓手,全面学习《南开大学素质教育实施纲要(2011—2015)》。成立公能素质大讲堂,不定期开设以讲座为主的公能素质教育活动,分年级制定公能素质实施方案。举办以“激扬青春,魅力大运”为主题的南开大学第二十四届体育节,开展院长杯、班长杯系列赛事。开展以“最美南开人”为主题的美育活动。成立学院的学生科技协会,通过校企合作,开展诺维信“酶好明天”科技作品竞赛,鼓励学生发展创新能力和

实践能力

以学雷锋、感恩教育等为主题,在学生中倡导“助人自助”的理念,从三年级学生开始提早进行就业指导工作,有效地将职业生涯规划与就业指导衔接。发起学院研究生科研道德与学风建设自律促进委员会,在此基础上联合其他专业学院成立南开大学研究生科研道德与学风建设自律促进委员会,开展系列宣传和倡导科研诚信的活动,组织科研诚信考试,举办系列促进研究生学风建设的活动,并在本科生中举办“生命不息,学问不止”学风建设系列活动。

(撰稿人:田在宁)

医 学 院

概况

年末,有教职员工共74人,其中专职教师46人,行政人员13人,教学辅助人员15人。专职教师中,教授11人(含博士生导师8人、长江学者1人),副教授19人,讲师16人;具有博士学位44人,占专职教师的95.6%。新招聘教职工3人,离职2人,晋升4人(教授2人、副教授2人)。新员工中讲师1人,助理实验师2人。在联合办学单位有专任临床教学教师133人,其中院士5人,教授125人(含博士生导师78人),副教授8人,具有博士、硕士学位的教师103人。新聘用博士生导师3人,硕士生导师17人。

年末,有学生718人。获得硕士学位102人,博士学位24人。全年录取本科生80人,硕士研究生52人,博士研究生28人。

学科和师资队伍建设

完成生理学、临床医学硕士及博士各专业培养方案的修订、完善。新增眼科学、耳鼻喉科学和影像学3个博士点。基础医学一级学科参与教育部第三轮学科评估,在全国名列第27位。临床医学一级学科参与天津市重点学科评估,在临床医学硕士专业学位点下增设全科医学领域,改善医学院的学科布局。

本年度遴选基础医学硕士生导师2人,临床医学硕士生导师17人,临床医学博士生导师3人。2名教师晋升为教授,2名教师晋升为副教授。向荣教授获批担任“973计划”首席科学家,谢志平副教授获得优秀青年科学基金项目,刘菲菲副教授入选“天津市青年千人计划”。

教学工作

建立教学实验和科研活动有机结合的培养体系,提升学生科研创新能力。基础医学实验教学中心获批“天津市普通高等学校实验教学示范中心”。在学校开展的实验教学改革课题申报工作中,获批重点教改课题1项,一般项目教改课题6项,青年教改课题7项。另有1项获批为天津市普通高校教改课题。

全年共立项“百项工程”项目23项、“国创”项目3项。申报校2012年教育教学改革立项15项。获2011—2012学年度试卷及成绩管理优秀单位。口腔系主任王建国申报的“中美高等口腔医学教学体系的比较研究”和张京玲教授申报的“依托品牌专业探索机能学实验教学方法及考核方式”获得天津市普通高等学校本科教学质量与教学改革研究计划项目立项。倪虹副教授的《急救与灾难应变》获得校级教材立项。张岩老师撰写的教学论文获得南开大学2012年本科教育教学与创新征文活动二等奖。

开展卓越医师挑战赛、临床技能竞赛、

腹腔镜技能大赛、急救技能团体大赛4大专业竞赛。4月,参加全国高等医学院校大学生临床技能竞赛(华北赛区),获优秀组织奖,4名队员获二等奖。学院青年教师参加“第十一届天津市高校青年教师教学基本功竞赛”,获二等奖1名、三等奖2名。刘文教授获评优秀指导教师。另有3名教师获校青年教师教学基本功竞赛三等奖。

科学研究

全年申报国家自然科学基金38项,获批10项,其中面上项目6项、青年基金3项、主任基金1项,累计资助经费560万元。申报天津市自然科学基金17项,获批重点项目1项,一般项目1项,青年项目2项,累计资助经费46万元。申报高等学校博士学科点专项科研基金8项,其中博导类2项,新教师类6项。获批财政部国际合作1项,教育部留学归国启动基金3项,教育部高校科研专项经费2项,其他各类合作项目10余项。年度累计到账科研经费共计1566.27万元。在各级别杂志上共发表学术论文65篇,其中SCI收录52篇,核心刊物13篇。

充分利用“985工程”二期经费购置10余台大型仪器设备,积极进行实验室建设和改造,组建公共实验平台。

学术活动

3月10日,召开天津市“模式动物与退行性神经系统疾病”重点实验室学术研讨会。6月7日,磁共振成像物理学家、美国西弗吉尼亚大学放射学系教授鲍勃L.侯博士来校做讲座。10月21日,行为医学中心携手“五月铃兰”孤独症志愿服务社团邀请美国富尔布莱特学者Meghan Hussey女士主讲“孤独症患儿的疗育”专题讲座。11月5日,中国医学科学院实验动物研究所孔琪博士来院讲授“实验动物标准化”。11月8日,美国耶鲁大学医学院妇产科学及干细胞研究中心副教授黄英群来院做讲座。12月16日至18日,中国工程院医药卫生学部联合我院、中国医药生物技术协会单克隆抗体专业委员会,在天津召开“2012医学科学前沿暨第五届分子靶向药物研究与细胞治疗应用研讨会”。12月20日,召开由向荣教授负责的973项目“肿瘤干细胞在实体肿瘤发展中的调控机制研究”启动预备会。

党建工作

全年共发展党员30人,其中教师党员1人、学生党员29人。年末,有党员208人,其中正式党员181人,预备党员27人。共有申请入党人(不含积极分子、发展对象)255人,入党积极分子(不含发展对象)39人,发展对象38人。现有3个教工党支部,15个学生党支部。

以“基层组织建设年”和迎庆“十八大”为主题开展党建创新工作,创新教育载体和模式,启动医学院学生业余党校——“自主党校”,举办首期学生“自主”党课。举办首期学生党建理论创新立项活动,立项有“党支部活动影响力和长效机制的研究”、“医学生党员应具备的公能素质”、“新时期医学生党员培养”和“如何发挥医学生党员作用传承雷锋精神”等。进一步规范党员发展程序和要求,广泛开展基层党支部民主生活会、领导班子民主生活会、学习党代会精神、党建研讨活动等。

开展“理想信念教育、工作作风教育、责任意识教育、综合素质教育”等系列党日活动。教工行政党支部赴天津港开展与全国劳模孔祥瑞同志座谈交流“感受劳模风范,争做岗位先锋”主题党日活动。教工教学第二党支部开展“更多行动,更多关爱”赴SOS儿童村探访捐赠活动。临床医学2007级学生党支部赴天津市红桥支队特勤二中队开展“医学消防齐共建,践行公能与奉献”

主题党日活动等。

院务工作

学院领导班子重新进行分工调整，新增副院长2名，倪红为教学副院长、孔晓红为科研副院长。按照学校人才工作会议的精神及相关政策，修订各岗位考核方案，完成学院各类教职工考核工作。按照学校下发的岗位聘任工作指导性意见，成立学院岗位聘任工作领导小组。结合学院实际，认真研究制定聘岗细则，完成新聘期聘岗工作。定期开展消防安全自查工作，及时查找消除安全隐患，完成新生实验室安全教育培训及考试工作。本年度共购进仪器设备132台件，共计778万余元。用于购买医学图书、专业期刊、教材共计1.1万余元。举办2012年医学院教师趣味运动会。组织教工参加校工会举办的各项文体活动。

学生工作

6月12日，2012年教育部国家大学生校外实践教育基地建设项目——南开大学临床技能综合培训中心在南开大学人民医院(暨天津市人民医院)举行揭牌仪式，校长龚克与南开大学人民医院院长吕文光出席。

举办南开大学第三届全国中学生医学夏令营，来自全国19个省份、72所重点中学的182名优秀中学生参加。举办第二届“十佳医学生”评选、第二届医学文化节暨第九届医学开放日、“德医双馨”第二届公能实践月等。开展百项科技创新与医学生成长讲座，举办科技创新经验交流会。开展主题党日、主题团日、新生宿舍团小组教育活动，加强学生思想教育。2011级临床医学团支部举办“如何促进医患关系和谐发展”主题团日，2012级团支部举办“纵观医改风云，共树医者仁心”主题活动，加强医德教育。为新生举办“夜空中最亮的星”特色班会，引导班级同学树立信心。组织旧书交流会，提倡低碳环保理念。组织“五月铃兰”志愿服务队，关爱自闭症儿童。

结合专业，开展社会实践和志愿服务活动。7月9日，与中心妇产医院共建社会实践基地并举行揭牌仪式。7月13日在河北省满城县建立社会实践基地并组织2008级学生在当地开展实践活动。10月23日，与荣迁西里社区共建“助老”志愿服务基地，开展敬老助老服务。11月24日在天津宝坻大口屯镇建立实践基地。暑期，组织3支三下乡实践团奔赴河北、山东等地开展实践活动。开展“健康知识社区行”志愿服务系列活动。

全年，216名本科生获学校各类奖助学金，全体研究生获校学业奖学金，其中，22名研究生获学校优秀研究生奖学金奖励。32名本科学生和3名研究生获评三好学生，16名本科生和3名研究生获评优秀学生干部。医学院“三下乡”暑期实践团队获评“天津市优秀团队”、“南开大学优秀团队”。

全年，七年制毕业生55人，其中直接攻读博士学位21人，其他学生分别就业于京津及其他城市的三甲医院，就业情况较好。

（撰稿人：彭茜 唐路扬）

药 学 院

概况

年末,有教职工 66 人,其中专任教师 47 人,教授 10 人,副教授 16 人。入选国家"千人计划"2 人,入选新世纪优秀人才 2 人,"973"项目首席科学家 1 人;入选天津市"千人计划"3 人,天津市特聘教授 1 人。

年末,有学生 447 人,其中本科生 240 人,硕士研究生 175 人(其中本部 90 人、联合研究院 85 人),博士研究生 32 人。本年度招收本科生 64 人,硕士研究生 68 人(其中本部 41 人、联合研究院 27 人),博士研究生 10 人。

学科建设

完成新一期"985 工程"建设子项目立项报告和阶段性工作总结。组织参加教育部第三轮学科评估。

教学工作

重视课程体系建设,认真实施"公能"素质教育,设立本科生教学督导组和研究生教学检查小组,通过多种方式,对教学环节进行质量监控,着力提升教学水平和质量,不断完善培养创新型药学人才课程体系。在各类评优、科研及竞赛活动取得较好成绩,获评南开大学 2012 届本科生毕业论文(设计)管理优秀单位和 2011—2012 学年度试卷及成绩管理优秀单位。田新洪、卢亚欣获南开大学 2012 年论文、试卷管理优秀个人奖。获"国家大学生创新性实验计划"项目 2 项,"百项工程"项目 6 项。获南开大学"优博培育基金"1 项。获 2012 年南开大学本科生创新科研优秀项目二等奖、三等奖及优秀奖各 1 项。获南开大学优秀本科毕业论文 1 篇,优秀硕士毕业论文 2 篇。在全国、天津市大学生数学、英语竞赛中获一等奖 1 项、二等奖 3 项。

科研工作

全年获国家自然科学基金委资助项目 8 项,其中面上项目 4 项、青年科学基金项目 4 项。获天津市科技发展计划 3 项,其中一般项目 1 项、青年项目 2 项。获横向项目 2 项。获校级项目 3 项。申请经费共计 542.43 万元,到账经费 911.08 万元。

在各类杂志上共发表学术论文 123 篇,其中 SCI 收录论文 63 篇,EI 收录论文 16 篇,其他文章 44 篇。申请专利 19 项。

学术交流

全年共邀请 7 位国外知名大学教授和著名医药企业的负责人来院做学术报告。举办或承办多场高水平学术会议,6 月 22 日至 24 日举办"第二届天津肿瘤微环境国际会议"。10 月 27 日至 28 日举办"第三届植物与健康滨海论坛"。12 月 14 日至 15 日举办"南开大学药学院第四届药学年会"。

党建工作

认真贯彻落实十八大及校第八次党代会精神，深入开展创先争优活动，扎实推进各项工作。定期组织开展理论中心组专题学习，完善党员教育机制，加强对入党申请人、积极分子、党员进行教育和培训。完善基层组织建制和评级工作，认真做好党员发展工作，全年共发展党员13名，其中研究生5人、本科生8人。精心组织创最佳党日活动，研究生第二党支部获天津市教育系统2012年度“创最佳党日”一等奖、获评南开大学先进党组织。

院务工作

定期召开学院党政联席会议，研究讨论学院各项工作。完善学院各有关委员会建设，增强各委员会的工作主动性，充分发挥其在学院发展中的作用，推进学院的民主决策过程。推进学院院务公开，自5月起，每月编发1期《药学时讯》，对学院的各项工作予以总结，让师生了解学院动态、获取所需信息。改革研究生分配制度。根据课题组发表的学院为第一通讯单位的文章层次进行量化，按照总分排名分配相应名额。严格经费使用制度。严格遵守财务制度，统筹安排使用专项经费，各项预算资金的支出均由学院教授会议讨论，经学院党政联席会议批准同意后实施，确保资金效益的最大化。创新绩效工资考核方式。从“公”、“能”两方面出发，按照岗位不同进行细化、分类考核，在保证教师做好教学科研工作的同时，也能积极参与学院的各项建设与活动。

重视消防安全工作，认真做好实验室的检查与督察工作，已有118名同学参加南开大学实验室安全教育培训与考试系统，并获得合格证书。组织教师参加学校2012年运动会、乒乓球赛和羽毛球比赛，获得运动会教工丙组团体第三名。

学生工作

多措施多渠道开展毕业生就业指导和服务，2012届毕业生就业率达100％。

大力开展“公能”素质教育，创办“公能”学堂系列讲座，已举办3场。创设“公能”学术导师，已聘用8名导师。鼓励支持学生开展社会实践活动，有2支团队获优秀实践团队奖。搭建师生交流平台，设立院领导接待日，加强教师与研究生党支部共建，开展师生羽毛球对抗赛、趣味运动会等。

2010级本科二班获评天津市先进班集体。2011级本科二班团支部获评五四红旗班级团支部。2011级本科一班团支部的“七叶草”团小组获评“团小组标兵”。2008级本科生高年级党支部获评“先锋团队计划”二等奖。2010级博士研究生李兰涛同学获评“南开十杰”。

成功举办南开大学第三届全国中学生药学夏令营，来自全国14个省市40所重点中学的86名优秀高中生参加。

（撰稿人：孙运涛）

信息技术科学学院

概况

年末,有教职工 231 人,其中教授、研究员 77 人,博士生导师 65 人,副教授、副研究员 106 人。在站博士后 12 人。有学生 2320 人,其中本科生 1450 人,硕士研究生 686 人,博士研究生 184 人。招收本科生 380 人,硕士研究生 256 人,博士研究生 51 人。

学科建设与科研工作

在"985 工程"建设规划中,整合学院各个学科的建设规划材料,制定完成学院的立项报告,并依靠光学工程、电子科学与技术、控制科学与工程、计算机科学与技术等学科,面向国家重大应用需求,制订在生物信息获取与现代光机电技术交叉领域的发展规划,开展高水平应用基础研究和学科建设。组织学院"985 工程"中期检查推动会。

本年度,共申请各类项目共计 164 项,其中获资助的科研项目 86 项,合同经费共计 3397.5 万元。在 SCI 发表科研论文 99 篇,在 EI 发表 136 篇,在 ISTP 发表 100 篇。申请专利 53 项,获批专利 19 项。软件登记 23 项。

配合学校应用技术研究院,与天津市口岸办公室共同筹划组建天津现代口岸协同创新平台,于 10 月 26 日正式挂牌启动。完成我校"军工保密资格审查认证"和"军工质量体系认证"资格审查工作。

教学工作

入选南开大学"国家级大学生创新创业训练计划"10 项,每项资助经费约 1.8 万元。获校本科生创新科研计划立项项目 40 项,共资助经费 14 万元,学院配套支持 2 万元。孙桂玲教授"电子信息类创新型人才培养模式的研究与探索"项目入选天津市普通高等学校本科教学质量与教学改革研究计划。智能专业和信息安全专业获校 2012 年新专业建设立项,学校分别给予 25 万、13 万资助经费。

推荐 2009 级 106 名优秀本科生为 2013 年免试攻读硕士研究生,其中校内学术 50 人,校外学术 23 人,专业学位 23 人,支教保研 2 人,不占学校指标的校外学术 7 人,向香港科技大推荐 1 人。《面向视觉监控的人车分类系统设计与实现》等 10 篇本科生毕业论文被评为 2012 年度本科生优秀毕业论文称号。

聘请陈增强教授、白刚教授、陆志才教授(退休)、张德贤教授、张伟刚教授、韩毅刚副教授等 6 位在职或退休教师担任学院本科教学督导员,任期 2 年,陈增强任组长。推荐王秀峰教授(退休)、陆志才教授(退休)、张伟刚教授担任学校本科教学督导工作,任期 2 年。

组织各学科专家对首次承担本科课程

讲授、调换任课、新开课的张毅等17名青年教师共16门本科课程进行试讲评估。核查2010—2011学年第一、二学期全院本科试卷册285册，涉及课程134门，参与自查工作的青年教师达到56人次。10月，获评2012届本科生毕业论文（设计）优秀单位奖和2011—2012学年度试卷及成绩管理优秀单位。

组织2012年TI杯天津市大学生电子设计竞赛的赛前培训工作，并在竞赛中获得天津市一等项3项、二等奖3项、三等奖1项，以及TI杯奖1项（全市本科参赛队仅此一项）。

组织和举办2012年TI杯天津市大学生电子设计竞赛比赛和测试工作，承担3个本科竞赛题目和1个高职高专的竞赛题目的测评工作，被授予“优秀组织奖”。

党建工作

组织党员干部和师生学习贯彻十八大精神。院班子带头，全院师生参加学习十八大精神知识竞赛活动。开展学习宣传贯彻十八大精神征文活动。重视领导班子思想政治、组织和作风建设。坚持中心组学习制度。

全面贯彻落实相关规定，贯彻党的民主集中制，不断完善议事制度和集体决策程序，坚持每周党政联席会议制度，定期召开领导班子民主生活会，开展批评自我批评，倡导求真务实的工作作风。推进院务公开和公示制度，贯彻“教授治学”理念，重视发挥学术委员会等各专门委员会的作用，充分调动教职工参与民主管理的积极性，密切党群关系。

完善党风廉政建设责任制，规范领导干部从政行为。组织班子成员观看反腐倡廉警示片，学习廉洁从政教育读本，开展党风廉政责任制自查和小金库自查，落实责任制，层层签订责任书。坚持述职述廉双述制度。就党风廉政建设责任制落实情况进行自查。

将深入开展基层组织建设年和永葆党的纯洁性教育教育纳入到创先争优活动中，深入开展基层组织建设年活动。召开保持党的纯洁性教育三个阶段工作会议。

院直教工党支部、电子信息基础实验教学中心党支部获评校创先争优先进基层党组织，院直教工党支部获评红旗党支部，校级优秀共产党员5名，院级优秀党员10名。赵新教授获评“天津市教育工委评选优秀党员”、“南开大学党员标兵”。

认真组织开展党性主题教育活动和创最佳党日活动。拓展党组织和党员联系群众的途径和渠道，开展送温暖活动。完善党委委员联系指导所在党委党支部、学生辅导员联系指导所带年级党支部的制度。组织党员开展调查研究、志愿服务、结对帮扶、走访慰问、谈心等活动。

加强组织发展规范化管理。以理论学习、实践创新、舆论引导以及基层工作指导四个方面加强学生业余党校的建设。举办“申请人培训班”、“理论研修班”、“新生党员培训班”，制定《信息学院学生党员发展流程规范》，提升发展质量。积极做好教工中“双高”人员的培养、组织发展工作。本年度共发展党员93人，转正61人，在校党员总数达676人，确定入党积极分子225人。

高度重视安全稳定工作，努力营造团结和谐的氛围。发挥基层党支部的战斗堡垒作用，及时了解和掌握师生的思想动态，推动形成良好的校风、教风和学风。融思想政治工作于日常学科建设、教学科研和管理工作之中。重视信访工作，主动谈心，化解矛盾。围绕中心工作，加强正面宣传教育，连年获学校新闻报送先进单位。

组织统战工作的自查。鼓励支持工会、团委和学生会开展丰富的文体活动。积极组织参加南开大学喜庆“党的十八大”合唱音乐会,教工合唱团获二等奖。

学生工作

2011、2012级本科生党支部和南开大学学生十八大精神研究会联合主办以“迎风飘扬的旗”为主题的迎庆党的十八大系列活动,内容有“共观开幕庆盛典,热议十八大内容”、“红色橱窗写党情,宣传服务进基层”宿舍红色橱窗布置活动、“有奖问答普精神,热情寄语祝明天”十八大知识竞答寄语活动、“心系祖国歌颂党,红色诗篇咏辉煌”红色文学经典朗诵会等系列活动。召开学院学生骨干十八大精神座谈会。

推出研究生基层组织建设年“七步走方案”,即:规章制度完备化,发展程序规范化,理论考核统一化,宣誓仪式特色化,党员培养专业化,组织生活多样化,交流沟通常态化。举办第七届“星火”评优活动。学生事务委员会召开成立大会暨第一次全体大会。

组织5支主题实践队分赴贵州、甘肃、辽宁、云南等地开展暑期实践,校长龚克带队参加赴甘肃灵台的以关爱留守儿童和新生代农民工调研为主题的社会实践活动。举办学院首届求职训练营。承办南开大学“实践归来话成就·青春喜迎十八大”暑期实践主题报告会。承办南开大学首届IT创新创意大赛。

针对学院学科、专业和学生特点,有针对性的在就业工作的理念、模式、方法上摸索就业工作模式,开展“职业生涯规划大赛”、“模拟招聘大赛”、“HR论坛”、“IT知名企业行”、“春季招聘会”等活动。

启动“情动信科”十佳人物评选活动。举办第四届研究生文化节。2012级本科生开展“公能成长教育季”系列活动。召开第三届“学业标兵宿舍”表彰会暨“修身砺能,怀志为公”贯彻“公能”素质教育实施纲要活动启动仪式。举办“公能”素质教育团委中高层干部论坛。

(撰稿人:薛牧)

软件学院

概况

年末,有教职工38人,其中教学科研人员23人,党政管理人员15人。教学科研人员中有教授5人,教授级高级工程师1人,副教授10人,讲师7人。全年招收本科生103人,硕士研究生34人。毕业本科生112人,研究生41人。年末,学生总数501人,其中本科生434人,硕士研究生67人。

教学工作

完善教学质量保证计划,确定11个教改项目,投资37.1万元,计划出版案例教材9种,建设教学网站11个,发表教改论文12篇,编印讲义2册。选派多名教师参加微软、IBM等公司关于移动设备、物流网等方面的师资培训及教学研讨会。依据学校“公能”素质教育纲要，实施“讲一练二考三”改革。经相关教师和教学管理人员深入调研论证，结合学校夏季学期改革，积极调整完善教学计划。获国家本科生创新项目立项3项，获南开大学本科生创新项目立项8项，学院资助1项。与多家实习实训基地合作，共同探讨实习实训的新型模式和具体方案。制定和实施感知实习工作规划，组织本科新生到多家专业软件公司参观学习。对本科生实验实践教学成本进行系统的分析和估算，提高实验环境运行维护保障措施的计划性和及时性。开展实验室设施设备的升级配套，清理实验设备台账，改善实验教学和教师科研环境。参加研究生院在武汉、长沙举办的招生宣传活动，举办首期以扩大免试推荐研究生数量为目的的暑期夏令营。召开MSE培养工作暑期研讨会，逐步完善MSE相关制度和流程，修订MSE经费支付标准，规范招生、培养、经费使用等各个环节的管理。

科研工作

按照学校要求，完成科研信息发布、项目申请、立项、过程管理以及相关服务等工作，新增横向科研项目3项。全年发表各类论文20余篇，各类检索论文10余篇，申请专利和软件著作权多项。继续为教育部学位与研究生教育发展中心、南开大学、天津市经济和信息化委员会及其他委办局、企事业单位提供科技服务或开展项目合作，与多家企业建立了产学研合作关系。

党建工作

年末，有党支部6个，党员125人，其中教职工党员21人，研究生党员41人，本科生党员63人。全年发展党员40人，转正党员25人。1个党支部获评南开大学“先进基层党组织”，1名学生党员获评南开大学“优秀共产党员”。学习贯彻党的十八大精神，开展保持党的纯洁性教育、创先争优、基层组织建设年、创最佳党日等活动，完成提名推荐我校出席天津市第十次党代会代表候选人初步人选、创先争优活动群众评议、党支部分类定级、先进党组织和优秀共产党员评选等工作。

院务工作

相继制定教学科研工作量计算、教职工奖酬金分配、设备采购、财务管理等规章制度，解决部分人事、财务方面的历史遗留问题。配合党委组织部、审计处完成中层领导干部离任经济责任审计。根据学校有关要求和学院实际情况，制定学院教职工绩效考核实施方案和新聘期岗位聘任实施细则，顺利开展职称晋升、绩效考核、岗位聘任等工作。招聘专任教师1名，选留和调入专职学生工作干部2名，调入专职管理干部1名，向有关部门输送青年干部1名。

学生工作

学院制定并完善《班导师工作制度》、《学生安全管理及信息反馈制度》、《学生党支部工作管理制度》、《辅导员进课堂、进寝室制度》。开展“三位一体式”教育，即专业教师、高年级同学、研究生党支部共同指导新生。发挥专业教师作用，开展“心航线”师生交流活动。建立学生成长辅助体系，搭建沟通平台，面向本科新生，举办18岁成人礼、生活导航、学业导航等系列活动，面向高年级本科生和研究生，举办保研、考研、就业经验交流会，新生与导师见面会，新老生座谈会，“启公能之路，耀学术之光”，“研路有我，沿路由你”等系列活动。

积极开展职业生涯规划辅导和就业创业指导，举办“职场攻略，备战未来”成长论坛、“陶铸青春、引领成才”就业领航等活动。

为提高学生的身体素质，举办新生篮球赛、师生趣味运动会、“院长杯”足球赛、研究生羽毛球赛、新生素质拓展等活动。

（撰稿人：杨晓曼）

环境科学与工程学院

概况

年末，有教职工 121 人。其中，专职教师 89 人，教授 22 人，副教授 38 人，讲师 27 人。教师中有长江学者特聘教授 1 人，国家杰出青年科学基金获得者 2 人，国家千人计划入选者 1 人，国家青年千人计划入选者 1 人，国家新世纪百千万人才 1 人，教育部新世纪人才 8 人。本年度，引进和招聘教职工 5 人(其中引进国家千人计划 1 人、国家青年千人 1 人，招聘专职教师 2 人、实验技术人员 1 人)，退休 2 人。晋升教授 1 人、副教授 1 人；认定中级 7 人、助教 1 人。

有在校生 745 人。其中，本科生 292 人，硕士研究生 336 人，博士研究生 117 人。学院在站博士后 13 人(本年度进站博士后 4 人、出站 2 人)。

设有 13 个教学、科研机构以及校挂靠单位。有 8 个省部级重点实验室、工程中心及基地。图书资料室系统收藏中外文图书 2000 余册，期刊 130 余种，过刊 1700 余册；学位论文 1600 余册。

学科建设

环境科学与工程学科再次被评为天津市高等学校一级重点学科；生态学被批准为天津市一级重点学科，被教育部批准设立生态学博士后首批流动站。3 月，完成环境科学与工程、生态学等 2 个一级学科的评估工作。经评估，环境科学与工程学科最终得分为 80 分，位居并列第八位；生态学学科最终得分为 76 分，位居并列第十四位。确定“资源循环科学与工程”本科专业的学科建设方向以及人才培养模式、教学计划和相关课程教学内容。

重点实验室建设

4 月 11 日，召开环境污染过程与基准教育部重点实验室验收会，并通过验收。本年度，教育部重点实验室共发表学术论文 157 篇，其中 SCI 摘引论文 99 篇。

天津市城市生态环境修复与污染防治重点实验室有 9 个项目获资助；在研项目进展顺利，其中纵向课题 65 项，横向课题 23 项；发表学术论文 117 篇，在 *Environmental Science & Technology* 杂志上发表文章 4 篇。11 月，天津市科委组织对该重点实验室进行年度评估。

国家环境保护城市颗粒物污染防治重点实验室承担“973 项目”子课题 1 项、环保公益项目 3 项、国家自然科学基金面上项目 3 项、天津市科技支撑重点项目 3 项、天津市环保专项 1 项，其他横向项目 10 项；共发表学术论文 61 篇，其中 SCI 摘引 21 篇，出版专著 1 部。2 月 25 日，召开国家环境保护城市空气颗粒物污染防治重点实验室学术委员会会议。12 月 13 日，环保部科技司对实验室进行评估，评估成绩优秀。

7 月，天津市科委批准我校组建天津市生物质类固废资源化技术工程中心。中心申请各类重点项目、其他省部级课题及横向科研项目 10 余项，申请国家发明专利 20 余项，出版专译著 3 部；与数家企事业单位达成产学研合作协议，开始实质性合作研究。

由我校牵头申报的中国资源综合利用行业工程实验室通过中国资源综合利用协会行业技术专家委员会评审和考核，被认定为“CRT 玻璃资源综合利用行业工程实验室”。

循环经济哲学社会科学创新基地和天津市循环经济与低碳发展研究人文社会科学重点研究基地整合校内外、国内外的相关资源，完善文理工交叉的科研团队，探索新兴交叉学科发展和复合型人才培养机制，积极承担国家、天津市、滨海新区循环经济与低碳发展重要工作。基地在研国家“863”重大课题、国家社科基金重大、重点项目等 10 余项，新立项循环经济规划与实施方案横向课题 20 余项，发表 SCI、EI、CSSCI 文章 50 余篇，多次提交政府咨询报告和提案，得到天津市领导高度重视。

教学工作

协调完成教育部环境科学教学指导分委员会教育部高教司立项课题“环境科学/生态学学科专业规范研究”后续工作。

加强精品课程建设，对已有的 2 门国家级精品课程、1 门天津市精品课程、1 门南开大学示范精品课程和 5 门南开大学精品课程加强建设管理，加强后备精品课程培育工作，重点培育 5 门本科课程。启动教学网站建设。开展专业基础课程教学团队建设，优化课程体系，推动环境科学国家级特色专业的建设和管理工作。戴树桂主编的《环境化学》教材及孙红文主编的配套《环境化学电子教案》获批“十二五”国家级规划教材。推行本科教学的课程小组负责制，基本实现本科教学的优质师资资源配备，基本保证教授、副教授全部参与本科教学。学院教学实验中心申报“天津市教学实验示范中心”。本科生有 4 个项目获“国家大学生创新性实验计划”立项，10 个项目获校本科生创新科研“百项工程”立项。

全年，共有 32 名博士生、91 名科学硕士、37 名专业硕士进行了学位论文的答辩并获得学位。注重研究生课程建设，《生态毒理学》、《毒理化学》、《环境管理学》3 门课程获校研究生课程立项。全年招收在职工程硕士 21 名，有 12 名工程硕士、高校教师和同等学力人员进行学位论文答辩，取得相应学位。

设立论文优秀奖学金，共有 13 名博士生和硕士生的 6 篇 I 区 SCI 文章、13 篇 II 区 SCI 文章获得奖励。章涛博士论文获校学位委员会推荐，竞争全国优秀博士论文；彭辉、彭新红获优博培育立项；李维尊获学术新人奖；胡献刚、孔少飞获全国优秀博士生提名；蔡章、陈鹏、李姝娟、何欢欢获校级优秀毕业论文奖。

科研工作

全年，科研经费总数 4498 万元，其中纵向经费 2610 万元；横向经费 1336 万元，文科经费 552 万元。新增国家级项目包括：主持“973”项目子课题 1 项，获批国家自然科学基金资助项目 17 项，其中重点基金 1 项，面上基金 8 项，青年基金 8 项，总经费达 1148 万。新增天津应用基础及前沿技术研究计划项目 5 项，其中应用基础与前沿技术研究计划一般项目 1 项，青年项目 4 项。获批教育部博士点基金项目4项。孙红文获国家杰出青年基金资助。周启星等获教育部自然科学一等奖,鞠美庭等获天津市科技进步二等奖;祝凌燕获中国青年科技奖,于宏兵等获天津市环境保护科学技术奖二等奖及合佳威立雅杯环保科技奖;周明华获中国电化学学会中国电化学青年奖;孙红文获天津市科技奖提名奖,入选天津市"131"创新型人才培养工程第一层次人选;漆新华、王莹莹、王鑫获青年科学之星奖。启动高等学校科研业务费项目2项。不断完善科研管理制度。

全年,发表学术期刊论文401篇。2011年论文被SCI收录104篇,EI收录87篇,ISTP收录32篇,其中在环境化学顶级期刊*Environ. Sci. Technol.*上发表论文4篇。全年,申报专利55项,获得授权7项。出版专著和教材等7部。

学术交流

主办多次有影响的学术研讨会。5月17日,举办第七届持久性有机污染物论坛。9月21日,主办首届环境学科青年学术沙龙。9月21日,共同承办第三届中国(天津滨海)国际生态城市论坛暨博览会"城市化进程中的生态修复"分论坛。10月16日,协办再生资源行业高级管理人员培训班。11月7日至9日,举办第三届污染生态学国际学术会议。12月18日至19日,承办环境化学学科发展及人才培养战略研讨会。

全年,学院师生20余人次出国参加学术会议或进行学术访问,出访国家10余个。邀请多位国外大学知名教授来院访问交流,包括:美国莱斯大学Robert J. Griffin教授,美国赖斯大学Calvin Ward教授,美国夏威夷Pacific大学方家松教授,美国华盛顿大学John Fortner教授,美国农业部风蚀研究中心高金城副教授,瑞士联邦水科学技术研究所Walter Giger教授,法国波尔多一大分子科学研究所Philippe Garrigues所长,波兰科学研究院环境工程研究所Irena Twardowska博士,法国巴黎政治学院王鑫副教授,澳大利亚维多利亚大学Alex English研究员等。接待美国Drexel University、荷兰格罗宁根大学和中国香港中文大学副校长李行伟等多个学校代表团30余人次的外国和地区专家来访。

党建工作

将纯洁性教育与学院中心工作相结合。院领导班子和党支部召开专题民主生活会,采取多种形式认真查找在理想信念、队伍建设、作风建设、廉洁自律、从严监督管理方面存在的问题,深刻剖析原因,制定整改措施。全年发展党员74人,其中博士生5人,硕士生46人,本科生23人。撤销4个学生支部,选举组建5个新的学生支部,3个支部完成换届工作。

努力打造特色党日活动。全部16个支部开展创最佳党日活动。3月,各研究生党支部以"创先争优做奉献,志愿精神薪火传"为主题组织开展一系列创先争优志愿服务活动。本科生2个党支部联合院团委、学生会在校园内开展"骑行校园助你行"系列活动。本科生第二党支部获校本科生党建创新立项,并获评校先进学生党支部、获校优秀先锋团队计划三等奖。

院务工作

进一步完善政务公开制度、财务预决算制度、专业教师招聘制度、各类人才及奖项推荐评审制度等,积极探索学院管理的新制度、新机制,提高学院在学科建设、教学科研、行政管理等工作中的综合管理水平。今年第四次校长办公会通过了学院实验室调整方案,即化学北楼学院现有实验室搬出(积约250平方米),理化楼两层由学院使用(约1030平方米),实际增加实验室建筑面积780平方米。理化楼的维修改造工程顺利进行。制定学院履岗考核意见，完成2011—2012年度考核工作。制定2012年新聘期岗位聘任条件及岗位要求，并完成了新聘期岗位聘任方案。认真做好经费使用管理。加强安全工作，更换蒙民伟楼消防设施。全年新增仪器设备270台，完成报废登记和审批仪器设备61台。

学生工作

全年，招收本科生81名，硕士研究生121名，博士研究生38名。本科生毕业74人，硕士研究生毕业127人，博士研究生38人。本科生毕业生就业率为97.3%，其中考研率58.1%，出国12.2%，工作27%。研究生毕业生就业率为96.36%。与天津大学环境学院合办“第二届南开大学—天津大学环科学科博士生学术会议”。获校长杯系列赛事优秀组织奖、校学雷锋红色话剧比赛二等奖、“五月鲜花”合唱比赛三等奖。2011级本科生班获评南开大学先进班集体，2011级硕士班获评天津市优秀班集体、南开大学研究生十佳班集体，王平获评天津市优秀学生干部，刘宇心获评天津市三好学生。

（撰稿人：王海勇）

伯苓学院

概况

有数学、物理学、化学和生物学4个专业。年末，共有4届291名学生。

伯苓学院各班学生统计表

班级＼年级	2009级	2010级	2011级	2012级	合计
数学伯苓班	16人	20人	19人	20人	75人
物理伯苓班	12人	17人	20人	22人	71人
化学伯苓班	14人	19人	20人	19人	72人
生物伯苓班	19人	19人	16人	19人	73人

教学改革

配备高水平师资队伍。立足本校的两院院士、名师、长江学者等，并聘请国内外知名专家、长江讲座教授组成一流教学团队。建立教学绩效考核标准及测评方法，创新教学方式，提高教学质量和效益。

采用特殊培养模式。单设方案，单列计划，单独开班，单选教材；小班教学，名师主讲，导师引导；高起点，高要求，高效率，互动授课，理论与实验、实践同步，注重实验训练，加强实验单人操作率。

以崭新的视角和创新的思维进行课程设计。设置核心课程，依据培养目标对必修课、专业课、专业选修课和通识课进行统筹设计，构筑具有南开“公能特色”的素质教育体系，注重科学精神和人文精神的有机融合。针对学生实际和培养目标，在思想政治理论课“05 方案”的基础上，将政治课程教师的单一讲授改为教师专题讲座与学生社会实践相结合的形式。

积极营造学术氛围。举办多种形式的高水平学术讲座和报告，为学生提供多种渠道了解国内外教学和学术动态，特别强调学生参与讲座和报告。同时，开展人文社会学科的讲座和报告，加强学生人文素质的养成，注重学生科学精神和人文精神的有机融合。定期邀请国内外知名教授做学术报告，课程讲授。进一步增加 4 个学院内部学术报告，每年所有课题研究组都必须面向所有学生介绍他们所在领域的前沿动态和课题组的研究进展。开展学术讨论小组，组织学生自由选择方向，在老师的引导下阅读文献，定期讨论交流，介绍各人的心得体会。全面开展暑期交流活动，国内和国际结合。

实行全程导师制。设生活导师、学业导师和科研导师，在选课授课、课程学习、辅导答疑、平时管理、科学研究、学业设计等方面，均有专业导师给予指导。导师定期与学生进行面对面交流，包括学业指导和问题释疑等，及时有效地为学生解决学习、生活等各方面的问题。

加强国际合作，采取走出去、请进来相结合的方式，尽快使学生融入国际竞争氛围之中，在交流中成长，在竞争中成才。出台伯苓班学生出国留学资助办法，学生利用暑期出国进行短期学习(2 个月)，除学生个人承担 1 个月的生活费外，其余费用均由伯苓学院资助；学生参加整学期学习(4 个月)，学生个人只承担 2 个月生活费，其余费用均由学院承担，学校拟支出费用约 480 万元。

重要事件

1 月，召开学院工作研讨会。校长龚克、伯苓学院院长、相关职能部门及伯苓班所属学院负责人参加会议。

8 月，受教育部委托，承办 2012 年“拔尖计划”的国际化培养研讨会。

10 月，参加在北京航空航天大学举办的“拔尖计划”学生选拔机制专题研讨会。

11 月，国家教育体制改革领导小组办公室在津举办“创新人才培养模式改革试点项目调研及交流研讨会”。副校长朱光磊代表南开学校汇报伯苓学院等试点项目人才培养模式改革情况。

12 月，召开理科拔尖学生培养工作研讨会。副校长许京军、学校有关职能部门及所属学院负责人参加研讨。

12 月，向教育部高教司报送《南开大学 2012 年度“基础学科拔尖学生培养实验计划”进展报告》。

(撰稿人：高翔)

文 学 院

概况

年末，有教职员 129 人，其中专任教师 103 人。晋升(2011 年度指标)教授 1 人，副教授 2 人，确认讲师资格 1 人，工程师 1 人，实验师 1 人，助理实验师 1 人。调入编审 1 人，选聘师资 1 人，退休 1 人。有各类普通高等教育计划内学生 1318 人，其中本科生 825 人，硕士研究生 327 人，博士研究生 166 人。有外国留学生 111 人。

学科学术

“中国语言文学”获天津市人民政府学位委员会批准为天津市重点学科。汇总、提交“中国语言文学”学科材料，参加全国高校第三轮一级学科水平评估。

研究课题结项共 10 项，其中国家社科基金项目 4 项(获优秀等级 1 项)，教育部人文社科项目 3 项，天津市社科项目 1 项，中央高校基本科研业务费项目 2 项。申请获批准立项课题 30 项，经费 259.34 万元，其中国家社科基金 4 项，教育部人文社科 6 项，天津社科基金规划 6 项，中央高校基本科研业务费 9 项，横向 5 项。陈洪“四大奇书话题”获 2012 年度教育部哲学社会科学研究普及读物项目立项。获校本年度校社会科学研究优秀成果奖 18 人次。王志耕国家社科项目成果《俄罗斯文学经典的一种文化阐释》入选本年度《国家哲学社会科学成果文库》。查洪德编校《姚燧集》获全国优秀古籍图书奖二等奖。谷峰论文《从言说义动词到语气词：说上古汉语“云”的语法化》获中国语言学会首届罗常培语言学三等奖。教师出版学术著作多种，如专著《金圣叹传》(陈洪)、《中国现代文学文化现象与性别》(乔以钢等)、《帝国黄昏》(李新宇)、《汉字形义与文化》(杨琳)、《为神性加注：唐宋叶法善崇拜的造成史》(吴真)、《探路出版融合：当代中国报业集团出版社研究》(梁小建)等，编著《历代词人词话》(孙克强等)，译著《语法化的世界词库》(谷峰)、《语言演化生态学》(阿错等)。发表论文 312 篇。陈洪任校新一届学术委员会副主任。叶嘉莹受聘为中央文史研究馆馆员。周志强入选教育部 2012 年“新世纪优秀人才支持计划”。

积极组织申报天津市第十三届社会科学优秀成果评奖。颁发院第五届人文青年学者奖。主办“性别视角与文学文化研究”学术论坛。与日本早稻田大学中文系、首都师范大学文化研究所共同主办“亚洲经验与文化研究的多元范式”国际学术会议。教师赴境外参加学术交流 50 余人次，国内学术交流 40 余人次。“中国语言文学”博士后科研流动站 5 人出站，2 人进站，2 人晋升为助理研究员，获中国博士后科学基金第 51、52 批二等各 1 人。继续编辑出版学术期刊《南开语言学刊》、《文学与文化》。继续举办“初识南开”名师系列讲座、“南开语言沙龙”、

“文学自由坛”、“博士论坛”和研究生专业读书会等活动。

聘请中国佛教协会国际部主任普正法师，中国社会科学院王兆胜、祝晓风为南开大学兼职教授，分别作“韩国宗教现状研究”、“林语堂与中国现代文学”、“中国电影的伟大传统”等讲座。邀请国内外专家学者来院做学术报告数十场次。

教育教学

文学实验教学中心入选“十二五”国家级实验教学示范中心。陈洪主编《大学语文》(高等教育出版社第二版)入选第一批“十二五”普通高等教育本科国家级规划教材书目。叶嘉莹主讲“小词中的修养境界”入选教育部第二批“精品视频公开课”。陈洪等“大学生母语文化素质教育研究与改革”获中国高等教育学会第一届大学素质教育优秀研究成果一等奖，杨岚等“南开大学艺术教育公选课教学模式改革探索”获二等奖。“大学语文”、“现代中国文学”等2门课程获教育部精品资源共享课建设前期资助。经教育部批准，与高等教育出版社联合举办全国大学语文青年骨干教师高级研修班(第十期，长春)及全国大学语文教学协作体第四届年会(沈阳)。

卢桢获第十一届天津市高校青年教师教学基本功竞赛文科综合类一等奖。涂俊、李晓娟“数字媒体库在文学实验教学中的应用探索”获学校2010—2012年度实验教学技术成果二等奖，张树楠“传播学专业新闻摄影教学中实验项目设置的新探索”获三等奖。教务干事路腾、宋正红获学校2012年本科教学质量管理工作优秀奖。乔以钢、王立新获学校2011—2012学年度优秀国内访问学者指导教师，路腾获管理工作优秀奖。2个项目分获市、校级教学改革立项。1部教材获校级教材建设立项。1门课程获学校第二批文化素质教育核心课程建设立项。举办第六期大学语文课程实践活动网络写作竞赛。举办文化素质教学部第二十一期素质教育课程汇报演出。继续推动本科生交流计划，选派9人赴海外高校交换学习。设计系教师访问台湾东华大学，共同举办“南开·东华”两岸创新艺术与设计展(第四期)及教学论坛。举办毕业生实习总结报告会、绘画专业和艺术设计专业毕业设计、创作展等，多次组织学生观看演出、展览，支持学生举办个人作品展。5篇论文获2012年度校级本科优秀毕业论文(设计)奖。1个本科生创新科研项目获校年度优秀奖，20个项目入选校本科生创新科研“百项工程”，其中3项为重点支持项目。

根据《南开大学本科专业目录(2012年)》，原“广播电视新闻学”调整为“广播电视学(代码050302)”，原“艺术设计”调整为“视觉传达设计(130502)”和“环境设计(130503)”，自2013年招生起实行。

叶嘉莹以最高票数获校研究生院主办第四届“良师益友”奖。韩国籍博士生李贞玉入选教育部和学校2012年度博士研究生学术新人奖。张虎、盛益民入选学校优秀博士学位论文培育基金资助。博士生张袁月(陈洪指导)毕业论文《明清吴地小说研究》获台湾第二届思源人文社会科学博士论文文学类优等奖。中国古代文学学科获研究生教育创新计划资助，主办“哲学、艺术、地域、宗教——古代文学多元化研究”博士生学术研讨会。在“中国语言文学”学位授权一级学科下重新申报自主设置博士、硕士学位目录外二级学科。举办2012年“新闻传播学”专业研究生课程进修班，学员60余名。

颁发本年度范氏艺术鼓励奖、吴志明传播学创新奖、润世奖学金、第十五届叶氏驼庵奖学金、第七届蔡章阁奖助学金、“中华心·曹禺奖学金”等。

赴新疆喀什师范学院指导人文系实验

室建设。为若干门大学视频公开课和精品资源共享课摄录剪辑修改上传。完成影视器材及计算机等设备添置更新。

党政学工

按照学校统一部署，完成2012年9月至2014年8月聘期的岗位聘任。召开青年教师教学改革交流推动会、传播学系学科建设座谈会。举办天津市文学学会2012年会员代表大会，组织成立新一届理事会。举办中文系1977级毕业30周年纪念活动。教工合唱队在校教职工合唱音乐会中获特等奖。评选颁发第三届云林奖教金。学院获2011年校新闻报送工作先进单位，翟明睿、金鑫获先进个人。黄洁获校“青年岗位能手”。举办退休教授刘叔新先生艺术歌曲音乐会。学院网站改版运行。

围绕迎接和学习贯彻党的十八大，组织开展创先争优、保持党的纯洁性教育等活动和基层组织建设年各项工作，深化学习型党组织建设。全年发展党员75名。2010级硕士生第一支部被评为天津市教育系统创先争优先进基层党组织、校先进基层党组织。乔以钢、冯大建、岳英放、陈琰娇被评为校级优秀党员，1人被评为校研究生党员标兵。召开第一次学生党员代表大会，组建学生党总支。在西南村第二居委会建立“党员志愿服务工作站”，组建党员义工队。依托所承担的校基层党建研究与实践创新项目，探索研究生党员发展工作质量评价。开展创最佳党日活动，1个学生支部主题活动获校2011年度二等奖，3个学生支部、23名学生党员、2项活动获党委学工部、研工部表彰。

成立艺术设计系团总支，组织第十三期团干校学生骨干培训。召开第十三次学代会。出台《文学院本科生考勤要求细则》。坚持“教师接待日”制度。成立学生篆刻研究会。推动实习实践基地建设，组织多场就业创业辅导，就业率稳定并略有上升。

举办第十二届“南开之光”文学艺术节（含13项子活动），第十九届北京大学生电影节·南开电影论坛（含4项子活动），第六届穆旦诗歌节（含3项子活动），天津市首届大学生围棋节。开展欢送毕业生（含7项子活动），迎新年（含6项子活动）系列活动。承办学校人文知识竞赛，“性别平等进校园”系列活动，第一届“公能”读书节部分活动。承担学生话剧《红旗谱》天津市高校巡演宣传工作。

学生参加校运动会获甲组第六名，并获体育道德风尚奖。获本科新生“校区杯”篮球赛季军，获“五月的鲜花”合唱比赛二等奖，均为近年来最好成绩。被评为第六届“南开大学—天津大学研究生联合学术文化节”主题征文活动、“知行南开”研究生社会调研项目（第一期）、2012年南开大学创新教育文化节优秀组织单位。

近150人注册成为中国青年志愿者。组织4支深入社区志愿服务队，暑期赴江西永修“乡村文化影响及生存状况”调研，被评为“天津市大中专学生志愿者暑期文化科技卫生‘三下乡’社会实践活动优秀团队”。1人入选校优秀指导教师，1人入选校“青年志愿服务百人标兵”，3人入选校“2012年学生社会实践百人标兵”。组织2支寒假社会实践队。

2009级本科生马宇平获评“天津市优秀学生干部”。2009级本科生曹梦雅、2010级博士生刘昕亭获第六届周恩来奖学金。

（撰稿人：李瑞山）

历史学院

概况

年末,有教职工 103 人,其中教授 44 人,博导 49 人(其中本院 44 人、校内其他学院来本院兼职 2 人、校外来本院兼职 3 人),副教授 29 人,讲师 11 人。教师中具有博士学位的 74 人,其中入选教育部跨(新)世纪人才培养计划 12 人,获教育部全国优秀青年教师奖 1 人,担任全国性各类学会正副会长、理事长或秘书长 17 人。

年末,有学生 810 人,其中本科生 341 人(含外国留学生 5 人),硕士研究生 233 人(含外国留学生 8 人),博士研究生 232 人(含外国留学生 1 人)。在站博士后研究人员 3 人。

学科建设

世界史、中国史和考古学 3 个一级学科参加 2012 年全国高校学科评估,世界史学科并列第二,中国史学科并列第五,考古学学科并列第七。与前两次评估的结果相同,南开大学历史学门类综合评定位居全国第二。

天津市政府学位委员会公布天津市高等学校第四期重点学科名单,中国史和世界史入选一级学科。孙卫国教授入选教育部 2011 年度"新世纪优秀人才支持计划"。

基地建设

中国社会史研究中心

年末,有专职研究人员 20 人,其中教授 17 人,副教授 3 人。阎爱民教授和王力平教授分别申请的"基地重大项目",即"秦汉日常生活"与"隋唐五代日常生活"获准立项并全面启动研究工作。在 CSSCI 入选期刊发表文章 29 篇,余新忠、李金铮、王先明等分别在《历史研究》、《近代史研究》发表论文。中心年刊《中国社会历史评论》第十三卷由天津古籍出版社出版,并进入 CSSCI (2012—2013) 收录集刊名单。http://ccsh.nankai.edu.cn/noscript/ccsh/zxdt/zxdt/zxdt_243.htm 台湾东华大学历史系副教授蒋竹山、墨尔本大学教授安东篱、美国纽约市立大学副教授胡大年等 30 余位海外学者先后来访讲学。常建华、余新忠、江沛等教授相继出访澳大利亚、英国、美国、日本以及中国台湾等国家和地区的学术机构,开展交流。7 月,举办"日常生活史视野下中国的生命与健康"国际学术研讨会。5 月,与相关单位在山西协办"改革开放以来的中国社会史研究"国际学术研讨会暨第十四届中国社会史学会年会。9 月,与相关单位在天津协办"华北历史地理与中国社会变迁"学术研讨会。

世界近现代史研究中心

年末,有专职研究人员 13 人,其中教授

12 人，副教授 1 人，具有博士学位者 11 人。聘请国内外兼职研究人员 11 人，其中教授 10 人，副教授 1 人，全部拥有博士学位。科研项目方面，申请基地重大项目 2 项，国家社科基金项目 3 项，教育部社科规划项目与青年项目 2 项，天津市项目 1 项，总计获得科研经费 123.5 万余元。学术交流方面，主办“国际世界史研究前沿与中国世界史学科建设”学术研讨会。全年共发表 CSSCI 文章 24 篇，其中杨栋梁教授的“中日两国古代关系的性质与特征”被《新华文摘》2012 年第一期全文转载，韩铁教授、丁见民副教授在《历史研究》发表文章 2 篇，丁见民副教授、江振鹏博士在《世界历史》发表文章 2 篇。出版学术专著 7 部，其中杨栋梁教授重大攻关项目结项成果《近代以来日本的中国观》(6 卷本)由江苏人民出版社正式出版发行。付成双教授的环境史新著《自然的边疆:北美西部开发中人与环境关系的变迁》，经匿名评审入选南开大学“青年史学文库”，由社科文献出版社出版。9 月，世界史学科与北京大学、中国社科院欧洲研究所联合成立“世界文明与区域研究协同创新中心”。

教学工作

本科教学方面，逐步形成以国家级精品课程、市级精品课、校级精品课 3 个精品课程梯次为骨架，本、硕、博 3 个层次有机连接。随着中国史、世界史、考古学 3 个一级学科的设立，相应设立一批新开课程，并完善了基础课、精品课的教学梯队建设。在教育部高教司和高校历史教学指导委员会的支持下，承办第八届“全国史学新秀奖”评选活动。开展历史教育方法和教学经验的探研与总结，编辑完成《史苑传薪录》第二辑。鼓励和支持本科生开展国家大学生科研创新项目、南开大学“百项工程”项目，资助学生会组织“五四论文竞赛”、“本科生史学沙龙”等学术活动，指导学生自办学术刊物《纵横》、《春秋》。

苗润博获天津市本科优秀毕业论文奖，至此在天津市教委自 2010 年起开展的本科优秀毕业论文评选中已连续 3 次获奖。孙立群教授主讲的《纵谈中国古代前期史》课程入选中国大学视频公开课网站。主办第三届全国中学生历史学夏令营，261 名优秀学员参加，20 名学员获本校自主招生资格。

研究生培养方面，博士研究生杨豪获教育部学术新人奖，陈健获校优博培育基金，硕士留学生姜承孟(韩国)获校留学生学习优秀奖，邹灿、石文嘉的硕士学位论文入选天津市优秀硕士论文推荐名单，3 名博士研究生通过教育部博士生联合培养计划赴欧美深造。配合校研究生教育创新计划项目，举办全国研究生暑期研讨班、全国博士生社会史研讨班、研究生培养模式改革与创新专题研讨会等活动。文博专业硕士学位首次招生。学校入选国家启动的“新汉学计划”，学院招生主要涉及中国传统文化和当代中国研究。6 月 5 日，召开学院研究生教学工作会议，各系所进行课程调整。12 月 4 日，召开学院学位分委员会会议，对于博士论文评审工作做出补充规定。

科研工作

本年度，获准设立国家、省部级、其他企事业单位及校内科研项目 29 项，其中国家社会科学规划基金项目 8 项、省部级项目 8 项、教育部新世纪人才支持计划 1 项、中央高校基本科研业务费项目 6 项、企事业单位委托项目 4 项、中央其他部门社科专门项目 1 项、国际合作项目 1 项，立项经费共计 373.19 万元。全年出版学术专著 18 部，译著 3 部，编著 5 部，古籍整理 1 部。师生在国内外发表学术论文 184 篇，在 CSSCI 刊物上发表论文 108 篇，其中教师在《历史研究》、《世界历史》、《近代史研究》等权威刊物上发文 9 篇。《中国社会历史评论》入选

CSSCI 收录集刊名单。李卓、王利华教授著作入选《国家哲学社科成果文库》。王先明教授撰写的《走近乡村——20 世纪以来中国乡村发展论争的历史追索》(山西人民出版社)入选 2012 年度国家出版基金资助项目。3 月 15 日,孙立群教授再登中央电视台“百家讲坛”栏目,主讲“从司马到司马”。3 月 26 日,在中国人民大学报刊复印资料历史类转载排名中名列第一。7 月,魏宏运、刘泽华、冯尔康教授获南开大学荣誉教授称号暨“特殊贡献奖”。7 月 12 日,杨令侠教授当选为新一届中国加拿大研究会会长。12 月,受“985”项目三期支持,南开大学青年史学文库第一辑共四种,由社会科学文献出版社全部出齐。

学术交流

举办国内外学术会议 6 次,小型学术研讨会 20 余次。6 月 15 日,举行“雷海宗先生诞辰 110 周年纪念大会”。6 月 13 日至 16 日,主办“明代国家与社会学术研讨会”。6 月 16 日至 18 日,主办“世界古代史国际学术研讨会”。7 月 8 日至 9 日,举办“中国近代乡村的危机与重建:革命、改良及其他”学术研讨会。8 月 22 日至 23 日,与台湾东华大学历史系共同主办第六届“现代中国与东亚新格局”国际研讨会。11 月 17 日,李治安教授主持的国家社科基金重大项目“元代北方金石碑刻遗存资料的抢救、发掘及整理研究”启动会议在津举行。

邀请国内外知名专家来院讲学,包括:台湾中央大学讲座教授汪荣祖先生,加拿大拉瓦尔大学莱图尔诺教授,故宫博物院故宫学研究所所长章宏伟先生,日本关西大学沈国威教授,华东师范大学沈志华教授,美国奥本大学翟强教授,希腊驻华大使塞德罗斯·耶奥卡凯罗斯(Theodore Georgakelos)先生,巴西伯南布哥联邦大学马尔克斯·诺夫雷加教授,东北师范大学历史文化学院院长韩东育教授,美国富布莱特项目雷近民教授,中国艺术研究院中国文化研究所《中国文化》杂志副主编秦燕春教授,前中国驻秘鲁和智利大使朱祥忠先生,复旦大学文史研究院院长葛兆光教授,美国著名智库“美洲对话”(Inter－American Dialogue)组织、中国与拉丁美洲工作组主任 Margaret Myers 女士,北京大学历史系主任高毅教授等。日本前首相福田康夫受聘南开大学客座教授。12 月 22 日,依托学院成立的南开大学故宫学与明清宫廷研究中心举行揭牌仪式,故宫博物院院长单霁翔等 4 人受聘南开大学兼职教授。

作为访问学者,杨栋梁赴日本名古屋大学合作研究 20 天,乔治忠、江沛、侯杰等赴日本、台湾、香港进行短期交流,崔岩赴台湾中研院史语所做博士后工作 3 个月,余新忠在英国剑桥大学进行 3 个月的访问,王萍赴美国加州大学伯克利分校、美国拉丁美洲学会参加学术会议。参加海内外召开的国际学术会议 40 余人次。孙卫国、李宪堂共有 3 篇论文入选 SCI 刊物。10 月 9 日,孙立群教授作为“文化中国,名家讲坛”天津巡讲团成员,赴非洲国家肯尼亚、南非和西亚国家阿联酋开展为期 14 天的中华文化海外巡讲。11 月 28 日,全国高等院校古籍整理研究工作委员会秘书长杨忠教授一行到古籍与文化研究所检查指导工作。

党建学工

认真开展学习实践科学发展观系列活动,认真开展迎庆十八大和学习贯彻十八大精神活动。调整补充学院党委组成人员,对基层党支部书记支委进行换届调整。加强理论学习,每两周组织一次支部集体学习活动,党政班子和中心组成员定期学习理论和文件精神,组织党员干部参加各级理论学习、辅导和培训,学院党委组织教职工党员赴革命教育基地狼牙山参观学习。贯彻民主作风，强调群众路线，重大决策前通过不同方式听取普通教师和职工意见。坚持民主集中制原则，每周举行一次党政联席会，讨论事关学院建设发展问题，集体决定相关事项。坚持举行班子民主生活会，坚持贯彻学校《基层学院工作细则》，坚持勤政廉政。本年度受学校选派，接受教育部“三重一大”专项检查，获得检查组肯定。10月，历史学院及日本研究院教工代表队蝉联校运动会教工乙组团体冠军。

2010级、2011级本科生党支部积极申报以“不忘历史贡献，共寻公能精神”为主题的党建创新立项活动。继续开展“先锋团队”活动，加强支部理论学习。各学生党支部开展理论学习、党建沙龙、主题党日等相关活动。

全年发展党员70名，其中研究生36名，本科生34名。在学校党建评优活动中，2010级、2011级本科生党支部获“先进本科生党支部”荣誉称号，11名学生党员获“优秀学生党员”称号，2010级、2011级本科生党支部的“共寻公能精神，不忘历史贡献”探访老党员活动获“基层组织建设年”党建创新活动二等奖。2011级硕士生中国史党支部获“红旗党支部”称号，2009级硕士生中国史党支部和2011级博士生世界史党支部获得“先进党支部”称号，2011级中国史硕士生班和2011级世界史博士生班获得南开大学“优秀班集体”称号。

继续发行学院学生自办刊物《春秋》杂志、《纵横》报纸。举办研究生学术论坛、学术沙龙、欧美学者论坛。3月，举行首届北大清华南开历史学博士生学术论坛。本、硕、博分别举办学雷锋志愿服务活动。研究生举办首届“三三一”爱心拍卖活动。4月至5月，组织学院年度“五四论文”评审工作。组织本科生参加“五月的鲜花”合唱比赛。举办第四届双优工程之“南开大学历史文化节”，包括时代论坛、纵横沙龙、历史知识竞赛、博物馆开放、闭幕晚会等活动。7月，派出3支队伍开展暑期实践。9月，开展历史学院第三届体育节，迎新生晚会及“靓出我自己”新生自我展示活动。10月，举办研究生“初识南开——史学名家论坛”，本科生“成长论坛”和“大学之路”名师系列讲座，开展“戏舞金秋”新生话剧节。

（撰稿人：郭明）

哲 学 院

概况

年末，有教职工52人，其中专任教师42人，行政管理及教辅人员10人。教师中，教授18人，副教授13人，讲师11人。博士生导师18人。具有博士学位者40人，占教师总数的95%。入选教育部“跨世纪优秀人才培养计划”者1人，入选教育部“新世纪优秀人才培养计划”者9人（新增1人）。参与教育部马克思主义理论研究与建设工程者6人，担任马克思主义理论研究工程首席专家者1人，校内英才教授1人。

全年录取本科生55人,硕士研究生44人,博士研究生29人。年末,有学生417人,其中本科生218人,硕士研究生89人(包括留学生1人),博士研究生107人(包括台湾学生2人)。

图书资料室现有藏书22000余册,其中,中文图书20371册,外文图书2742册。共有中文期刊100种,外文期刊15种,中文期刊合订本2924册,外文期刊合订本460册,国内报刊9种,学位论文968本。

教学工作

本科教学方面,继续推进"教育部质量工程第一类特色专业建设点"的工作,严格执行建设规划。第一批《南开哲学教材系列》推出9种13本专业教材,涵盖马克思主义哲学、中国哲学、外国哲学、逻辑学等学科方向的本科主干课程。加强本科教学管理的各项工作,定期召开学院教学指导委员会会议,研讨学院教学工作中存在的问题及解决办法,并组织有经验的教师听取年轻教师的课程,为他们提供具体的指导。制定夏季学期教学计划。加强精品课、网络视频课建设。薛富兴教授主持的课程"美与生活"入选中国大学视频公开课。修订《本科生转专业工作实施细则》。7月,举办第四届全国中学生哲学夏令营,全国83名优秀中学生参加。

全年录取博士研究生29人(含3名硕博连读生),硕士研究生43人(含9名免试推荐生),泰国留学硕士研究生1名。毕业研究生68人,其中博士研究生20人,硕士研究生48人。1名博士研究生获肖优博培育资助,2名博士研究生获国家留学基金委"联合培养"项目资助出国,1名应届硕士研究生获国家留学基金委"国外攻读博士学位"资助。2名硕士研究生获学校优秀硕士论文奖励。

哲学院硕士研究生学制自2013—2014学年起改为三年制。主办"学术沙龙"系列讲座。举行哲学院第二届研究生学术论坛暨政治哲学与方法论博士生学术会议,共有全国高校的40余名师生参会。

科研工作

本年度共发表论文84篇,其中核心期刊52篇(含4篇权威刊物),译文4篇。出版中文专著14部,译著和编著4部。王南湜在《中国社会科学》发表论文1篇,王南湜、阎孟伟分别在《哲学研究》发表论文,王南湜发表的论文被《新华文摘》转载。共获得省部级以上项目资助7项,中央高校基本科研业务专项资金资助5项,获得各种项目到账资金312.6万元。

2012年哲学院获省部级课题列表

主持人	项目名称	项目类别
李淑梅	社会认同视角下的中国特色社会主义共同理想建设研究	国家社科基金重大项目
王南湜	历史唯物主义阐释中决定论与能动论的张力及解决方式探讨	国家社科基金重点项目
李娜	公理化真理论研究	国家社科基金一般项目
谢永康	实践理性的颠覆与重建:法兰克福学派的伦理学研究	国家社科基金青年项目
王阳	中国大学处理学术不端的机制和组织机构研究	教育部人文社会科学研究专项任务项目
卢兴	中西比较视野下的儒家个体观研究	天津市社科规划项目
齐艳红	当代英美马克思主义政治哲学方法论研究	天津市社科规划项目

"985 工程"科研立项 17 项，总经费达 185 万元。设立"南开大学哲学文库"，与中国社会科学出版社合作，分批出版，本年度出版教师专著共 9 种。

陈晏清、王南湜、阎孟伟、李淑梅、杨桂华、周德丰、乔清举、吴学国、张晓芒、贾江鸿、钟汉川、卢兴、王时中、于涛等 19 人次获得 2011 年社科奖励。王南湜的"改变世界的哲学——历史唯物主义新释"入选 2012 年度教育部哲学社会科学研究普及读物项目成果。

学术交流

主办"哲学教育：历史、现状和未来"全国哲学系主任研讨会。承办天津市社会科学界第八届(2012)学术年会南开大学分会场、天津市哲学学会学术年会暨第三届哲学专业研究生论坛，"政治哲学与生活世界"全国学术研讨会暨中华全国外国哲学史学会、中国现代外国哲学学会年会。

西南大学逻辑与智能研究中心外聘教授谢立民(Jeremy Seligman)，美国圣地亚哥大学佩弗教授(Rodney G. Peffer)，美国切斯特顿大学霍夫曼副教授(Frank Hoffman)，台湾阳明大学心智哲学研究所王文方教授等 17 位国内外专家学者来院举办学术讲座并与师生进行座谈。先后有 27 人次参加国内外涉及马克思主义哲学、中国哲学、外国哲学、逻辑学、宗教学等学科的国际、国内学术会议。有 2 人分别前往美国、香港等地高校进行学访、交流。

任晓明教授任中国逻辑学会第九届理事会副会长，翟锦程教授任第九届常务理事。任晓明合著的《非经典逻辑系统发生学研究》(南开大学出版社)获中国逻辑学会优秀成果一等奖，李娜的《集合论含有原子的自然模型和布尔值模型》和张晓芒的《先秦诸子的论辩思想与方法》获中国逻辑学会优秀成果三等奖。举办"政治哲学与生活世界"全国学术研讨会暨中国现代外国哲学学会、中华全国外国哲学史学会年会。李国山教授和陈建洪教授分别当选为中国现代外国哲学学会和中华全国外国哲学史学会常务理事，陈建洪教授同时当选为中国现代外国哲学学会理事，王建军教授、贾江鸿副教授当选为中华全国外国哲学史学会理事。

党建工作

开展学习、宣传十八大精神的系列活动。开展主题为"扬马哲之智慧，铸公能之品格"的哲学文化周系列活动。开展"献礼十八大，青春铸公能"主题团日活动。开展保持党的纯洁性教育活动。制定深入开展保持党的纯洁性教育实施方案，定期编制活动简报。加强党员领导干部作风建设、民主建设和廉洁自律教育，增加中心组集中学习频率和内容，召开专题民主生活会，提升党员领导干部干事创业的动力。做好基层组织建设年工作，完善体制机制建设，以"院领导接待日"、教研室主任联席会、党支部书记工作研讨会、班导师工作例会等多种形式构建交流平台，畅通沟通机制，充分听取各方面意见建议。规范党支部工作，做到年初有计划，中期有检查，年底有总结。做好党支部分类定级和整改帮扶工作，充分调动党支部在党员教育和日常工作中的积极性、主动性，以此增强基层党组织的活力。

全年共发展党员 45 名，其中本科生 27 名，硕士研究生 14 名，博士研究生 4 名；预备党员转正 36 名。指导师生党员开展志愿类活动，"老教授访谈志愿服务活动"获校组织部立项支持。

工会组织教工开展各类文体活动，教工合唱队在学校歌咏比赛中获得三等奖，运动会上也取得较好的成绩。在教师节和春节期间慰问离退休人员。6月底,刁立达获评校"优秀共产党员"。2011级硕士研究生党支部获评"先进党组织"。

院务工作

完成新一轮教职工绩效考核工作,参加考核人员为51人,考核合格人数为46人,考核优秀人员为5人(其中4名专任教师,1名专业技术岗位人员)。成立南开大学书画艺术与美学研究中心,挂靠哲学院。完成新聘期(2012年9月—2014年8月)岗位聘任工作,成立聘岗领导小组,制订聘任实施细则,召开教授会议,最终聘任专业技术A类岗16人,专业技术B类岗13人,专业技术C类岗12人;职员岗9人。

举行哲学系(院)重建50周年系列庆祝活动。全年组织开展"老教授访谈"、"校友寻访"、"南开哲学校友论坛"等活动,13位老教授和40余位校友接受学生的采访或来校做报告。编辑《探索之路——南开哲学院院庆论文集》,由南开大学出版社出版;编辑《难忘的岁月——纪念南开大学哲学系(院)重五十周年》校友文集;编辑《南开大学哲学院》宣传册;编辑《南开哲学院庆专刊》系列简报,共12期。10月5日,举行庆祝大会,有关市领导、校领导、老教师代表、国内高校哲学系领导和历届校友共计500余人出席庆典活动。院庆期间,李瑞环同志为学院题词"传授原理 引导应用"。举行"南开哲学发展论坛"等。

学生工作

加强学风建设,做好新生适应性教育和专业教育。开展"知南开知哲学"系列教育活动,发挥班导师引领作用,以团校为平台,开展学习经验交流、素质拓展、实用软件技能培训等活动,集中开展安全防范、心理健康、职业规划教育。提升研究生的素质与能力,营造良好的学术学习氛围。召开硕士新生座谈会、博士新生学术经验交流会,举办学术沙龙。

加强思想政治教育,组织党团员开展各类主题实践活动。开展"学雷锋、践行社会主义核心价值体系"活动;在主楼和二主楼开展生活设施故障排查活动。在迎水道校区开展"感恩劳动者"主题活动。组织团员青年开展"献礼十八大,青春铸公能"主题团日活动。联合历史学院、软件学院和药学院邀请校党委副书记刘景泉做十八大精神专题辅导报告。

做好毕业生就业引导与服务工作。2012届本科生一次就业率为97.8%。举办3期"南开哲学校友论坛"。及时启动2013届毕业生就业工作,组织开展2场专题求职辅导题讲座,向包括中央电视台、天士力集团和津健保企律师事务所在内的多家企事业单位选派实习生。

举办第八届"校长杯"辩论赛,"感恩与成长"2012届毕业生晚会。参与"爱知学社"社团组建工作。指导中华文化学社举办"南开汉服节"系列活动。主办南开大学2012年"威久留学杯"哲、物、外、环四院卡拉OK大赛。

拓宽学生奖助学金资助渠道。继续颁发"慈心助困奖学金"和"豫华九逻辑学奖学金",接收天津市滨海新区胡家园街道捐助的第二期"爱心党费",合计金额7.6万元,共奖励资助33人。

推动素质教育实施纲要的落实,在本科生中开展"我心中的'公能'素质教育"暨素质教育综合评价体系调查活动。毕业班举办"允诺学术诚信,践行公能品格"座谈活动。

全年,获各级各类先进231人次,约占学生总数的57.2%。其中本科生199人次,约占本科生总数的91.2%;研究生32人次,约占研究生总数的16.3%。

青年志愿服务与社会实践中心获评“优秀志愿服务集体号。2008级本科生郭天秀获“青年五四奖章”。2008级本科生班获评“全国五四红旗团支部”。2010级本科生班获评“天津市学校系统优秀团支部”。获“五月的鲜花”合唱比赛三等奖。本科生综合党支部获评2011—2012学年度校先进学生党支部。获学校运动会学生乙组团体总分第六名以及体育道德风尚奖。本科生李晓梦、李肇元、张雅惠获评“2012年青年志愿服务百人标兵”。陈赜获评“2012年学生社会实践百人标兵”。

（撰稿人：胡军）

法　学　院

概况

年末，有教职工75人，专职教师57人（其中教授21人、副教授21人、讲师15人），管理干部18人。新增专职教师1人、管理干部3人。调出管理干部3人，退休3人。有本科生448人，硕士研究生366人，博士研究生17人。

学科和师资队伍建设

法学一级学科获批天津市重点学科。出版《国际商法》、《南开法律史论集》以及《南开大学法学院法学文存》法学专著。左海聪教授参加卓越法律人才教育培养计划启动工作会并被聘为专家委员会委员。

许光耀教授入选教育部2012年度“新世纪优秀人才支持计划”，岳纯之教授获评“2012年度天津市教育系统教工先锋岗先进个人”。谢扬今获“全国高校辅导员年度人物入围奖”，卢彤菲获南开大学青年干部基本功竞赛一等奖，沈宝庆获“天津市第十一届高校青年管理干部基本功竞赛一等奖”。

教学工作

获批国家大学生校外实践基地“南开大学法学教育实践基地”，与天津高院达成共建基地协议并正式挂牌。入选教育部卓越法律人才培养基地，按基地建设要求修订本科培养方案，着手编写法学教育实践基地实务与案例系列教材。

召开2次研究生和教师座谈会，征求研究生教学与培养的意见，为修改研究生教学方案做准备。完成200多名在职法律硕士研究生答辩。首批5个方向17名法学博士研究生入学。

学院学生获首届全国环境法模拟法庭大赛冠军、第十届“国际人道法”模拟法庭竞赛最佳书状奖和团体总分第五名、首届全国WTO模拟法庭竞赛季军等。本科教学办公室获评“2012届本科生毕业论文（设计）管理优秀单位”和“2011—2012学年度试卷及成绩管理优秀单位”。

科研工作

学院教师获得多项国家社科基金、教育部、天津市社科基金和中国法学会科研项目,研究经费稳步增长。2 位教师承担人权中心重大招标项目的子课题。郑泽善教授的“刑法分论争议问题比较研究”获 2012 年国家社科基金后期资助。左海聪教授、刘风景教授获“钱端升法学研究成果奖提名奖”。王彬博士专著《法律解释的本体与方法》获首届“孙国华法学理论青年优秀学术成果奖”。赵正群教授的《政府信息公开中的公众参与及其与媒体的良性互动》获 2012 年度新闻与法治年度优秀论文一等奖。高通博士的《“网络反腐”与刑事诉讼程序的嫁接》获二等奖。刘风景教授的《媒体与审判关系之再思——以〈人民日报〉关于窦端孝案件的报道为素材》和李晟博士的《新闻监督中的多重权力视角》分获三等奖。学院投入 150 万元设立“985”院级科研项目,资助教师进行课题研究,推动产出高质量的学术论文。

学术交流

先后与美国天普大学法学院、韩国全北大学法学院、台湾政治大学法学院签署合作协议。与美国俄克拉荷马城市大学法学院合作完成第七期暑期合作项目,与韩国全北大学法学院共同举办“东北亚法制的国际特征和最新动向”研讨会,承办第十期全国判例研读沙龙。举办各类讲座 20 余次。支持教师参加学术交流 30 余人次,左海聪教授赴悉尼参加中澳法学院院长联席会并做主题报告,宋华琳副教授应邀参加美国行政法年会等系列国际学术交流活动并做主题报告。

党建工作

学院党委先后围绕“保持党的纯洁性教育”、“公能素质教育”、“学习宣传贯彻党的十八大精神”等工作要求,在全体教职工中广泛开展宣传教育活动,并组织安排各基层党支部继续开展“创先争优”及“创最佳党日”活动。教师张玲、2010 级法律硕士研究生李超被评为“校级优秀共产党员”,2010 级法律硕士(非法学)党支部被评为“先进党组织”,2010 级法学研究生第一党支部、2009 级本科生党支部获得 2011 年度“创最佳党日”活动奖。

创新党建工作模式,院教师第二党支部与校工会党支部建立共建关系,并开展共建活动。加强服务型学生党支部建设,组织博士生党员先锋队服务迎新工作,组建保研本科生党员服务小组。筹建学生党员理论学习中心,培养学生党员理论骨干,推进学生党建制度化和规范化。全年发展党员 89 人,转正 62 人。年末,共有党员 343 人,其中教职工党员 49 人,学生党员 294 人。

院务工作

完善行政管理工作规章制度,突出服务理念。制定“985 工程”项目 2012 年度资金使用办法,修订法学院绩效考核办法实施细则,完成 2011—2012 年考核工作。将制度规范汇编成册,推进学院各项制度建设。定期开展宿舍安全检查,加强安全稳定的机制建设。做好新校区法学院教学楼楼层布局等相关工作。更新学院网站。购入中文书 1394 册,外文书 201 册,刊物 73 种,报纸 18 种。购进电子笔,方便教师信息化教学和学术交流。组织参加并开展各种体育活动,丰富职工生活。联系国内外法学界校友,开展联谊活动。

学生工作

召开学生党员代表大会，选举产生法学院第二届学生党总支委员会。开展“公能”素质教育、毕业生教育、新生教育等系列主题活动。加强研究生学术文化建设，“鸣响”学术沙龙系列活动被列为学校首场研究生“公能”素质教育创新示范项目展示。创办博士生“光灿”法学沙龙。召开“传承志愿服务，弘扬雷锋精神”——法学院嘉陵北里社区共建9周年座谈会，《教育部加强和改进大学生思想政治教育工作简报》第998期对该活动进行专文介绍。

促进学生自我教育，编发本科生班级《班务公开简报》，探索学生自主建设班级的有效途径。加强学生会、研究生会建设，对主要负责人试行试用期、聘任制等制度。举办就业指导系列讲座和多场专场招聘会，配合就业指导中心开展“成功校友就业与创业论坛”。继续在“3·15”和“12·4”等重要日期组织大型普法活动。

2011级法学硕士研究生班获评“天津市先进集体”。学院获评“南开大学2012年学生工作先进单位”。

（撰稿人：韩颖）

周恩来政府管理学院

概况

年末，有教职工109人，其中专职教师86人，教师中具有博士学位比例达到94%，较上一年提高3%。

有学生2541人，其中本科796人，全日制硕士研究生、博士研究生共332人，教师硕士4人，MPA、MSW、MAP专业学位学生605人，继续教育学生804人。港澳台学生12人，国外留学生26人。录取本科生223人（包括留学生10人），硕士研究生109人（包括留学生6人、台湾学生6人），博士研究生53人（包括台湾学生14人）。共有215名本科生、102名硕士研究生、32名博士研究生毕业获得学位。

学院资料中心完成本年度中外文图书购书345册、赠书337册的机读编目工作。年末，中外文藏书总量为23624册。订阅中文刊物94种，外文刊物12种。装订上年度学位论文成册57册，中文刊成册209册。

学科与师资队伍建设

公共管理一级学科下新增2个二级学科，分别为“城市管理”本科专业和“公共政策”硕士研究生专业。做好政治学一级学科全国重点学科的申报和筹备工作。

杨龙教授获得2012年宝钢奖教金以及2012年度天津市教育系统“教工先锋岗”。管健副教授入选教育部2012年“新世纪优秀人才支持计划”。宣朝庆教授入选第三批天津市宣传文化“五个一批”人才。

姚琦、杜林致、马伟华等3位教师赴加拿大、韩国进行为期半年到一年的进修。

选聘1位应届博士毕业生到校任教，聘请南开大学兼职教授13人，南开大学客座教授3人。博士后进站2人，出站1人。

教学与培训工作

孙涛教授主持的“现代政府理论研究”课程获得“研究生课程建设立项”，汪新建、韩召颖等教授申报的共4门“研究生全英语教学课程建设”获学校批准。6位老师主持申报的“南开大学研究生教育创新计划”项目获学校批准资助。

博士研究生张翔获南开大学“学术新人奖”，博士研究生程婕婷获“优博培育基金”。博士研究生吴晓林和朱艳丽的学位论文获得校级优秀博士论文奖，吴晓林同时被推荐参加天津市优秀博士论文(暨全国优秀博士论文)的评选。6名硕士研究生的毕业论文分获南开大学优秀硕士学位论文的一、二、三等奖。

开设“周恩来论坛”系列学术讲座。先后聘任台湾大学副校长赵永茂、第三世界科学院院士张侃、外交学院党委书记秦亚青、芝加哥大学教授约翰·米尔斯海默、英国人文科学学院院长亚当·罗伯茨等14位国内外专家学者做客论坛，就政治学、国际关系、社会学、社会心理学等多个主题进行讲学，与学院师生交流。举办“周恩来论坛高端研讨会——高校社会科学研究与高水平学术期刊的协同创新”，深入探讨新形势下高校社会科学繁荣发展的机制和路径，加强高校社会科学研究与高水平学术期刊的协同合作。

科研工作

乐国安教授主持的《网络群体性事件发展规律的社会学研究》获得教育部哲学社会科学研究重大课题攻关项目。全年获得国家社科基金项目8项，自然科学基金项目1项，教育部社科基金项目2项，天津社科基金项目6项。学生科研“百项工程”结项19项，其中一等奖1项，二等奖2项，三等奖1项，优秀奖2项。

学术交流

全年共有教师19人次分赴日本、加拿大、澳大利亚、美国、韩国、南非、瑞典、泰国等国家以及香港、台湾、澳门地区进行短期学术交流。接待来自美国、芬兰、日本等国家以及台湾地区、联合国等机构的来访学者共12次。接待美国罗格斯大学、韩国忠南大学、澳大利亚埃迪斯科文大学等各类国际高校代表团累计近100人次开展交流活动。

举办国际国内学术会议10余次。召开“南开大学社会学科建立30周年庆祝大会”，校长龚克、副校长朱光磊、社会学系建系元老以及社会学校友参加大会；召开“中国地方治理与发展亚洲学者研讨会”，邀请来自首尔大学、新加坡管理大学、香港理工大学、台湾中央研究院等高校的11名学者参会；举办第六届中韩学术研讨会、“国际关系：理论、方法与政策”——第二届京津沪地区国际关系研究生学术论坛等。中国政府与政策联合研究中心开办“央地关系与地方政府发展”暑期学校，来自全国多所重点大学的40名研究生参加。

党建工作

全年共发展中共预备党员88名，按期转正党员86名。年末，共有党员498人，其中教师党员74人，学生党员424人，入党申请人461人，积极分子175人。

1个支部被评为天津市教育系统先进基层党组织，1名教师获得天津市教育系统优秀共产党员称号。1个支部被评为校先进党组织，2个支部获校创最佳党日优秀奖。4人被评为校优秀共产党员,其中1人还获共产党员标兵称号。1个支部被评为校研究生红旗党支部,2个支部被评为校研究生先进党支部。1个支部获校学工部红旗党支部,1个支部获校本科生先进党支部。13名同志被评为校研究生优秀共产党员,25名同志被评为校本科生优秀共产党员。1个支部获得“基层组织建设年”学生党建创新项目一等奖,1个支部获得“先锋团队”立项三等奖。

学生工作

军训工作获得优秀连队和优秀方队称号,板报比赛取得第一名,歌咏比赛获得第二名。2人获“优秀团干部标兵”称号。恩来团校话剧《雷锋的一天》获校“学习雷锋好榜样”主题话剧比赛一等奖。

学院青年志愿服务中心在天津市志愿者心得讲述大赛中获三等奖,在天津市“学习贯彻十八大,志愿者在行动”优秀志愿集体评比中成绩第一名,获天津市优秀志愿服务团队奖。我院学生带领团队在2012年“挑战杯”创业大赛中获得全国金奖,是本届“挑战杯”天津市唯一获得金奖的团队。

(撰稿人:张萌)

外国语学院

概况

年末,有教职工166人,其中专职教师135人,教授26人(博导8人)、副教授51人,聘请外籍专家20人。2人入选教育部新世纪优秀人才支持计划,5人当选教育部高校外语教学指导分委员会委员。有学生1324人,其中全日制本科生714人、硕士研究生226人、博士研究生23人,留学生57人,在站博士后2人及在职研究生182人和成人教育本科生120人。

学科建设

制定《外国语学院十二五发展规划》,完成教育部对外国语言文学学科评估前期准备工作,“985工程”子项目实施进展顺利。外国语言文学获批成为天津市重点一级学科。公共英语教学部制定《“十二五”发展规划》。

制定《外国语学院公能特色素质教育实施方案》,从2012级本科生开始实行“公能”成长计划。召开特色专业建设暨公能人才培养研讨会。

参与南开大学和英国格拉斯哥大学筹办联合研究生院的工作,合作项目为英语MTI。完成西班牙语专业建设规划和教师规划并得到学校批准,已开始招聘教师工作。招聘具有博士学位青年教师3名。11月28日,校党委书记薛进文在第十届中欧论坛期间会见西班牙驻华大使欧亨尼奥·

布雷格拉特等,商谈我院建立西班牙语专业问题。

基本完成教育部MTI评估的准备工作。与凤凰凯歌翻译(大连)有限公司共建"南开大学外国语学院及MTI教育中心实习基地"。向学校推荐长江学者讲座教授1人。刘雨珍当选中国日语教学研究会副会长。西语系德语专业获学校新专业建设立项资助20万元。

新增外国语言学及应用语言学、俄语语言文学专业和日语语言文学专业3个博士点。完成外国语言文学学位评定分委员会换届和成立专业学位审核组。

教学工作

探讨本科各专业教学改革,落实本科生"读百本书计划",制定第三学期教学活动规划。公共英语教学部制定《素质教育实施方案》。

英语专业八级考试通过率86.9%,口试通过率84.62%。英语专业四级考试通过率83.33%,口试通过率68.42%。日语专业八级考试通过率95.45%,日语专业四级考试通过率71.43%。法语专业八级考试通过率80%,法语专业四级考试通过率89.5% 。德语专业八级考试通过率84.62%,德语专业四级考试通过率100% 。俄语专业八级考试通过率53.8%,俄语专业四级考试通过率94.44%。

英语系王宏印的《中外文学经典翻译教程》获学校年度教材建设立项"十二五"推荐教材立项。日语系王凯获校级百项工程指导教师二等奖、英语系张文忠获三等奖。5人次被评为校级教学管理等优秀个人。翻译系学生侯典峰本科毕业论文被评为天津市级优秀论文等。

公共英语教学部制定"公共基础课程改革"计划。为全校学生公选课程同时开课11门,新增课程2门。《圣经与西方文化课程》获南开大学素质教育核心课程。伯苓班首批学生已加入到世界知名学府深造,授课教师三年来参加各种进修班、研讨会等并有3个课题教学立项。指导我校学生参加全国大学生英语竞赛并获特等奖。研究生英语教学先后获得南开大学研究生课程立项建设和南开大学研究生教育创新计划项目。南开大学研究生全英教学项目顺利结项。

科研工作

全年,有11名教师申报学校教改立项。继续支持青年学者文库项目,启动第二批《外国语言文学青年学者文库》。共立项7部学术专著。全年获科研经费41.5万元。获教育部立项1项,市级立项5项,校级立项4项,横向课题立项2项。有专著1部,论文60篇(含《光明日报》理论版论文1篇、SSCI论文1篇、CSSCI论文21篇、CSSCI收录集刊论文1篇、CSSCI扩展版论文7篇),译著2部,译文2篇,教材1部,工具书1部,编著2部。有1项国家社科基金项目结项并获A等。1项天津市社科基金项目结项并获A等。1项成果入选年度国家哲学社会科学成果文库。西语系赵春梅、英语系崔丽芳获学校项目优秀成果表彰。日语系出和晓子获日本山梨英和大学学长颁发优秀论文指导奖、参与的课题研究获中国残疾人联合会优秀奖。

学生第九届百项工程全部结项,获得校级一、二、三等奖各1项。第十届百项工程共立项国家级和校级各1项。

公共英语教学部7位教师获中央高校基本科研业务费专项资金项目。"论理科拔尖人才培养的南开模式"课题获天津市普通高校本科教学质量与教学改革研究立项。"西方来华传教士对近代中国思想文化转型的影响"课题获天津市哲学社会科学研究规划自主项目,3位教师博士论文成功申报学院"外国文学文库"。"体验英语"项目获国家社科项目结项"优秀"成果。

学术活动

学院召开国际交流工作会，规范学生出国(境)审批流程和管理机制。与加拿大魁北克安吉克学院举行文化交流活动。举行多次学术沙龙和论坛，邀请日本早稻田大学、新加坡国立大学、广东外语外贸大学和澳大利亚等国内外专家举办学术报告23次。在读留学生56人，赴境外交流的各语种学生共计21人。

9月，日语系举办东亚文学与文化交流国际学术研讨会。10月，英语系举办埃兹拉·庞德国际学术研讨会暨第三届中国庞德学术研讨会。公共英语教学部举办加拿大Macmaster大学、华中科大、中科院等专家学术讲座。8位青年教师参加教育部高校英语青年教师高级研修班等。2位教师赴英国和香港参加学术交流活动。南京师范大学外国语学院来访并进行学术交流。11月28日，索金梅教授在《天津日报》发表学术文章"庞德与中国"。

党建工作

思想建设方面，组织全院各级党组织开展基层组织建设年活动和保持党的纯洁性教育活动。学习十八大报告和新《党章》，举办十八大报告宣讲会和知识竞赛等活动。

组织建设方面，召开第一次学生党员代表大会，选举产生院学生党总支第一届委员会。全年发展党员70名，其中本科生53名、研究生17名。有62名预备党员按期转为正式党员，其中本科生43名、研究生19名。培养确定学生入党积极分子84人。

制度建设方面，按时举行学院党政领导班子政治学习和民主生活会，坚持中心组集体学习。制定《外国语学院廉政风险防控工作实施方案》和《外国语学院支持基层党组织开展工作的若干措施》，支持基层党支部开展工作，建立"暖心基金"，首批设立基金2万元，用于关心学生成长。坚持发展党员公示制度、党员评议制度、学习制度、组织生活会制度、年终公布党费收缴与使用情况等。

邢丽芳获评天津市教育系统创先争优优秀共产党员。院行政党支部获评校级先进党组织，邢丽芳获评校共产党员标兵，王一普获评校优秀共产党员。2010级硕士生党支部获校创最佳党日活动二等奖，院行政党支部获三等奖。2011级硕士研究生吴艳虹获评共产党员标兵，2011级硕士研究生郑莹获评应用实践先锋。2009级本科生于莹获评校学生党员标兵，2010级本科生梁金等15人获评校优秀学生党员。

院务工作

制定《外国语学院绩效考核方案》，完成绩效考核。完成新一期岗位聘任工作，开展年度职称评审工作。公共英语教学部制定《绩效考核细则》，并完成考核和岗位聘任工作。

完成国家考试中心下达的全国七省市145万份大学英语四级考试试卷的评阅工作。完成教育部日韩语全国性4次考试和托福90余次考试。捐赠图书226册支援西藏大学旅游与外语学院建设。

组织1977级和1978级校友毕业30周年返校纪念活动，组织39名校友捐款捐树2万余元，捐赠英日语类图书246册。接待中国工商银行副行长王丽丽等1972级英专校友40人返校活动。1965届英语专业校友为母校捐款13500元。接待1962级英语专业校友重返母校来访活动。

召开第三届教职工代表大会暨第二届工会代表大会第三次会议。公共英语教学部获"天津市三八红旗集体"表彰。组织参加第十一届天津市高校青年教师教学基本功竞赛，王冬焱、陈朝辉分获英语日语比赛一等奖，梁靖获英语比赛二等奖，黄宗贤获英语比赛三等奖，张文忠获指导教师优秀奖。先后获得学校庆祝“三八”节系列活动最佳组织奖和5个单项奖、学校教工排球比赛女子乙组第三名、学校庆祝党的十八大胜利召开合唱音乐会二等奖、学校运动会教工乙组团体比赛第三名。举办教职工乒乓球比赛等活动。

资料中心开辟“小组学习区”房间，开通WIFI无线上网功能，制定新的资料中心制度汇编。接受捐赠图书725册，其中，接受已故教授孙莲贵亲属捐赠日语图书465册。全年购入图书925册。完成图书核查清点工作，现有藏书29818册、中文刊48种、外文刊54种。

建设网上外语学习栏目，完成了所有影像资料的采集和数字化工作。筹备外语学习互动平台建设。参加首届全国语言实验教学研讨会等。完成翻译硕士专业学位(MTI)网页平台建设。新建201多用途同传语言实验室。完成学校设备采购和管理网上建设资料的提供和分户管理工作。

完成教职工年度体检工作。完成教学楼部分墙面和楼顶维修工程。开展安全和消防工作，全年无事故。安装教学楼监控系统。

10月5日，举行1977级和1978级本科生、1978级和1979级硕士生校友毕业30周年返校纪念活动大会。10月24日，举行首次面向学生的“院长接待日”活动。12月27日，日语系陈朝辉获市教育工会“教工先锋岗”先进个人荣誉称号。

学生工作

开展践行雷锋精神活动月、学习贯彻十八大精神系列活动、研究生思想政治教育创新立项志愿服务接力计划活动。关注特殊学生群体，深入开展针对性思想政治教育。继续实行“公能”素质测评体系。妥善处理学生突发事件4起，关注并帮扶出现各类问题学生63人次。

举办南开大学第二十届外语节。组织学生300余人次参与服务天津夏季达沃斯年会、2012年国际行动理事会年会、全国大学生运动会等志愿工作。承办南开大学首届“公能”读书节活动，开展学风建设月和安防教育月系列活动。法语专业学生参加法国政府青年代表团38人来访志愿服务活动。

扎实做好毕业生就业指导工作。开展毕业生离校教育活动。毕业本科生185人，其中51人录取为研究生，53人出国深造(入选学校百人后备师资培养计划1人)。各专业就业率分别为：英语98.11%、翻译100%、日语100%、法语100%、德语100%、俄语94.74%。毕业研究生116人，其中博士生6人，硕士生110人。博士生就业率100%，硕士生就业率96.36%。

有4个班级团支部获评校“五四”红旗班级团支部。硕士生代晓妍获校青年“五四”奖章，本科生黄迪获评校优秀共青团干部标兵、谢银霞获评校优秀共青团员标兵。2009级日语班获评天津市优秀班级体。学院学生会获评南开大学“校长杯”系列赛事优秀组织奖。赴新疆石河子、阿勒泰地区暑期社会实践调研团获评天津市大中专学生志愿者暑期社会实践活动优秀团队。硕士生杨帆获评天津市优秀学生。本科生黄迪获评天津市三好学生。36名同学获参加校级志愿活动和社会实践活动表彰。8人次获全国、天津市、学校外语比赛表彰。

(撰稿人：赵国强 李东元 刘维爽 卓杰 刘岩 王喆)

马克思主义教育学院

概况

年末，有教职工 67 人，其中在岗教师 57 人，其他专业技术和党政管理人员 10 人。教师中，教授 20 人，副教授 22 人，讲师 15 人。招聘教师 1 人，现有离退人员 37 人。有学生 260 人，其中本科生 78 人，硕士研究生 82 人，博士研究生 100 人。

学科建设

1 月中旬至 3 月底，完成全国学科评估工作和天津市重点学科申报工作。12 月 15 日，举办中国特色社会主义理论教育研讨会，学习贯彻十八大精神，庆祝我校马克思主义教育 60 周年。

在广泛征求学院师生意见的基础上，拟订《马克思主义教育学院“十二五”事业发展规划》，从学科建设、教学科研、学生培养、社会服务等各方面设计学院“十二五”期间事业发展总蓝图。

教学工作

进行大学生思想政治理论课建设，规范教学秩序，提高教学水平。推动博士生政治理论课《中国化马克思主义与当代》的改革，研究具有南开特色的硕士生政治理论课教学模式。先后召开“中国特色社会主义理论与实践研究”、“马克思主义基本原理发展史”课程研讨会，探讨在新形势下更好地搞好思想政治理论课教育教学，培养“公能”兼济的当代大学生和研究生。

落实“公能”育人与马克思主义教育紧密结合的教改任务，加强对青年教师的培养，举行青年教师基本功竞赛，推动思想政治理论课教育教学水平。加强对课堂教学工作的督查，深入课堂听课，重点对新任教师教学情况进行督查。

组织教工参加南开马克思主义教育 60 年系列活动之“南开公能特色马克思主义教育教学”征文活动、老教师访谈活动、教学与学术研讨活动等。

杨谦获评“全国高校思想政治理论课教学能手”。张健、孟瑞锋分获天津市“思想政治理论课青年教师技能大赛”一等奖和二等奖。张建生、谷自力获 2012 年成绩管理和论文管理一等奖。

科研工作

全年获科研立项 16 项。其中，丁军的《国外收入分配制度改革的历史经验与有益启示——以独联体中东欧（原社会主义）国家为对象的研究》获国家社科基金重点项目立项；国家社科基金重大项目子项目 1 项，其他国家级科研项目 1 项；教育部社科专项 2 项；天津市社科项目 6 项；南开大学校内项目 4 项；横向项目 1 项。全年入院科研经费共 113.34 万元。

全年发表论文 96 篇，其中发表于《人民日报》、《光明日报》5 篇,发表于一级学术刊物《马克思主义研究》、《思想理论教育导刊》5 篇,其他 CSSCI 核心期刊 36 篇。共出版著作 19 部,提交研究报告 8 份。

赵美玲获天津教育系统优秀调研成果二等奖,徐曼、宋成剑、吕杰获全国高校思品教研百题征文奖,刘景泉、赵铁锁、孙寿涛、张静、林绪武获南开大学社会科学研究优秀成果奖。

党建工作

围绕“强组织、增活力、创先争优迎十八大”这一主题,落实党的十七大和十七届四中全会提出的基层党建工作各项任务,按照《中国共产党普通高等学校基层组织工作条例》有关要求,扎实推进基层组织建设。

开展各项党日活动。3 月 10 日,本科生第二党支部举办“淑世润身 公能南开”主题活动。5 月 11 日,研究生第二党支部与北京大学马克思主义学院共同举办以“时代发展与青年责任”为主题的座谈会。6 月 1 日,本科生第一党支部组织 2009 级全体党员、入党积极分子和入党申请人赴天津冀东革命根据地开展为期两天的“增强‘公能’素质 保持党员纯洁性”主题社会实践和保持共产党员纯洁性教育活动。7 月 22 日,组织思想政治理论课骨干教师一行 30 人组成考察团,赴国立西南联合大学旧址纪念馆、滇缅抗战博物馆、国殇墓园等地开展调研考察工作,丰富政治理论课的教学实践内容。坚持党日活动与各教研室的教学科研工作相结合,坚持党日活动与中国特色社会主义理论教育相结合,坚持党日活动与科学发展观的教育相结合。

开展基层组织建设年和创先争优活动。对基层支部进行分类定级,针对支部有待改进之处方,制定整改方案,帮助支部晋级。对基层组织建设年进行考评,组织引导基层党支部履职尽责,争创先进。深入开展纯洁性教育活动。

全年共发展党员 30 名,其中本科生 16 名,硕士研究生 13 名,博士研究生 1 名。年末,共有党员 229 名。

教师马亚男、学生庞红敏获评校优秀共产党员,中国近现代史纲要研究室党支部获评校先进党组织,2011 级研究生第一党支部获评校研究生优秀党支部,本科生第一党支部获评校本科生红旗党支部,“深入学习抗震救灾精神 做好思想政治理论课教育教学工作”主题党日活动获评校创最佳党日活动优秀奖。

院务工作

完成年度专业技术职务晋升工作、年度绩效工资考核工作、年度教工岗位聘任工作。制定绩效工资考试细则和教工岗位聘任细则。

举办各类学术会议 6 次:纪念中日邦交正常化 40 周年国际青年学术会、2012 年天津高校马克思主义基本原理与发展史学术研讨会、南开马克思主义理论教育 60 年老教师访谈会、中国特色社会主义理论与实践课程改革研讨会、学习贯彻十八大会议精神中国特色社会主义理论教育研讨会、南开公能特色马克思主义理论教育 60 年研讨会。

组织教工参加校工会的各项活动。组队参加“教工才艺大赛”、“教工排球赛”、“青年教师课堂教学比赛”、“柔力球表演”、“庆祝党的十八大胜利召开歌咏赛”等活动。

学生工作

探索“公能”特色的马克思主义育人模式,在实践中发扬思想政治教育学科的政治属性。举办“第九届文化宣传月”、“第四届学术文化节”等主题活动,邀请思想政治理论课骨干教师以及资深学生教育管理专家针对学生关心的热点理论与实践问题答疑解惑。在校园文化活动中创新育人载体,举办“天津人文活动月”实践交流、“聚焦‘公能’品格，做高素质南开人”调研学习；创新并完善2010级本科生教学实习制度；以本科生党支部“先锋团队”为龙头，建立“红色榜样帮扶”制度，开展“增强‘公能’素质 保持党员纯洁性”教育实践。开展“公能学术沙龙”、“博导双周论坛”，组织学生赴北京大学等兄弟院校交流访学；研究生党支部调研华明镇新农村建设示范项目。

重视毕业生就业工作，实施就业工作“一把手”工程，帮助毕业生进行职业能力的提升。宣传“三支一扶”、选聘高校毕业生到村任职等政策，积极鼓励毕业生到基层就业。举办就业经验交流会，鼓励在校生积极主动争取就业信息。做好学生心理调适工作。毕业生共有本科生19人，其中10人攻读硕士研究生，9人就业，就业率达到100%。硕士研究生39人，其中读博6人，就业30人，未就业3人，就业率92.3%。博士研究生24人全部就业，就业率100%。

2011级思想政治教育专业本科生班获评“十佳红旗团支部”、“十佳宿舍团小组标兵”，2009级思想政治教育专业本科生班获评“天津市级先进班集体”，2011级硕士研究生班集体获评校级先进班集体，硕士生郭威获评天津市级优秀学生干部，博士研究生党支部书记王雪超、本科生党支部书记郅艳梅获评学生党员标兵。

（撰稿人：郑文娟）

汉语言文化学院

概况

年末，有教职工61人，其中专任教师49人，党政管理教辅人员12人。教师中有教授11人，副教授26人，讲师12人。招聘应届博士任专任教师1人，1人晋升副教授，退休2人；调离学生工作干部2人，调入1人。

学院下属各教学与研究机构名称做了如下更规范的调整：汉语国际教育系（中本教育）；汉语言系（留本教育）；汉语进修部（留学进修生教育）；汉语现地教学项目部（含所有采用项目制教学的非学历留学生教育）；研究生培养部（含中外科硕与专硕研究生教育）；师资培训部（含新进正式教师、签约教师、赴外担任教师的志愿者培训，以及未来的教师资格证获取者培训）；汉语水平考试与教学实践研究中心（理论上含各类国家承认的汉语水平考试命题和相关理论研究，以及研究成果在教学中的转化实践方式与方法）；南开语言研究所。

人才培养和国际合作办学

全年共注册各类留学生1616人次，其中上半年注册739人，包括留学本科生169人、研究生30人、进修生353人、爱知大学现地教学项目187人;下半年注册877人,包括留学本科生170人、研究生26人、进修生410人、寒暑假短期班15个项目271人。全院本国研究生181人,其中语言学应用语言学专业59人,汉语国际教育专业硕士及同等学历申请硕士学位研究生共122人。全院汉语国际教育专业本科生4个年级107人。

与日本大妻女子大学、韩国汉拿大学、天津聚龙集团外籍员工培训部等教育机构开拓合作项目。

教学科研和学科建设

启动教材改革项目,制定重点先行计划;改革调整留学生专业实习和社会实践计划;制定实施留学生中国文化课的创新教学计划;学习宣传贯彻学风教育规章制度,首次查处留学生在学业考试中的作弊和违纪行为;严格规范研究生、本科生论文答辩各个环节;创新研究生导师履行教育管理职责的机制;教学督导组组织研究生教学计划执行情况的检查督促。

师资培训部组织教学观摩、新上岗教师培训、国外名师系列讲座、国内外同行教学交流等活动。举办"2012国际汉语教学名师系列讲座",邀请国外从事汉语教学的知名专家、学者和教师一起研究和探讨国际汉语教学的教学论、课程论、学习论以及教材和教学评估等问题。请国内外专家学者来院讲学7次,国外考察团来访2次,本院教师参加国内外学术会议30余人次。派出骨干团队参加世界汉语教学大会年会,学习了解学科建设、教学改革、培养模式等方面的经验。

更新教学设备,充实图书资料库建设,落实博士文库的编辑出版计划,制定实施中青年骨干教师发表科研成果、申请科研项目的激励计划,在年度绩效考核中加重科研鼓励力度。全年共发表论文54篇,其中核心期刊发表21篇;出版著作5部;出版教材1部。在研国家社科基金项目10项,其中2012年申报3项;在研教育部人文社科项目4项,其中2012年申报1项;在研天津市社科规划项目3项,其中2012年申报2项;在研中央高校基本科研业务项目3项,其中2012年申报2项。

年末,在国外的汉语教师研究生志愿者共有32人,其中本年度派出19人,回国15人。全年奉派为国家汉办承担公派出国任教和海外孔子学院任教任务的教师20多人次,有5人先后担任5个孔子学院的中方院长。学院接待孔子学院来华学习考察团队4个,学员120余人次。

党建工作

广泛开展创先争优活动、基层组织建设年和保持党的纯洁性教育等活动。

探索党支部工作新机制,贯彻落实支部工作手册的各项要求,积极开展创最佳党日活动受到表彰。调整划小教工支部,调整学生支部,开展支部工作手册检查活动,坚持院党委书记给学生上党课制度,坚持和改进党支部活动制度。年末,有党支部11个,其中教师党支部4个,学生党支部7个(本科生党支部2个、研究生党支部5个)。共有党员159名(预备党员30名),其中教工支部党员38名、本科生党员40名、研究生党员81名;有入党积极分子38人,其中本科生23人、研究生11人、教师4人;有入党申请人70人,其中本科生37人、研究生28人、教师5人。

创建学习型党组织,加强领导班子自身建设、基层组织思想作风制度建设和师风师德建设,完善领导班子成员密切联系群众、党员联系师生群众制度。学院获评天津市师德建设先进单位。

落实党风廉政建设责任制。重点落实好学校布置的各项制度要求和民主参与、民主管理、民主监督的制度措施，开展好校务公开、院务公开的相关工作，在中层班子年度考核中，坚持在干部教师中宣传好党风廉政建设的政策、制度、内容，自觉接受群众监督。领导班子定期学习传达贯彻中央和学校关于反腐倡廉工作的会议文件、精神、要求，按照学校纪委的部署进行落实党风廉政建设责任制的自查自纠。全年召开三次全院职工民主管理大会，制定、修改并讨论通过绩效考核细则、处理学术不端行为细则、实施素质教育的措施、汉语水平考试经费管理、教师干部考勤管理制度、实施学校“十二五”规划纲要草案、岗位聘任工作实施细则等重要文件。学院党政领导班子学习贯彻学校党委关于做好离退休职工管理服务工作的各项政策规定，积极开展退休职工的服务工作，工作扎实，效果较好。

学生工作

加强党团组织建设，加强思想政治工作。组织第八次党代会精神和南开大学实施素质教育纲要的学习宣传讲座，组织参加全校学习十八大知识竞赛。做好学生党员、入党积极分子、学生干部的教育、培养、管理工作，广泛开展学习宣传中国特色社会主义理论和社会主义核心价值体系活动，开展理想信念教育，开展学风教育，开展丰富多彩的校园文化、社会实践活动。重点排查学生学习生活中存在的安全稳定隐患，密切跟踪各种信息线索，及时发现和处理突发事件，保证学院的和谐稳定。重点抓应届毕业本科生、研究生的就业指导和服务工作，组织全院教师关心学生就业。

在推进素质教育过程中，把对留学生进行纪律、文明、法制、治安、交通安全、消防安全教育作为素质教育的重点内容之一，对学院教师干部进行任务和职责分解，把教书育人、管理育人、服务育人做为实施素质教育的重要措施，创新留学生班导师工作机制，广泛开展文化、体育、参观、考察等第二课堂活动，改革入学教育、毕业典礼、总结表彰、班长会制度、学生评教制度，密切教师与学生的日常联系，强化留学生考勤制度和对缺勤学生的督导检查制度，加强对留学生的生活服务指导，全面为留学生成长、成才服务。

院务工作

建设学院发展的支撑服务体系。提高物业服务、教学设施利用、物质保障供应的水平和质量。按照学校要求，规范物业招标制度，完善管理措施，提高服务水平。完成教学楼暖气系统维修改造，完成楼顶防雨设施维修，完成多媒体教室设备更新维修。

7月至8月，组织动员全院教师干部投入开拓留学生住宿房源的工作，组织人力物力，组建院内留学生宿舍管理机构，建立留学生宿舍管理服务队伍，重点在周边社区、宾馆建立服务网络，力争在向新校区过渡阶段，闯出一条留学生住宿管理服务与社会化相结合的新路。

重要事件

9月21日，日本著名数学家、东京都立大学原校长、日本公立大学协会原会长、现任大妻女子大学校长获上纮一教授来院访问，开展合作办学交流。

10月21日，举行新汉语水平考试(HSK)天津考区首次网上考试，共有来自我校及兄弟高校的36名留学生参加本次网考。

11月1日，美国威斯康星大学教授、南开大学陈省身讲席教授、教育部长江学者讲座教授张洪明博士为学院研究生做“对外汉语教学的原则和方法”学术演讲。

12月17日，法国国民教育汉语总督学白乐桑教授受聘为本院客座教授并为师生做学术报告。副校长朱光磊颁发聘书。

（撰稿人：刘松岩　胡颖欣　肖胜利）

经济学院

概况

年末,有教职工248人,其中专任教师201名。有教授(含研究员)74人,副教授87人,讲师40人,博士生导师74人。年新进教师2人、管理干部1人。教师中具有博士学位的有187人,占教师总人数的93.03%。有海外学历的教师21名,占教师总人数的10.45%。有学生3599人,其中本科生1967人,硕士研究生1017人(含专业硕士261人),博士研究生431人,来自港台地区以及加拿大、美国、韩国、俄罗斯等世界各地的留学生184人。

朱光华、薛敬孝、逄锦聚继续连任教育部社会科学委员会委员。逄锦聚连任教育部社科委马克思主义学部召集人、中央马克思理论研究和建设工程咨询委员会委员。逄锦聚任国务院学位委员会第六届学科评议组召集人,冼国明任国务院学科评议组成员。有"长江学者"特聘讲座教授1人,教育部"教学名师奖"获得者1人,国家级有突出贡献的专家2人,"中央马克思理论研究和建设工程"首席专家5人,国家"百千万人才工程"入选者2人,教育部"高校青年教师奖"获得者2人,教育部"跨世纪人才基金"获得者3人,教育部高等学校经济学类学科教学指导委员会主任委员和秘书长各1人,教育部"优秀青年教师资助计划"获得者3人,教育部"新世纪优秀人才支持计划"入选者11人,国务院颁发的政府特殊津贴获得者35人。

图书馆经济学分馆有经济类中外藏书13万余册,中外杂志、刊物500余种。全国核心期刊《南开经济研究》全年出版6期,本年度刊载学术文章59篇,累计出版发行168期。

学科建设

有理论经济学、应用经济学2个一级学科国家级重点学科,覆盖政治经济学、世界经济、金融学(含保险学)、国际贸易、经济史、区域经济学、人口资源与环境经济学、财政学、数量经济学、西方经济学等16个二级学科国家级重点学科,有政治经济学研究中心、APEC研究中心、跨国公司研究中心3个教育部人文社会科学国家重点研究基地,以及教育部首个教育规划与战略研究中心——教育部南开大学教育与产业、区域发展研究中心。有国家经济学基础人才培养基地和国家级经济学实验教学中心。有理论经济学和应用经济学2个博士后流动站。2个一级学科均有博士学位授予权,目前在政治经济学、经济思想史、经济史、西方经济学、世界经济、人口资源与环境经济学、区域经济学、金融学、国际贸易学、产业经济学、数量经济学、财政学12个学科招收博士研究生，在上述专业再加上劳动经济学的13个学科招收和培养硕士研究生。学院设有经济学、金融学、风险管理与保险学、国际经济与贸易、财政学、金融工程学6个本科专业，并设有经济、管理、法学复合型人才试点班。

教学工作

本科生教学方面，推进和深化教学改革、加强精品资源共享课程建设和实验教学。各专业按照“公能”特色素质教育的要求，制定专业人才培养方案，修订教学计划。推行本科毕业论文质量管理新措施，逐步重视本科生毕业论文使用定量分析方法。完善推免保研条例，加强对科研和论文的加分鼓励，推进公能素质教育。有组织、有计划开展社会实践教学。完善本科生科研创新平台。组织学生参与科研活动，设立学院百项基金。精品资源共享课程建设形成机制。完成7门国家级精品课程的转型升级工作。共有25个项目（其中综合类项目14项、青年类项目11项）申报学校教改项目立项；7个项目申报教材立项，5项获得资助；8个项目申报学校的教学成果奖。进一步完善教学大纲和课程简介。

研究生教学方面，继续推进硕士研究生分类培养改革，深入推进研究生国际交流与联合培养工作，实施国家公派博士生留学计划、南开大学和英国伯明翰大学硕士研究生合作项目。本年度共招收金融学、国际商务、保险和税收4个专业的经济类专业硕士144人，其中税收专业为首次招生。为专业硕士聘请来自政府、金融界、企业界等兼职导师70余名。与企业合作设立金融租赁等特色培养方向。

在实验教学方面，完善实验教学课程体系，加强实验课程、实验项目建设与更新，使实验课程达到56门，实验项目达到393个。加强实验师资队伍建设，鼓励教师参与实验教学改革项目立项，出版实验教材，同时加大力支持教师科研活动。4月，经济实验教学示范中心主任李秀芳的“经济学实验教学内容改革与实验教学体系的构建”教改项目，被天津市教委确定为天津市普通高等学校本科教学质量与教学改革研究计划重点项目。

科学研究

全年，入校科研经费1485.08万元，其中纵向770.16万元，横向714.92万元。出版专著16部，发表论文（CSSCI、SCI等）346篇。在科研项目立项方面，有国家社科基金重大攻关项目3项，国家自然科学基金项目5项，国家社科基金重点项目2项，国家社科基金项目8项，教育部社科基金项目6项，天津市社科基金项目2项。在天津社科成果奖等评选中，学院获得天津市级一等奖等多项重要奖项。

牵头与南京大学、国家统计局科学研究所共同组建“中国特色社会主义经济协同创新中心”，启动教育部“2011协同创新中心”申报工作，入围前6名。

学术交流

推进与国外高校和机构在学术交流、师资培养、本科生和研究生合作办学等方面深度合作，实施“南开师生走出去”工程。与美国列维经济研究所及台湾等高校和研究机构签署关于师资交流、学生交流、合作研究的全面合作框架。积极推动邀请海外学者来国内讲学。依托INTO项目，顺利招收并圆满完成第一学期留学南开国际商务方向研究生的教学工作。

与《经济研究》杂志社合作，成功举办第十二届中国青年经济学者论坛。邀请北京大学、清华大学、中国人民大学、武汉大学、南京大学等国内知名大学的经济与管理学院院长，以及《经济研究》、《经济学季刊》、

《中国工业经济》等高水平杂志的主要负责人齐聚南开，共同探讨我国经济学学科建设、科研标准评价等问题。

组织青年教师赴天津市东丽区华明示范镇，就“如何通过小城镇建设，推进中国农村城镇化”问题进行专题调研。利用国际平台引进人才，提升学院师资队伍水平，打造国际化人才队伍。在美国经济学会的 Job Market 上发布面向全球的师资招聘广告。

2 月，美国驻华大使馆经济处经济与金融事务官员 Dan Wald 与 Catherine Yu 访问学院。4 月，台湾高阶精英两岸政经社发展研习营访问经济学院。6 月，中国保险监督管理委员会天津监管局党委书记、局长郭左践做客“南开保险素质教育讲堂”。经济学系 1982 届毕业生、天津广播电视电影集团管委会副主任、天津广播电视网络公司董事长马津力受聘南开大学兼职教授。12 月，法国鲁昂高商学院新任校长阿兰. 杜兰德率代表团访问经济学院。“南开经济大讲堂”首度开讲，北京大学国家发展研究院院长姚洋教授应邀作首场讲座。中国进出口银行董事长、行长李若谷受聘经济学院兼职教授。

党建工作

深入落实创先争优总结活动。落实学院各级党组织的分类定级工作。推进“保持党的纯洁性”教育活动，强化理想信念教育。

努力创建学习型党组织。努力建设学习型领导班子，将政治学习作为班子建设的重要内容；对学院的工作集体研究集体决策，将党政联席会内容形成纪要下发，政务公开，接受监督。

狠抓班子廉政建设。督促班子成员认真完成廉政建设承诺，组织班子成员观看廉政建设宣传片，认真完成年底廉政责任制考核工作。定期召开专题民主生活会，开展批评和自我批评。学年末召开教职工、学生代表会，班子成员述职、述廉，接受教职工和学生的测评、接受学校领导的测评。

继续抓好党的组织建设和思想建设。全年发展党员 313 名，预备党员转正 238 名；转出党员 557 名，转入党员 295 名。规范党员培养制度，建立党员发展转正提醒制度、党员发展转正材料审核标准及党员档案流转账册。

行政党总支和盛斌教授个人分别获得天津市教育系统和南开大学的先进党组织和优秀个人称号。张晓峒获评天津市师德教育先进个人。

院务工作

积极落实“制度型、服务型、公开型”三型班子建设理念，增强服务意识，加强制度建设，提高行政效率，改善硬件环境，确保后勤支持，全面提升行政效能。完善学院各项管理制度，加强学院治安和卫生管理，完善学院消防安全管理，全面更新办公楼和教学楼内消防安全指示牌。更新学院网站、教学管理平台、科研管理平台。设备采购严格执行学校相关管理规定，实现零差错。加强财务规范化管理和制度化建设，探索建设学院经费预决算制度。举办学院暑期工作会议，群策群力共促发展。

学生工作

举办第二届“公能素质文化节”，提出“人民＋公能＝公民＋能人”的育人公式，培养学生公之素质、能之素质、人之素质和民之素质，以及以公为先、以能为重、以人为本、以美为荣、以行为知、以身为范的行为准则。德育方面举办南开公能讲坛、公能文化论坛、“红色星期六博导讲党课”、“爱国守法知荣辱 敬业乐群秉公能”毕业生职业道德教育等活动；智育方面开展第八届学术节、“领略经济学之美”主题论坛、融通基金会校友寻访社会实践等活动；体育方面开展阳光体育长跑、NK心理运动会、学院运动会等活动；美育方面举办首届公能文化衫设计大赛、第六届经济学院戏剧节、舞动天南联谊舞会等活动。

在中国平安励志论文大赛中13人获奖；在研究生第六届天南大学术节征文活动、“知行南开”社会实践项目中，获得最佳组织奖。学院团委荣获天津市“五四”红旗团委标兵称号，2010级经济系获得天津市优秀班集体称号，学院所属团支部、团小组、学生社团、学生社团团支部在“五四”评优4个类别评比中均获得第一名。

由学生工作团队共同撰写的《转专业学生的心理适应及心理辅导问题调研报告——以南开大学为例》获得“华北地区第十七次高校德育研讨会”优秀论文奖，代表天津市教育系统(全市共5篇)参加天津市思想政治工作研究成果评选。

服务社会

服务天津市和滨海新区金融改革创新，与市委金融工委、市金融办开展全面合作，开办天津市金融系统研究生课程班。积极发展在职研究生教育，规范管理，确保质量，提升南开大学整体影响力。继续办好EMBA方向班，在天津和广州开班。加强与国际国内财经类认证机构合作，推动从业资格认证培训。

重要事件

3月，龚刚教授的英文著作*Contemporary Chinese Economics*出版。该书入选国家新闻出版总署“中国国际经典出版工程”。

9月，“中国特色社会主义经济协同创新中心”培育启动仪式在京举行。

9月，全国政协副主席、九三学社中央副主席王志珍看望杨敬年教授。

10月，人民网全文转发逄锦聚教授在《政治经济学评论》发表的论文《论中国经济学的方向和方法》。

11月，逄锦聚教授被中央国家机关工作委员会聘为党的十八大精神宣讲团成员，是教育系统5位受聘者之一。

(撰稿人：高琪)

商 学 院

概况

年末，有教职工168人，在岗教职工164人。专任在岗教师121人，其中教授53人(内含博士生导师42人)、副教授52人、讲师16人。有11个本科专业，16个硕士学位授权学科(专业)，9个博士学位授权点。

有学生5641人，其中博士研究生246人，硕士研究生332人，本科生1281人，MBA学员1102人，MPM238人，MPAcc 313人，EMBA(高级管理人员工商管理硕士)学员 1097 人,MEM 学员 56 人,MLIS 学员 36 人,MV 学员 12 人,成人学历教育(夜大学)在校生 928 人。

学科建设

工商管理、图书情报与档案管理、管理科学与工程 3 个一级学科入选天津市高校第四期重点学科;服务科学与管理成为学校新设立的 4 个叉学科之一;商学院管理科学与工程博士后科研流动站成功获批,进入第八批新设增设博士后科研流动站名单;物流与供应链管理和服务科学与管理 2 个二级学科顺利获批;《南开管理评论》复合影响因子蝉联第一,入选国家社会科学基金学术期刊资助第二批入选名单;南开大学公司治理研究中心更名仪式暨中国首家"中国公司治理研究院"正式揭牌。

教学工作

本科教学方面:修订本科教学计划,制定 2013 年下学期课程计划,保障小学期顺利完成;组织各系教学主任会议落实学校教务处的考试工作要求;组织教师代表对推免研究生文件进行研究商讨提出修改意见;提前为转入学生印制教学计划做好指导,组织双学位和辅修生接受工作;促进更多精品毕业论文出现,本年度有 9 篇论文获得"南开大学 2012 年度校级本科优秀毕业论文"荣誉。加强本科师资管理工作,组织青年教师申报天津市教育工会组织的天津市第十届高校青年教师教学基本功竞赛。组织教师申报教学成果及 2012 年度教学改革立项,共申报青年项目 2 项,综合重点项目 1 项,综合一般项目 8 项;组织 2011 年度教师专业技术职务晋升工作。

研究生培养方面:录取硕士研究生 73 人,博士研究生 52 人。完成硕士研究生推免工作、考核攻博工作及硕士统考命题工作,录取 47 人,考核攻博 5 人。加强研究生培养,创新研究生教学培养和管理机制,实施博士学位论文"三级盲审制度",建立博士研究生学术科研成果库、优秀博硕士学位论文库。完成博士生指导教师遴选、新导师选聘工作。聘任博士生导师 46 名,其中商学院 38 名(包括 2 名新聘博导),兼职博导 5 名,旅游与服务学院 3 名。

专业学位教育

MBA 教育

3 月,南开 MBA 正式启动"双师系列课程",率先推出"创新管理"、"创业融资"、"奢侈品——神秘的价值王国"3 门课程。4 月,南开大学中小企业"创新与成长"模块课程定制班开学典礼在天津市中小企业发展促进中心成功举行。南开大学 EMBA、MBA 新加坡南洋理工大学海外课堂圆满完成。MBA 中心启动 MBA 实践教学系列活动,内容涵盖"国学大讲堂"、"企业家大讲堂"、"名企进校园"等。5 月,南开大学 MBA 第二届体育节开幕。9 月,"中国最具影响力 MBA 排行榜"发布,南开大学商学院位列第三位。12 月,南开大学 MBA 学员赴台湾淡江大学海外学习。

EMBA 教育

1 月,召开 EMBA 上海俱乐部揭牌仪式。4 月,EMBA、MBA 考察团 78 人赴新加坡南洋理工大学访问。5 月,EMBA 俱乐部执行会长(候选人)联席会召开。7 月,EMBA 学员考察团赴美国访学。9 月,台湾长荣大学 EMBA 代表团来访,与之签署合作备忘录。10 月,学员考察团赴澳大利亚、新西兰、斐济访问。12 月,考察团赴韩国 IGM 世界经营研究院访问交流。

MPM 教育

9 月 27 日,项目管理中心(MPM)主任戚安邦当选为 IPMA 研究委员会主席,极大地扩大了南开大学及我院在该领域的国际学术影响和声誉,实现了南开大学项目管理中心建设的突破性发展。

MPAcc **教育**

全年录取学生112人,实际报到109人。其中单证录取57人,报到55人;双证录取55人,报到54人。87位学员获得会计硕士专业学位,其中有4名学员获得"中瑞岳华会计硕士奖学金"。24名全日制会计硕士专业学位研究生毕业并获得学位,就业率达100%,3月,香港会计师公会来院举行认证仪式。10月至11月,双证会计硕士研究生招生,全国近800人报名,现场确认514人。11月18日,首届会计专业硕士年会暨MPAcc校友会成立仪式召开。承担全国MPAcc入学联考专业课阅卷工作,共阅卷4848份。

MEM(**工程管理专业硕士**)**教育**

积极开拓"第二课堂"教学,邀请相关专家做工程项目造价管理、"SAS高性能数据分析"等专题讲座。从本校优秀退休教职员工中选聘投融资方面的国内知名专家徐保满担任工程项目投融资课程讲授工作。中心负责人会同学校主管部门领导于12月参加第二届MEM教指委会议,了解MEM教学培养的新途径、新思路,提高办学水平。

MLIS(**图书情报专业硕士**)**教育**

招收新生第一志愿录取14人。9月末2013级MLIS学费由原来3.3万元涨至3.9万元。通过努力,2013级MLIS在学费增长18%的背景下,网报人数接近上年水平。不断完善培养方案、课程体系和教学方法,优化师资选聘、培训和考核,建立和健全教学质量保证体系,确保人才培养质量。中心从校外聘请10多名优秀的专家教授,与本校教师一起担任MLIS课程的教学工作。

MV(**资产评估专业硕士**)**教育**

12名学员均修满各自毕业应修学分,开始论文撰写工作。中心从本校优秀的退休教职员工中选聘财务管理方面专家刘建担任财务管理课程的讲授工作。安排校外专家承担土地资产评估、房地产评估、无形资产评估、国有资产管理等课程。

EDP(**高管培训**)**教育**

中心共举办18个班次的内训项目,培训学员超过1500人。与比利时安特卫普管理学院牵手,成功推出"赢在欧洲"培训项目。共完成约520万元培训合同收入。

科研工作

上报国家自然科学基金项目结题报告书12份,国家旅游局项目2项。教育部社科规划一般项目获得立项5项,立项经费共计44.7万元。2005和2006年分别立项的教育部人文社科研究项目2项结项,2008年立项的国家社科基金项目1项结项,2010年立项的天津社科基金项目1项结项。李勇建、武立东入选"新世纪优秀人才支持计划"。

2月,申报国家社科基金项目5项;申报2012年国家社科后期资助项目1项。3月,2012年教育部哲学社会科学研究后期资助项目申报1项;申报国家自然科学基金项目45项,其中重点项目3项,杰出青年基金项目2项,小杰青1项。4月,申报高等学校社科优秀成果评奖共计15人,其中申报著作奖7人、论文奖6人、研究报告2人。5月,冯湘君获得国家社科基金青年项目,立项经费15万元。6月,申报天津市人文社科规划项目4项,天津市科技发展规划项目3项,教育部哲学社会科学研究普及读物项目1项。同期,25位教师获得南开大学人文社科优秀成果奖。8月,12位教师(王永进、于良芝、任兵、周建、杨俊、崔勋、古志辉、胡望斌、李莉、姚颐、张伶、任星耀)获得国家自然科学基金项目立项,共计立项经费622.5万元。9月,3位教授申报"2012年度国家社会科学基金重大项目(第四批)招标"项目;2位教授(严建援、许晖)获得天津市科技发展战略规划项目立项,共计4万元。

10 月，颁布商学院新的科研成果奖励政策与奖励细则；申报 2012 年度教育部人文社会科学研究一般项目 14 项。11 月，申报“2013 年度教育部哲学社会科学研究重大课题攻关项目选题”一项；4 位教师(梅丹、李新建、王志红、杨红)获得天津市人文社科规划项目，立项经费共计 8.2 万元；李月琳获得教育部第四十四批“留学回国人员科研启动基金”项目 3 万元；李勇建获得 2012 年教育部重点研究基地项目 1 项；申报 2012 年度中国科协调研课题 4 项。12 月，上报“2013 年国家社科基金重大招标项目选题”1 项；申报天津市社科优秀成果奖 28 项；提交教育部哲学社会科学基础研究中长期重大专项选题 2 项。

国际交流与学术活动

推进学院国际认证(AACSB)工作。全球管理教育项目(GMEP)成功举办 6 期，合作院校涉及美国、法国、德国、韩国以及中国香港，参加人数达 234 人。优化拓展学院国际交换生项目，本年度共派出国际交换生 21 人，4 位同学获首批“国家留学基金委资助优秀本科生交换项目”的资助。加强国际互访与交流，共有 59 人次出访欧美、日韩及中国港澳地区，访问知名院校、参加高水平学术会议等，其中 1 人获得富布莱特访问学者项目资助，2 人获得学院高水平国际会议专项资助。本年度共接待来自美国、瑞典、意大利、新西兰等地的境外代表访问近 50 人次。推动国内外师资交流工作，先后聘请意大利博洛尼亚大学商学院院长博加明教授、美国密苏里大学邹绍明教授为我院兼职教授，邹绍明教授同时入选天津市“千人计划”，瑞典延雪平大学 Lundin 教授担任访问学者。先后邀请海内外知名学者举行学术讲座 40 余场。

6 月 8 日，主办“南开大学来新夏教授九十初度暨从教六十五周年学术研讨会”。校长龚克出席大会并讲话，天津理工大学校长马建标，天津职业大学校长董刚，教育部高校图书情报工作委员会秘书长、北京大学教授朱强等出席大会。

12 月 17 日、21 日，天津市外办—南开大学—住友商事冠名课程邀请到日本株式会社日建设计社长中村光男主讲《企业全球化与创新》和日本住友商事综合研究所社长龙本忠主讲“领先于时代变化的综合商社”。本年度，天津市外办—南开大学—住友商事冠名课程圆满完成原定教学计划，共邀请到 11 位中外知名学者和企业界高管为南开本科生讲课。

党建工作

加强党的思想建设、注重加强领导班子和党员学习。十八大召开之际，组织党员骨干集体收看，召开中心组扩大会议，学习《新党章》。召开保持党的纯洁性教育活动领导班子民主生活会，在“七一”前组织全体党员进行“保持党的纯洁性教育”知识竞赛。

召开加强基层党组织建设暨学生党支部书记培训会。本年度共培养 200 余名入党积极分子，特别是培养 2 名“双高”青年教师入党积极分子，共发展党员 138 人，转正党员 146 人、接转组织关系 502 人。开展“红色枣庄铸革命精神，爱国敬业育纯洁党性”、“拥抱新天津，喜迎十八大”等活动。张玉利同志被评为优秀党员标兵，刘志远、韩德昌、严建媛、陈红艳、徐琳同志评为校级优秀党员；学生工作办公室党支部和 2010 级本科生党支部被评为校级先进党组织。

组织召开暑期研讨会，重点讨论 4 个议题：国际精英商学院联合会(AACSB)的国际认证及国际化发展战略部署；中国高质量 MBA 认证及专业学位发展新举措；《公能素质教育纲要》前期实施方案与计划；学院行政管理职能划分及管理机构设置改革。

支持工会、教代会做好工作。在全校红

歌比赛中获得六连冠。

院务工作

举办学院暑期研讨会，明确发展方略与措施。推进人事工作。进行合同制员工的考核及续聘工作。探索和完善学院合同制员工和正式编制管理人员的管理制度与实施办法，坚持高质、高效工作要求，开展人本关怀。活跃学院文体活动、文化氛围。组织参加学校篮球赛，设计并实施学院课间操。推进大楼功能完善和绿色化建设，坚持“安全、健康、节能、优化，可持续支持”的“绿色学院”建设宗旨。完成学院大楼消防安全设备更新、检测，确保大楼安全和教学科研秩序。推进信息化建设方案的完善与实施。

学生工作

以扎实推进“公能”素质教育为核心，以强化基层党组织建设和提升就业质量为重点，突出“和谐、发展”的主题。

与教学部门共同完成《商学院学生素质教育实施方案》，促进学生德智体全面发展。先后开展“公能”素质提升课堂系列讲座3次、专业发展系列讲座7次、实践案例竞赛5次、校园精英训练营1期等活动，实现专业教师指导、辅导员实施、学生全员参与的良好局面。坚持做好第十三届企业文化节、第六届商融艺体活动月、合唱比赛、趣味运动会等传统校园文化品牌活动，使第二课堂成为学生全面发展的平台。重新修订《商学院本科生班导师工作细则》，在研究生中尝试老生带新生的班导师制。学生在各项专业竞赛中取得优异成绩：挑战杯金奖、毕马威案例大赛卓越奖、德勤税务挑战赛优秀奖。

以项目制推动学生党建创新，充分激发学生党员主动性和基层党组织创造性。本年度先后有10余个项目在学工部、研工部组织的党建系列活动中获得立项支持，各党支部开展创最佳党日活动30余次。

搭建学生实习就业的直通平台——“南开大学·招商银行支行行长部门总经理定制班”，为我校60名来自不同院系的学生提供长达一年的实习机会，最终为招商银行输送23名毕业生。针对2009级和2010级两个年级先后举办2期求职训练营，共有10余位渤海证券、天津外企服务中心等企业的专业人士进入校园，让学生体验真实的求职和招聘流程。本年度本科生和研究生就业率在学校名列前茅。

2009级信息管理与信息系统本科生班获评“周恩来班”，2010级管理科学与工程本科生班获评“天津市先进集体标兵”。

（撰稿人：周轩等）

旅游与服务学院

概况

年末,共有教职工 89 人,其中教授 3 人,副教授 11 人,讲师 23 人。全年招聘新员工 2 名,均为教师。年末,有本科生 100 人,研究生 25 人,博士生 17 人。

教学工作

本年度实施本科生班导师制,为每位本科生从一年级开始配置学业导师,引导学生提前进入学术探索或业界观察;坚持举办双周学术论坛,为硕博士研究生提供学科前沿知识研讨交流平台;聘请国内旅游业界资深专业人士担任 MTA 业界导师、本科生社会实践导师,为学生传授行业知识、分享职业心得、提供实习基地;积极拓展国外教学合作项目,邀请国外知名教授来校讲学,指导硕博士研究生学术科研,组织中外学生联合研讨课,提高学生的国际交流能力;鼓励并资助学生参加校内外、国内外学术、实践、创业型竞赛。形成"课堂学习、业界实践、国际交流、文化感染"四位一体的、符合"公能"素质教育要求的南开旅游人才培养模式。

从四方面推动全国 MTA 教育事业的发展:继续做好师资培训班,聘请著名华人青年学者李想教授担任本年度师资班主讲,为全国 MTA 院校储备师资力量;举办人才定位与培养模式专题调研会,邀请国家旅游局党组副书记、副局长、全国 MTA 教指委主任委员王志发,国家旅游局人事司司长、全国 MTA 教指委副主任委员魏洪涛和 9 位业界来宾(受聘兼职导师)共同探讨 MTA 人才定位与培养模式,校党委书记薛进文同志会见了与会来宾;召开第二届全国教指委委员会议,为各培养院校分享交流办学经验创造平台,在人才定位与培养模式专题调研会的基础上,进一步研讨招生培养改革、教学要素建设、人才质量评估等方面的任务,天津市副市长任学锋会见并宴请各位专家,佟家栋副校长出席会见;统计分析全国 MTA 招生统计情况,帮助各培养单位及时了解项目动态。

作为"中国旅游干部管理学院",举办首期全国文博系统红色旅游培训班、第三期新疆旅游经济发展研讨班、第十一期西藏旅游经济发展研讨班,参加国家旅游局人事司组织的《中国旅游行业管理岗位能力培训标准》(试行)修订等工作,从多个层面继续发挥南开的作用。

科研工作

本年度,共有 7 位中青年教师成功申报立项国家自然科学基金、国家社科基金、天津市社科基金和国家旅游局研究基金共计 12 项,累计项目金额 183.3 万元;全院教师共发表学术论文 32 篇(其中 21 篇被 CSSCI 收录)、会议论文 21 篇,出版专著和译著 2 种;完成多个地区、各级政府及旅游主管部门委托研究课题；作为牵头单位，参与论证、共同建设海南“绿色旅游岛”协同创新中心，围绕学术研究、人才培养、海南本地旅游院校建设等方面，全力支持海南国际旅游岛建设；创办《旅游与服务研究》期刊，旅游市场研究实验室建设即将竣工，南开旅游研究网进入具体设计阶段。

对外交流与合作

举办南开大学第二届旅游国际学术研讨会、第二届旅游院校博士生论坛等学术活动，进一步强化在旅游目的地研究领域特色优势；举办 MTA 人才定位与培养模式专题调研会、第二届全国 MTA 教育指导委员会会议，巩固在国内 MTA 项目院校中的领军者地位。与台湾合作伙伴签署协议，将从明年开始在台湾地区招收旅游管理博士和 MTA 专业硕士研究生；与多所海外知名院校积极联系，探讨联合开办旅游管理本科专业、联合开展跨国研究等事宜。

大力拓展业界合作网络，从旅游产业发展中汲取养料。通过主办第二届南开昌荣城市营销干部研训班，承办 21 世纪夏季达沃斯全球成长企业论坛，协助南开大学高端继续教育中心完成多个旅游高管培训班，组织学生参加中国旅游社会责任论坛等活动，努力拓展新学院在全国旅游业界的知名度和影响力。首次参加中国邮轮产业大会，与国际著名邮轮公司、开设邮轮旅游专业方向的院校探索建立合作关系，为天津邮轮母港建设贡献力量；发起成立“天津旅游智慧联盟”，相继举办酒店业、旅行社业沙龙，发挥对天津旅游业界的引领作用，加强与天津旅游管理部门、行业协会和企业的联系。

先后聘任天津市旅游局局长佘清文等 9 位国内旅游业界有较高影响力的人士担任 MTA 兼职导师；邀请海航国际酒店管理有限公司总裁高天明等 8 位业界资深人士走上南开讲坛，为学生传授业界知识；聘请南开校友、悠哉网 CEO 李代山担任本科生社会实践导师，并设立悠哉奖学金、建立悠哉网实习基地。

美国中佛罗里达大学—迪斯尼教学实习项目正式启动，首批 3 名本科生于 7 月赴美，第二批 4 名同学将于 2013 年 1 月出发；与美国南卡罗莱纳大学合作尝试“中美学生联合研讨课”取得成功，与该校李想教授合作建设中美旅游研究中心框架已初步设立；加入 MOU 框架，为学生提供美国天普大学、俄克拉何马州立大学，法国里尔高商、鲁昂高商以及台湾中国文化大学、澳门旅游学院等学校的交换项目或双学位项目。

全年共接待来自 9 所海外高校、教育机构的学者、高管访问，邀请澳大利亚塔斯马尼亚州前总督格林爵士来访演讲，举办领略塔斯马尼亚魅力学院开放日活动。作为亚太旅游协会（PATA）和联合国世界旅游组织知识网络（UNWTO－KN）会员，积极参加国际性、地区性会议，把国际交流成果直接服务于学生全面素质的提升。

院务工作

做好培训班接待、办公室调整、实验室建设等方面服务支持；对各项设备按时进行维护维修与年检工作，组织实施能源节约管理工作。组织实施了对部分后勤保障性岗位人员和各类运行费用的管理，压缩各类后勤保障开支费用近 20 余万元。做好和帝城酒店、汉庭集团全季酒店的沟通协调，多次约谈外方，提出中方主张，及时提醒外方慎重加盟，后以加盟管理不能侵害中方利益为前提，写出具法律效力的书面承诺材料报中方律师备案。

党建工作

认真贯彻落实校党委各项安排部署，组织领导班子和各支部开展保持党的纯洁性教育、创先争优教育和学习党的十八大精神教育活动,把思想政治学习和学院发展需要紧密结合起来,切实做好各项整改、提高工作。在党费收缴、发展党员、选举党代表、支部建设、纪检监察、领导班子建设、档案管理和团学工作督导等方面,认真细致地开展并落实各项工作;学院报送 MTA 中心"青年教工党支部与学生党支部联动发展"的基层党建创新项目成功立项;2011 级本科生团支部、夜小七团小组、2010 级本科生庞文文和 2011 级本科生杨冰然,在校团委"五四"评优中分获南开大学优秀团支部、优秀团小组、标兵团员和优秀团干部荣誉称号。

学生工作

举办"新起点 · 新旅程"迎新大会,"爱南开 · 爱旅游"新生主题班会,做好新生军训及其他教育活动;组织学生党员认真收看十八大开幕式,研读胡锦涛总书记的报告,研讨"中国旅游业'十二五'发展规划";举办"浓浓南开情 · 游子中秋梦"主题活动,旅游与服务学院开放日暨领略塔斯马尼亚风情品酒会,We Care 旅游维权公益活动;李梦一同学代表中国参加 G20 青年峰会并获得最佳风采奖,臧烨等 10 位同学代表南开大学在多个国际赛事中获奖,欧阳文婷等 15 名同学在校内赛事中获奖。

(撰稿人:吴海英)

泰 达 学 院

概况

年末,共有教授 16 人,副教授 31 人;其中国务院学位办学科评议组成员 1 人,教育部"长江学者奖励计划"特聘教授 3 人,国家杰出青年基金获得者 4 人,入选国家"百千万人才工程"1 人、教育部跨世纪人才 4 人、教育部新世纪优秀人才 4 人。

年末,有学生 1682 人。其中本科生 369 人,研究生 4 人;泰达生物技术学院研究生 52 人,泰达应用物理学院研究生 92 人,学校本部各院系驻泰达学院本科学生 568 人,经济学院、联合研究院研究生 552 人,远程教育学生 45 人。

试点学院建设

推进内部管理机制改革,推动教学科研和管理服务创新,加大行政管理团队对教学、科研的管理服务力度,为创新性人才提供良好的成长环境。加强师资队伍建设,向海内外积极引进学术带头人,定期派遣优秀青年教师赴国外高水平大学进行学习培训,吸取国外高校先进教学模式,提高教学水平。全年,经管教师出国达到 18 人次。深化与英国南安普顿大学等国外知名大学的合作,在多学科领域深入开展合作办学。制定并实行《南开大学泰达学院素质教育实施纲要(草案)》以及素质教育实施的具体计划,完善"本科生青年成长导师"制度。

教学科研

本年度,工业工程与物流管理2个专业分别成功申报教育部试点学院"专业综合改革试点"项目,物流管理专业被列为天津市品牌专业和第三批重点学科,与全球物流巨头DHL公司全面合作并成功开设冠名课程。会展管理系教师获国家社科课题2项,省部级课题2项。国际商务专业招收第一届本科生共40名并顺利开展教学工作。国际商务专业教师共编写教材4部。

泰达应用物理学院聘请欧洲斯特藩研究所Iren教授为重点实验室兼职教授。全年,科研经费1000万余元,包括"973"课题4项、国际合作项目2项。申请国家专利10余项。在SCI检索二区及以上杂志发表论文近20篇。

本年度,泰达生物技术学院共承担科研课题31项,包括新增课题12项、延续课题13项,完成课题6项,总经费1581.815万元,已到位经费885.91万元。申请获得2013年执行课题7项,总经费1580万元。成功完成"十一五"重大专项5项。申请到"十二五"重大专项课题3项,总经费1322万元。共发表论文19篇,其中SCI收录论文16篇,总影响因子66.496,平均影响因子4.156,单篇最高影响因子9.036。获授权国内发明专利1项,申请国内发明专利3项。

环境科学与工程学院完成"环境污染过程与基准教育部重点实验室"建设项目验收,11个项目在国家自然基金申请中获得资助。微电子所在研项目1项,经费10万元,发表论文9篇,有各类专利10项。申请国家自然科学基金、天津科委和国家科委的专题项目各1项。

党建工作

学院以"总结办学成绩,彰显学术成果,弘扬南开精神,坚持科学发展"为主题,围绕实施《南开大学"十二五"事业发展规划纲要》和迎接党的十八大、学习贯彻十八大精神,开展系列创先争优活动。深入贯彻落实南开大学第八次党代会精神,围绕人才培养这一根本任务和质量、特色两大主题,全面实施"公能"素质教育,不断提升国际化办学水平。

学生工作

学院成立学生事务委员会,下辖伙食、物业、交通3个委员会;成立学生党总支,召开中共南开大学泰达学院第一届学生党员代表大会。举办南开大学第十二届青年文化节暨青年大学生泰达论坛。全年举办各类活动100余场。

本年度,学院毕业生就业情况良好。共有本科毕业生60人,其中33人签约,17人升学,出国继续深造学生10人,就业率为100%;研究生毕业生25人,其中签约23人,升学1人,就业率为96%。

院务工作

完善财务管理制度,加强建设节约型校园工作,强化内部科学化管理,积极应对供热费诉讼,依法减少损失300万余元。开通学生班车,顺利完成学校20件实事之一。完成供暖供热板、地下管网、冷却塔更新等一系列改造工程。

本年度,学院图书资料中心共购置中文图书(含外文影印书)2057种,共计2078册,保证专业教师的科研需求。网络中心完成邮箱升级迁移工作,教职工邮箱全部迁移至南开邮箱;完成泰达学院网络监控系统的招标及改造工作。

(撰稿人:刘培明)

体育教学部

概况

年末,有教职工51人,其中行政人员6人,专职教师45人。有教授4人,副教授22人,讲师17人,助教2人。招聘新教师1人,退休2人。

教学科研工作

继续加强教学规范管理工作,要求每一位教师学期末上交相关教学文件。继续加强教师集体进修活动,利用每周二上午的时间,组织体育部全体教师进行体育专项技能、教师体能、教学组织方法研讨、集体备课等进修和提高活动,并做到有进修计划、有监督检查(点名制)、有总结。派出3名青年教师参加天津市青年体育教师基本功大赛,其中2人获一等奖、1人获二等奖。

张鹤、王来东各获校基本科研业务费青年教师教学研究项目立项1项。高谊教授获得主持教育部人文社科课题一项。高谊、冯永丽主编《普通高校体育与健康理论教程》由南开大学出版社出版。曹红娟参与《瑜伽教程》和《瑜伽教练法》的编写,刘慧青参与《学校健康体育教育》的编写。发表论文14篇。

根据学校要求和体育部教学督导工作的实际需要,恢复成立体育部教学督导组。完善体育部教师岗位聘任工作。

竞赛工作

广泛开展阳光体育活动,积极探索大学生、研究生有兴趣、有特色的群体活动形式,不断增强本科生、研究生的自觉体育健身意识,激励他们自觉参加体育锻炼。多方协作积极探索开展阳光体育活动的工作经验。成功承办第九届全国大运会女排竞赛工作。积极指导学生体育社团工作,组织开展多层次的体育交流与比赛比赛活动,丰富体育社团和广大学生的业余体育文化生活。初步形成每年一度的全校长跑活动制度。规范运动队的管理,完成教练员竞聘工作。完成2012年高水平运动员冬令营测试工作。

围棋方面,获环渤海“大连银行”杯第三届围棋“天元”赛团体第一名;天津市九(高)校联赛团体第一名;全国大学生应氏杯围棋锦标赛女团第三名、男团第五名,个人第一、三、五名;天津市围棋团体赛(业余乙组)第一名(首次参赛,升入甲组)。

象棋方面,获市九(高)校联赛团体第一名;全国象棋团体锦标赛团体第五名;西南联大象棋团体赛团体第二名;全国威凯杯全国冠军赛个人第二、三名;全国青年锦标赛个人第三、四名。

桥牌队获市大学生桥牌锦标赛团体第三名、双人第三名。

国际象棋方面,获中国国际象棋男子名

人赛男子个人冠军；全国国际象棋少年棋王棋后赛女子个人冠军。

田径方面，获市大学生田径锦标赛团体第三名，个人和接力项目3块金牌、4块银牌、6块铜牌。

男排获全国大学生排球甲级赛第三名；全国大学生沙滩排球锦标赛专业组第五名，高水平组第八名。女排获市大学生排球赛第二名。

绳毽方面，获市大学生绳毽赛女子盘蹲踢第三名，男子双摇跳第四名，男子编花跳第七名。

健美操队获市大学生啦啦操比赛第二名。

网球方面，获市大学生网球锦标赛男子甲组团体第二名，单打第三名，双打第五名；女子甲组团体第三名，单打第三名、第五名，双打第三名。

体育舞蹈方面，获市第六届大中小学体育舞蹈比赛牛仔舞第一名，伦巴舞第一名、第五名，恰恰舞第三名。

羽毛球方面，获市大学生羽毛球比赛男子甲组团体季军，男单第三名，男双第三名、第五名；女子甲组团体季军，女双第三名，混双亚军；男子丙组团体亚军，男单亚军，男双冠军；女子丙组团体冠军，女单亚军、第五名，女双冠军、第三名；混双亚军、第三名。

跆拳道方面，获中国大学生跆拳道联赛(华北区)竞技个人赛3个第二名、3个第三名；获个人品势男子甲组第五名、第七名，个人品势女子甲组第五名，混双品势甲组第三名，团体品势男子甲组第三名。男子甲组竞技团体总分第二名，女子甲组竞技团体总分第四名。

乒乓球方面，获市大学生乒乓球锦标赛男子团体第四名，单打第三名，双打第四名、第六名；女子团体第四名，单打第四名，双打第三名，混合双打第一名、第四名。

部务工作

克服困难，积极做好教务、后勤与财务等各项工作。加强行政工作管理，合理紧缩开支。保证部内教学、科研、阳光体育活动和运动队训练、比赛的顺利进行，做好相关保障性工作。教务工作根据体育课程的“三自主”选课原则，合理安排上课时间，安排任课教师，保证全校一、二年级的必修课，三、四年级的选修课，E类选修课以及留学生体育课的顺利进行。

合理运用体育场馆，重点保障第九届大运会赛场正常运转、提高场馆使用效率，全力保证体育教学与竞训使用的需要。大幅降低对学生羽毛球、网球、乒乓球课余体育活动及体育社团使用场馆的收费标准。建立南开大学群众体育健身服务制度，制定《2012年南开大学体育健身活动计划》，引导并组织师生员工科学合理地进行体育健身锻炼，开展丰富多彩、热火朝天的群众健身活动。体育馆实行物业管理制度。6月27日，韩国济州汉拿大学体育系哲瑛教授率团来访，两校签订《中国南开大学体育部和韩国济州汉拿大学体育系交流协议书》。8月，承办教育部体卫艺司安排的全国高校体育工作座谈会。

党务工作

认真学习、贯彻党的十八大文件精神。教育引导党员、干部不断增强党的意识、政治意识、危机意识和责任意识，不断增强党组织的创造力、凝聚力和战斗力，贯彻落实学校第八次党代会精神，推动学校体育工作又好又快发展。

加强基层党支部的建设，增强党组织的活力。提高教学质量，深化教学改革，推动阳光体育活动开展，提升服务质量，发挥党员的先锋模范作用和党支部的战斗堡垒作用。

以提高素质、加强能力、改进领导作风为重点，加强领导班子建设，做好中心组理论学习。认真听取意见建议，开好领导干部民主生活会，提高领导班子分析、解决自身问题的能力。履行民主集中制，做到民主议事与集体决策，涉及部里重大事项决策前都向教职工通报，认真听取群众意见，自觉接受群众监督。

落实高校反腐倡廉建设责任制，重点开展了党员及领导干部党风廉政建设、“小金库”专项治理、反对在高水平运动员招生工作中不正之风等项主题教育活动，严格落实教育部的各项要求和学校的招生纪律。

（撰稿人：高建军　高谊　张永荣）

陈省身数学研究所

概况

年末，有教职工 25 人（第三世界院士 2 人，中国科学院院士 3 人），教师 12 人，教辅人员 8 人，党政管理人员 5 人。有所研究生 48 人，其中博士研究生 24 人，硕士研究生 24 人。全年毕业博士研究生 7 人，硕士研究生 10 人；招收研究生 19 名，其中博士研究生 9 名，硕士研究生 10 名。

教学科研

非线性分析、微分几何、代数几何、数学物理、算子代数、信息论、编码理论、密码学和理论物理等专业和方向招收研究生。本年度在国内外发表学术论文、编辑学术论文集共 29 篇册，译著 1 本。主要承担在研课题来源包括国家自然科学基金委员会、教育部等部门，共计 18 项，年内到款 288.4 万元（不包括校人事处拨款）。具体承担的省部级以上项目（课题）科研资助项目如下：

项目来源	项目名称	负责人	起止时间
国家自然科学基金	量子纠缠若干问题的研究	陈景灵	201001－201212
国家自然科学基金	微分几何	张伟平	201001－201212
学校	解析挠率的若干研究	苏广想	201107－201306
国家自然科学基金	网络系统中的多方安全计算与优化设计	符方伟	201001－201312
国家自然科学基金	图像处理与重建中的几何分析	张伟平	201001－201312
国家自然科学基金	非自伴算子系统的张量积和 * 一弱非自伴算子系统	吴志强	201101－201312
国家自然科学基金	拓扑量子场论与杨－Baxer 系统	葛墨林	201101－201312

续表

项目来源	项目名称	负责人	起止时间
国家自然科学基金	解析挠率的研究	苏广想	201201—201412
国家自然科学基金	N体问题中两类特殊周期轨道的存在性和稳定性	严夺魁	201201—201412
教育部	解析挠率中的几个问题的研究	苏广想	201201—201412
国家自然科学基金	量子非定域性和GHZ定理的研究	陈景灵	201201—201512
国家自然科学基金	线性网络纠错码的构造算法与性能分析	符方伟	201201—201512
国家自然科学基金重点项目	Hamilton系统周期运动轨道的研究	龙以明	201201—201612
国家自然科学基金青年科学基金	解析挠率	苏广想	201201—201412
国家自然科学基金青年科学基金	N体问题中两类特殊周期轨道的存在性与稳定性	严夺魁	201201—201412
国家自然科学基金面上项目	量子非定域性和GHZ定理的研究	陈景灵	201201—201512
国家自然科学基金面上项目	线性网络纠错码的构造算法与性能分析	符方伟	201201—201512
学校	科技处基本科研业务费重大平台科研费	朱朝锋	201201—201512

本年度共有国内外82名访问学者来访，举办学术报告45场，举办1场“陈省身讲座”和1场“南开名人”讲座，分别由中科院数学与系统科学研究院林群院士和英国爱丁堡大学的阿蒂亚爵士作学术报告。完成11场国际国内学术会议的主办任务，具体如下：

序号	会议名称	时间	联系人
1	K－理论、C＊－代数并流型上的拓扑国际会议	5.7—5.11	吴志强
2	变分方法国际会议	5.21—5.25	龙以明
3	张量谱理论国际研讨会	5.30—6.2	杨庆之
4	李理论与调和分析研讨会	6.4—6.8	黄劲松
5	本质维数和克里摩拿群国际学术研讨会	6.11—6.17	谈胜利
6	超对称和不变量研讨会	6.18—6.29	孙善忠
7	第二十九届群论大会	8.20—8.26	葛墨林
8	2012年第八届全国有限元会议	9.24—9.27	段火元
9	京津几何工作营	10.28—10.30	张伟平
10	变点问题及相关应用研讨会	11.16—11.18	王兆军
11	理论物理前沿问题研讨会	12.23—12.25	白承铭

理论物理研究室本年度共接待访问学者44人次，其中包括著名物理学家和数学

家 Michael Atiyah、Antti Niemi、Yong－Shi Wu、郝柏林、Jean Pierre Gazeau、郭锂、黄一知、Pter Kulish、Anatol Kirillov 等。举办第二十九届物理中的群论方法国际大会，主题为群论方法在物理中的应用，会议期间颁发数学物理学界 Wigner 奖章和 Weyl 奖。该室共发表论文 17 篇，全部被 SCI 检索。陈景灵于 2012 年 10 月获得第十一届天津青年科技奖提名奖。

所务工作

全年，图书馆采购文献资料总计花费人民币 2145330.70 元。其中，采购西文图书 364 册，总计花费人民币 214678.00 元；采购西文期刊 180 种，装订 462 册，花费人民币 1780944.00 元；采购中文期刊 82 种，装订 98 册，花费人民币 33026.70 元；购买数据库 2 个，总计花费人民币 116682.00 元。

完善设备设施的维修维护制度，与专业厂家签订维护维修协议，保证大型机电设备和教学设施正常运行。

重要事件

6 月 7 日，发展中国家科学院(TWAS)执行主任 Murenzi 教授和中科院国际合作局局长吕永龙等一行来访。

6 月 18 日，中国科学院林群院士做客陈省身讲座。

6 月 20 日，天津市委常委、市委教育工委书记朱丽萍来所看望龙以明院士。

9 月 17 日，陈省身数学所与贝宁阿波美－卡拉维大学(University of Abomey－Calavi) ICMPA－UNESCO Chair 签署合作协议。

9 月 28 日，天津市外专局领导到所看望龙以明院士，并向其授予天津市第二批留学回国人员“名师代培计划”指导专家。

11 月 1 日，龙以明教授当选为美国数学会首届会士。

11 月 28 日，天津市委组织部部长史莲喜到所看望葛墨林院士。

(撰稿人：李红琴)

日本研究院

概况

年末，有学生 52 人。本年度毕业研究生 19 名，其中硕士生 12 人，博士生 7 人。共招收的 3 个专业方向研究生 18 人，其中硕士生 11 人，博士生 7 人。

教学工作

进一步提高研究生管理水平，培养高质量人才，摸索改进研究生管理方法，鼓励研究生科研创新，积极支持研究生学术交流活动及课外社会实践活动等。专门指派研究生辅导员，由我院青年骨干教师担任，专门负责研究生思想政治工作、日常学习生活指导、研究生会的组织活动等工作，使研究生管理更具有针对性和实效性，采取及早确定指导教师、定期召开导师与研究生面对面的论文写作指导讨论会、个别指导等形式，认真做好研究生培养工作。派出10名研究生赴日留学一年，另有5名研究生赴日本、韩国短期研修。

继续开设"日本思想文化讲座"、"南开日本研究讲座"，增设"南开日本研究论坛"。与北京大学、复旦大学共同举行第六届博士研究生日本研究论坛。

高度重视研究生就业工作。定期召开毕业生座谈会，向学生阐释目前的就业困境，号召学生及早做好就业的各方面工作，及时了解学生就业进程，为经济困难同学提供经济援助。毕业生实现全部就业。就业去向包括到高校从事教学科研工作、在企业就职、继续深造、攻读博士学位等。

科研工作

发表论文46篇，其中核心期刊论文17篇，著作8部，咨询报告3部。获得国内外科研立项5项，经费48万元。承担教育部重大人文社会科学攻关项目"近代以来日本的对华认识与行动选择"，项目成果《近代以来日本的中国观》由江苏人民出版社出版，共6卷、近200万字。李卓撰写专著《"儒教国家"日本的实像——社会史视野的文化考察》，并入选国家哲学社会科学成果文库。作为核心单位核心组建教育部国别与区域研究培育基地，全国政协外事委员会副主任、外交部原副部长武大伟，教育部国际司司长张秀琴以及特聘专家和我校党委书记薛进文、关乃佳副校长及校内外有关单位代表参加基地启动仪式。

学术交流

3月7日，与日本富山大学共同举办召开"灾害应对与东亚合作——3·11大地震一周年国际学术交流会"。与国内外研究机构、学术团体交流活跃。本年度共邀请国内外专家学者30人次来访、讲学，同时派出15人次参加国际国内学术会议和访问、讲学。派出4名教师赴日进行合作课题研究。进一步加强了两国学者的相互了解，沟通学术信息，提高学院研究水平及在国内外影响。

（撰稿人：周志国）

中国APEC研究院

概况

全年，毕业硕士研究生13名，博士研究生4名。招收常规硕士生6名，博士生1名，在职研究生8名。

科研工作

组织开展当年两项教育部社科研究基地重大课题研究。编撰年度APEC咨询研究报告《中国参与2012年俄罗斯APEC会议咨询研究》,本期研究在认真分析国际经济整体背景下APEC各主要成员的经济形势与政策取向的基础上,深入探讨全球与地区经济形势对于APEC合作内容、方式的深层次影响,以准确把握亚太地区经济的整体形势,分析各成员参与APEC合作的立场,研判APEC的发展前景,从近期和远期等不同视角出发,根据APEC的总体趋势、APEC各成员采行的策略以及我国自身的利益需要,为我国领导人参加2012年俄罗斯会议提出更具依据和针对性的思路和对策建议。承担"中国的FTA战略研究"课题研究。编撰《2012亚太区域经济合作发展报告》学术年刊。刘晨阳荣获本年度社会科学研究优秀成果奖。

年内研究院完成、在研以及获准立项的科研项目共7项;同期发表论文29篇,专著2部,提交咨询研究报告28篇。

学术交流与教育培训

3月15日主办"2012年APEC俄罗斯会议咨询研究专题研讨会"。10月19日至23日,APEC研究中心与复旦大学经济学院在上海联合举办"《亚太区域经济合作发展报告》编委会年会暨APEC热点问题学术研讨会"。5月中旬和7月下旬,分别承办及合作举办"河北廊坊第三届APEC智慧城市智能产业高端会议"以及"中国FTA战略专题研讨会"等学术会议。

自5月份以来,中心学者先后参加由中国太平洋经济合作全国委员会与北京师范大学政治学与国际关系学院联合主办的"东盟与区域经济合作国际研讨会"、由中国商务部亚洲司与广西商务厅联合主办的"泛北部湾经济合作中方专家组第五次会议"以及在俄罗斯喀山市举行的"APEC研究中心2012年度联席会议(ASCC—2012)"等多个国内外学术会议。

8月28日,在外交部举办的吹风会上,APEC研究中心刘晨阳副主任作为外交部特邀专家发言,向与会中外记者全面、深入地介绍了APEC合作进程的总体情况和近期的热点问题,并对此次APEC领导人会议的亮点和预期成果作了前瞻分析。

(撰稿人:吴弘宝)

经济与社会发展研究院

概况

年末,有教师21人,其中教授6人,副教授9人,讲师6人。聘请校级客座教授1人、兼职博导1人。有4个专业的在校研究生70余人。

学科和教学工作

不断探索，力求创新，不断完善专业、学科和师资队伍建设，培养高素质的复合型人才，在研究生培养方面取得新成绩。

报考人数继续保持上升势头，录取分数线逐年增长。尤其是物流学、产业经济学录取分数已名列我校经济类专业前列。国际经贸关系、医院管理、国际航运及物流管理3个硕士学位教育项目的延期举办申请均获得教育部批准，国际经贸关系、医院管理2个专业招生人数扩大至每年240人。4个合作办学项目招生计划共计每年660人，招生规模位居全国前列。

全年，学院硕士研究生在各类期刊共发表论文20余篇，其中CSSCI期刊8篇。2011级研究生课题组承担的"知行南开"社会调研项目"我国农村医疗服务体系建设调研"课题，研究成果受到研工部的高度肯定。该课题组获评"十佳调研团队"，团队组长王海鹏获评"先进个人"。

科研工作

学院教师15人在核心刊物发表论文83篇，出版专著4部。全年，共承担科研课题62项，其中，纵向课题32项，人均1.9项；横向课题30项，入账科研经费714.16万元，人均科研经费47.61万，居全校文科院系之首。

科研成果的社会转化能力不断提高，社会影响力持续增强。建立开放式学科资源整合平台，与台湾大学、台湾交通大学、台湾东吴大学等多所高校结成更紧密的战略联盟，建立两岸开放型官、产、学、研互动发展的新模式。《中国现代物流发展报告》连续出版10年，已成为我国物流产业发展的标志性文献。教育部南开大学教育与产业、区域发展研究中心承担专项课题15项，推出了一系列高水平研究成果，教育部副部长鲁昕对中心多次予以表彰并直接委托该中心参与和主持3项教育部重大专项研究任务。现代物流中心承担"十二五"国家科技计划课题"果蔬农超对接供应链系统集成与应用示范"的子课题：供应链精准配送与电子交易技术及应用，课题资助强度164万元。提出建设天津"国际一流口岸"的战略构想，协同国家超级计算天津中心、大连理工大学、国家发改委和国家口岸办，于10月26日成立"天津现代口岸协同创新中心"，得到黄兴国市长、任学峰副市长的高度重视。积极参学校与海南大学联合组建的"海南绿色智慧岛协同创新中心"工作。刘秉镰、肖建华的研究报告《加快将天津建设成为台湾商品(北方)集散地的对策研究》荣获2011年度天津市对台研究优秀成果一等奖。王迎军、白雪洁等承担的三亚市政府2项重大战略研究课题通过专家评审。学院承担完成的"长春市城市发展战略研究"课题，获经费100万元，研究成果直接应用于政府决策力。

对外交流

全年，举办学术会议4次，对外交流派出教师14人次，接待国内外高校的著名教授及专家学者30余人次。6月，主办召开"世界经济论坛天津合作伙伴城市圆桌会议"。

进一步深化国际合作，积极寻求在危机管理、政府管理、绿色经济、社会管理、公共卫生管理和国际海事管理等新兴领域探索新型办学模式，培养社会急需人才。4月与法国里尔天主教大学，7月与荷兰奈耶诺德工商大学、法国波尔多第四大学、瑞典国际海事大学、澳大利亚悉尼大学等国外知名高校开展交流。

行政工作

机制创新，全面为教学科研服务，积极

寻求高校行政服务体系创新管理的新机制。完善教师评估机制和绩效考核机制，对教师的“德、能、勤、绩、廉”进行综合评价与考核，对教学质量实施过程控管，严格规范教师的教学行为。启用退出机制，最大限度调动教师工作积极性。鼓励鼓励行政人员在职深造，自筹经费加强在岗培训，建立行政人员绩效考核和评估制度。构建“一专多能”的工作机制，15 位专职教师在保质保量完成全日制、在职硕士研究生、博士研究生的培养任务的同时承担了大量的纵向、横向课题和社会咨询。建立基金项目申报论证会制度，提高科研项目申报成功率。不断创新服务教学科研工作的管理机制。完善物业管理机制，创建一流办公环境。

(撰稿人：尹红燕)

高等教育研究所

概况

年末，有教学科研人员 15 人，行政管理人员 1 人。其中教授 5 人(博士生导师 3 人)，副教授 8 人，讲师 2 人，具有博士学位者 15 人；兼职教授 6 人，均具有博士学位。

教学工作

年末，有研究生 25 名。全年招收硕士研究生 13 名，毕业硕士研究生 12 名。教育社会学方向博士生已毕业 5 名，在学 8 名。教育经济与管理博士点招收博士生 2 名。

学科建设与科研工作

出版学术著作多部。分别为：张晓唯专著《辛亥著名人物传记丛书·蔡元培卷》(团结出版社)，茹宁专著《中国大学百年：模式的转换与文化冲突》(知识产权出版社)，黄卫华合著《20 世纪河北与内蒙古地区土地政策变迁及其绩效》(中国财经出版社)，熊耕译著《教育社会学》(中国人民大学出版社)，闫光芬参编《中国义务教育发展轨迹审视：从教育法制建设看义务教育权利的保障》(中国政法大学出版社)，陈巴特尔参编教材《实用旅游英语——21 世纪高等院校全国旅游专业规划教材》(副主编)(知识产权出版社)。

在各类期刊上发表论文 40 余篇。其中，在核心期刊上发表《从就业角度探寻赫钦斯的通识教育思想》(《江苏高教》)、《大学生就业背景下的美国高等教育改革及其启示》(《中国高教研究》)、《中国职业教育的产生及其启示—基于近代人才观念的变迁》(《天津大学学报[社会科学版]》)、《陈序经的大学校长生涯》(《书屋》)、《关于竺可桢主政浙江大学的十三年》(《新周刊》)、《1929 年私立南开大学教授流入国立清华大学的分析》(《现代大学教育》)、《民国时期私立南开大学校长张伯苓公共精神的研究》(《江苏高教》)、《民族文化自觉与国家权利介入——加拿大土著族群语言的保护》(《暨南学报》)、《透视美国高等教育中的学生学习结果评价》(《比较教育研究》)、《U－Map：欧洲版本的高等教育分类体系》(《中国高教研究》)、《美国研究型大学教学激励机制及其启示》(《高等教育研究》)等论文 20 余篇。茹宁在 CSSCI 发表学术论文 4 篇。刘清华多次接受中央电视台和人民日报采访，就我国高考改革发表了一系列有影响的观点。

多项科研课题新立项。沈亚平主持国家社科基金重点项目“政府公共服务质量评价体系研究”，闫广芬主持国家社会科学基金重点课题“构建大、中、小学相衔接的德育目标体系研究”、天津市哲学社会科学重点课题“学科发展及其影响因素研究”，张晓唯主持天津张伯苓研究会委托横向课题“教育家与政治：张伯苓与国民政府”，陈巴特尔主持教育部人文社科一般课题“提高内地重点大学‘民考民’学生学业成就的行动研究”，赵允德主持教育部人文社科一般课题“社会认同视阈下高校学生群体性事件研究”。集体攻关 2 个项目，分别是“拔尖人才成长规律与培养模式创新研究”与“学术诚信问题研究”。本年度科研经费 100 万余元。

学术交流

研究人员参加国内外各种学术会议 10 人次，并发表学术论文 10 余篇。加拿大韦尔福瑞德劳瑞大学前校长保罗·马克西姆教授、美国南佛罗里达大学教育学院凯瑟琳·金教授、南加州大学罗希尔教育学院院长多米尼克·布鲁尔教授等先后来访。

承办天津市首届普通高等学校教育学科研究生论坛，对当代中国教育理论问题、我国教育热点和难点问题及其对策、国外教育改革及其借鉴问题进行专题讨论，《渤海早报》进行专门报道。

所务工作

成立伯苓论坛，定期开展学术交流与讲座活动。承担 2012 天津夏季达沃斯论坛委托横向课题，撰写研究报告“论大学职能的多样化”。承接校长委托课题“学术诚信问题研究”。对南开大学伯苓学院人才培养进行调研并提交报告。参加天津市 2012 年 16 个有关社会经济文化教育的研究题目之一的《关于加快人才培育和引进，构筑优秀人才高地的研究》的子课题《高素质专门人才培育研究》。在《南开教育论丛》杂志发表学术性强、高质量论文。与天津考试院《考试研究》合作，定期发表专栏文章。

(撰稿人：茹宁)

现代应用技术研究院

概况

年末,在岗人员 6 人,其中行政管理人员 4 人,专业技术岗位 2 人。

军工保密体系服务保障工作

上半年 3 次派出工作人员参加上级主管部门的集体强化培训。4 月,参加"国防科工局 2012 年第一期武器装备科研生产许可管理业务培训班";6 月,参加教育部直属高校 GF 科技工作协作研讨会;8 月,参加天津市军工企事业单位定密及保密业务培训。派出学习人员在历次集体强化培训中均取得优异成绩,获得教育部和天津市上级管理部门的高度评价。

全年,2 次邀请天津市经信委国防科工办领导到我校来指导工作,对我院保密认证管理工作进行现场模拟检查,本院军工项目现场管理水平得到大幅提升。7 月初,组织学校军工质量体系认证相关部门工作人员进行集中培训。9 月底,配合学校保密办公室通过本年度保密认证工作。

11 月上旬和中旬,本院牵头组织对我校国军标体系相关部门和课题组进行了两次集中培训,同时进行内部审核工作,对存在问题的地方进行提前整改,于 11 月 29 至 30 日顺利通过北京天一证公司的现场审核。

协同创新的牵头组织工作

本院牵头整合学校物流、信息等相关学科,与天津市人民政府口岸服务办公室共同推动成立"天津现代口岸协同创新中心"。10 月 26 日,天津现代口岸协同创新中心成立大会在天津大礼堂举行,副市长任学锋、市政府副秘书长李培生、市政府口岸服务办公室主任赵尚武,我校校长龚克、副校长许京军出席。

本院牵头整合我校信息、经济、政府管理等相关学科,与海南大学、海南改革发展研究院共同组建"绿色智慧岛"协同创新中心。11 月 16 日,在海南大学举行授牌仪式,海南省副省长林方略,我校原校长侯自新,海南大学党委书记刘康德、校长李建保,海南改革发展研究院副院长罗一飞出席。

学术交流

6 月,邀请美国华盛顿大学(圣路易斯)医学院营养医学研究中心主任 Samuel Klein 教授来访,为学校医学院及天津医科大学师生做学术报告,并就联合培养工作进行共同探讨。

(撰稿人:高翔)

滨海开发研究院

概况

积极探索大学与社会深度结合和良性互动的科研机制。完成与开发区新一轮合作的签字和项目落实工作。与天津经济技术开发区共同建立干部培训基地、学生实习基地和外来建设者园梦计划项目。与天津市委研究室、市政府研究室、市委组织部、市农委、滨海新区组织部、发改委、科委、新区民政局、开发区、滨海新区人力社保局、滨海新区妇联等有关部门签署合作协议。与国家发改委和北京、山东、河北、山西、深圳等政府有关部门建立工作联系。与日本早稻田大学和日立集团、韩国国土研究院、新加坡国立大学、香港天大研究院、天津农业科学院、天津外国语大学、中华经贸文化创新发展协会等机构开展合作研究。承担天津市农委、滨海新区科委、于家堡金融区等重点研究课题,全年累计科研进账经费146.26万元。

研究院网站逐步完善,形成以专家视点、建言献策、研究中心为主要特色栏目,结合研究员个人博客,新闻、科研、出版、时政互动的机制。网站新开辟国资委职业经理人考培中心栏目,并下辖6个子栏目。全年网站点击量达29万次。

咨询研究

《滨海要报》、《成果专报》、《新农村研究》3个内参刊物共出刊17期,其中8份在新华社《参考清样》、《国内动态清样》,教育部《专家建议》,市政府《调研报告》等内参上刊登或得到市委、市政府领导的批示。

高端培训

全年承接天津市委中心组学习专家联系工作,承担市委组织部、新区组织部、新区商委、新区人力资源与社会保障局、滨海新区民政局、天津市科委、天津城投集团、山西长治市等多家单位的专题讲座或系列培训,受训学员达2000人次。

科研工作

研究院通过国家和地方"十二五"规划研究、国家区域协调发展研究、三次产业协同发展研究、新农村问题研究和创新经济研究等重大现实问题的调查和理论探索,推动相关学科的拓展。在滨海新区研究、环渤海区域发展研究方面处于国内领先地位,并产生积极的社会影响。咨询服务对象既有滨海新区和天津市各政府部门,也包括国家相关部委及北京、深圳等地方政府,与企业界及日、韩、新加坡的国际合作研究也已展开。全年共出版著作5部。

机制探索

研究院通过课题设计、联合申报、团队作战等形式,集聚、整合经、管、法、政、文、史等学科的师资开展共同研究,并与环境工程、数学、生命科学等学科联合申请和承接课题,通过新机制建设吸引和集聚各方面的智慧,形成服务社会的合力。发起并启动我校 11 个研究院(中心)的交流、合作、协同活动和机制。

(撰稿人:裴蕾 杨李娟)

附属单位

南开大学附属小学

办学理念

在“天天进步，健康成长”办学理念引领下，坚持文化为魂，质量为本的办学思想，努力形成“品牌发展”的办学特色。铸造文化品牌，彰显南开特色；打造教育品牌，彰显ICD(成功与激励教育的核心理念)的育人特色；提升质量品牌，彰显国际化办学特色。

管理制度

以优化学校管理体系为抓手，以两支队伍建设为目标，坚持目标管理、民主化管理，人文化管理，推行信息化管理，积淀学校管理文化，逐步形成高效有序的管理格局。在管理队伍中牢固树立“务实管理，科学发展”的管理理念，本着超前谋划、精心计划、过程深化、评估量化的原则，追求精细化管理，以人为本，提升现代化管理水平，促进学校管理团队的专业成长。

教师培训

在教师队伍中以校本培训为机制，以教研组建设为载体，以骨干教师培养为抓手，进行多元化的校本培训，从而提升教师师德修养、教学能力、研究水准的素质促其专业发展。在工作过程中形成学校干部和教师两支队伍建设的特色构建。

教育教学

加强德育工作，围绕学校工作中心，从学生的养成教育入手，强化行为训练；落实精细管理，打造德育队伍；创新德育机制，打造德育品牌；在践行校训过程中，引领学生永攀高峰，素质发展，使学生天天进步，健康成长。召开附小第六届校园艺术节、读书节，获得获天津市文艺展演一等奖、南开区艺术教育优秀学校等奖项。

构建现代课程体系，教学工作中以新课程理念指导教学改革，全面落实课程计划，深入探索实践“学会学习与创造”教学模式，积极开发校本课程。实现校本课程3门以上，并做到三有，即有教师、有教材、有评价。

积极开展校本教研，在教学过程中以培养学生自主创新精神和实践能力为重点，深入研究“学会学习与创造”的教学模式，不断提高教学育人质量，构建优质轻负的教学特色。每个学科组有自己的校本研究课题并有研究成果，至少1个学科形成优势学科或获得先进学科组称号。

不断提高育人质量，总结“学会学习与创造”的教学模式在课堂教学中的经验，构建优质轻负的教学特色。做到课堂教学合格课率100%，优良课率90%；至少2个学科形成优势学科或获得先进学科组称号。

荣获全国普通话示范校、南开区教学工作优秀学校、小学课程改革实验工作优秀学

校、义务教育完成率优秀学校、学业过程检测质量优秀学校、教学过程及测评管理优秀学校等荣誉称号

国际化建设

1月,访问美国马里兰州 Paint branch 小学;4月,接待美国马里兰州语言植入教学专家和 Paint branch 小学回访;5月,接待新加坡圣加俾尔小学到校访问;6月,接待新加坡乐赛小学校访问;7月,访问新加坡乐赛小学;9月,青岛第一国际学校教师代表到访。

表彰与奖励

2012年南开大学接受捐赠情况一览表

捐款管理单位	捐赠人(单位)	捐赠时间	捐赠金额(元)	捐赠用途
政府学院	《环球时报》	2012.1.4	50000	《环球时报》奖学金
教育基金会	闽江学院新华都商学院	2012.1.5	1000000	金融发展研究院发展基金
教育基金会	天津市湖南商会	2012.1.5	10000	助学金
教育基金会	天津市红十字会	2012.1.10	25000	贫困学生助学金
团委	安利集团	2012.1.11	20000	学生活动捐款
教育基金会	天津市陕西商会	2012.1.13	100000	陕西商会助学金
教育基金会	PPG涂料天津有限公司	2012.1.17	3000	研究生模拟招聘大赛
教育基金会	北京世纪慈善基金会	2012.2.22	120000	远东宏信奖学金
团委	天津青年友好使者艺术团	2012.2.27	50000	学生活动捐款
团委	天津市文明办	2012.3.16	3000	学生奖学金
教育基金会	中国青少年发展基金	2012.3.19	130000	平安励志奖学金
教育基金会	上海任毅飞企业管理有限公司	2012.3.26	10000	支教金
教育基金会	上海信语通网络技术有限公司	2012.3.26	10000	奖教金捐款
教育基金会	冯文泽	2012.3.26	1000	南开龙基金
教育基金会	徐丽云	2012.3.26	1000	哲学院"公能励志"奖学基金
教育基金会	天津市企商科技发展有限公司	2012.3.28	5000	研究生模拟招聘大赛
教育基金会	烟台万华聚氨酯股份有限公司	2012.3.29	5000	研究生模拟招聘大赛
学工部	龚克	2012.4.11	8000	南开发展基金
教育基金会	香港信善紫阙玄观有限公司	2012.4.19	248818.86	信善奖学金
教育基金会	张冲甫	2012.4.24	3000	哲学院校友寻活动
教育基金会	李德福	2012.4.25	130000	陈国庆奖学金
教育基金会	天津人力资源和社会保障局	2012.5.2	100000	金融发展研究院赞助款
团委	北京学而思培训学校	2012.5.2	2000	社团文化节捐款
团委	谷歌信息技术(中国)有限公司	2012.5.2	5000	"益暖中华"奖学金
教育基金会	天津市教育工委、天津市教委	2012.5.7	50000	袁霞救助金
教育基金会	现代汽车(中国)股份有限公司	2012.5.8	50000	现代汽车雅科仕奖学金
物理学院	南开大学物理学院爱心接力捐款	2012.5.11	2445.4	爱心接力
团委	腾讯公司	2012.5.12	6000	学生活动捐款
图书馆	安徽省文学艺术界联合会	2012.5.14	17	《文艺百家谈》
图书馆	北京大学东南亚学中	2012.5.14	60	《北大东南亚研究》(2010)
图书馆	北京大学亚洲一太平洋研究院	2012.5.14	38	《亚太研究论丛》(第8辑)
图书馆	广西师范大学	2012.5.14	22	《东方论丛》(2)
图书馆	广州市法学会	2012.5.14	55	《法治论坛》(2011年第3辑,总第23辑)
图书馆	教育部留学服务中心	2012.5.14	200	《中国留学人员创业年鉴》
图书馆	诗探索编辑委员会	2012.5.14	50	《诗探索》(2011第3辑:理论卷)
图书馆	诗探索编辑委员会	2012.5.14	25	《诗探索》(2011,第3辑)
图书馆	中央戏剧学院	2012.5.14	50	《中央戏剧学院戏剧艺术家的摇篮》

续表

捐款管理单位	捐赠人(单位)	捐赠时间	捐赠金额(元)	捐 赠 用 途
图书馆	珠海书院	2012.5.14	25	《现代化进程中的中国基层社会》
图书馆	珠海书院	2012.5.14	50	《亚洲研究》(63)
图书馆	波兰文化参赞	2012.5.14	55	《构筑文化间的桥梁》
图书馆	何传启	2012.5.14	42	《第六次科技革命》(战略机遇——第2版)
图书馆	胡宝坚	2012.5.14	46	《故乡赋》
图书馆	黄海	2012.5.14	38	《律诗与新诗合集》
图书馆	黄礼孩	2012.5.14	25	《东西:梁秉均诗选》
图书馆	贾治邦	2012.5.14	98	《林业重大问题调查研究报告》
图书馆	李晨阳	2012.5.14	45	《剑桥东南亚史——评述与中国东南亚史研究》
图书馆	李宽定	2012.5.14	95	《李宽定选集》
图书馆	凌沛学	2012.5.14	56	《生物制药工业中生产规模的生物分离》
图书馆	宁宗一	2012.5.14	32	《金瓶梅百问》
图书馆	谢伯淳	2012.5.14	46	《合川戏剧史话》
图书馆	徐远重	2012.5.14	32	《不一样的逍遥游》
图书馆	郑思齐	2012.5.14	58	《城市经济的空间结构:居住、就业及其衍生问题;housing, jobs and related urban issues》
外语学院	日本三菱天津银行	2012.5.20	1500	外文图书添置捐款
图书馆	《亚太研究论丛》编辑部	2012.5.22	38	《亚太研究论丛》(第7辑)
图书馆	陈燮君	2012.5.22	1000	《世博词库》
图书馆	龚联寿	2012.5.22	28	《蔡起兴诗文校笺》
图书馆	沈俊元	2012.5.22	598	《中国晚清浅绛彩瓷器》
教育基金会	闽江学院新华都商学院	2012.5.23	1000000	金融发展研究院发展基金
图书馆	《诗歌与人》编辑部	2012.5.23	48	《悲悯》
图书馆	《炎黄》编辑部	2012.5.23	15	《炎黄》(总第13辑)
图书馆	北京法学会	2012.5.23	25	《北京仲裁》(2012年第1辑)
图书馆	国立台湾师范大学历史系	2012.5.23	55	《世变与时变》
图书馆	人民大学汉学中心	2012.5.23	58	《世界汉学》(2010,春季号—1)
图书馆	人民大学汉学中心	2012.5.23	58	《世界汉学》(第7—8卷)
图书馆	上海财经大学校史研究室	2012.5.23	86	《国立上海商学院史料选辑》
图书馆	上海财经大学校史研究室	2012.5.23	59	《郭秉文与上海商科大学》
图书馆	浙江大学经济学院	2012.5.23	34	《新政治经济学评论》(19)
图书馆	中国人民政治协商会议伊犁哈萨克自治州委员会文史资料委员	2012.5.23	20	《伊利文史资料》(第31辑)
图书馆	蔡秀美	2012.5.23	55	《从水龙到消防车》

续表

捐款管理单位	捐赠人(单位)	捐赠时间	捐赠金额(元)	捐 赠 用 途
图书馆	陈建守	2012.5.23	45	《燕京大学与现代中国史学发展》
图书馆	邓潜源	2012.5.23	20	《尔梅诗草》
图书馆	邓潜源	2012.5.23	25	《铁木诗选》
图书馆	黎红雷	2012.5.23	54	《中国管理智慧教程》
图书馆	李力	2012.5.23	30	《现代远程教育论》
图书馆	李力	2012.5.23	22	《学习中心研究》
图书馆	李书安	2012.5.23	218	《李书安书法集》
图书馆	厉震林	2012.5.23	26	《童年方舟》
图书馆	厉震林	2012.5.23	30	《集体有意识与集体无意识》
图书馆	鲁明	2012.5.23	70	《中国电影七十载》
图书馆	罗正大	2012.5.23	38	《宇宙自然力》
图书馆	吴志成	2012.5.23	25	《治理创新:欧洲治理的历史、理论与实践》
图书馆	谢晓晶	2012.5.23	58	《章泯纪念文集》
图书馆	谢晓晶	2012.5.23	290	《章泯文集》(全5卷)
图书馆	杨超杰	2012.5.23	59	《国家主权与WTO:变化中的国际法基础》
图书馆	张贵	2012.5.23	20	《中国城镇化的新探索:来自天津市华明示范镇的思考》
图书馆	赵麟斌	2012.5.23	65	《闽文化的前史今声》
政府学院	毕宏伟、万力	2012.5.31	100000	周恩来论坛
图书馆	《中国诗歌》编辑部	2012.6.3	10	《中国诗歌》(第27卷:20123)
图书馆	《中国诗歌》编辑部	2012.6.3	10	《中国诗歌》(第28卷、第29卷)
图书馆	诗探索编辑委员会	2012.6.3	50	《诗探索》(2012,第1辑,理论卷)
图书馆	诗探索编辑委员会	2012.6.3	50	《诗探索》(2012,第1辑,作品卷)
图书馆	和瑞尧	2012.6.4	78	《诗经续议》
图书馆	卓如	2012.6.4	58	《何其芳传》
教育基金会	大连银行股份有限公司天津分行	2012. 6.7	150000	发展研究院捐款
教育基金会	王雪振	2012.6.7	4000	公能励志奖
图书馆	和瑞尧	2012.6.11	68	《周易本义评读》
图书馆	和瑞尧	2012.6.11	68	《论语译著评说》
图书馆	国家文物局	2012.6.12	38	《帝国主义、艺术与文物返还》
图书馆	南开大学校办	2012.6.12	80	《司法在改革中前行》
图书馆	首都师范大学历史学院全球史研究中心	2012.6.12	43	《全球史评论》(第1辑)
图书馆	首都师范大学历史学院全球史研究中心	2012.6.12	38	《全球史评论》(第2辑—1)

续表

捐款管理单位	捐赠人(单位)	捐赠时间	捐赠金额(元)	捐 赠 用 途
图书馆	首都师范大学历史学院全球史研究中心	2012.6.12	58	《全球史评论》(第3辑—1)
图书馆	首都师范大学历史学院全球史研究中心	2012.6.12	65	《全球史评论》(第4辑—1)
图书馆	台北市政府	2012.6.12	150	《2011台北市年鉴》
图书馆	外交部考录宣讲小组	2012.6.12	300	《中国外交：中英法文本》(2009)
图书馆	陈辽	2012.6.12	56	《陈辽文存》
图书馆	陈韵妃	2012.6.12	28	《陈韵妃当代诗选》
图书馆	龚克	2012.6.12	58	《大学的声音》
图书馆	姜文奇	2012.6.12	21	《白鸭子和黑鸭子》
图书馆	焦世瑜	2012.6.12	50	《墨子归来：一个现代知识分子的文化担当》
图书馆	李照国	2012.6.12	28	《雪含西窗》
图书馆	邵燕梅	2012.6.12	38	《沂南方言志》
图书馆	邵燕梅	2012.6.12	30	《郯城方言志》
图书馆	韦世林	2012.6.12	60	《空符号论》
图书馆	谢和平	2012.6.12	80	《谢和平书法作品集》
图书馆	谢树云	2012.6.12	35	《桑菱传》
图书馆	郁源	2012.6.12	20	《诗苑屐恨》
图书馆	苑英科	2012.6.12	45	《喜鹊的鸣叫》
图书馆	苑英科	2012.6.12	26	《散兵弦歌》
图书馆	张幼林	2012.6.12	99	《风徽永存》
图书馆	宗良	2012.6.12	32	《中华历史人物咏叹》
教育基金会	李宗韩	2012.6.14	2000	南开龙基金
法学院	岳成律师事务所	2012.6.15	20000	奖学金、奖教金
外语学院	邹金泰	2012.6.15	500	外文图书
教育基金会	工银金融租赁有限公司	2012.6.25	20000	工银奖学金
教育基金会	天津医药集团有限公司	2012.6.25	2000000	当代中国问题研究院发展基金
教育基金会	工银金融租赁有限公司	2012.6.27	180000	工银奖学金
教育基金会	闽江学院新华都商学院	2012.7.9	1000000	金融发展研究院发展基金
外语学院	高天明	2012.7.10	1000	外文图书
外语学院	杨勇	2012.7.11	1000	外文图书
外语学院	王键宜	2012.7.12	1000	外文图书
团委	天大北洋科技开发有限公司	2012.7.13	2700	学生活动捐款
教育基金会	天津渤海化工有限责任公司	2012.7.25	2000000	当代中国问题研究院发展基金
研工部	李福海	2012.7.31	130000	奖学金
团委	天津韩罗苑餐饮服务有限公司	2012.8.17	2500	学生活动捐款
教育基金会	臧绍传	2012.9.2	20000	日新奖学金
教育基金会	山西仙龙集团	2012.9.3	1000000	仙龙捐赠基金(商学院)

续表

捐款管理单位	捐赠人(单位)	捐赠时间	捐赠金额（元）	捐 赠 用 途
教育基金会	Dongxiao zhang	2012.9.4	18918.72	86BIO 奖助学金
物理学院	南开大学物理学院 1986 级校友	2012.9.5	28000	励志奖学金
教育基金会	天津市佛教慈善功德基金会	2012.9.10	60000	慈心助学金
教育基金会	河南琪公商贸有限公司	2012.9.11	11000	奖学金捐款
教育基金会	天津立林石油机械有限公司	2012.9.11	100000	树人奖教金
团委	北京澄怀科技有限公司	2012.9.13	3000	学生活动捐款
教育基金会	现代汽车(中国)股份有限公司	2012.9.17	50000	现代汽车雅科仕奖学金
教育基金会	河北省衡水市委组织部	2012.9.20	90000	领导干部研讨班资助费
教育基金会	捷成(中国)贸易有限公司	2012.9.20	100000	捷成基金
教育基金会	天津久日化学股份有限公司	2012.9.21	100000	久日化学奖学金
教育基金会	乐天百货	2012.9.24	62943.46	乐天奖学金
教育基金会	电装(中国)投资有限公司	2012.9.26	240000	电装助学金
教育基金会	河北省衡水市委组织部	2012.9.26	70000	领导干部研讨班资助费
教育基金会	希望义卖中心	2012.9.26	30000	欧莱雅大学生发展基金
团委	中国联合网络通信有限公司	2012.9.26	30000	学生活动捐款
教育基金会	宫晓东	2012.10.8	20000	年度捐款
教育基金会	天津发展资产管理有限公司	2012.10.11	1000000	南开大学天发基金
教育基金会	凯莱英医药集团(天津)股份有限公司	2012.10.12	20000	元素所建所 50 周年捐款
教育基金会	廊坊市维尔达计算机软件有限公司	2012.10.12	2000	校友发展基金
图书馆	北师大文学中心	2012.10.16	40	《中华古文论释林》(先秦两汉卷)
图书馆	北师大文学中心	2012.10.16	49	《中华古文论释林》(隋唐五代卷)
图书馆	北师大文学中心	2012.10.16	38	《中华古文论释林》(魏晋南北朝卷)
图书馆	北师大文学中心	2012.10.16	38	《中华古文论释林》(北宋卷)
图书馆	北师大文学中心	2012.10.16	36	《中华古文论释林》(南宋金元卷)
图书馆	北师大文学中心	2012.10.16	36	《中华古文论释林》(南宋金元卷)
图书馆	北师大文学中心	2012.10.16	35	《中华古文论释林》(明代上卷)
图书馆	北师大文学中心	2012.10.16	35	《中华古文论释林》(明代下卷)
图书馆	北师大文学中心	2012.10.17	34	《中华古文论释林》(清代上卷)
图书馆	北师大文学中心	2012.10.17	38	《中华古文论释林》(清代下卷)
图书馆	北师大文学中心	2012.10.16	36	《中华古文论释林》(近代卷)

续表

捐款管理单位	捐赠人(单位)	捐赠时间	捐赠金额(元)	捐赠用途
图书馆	何淑馨	2012.10.16	59	《忠信笃敬声教四海:暨南大学校长何炳松》
图书馆	李良松	2012.10.16	69	《针灸英杰——林昭庚博士》
图书馆	刘德清	2012.10.16	18	《原谋人起源研究文集》
图书馆	张万洪	2012.10.16	38	《缤纷法影——美国电影中的法律》
图书馆	武汉炎黄文化研究会	2012.10.17	32.8	《武昌首义与中华文化》
图书馆	中国政法大学	2012.10.17	23	《夏季论文集——中国法学教育研究》(2011)
图书馆	《伊人行》编委会	2012.10.17	30	《百合之恋》
图书馆	《伊人行》编委会	2012.10.17	30	《忍看相思花满树》
图书馆	《伊人行》编委会	2012.10.17	30	《听树呢喃》
图书馆	《伊人行》编委会	2012.10.17	30	《最爱是谁》
图书馆	《伊人行》编委会	2012.10.17	30	《无名镇风情》
图书馆	《伊人行》编委会	2012.10.17	30	《女人如花》
图书馆	丛药汀	2012.10.17	52	《屈原赋辩译》
图书馆	马旷源	2012.10.17	99.99	《〈西游记〉考证》
图书馆	上海证券交易所	2012.10.18	59	《证券法苑》(第六卷)
图书馆	武汉大学世界史所	2012.10.18	200	《野老丹心一放翁》
图书馆	伊犁晚报	2012.10.18	38	《伊犁晚报副刊作品精选》(1992—2009)
图书馆	中国根艺美术学会	2012.10.18	288	《中国根艺集》
外语学院	孙连贵	2012.10.18	2000	外文图书
图书馆	陈苇	2012.10.18	25	《中国继承法修改热点难点问题研讨会》(2012.6.16—2012.6.17)
图书馆	陈苇	2012.10.18	78	《当代中国内地与港、澳、台婚姻家庭法比较研究》
图书馆	胡晓地	2012.10.18	28	《哈耶克要义》
图书馆	烁渊	2012.10.18	58	《化蝶:一位中国音乐教育家的人生评品》
图书馆	杨纪元	2012.10.18	26	《李大钊研究随笔》
图书馆	杨敬年	2012.10.18	35	《财政学》
图书馆	于晓刚	2012.10.18	28	《中国银行业环境记录》
图书馆	德江县作家协会	2012.10.22	58	《九通》(德江文学作品选)
图书馆	南京大学商学院	2012.10.22	32	《南大商学评论》(经济学版,第17辑)
图书馆	南洋理工大学	2012.10.22	25	《南大语言文化学报》(第7卷,第1期)
图书馆	清华法律评论	2012.10.22	38	《清华法律评论》(第5卷,第1辑)
图书馆	诗建设编委会	2012.10.22	25	《诗建设》(2012.02,总第4期)

续表

捐款管理单位	捐赠人(单位)	捐赠时间	捐赠金额(元)	捐赠用途
图书馆	外交部考录宣讲小组	2012.10.22	60	《国际形势和中国外交蓝皮书》(2010/2011)
图书馆	外交部考录宣讲小组	2012.10.22	48	《中国外交》(2008 年版)
图书馆	外交部考录宣讲小组	2012.10.22	48	《中国外交》(2009 年版)
图书馆	外交部考录宣讲小组	2012.10.22	58	《中国外交》(2011 年版)
图书馆	外交部考录宣讲小组	2012.10.22	58	《中国外交》(2011 年版)
图书馆	浙江大学经济学院	2012.10.22	34	《新政治经济学评论》(20;20)
图书馆	中共中央党校	2012.10.22	25	《中国经济观察》(2012 年第 1 册)
图书馆	中国农业科学院	2012.10.22	360	《当代世界农业》
图书馆	中国人事科学研究院	2012.10.22	30	《第一资源》(2012 年第 1 辑总第 17 辑)
图书馆	中山大学管理学院	2012.10.22	20	《中大管理研究》(2012 年第 7 卷;1)
图书馆	池田大作	2012.10.22	42	《走在大道上:我的人生记录》(第 3 卷)
图书馆	高海夫之子	2012.10.22	68	《高海夫文集》
图书馆	李政道	2012.10.22	226.5	《政道科学论文选》(上、下册)
图书馆	卢兰琪	2012.10.22	30	《无相集》
图书馆	倪文广	2012.10.22	50	《事理学行事宝典》
图书馆	倪祖琨	2012.10.22	69	《倪嗣冲函电集》
图书馆	于天才	2012.10.22	20	《孔子思想的普世价值》
图书馆	詹长智	2012.10.22	30	《海南历史文化研究集刊》(第 1 卷)
图书馆	詹长智	2012.10.22	88	《海南地方文献书目提要》
图书馆	张立伟	2012.10.22	65	《中国发展新闻学概论》
图书馆	邹佩丛	2012.10.22	38	《孙中山研究》(第 3 辑)
南开大学	福州福昕软件开发有限公司	2012.10.22	约 12300000	PDF 电子文档处理套件约 200 万美金
图书馆	北师大民俗研究中心	2012.10.23	46	《民俗典籍文字研究》(第 8 辑)
图书馆	创价学会	2012.10.23	95	《新人间革命》(第 23 卷)
图书馆	甘肃财政厅	2012.10.23	240	《甘肃财政年鉴》(2011)
图书馆	国家商务部	2012.10.23	100	《国别贸易投资环境报告》(2012)
图书馆	南京大学元史研究会	2012.10.23	48	《元史及民族与边疆研究集刊,第 23 辑》
图书馆	陈虹	2012.10.23	19.8	《海南家谱提要》
图书馆	姜万钦	2012.10.23	40	《隶书之研读与展望》
图书馆	李尚仆	2012.10.23	60	《胡清亮文化科技文选》
图书馆	李政道	2012.10.23	108	《宇称不守恒思想突破的产生:历史记录及相关文献》

续表

捐款管理单位	捐赠人(单位)	捐赠时间	捐赠金额(元)	捐赠用途
图书馆	李政道	2012.10.23	56	《李政道讲义统计力学》
图书馆	李政道	2012.10.23	138	《李政道讲义——粒子物理和场论》
图书馆	李政道	2012.10.23	280	《李政道随笔画选》
图书馆	李政道	2012.10.23	96	《李政道文选》(科学和人文)
图书馆	李政道	2012.10.23	78	《李政道教授八十华诞文集》
图书馆	孙为刚	2012.10.23	32	《烟台的海》
图书馆	孙维韬	2012.10.23	55	《跋涉者:孙维韬回忆录》
图书馆	田光强	2012.10.23	60	《气候变化与中国国家安全》
图书馆	田光强	2012.10.23	38	《美国政治与对外政策》
图书馆	温家琦	2012.10.23	26	《水滴——温家琦回忆录》
图书馆	杨胜昌	2012.10.23	22	《弯弯的射阳河》(全4册)
图书馆	杨玉圣	2012.10.23	36	《书生志业》
图书馆	邹佩丛	2012.10.23	580	《古应芬家藏未刊函电文稿辑释》
图书馆	邹佩丛	2012.10.23	48	《孙中山研究》(第4辑)
图书馆	南开校友总会	2012.10.24	20	《南开校友通讯》(2011年下册)
图书馆	人民大学汉学中心	2012.10.24	55	《2012中国三星社会公益活动白皮书》
图书馆	曲学礼	2012.10.24	35	《曲学礼,黑白天地水墨系列》
图书馆	阮忠	2012.10.24	55	《2012中国三星社会公益活动白皮书》
团委	天津富臣职业培训学校	2012.10.25	8000	学生活动捐款
物理学院	南开大学物理学院1977级校友	2012.10.26	25000	七七之光奖学金
法学院	天津裕田科技有限公司	2012.10.29	5000	助学金
教育基金会	天津市第一中学	2012.11.5	50000	赞助费
教育基金会	泰昇房地产开发(天津)有限公司	2012.11.8	790000	张舜尧奖助学金
教育基金会	天津市实验中学	2012.11.9	50000	赞助款
教育基金会	中国青少年发展基金	2012.11.9	100000	欧莱雅助学金
教育基金会	天津教育发展投资管理有限公司	2012.11.13	500000	当代中国问题研究院发展基金
图书馆	外交部考录宣讲小组	2012.11.13	58	《中国外交》(2011年版)
图书馆	范鹏飞	2012.11.13	36	《河歌》
图书馆	韩牧	2012.11.13	55	《梅嫁给枫》
图书馆	林有能	2012.11.13	30	《疍民文化研究》
图书馆	王亚楠	2012.11.13	28	《伊犁晚报新闻论文选》(1992—2012)
图书馆	王亚楠	2012.11.13	30	《伊犁晚报获奖新闻作品选》(1992—2021)
图书馆	韦世林	2012.11.13	60	《空符号论》
教育基金会	永旺(香港)百货有限公司	2012.11.14	40000	AEON永旺奖学金

续表

捐款管理单位	捐赠人(单位)	捐赠时间	捐赠金额(元)	捐 赠 用 途
教育基金会	南开区南开校友培训学校	2012.11.14	50000	奥赛赞助费
教育基金会	天津市象棋协会	2012.11.14	50000	象棋队发展基金
教育基金会	祁大庆	2012.11.14	500000	蓝天基金
教育基金会	LG化学(天津)工程塑料有限公司	2012.11.15	20000	LG助学金
图书馆	张宇宏	2012.11.15	38	《公木评传》
图书馆	创价学会	2012.11.19	98	《让爱成长》
图书馆	广东国土资源厅	2012.11.19	160	《广东国土资源年鉴》(2011)
图书馆	香港中文大学亚太研究所	2012.11.19	56	《解读台湾社会意向》
图书馆	香港中文大学亚太研究所	2012.11.19	28	《全球化与性别》
图书馆	《法论》编辑部	2012.11.19	25	《法论》(第24卷[总第126期]2009年、第25卷2011年、第26卷2012年,西南政法大学研究生学报)
图书馆	创价学会	2012.11.19	98	《让爱成长》
图书馆	楚明瑞	2012.11.19	52	《人类大脑的工作模型》(第2版)
图书馆	丁再献	2012.11.19	300	《东夷文化与山东:骨刻文释读》
图书馆	红旗	2012.11.19	79	《失守的城堡》(全2册)
图书馆	黄学海	2012.11.19	1000	《国际大气候与两岸新局面》
图书馆	李尚武	2012.11.19	18	《心论集》
图书馆	李尚武	2012.11.19	45	《心论集,续》
图书馆	刘家相	2012.11.19	88	《刘家相书法选集》
图书馆	刘强	2012.11.19	800	《京剧人物》
图书馆	田小琳	2012.11.19	38	《香港语言生活研究论集》
图书馆	文炜	2012.11.19	35	《黑珍珠》
图书馆	张彦	2012.11.19	36	《风云激荡的一生:张彦自传》(*an autobiography by Zhang Yan*)
教育基金会	天津市新华中学	2012.11.20	50000	赞助费
图书馆	广州市法学会	2012.11.21	55	《法治论坛》(2012年第3辑,总第27辑)
图书馆	曹荣庆	2012.11.21	128	《一位基层学者的精彩人生》
图书馆	董占军	2012.11.21	56	《外国工艺美术史》
图书馆	胡清林	2012.11.21	30	《微积分学》(上册)
图书馆	刘聪	2012.11.21	16.8	《周易说解》
图书馆	阮忠	2012.11.21	40	《两汉诗歌与传统文化》
图书馆	舒天佑	2012.11.21	26	《坚果》
图书馆	铁明	2012.11.21	102	《学陶杂感》
图书馆	张俊彪	2012.11.21	66	《大中华二十世纪文学简史》

续表

捐款管理单位	捐赠人(单位)	捐赠时间	捐赠金额(元)	捐 赠 用 途
图书馆	张俊彪	2012.11.21	52.67	《大中华二十世纪文学史》(全3册)
教育基金会	天津市真如国际贸易有限公司	2012.11.22	300000	EVERTRUTH奖学金
图书馆	《北大法律评论》编辑委员会	2012.11.22	43	《北大法律评论》(13卷·第1辑(2012))
图书馆	《两岸关系》杂志社	2012.11.22	280	《台湾工作年鉴》(2007卷、2008卷、2009卷、2010卷)
图书馆	《炎黄》编辑部	2012.11.22	15	《炎黄》(总第14辑)
图书馆	《中国诗歌》编辑部	2012.11.22	10	《中国诗歌》(第30卷,2012年网络诗选:2012.6)
图书馆	《中国诗歌》编辑部	2012.11.22	10	《中国诗歌》(第32卷)
图书馆	复旦大学美国研究中心	2012.11.22	23	《美国问题研究》(2011/2总第13期)
图书馆	西安石油大学	2012.11.22	77	《辉煌六十年——西安石油大学》
图书馆	贾德江	2012.11.22	268	《彦涵油画集——抽象的现实意义》
图书馆	李运成	2012.11.22	25	《一湾新月静梳花》
图书馆	孙凯昕	2012.11.22	68	《方回研究》
图书馆	文炜	2012.11.22	38	《时代 人物 感叹》
图书馆	彦涵	2012.11.22	230	《彦涵版画集》
图书馆	彦涵	2012.11.22	40	《中国油画五十家:彦涵》
图书馆	彦涵	2012.11.22	480	《激越之美——彦涵艺术研究》
图书馆	彦涵	2012.11.22	138	《对自由的追求——彦涵艺术随笔》
图书馆	彦涵	2012.11.22	98	《抒怀翰墨——彦涵书法集》
图书馆	姚洪卓	2012.11.22	25	《近代天津对外贸易研究》
图书馆	姚洪卓	2012.11.22	25	《近代天津对外贸易研究》
图书馆	詹七一	2012.11.22	35	《西南学刊》(第2辑;第3辑)
图书馆	赵琛	2012.11.22	150	《李白故里》(5.12)
教育基金会	物美控股集团有限公司	2012.11.26	150000	物美科学大师奖学金
教育基金会	天津梦得集团有限公司	2012.11.28	100000	平静奖助学金
教育基金会	津伦(天津)精密机械股份有限公司	2012.11.30	100000	津伦基础工业工程发展基金
法学院	戴上律师事务所	2012.12.5	27339.29	人本奖学金
图书馆	广西水利厅	2012.12.5	100	《广西通志》(水利志)
图书馆	广西水利厅	2012.12.5	300	《广西通志》(1991－2005,水利志)
图书馆	宋教仁常德研究会	2012.12.5	58	《宋教仁研究论文集》

续表

捐款管理单位	捐赠人(单位)	捐赠时间	捐赠金额(元)	捐 赠 用 途
图书馆	范永康	2012.12.5	32	《文化政治与当代西方文论的政治化》
图书馆	刘叶冰	2012.12.5	86	《智能建筑设计、管理和运行》
图书馆	谢荣滚	2012.12.5	48	《赤子情深:陈君葆传》
图书馆	张吉刚	2012.12.5	30	《别做聪明的傻瓜》
图书馆	赵常德	2012.12.5	98	《物理学基础研究文集》
图书馆	周如松	2012.12.5	46.8	《周如松诗歌选》
学工部	IBM 公司	2012.12.6	4000	IBM 奖学金
学工部	寸草教育基金会	2012.12.6	140000	寸草济困助学金
学工部	华民慈善基金会	2012.12.6	400000	大学生就业扶助项目
学工部	上海宝钢教育基金会	2012.12.6	47000	宝钢奖学金
学工部	上海校友会	2012.12.6	25000	上海校友会允公校友奖学金
学工部	深圳博时慈善基金	2012.12.6	50000	博时关爱助学金
学工部	石药集团有限公司	2012.12.6	36000	石药集团奖学金
学工部	苏宁电器公司	2012.12.6	20000	苏宁返乡路费补助
学工部	天津乐金大沽化学有限公司	2012.12.6	45000	LGDAGU 奖学金
学工部	天津市农商银行	2012.12.6	24000	帮困助学金
学工部	天津斯坦雷电气有限公司	2012.12.6	50000	北野财团奖学金
学工部	王克昌奖学基金会	2012.12.6	50000	王克昌奖学金
学工部	香港福慧慈善基金会	2012.12.6	100000	福慧助奖(助)学金
学工部	中国和平友好发展基金会	2012.12.6	20000	松下电器奖学金赞助款
学工部	中国科协科技馆基金会	2012.12.6	452000	中国科协科技馆教育基金会合展励学金
学工部	中国宋庆龄基金会	2012.12.6	75000	中海油助学金
图书馆	世界书局	2012.12.6	200	《群书治要》(全 3 册)
图书馆	世界书局	2012.12.6	125	《国学治要》(全 8 册)
学工部	李瑞环	2012.12.6	6000	老党员励志奖助学金
学工部	张鸿来	2012.12.6	60000	来之望助学金
教育基金会	AEON 1% CLUB AEON 信贷财务(亚洲)有限公司	2012.12.7	208128.38	AEON 永旺奖学金
教育基金会	恒生银行	2012.12.10	27625	恒生银行内地奖学金
教育基金会	香港思源基金会	2012.12.10	239790	思源奖助学金
图书馆	陈元	2012.12.10	88	《政府与市场之间:开发性金融的中国探索》
图书馆	刘锡荣	2012.12.10	488	《钟鼎茗香》《荣斋宣炉清赏》《荣斋宣炉清赏二》
图书馆	刘锡荣	2012.12.10	298	《俪松居遗珍》
教育基金会	天津市开发区宏泰实业发展有限公司	2012.12.11	100000	宏泰基金捐款
图书馆	济南大学公司金融研究中心	2012.12.11	30	《公司金融研究》(2012 卷,第 1 辑)

续表

捐款管理单位	捐赠人(单位)	捐赠时间	捐赠金额(元)	捐赠用途
图书馆	济南大学公司金融研究中心	2012.12.11	45	《中国投资银行竞争力研究报告》(2012)
图书馆	世界银行	2012.12.11	80	《国际清算银行第82期年报》
图书馆	陈启伟	2012.12.11	58	《名画说疑,续编:陈佩秋谈古画真伪》
图书馆	卢莹辉	2012.12.11	40	《任钧作品选》
图书馆	宋学让	2012.12.11	28	《热力学新论及工程应用》
图书馆	王散木	2012.12.11	31.8	《莞风南韵》
图书馆	王散木	2012.12.11	29.8	《为您喝彩》
图书馆	王散木	2012.12.11	22.8	《春花秋实》
图书馆	王散木	2012.12.11	26	《南方故事》
图书馆	王散木	2012.12.11	54	《真相辨微——西安事变的台前幕后》
图书馆	武之璋	2012.12.11	100	《中庸研究论著集》
图书馆	武之璋	2012.12.11	75	《原来李敖骗了你》
图书馆	武之璋	2012.12.11	70	《二二八真相解密》
图书馆	谢新苗	2012.12.11	58	《情怀》
图书馆	杨孝冠	2012.12.11	18	《黄昏拾零》
图书馆	杨孝冠	2012.12.11	18	《杨孝冠诗集》
教育基金会	武汉盛帆电子股份有限公司	2012.12.12	101000	盛帆奖助学金
图书馆	南开大学汉语言文化学院	2012.12.12	360	《南开语言学刊》(全18册)
图书馆	罗显华	2012.12.12	39	《民主社会主义与唯物史观》
图书馆	《年鉴》编辑部	2012.12.13	120	《中国科学技术协会年鉴》(2011)
图书馆	山西大学图书馆	2012.12.13	300	《山西大学藏珍贵古籍图录》
图书馆	山西大学图书馆	2012.12.13	73	《山西大学图书馆史》
图书馆	刘兴华	2012.12.13	24	《国际规范与国内制度研究》
图书馆	田家炳	2012.12.13	45	《夕阳穿树补花红》
图书馆	王小月	2012.12.13	320	《王小月古筝教程》(全4册)
图书馆	张伟杰	2012.12.13	68	《金光大国》
图书馆	邹光椿	2012.12.13	89	《滴水磨金》
研工部	石药集团有限公司	2012.12.14	64000	石药集团奖学金
教育基金会	北京天鸿宝地物业管理经营有限公司天津分公司	2012.12.14	10000	泰达奖学金
教育基金会	上海国和现代服务产业股权投资管理有限公司	2012.12.14	100000	金融发展研究院会议宣传捐款
教育基金会	滕海川	2012.12.14	5000	金融校友基金
教育基金会	杭州灵隐寺	2012.12.17	200000	云林奖学金
教育基金会	杭州永福寺	2012.12.17	100000	永福奖学金
教育基金会	卡佩勒颜料(天津)有限公司	2012.12.17	20000	卡佩勒奖学金
图书馆	《南国早报》	2012.12.17	48	《我们没有忘记——辛亥革命广西百年祭》

续表

捐款管理单位	捐赠人(单位)	捐赠时间	捐赠金额(元)	捐 赠 用 途
图书馆	编委会	2012.12.17	150	《中国资深书法家邀请展作品集》
图书馆	广州仲裁委员会	2012.12.17	130	《中国仲裁大事记》(上、下)
图书馆	国家图书馆	2012.12.17	48	《艺衡》(第5辑)
图书馆	教育部直属高校工作司	2012.12.17	80	《教育部直属高校基本情况统计资料汇编》
图书馆	南开大学外国语学院	2012.12.17	150	《南开大学外国语学院行政年鉴》(1997.10)
图书馆	南开大学中文系77级	2012.12.17	56	《青春回响》
图书馆	农业部农业贸易促进中心	2012.12.17	160	《中国农产品贸易发展报告》(2012、2012)
图书馆	王宽诚教育基金会	2012.12.17	150	《王宽诚教育基金会学术讲座汇编》(第32集)
图书馆	中国产业安全研究中心	2012.12.17	38	《2008—2009产业经济前沿与热点》
图书馆	中国产业安全研究中心	2012.12.17	38	《产业经济学》
图书馆	中国产业安全研究中心	2012.12.17	32	《产业安全理论》
图书馆	中国产业安全研究中心	2012.12.17	39	《交大讲堂》(2011)
图书馆	中国产业安全研究中心	2012.12.17	49.8	《产业安全理论研究》(第3版)
图书馆	曹青	2012.12.17	28	《英语造句法》
图书馆	陈德弟	2012.12.17	32	《秦汉至五代官私藏书研究》
图书馆	陈启智	2012.12.17	80	《陆机演连珠译著评》
图书馆	陈起兴	2012.12.17	45	《夜读老子》
图书馆	崔京浩	2012.12.17	120	《第二十届全国结构工程学术会议论文集》(全2册)
图书馆	郭新有	2012.12.17	32	《国际经营管理》
图书馆	红豆	2012.12.17	25	《液体的树》
图书馆	黄河	2012.12.17	12	《香江潮汐》
图书馆	巨乃歧	2012.12.17	40	《技术价值论》
图书馆	康征	2012.12.17	14.75	《反思欧洲》
图书馆	李尚军	2012.12.17	26	《楝花风》
图书馆	刘建华	2012.12.17	55	《华子笔谈》
图书馆	毛谷风	2012.12.17	38	《海岳弦歌集》
图书馆	茅于美	2012.12.17	36	《中西诗歌比较研究》(第2版)
图书馆	孟夏	2012.12.17	56	《亚太区域经济合作发展报告》(2012)
图书馆	慕白	2012.12.17	35	《美哉文成》
图书馆	施慧	2012.12.17	36	《月夜闲话》
图书馆	施慧	2012.12.17	18	《音乐札记》
图书馆	施慧	2012.12.17	26	《扇里乾坤》
图书馆	施慧	2012.12.17	39	《音乐之光》

续表

捐款管理单位	捐赠人(单位)	捐赠时间	捐赠金额(元)	捐赠用途
图书馆	施慧	2012.12.17	38	《施慧中医男科专集》
图书馆	孙兆俊	2012.12.17	98	《醒石斋石谱》
图书馆	汤俊峰	2012.12.17	35	《编采悟言》
图书馆	滕玉	2012.12.17	58	《心语情长》
图书馆	滕玉	2012.12.17	25	《回望与思考》
图书馆	王郁昭	2012.12.17	49.8	《往事回眸与思考》
图书馆	魏建国	2012.12.17	38	《焦维炽》
图书馆	袁奇俊	2012.12.17	400	《钱塘袁浦袁氏宗谱》(全12卷)
图书馆	岳桂宁	2012.12.17	40	《国际金融简明教程》
图书馆	张坚一	2012.12.17	30	《达尔文的妄想》
图书馆	赵会文	2012.12.17	68	《逸篔诗抄》
图书馆	钟翔	2012.12.17	35	《暗处的阳光》
教育基金会	新疆维吾尔自治区国库支付中心	2012.12.18	116023	新疆少数民族学生资助金
图书馆	陈建明	2012.12.18	35	《激扬文字广传福音:近代基督教在华文字事工》
图书馆	华涛	2012.12.18	39	《管理哲学研究》
图书馆	李志刚	2012.12.18	35	《基督教与近代中国人物》
图书馆	刘斯奇	2012.12.18	66	《当代中国杂技艺术现状扫描》
图书馆	邱捷	2012.12.18	30	《晚清民国初年广东的士绅与商人》
图书馆	任新建	2012.12.18	30	《竞合论》
图书馆	陶飞亚	2012.12.18	35	《冲突的解释》
图书馆	王一桃	2012.12.18	88	《预言和创举》
图书馆	吴义雄	2012.12.18	35	《开端与进展:华南近代基督教史论集》
图书馆	谢华生	2012.12.18	68	《生态工业园的理论与实践》
教育基金会	天津大通投资集团有限公司	2012.12.19	600000	周恩来奖学金
图书馆	世界银行	2012.12.20	68	《中国银行间债券市场信用评级行业年度报告》(2011、2010)
图书馆	黄莽	2012.12.20	35	《诗韵乾坤》
图书馆	罗沙	2012.12.20	16	《罗沙诗的众议院》
图书馆	唐驹	2012.12.20	20	《赛里木湖的神谕》
图书馆	万福祺	2012.12.20	380	《万壑丘山——万一鹏山水画》
图书馆	姚红卓	2012.12.20	20	《日本侵略华北问题探讨》
图书馆	姚洪卓	2012.12.20	7.5	《近代天津对外贸易》(1861—1948)
图书馆	赵捷	2012.12.20	35	《遏制拐卖》
图书馆	赵捷	2012.12.20	35	《反对拐卖》

续表

捐款管理单位	捐赠人(单位)	捐赠时间	捐赠金额(元)	捐 赠 用 途
图书馆	朱雄亮	2012.12.20	34	《禅心拾遗》
教育基金会	天津市天重江天重工有限公司	2012.12.21	400000	泰达发展基金
图书馆	广州市法学会	2012.12.21	55	《法治论坛》(总第26辑)
图书馆	黄海浪	2012.12.21	135	《蓝色夏威夷》(全2册)
图书馆	黄河浪	2012.12.21	50	《风的脚步》
图书馆	黄河浪	2012.12.21	32	《披黑纱的地球》
图书馆	黄河浪	2012.12.21	48	《太平洋的呼唤》
图书馆	江安	2012.12.21	28.8	《流走》
图书馆	李胜良	2012.12.21	33	《税道长安》
图书馆	林晓亭	2012.12.21	35	《怀思集》
图书馆	林晓亭	2012.12.21	38	《人物·山水·诗文》
图书馆	刘若琴	2012.12.21	32	《向时间走去:绿原短诗新编》
图书馆	施慧	2012.12.21	16	《人生苦旅》
图书馆	施慧	2012.12.21	13.2	《北窗随笔》
图书馆	施慧	2012.12.21	50	《来自心灵深处的吟唱》
图书馆	谢仁森	2012.12.21	28	《汉语探讨和汉语拼音的新思维》
图书馆	心心	2012.12.21	36	《绿色阳棚》
图书馆	卓三	2012.12.21	23	《卓三翻译诗》
图书馆	卓三	2012.12.21	25	《心雨》
图书馆	《创新诗刊》编辑部	2012.12.24	28	《创新诗刊》(总第7期)
图书馆	《诗歌与人》编辑部	2012.12.24	38	《生命的幻象书写:陈陟云诗歌研究》
图书馆	《诗建设》编辑部	2012.12.24	25	《诗建设》(2012.08,总第6期)
图书馆	《中国诗歌》编辑部	2012.12.24	10	《中国诗歌》(第31卷)
图书馆	德庆江氏族谱编委会	2012.12.24	60	《大忠集新编》
图书馆	德庆江氏族谱编委会	2012.12.24	68	《宋季丞相年谱》
图书馆	德庆江氏族谱编委会	2012.12.24	25	《德庆江氏族谱》
图书馆	贵州省府办公厅	2012.12.24	54	《林树森贵州工作讲话选录》(上册、下册)
图书馆	香港浸会大学	2012.12.24	58	《起点》
图书馆	伊犁哈萨克自治州政协	2012.12.24	20	《伊犁文史资料》(第32—33辑)
图书馆	中国科普研究所	2012.12.24	45	《科技传播与普及概论》
图书馆	蔡林海	2012.12.24	35	《全球金融攻防30年:欧洲债务危机的来龙去脉》
图书馆	从容	2012.12.24	30	《隐秘的莲花》
图书馆	段玲俐	2012.12.24	30	《中国学生语用能力的习得研究》
图书馆	郭文夫	2012.12.24	75	《哲学美学论集》
图书馆	郭文夫	2012.12.24	75	《哲学美学论集定本》

续表

捐款管理单位	捐赠人(单位)	捐赠时间	捐赠金额(元)	捐 赠 用 途
图书馆	胡定生	2012.12.24	20	《七里江声》
图书馆	胡建	2012.12.24	22	《智者的沉思》
图书馆	胡建	2012.12.24	25	《文化价值演进与人的自由而全面发展》
图书馆	黄海浪	2012.12.24	4.1	《遥远的爱》
图书馆	黄河浪	2012.12.24	45	《海的呼吸》
图书馆	黄河浪	2012.12.24	49	《生命的足音》
图书馆	晋智源	2012.12.24	20	《时光碎片》
图书馆	林有能	2012.12.24	30	《利玛窦与中西文化交流》
图书馆	施慧	2012.12.24	58	《施慧现代中医皮肤病总论》
图书馆	施慧	2012.12.24	98	《施慧文集》(艺术卷)
图书馆	施慧	2012.12.24	98	《施慧文集》(散文卷)
图书馆	万栋才	2012.12.24	33	《金江汶溪偕韵集》
图书馆	危流渊	2012.12.24	488	《危氏通考》(第1卷、第2卷、第3卷)
图书馆	肖林	2012.12.24	40	《资本化与财富创造:全球视角的私募股权投资价值分析》
图书馆	肖林	2012.12.24	86	《金融战略与财经论衡:迈向国际金融中心的上海之路》
图书馆	杨惠芬	2012.12.24	9.5	《汉语言文化散论》
图书馆	游友基	2012.12.24	58	《翠屏集——张以宁诗文集》
图书馆	曾涵复	2012.12.24	49	《这里散文13家》
图书馆	赵树凯	2012.12.24	36	《农民的新命》
图书馆	赵应	2012.12.24	25	《黑色的情歌》
图书馆	郑林源	2012.12.24	25	《出位之后》
教育基金会	PPG. Coatings(Hong Kong) Co. Ltd	2012.12.25	39920	PPG奖学金
教育基金会	天津市莆田商会	2012.12.25	100000	莆田奖助学金
研工部	华为技术有限公司	2012.12.27	55000	华为奖学金
教育基金会	沈秉和	2012.12.25	1000000	叶嘉莹纪念馆赞助款
教育基金会	北京世纪慈善基金会	2012.12.27	120000	远东宏信奖学金
教育基金会	上海浦东发展银行股份有限公司天津分行	2012.12.28	1500000	浦发励志奖学金
图书馆	台湾政治大学	2012.12.29	480	《中华民国发展史》(全12册)
图书馆	中国矛盾研究会	2012.12.29	53.28	《矛盾研究》(第11辑)
图书馆	陈浩望	2012.12.29	88	《陈浩望文集》
图书馆	李增吉	2012.12.29	45	《跨越新HSK四级全项＋书写专项训练》
图书馆	李增吉	2012.12.29	42	《跨越新HSK(四级)阅读专项训练》
图书馆	李增吉	2012.12.29	45	《跨越新HSK(四级)听力专项训练》

续表

捐款管理单位	捐赠人(单位)	捐赠时间	捐赠金额(元)	捐赠用途
图书馆	李宗桂	2012.12.29	50	《传统与现代之间》
图书馆	李宗桂	2012.12.29	32	《岭南文化的价值》
图书馆	李宗桂	2012.12.29	29	《传统儒学的历史省察》
图书馆	李宗桂	2012.12.29	23	《时代精神与文化强省》
图书馆	李宗桂	2012.12.29	26	《广东文化的多维思考》
图书馆	李宗桂	2012.12.29	29	《当代中国文化探讨》
图书馆	李宗桂	2012.12.29	32	《中国传统文化探讨》
图书馆	陆宏敖	2012.12.29	436	《中华诗词范例宝典》(上、下)
图书馆	陆宏敖	2012.12.29	780	《中国当代书画名人档案》
图书馆	潘安兴	2012.12.29	58	《武汉盘龙经济开发区志》
图书馆	阮忠	2012.12.29	25	《文学的阅读与品评》
图书馆	汤野浓	2012.12.29	23	《走近曹禺》
图书馆	王彦明	2012.12.29	42	《漂泊的一代》
图书馆	张坚一	2012.12.29	30	《达尔文的妄想》
图书馆	张向前	2012.12.29	23	《知识型人才开发研究》
图书馆	郑炳南	2012.12.29	100	《食物链》
法学院	深圳同创伟业创业投资有限公司	2012.12.30	65000	高尔森奖学金
团委	上海第一财经报业有限公司	2012.12.30	11280	学生活动捐款
教育基金会	光华教育基金会	2012.12.31	300000	光华奖学金
教育基金会	海王公司	2012.12.31	300000	捐款
教育基金会	日本住友商事	2012.12.31	1116250.54	冠名捐赠
教育基金会	三星(中国)投资有限公司	2012.12.31	201600	三星奖学金
教育基金会	深圳发展银行	2012.12.31	100000	艺术团发展捐款
教育基金会	施丹姆善尔生物科技(天津)有限公司	2012.12.31	550000	捐赠款
教育基金会	天津大通投资集团有限公司	2012.12.31	200000	艺术发展捐赠款
教育基金会	中国教育发展基金会	2012.12.31	140000	奖学金
图书馆	大兴安岭林管局	2012.12.31	398	《中国内蒙古森工集团、内蒙古大兴安岭林管局志》(2000—2011)
图书馆	国家林业局信息中心	2012.12.31	76	《中国林业信息化建设成果》
图书馆	国家林业局信息中心	2012.12.31	66	《中国林业信息化发展战略》
图书馆	国家林业局信息中心	2012.12.31	69	《中国林业信息化政策制度》
图书馆	国家林业局信息中心	2012.12.31	98	《中国林业信息化顶层设计》
图书馆	国家林业局信息中心	2012.12.31	78	《中国林业信息化示范案例》
教育基金会	韩楠	2012.12.31	10000	金融教育基金
研工部	江国采	2012.12.31	50000	奖学金
图书馆	邓进深	2012.12.31	38	《“挑水”和“蓄水”——往事漫忆之一》
图书馆	杜家贤	2012.12.31	139	《北大红楼永远的丰碑》
图书馆	黄红发	2012.12.31	35	《邓小平理论与当代中国的发展研究》

续表

捐款管理单位	捐赠人(单位)	捐赠时间	捐赠金额(元)	捐 赠 用 途
图书馆	黄红发	2012.12.31	42	《全球化与社会主义核心价值体系建设》
图书馆	简明	2012.12.31	65	《中国网络诗歌前沿佳作评赏》(上、下)
图书馆	毛飞明	2012.12.31	18	《商铬年谱》
图书馆	毛飞明	2012.12.31	20	《严州杂识》
图书馆	阮忠	2012.12.31	68	《唐宋诗风流别史》
图书馆	孙中运	2012.12.31	55	《六书新论》
图书馆	谢望新	2012.12.31	62.2	《谢望新文集》(1、2、3、4、5)
图书馆	郑敏凯	2012.12.31	38	《夕阳之歌》
图书馆	北京师范大学民俗典籍文字研究中心	2013.12.31	31	《民俗典籍文字研究》(第9辑)
图书馆	李小芹	2013.12.31	28	《博海拾贝》
图书馆	唐兴禄	2013.12.31	30	《不朽论》
图书馆	叶芸	2013.12.31	20	《拽我飞翔》
图书馆	文亚舟	2013.12.31	21	《文亚舟文学作品选》(上卷、下卷)
图书馆	江苏省瞿秋白研究会	2013.12.31	40	《瞿秋白研究文丛》(第6辑)
图书馆	苏州大学文学院	2013.12.31	288	《中国昆曲年鉴》(2012)
图书馆	梅子	2013.12.31	18	《尘埃·女神,梅子抒情诗集》
图书馆	沈伟	2013.12.31	58	《调整个人收入差距与促进社会公平研究》
南开大学	“我爱南开”年度捐款	2012.12.31	24593.9	周恩来奖学金
南开大学	“我爱南开”校友林、校友树	2012.12.31	554135.5	新校区
合计	37404590元			

2012年本科生奖学金及各类获奖名单

国家奖学金获奖名单(182人)

法学院(6人)

杨　阳　张　薇　戴艳馨　陈思静　贺春萍　苗榆晴

汉语言文化学院(1人)

季德毅

化学学院(13人)

胡　骏　许佳儒　邓云羚　蒋旭强　杜晓薇　黄成斌　杨中悦　赖舒琦　杨欣宇
周沉沉　宫　矗　郎小琦　宋　玥

环境科学与工程学院(4人)

魏岩松　刘　蕾　童延东　范蕴非

经济学院(28人)

万历历　陈昱东　白　婧　谢　意　张　洺　孙建飞　尹曼潼　张　龑　骆婧婷
张一丹　陈玉玲　王春景　王美智　曹　伟　姜少成　张景松　王祝怡　杨　明
程思俏　范玉琪　崔　琳　汪婧丰　王　鑫　段小刚　艾昱昕　尹　梦　闫　珺
赵玮璇

历史学院(6人)

郝晓丽　左瑞骊　贺丽燕　牛燕杰　韩　頔　屠含章

旅游与服务学院(1人)

刘夏昕

马克思主义教育学院(1人)

刘　琦

软件学院(7人)

乜　鹏　刘庆芳　宋梦蝶　付　辰　谷祖兴　王昊天　张　尚

商学院(19人)

陈　诚　傅毓璇　张丰麒　张亚君　徐溪鸿　李　全　邓美君　郭　萱　方　馨
郭芝宇　杨四全　赵　爽　孙　飚　王增男　米高倩　李锦晔　王茉瑶　刘济群
王　哲

生命科学学院(6人)

冯青洲　宋欣韵　李　苠　方天成　王雪洁　王璐萍

数学科学学院(10人)

李　超　李　伟　宋荣荣　王则一　王婧申　王雪琪　伊泽霖　刘春凯　王思奕
魏　云

泰达学院(5人)

张宇晨　高　幸　杨海浩　张博雯　逯　兰

外国语学院(9人)

陈章红　贺滟淋　夏露露　郭俞君　张　琦　胡柯佳　印家甜　刘　畅　刘秋骥

文学院(9人)

宋祎凡　张文婷　丁　倩　李　瑶　陈　松　钟淑芳　叶佳璐　钱　瑶　王丹明

物理学院(9人)

刘立民　张　娟　张晓彤　曹　简　林妙玲　茹佐阳　冯　策　李英强　刘彦里

信息技术科学学院(22人)

马　征　林苑菁　李旭楠　高诗简　杨　潍　王　攀　邸硕临　王　丹　陈麒聪
吴　昊　周建超　刘越颖　马福和　张召富　胡耀乔　杨　菊　张超利　李高峰
刘翔宇　林汉权　王晶晶　曹倩雯

药学院(3人)

宋黎蕊　韩　霄　姚宏成

医学院(6人)

国丹妮　马　遥　李　芳　陈　曦　陈筱素　俞鸿旭洋

哲学院(3人)

吴绍轩　胡小玲　付梦婕

周恩来政府管理学院(12人)

王芳琳　程　赋　刘惠颖　陈　璐　王晶楠　龙　滢　周宇尚　刘洪志　于　滢
袁雪彤　王何欣　孙梦欣

与天津大学合作办学专业(2人)

王　潞　杨　帆

国家励志奖学金获奖名单(414人)

法学院(14人)

贾浩强　李乐乐　黄小芝　李文佳　杨　双　沈　洁　张文雅　蒲春雷　杨永梅
丁仲武　莫仔健　熊祖琳　杜晓彤　刘巧巧

汉语言文化学院(4人)

牟　婷　劳湘雯　乔俊凤　杨盼盼

化学学院(34人)

付嘉琦　王秀艳　郑晓慧　种丹丹　董玉婵　何卫明　任　元　刘勇涛　马路遥
张雪梅　雷进程　曾茜茜　苏显栋　赵　晶　胡晓宇　濮留洋　陈　洁　梁　潇
赵业宁　高亚楠　王晓曼　葛　震　张秋分　付纪强　张　静　杨　军　孙宝川
程赟绿　高飞翔　郜云鹏　郭　萌　钱书生　李　倩　秦希婷

环境科学与工程学院(10人)

李富宽　武祝民　马逸秋　马玉芳　王海珍　李雅媛　杜　伟　阳开琳　叶正宗
杜　品

经济学院(63人)

荣　絮　王梦娇　张丽萍　张璐雅　孙胜杰　赵玉松　郭金杰　王方舟　王一迪

肖羽莎 张振芳 任杨伟 于　波 任　怡 朱良松 丁宏敏 黄　幸 马媛媛
禚　林 尹晓旭 方永栋 吕铁凡 刘　杰 吴群锋 陈竹静 董效阁 张甜甜
刘春楠 支亚梅 陈　佳 周　斌 李紫珅 温　林 李海荣 李海珠 李雪飞
徐慧璇 杨彦嘉 陈晓雅 吕蒙爱 陶倩玉 王　凯 杨　创 尹　彤 张　欢
范晓婷 曹胜男 杜梦宵 钱　亮 李沁人 陈　辉 苏立君 谭清译 王惠锦
王媛媛 张慧慧 任　皓 张　蕊 张　弯 李倩雯 龚梦泓 陈燕玲 余　平

历史学院(11 人)

胡　程 贺晓霞 臧广元 王晓燕 陈艺乔 马欢欢 贾　敏 潘　萌 李梦珅
黄江林 闫绍婧

旅游与服务学院(3 人)

易　敏 张丽艳 欧阳文婷

马克思主义教育学院(2 人)

夏　超 尤梦婷

软件学院(15 人)

李希鹏 孙立明 杨　彬 何妹妹 刘春梅 吴雪洁 高　钰 张亚梅 彭梁英
李中秋 孙国媛 黎哲明 李恩鹏 史慧珂 王　康

商学院(41 人)

王　亚 郭清兰 蒋桂红 梁郁欣 杨艳芳 冯　锋 林慧慧 宫长娥 楚　楚
邱玉春 余　媚 黄倩倩 谢赈杰 孟　娇 黄凌鸿 李　凯 王静波 李　双
马苏妍 毛鹏丽 魏文慧 汪志华 周华强 邓　蕊 江　莺 徐小捷 杨月明
张立旺 郑敬菊 李文明 韩佳伦 马亚璇 黄立芝 唐艺宁 郭梦瑶 何晓凤
魏玉洁 张　妍 郑悦萍 郭承鹭 闫希敏

生命科学学院(16 人)

张佳庆 孙　蕾 林晓晨 娄明亮 易　冉 龙艳阳 时小访 张丽娜 章细云
韩华均 刘　洋 王　盛 段菲菲 朱俊杰 雪　铖 李　双

数学科学学院(23 人)

郝燕龙 李文兵 罗　刚 阙添威 刘　文 王颖琪 张静茹 牛雅博 牛景瑞
成晓辉 赵亚迪 李洁琼 周　杰 高庆怡 吴　婧 龚　欢 何　伟 黄文祥
闫永贵 张俊奎 张兆鹏 赵林杰 刘健毓

泰达学院(11 人)

黄泽文 周文英 梁希超 冯　聪 赵红欣 边　娜 张　晶 宫　帅 赵　坦
赵　璇 郭大力

外国语学院(23 人)

李　冉 王红利 于　莹 贾美娟 张艳秋 徐　敏 宏江宁 靳雅鑫 奥焱坤
叶　芳 乜丽君 杨文君 张程程 李希瑶 关　杰 马　岚 杨春雨 张绍山
刘瑞毅 王燕鹏 高玉荣 胡远洋 马　媛

文学院(24 人)

陈李娜 李　娜 张　咪 张芸华 冯　莉 廖雯婷 邱桃梅 李　雪 林文翔
黄润兰 亓学梅 王文博 杜云飞 贾晓珍 王　菲 张玲妹 郑佳琳 韩晓娜

崔维彬 张 杰 刘 晓 郭志孟 张 佳 张亚茹

物理学院(18 人)

段潇洋 李占成 刘芳利 王 渴 孙 露 孙婉君 董大山 张瑞玲 方河海
黄万通 周玉伟 吴玉梅 黄鼎铭 蒋 瞧 刘剑峰 许振平 余振华 陈靖丰

信息技术科学学院(48 人)

刘 博 郭 嘉 李鼎权 刘 垚 何运田 王 锋 陈国强 石兰洁 王翰文
冯凤荻 周 天 杨丰赫 周 攀 韩术鹏 张 健 靳思萌 田顺建 苑立英
陈丽霞 张杰琳 张俊超 邓 茜 王晓东 曲景影 翟 锐 敬 杰 孙 磊
黄继攀 乔瑞秀 赵海洋 王晓燕 蒋天鹏 任俊杰 张海娜 解晓芳 孙金金
孙承君 赵子衿 周佳琦 邹文盛 姜鑫燃 解灵月 褚佳义 刘未来 黄沛其
温 馨 代莉莉 徐梓敏

药学院(8 人)

饶丽娟 张 蕾 沈 剑 吴春艳 林庆辉 张 博 戴霞林 王 婧

医学院(11 人)

沈妙莲 李庆祥 张仕然 孙金燕 刘 丹 万月华 杨 佳 孙丽华 郭艳飞
刘 华 王 红

哲学院(7 人)

吕 佳 夏 佳 袁旭亮 马芳芳 杨 坤 张龙飞 郑智新

周恩来政府管理学院(26 人)

董柞壮 姜忆楠 刘 志 肖文强 王学旺 蔡永善 褚秋晨 冯 静 祖志国
李 航 蔡 佳 刘晓乐 罗小琼 曹冬冬 任珺楠 王 芳 张晓敏 毕建宇
陈 茜 赵慧欣 金书博 贾珊珊 郑 清 吴启星 刘少哲 王丽娜

与天津大学合作办学专业(2 人)

张福如 张 华

获国家助学金学生名单(2152 人)

法学院

一等助学金(39 人)

王 梅 付文华 沈显阳 付世伟 韦 忙 胡 洪 李越玲 贾志远 杨燕燕
胡宇刚 留梦佳 贺明明 李 鑫 李单单 杜荣园 薛怡静 昝小帅 王 彬
谷东坡 陶 进 乔玲芳 丁 倩 周剑威 王金桂 王春亨 姚远志 邓亚伟
王星栋 李 丹 钟会兵 王 路 黄 虎 尹 凯 胡尔西旦·卡哈尔
艾沙江·达吾提 加尔斯·巴达力汗 迪丽达尔·沙塔尔 热夏提·亚力坤
王西巧仙

二等助学金(38 人)

高 阳 杨靖林 沈 洁 蒲春雷 李 凯 赵丽梅 冉启辉 国 阳 蒋美玲
洪华山 袁浩然 狄志颖 毛国庆 周振红 张崇胜 林 瑶 田 苗 龙代超

李　景　由凤宜　李海尧　艾智凯　张　林　熊　琦　俱丽云　王久洋　刘玉龙
邓海兵　向攀竹　董化亮　赵　琛　何天文　陆天琪　迪力穆拉提·库德来提
夏依丁·吐尔逊　艾力厦提·买买提　如克业·尼亚孜　艾斯哈尔·德木拉提

汉语言文化学院

一等助学金(6 人)

李芳红　刘彦鹏　南栢芝　来　洁　邱媛媛　张雨荣

二等助学金(6 人)

何　泼　白　静　李　娜　刘　蕾　窦志宏　张严文

化学学院

一等助学金(78 人)

熊艳梅　刘　栋　葛　震　董玉婵　瞿　航　陈晓婷　韩经伟　郭人予　张紫超
崔汉超　孙　鹏　何卫明　蓝飞达　贾珊山　韩泽业　常　尧　李　飞　李　团
张秋分　潘志勇　刘芳名　吴玲玲　李国良　张萌萌　尹　恒　刘诚杰　万凡凡
任　元　马玉成　刘贺洋　李钦臻　张　媛　张　东　唐　卓　王　丹　张　欣
杨东成　孙振贺　蒙炳曲　郜云鹏　郑晓鹏　王　鹤　付纪强　刘勇涛　冶龙杰
王士伟　余仁刚　陆　洋　高嘉雪　许永太　张　静　林伟彬　李雄飞　姜　爽
雷金霞　薛志远　鲁　燕　姚思凯　杨　军　曾茜茜　王俊婷　陈海洋　李国阳
张　波　武慧玲　李　晖　孙宝川　陈国庆　王　超　郭锦平　李熠鑫　刘桂淑
苏　悦　木叶赛尔·买明　约日姑丽·艾力　祖力乎马尔·艾海提
米合然依·哈斯木　祖姆热提·艾孜则

二等助学金(78 人)

赵业宁　呼振鹏　刘　洋　罗　贞　李晨龙　蔡辰忱　李　城　汪　洲　代　聪
黄安然　张志培　金国成　杨　皓　程小琴　谭仕鹏　吴　钢　任洪岐　李雪冬
丁煜勋　张婧旭　周佳添　何　倩　陈俊婷　郑悦笛　许佳儒　欧翰林　郑春雄
李俊芳　黄雅玲　郝文川　刘　月　陈　飞　张羽巍　皮建德　陈　渝　管　铭
李晓敏　刘　奇　李　宁　姜旭辉　周学拳　濮留洋　龙　丹　连　杰　苏立莹
张嘉嘉　李云峰　徐京华　李立伟　陈　洁　罗宇婷　陈　金　王艳梅　张林娜
尚明辉　赵　鑫　张晋滔　句亚男　王俊欢　黄　维　钟能丹　韩佳明　周晨光
董丽丽　郑晓慧　史　杨　李彬彬　白　猛　周　莹　何华锦　田　天　王佳华
王俊权　于　静　羊博群　黄智宇　王国雄　凯迪日古丽·艾尼瓦尔

环境科学与工程学院

一等助学金(30 人)

贾津泽　候其东　刘亚飞　景侨楠　王　斌　班　崭　向　芳　冯　磊　田建云
李　亮　王　豆　王安旭　周　明　朱晓丹　金吉媛　陈莉尧　王　琼　母全华
清　辉　李梦宜　闻　豪　董瑞程　吴明玉　张亚伟　陈禹男　阿力亚·阿不都
赛尔达尔艾力·吾布力　吾力夏提·比达合买提　祖力亚尔江·艾斯凯尔

阿衣占·杰肯

二等助学金(31 人)

张龙龙 虞盛松 陈小玉 李茹丹 尹凯伦 李惠军 陈 然 张 楠 龙久圣
付 玉 韩赫兴 任小莉 李 伟 杨 怿 王凯丽 邢珮瑄 赵 鹏 逄 芹
杜 伟 葛鹏诚 赵洪晨 黄双兰 胡 辉 熊心雨 权 伟 翁俊豪 陈筱佳
彭恩涛 喜银巧 齐曼古丽·依里哈木 卡一沙尔·尼牙孜

经济学院

一等助学金(145 人)

曹 燕 梁 应 石长顺 李 莹 郭金杰 陈竹静 周也萍 沈 莉 傅 引
寸 铭 廖 露 黄 浩 曲志琪 马 晶 王敬泽 王雅宁 刘振超 张艳杰
汪 林 张甜甜 杜彦臻 刘一江 张世琦 马 超 姜 现 张 春 王茂森
魏 宗 陈 醇 赵春雷 崔曼丽 宁亚南 刘实明 曾 韶 王丹丹 雷红蕾
韩金臣 党 玮 侯亚美 陶志明 刘 威 周雨潇 严 婷 乌日罕 徐亚博
林 静 胡 珍 赵振军 刘 帅 张甜甜 赫胜利 姚慧敏 吴镇雄 王 玉
刘 雪 包胜杰 冯 普 乔会森 王腾飞 高 山 姚黎明 潘姝含 亓孝真
陈日建 朱锐剑 徐 斌 刘 越 崔 帆 于吉祥 杨文璐 唐娜娜 简维凤
冯宇东 杨 伟 司 琦 孙东红 解少堃 翟雯倩 田秋香 王一迪 李竹影
张英平 段宏家 王丽香 马跃洋 张莎莎 陈 波 刘金子 李龙翔 吴俊鹏
于兆君 韦晓珂 朱小萍 周在法 田方宏 尹晓旭 徐来意 余 平 赵海腾
陈超锋 秦 峻 崔琳琳 王壮胜 王晓翔 刘 蕊 张明锐 朱 鲲 赖保初
高 红 荣 絮 肖贵恒 方立娟 郭 亮 杜继伟 白 洁 孙新鹏 闫 鹏
张丽萍 杨云云 曹胜男 赵玉松 刘耀雷 王齐齐 邢凯恒 周美宏 周 迪
任菲菲 张 威 薛洪基 吴群锋 李婧妍 陈萌萌 李宜芳 吾米提·海米提
张 航 次仁塔杰 次仁曲珍 娜孜热木·阿布力克木 赛力克·吐可达尔巴义
阿里米热·卡德尔 古丽帕丽·铁木尔 帕提古丽·亚库甫 苏比努尔·巴图尔
次仁玉珍 古丽给娜·阿力马斯

二等助学金(146 人)

李 欣 叶 青 李璐璐 任杨伟 付 杰 董效阁 胡 映 罗 俊 刘笑天
林家校 赵玄烨 于 波 孙建飞 孟文博 程 艳 王荣寅 崔 潇 鹿 阳
张振旭 陈 佳 张慎娇 陈永立 崔超婧 晏露兵 贾 宁 马 勇 于 丹
高大亮 杜梦宵 何 理 曹 锟 姚帮明 邱 方 章康康 苑 胜 周 斌
张 琪 张 博 王浩宇 李蒙蒙 王建磊 游 丽 张 弯 高凌云 文贞琼
李 达 岳永升 吴帆帆 李雪艳 宋 丽 李 坤 陈晓雅 李大飞 李 明
刘 畅 左靖钰 王丽萍 苏立君 孙 洲 陈伟男 徐 凯 梁梓琪 丁 琳
钱 亮 王 瑛 张 少 巫成方 吕蒙爱 陈玉玲 赵 彤 高宇杰 吕佳伟
张安琪 张 璇 尹 梦 童 宏 孙 娜 刘宏宇 黄 帅 张 杰 张 隆
兰福明 龚梦泓 邓迪文 谭云云 王 凯 靳笑荣 宋桐达 陈珊珊 刘家华
王 梓 武绍君 王 丹 吴 铭 雷 彬 席海林 胡晶晶 左茂喜 李利华

黄亚元 杨 帆 邢 进 马行原 安 宁 赵莎莎 丁 娟 方永栋 高希泉
刘 杰 杨 创 熊冬琴 韩志颖 杨 贺 侯 芳 张维帅 张璐雅 伍书哲
武曼琳 赵瑞翌 王 柱 范晓婷 刘琰琰 张 稷 孙胜杰 辛鹏华 尹 彤
陈金友 董丽楠 王蔚洁 尚 妍 康 敏 林建建 姚恒元 张 颖 姬国强
王 禹 陈小艺 徐 扬 余 伟 臧 豹 阿迪拉·阿不来提 安外尔·居麦
古丽阿娜尔·吐逊拜克 阿卜杜喀哈尔·阿马努拉 巧丽番·木合塔尔
迪娜菲丝·艾热提

历史学院

一等助学金(30 人)
郑 祥 李中华 王 宁 路凯乐 陆晓丹 王 旭 秦 楚 田 欣 刘玉美
朱红进 秦树波 朱 俊 牛孟娇 赵一阳 安玲玉 王沛珊 陈凯靓 徐向羽
罗小川 郭海南 桑佳琦 石 斌 易 冰 马晓驰 王 鹏 格桑曲珍
罗布卓玛 陈小芳 宋全超 许凯文
二等助学金(30 人)
林 慧 吕兰兰 张 巧 施城南 闫绍婧 罗振发 段福娟 蔡慧静 王蔷薇
张娅娜 丁 诚 唐 江 侯孟超 钟 君 梁爱芳 王 希 卢 飞 李江涛
邱建波 黄江林 廖体英 盛 浩 赵 娜 李厚超 赵毅波 吴金凤 王亚南
林锦涛 常 乐 张仕豪

旅游与服务学院

一等助学金(2 人)
苏文彬 吴亚婧
二等助学金(2 人)
马新颖 曾妍菲

马克思主义教育学院

一等助学金(9 人)
徐千华 张腾霄 王 斌 毛霞红 钟景红 舒高磊 李 娜 钱灵珠 丁紫瑜
二等助学金(9 人)
郅艳梅 韩彩风 何 靓 郎庆荣 薛 颖 李 倩 谭兴林 郑 群 许双敏

软件学院

一等助学金(40 人)
宋小远 蔡仁茂 黄雅莉 杨 名 鲁延嗣 曾 靖 林 苗 莫宝硕 夏闪闪
甘 洁 袁 雪 余 鹏 张云亭 侯峰智 杨 川 范春彦 何志成 钱秋璇
庞春辉 王明冬 周建华 吕黄兵 张志强 李雪莹 马松涛 李洪坤 闫 斌
吴明旭 崔雪蕊 吕星辰 李东池 郑仙君 石月奇 张天雨 齐 伟 熊 政
李秋漫 毛懿荣 谭米玲 平措扎西

二等助学金(41人)

张　涛　付建宇　周　野　杜泽天　杨　欢　高家尧　吴相君　罗　阳　镇明敏
关　强　白　丹　顾　伟　包　璐　姜　涛　岳　宾　傅春连　姜明星　于京洋
罗松磊　李亨德　李秀健　张宝乐　徐希浩　赖云霓　石长青　沈鑫杰　李玉雪
和　明　刘晓虎　张　伟　叶　鑫　任育萱　王亚飞　张云龙　高　磊　陈　建
位冰镇　张　旭　李　茜　罗　追　皇甫幼峰

商学院

一等助学金(113人)

隋雪健　何鹏成　刘　浩　庞舒元　杨增辉　李　颖　王雨林　岳远博　牛振华
吴志权　贵思博　郑　岩　吕晓冰　曹玉娇　张　谦　沙　飞　王琳君　何志麟
沈　雯　邵春云　马天娇　勾可会　高　静　郭清兰　王佳佳　石月玲　陈仲强
屠岩利　张　妍　郭梦瑶　黄　孛　麦新达　杨　梅　张　磊　鲍　鲲　莫雪林
何晓凤　李　楠　阳椿萍　张　飞　杨苗苗　杨　梦　陈玲周　孙茂芳　朱宏智
梁郁欣　宗　确　张　强　安雪邕　赵梦菊　柯　斌　张茂甜　罗　杰　祁长红
徐天华　张一鹏　李　南　范林玲　李桧楠　赵　虹　张　帅　谈姝彤　张立旺
丁　玲　刘堂旺　王安琪　李　伟　赵　蕾　杨曼罗　唐泽艳　刘宗坤　马树娟
刘志鑫　徐朝霞　刘鹏飞　周　咪　随晓芹　杨艳芳　王　杏　姜　安　杨丽坡
李　明　暴娜娜　顾　杨　周文静　汪晨辉　蔺晓东　左德帝　孙　鹏　马耀军
贝鑫月　林嘉伟　刘凤斌　钟　琳　卢　茸　贾丹丹　谢晓江　吐尔孙·马木提
格桑措姆　旦增加措　拉琼次仁　马尔依那　罗布次仁　古丽加娜提·哈比木拉
祖比代·依明　麦迪娜·艾沙　艾斯凯尔·伊斯坎代尔　茹仙古丽·阿布力米提
乌仁其米克　努尔比亚·艾尼瓦尔　卡德丽亚·艾尼瓦尔　古丽巴努姆·苏来曼
古尼扎·朱马拜

二等助学金(111人)

高　贺　邓承浩　邓文敏　张娅英　董　婧　程思伟　曹斯禹　刘小南　姜天阳
李堃泉　张振泽　冯　瑶　贺　晶　王雅楠　崔梦焱　马云鹏　王帅德　李　志
房信子　高爱瑾　蒋晓婷　王森传　邓文婷　王天宇　刘　亏　张强涛　郑悦萍
李德艳　徐文锐　洪丹转　钱海燕　张学阳　孙书杰　严秋玲　赵森焱　李德艳
冉　琪　李晓雪　王俐珍　汪希伦　万祥亮　梁燕妮　林柏键　刘　宇　王　茜
石晓晨　陈　鹏　刘晓飞　余恋进　郭无费　宁运东　沈　娴　严伟涛　文冠群
王世缘　梁　栋　郑文轩　肖　禹　孙斌魁　司马洁　王嘉懿　刘　宪　郑东晖
王　锐　周荣飞　杨进雄　魏　飞　温　静　刘淑婧　朱彦强　祝佳成　徐国峰
朱世利　郭雅飞　杨士绅　席可欣　张婧玥　白　雪　李钰莹　张　喆　常春阳
王　琦　张　强　闫晓媛　朱　月　金　萍　田家瑛　董振宇　付雪梅　胡莹雪
赵德振　杨　艳　王泽华　李　敏　田秋月　李　根　黄玉婷　赵乾坤　邓美观
袁　婷　张世洋　刘露男　张静敏　臧　健　金伊婷　聂三军　邓瑞红　翟　静
欧阳云静　依力亚尔·玉素甫江　阿霏拉·阿不力米提

生命科学学院

一等助学金(44 人)

杨　鑫 陈列阳 付　惺 李佳斌 史　忠 李雪岩 陈永宏 张　冬 王经强
高靖辰 田　空 王　涛 侍世磊 李　彦 罗　南 李安然 周大明 梁华斌
李　莉 聂凌晨 殷　才 刘　灵 马菲阳 毛亚男 刘　宇 刘　达 王　鑫
石　慧 周云强 王　静 王国平 王可新 范金爽 司雷振 杨　希 段向辉
侯碧莹 王妍馨 吴永鑫 陈遵丞 石　欢 孙　龙 王　跃 张　圆

二等助学金(44 人)

师志冰 杨　远 张　婷 李俊润 丘佳丽 刘　婧 李　根 刘雪磊 王　斌
郭朝霞 霍玉文 刘亚林 陈　超 王亚玲 施　宏 杨　克 王志航 李世平
程珊珊 张　鹏 李　奇 邹　帆 周　标 刘虎跃 王　丹 梁　朝 刘日月
赵　田 葛　路 戴　钧 冯　晴 吕尚文 陆定坤 倪培凌 杨　杰 刘雪燕
李　齐 何正金 江　敏 韩丽芳 王一涵 杨　楠 张梦静 张　琦

数学科学学院

一等助学金(36 人)

郝燕龙 王睿智 王子贤 夏芳芳 杨志刚 李春苗 谭晓龙 苗　欢 贺　杰
叶　锐 白　剑 王江峰 胡　旋 李亚楠 王艺奇 李艳普 罗　刚 顾祥娟
宋智鑫 温世杰 罗朝春 刘心悦 杨　超 胡泽文 石晓巍 李　爽 次俊熙
余访文 马飞龙 辛贵猛 周真卫 元志林 唐小华 刘　文 蔡　磊 和西奎

二等助学金(37 人)

刘晓莉 马世珩 成晓辉 高庆怡 李润冬 邹林强 冯　雪 王鲁佳 李文兵
张雨泽 陈诗锋 秦晶晶 李文克 张德耀 赵　鹤 张静茹 阙添威 牛雅博
赵亚迪 吴　婧 刘　洋 周　游 陈　鑫 张彦坤 王建元 周　涵 周　杰
正　一 石松庭 曹　蕊 闫永贵 胡　满 姜玉冰 徐　江 毕　莉 龚　欢
巴桑次仁

泰达学院

一等助学金(53 人)

魏贤海 成竞蔚 史　良 马志强 燕　楠 唐启鑫 袁　红 卜佳楠 高　婷
黄　虎 陈　金 原雪峰 耿丽彪 赵兴华 陈　颖 董倩倩 黄慧婷 李义刚
向婷婷 张文锦 毛　林 马菲妮 刘　铭 周佳慧 崔志威 刘清滔 刘家安
李　曼 杨国成 胡远松 宋晓璇 周　璇 王忠发 何　莹 程　雪 杨　彪
陈正慈 李　龙 张　欣 史颖超 周胜利 王　通 焦津钊 付　蕾 吉国泰
蹇　萍 廖国帅 石　燎 李宝磊 黄纯飞 戴江湖 何　静 潘小平

二等助学金(53 人)

杨　帆 白文欣 曾　姣 陈闪硕 孟庆桐 张万英 魏海笑 孙　杭 黄珮姿
孙建华 范慕晗 张晨东 杨少荣 杜为民 张曼玉 徐　瑜 董江鹏 王　凯

韩晓亮 周 颖 张浩强 李树发 陈晗熙 贾贺欣 吕吉亮 刘鑫磊 廖 黎
张兴华 丁淑萍 周保茹 陈维桢 刘 静 刘桂良 楼新博 刘 兵 李 月
贾占喆 李 点 韩 飞 吕恕德 刘 源 史志超 马 伟 周 杰 李圣哲
侍雨琪 李镇克 杨英伟 冷 乔 刘碧霞 任大铭 李 坤 马军艳

外国语学院

一等助学金(48 人)

赵 情 黄 源 韩成杰 张聪聪 潘明明 覃兰茜 许明明 赵芮萱 次卓玛
王江放 肖亚桢 刘月梅 湛伦丽 高留莎 杨爱荣 崔鹏伟 拉 吉 谢银霞
李玉清 于连松 段 愿 刘译阳 赵 力 黄亚琪 李 珊 王雪霞 王进进
徐连健 赵美园 李丽丽 苍丽娟 齐永梅 薛建芳 杨 波 杨 阳 何东亮
贾 杰 杨 雪 王玉璐 师贵媛 袁 园 次仁旺姆 麦迪乃罕·吾卜拉伊木
刘 丹 段梦婕 刘晓慧 索南康卓 古力巴哈尔·吐尔逊

二等助学金(48 人)

王超楠 张教诚 孙雨竹 张 叶 刘启勋 马 芳 王坤琳 魏泽琪 朱思路
骆佩雯 连剑辉 贺静净 周九妹 张书宁 刘 慧 王 洁 赖万良 赵 楠
徐 静 陈 娟 杨淑敏 林智锋 刘湘君 王凯迪 钟 磊 陈 欢 冯海霞
王嘉欣 钟茜茜 晏 慧 路 彤 宁桂芝 包一兵 邵晓鹏 王思力 黄龙剑
付雅歌 岑晓梦 宋玮婕 董琳琳 李晓楠 赵玉竹 李春雨 秦 亮 高迎春
尼玛曲珍 伯勒克孜·吐尔迪 阿勒玛古丽·达吾勒

文学院

一等助学金(61 人)

司永美 孙笑岩 黄伟刚 韩永兵 张登龙 马向印 张晓宁 李 伟 崔维彬
赵新玲 官 平 陶而吉 陈选花 薛丛美 李艳霞 尚国岳 李佳闯 邹 凯
何柳贤 张凯莉 姜 媛 唐 浩 陈俊芬 石翠竹 李建朝 刘艺潇 邹 林
张 龙 朱 鹏 程云云 王丽丹 严诗琴 张 杰 冯 莉 杨 红 高宁朝
陈 方 马 聪 魏金丽 冉 立 刘 晓 郭英杰 刘福刚 宋珊珊 尚 杰
李建瑶 苑代微 李浩荡 张春杰 刘灵枫 张宝贝 史路路 麻灿威 张志明
胡露露 翟洋洋 刘卫征 热孜宛古丽·艾合麦提托合提 阿依提拉·阿布吉力
翟晓辉 衣克特巴尔·阿不列米提

二等助学金(61 人)

刘子玉 李 雪 杜永琴 孙赟路 王 菲 韩晓娜 李 莹 张 晶 董云轩
陈李娜 黄立聪 杨 勇 郑佳琳 侯雄亮 马童童 王仁强 侯凯涛 李 娜
冶倩云 张晓娜 靳 松 张 佳 裴 单 黎文倩 刘新雅 张倩倩 曹金珊
刘 莹 付 怡 张 冰 张 薇 李 曼 卢重光 毕团团 刘紫薇 张 玄
张芸华 张亚茹 赵秀楠 李晓梦 曹 爽 张 虎 朱 琳 惠思嘉 黄德标
姜 宁 纪 鹏 樊晶晶 胡 会 龚轶明 黄玉娇 王德胜 刘 洋 刘中喜
李万民 王朝云 曲 颖 刘 慧 侯俊村 贾晓珍 美丽·卡尔拜

物理科学学院

一等助学金(51人)

陈帅军 吕己莉 王大刚 刘泽毅 冯 凯 吉同湖 刘 月 胡 东 冯玉龙
李 明 李彦红 厉 斌 李 妮 刘 瑜 罗 丹 郭孝辉 仲丛林 石亚虹
王俊成 余志超 孜叶英 苏 莉 史秋帅 刘志远 艾惠翎 李鹏岳 廖文英
杜成林 王文博 王 睿 吴 琦 闫晓铮 王新亚 杨仲祥 阿迪力·约麦尔
欧阳春宝 祖力皮喀尔·买买提 阿迪力·阿不都外力 马木提江·阿巴拜克热
艾克拜·吾守 夏甫克提·阿布都纳比 布阿米乃·托合提麦麦提 木拉提别克
乌尔克西·也尔肯 艾克然木·海比布 许库尔·库尔班 安外尔·伊卜拉伊木
胡瓦提·霍拜 牙尔肯·牙森 于苏蒲卡迪·于苏英 古丽加依娜

二等助学金(51人)

李 旺 何砚鹏 应杭君 孟祥东 林妙玲 费金鹏 荀 爽 庞长安 刘文玮
陈 棱 张宏友 孙学朋 赵竑霖 姜 聪 邓 伟 史 博 卢家汉 付大双
吴文超 朱 超 余建芳 李 想 关分海 苏建龙 马飞龙 郭 昊 杨 平
冷长志 许震明 吕 赛 黄孝庐 隋振东 魏 东 黄 杰 邢美丽 肖华松
杨凌雨 薛云峰 黎楠坤 田 宸 邢建新 金 城 周海明 吴佳坪 杜 威
杨君宝 李长青 肖 瀚 张 煜 强兆雪 马峰博

信息技术科学学院

一等助学金(166人)

武丹丹 陈广辉 王 鹏 翟永超 王东辉 任 强 贾宇晗 刘 云 蔡春蒙
苏耿华 张毅伟 孙长辉 高翠翠 史清宇 杨 芳 吕亚忠 甘玉波 高丽盼
郑 均 阿崇文 康自林 熊建军 李天雄 牛 武 韩 顺 刘 希 杨菊海
欧小龙 李少纯 杨清泉 王业成 王 贺 刘钢墩 安双新 赵性睿 朱晓瑾
于 义 董爱梅 曾广鹏 张丽明 王海涛 白永红 牛晓东 王 博 张志超
梁红茹 温 旺 刘翠苓 郑 挺 程晓东 郑 翔 张来聪 白若文 韩秀萍
陈 恺 谢彦苗 陈庆接 李春飞 彭 磊 王宇奇 田 震 刘 畅 刘晓轲
徐文文 陈祥俊 何厚华 吴 萌 王立伟 陈 琳 孙承君 翟立娜 章修琳
巩永悦 王 盟 孙 扬 张秋林 李 斐 胡兴凯 陈忠诚 桂 敏 赫高进
徐 欢 刘洪涛 黄永亮 庞豆豆 李宏勋 王红军 胡晓玉 饶卫平 俞华伟
刘妍妍 陈路宽 秦 婷 焦 杰 曹 月 马金硕 周登元 张启恒 陈 涛
李 鹤 胡琦飞 卢 彪 刘 娜 邓德才 姜双双 李 俊 杨 超 钟洋洋
张鑫龙 谢永辉 宋彤彤 蒋宗浩 蔡祥睿 杨 杰 王非一 郭珈瑜 王 敬
张晓明 林万彪 金乾隆 寇自立 张 欢 袁 攀 王 锐 李 昂 司付庆
何 桢 李晓彬 刘军研 陈小汕 王 斌 陈 相 许 鹏 蔡朋成 常华亭
范思琪 孙 明 王文莲 孙亚玲 刘振传 任喜娜 李登维 邓 青 韩书宁
汪 坚 谈春雷 姜佩东 乌 玮 宋 曼 梁 达 龚 成 马晓晴 薛有华
唐小辉 吕 将 王 健 木哈木加尔 阿迪力·吐尔汗江 凯赛尔江·司马义

克热木·亚生　麦提热杰普·麦麦提伊敏　吐尔逊·卡哈尔　玉素甫江·吾买尔
阿依帕丽·艾克拜　阿布力孜·萨那吾拉　买苏提江·阿帕尔

二等助学金(164 人)

郑建永　轩兴堃　赵　锴　宋秋革　刘志成　贾　坤　崔　旭　丁　亮　朱　斌
郝　赫　吴　佳　张欣欣　薛钰琪　任阿旦　韩　超　缑　旭　刘亚洁　赵子豪
萨出荣贵蒋雪阳　张连旭　王应松　张　伟　王亚慧　范　凯　张晓宇　周宗坤
吴卓锋　刘振君　张　筑　王　露　王宗磊　韩术鹏　唐大伟　沈　辉　王英杰
白金玉　王　文　肖思远　刘鑫鑫　袁　恒　王增日　王雅超　杨　豪　董　晗
邢志雪　杨建星　罗宗贵　李　晶　朱振涛　崔红蕾　杨　磊　孙军伟　郭雪松
周小明　王易学　李　颖　吕朋浩　杨　帆　杨益林　张　晶　胡　力　孔　琰
张　迪　吴衍标　杨子辉　官孝军　张　伟　陆　苗　张天琦　王超洋　张心语
袁林丁　冀国亮　宋云菲　张智勇　吴　帅　钟　声　张怀选　赵佳奇　杨　爽
刘竞屏　高东辉　赵晨光　许　波　付宁佳　张震坤　刘婷婷　丁　飞　王世鹏
王　伟　崔　励　吉森林　黄小敏　徐雨薇　曹国彬　魏文彬　罗薇薇　张　瑒
杨朝旭　李　博　张慧丽　刘保成　赵青菁　张亚望　魏　峥　白瑞童　张海艳
苏玉婷　冯　晨　任俊杰　郑　胤　梅　豪　刘　晨　刘焕雪　谢　航　戈志远
李继坤　杨　菊　肖祥飞　朱鹏博　苏　涛　王　帆　杨　帆　张明洋　苏中文
谷春阳　周润发　马顺健　滕南君　朱　琳　何嘉蓓　项美琴　李　楠　石　鑫
邢艳肖　王春伟　周万兴　郭　龙　刘　淳　曾宗海　王茜茜　尹　伟　黄沛其
刘艳霞　王　瑾　杨松松　贾配洋　张文凯　张鹏飞　张　锟　张海潮　谢　强
赵　阳　张　珊　边佳旺　肖　娜　刘成成　贡嘎班登　卡迪尔亚·卡衣沙尔
玛合木提　贡嘎班登　库杜斯·热西提　吉白珂·加尔恒

药学院

一等助学金(25 人)

范文文　丁立江　高龙宇　赵世彬　刘硕霄　姚　超　高小康　杨　蕾　姜　辉
郭俊雯　王　超　倪佳南　李龙飞　茹　童　李　帅　毛居旦木·沃布勒哈斯木
巴桑曲珍　白玛央宗　苏来曼·艾谢力甫　苏尼娅·斯迪克江　艾妮莎·塔来提
美丽坎木·阿不力米提　阿比旦·多力库尼　吐尔逊古丽·买买提艾力
德庆曲宗

二等助学金(25 人)

龚曼宁　孟令浩　刘燕燕　赵亚茹　苟永达　闫朝阳　唐晓楠　张敬茹　杨　茜
管启圆　辛昱轩　陈　浩　何　宇　宋　辉　王俊芳　张岩岩　靳孟霞　李　春
王笑然　邓金山　李　宁　热依拉·司马义　艾孜江·玉山江　阿依门·瓦特汗
亚尔麦麦提·图尔荪

医学院

一等助学金(44 人)

谷秀格　王亚洁　牛晓彤　赵东方　李朝阳　王　杰　刘佳梦　彭　娇　龚康子

刘金哲 李笑班 刘梦丹 刘元圣 徐闪闪 陈昌裕 王梓瑞 王　森 闫建军
刘啸东 彭　君 陈　中 曾　静 陈　丽 魏春芳 邢晓伟 刘　丹 田留洋
陈　熳 高媛媛 张钧芬 李晓鸽 朱宝杰 张　伟 刘华旭 邹思凡 杜松良
李　瑶 白迎新 彭　飞 阳桂芳 黄露露 潘东兰 阿卜杜凯尤木·麦麦提
西来甫克孜·木合塔

二等助学金(45 人)

陈仲燚 李　威 李　楠 苏汉星 张　羽 刘　靓 刘振海 周　婷 龙　渡
和鹏飞 林兴潇 岳　伟 包丽荣 王飞雪 马　迪 崔　冰 全勇俊 郭忠奎
石　硕 蓝　炘 黄秀婷 王蕊琪 聂西庭 朱家琪 史泽宁 刘　彬 董长春
邓　磊 康　丽 王沙沙 王　慧 王　帅 张晓彬 王　强 辛月娇 秦唐山
孔姗姗 李焕帅 王铭洋 吴　猛 李艳娜 韩婧娜 张　琦 杨永强 李英吉

哲学院

一等助学金(19 人)

白玉平 彭　航 孟春双 刘云松 薛川川 李　丹 赵小华 刘正利 邓　成
刘小梅 刘汉蒙 卢艳楠 刘心善 万明雪 王文秀 王雪杨 蒋　涵 苗盼秋
刘　绪

二等助学金(19 人)

文　艳 邓永熊 杨　怡 马芳芳 胡瑞斌 艾　琳 张　颖 罗明贤 夏　佳
范志凯 钟　辉 刘义彤 焦傲翔 靳楠楠 赵佳丽 徐　蕊 刘丽丽 阙玉叶
袁旭亮

周恩来政府管理学院

一等助学金(37 人)

唐德龙 邢小冬 张　罱 潘　琛 王晓真 毛讷讷 宋敬奎 何建华 赵成军
金　玉 刘　旬 胡明莹 郝光耀 杨文婷 张潇逸 只炳强 宋彬彬 李碧清
段楚楚 罗斌印 戢宜进 钱　美 冯丽琴 耿　爽 姚顺平 王晓燕 王文奇
王学旺 代文斌 张　娜 刘国俐 孟　丹 孟祥光 江那特·巴合提亚尔
杜民英 赵相宇 格桑多吉

二等助学金(37 人)

石晋峰 夏　冰 郝敬伊 谭楚妍 石　眶 索朗卓嘎 格桑顿珠 颛孙玉滢
陶霞飞 王文志 江育恒 杨新欣 张文鹏 黄跃华 王青梅 王新梅 朱　萌
郭　芳 黄　星 贾志怡 张朋云 瞿章俊 皮敏维 斯华景 董雅蓉 李枋枘
巩双双 杜玉春 周　泉 李　昂 左肖文 闻姗姗 杜滨炜 顾煜菁 卢跃峰
冯立洋 刘新新

天津市政府奖学金获奖名单(51人)

序号	姓名	学号	院系	专业
1	赵奇	1012955	法学院	法学
2	马冉	1112973	法学院	法学
3	郑洁	1012243	汉语言文化学院	对外汉语
4	卢海娇	1010882	化学学院	分子科学与工程
5	杨亚静	0910858	化学学院	化学
6	任家桐	1110745	化学学院	化学
7	尚鹏	1110748	化学学院	化学
8	王楚亚	0911008	环境科学与工程学院	环境工程
9	朱逸娴	0911931	经济学院	保险
10	李阳頔	1011865	经济学院	保险
11	卢肖	1011710	经济学院	财政学
12	高恺琳	1111682	经济学院	国际经济与贸易
13	李亚睿	0911789	经济学院	金融学
14	安洪伟	1111789	经济学院	金融学
15	何涛	0911542	经济学院	经济学
16	董雪迎	0912373	历史学院	博物馆学
17	梁鑫蕊	1112349	历史学院	博物馆学
18	马新颖	1113123	旅游与服务学院	旅游管理
19	郭春莉	1012274	马克思主义教育学院	思想政治教育
20	星辰	1012596	软件学院	软件工程
21	宫君宇	1112657	软件学院	软件工程
22	孙菁	0912084	商学院	工商管理类
23	赵乐	1012046	商学院	工商管理类
24	刘泽真	1111967	商学院	工商管理类
25	张沫	0912189	商学院	管理科学与工程类
26	周维	0911106	生命科学学院	生物科学
27	李玉梅	1010994	生命科学学院	生物科学
28	李晨煦	0910030	数学科学学院	数学类
29	杜梦瑶	0910109	数学科学学院	数学类
30	孙心宇	1010015	数学科学学院	数学类
31	王光远	1110058	数学科学学院	数学类
32	方亮	1013045	泰达学院	物流管理
33	苏可	0911507	外国语学院	法语
34	董芷卉	1011350	外国语学院	翻译
35	黄荣	0911386	外国语学院	英语
36	王熙文	0912580	文学院	艺术设计
37	项斌	1012531	文学院	艺术设计
38	李晓涵	1112559	文学院	艺术设计
39	张露佳	0910330	物理科学学院	物理学类
40	袁永浩	1110247	物理科学学院	物理学类
41	董安琪	1110381	信息技术科学学院	电子科学与技术

续表

序号	姓名	学号	院系	专业
42	何佳恒	1110441	信息技术科学学院	通信工程
43	杨志斌	0910356	信息技术科学学院	微电子学
44	焦振宇	1010604	信息技术科学学院	信息安全
45	舒茂	1010675	信息技术科学学院	智能科学与技术
46	冯赵骞琦	1011245	药学院	药学
47	马燕燕	0911249	医学院	口腔医学
48	刘延川	1011277	哲学院	哲学
49	孙绥志	0912755	周恩来政府管理学院	国际政治
50	曹芮	1112704	周恩来政府管理学院	国际政治
51	王珏	1012748	周恩来政府管理学院	社会学

天津市先进集体、先进个人

先进集体

序号	单位全称	报送单位	获奖类别
1	商学院2010级管理科学与工程班	商学院	天津市先进集体
2	经济学院2010级经济学系	经济学院	天津市先进集体
3	外国语学院2009级日语班	外国语学院	天津市先进集体
4	物理科学学院2009级伯苓班	物理科学学院	天津市先进集体
5	药学院2010级二班	药学院	天津市先进集体
6	马克思主义教育学院思想政治教育2009级本科生班	马克思主义教育学院	天津市先进集体
7	化学院2009级本科生材料化学班	化学院	南开大学先进集体
8	南开大学数学科学学院2010级数学类第4班	数学科学学院	南开大学先进集体
9	环境科学与工程学院2011级本科生班	环境科学与工程学院	南开大学先进集体
10	文学院2010级汉语言文学专业班	文学院	南开大学先进集体

先进个人

序号	姓名	学号	推荐单位	获奖类别
1	段小刚	0912748	经济学院	天津市三好学生
2	黄迪	0911448	外国语学院	天津市三好学生
3	胡小玲	1011313	哲学院	天津市三好学生
4	赵进	0911237	医学院	天津市三好学生
5	李俊侃	0913131	泰达学院	天津市三好学生
6	刘宇心	1010951	环境科学与工程学院	天津市三好学生
7	索雅辉	0912338	历史学院	天津市三好学生
8	张佳庆	0911141	生命科学学院	天津市优秀学生干部
9	马宇平	0912499	文学院	天津市优秀学生干部
10	刘成成	0910717	信息技术科学学院	天津市优秀学生干部
11	刘汉雄	0910235	物理科学学院	天津市优秀学生干部
12	江育恒	0912751	周恩来政府管理学院	天津市优秀学生干部
13	冯鑫	1012573	软件学院	天津市优秀学生干部

本科生周恩来奖学金获奖名单(10 人)

泰达学院	宫　帅
经济学院	段小刚
化学学院	胡　骏
哲学院	蔡　淼
物理科学学院	张　娟
环境科学与工程学院	陈　熹
信息技术科学学院	李高峰
外国语学院	刘瑞毅
商学院	徐小婕
文学院	曹梦雅

优秀学生奖学金获奖名单(2680 人)

一等奖学金(287 人)

法学院(9 人)

刘　雯　周宇佳　徐小琪　龙　晶　刘柳妤　汪　旭　何奇子　林思思　宋　垚

汉语言文化学院(3 人)

夏文钦　吴佳晨　王云丽

化学学院(24 人)

郭蔚华　韩　沫　朱易成　廖冠华　韩　哲　金雨彤　刘怡郎　马玉芳　董陆韬
马嘉雪　董　跃　郭亚斌　吕海荣　岳　静　张绪歌　刘英硕　胡世超　张越巇
黄建平　于　丽　李　尧　解松林　戴依伶　田　婕

环境科学与工程学院(7 人)

林雪瑛　羊小玉　梁丹妮　李　阳　侯亚博　高　琦　王　智

经济学院(44 人)

张　居　王　茜　陈　静　周隽舒　郑　蕊　戴雨横　常子豪　马　榕　邢翌宇
魏　然　张英达　柯　岩　孙　静　周　健　杨晓添　鲁文霞　胡瑞琦　张云昊
吴亦娇　周仕盈　任沛东　曹　玲　田琦艺　雒　蕾　解兴宇　谢开强　谭画静
许　萱　张小晶　蒋丽夏　张海虹　朱怡雯　张开宇　田　丰　杨　倩　徐明飞
张妍哲　张　琪　王凌洁　钱晓雨　王　旋　白颢睿　游　绎　高础拉呼

历史学院(7 人)

宋昱娴　潘荫庭　刘旭阳　龙芊良　冯砚博　朱焱彤　王　也

旅游与服务学院(2 人)

李　晶　朱　征

马克思主义教育学院(3 人)

崔　雪　谢　萌　张杨秋硕

软件学院(10人)

罗　量　邱禄瑜　韩　帅　陈佳星　冯博文　张晓林　郑梓坪　郝天舒　史宝旭
唐甜田

商学院(28人)

陈　成　李晓铮　钟　瑾　孙晓予　朱梦竹　任　阔　任宇欣　吴思静　何　日
吕丽霏　于　丹　薛　梅　李芃迪　陈静宜　吴　霜　高艺芮　李冠华　胡碧骜
孙彦美　周千慧　阴　婕　高俊超　梁　俏　郭敏行　石登宇　王雪冰　张　琦
刘冰凌

生命科学学院(11人)

王会颖　徐　骁　夏　雪　蒋　雪　莫文慧　王红玉　林　茜　王　瑜　张雅嘉
赵若竹　陈　凌

数学科学学院(16人)

程文骥　任　民　张一岳　李天伦　操文治　何万家　刘梦颖　李旭昇　董　鑫
何　倩　刘　蕊　周煜航　朱奔奔　黄家盛　王　猛　欧阳力亚

泰达学院(6人)

史志超　王　雯　冯文涛　曾　姣　王梦月　王　超

外国语学院(15人)

李一萱　符淑芳　唐慧妍　李思佳　黄可心　钱璟祎　俞欣宜　李婷婷　俞卓君
刘嘉琦　张迎迎　宋　迪　马　欣　戚梦苑　许议丹

文学院(16人)

付文超　赵　晴　伊晓飞　王毛毛　高　畅　陈盈珊　赵若姝　韩珊珊　陈　茜
刘子玉　聂文斐　晏雪菲　江继翔　李漠雨　周　旦　田　天

物理科学学院(12人)

何院耀　徐　阳　史学琛　邓　丽　刘钊呈　陈思宇　陶　琳　袁晓庆　李浩林
朱　葛　张　亚　徐晓思

信息技术科学学院(35人)

王浩竹　王松超　孙诗昭　邓　琳　颜晓奔　冯天明　张司亮　伍文杰　李灵毓
蔺冬雪　刘成成　党若今　张　瑞　孙龙天　周　纤　谢忱辉　赵宇丹　王聪超
刘皓然　卓欣欣　张婉璐　潘忻望　张　超　王银露　胡浚逸　贾医菱　黄　曦
何相腾　孙　月　郭　阳　郭艺璇　桂　旻　唐　然　徐思涵　高明君

药学院(5人)

肖茹月　汝续龑　郭祖浩　张家报　樊慧真

医学院(10人)

刘宇飞　刘　放　王鹏鹏　王月明　翟启明　黄　迪　张艺千　王　梅　张　渝
李　州

哲学院(6人)

赵　怡　阙玉叶　宋靖文　沈梦原　温旭萌　康佳欣

周恩来政府管理学院(18人)

权贤美　田　静　吕　海　宋　懿　周　想　刘芮宁　李　琳　张懋媛　杨崇磊

田腾骧　李晨行　潘倩倩　曹　曦　孙　山　尚冰清　栗心澄　李冰楠　仲丹丹

二等奖学金(960人)

法学院(32人)

张则徐　卢　炜　张东泽　牛思琪　段頔婧　黎　曚　刘斯亮　魏　源　董士嘉
米珍枢　赵　咪　薛亚密　黎素婷　党　晨　马　翀　许　可　郭婧旸　尹晴晴
张　苗　谢　斐　李　香　方　岚　任肖容　杨婧妍　黄春怡　尤婧宏　裴　思
孙　婷　朱维婷　李安静　覃佳笛　张婉星

汉语言文化学院(9人)

刘　蕾　刘星辰　郭翼美　郭品荃　郝　逸　李小沛　杨　喆　刘书近　田弘瑶佳

化学学院(77人)

张倬然　付浩浩　赵　博　景　晨　侯玉彬　孙　锐　胡景皓　牛晨迪　时　鹏
韩骐伟　黄韵晓　王　同　李翔宇　李雪莹　李晨龙　石贺锦　贺明睿　李海辰
句亚男　武慧玲　汪俊洁　查海红　刘焰尧　薛屹楠　宋懿轩　欧翰林　孙婷婷
丁　菲　张艳芳　林海珠　乔心恺　谢卓尔　杨雪娇　任丽君　王冬梅　谢永辉
李炳强　曹涵雪　董　梅　贾思宇　何友益　沈　浡　熊艳梅　高振博　李林秋
刘秀玮　高　琛　孙弋力　马泽暐　宋天航　张　娟　肖嵩君　李洪玉　谢玉青
吉　嘉　毛玲玲　孙泽宇　谈柏轩　张紫超　张新羽　张语非　尤茗语　李雪苗
贾儒轩　许　可　唐　卓　宗　垚　苏　悦　龚　喆　曹　健　鲁晓岑　刘子超
赵剑飞　王　鹤　左天成　陈厚贤　陈　鹏

环境科学与工程学院(23人)

候其东　余梦琪　周亚敏　韩赫兴　马成龙　陈航飞　冯　蕾　周恋秋　母全华
孟　醒　刘　琦　夏佳慧　陈　骁　邓媛元　黄　煌　王咏新　虞盛松　徐　莎
王彤旭　冯萃娟　张世良　邹亚男　王如凡

经济学院(147人)

周　安　李嘉玥　苏　潇　朱诗席　张　玲　田　颖　傅一瑶　李必晗　瞿　楠
李沐子　王奕丰　曹依林　刘　硕　刘远方　李潇霏　贺　晨　何　翰　曹　凡
崔宇扬　宋沛珏　李明穗　杨珅珅　芦佳宁　胡心怡　叶　青　陈宇倩　褚文捷
王岩岱　王　斌　石钰莹　邱　玥　路　曦　房　璐　何　晔　郭苗苗　于　丹
胡司琪　王　博　张月莹　何振飞　张雪琛　杨星星　刘宁馨　徐语辛　宋　双
葛朝阳　陈　惟　罗　艺　陈永睿　周晚情　王　袓　李仁修　李元玮　罗阗薇
荣星宇　石晓辰　牛　牛　屈正阳　王　桢　姜　楠　谢颜欢　高　珺　姚恒元
李晓畅　张嘉明　王晓甜　魏雪纯　王　梓　朱张元　袁　奕　曹瑶瑶　马婉婷
李雨洁　武亚琪　付鹏飞　买文仪　范晓琳　谢婼青　陈　满　任　雯　刘天慧
朱梦凡　江国荣　袁　震　张若溪　廖宁平　姜小雨　孙沛鑫　刘　妍　张　帆
林菁菁　边雪莹　胡林直　平　婧　康青青　薛雯琪　宋　丽　曹　野　吴悠然
陈梦竹　冯　帆　李东哲　李郗辛　俞　静　杨李娟　崔曼丽　韩鹏鹏　简　越
姚金伟　刘佳昊　姚　陶　鲍秦杰　赵晓丽　郭察理　徐哲然　周　迪　陈　异
王非凡　陈永立　田　晔　崔　越　蔺梦阳　吴晨媛　李郁青　王　洋　余梓轩

胡　淼　朱宝琦　楼凌波　罗小川　范凯文　张新冲　李　响　董旭达　毛倩倩
韩　笑　谢如栋　马凡杰　白玥明　马晨曦　曹良喆　冯洁文　汪思慧　侯义茹
曹莉莎　苏文竹　李晓慧

历史学院(25 人)

李巍然　刘司靓　阚玮玥　辛孟轲　夏一博　李雪岚　徐　锦　林北辰　何思琦
隋京建　孙　辉　杜钇佳　常　莹　岳选慧　廖体英　于　玥　李荣荣　常志越
孙春立　黄　蓝　刘雅书　张怀文　郑月竹　周晓檬　陈　畅

旅游与服务学院(6 人)

范琦琦　周嘉怡　张琬悦　邓友超　胡洁琳　林　臻

马克思主义教育学院(6 人)

韩彩凤　齐芳佩　许双敏　季　珺　宋彦泽　周　蓉

软件学院(35 人)

陈　昶　孙　尧　洪冰冰　罗金霞　马　睿　张元嘉　马宁宁　胡文艳　程晓润
温　冬　李佳馨　韩远欣　孙渤钧　陈　辰　艾婉冲　李晓君　冯歆尧　杨　永
张家瑷　江　旭　车　丹　范　鑫　蔡　源　刘嘉宁　耿　达　郑建宁　周栏津
刘育良　谢莎莎　李宇鹏　杜　璇　孙凯悦　韩　博　方亚芬　吕博昊

商学院(95 人)

潘复将　王　跃　符　慧　窦欣彤　施秋萍　戴玮洁　刘凯乐　郝嫣然　王晨光
吴高扬　高　珊　李　菲　邹颖婕　邵春鑫　彭　优　张　萌　王　磊　吴怡星
李晓晨　苏晓萌　贺杨璇　杨　珂　司马洁　李金宇　吴建学　杨萍铃　孟巧怡
王　彧　徐芳超　阎昱交　覃依依　任天时　杨　光　于心怡　彭洁珊　郭志欣
周　行　芦家根　王雪力　田明昊　陈　哲　张和子　张志萌　张　芮　饶双琼
韩会州　魏颖思　李赫群　樊　华　张　蕾　周蓓蓓　秦舒涵　韩雅君　蔡睿璇
杨春晓　马嫣然　何　帆　张文芳　蔡文娟　江　泳　刘　颖　程　双　杨冬雪
蒲艳丽　史梦黎　刘　佳　段宛茹　张宗源　徐哲琪　戴祉迎　郑染子　孙　彬
田　维　杨　帆　曾　槟　王　科　徐静平　冯晓芸　魏　超　武　莉　万乾阳
杨　旭　孙燕群　王　静　孙旭婷　关祎岩　程　宇　姚雪晴　王　烁　邹圣扬
刘俊谷　黄　崧　吴　杨　林　欣　豆沁薇

生命科学学院(38 人)

孙家磊　张吉洋　王晓萌　陈意明　田若渝　鲍鹤林　赵　畅　张雅薇　李　曦
朱　丹　邢　伟　郭富绅　盛　涛　王　建　赵凌望　赵轶凡　邓秋萍　刘　婧
杨　帆　蒋韬略　程炳鸿　张重雄　陈荣伟　朱哲凡　冯　舟　孙艳博　张亚玲
陈如梅　慕天浩　王雅琪　贾梦龙　张恺伦　刘　颖　田　君　张　頔　郭威林
汪晓倩　张雪阳

数学科学学院(52 人)

段雨佑　张　强　任好洁　于瀛鑫　刘世昌　李　杨　王宗彦　许　昕　高　嵩
郑　鹏　苏　林　王宝欣　李师旋　刘宇赢　余　阳　尹伊伊　李家琦　卜云琪
杜瑞楠　杨雪峰　曹　流　鲁承志　曾嘉浩　连伟航　马耀楠　樊瞭远　冯贤哲
王燕婷　李　想　王　贺　张　凯　梁德才　孙明阳　李　爽　刘　畅　尹　硕

徐　俊 王　康 黄晓璇 龙子昂 孙鑫伟 刘晓莉 陶　钧 冯卓铭 王若谷
王智淳 吕奕萁 王　真 王丹阳 刘　芸 刘冬萌 杨冰烨

泰达学院(24 人)

孙建华 何　莹 王宇琦 刘睿智 夏飞力 赵　翊 赵书言 窦蜿梓 詹雪英
张宇梅 周雅清 马　珊 王晓春 李　曼 高正泰 张英恩 马　越 姜　楠
董江鹏 张　骥 吴雨寒 王　迪 郭倩文 周媛媛

外国语学院(51 人)

郭安官 陈　茜 刘晓斐 刘　颖 马侨霞 陈　放 韩莹莹 周洁莹 王　璟
马　洁 李丕妍 樊新竹 李禹婵 黄晓墨 衡　欣 闫溢知 洪丹莹 邱　丹
刘静女 张凌宇 杨震南 利翠珍 周思菡 阮淑慧 胡广新 孙　勍 李若曦
张嘉瑶 杨惠文 刘　虹 丁典齐 王洛斯 王雯倩 隋　欣 魏　然 冯思嘉
裴茹婕 尚昇宇 李　想 丛宇宁 魏思颖 王　洁 李丛朔 李　俏 王晓萌
郑瑞珂 胡晓媛 吴　迪 战　阳 寇苇杭 孟　迪

文学院(55 人)

陈静娟 周佳琳 赵诗凝 王　楠 刘　丹 武俊媛 郑艺玮 杨　奕 刘　迪
刘雨杉 张　虎 班　斓 凡莹莹 王志鹏 殷嘉伟 王　帆 刘璐欣 宋伟杰
李建朝 陈姵君 任翔云 崔　莹 许　婧 崔雅雯 刘　岩 赵文中 马　捷
陈晓君 顾梦迪 卢　琦 许天骄 侯丽丽 卢瑛婷 朱姗姗 倪博洋 颜思洁
陈虹宇 罗雪婷 杨璐瑶 隋　蓉 宋　佳 曹梦雅 尹兰曦 刘春云 顾剑峰
吴诗茗 王沛楠 杨美琪 王静怡 姬　妤 张　亮 曹莲娜 秦　帅 吴　莹
陈　金

物理科学学院(43 人)

方　啸 刘志远 黄文铮 张羚翔 汪亦男 安思宇 卢　瑶 邹贻凡 廖文超
王　晨 江思颖 付宝迟 陈　斐 冯若白 谭奥域 李一明 林子都 王家洲
张　晨 吕家琪 边　珂 管鸿明 汪　焜 刘京和 刘晨旭 郑　宇 张艾昕
刘　冬 付苏阳 何松峄 王翼博 孟　杪 刘文玮 高　琪 尹　君 赵香婷
朱璐瑶 黄　超 谢晟杰 夏　霁 刘禹辰 郭　清 王　倩

信息技术科学学院(117 人)

杨鸿绪 彭伟华 张雅薇 叶君宇 邢　爽 王永鑫 杨悦昆 董玥铭 蔡丹云
王晓欧 祖凤美 王增日 贾巧雯 崔宸熙 王宝吉 何悦扬 吕英楷 王一迪
李文哲 安　蕾 王　超 黄耀谆 杨梦焕 蒲　雪 成　沣 慈　骋 庄　镝
吕朋浩 倪裕辉 陈文静 张　帆 陈逸恺 史冠男 金梦彤 陈靖怡 余双春
俞　力 安奕成 张金利 丁尧俊 聂美彤 徐　茜 汤　旭 张　晗 王文娟
王思凯 董　杭 李瑞琪 曹邱曦 张　骁 许　依 李俐璐 王天照 郑洁琼斯
张　彤 李春晓 郭　昊 刘　博 李文宇 马肖旭 沈　辉 周粤彪 邹武林
韩达明 郭振义 刘　闯 卢　睿 毕晓朕 盛佳慧 窦晓凡 李小倩 林世伟
曾　夕 姜　洲 潘君丽 杨　冉 王宇辰 匡迎新 雷济舟 郑　琦 吴　博
陈文炜 王妙琼 徐锡燕 许　傲 梁阳建 李雨轩 门自健 辛佳航 杨　骏
梁　炜 刘海强 张　悦 柳　杨 钱　辰 张蕴千 杨子健 王　菲 常文男

陈　阳　李志晟　肖佳坤　朴敏楠　郭靖伟　左　闯　卫湘蕾　刘英豪　焦跃健
孟令尧　陈婧韵　吴　迪　李　帅　宋文莉　潘同希　刘艳霞　宋陪陪　欧阳宏宇

药学院(18 人)

卢彦冬　闫　续　刘　畅　钟敏涛　金泉一　许敏哲　宋渥然　邱存家　张　蕾
周　思　李　京　陈　灿　唐　朝　陆孝琳　张　楠　宋天邦　金玲玲　山周魁东

医学院(32 人)

丛　科　邹博远　王洪航　董长春　王熠冰　袁碧雯　古梦昀　徐闪闪　晋亚洲
杨悦颖　杨　楠　冯晓珂　徐建桥　张蔚洁　何婉雪　张楚悦　刘世政　苏宏亮
张羽彤　杨依楠　孙菁阳　徐安恬　李楚彤　沈恺迪　周瑞泉　陈国凤　赵　进
吴　珊　何孜姿　高嫒嫒　李思雨　马　莹

哲学院(16 人)

陈　杰　赵　璇　赵　青　丁儒亢　范汇川　李　菲　尚佳艺　杨偲骁　高　琬
文　艳　单虹泽　刘　冰　冯斐斐　李文峰　张潇雨　李　玥

周恩来政府管理学院(59 人)

任乃馨　许清泠　彭　璐　赵　岑　王　瑞　付晓婷　郭　鑫　侯佳迪　谭俊誉
卓聪慧　王晓航　谷天一　魏祥健　冯　灏　蒋欣然　胡心亭　宋梦姣　宋卓为
许新竹　郝丽君　崔诗情　谢东明　高　倩　王　蓓　赵　阳　袁兆宇　吴重骐
曹　滢　杨广红　齐　亮　李玮琦　贾　婷　唐　宇　李碧晴　杜宁宁　殴喜乐
伍亚超　游莅荟　林思彤　韩　绅　杨京欧　范咏楠　李　畅　吴亚博　王　杨
郭晓琼　刘东遥　孙　雨　朱俊帅　李世欣　杨一鹤　杨　杰　王　源　赵姝婧
刘　琦　顾　婧　李斯旸　刘立洁　姚　蕾

三等奖学金(1433 人)

法学院(50 人)

傅　耀　林艺惠　张言非　刘红玉　李皓澜　杨　阳　邓婉妮　刘　璐　潘天驹
马子云　钟梦琳　李亭忆　苏琳婧　崔鹏鹏　冯晟楠　刘晓霏　杨　宇　沈　逸
刘　畅　刘佳慧　李泽慧　丁　宇　顾周会　仝悦瑺　董文洁　史甜茹　刚　可
艾　晨　孙华玉　王　翎　黄　和　覃正伟　郭燕飞　王春宇　倪　菁　陆天琪
任健维　杨宇峰　李仲佳　王昊东　季丹玉　杨　光　姚　悦　唐诗瑾　张　培
保雅坤　刘　玲　韦玉熹　蒋美玲　张俏也

汉语言文化学院(12 人)

白　静　齐润清　蔡梦楠　简欢欢　陈　锐　李伊蕾　马奕璇　王冠冠　罗　洁
喻晓婧　田　童　曾　雪

化学学院(114 人)

于盛楠　胡骏驰　于　静　张笑炎　张瑾轩　蒋国栋　谭银龙　杨济谦　黄耀辉
胡　伟　张成琪　高嘉雪　钱小平　潘志勇　张经纬　朱坤彤　郝致勉　刘加伟
张　茜　武晶晶　彭龙庆　李茂霖　钟　壮　朱正钟　齐思琪　王　超　张　玥
张晋滔　刘山夫　陈长旭　蔡泽婷　巴静雯　田　源　王京拓　仉琦婷　高博鑫
林淑欣　马燕飞　崔　雨　马　玥　樊嘉绪　王瑞雨　陈　林　魏乃翔　李德彰

牛翔龙　李　嫱　邵　旭　张　帅　由　昕　陈玮琪　顾　瀚　罗宇婷　李　鑫
李晓敏　王新宇　王晶辉　张　禾　顾翌轩　杨丛泽　魏超然　李祯玥　王玉珏
宗上鸿　赵恩博　裴晓冬　王鸿凯　李彬彬　陈翔宇　刘　颖　陈　安　闫少凤
赵旭东　任洪岐　张子赫　齐　翔　黄智炜　陆　星　江瑞东　陈家明　左伟岩
吴云翔　张宇琪　张　蓓　瞿　航　吕　冬　刘　慧　陈匡宇　陈　玥　杨吉祥
闫娜娜　屈亚青　廖宁靖　王艳梅　于天一　陈旭漫　马晓彤　杨　宣　夏小婷
颜佳妮　刘沛野　赵梦瑶　侯文君　高　昕　武鹏博　尹　恒　郝　赫　李晓云
石　峰　赵婷婷　靳逸寒　呼振鹏　徐舒羽　马杨彦超

环境科学与工程学院(33 人)

陈　熹　关骁倢　尹楚钰　张　宁　李　田　师艳召　陈　思　周心怡　刘益良
李　亚　高晓月　江天德　段雨欣　汤　翊　杜颖达　刘轶男　赵立腾　土丽飞
郜计欣　张嘉琦　丁　宁　肖怡俊　张丽芬　姜　盈　翁俊豪　吴杰琳　姚　欢
张祎雪　余双雨　蒋　幸　张　越　李　澧　武健羽

经济学院(219 人)

孔祥茹　阎彦璞　王　鋆　徐先一　楼　恒　袁思思　荣　静　李润源　沈　杰
杨非一　张　钊　刘晓芳　郭敬文　秦　越　田　园　凌　晨　王　锦　吕　栋
王梦婷　史乐陶　林昕宇　方　芳　万淑贞　赵　彤　李树菲　王子芃　许舒婷
梁　睿　张　宇　杨　阳　王一凡　程　喆　林建勇　胡亚文　张　婷　苑　胜
宋　扬　周方伟　张　红　刘永旭　蔡宁熙　蒋昱煜　赵莎莎　袁嘉华　郑　璇
赵　青　张明锐　刘宇晨　金　雯　刘　晨　侯骏一　梅子颖　曾子桐　吕元稹
周敬文　刘煜光　邱懿峰　贺惠东　杨胤轩　柏　可　吴　熙　谢斯侠　梁志远
孙　宇　郭陈浩　刘笑天　史燕飞　吴　雪　吴梓越　符　瑶　刘耀雷　周远扬
刘振超　崔　潇　苏晓璇　吴丽珠　陈珺诚　刘　意　王前锋　陈萌瑶　卢　曦
靳爱慧　王东莹　黄贞樾　张乃中　姚宇驰　王　涛　刘嘉惠　王家远　王雅宁
赵婉辰　王巍霖　张　莹　隋　今　吴文昌　施　能　章康康　王应男　李彤辉
肖　萌　李峻睿　严　婷　伍书哲　孙书雯　陈雨依　范馨予　杨　冬　王雅靓
孟令坤　庄晓军　远砚臣　王凯伦　霍晓瑜　郭旭东　赵　莹　王振宇　高儒铠
孔德明　程　呈　杨冠亚　姜　丽　何泽源　李圣节　张　皓　童　宏　王秋迪
孟文博　周　赫　熊　郁　侯亚美　邵　艳　李璐瑶　于丽艳　杨安迪　王熙岚
毕如月　杨　莹　雷梦华　毕峥筝　井凯伦　于文彤　陈佳巍　伍　琼　车凯迪
张　少　理　原　王婕雯　卢　婕　姚博文　池　泉　姚霁芸　单　言　程　龙
林婉芝　陈瑞云　高艺苗　武绍君　苏子棋　张　琦　李青夏　彭伟瑶　刘斯米
李昀格　杨雅雯　李浩民　孙铭佐　崔国煜　刘　璇　王文志　刘　雪　葛　媛
陈芝瑶　王怡凡　高田宇　龙孝严　谢雨含　余　柳　皮婧婷　魏小凡　张思源
王艺婷　高　燕　刘　畅　杨　鸿　李　静　屈文英　杨佳晋　谢　潇　沈　芳
何丽琴　刘威廷　乐东鄂　李梦晗　翁　骋　邹林彤　周晓薇　石国平　胡晓阳
王茹婷　张　帅　刘丽娜　熊　亚　黄忱慧　吴　凡　朱　蕾　郎　洁　李　栩
樊　聪　刘晓星　杨文璐　张郁雷　董凤磊　周　克　梁舒雯　温元正　傅雨爽
孙君雅　苗全辉　黄舒羽

历史学院(38人)

安梁 蔡晓 张迪 丁憧 许尚宜 陈希 高靖萍 刘依尘 高超
胡靓文 张梦旗 刘梦诗 李潇逸 李戈锐 马金鑫 马德璟 常春波 孙昀靖
杜慧妍 石海莉 王亚南 刘芳兵 桑佳琦 田一凡 朱红 秦继鹏 杜春旭
白杨 路凯乐 马妮娅 王珍 张楠 韩宝成 李丹 刘洋 韩舒宜
薛桐 杨蕾霖

旅游与服务学院(10人)

庞文文 孙莉 陈谨 潘卓 王祎頔 许唯 陈苗 冯钰彬 安琦
雷滨蔓

马克思主义教育学院(9人)

孙桂荣 郅艳梅 佟晓彤 任翔宇 楚方媛 潘蕾 薛颖 朱晓妍 吴雪

软件学院(51人)

董燕云 原浩 许丹 张济骞 郝经纬 刘艾伦 徐强 韦洁瑜 宫泽
张彪 张殷石 孙硕 金钟铭 刘畅 杨云钊 母婧雯 马鑫杰 张兴捷
杨亮 冯聚 李楚 牛慧倩 任天怡 温博远 沈筱惠 杜文婕 严佳怡
朱德清 李仲伟 潘一荣 孙楠 关贺元 王龙益 韩芳宇 冯鑫 于海洋
刘殊畅 苏昕 李永恒 阎翠婷 王琦 胡雅杰 杨菁 谭茹宝 莫然
佟静 黄永强 张璇 韦嵩 李幼颜 宣妍

商学院(142人)

陈亭廷 刘璐璐 汪希伦 宋洁 何韵 葛旭 贺晶 赵晨 张觅溪
刘宇晨 王晴 孙申甡 肖禹 庄严 黄东芳 陈卓 路瑞杰 付芸菲
陈晖 周佳莹 郭雅飞 王坦 姜安 段旭 陈晓龙 苏晓彤 武烨儒
张璇 王维娟 刘志男 蒋晓婷 高洪莞 任续 孙李淳 陈星潼 胡蕴乾
薛秋璇 姜悦 匡昱蒽 李润 孙一博 唐尔婧 李雪 沈功杭 赵蕊
赵森焱 李涵 刘驰昱 王奕涵 唐泽艳 李雨霏 段忠萌 张韶璠 王又然
李雅琦 曹洋铭 杨茂洪 韦晨凤 缪文蓓 王丝濛 房岳 刘梦迪 李懿
王森传 杨致远 余炜琳 王晓思 张瑾瑾 叶舟波 程明浩 刘清新 陈佳惠
周荣飞 张顺鸿 杨亚宁 朱禹澎 王晨 戚成宽 庞舒元 封鑫 方堃
赵彤 张奕骁 张震 刘宗坤 孙博 沈雯 凌海燕 高晓庆 赵婉
胡蝶 全薇 刘晓巍 汪明宇 王晓旭 刘欣 郭婷 周婧 林欢
胡诗卉 王文旭 王攀 温静 宣扬 黄珺琦 周文静 马培亚 顾杨
李子捷 赵俊杰 吴航 王茜 黄玉婷 李晓冬 王琪琪 林嘉伟 凌霄
常凯 吴玉萍 王祎 金伊婷 谭佳能 张木 王婷婷 徐福涛 陈璐
张潇 杨梦 李东 张学阳 王佳颖 严秋玲 颜晓畅 董婧 周婧宇
赵梦菊 李琪 陈露 尚昀 谭远奇 冷逸民 米娜瓦尔·艾尼

生命科学学院(56人)

郭挺峰 董津睿 陈梦冉 李旻 张楠 王科 王晓冬 夏文航 韩玉岭
杜丹瑶 李梦恬 赵瑞 王佳 王喆 杨晓晨 张杰 何铭皓 徐昱
马茜楠 韩星艺 魏倩如 王朔旸 张瑾 常德慧 黄恩宇 许广楠 王丹

张梦晴　刘日月　殷才　张琪　李晓灵　王继宇　冯成业　闫夏贝　王旭东
崔迪　侯丁　张益英　刘睿　张梦轲　井绪天　杨雪　林伟　闫优
李潇　戴玉名　罗晓云　陈斯涵　刘达　聂超　刘力沛　朱罗娜　王树景
丁愚　赵彦霞

数学科学学院(79人)

吴佳炜　潘明阳　李潇　胡麦　王肖　宋蒙　王奇超　孙月　高林浩
石晓巍　王坤　付佳坪　杜承宇　徐莹翔　辛昊　王黎静　韩雷　王一凡
张蕊驿　王芃芃　柳恒　段沛霖　杨子祺　魏曼　贺杰　杨海力　张彦坤
杨寒冰　罗善妮　郭晓阳　喻子耀　杨玥　乐航睿　叶锐　陈板桥　戎江鹏
王虹妍　韩世俨　张伟棋　李冉　刘洋　张跃　方伟军　孙思颖　虞俊
郎文俊　邸钰瑶　梅蒙　穆大鹏　朱澎湃　张雷　陈进阳　毕莉　刘杨
段先超　宋雨坤　聂宇昕　陈智芋　郑林　方晓月　张喜升　罗佳晖　黄嘉莉
张洋龙　宁培欣　成朴　闫冬　王浩宇　花芸　马嵘　彭皓　刘卓然
牛津　姬双双　王栋　史骏　正一　苏湘宾　乌云其其格

泰达学院(35人)

贾广胤　徐文文　邱莹　李宝磊　张琬域　艾灿　解凡芮　张兴华　胡晓旭
杨志远　盛野　刘碧霞　靳倩华　苗昕　王瑶婷　胡晗　闫明　屠本雨
崔志威　陈金　吴穗　谢天宇　杨月　倪天放　张佳琪　万可　刘源
喻骄　戴江湖　巩思琪　周颖　孙弘莉　蒋宇　柳琳琳　周胜利

外国语学院(78人)

李致琢　王媛　段妍每　杨燕爽　张思雅　张苏　潘璐　邹润　王奕祺
张惠婷　马子懿　王溪亭　冯海霞　赵知维　王泽禹　陈博　张教诚　张诗易
石晶瑶　周丹萍　王淦　陈超逸　徐嘉宇　徐甡捷　冯熙　李晓楠　韩雨珊
卢璐　金晓航　饶文怡　赵丹　周婉婷　何曾　渠立花　刘婧文　杨赟
王星祺　赵天一　焦伟　卜秋怡　刘安琪　宋佳　宁桂芝　张家庆　许子博
刘欣妍　李泽宁　祁睿　刘柳　王超楠　王月明　陈欢　田晨　王茜
张瀚中　唐凯丽　楼凌微　朱思路　赵青　邢璐　周九妹　朱艳楠　卢阳
李雨萌　罗雪梅　王凯迪　岑靖怡　王博艺　刘丹　陈瑶　徐一玮　宋仪
骆佩雯　王雨琪　梁李樱　范纯钰　梁欢　林梦娇

文学院(82人)

杨东东　赵惟　傅一方　付煜　刘紫薇　张重阳　杨坤宁　李杏雨　霍帆
黄大海　胡会　武芝　邓心怡　王俊业　袁昊　邢嘉琪　崔雪　边力一
于小妹　谢丹　袁璨　常小松　张人月　张艺凡　解斐斐　马烨　郑薇
王晓曼　霍晴晴　陶而吉　朱鹏　孟刚　金萍　武凯华　祝曾姿　张文语
赵乃华　刘小晨　孙咏鑫　唐浩　刘欣　向怡　冯雨菁　陈倩倩　卢笑眸
罗頔　王立群　高绮绮　刘卓航　李过房　杜娟　吴越同　张玄　王双印
温馨　徐小曼　王丫珍　邓月红　陈晓耘　包雪君　孙璐莹　吴皓婧　张雪婷
赵方园　吴佳祯　彭群　高默涵　曹爽　汪磊　吴元力　黄钰钦　赵倩雯
肖杨　张芃　张琦　杨小丹　韩双颖　严文君　郝融雪　邹丽莎　张颖

崔步彤彤

物理科学学院(64 人)

暴鹏程 彭　昆 刘晴青 吕昭征 曾　强 张芷铭 黄　帅 赵建波 陈帅军
吴纯治 王晓婉 付钰婷 白　冰 崔星洋 黄祖萌 周　进 官弘华 吴志刚
邢梦溪 钟青庐 刘国栋 陈少楠 吴雨伦 左致玮 郭　昊 邢建新 张　卓
武士喧 王新亚 费金鹏 邢福临 陈　萌 黄　杰 许　铮 吴文超 厉　斌
冷长志 高　豪 薛兴泰 刘　璐 李　辞 应杭君 范　瑞 吴中伟 朱瑞伦
高　军 姚　江 唐岑瑶 刘昊昱 张　驰 张　琦 廖文英 谢博阳 韩　杰
张旭瑞 吴宵宵 马崇怀 朱保君 史　平 杨心翩 梁　晗 黄道晖 章文杰
杨婉芸

信息技术科学学院(174 人)

卢炤宇 吕林荫 向重洋 周宗坤 杨泞嘉 孙炜禛 苏忠尧 魏程鸣 黄柄菁
王晶晶 钟宇明 徐　可 刘丽婧 李炳辰 杨　帆 吴　昊 王　球 吴楠森
周泰杨 耿天宇 曾　莹 白　冉 张艺文 衣天旭 刘　武 杨凯敏 刘　宇
蔡万楼 张　欢 姜京辉 曹博远 袁兆争 熊梦杰 黄尚儒 马　迪 朱振涛
高　航 徐　昌 焦　阳 宋紫嫣 郭凤哲 刘　勇 彭　程 郑　翔 宋秋革
刘江羽 刘晓帆 荀雅舟 黄　商 周润发 沈嘉阳 陈　岑 张月秋 刘石伟
刘振君 陈　欣 宋瀚法 李安琪 宋　鹏 杨子辉 张欣欣 高　珊 冯　飞
梁　爽 张慕阳 孙　乔 王登峰 黄晓迪 詹彦峤 李维文 龙洋平 王　丹
闫东钰 邢艳肖 张胜杰 原豪杰 张　可 王艺霖 杨　杨 王婧然 赵运筹
陈　鹤 赵力欣 王凯红 梁仕威 王逸威 曾　涛 魏　莹 陈　曦 李　广
宫维茜 武淑艳 张雨薇 沈　文 刘　陶 邢　璐 刘　畅 徐亚兵 王丽艳
陈　涛 施卓杰 赵泽宇 苏冰倩 王光斗 沈菲儿 张　振 付一鸣 罗薇薇
张　蕊 陈　晨 蔡雨衡 邢　宇 王　泽 韩丹华 李　元 张　策 王雅超
黄　琪 李本凯 刘希芸 王冠博 宋　戈 孙　贺 赵　强 李陈颖 施　涛
罗震东 金楚欣 王　骅 邓美亮 孙　明 邵旭龙 杨　帆 汪　鹏 潘兴甲
靳　浩 夏玉昊 杜继星 王　奎 叶　彬 官孝军 王　鹏 王石荣 李兆明
张晓庆 江亚庆 马自妍 董庆林 李　凯 郑集贝 任　冰 张　辉 李　婧
康旭阳 孙雅芃 马顺健 种义仑 韩　胜 冯　帆 丁伟杰 李文杰 王　健
沈海磊 司付庆 孙德川 焦天昱 孙弘博 佟晓彤 吴　鹏 王琴文 许帅骑
贾配洋 郑亚忠 任卫杰

药学院(28 人)

丁立江 李　珅 戈伟智 辛昱轩 朝乐梦 马思禹 王小也 伍　欣 石　洋
高　珊 曲　越 马　硕 洪嘉仪 孙硕阳 张　然 陈菡若 徐佳茗 朱倩倩
李　晶 杨黎明 康　宁 王淑楠 周　雯 董洋洋 吴一笛 喻　桐 刘　申
阿木古布

医学院(47 人)

李　辰 刘　丹 田美伊 许雪冰 何长征 刘　茜 陈　中 张钧芬 庞明洋
姚双喆 肖　璐 田留洋 李明森 张　琦 黄紫微 周文丽 师稳再 韩婧娜

张田田	王　迪	朱明辉	张梦涵	李英吉	李振辉	宋飞虹	黄露露	张　璇
李　佳	向　佳	胡修诚	王飞雪	程馨霆	郝　娜	刘凌佳	周　薇	高　搏
杜松良	那兴邦	王梦真	雷朔艺	李艳娜	刘　昕	李　猷	苏　丽	颜华英
温俊凯	曾　静							

哲学院(25人)

蔡　淼	简　斌	邢　政	杨锦波	刘思培	王舜瑶	郭亚莎	刘汉蒙	林晨晨
刘姗姗	于茂盛	马怿恺	白玉平	陈　赜	寇　宁	郭　佳	孙丹锦	盛　洋
何姝昀	高晓晨	程　丹	崔　雪	刘西萌	王雪杨	孙恺临		

周恩来政府管理学院(87人)

黄梅子	李梦雅	郑　楠	王　燕	由晓熙	郑贺中	于思佳	傅億儆	马　欢
李旻翮	徐子璐	张力文	赵　萱	薛　梦	冯一帆	郭　欢	刘其星	刘　洋
潘　芮	贺莉莉	武柏汝	安　楠	刘　跃	宋梁缘	赵星瑶	马　腾	张祥雪
李梦奇	刘若曦	高天媛	王艺儒	孙　楠	陈　鹭	李歆然	张紫馨	刘平华
石　磊	张宇欣	张　璐	邢　琳	高翔宇	王心怡	侯霁桐	王倩雯	乔梦姗
温雅文	鲍文海	程　成	刘　超	吴美丽	姜柏成	朱红安	张　慧	李丹阳
侯玉东	鲁雅菲	卫伊美	程晓莹	刘　楷	彭　璐	袁梦云	马垚粮	刘　迪
孙伟琰	熊方兴	方红蕊	马　琳	冯媛媛	刘　威	王宝盆	廉春艳	辛　辉
刘焕祥	孙云洁	孙晓彤	强子珍	张　颖	杨家嘉	王　晓	湛　丽	郭迁迁
王梦甜	张晓康	刘佳欢	马怡然	廖　帆	赵杨骁潇			

基础学科奖学金获奖名单(500人)

化学学院(113人)

刘　栋	王　迪	张梦琦	张志培	龙　丹	郝润义	徐子晨	黄雅玲	宋晴川
温　悦	张　曌	杨铭方	王俊欢	黄智宇	汪　博	万　蕾	安　劼	谢浩枫
丁小恒	祁　雪	汪　琛	金　浪	杨　皓	王俊婷	白海川	杨　思	韩宜宏
于　柯	梁宇杰	李　金	郑童尹	王雅琳	陈凯宏	姚思凯	丛　亮	张天琦
蔡楚亮	刘超伦	朱子午	周　莹	邓朝晖	衣服照	王　骢	李天昊	孙玉拓
刘　潇	田　甜	王　馨	高宏伟	俞一飞	王俊权	俞哲挺	李雄飞	梅　晟
郑彦明	乔天骄	李沛昱	张　强	刘　传	张　旭	罗　贞	冉　斌	左全迅
陈　鱼	李　团	张天宇	李　博	刘崇高	鞠广凯	谭秦博	王洁文	郭耀玮
李雪冬	侯小芳	刘大江	鲍　捷	柴倩倩	王思源	陈飞扬	胡宏伟	廖　凯
苏　萃	曹以萌	严任翔	黄　维	奚　宇	陈立珍	徐沐云	林子亮	王　超
刘　洋	陈逸洋	白　猛	熊　旗	付　欣	杨　帆	马　胜	王利维	杨璟爱
丁煜勋	陈成恳	徐海洋	高　昕	杨　爽	唐宏浩	魏秉炎	杨亚伟	郑春雄
陈军甫	徐元元	郭　瑾	战珺辰	王　策				

经济学院(94人)

刘　媛	范晓玥	王雪宁	李　腾	王依伦	施可东	刘思超	黄　超	王启元
黄偲聪	朱津函	陆雅婷	朱　炯	李茜茜	王腾飞	李美慧	王　梵	林　黛

王浩田 王雅菡 汪静如 李凡宇 邢桂斌 马营营 靳 珂 刘东旭 吴 昊
黄柏杨 尹晓娜 程 旺 徐 斌 马知非 鹿 阳 刘辛未 汪 勇 王炳旸
闵晨曦 崔冠航 徐 凯 慕 羊 王鹏程 亓孝真 张 焞 蒋永强 赵婷婷
戴小山 张际洋 孙慕菡 王亚洲 唐娜娜 张 驰 王谦博 陈斯铭 丁凌云
张健斌 孙 娜 王 一 田秋香 李蓝翔 穆艺南 范嘉欣 冯 康 董 媛
王若为 张怿扬 王 婧 郭 媛 李 坤 林鸿阳 赫胜利 范 文 吴 凡
张 镇 张平凡 徐 喆 吴 桐 张仲藜 李大飞 郝璞璞 杨 帆 包胜杰
张 璇 张振旭 范茹梦 刘 帅 刘安波 胡 萍 张雪丽 陈亚芳 朱莉玉
张春磊 鲍雪烨 李 皓 刘凌飞

历史学院(47 人)

陈诗璇 张雨薇 张泽钊 滕 洋 王旭东 陈正煜 胡松雅 李 博 韩 琳
周晓南 张志远 郭一峤 吴昊天 冯子骐 刘晓含 王 哲 李嘉康 李旭东
孙秀林 张 巧 周蒙蒙 高秀泽 路 祎 颜 奕 刘诗雨 汪家宝 范 玉
穆 晨 唐 江 李 聃 常 乐 张 弛 沈泠音 苑 博 徐东芳 庄玉滢
魏颖杰 李泽长 黄琰培 毕 莹 姚 玲 张晓溪 王 鹏 何冰清 安彦嘉
潘 强 姬俊抗

生命科学学院(90 人)

万 力 关新宇 谢晨庚 陆定坤 李 莉 陈潇宇 李 娟 徐仲凯 史 静
金 婉 杜 静 李奕臻 董 哲 杨 杰 刘 姣 杨中光 李汭桦 连柯慧
郭世杰 何佳鹏 关晗晔 石 慧 刘雪燕 张爱国 李治宇 郑培敏 刘 宇
屈宏越 张 园 赵子煜 丘佳丽 郑金鑫 林庆卿 朱 虹 刘 雨 胡 帅
方 越 常宝柱 任 槿 崔樱子 刘 文 陈列阳 马天竺 付 悍 刘佳菲
董 旭 孙依然 郭舒安 齐 晨 李毅翔 牛丽灵 刁惠天 王 潇 段向辉
汪美祺 刘 婧 杨 超 梁华斌 吴佳仪 王友志 巩家媛 秦 川 张 琳
杨 洋 杨 鑫 刘 畅 张 双 程珊珊 王 涛 张杨波 蒋昭鹏 张丽妍
张庆超 苏庆东 赵 玲 汪维祥 郭怡君 周睿人 李贺轩 张 柔 张 旭
王经强 姜 楠 陈天航 王悦迪 洪 阳 李 睿 张 园 陈嘉茜 胡晓琳

数学科学学院(34 人)

王洪岩 陈谋超 王 健 李鹏飞 李一超 彭俊沛 邵 飞 熊 张 薛子彦
丛镜瞩 王 焜 次俊熙 李 盈 李圣垚 邬一鸣 薛伊冰 张晨晨 胡 满
张雨泽 吴冬生 钟 豪 刘心悦 辛贵猛 于 闯 张高飞 李融奇 陈近云
马世珩 张博涵 陈泰然 杨成果 赵禹昕 白 剑 朱宋超昊

文学院(51 人)

蒋雨宏 李 悦 张晗昭 马 琳 张 益 孙凯亮 黄晶晶 沈晨烨 李 徧
马 妍 赵松芳 苗 芸 艾振浓 王德胜 姜 媛 孙 倩 魏建宇 宋可玉
杨 雪 李一鸣 何柳贤 杨宏生 李美灵 叶佩姿 公衍婷 孙笑岩 董 晴
张硕硕 邹 林 朱博晨 刘希娟 于 虹 郭 雯 田 静 李 媛 赵晨彤
王利君 高 晶 吕思霆 张春楠 韩 煦 汪攀英 张丽婷 张天然 刘佳莹
关 璐 马 笑 张 倩 李晓楠 谢雨婷 刘卫征

物理科学学院(44人)

杨一伦 宋启闻 董玥 闫晓铮 余建芳 陈塑淏 齐家宏 赵明 陈少杰
唐程 石亚虹 鲁爽 高凡 郭尚杰 王云龙 刘芳林 李超 武鹏
杨睿泽 杜成林 冯凯 李冠融 杨鹏宇 尚彤彤 李楠 邢思文 朱文萱
周雨舟 张子昌 刘昊 俞明轩 史宇昕 李奇昆 袁豪 宋博文 张昊
张诚 刘炜男 张也 王殿辉 刘洪志 董海燕 李雨乔 马龙

哲学院(27人)

高世朋 郭洋 周梦泉 刘丽丽 苗盼秋 邓成 艾琳 李嘉瑞 郭玺
李肇元 于秋漪 崔炳旭 高舒云 袁航 陈曲 刘义彤 王浩能 刘小梅
张起帆 张颖 杨葭 张修远 黄晴雪 孟春双 付清爽 张敏 刘鑫

优秀学生干部名单(521人)

法学院(22人)

康慧超 王之仪 沈逸 何赛飞 石易媛 崔钰 谢斐 赵奇 万嘉
陈思静 丁宇 熊祖琳 初一 刘巧巧 马冉 任肖容 杨泽东 陈春洋
杜晓彤 孙雅君 李成悦 田堃

汉语言文化学院(3人)

刘蕾 李雨珊 李小沛

化学学院(37人)

刘焰尧 丁婧雯 郑晓慧 王凯 林海珠 胡骏 吴奕龙 李红时 孙弋力
马双 陈长旭 陈安 杜晓薇 王丰 许永太 赵博 王冬梅 冯若竹
王超 张潇 钱小平 黄安然 杨丛泽 俞哲挺 冯诗钰 刘加伟 刘洋
祁雪 赵博晟 张绪歌 常文英 孙鹏 鲁晓岑 万蕾 薛屹楠 赵婷婷
贾儒轩

环境科学与工程学院(11人)

陈骁 马玉芳 梁燚 陈思 王懿 夏佳慧 刘益良 任秋霞 代政
袁珊 姜盈

经济学院(82人)

苗全辉 张钊 张婷 陈昱东 李明桐 杨珅珅 石国平 张海虹 高晓宇
袁思思 楼恒 刘硕 崔国煜 毛倩倩 陈永立 吕倩惠 徐扬 袁震
康知会 梁伟民 刘潇潇 童颖 范紫鋆 刘家华 张志浩 盛杰 吴群锋
王熙岚 伍琼 靳晨鑫 付小末 滕葆玥 王露洁 李维 陈思 赵晓彤
方俊森 温元正 李润源 彭秋迪 朱梦凡 王美智 王潇靓 王正旭 屈文英
杨群 刘云恒 楚雄 郑蕊 刘永旭 李冠頔 毛鸿 郝祎萌 李浩民
张世琦 王祝怡 崔琳 谢婼青 王丹 胡睿 付鹏飞 唐玉娇 杜丽娟
王一 陈佳巍 冯洁文 张镇 段小刚 刘思超 任沛东 荣欣怡 范晓玥
霍晓瑜 刘佳昊 李雨洁 张郁雷 徐喆 汪静如 周隽舒 陈斯铭 徐先一
陆雅婷

历史学院(14人)

桑佳琦 蔡 晓 黄 蓝 倪燕南 王 哲 刘依尘 王晓燕 李 丹 索雅辉
孙春立 安 梁 刘 洋 黄江林 李戈锐

旅游与服务学院(4人)

潘 卓 朱 征 尚雨濛 周 洋

马克思主义教育学院(5人)

黄子萱 钟景红 杜雅楠 张誉仁 王婷婷

软件学院(18人)

郑梓坪 陈 昶 宋小远 孙 尧 徐英杰 张家瑗 章银翡 冯 鑫 韩远欣
李 祚 徐培兴 闫 斌 李秋漫 孙凯悦 董燕云 乜 鹏 刘殊畅 蔡 源

商学院(54人)

陈 倩 苏晓萌 范 琳 张宗源 王婷婷 于 硕 刘 宇 周佳莹 张 芮
郝元界 芦家根 汪明宇 叶明月 张丰麒 韩天磊 林柏键 程 双 马苏妍
袁 婷 陈 曦 胡晟睿 余亚军 张 杲 范晓丽 张佳荟 张亚君 张哲宇
肖 航 尹 薇 王 晴 王 晨 崔金锐 郭嘉明 杨文强 张 鑫 张翔凯
程 宇 吴思静 姜天阳 刘屹斯 田明昊 贾雅楠 李赫群 李子捷 于佳琦
乔 达 耿 悟 戴玮洁 刘冰凌 王又然 于 丹 姜 悦 乌仁其米克
周 倩

生命科学学院(19人)

王斯羽 张佳庆 王 瑜 王雪洁 宋欣韵 王晓萌 田若渝 刘日月 黄林龙
王红玉 刘雪燕 莫文慧 张梦晴 韩玉岭 杜丹瑶 王会颖 许广楠 张宏思
陈天航

数学科学学院(26人)

褚国涛 段雨佑 马耀楠 阙添威 杨海力 樊瞭远 李 宁 柳 恒 王光远
贺 杰 闫 冬 马 磊 赵林杰 刘雁云 彭 皓 付佳坪 秦晶晶 董润泽
程红颖 史 骏 朱少东 刘 爽 马世珩 王若谷 徐莹翔 龙子昂

泰达学院(12人)

宫汉东 孙建华 梁希超 巩思琪 孙弘莉 姜 楠 韩 鹏 吴雨寒 张浩若
史 良 赵 璇 王丹丽

外国语学院(29人)

宁桂芝 张 苏 于 莹 徐甡捷 冀靖霖 段妍每 王溪亭 刘俊文 张开迪
庞海丽 曾佳慧 陈茗羊 张思雅 胡晓媛 俞欣宜 马侨霞 郭安官 刘颖桢
聂冠娆 张惠婷 李若曦 胡远洋 田思源 陈超逸 赵天一 杨淑敏 黄晓墨
胥 锋 赵 情

文学院(29人)

马 烨 杨璐瑶 吕松鸿 温 馨 马宇平 朱姗姗 邱 雨 曹梦雅 王沛楠
陈 松 晏雪菲 郝融雪 张宇川 周佳琳 魏建宇 王 菲 张天然 张 益
陈晓耘 郑佳琳 郑艺玮 刘 慧 韩晓娜 陶 鹏 伊晓飞 崔维彬 项 斌
郭志孟 孟 刚

物理科学学院(21 人)

李占成　张娟　吕昭征　王倩　吕家琪　吴宵宵　邢建新　孙露　邢梦溪
张露佳　李鑫　袁永浩　陈靖丰　王殿辉　管鸿明　谢晟杰　何院耀　付钰婷
厉斌　黄万通　张子昌

信息技术科学学院(54 人)

耿天宇　康自林　张晓庆　苏忠尧　吴衍标　张宇　阿如娜　吕林荫　刘晓超
吴鹏　黄晓迪　谢智星　郭阳　胡兴凯　吴昊　王聪超　赵博汉　钟宇明
李世豪　刘欣怡　任强　刘丽婧　邓茜　肖庆阳　冯飞　王非一　邵旭龙
李祖浩　刘勇　王天照　陈依心　杨志斌　李晶　徐可　卫湘蕾　于晓旭
谢忱辉　白梦莹　梁爽　许傲　王宇辰　刘翔宇　于涌　姜尧　刘石伟
刘成成　徐昌　宋戈　宋曼　贾配洋　蔡春蒙　刘岩　曹倩雯　郑洁琼斯

药学院(10 人)

高珊　卢彦冬　伍欣　宋黎蕊　李帅　山周魁东　李雪　马思禹　李晓明
阿木古布

医学院(16 人)

冯晓珂　李州　李庆祥　国丹妮　刘凌佳　苏敏　檀亚航　吴朝真　温俊凯
李瑶　王迪　张羽彤　赵进　张晴　黄紫微　刘梦丹

哲学院(15 人)

郭佳　张函　吴绍轩　胡小玲　王浩能　蔡淼　苗盼秋　张雅惠　陈曲
李嘉瑞　刘西萌　毛雅璐　于茂盛　付清爽　孟春双

周恩来政府管理学院(33 人)

孙晶　贺莉莉　江育恒　朱俊帅　孙跃　吴美琦　孙楠　方红蕊　马梦桥
蔡佳　王瑞　刘琦　刘洋　宋卓为　胡明远　金玉　温雅文　曹曦
侯霁桐　肖黔楠　杜宁宁　陈劭馨　任珺楠　王晓娟　赵慧欣　宋梦姣　任乃馨
彭璐　朱红安　孙飞　刘跃　安园园　刘凌飞

与天津大学合作办学专业(7 人)

田源　孙泽宇　高丽盼　尹延龙　蔡丹云　成沣　刘希

三好学生名单(960 人)

法学院(32 人)

杨阳　宋垚　田学丽　张东泽　李乐乐　董士嘉　沈彩亚　张薇　周宇佳
崔钰　杨忻悦　戴艳馨　沈洁　赵奇　刘鑫　张文雅　谢斐　陈思静
汪旭　熊祖琳　何奇子　贺春萍　李安静　林思思　刘巧巧　马冉　苗榆晴
任肖容　杨泽东　蒲春雷　杜晓彤　尹晴晴

汉语言文化学院(9 人)

颜季凌　曾雪　何泼　李娜　潘厦思　郭翼美　郝逸　王云丽　杨盼盼

化学学院(71 人)

任家桐　任士钊　尚鹏　李雪苗　秦希婷　司戈　邓云羚　黄建平　吕海荣

代　聪　付嘉琦　吴吉娜　贺　晨　种丹丹　许佳儒　王秀艳　陈虹余　蒋旭强
雷进程　董　跃　贾思宇　谢卓尔　李　尧　潘博臣　卢海娇　刘秀玮　江瑞东
田　婕　金佳路　杨中悦　张　梅　朱易成　赖舒琦　胡世超　黄成斌　邢嫣然
张语非　杨亚静　夏小婷　徐鹏涛　张新羽　于　丽　韩　沫　胡晓宇　刘　淼
曹　钰　师淑阳　张越巘　赵业宁　王晓曼　苏　悦　谭俊彦　杨　军　尤茗语
龚　喆　廉玺桢　张　伟　张　静　王　烨　韩逸宁　郜云鹏　常文英　郎小琦
李　倩　李林秋　解松林　刘子超　宋　玥　赵香香　刘怡郎　乔心恺

环境科学与工程学院(23 人)

刘宇心　马玉芳　毛茂乔　李　亚　羊小玉　周亚敏　魏岩松　邹亚男　王海珍
杜　鹃　夏佳慧　梁丹妮　杜　伟　陆凯波　刘　蕾　赵立腾　武健羽　张世良
邓媛元　范蕴非　余双雨　范森荣　王　智

经济学院(147 人)

魏　然　张云昊　万历历　陈碧琪　朱逸娴　张璐雅　古　昕　褚文捷　郭金杰
王艺婷　戴雨横　周　克　石钰莹　鲍秦杰　田琦艺　王方舟　白　婧　滕颖照
王　博　葛朝阳　徐哲然　朱诗席　王　斌　卢　肖　尚　妍　董凤磊　胡　淼
蒋丽夏　王茹婷　赵笑爽　李　延　张振芳　孔祥茹　陈梦竹　杨雅雯　谭画静
方永栋　简　越　卢　婕　李郁青　高恺琳　姜小雨　周　安　李沐子　张　龑
曹瑶瑶　马媛媛　钱晓雨　李彤辉　王蔚洁　陈　惟　陈玉玲　崔　越　张思源
荣星宇　陈竹静　周　健　楼凌波　曹莉莎　吴文婷　王晓甜　张　琪　胡瑞琦
刘春楠　支亚梅　李元玮　李必晗　李紫珅　路　曦　林昕宇　谢颜欢　朱张元
陈亚男　张景松　王　旋　柯　岩　陆夏冰　许　萱　程思俏　张乃中　姚金伟
陈　异　何振飞　陈萌瑶　马婉婷　姜少成　李海荣　李亚睿　李海珠　李雪飞
王　颖　李崚睿　罗　艺　孙　宇　王　凯　杨晓添　张开宇　杨　明　高儒铠
王　洋　徐慧璇　周　迪　曹胜男　张新冲　王一凡　钱　亮　李沁人　王凌洁
侯义茹　阎彦璞　陈宇倩　范晓婷　赵莎莎　孙　静　陈燕玲　傅一瑶　庾湛寒
张妍哲　陈永睿　何　涛　梁舒雯　芦佳宁　张小晶　赵玮璇　翁旸勤　陈　辉
刘天慧　吴　靖　熊　郁　杨李娟　杨　莹　闫　珺　章康康　宋　丽　孙　婳
梁　睿　张　蕊　张　弯　白颢睿　王谦博　吴　桐　梅子颖　柏　可　刘实明
尹　梦　袁　奕　高础拉呼

历史学院(25 人)

石海莉　夏一博　朱焱彤　韩宝成　孙昀靖　廖体英　梁鑫蕊　贺丽燕　陈艺乔
隋京建　常志越　郝晓丽　王　也　王晓燕　张　良　辛孟轲　韩　頔　屠含章
索雅辉　崔　旭　牛燕杰　贾　敏　潘　萌　冯砚博　岳选慧

旅游与服务学院(6 人)

马新颖　李　晶　许　唯　张琬悦　胡洁琳　刘夏昕

马克思主义教育学院(6 人)

郅艳梅　谷永鑫　刘　琦　崔　雪　谢　萌　夏　超

软件学院(35 人)

刘嘉宁　郑梓坪　郝天舒　李晓君　郑　阳　李希鹏　乜　鹏　宋小远　孙立明

孙　尧　王　标　徐英杰　杨　彬　方亚芬　宋梦蝶　唐甜田　赵　雪　吕博昊
韩远欣　付　辰　谷祖兴　张元嘉　李　祚　徐培兴　余　鹏　闫　斌　郭蒙雨
胡文艳　孙凯悦　付建宇　刘庆芳　孙国媛　蔡　源　牛慧倩　佟　静

商学院(95 人)

窦欣彤　宫长娥　楚　楚　冯　媛　王励翔　戚成宽　王静波　刘凯乐　任宇欣
魏文慧　杨淑娟　孙　博　胡诗卉　程亦芳　余　媚　张　琦　赵　乐　邓美君
郭　萱　崔　鸣　李　双　袁　园　何　日　邓星阳　傅毓璇　乔　杨　于心怡
张丰麒　周文静　孙彦美　陈　楠　黄凌鸿　李　凯　邓瑞红　杨春晓　杨冬雪
杨四全　陈　诚　历　克　杨　光　余亚军　戴燕丽　刁洁茹　李晓铮　杨艳芳
杨　印　陈　宇　林慧慧　邹颖婕　孙李淳　张菲兰　孙燕群　冯　锋　孟　娇
白丽荷　马　瑞　高绪楠　杨月明　张立旺　郑敬菊　孙　飚　李晓冬　张　沫
李文明　金　皓　梁　俏　吴思静　王　杉　汪希伦　李　响　曹洋铭　李锦晔
郭敏行　贾雅楠　李赫群　周蓓蓓　王文旭　凌　霄　周千慧　韩雅君　米高倩
朱梦竹　谢欣灵　曹黎献　杨　静　张奕骁　郑悦萍　张　妍　郭承鹭　王　哲
赵梦菊　胡　蝶　林　欢　刘济群　陈亭廷

生命科学学院(38 人)

林　茜　朱哲凡　孙怡迪　李　彦　张雅薇　陈荣伟　时小访　冯成业　井绪天
李梦恬　刘　婧　宋欣韵　邢　伟　杨　帆　赵若竹　娄明亮　黄林龙　易　冉
汪晓倩　蒋　雪　郭　薛　孙　敏　陈伟铭　雪　铖　王璐萍　冯　舟　冯晓龙
孙家磊　刘　洋　王旭东　郭挺峰　王会颖　周　维　张　岨　李玉梅　段菲菲
郭富绅　郭威林

数学科学学院(52 人)

余　阳　许　昕　李　超　李晨煦　李　伟　孙明阳　孙鑫伟　何　倩　刘　文
王颖琪　魏玉婷　张静茹　王则一　喻子耀　孙思颖　郝燕龙　杜梦瑶　夏　璐
杨倩倩　陶　钧　孙心宇　于瀛鑫　贾柯凡　牛景瑞　成晓辉　戎江鹏　王燕婷
高庆怡　郭晓阳　王　贺　王　康　张伟棋　王梅郦　吴　菁　郭晓露　王　肖
李洁琼　毕　莉　伏迎嘉　吕奕萁　何　伟　胡逸凡　郎文俊　鲁承志　苏　林
魏　云　王志超　冯贤哲　伊泽霖　操文治　刘春凯　王思奕

泰达学院(24 人)

周文英　陈亚鹏　段东旭　兰奕鑫　李　曼　王　迪　冯文涛　周媛媛　王　雯
边　娜　李俊侃　吴　敏　范慕晗　王　超　杨海浩　郭倩文　方　亮　郭大力
刘鑫磊　史志超　杨　帆　赵　坦　杨晓波　高正泰

外国语学院(51 人)

李　冉　刘静女　马　欣　李婷婷　王晓萌　陈章红　刘嘉琦　张艳秋　李禹婵
许议丹　闫溢知　苏　可　黄可心　唐慧妍　贺滟淋　王洛斯　夏露露　刘雨潇
樊新竹　李思佳　董芷卉　奥焱坤　郭俞君　戚梦苑　周思菡　李　宁　乜丽君
张　琦　黄　迪　雒琳麒　张程程　胡柯佳　胡晓媛　俞欣宜　张绍山　宋　迪
丁典齐　刘瑞毅　黄　荣　李一萱　印家甜　俞卓君　王奕涵　刘　畅　陈　忱
孟　迪　张迎迎　黄晓墨　刘秋骥　钱璟祎　尚昇宇

文学院(55 人)

宋祎凡 刘雨杉 宋伟杰 刘春云 韩 鑫 张文婷 殷嘉伟 丁 倩 赵若姝
颜思洁 陈 茜 曹莲娜 赵 晴 李 瑶 成怡昕 陈 松 晏雪菲 周 旦
钟淑芳 邢嘉琪 叶佳璐 付文超 酒 芃 卢瑛婷 马浩杰 鄢 卓 冯雨菁
高默涵 张 亮 陈晓君 吴诗茗 陈晓耘 尹兰曦 聂文斐 钱 瑶 陈也东
贾晓珍 王丹明 王志鹏 宋 佳 郭英杰 翟晓辉 宋寒晓 陶 鹏 张 杰
刘 晓 王熙文 刘新雅 项 斌 田 天 张 佳 李晓涵 隋 蓉 杨美琪
张亚茹

物理科学学院(43 人)

陈帅军 张瑞玲 张艾昕 董大山 曹 简 刘 泉 刘文玮 刘志远 林妙玲
袁晓庆 李昊宇 刘立民 罗钟浩 武 鹏 张 驰 王晓婉 于梦洋 张 卓
杨心翮 吴玉梅 陈少楠 冯 策 薛兴泰 左致玮 陈思宇 李一明 陶 琳
陈昊天 刘晨旭 刘高畅 谭晓宇 付宝迟 周玉伟 张 亚 汪亦男 茹佐阳
韩 杰 黄道晖 谭奥域 邹贻凡 王 虹 夏 霁 杨婉芸

信息技术科学学院(109 人)

马 征 郭 嘉 李子岳 赵宇丹 马 丁 黄 奇 李鼎权 董安琪 蔡万楼
林苑菁 胡浚逸 李旭楠 唐 然 杨 潍 何运田 彭伟华 张梓璇 冯凤荻
黄 曦 刘婉月 马肖旭 王翰文 武淑艳 毕晓朕 陈 阳 周 天 胡兴凯
肖佳坤 邸硕临 贾医菱 田顺建 俞 力 沈 辉 冯 帆 张 健 范娟婷
姜双双 靳思萌 卓欣欣 倪裕辉 陈丽霞 靳宇东 蒲 雪 宋紫嫣 陈庆接
赫高进 苑立英 王 超 邓 茜 郭艺璇 张慧竹 敬 杰 龙洋平 徐锡燕
刘海强 黄尚儒 金梦彤 曲景影 孙 乔 龚名新 刘焕雪 张司亮 孙龙天
夏继业 李灵毓 郭振义 乔瑞秀 任重阳 于 珺 叶君宇 胡耀乔 蒋天鹏
周科科 马 松 陈靖怡 王丽艳 李文哲 王一钧 赵子衿 刘保成 颜晓奔
焦振宇 丁尧俊 王紫凡 张超利 边鹏远 桂 旻 宋剑超 孟馨蕊 刘未来
姜 尧 解灵月 舒 茂 石 鑫 武毅男 宋陪陪 沈博闻 鲁荣荣 宋 戈
朱 浩 徐梓敏 代莉莉 邓 琳 王晶晶 谭建伟 郑 挺 汤晓舟 曹倩雯
李 康

药学院(18 人)

郭祖浩 何 雯 吴 娇 刘经纬 宋渥然 杨 薇 闫 续 肖茹月 韩 霄
樊慧真 张家报 金玲玲 温丽娟 汝续襲 姚宏成 戴霞林 葛婷婷 冯赵骞琦

医学院(32 人)

沈妙莲 国丹妮 翟启明 李 州 马 莹 李庆祥 赵 进 刘雪瑶 郭艳飞
刘 华 丛 科 晋亚洲 刘世政 张仕然 李 芳 苏 敏 陈国凤 张羽彤
徐建桥 诸莹菲 何孜姿 那兴邦 孙菁阳 何长征 李明森 向 佳 古梦昀
张 岩 万月华 殷维钧 王 红 俞鸿旭洋

哲学院(16 人)

吕 佳 夏 佳 范汇川 胡小玲 袁旭亮 马芳芳 黄 昊 康佳欣 李 玥
陈 杰 夏 钊 赵 怡 刘延川 张龙飞 陈 赜 尚佳艺

周恩来政府管理学院(59人)

王　燕　吕　海　曹　滢　肖文强　马垚粮　孙绥志　任　娟　郭晓琼　沈　琳
姜忆楠　杨广红　潘倩倩　刘　威　李世欣　王晓燕　蔡永善　开　源　陈妙然
尚冰清　田　静　刘佳欢　祖志国　石　磊　崔诗情　宋卓为　郝光耀　刘东遥
罗小琼　李碧晴　李　琳　王　芳　张晓敏　曹　曦　龙　滢　姚　蕾　孙　雨
毕建宇　陈　茜　孙　静　曹冬冬　于　滢　薛　梦　彭　璐　田腾骧　许新竹
付晓婷　刘洪志　耿　爽　李　昂　郑晓芳　董碧莹　吴启星　杨　杰　李梦雅
李斯旸　王丽娜　孙　山　王晓真　杨崇磊

与天津大学合作办学专业(14人)

王　潞　何雨桐　时　鹏　董陆韬　孙泽宇　许　可　高丽盼　田　浩　张福如
黄　昊　吕英楷　史冠男　杨鸿绪　刘　希

新生奖学金获奖名单(180人)

二等奖学金(73人)

贺子健　刘珞珈　韩志颖　梁书瑞　邱　月　赵雪莹　李　润　刘　祥　司　铎
王净宇　范　楠　李　彤　崔兴圆　郝　玮　贾昱宁　蒋富智　李　力　刘　畅
刘　巍　孙　鹏　汤俊浩　王宝生　夏　禾　许嘉诚　薛秉津　杨明轩　张毓民
赵春雷　曹梦雅　曹婷婷　曹　怡　高笑潇　孔　梦　李　棪　李　月　林　静
刘　璐　吕佳伟　马潇桐　孙小晴　王菁洁　王　楠　王闻博　王　祎　王毅伟
王　玉　阳　熙　杨崇玉　尹　航　赵梦琪　赵悦含　赵　越　朱相宜　刘旭阳
徐明远　杨　帆　冯紫薇　郭昕豪　王玉立　许　益　郑萃瑜　刘淑仪　李　颖
卢　珊　陈　凯　李金洲　李若曦　周万锋　陈任意　田　烨　王　媛　张鑫裕
翟立娜

三等奖学金(107人)

句一靠　徐　哲　冯　丹　王　柱　邢　佳　罗　俊　何思微　简维凤　寇彩云
牟　灵　邵　筱　徐倩倩　杨元妩　安　东　焦远逖　刘星宇　屈景尧　孙浩钧
王阳明　韦　坚　闫　鹏　张　欢　张益川　车文婧　宋丹飏　于蔚然　张春悦
赵玲慷　李立东　李　悦　史博昊　陶宏伟　王　健　叶思雨　陈慧臻　陈　媛
董　力　高　洁　胡晓琳　李一凡　蔺　津　刘　翀　刘欣然　刘亦洋　滕宝仪
王　峤　王　阳　翁照月　修小涵　闫星宇　杨雪莹　叶晓璇　尹旭雯　由　威
张梦昕　高宇杰　韦晓珂　曹　锟　惠弘韬　刘　江　齐　伟　孙德峰　岳永升
陈美婵　丁　琳　李　悦　刘　爽　罗　婕　牛菁菁　吴佳琪　熊冬琴　李　伟
陆于焱　赵佳曦　戴梦鸽　刘小南　麦梓钧　孙茂芳　王　阳　胡裕林　桑　妮
白　洋　丁　震　胡颖天　鞠志华　李　旭　李　韫　马凯强　马原野　毛敬元
聂家熹　宛　浩　汪宇博　吴　昊　赵丰豫　周　洋　周　游　韩　哲　苗　欢
赵　鹤　周　璇　李佳颖　李　论　李　萌　张慧丽　罗合诗婕　胡钦如蓝

社会奖学金获奖名单(432 人)

LGDAGU 奖学金(15 人)

杨海龙 陈玮玥 程 勖 孙语晗 陈 宇 王 旭 程亦芳 郑 怡 王励翔
杜 蕊 纪 然 张同乐 赵梦尧 师淑阳 范欣琦

宝钢奖学金(7 人)

马 征 刘雪瑶 李昊宇 吴 敏 王 杉 刘婧莹 沈彩亚

宝钢一台湾、港澳奖学金(2 人)

马英凯 林耀壕

北野财团奖学金(10 人)

钱彧哲 夏继业 李 宁 杨 帆 陈学豪 赵 雪 郭佳慧 张 良 尚 妍
田学丽

冯顾丽华奖学金(8 人)

陈亚琢 程刚成 刘新雅 侯雄亮 付 怡 张 静 林锦涛 杜蕴馨

光华奖学金(7 人)

龚以宁 马 丁 鄢 卓 张 达 吴 琼 谢欣灵 冯诗钰

华为奖学金(1 人)

宋剑超

李书华奖学金(4 人)

陈昊天 罗钟浩 王 淼 于梦洋

平安励志奖学金(23 人)

张 濛 崇尚涛 翁旸勤 安园园 赵亚男 高绪楠 苏东灵 范森荣 范心沛
殷维钧 李兴宇 赵若姝 张宏思 王 哲 穆丹丹 袁 雪 卢雪健 陈小艺
李冠頔 周佳宁 赵静媛 林雪瑛 夏玉坤

浦发励志奖学金(40 人)

喻 晓 沈 琳 张 晴 吴朝真 何 雯 温丽娟 朱 浩 于 珺 陈依心
梁腾腾 刘婉月 张梓璇 汪环宇 吕 赛 周 珩 范孟琪 魏玉婷 黄林龙
贾惠强 徐培兴 郭蒙雨 周 雯 李明昊 索雅辉 崔 旭 杨冬媛 王雷雷
林相宜 毛 鸿 王 颖 王婧妍 杜 鹃 史 杨 孙 鹏 万凡凡 代 聪
刘瑞麒 颜季凌 杨忻悦 毕 鑫

三星奖学金(15 人)

边鹏远 高子奇 许 畅 郭思考 朱 超 赵泽华 贾柯凡 郭晓露 孙 婳
包 博 薛 彤 赵博晟 谭俊彦 何雨桐 刘 鑫

上海校友会允公校友奖学金(5 人)

陈结玲 葛婷婷 田 浩 李 延 司 戈

圣恩纳教育基金会奖学金(6 人)

酒 芃 王奕涵 汪川莉 郭宇昕 吴 靖 陈亚男

石药集团奖学金(12 人)

吴 娇 杨 薇 刘经纬 郭 薛 秦晓笛 董舒婷 王笑之 刘偲垚 穆丹丹

张　梅　韩逸宁　潘博臣

塔里木优秀生奖学金(10人)

赵　礼　黄　昊　杨　茜　吴卓锋　刘晓彤　成怡昕　王　良　余　鹏　刘金源
曹祎怡

泰达一摩托罗拉奖学金(10人)

段东旭　刘鑫磊　金　奕　李　丹　田　睿　闵佳欣　史　良　吴金超　赵　洋
周静婷

田蕴章奖学金(5人)

郭英杰　翟晓辉　孙赟路　杨　勇　宋寒晓

王克昌奖学金(10人)

孙　静　吴美琦　周　伽　王斯羽　徐英杰　刘小宁　刘　娜　滕颖照　曹　钰
文羽鹏

王文田奖学金(4人)

朱梦君　马浩杰　杨佳艺　韩　鑫

翁国基奖学金(4人)

耿阿俊　吴玉珍　刘冬寒　杨淑娟

物美科学大师奖学金(30人)

汪臣才　黄颖君　王志超　米戎校　杜梦瑶　夏　璐　吴　菁　刘笑颜　胡逸凡
陈　潇　伏迎嘉　于佳琦　贾雅楠　张　昕　金　皓　邓星阳　刁洁茹　杨雅楠
张　田　董　梁　徐　颖　黄　昊　梁　方　陆夏冰　古　昕　陈碧琪　金佳路
徐鹏涛　王　烨　任士钊

西南联大奖学金(6人)

夏　钊　王　虹　陶　鹏　孙怡迪　周　欣　刘宇心

香港好友关心祖国教育基金会奖学金(21人)

王　棋　祝华忠　姚丽丽　刘　飞　周文丽　李　帅　孟馨蕊　龚名新　谢亚晋
李子岳　冯晓龙　王　标　张钰桐　刘云恒　林　畅　顾凌骏　王蔚洁　常文英
李红时　向攀竹　吕　方

耀曦教育基金奖学金(6人)

谭建伟　谢智星　姜　聪　崔维维　丁　娟　达晓娣

永旺奖学金(30人)

刘海亮　陈新政　杨志雄　杨　露　吴晓梅　刘婷婷　黑巧香　常月明　张战战
颜　凯　付　悦　黄　迪　庞海丽　张芮颖　孙竹贤　刘雪宁　雒琳麒　杜黎明
尹延龙　巫成方　刘实明　张慎娇　黄亚元　高希泉　孙菊平　陈　敏　曲志琪
王茂森　李璐璐　冯　健

张舜尧奖学金(36人)

宋　航　郑晓芳　左瑞霞　马　倩　江育恒　石　宇　张雅惠　苏　敏　张　岩
诸莹菲　邵文婕　李　昂　柴娅乐　王东辉　王岳兴　谭晓宇　谈　毅　薛云峰
刘　慧　张艺融　陈也东　田思源　陈　诚　李婧婷　陈伟铭　李　祚　刘雨松
郑　阳　张艳杰　姜　现　陆凯波　毛茂乔　祝　林　吴亚南　崔　钰　汪小双

中国科协科技馆基金会合展励学金(85 人)

王晓娟 李天恩 开 源 孙 晶 昔春梅 高承方 周正方 王雨薇 沈 静
李 雪 鲁荣荣 于 涌 任重阳 马 松 闫成章 冯世舫 刘晓超 杨 爽
黄 奇 刘 泉 白 龙 吴佳坪 许震明 卢重光 张 冰 张 荣 卿 青
黄娟娟 张 璠 梁 金 赵双临 任 涛 张 璐 兰奕鑫 李宁波 王梅郦
杨倩倩 陈诗锋 秦晶晶 黄晟远 孙 敏 于 勇 李雪岩 洪萍蟑 隋雪健
章玉君 仇颖杰 王伟达 杜大青 皮绍庭 袁 园 章银翡 张芳芳 刘顺畅
谷永鑫 王冬晖 钟 君 吴金凤 陈 诺 佟 斌 荣欣怡 吴 帆 庾湛寒
赵天爽 原美玲 王 丹 胡 映 李 强 吴 铭 刘 越 赵笑爽 芮露露
卫志鹏 高冰丽 李 晖 王 丹 刘亚敏 翟婷婷 朱志豪 郭建辛 宋庆佳
于洪杰 俱丽云 梁杨可欣 齐曼古丽·依里哈木

住友商事奖学金(20 人)

陈 忱 马潇潇 夏必玄 张舒怡 赖万良 钟 磊 曾佳慧 高子然 王 璐
刘雨潇 贾 彤 商婧婕 刘明阳 陈茗羊 范 琳 白丽荷 陈 佩 韩冬阳
滕 菲 张 力

社会助学金获奖名单(571 人)

Panasonic 育英基金奖学金(20 人)

黄周正 刘 蓓 陆天宇 王凯丽 宝镇国 张婷婷 田 静 常庆琳 郑东晖
张 冬 尹 竹 张泽宇 刘 慧 魏泽琪 张湘悦 朱 俊 张瑞琰 曹茹月
艾 琳 古丽娜孜·地里夏提

寸草济困助学金(34 人)

薛亚密 任健维 吴永健 臧 豹 张维帅 孙菊平 毛衔穗 金 茹 王亚南
何 靓 高 钰 杜泽天 乌日罕 马兴科 于 勇 刘日月 左 传 张喜升
刘志明 吴金超 周九妹 冯海霞 刘小刚 张 咪 陈 松 王泰琨 王泽奇
纪鹏飞 邱小妹 盛诗理 靳孟霞 高承方 苗盼秋 米热古丽·阿布力孜

电装助学金(80 人)

龙代超 李景忠 李承明 吴梦蝶 牟 婷 窦志宏 李宗雨 胡 楠 郑彦明
张世朋 羊小玉 李茹丹 周恋秋 林建建 吕 栋 朱良松 王 尧 张益川
王 歆 任 明 张东旭 周冬香 马 珍 石海莉 马艳高 李亚芹 苏 勇
任亿伟 刘艾伦 甘 洁 冯 鑫 朱 哲 王世阁 沈 雯 林智明 何艳艳
杨纽晶 李思依 蒲 锐 刘晓慧 杨 杰 秦 川 吴福泉 阙添威 黄文祥
詹雪英 吕吉亮 张晨东 张书宁 李春雨 乔思含 戚淑慧 符淑芳 林垂强
张 静 尹芳芳 钟淑芳 亓学梅 黄润兰 伊晓飞 杨 平 刘 月 李 艺
王 醒 刘艳平 朱晓铭 益海冬 沈 剑 李 雪 张田田 张 晴 黄秀婷
袁旭亮 赵小华 刘振水 旦真石确 沙吾列提·阿合买提江 安外尔·居麦
麦尔旦·买买提江 伯勒克孜·吐尔迪

福慧爱心助学金(50人)

覃正伟 黄维伦 王士伟 欧翰林 李云龙 吴永健 卢 肖 徐亚博 王文博
王晓翔 刘 蕊 吴 桐 王晓燕 孙春立 杨 奇 周 扬 戴 宇 陈晓江
吴 航 孙 博 王 丹 刘亚林 霍玉文 闫述超 李文克 李 宁 李洁琼
王宁博 王梦月 卿 青 常小松 张 荣 苏 莉 罗 丹 吉同湖 胡清云
田志鹏 韩鸣飞 金 鑫 梁 炜 焦 阳 迪达尔 张 为 张田田 刘姗姗
昔春梅 李刚新 黄灵敏 木沙·多勒空 阿勒玛古丽·达吾勒

福建莆田商会助学金(20人)

姚梦雅 周 怿 陈伟坤 何华锦 李金永 何思微 林泽彬 王 森 樊婉君
谢贵阳 陈圣泓 陈兰芳 杨 克 李 贵 朱 敏 杨 晨 林智锋 林垂强
吴楷楠 美丽·卡尔拜

来之望助学金(10人)

朱 犇 翟婷婷 谭银龙 王 尧 马智琪 汪 焜 卢 瑶 张智春 王 瑾
兰文洁

老党员资助金(6人)

倪俊玲 胡蓁蓁 王一涵 李乔峰 张博宇 柳美贤

农商行助学金(16人)

唐 曼 陈伟坤 张 超 黄 琳 王 禹 罗永洪 李 精 陈 鹏 李 贵
吴 倩 刘林奇 王玉莹 金叶奇 张海峰 王毅峰 欧阳云静

欧莱雅西部助学金(33人)

骆振文 刘永玲 师晓宇 夏小婷 呼振鹏 朱建川 李昭绚 董 菲 王 程
谭云云 刘安波 张 月 张雨薇 吴艳梦 徐美惠 钱超洋 喻荣美 谢永杰
姜 悦 程珊珊 石松庭 张萍萍 吕松鸿 韩雨轩 刘国栋 刘海迪 应臻奕
刘英豪 冯 婧 朱倩倩 赵 青 任 娟 刘桂艳

盛帆助学金(25人)

赵 乐 余 媚 邱玉春 戚成宽 林慧慧 董 婧 冉 琪 王 祎 李雯青
原豪杰 杨 潍 何 森 张健浩 杨丰赫 何悦扬 李梦云 王 菲 孙 晶
孟 丹 范 斌 刘 颖 杨京涛 吴 喆 李琼琼 张 翯

思源奖助学金(60人)

杨 宇 杜 娟 魏丽珍 林 慧 章波林 王利维 王 超 李晓彤 陈家明
徐 莎 土丽飞 郭向南 陈筱佳 张 旭 郭晓龙 李亚岚 张 婷 张 旭
孙国媛 李光珩 李恩鹏 高家尧 冯 鑫 陈晓江 杨玉婷 韩丽芳 张晨晨
燕 刚 冀希楠 陈谋超 赵红欣 高迎春 季莎莎 张绍山 田思源 王立群
毕永馨 王 朴 王 慧 余建芳 杨凌雨 杨君宝 王 铎 齐日嘎 费金鹏
王法庭 江 强 王金山 周科科 杨 卓 颜华英 龙亚萍 孔德凤 瞿章俊
刘晓乐 斯 珠 毛讷讷 尼玛曲珍 阿木古布 居曼卡力·买合木提

塔里木特困生奖(8人)

林 慧 郭静雯 唐艺宁 吴福泉 陈运飞 米热古丽·阿布力孜 张 晶
阿衣占·杰肯

天津武田奖学金(4人)

姚思凯 罗 贞 罗 思 徐董梦辰

香港好友关心祖国教育基金会助学金(30人)

彭淑娴 杨明哲 皮建德 任秋霞 赵海腾 程思俏 孙 琪 宗 铭 曹 猛
李 鹏 毛亚男 王颖琪 牛景瑞 沈思华 张 叶 武凯华 冷长志 袁林丁
刘佳莎 杨 苏 倪佳南 刘硕霄 闫建军 康 丽 关 伟 丁 胜 吕 佳
格桑扎西 阿迪拉·阿不来提 阿卜杜凯尤木·麦麦提

曾宪梓优秀大学生资助奖励计划(50人)

赵娅楠 石易媛 林艺惠 李立伟 傅群东 马 双 崔汉超 武祝民 谢 意
赵晓丽 康明皇 熊 亚 刘 斌 靳爱慧 董路平 毕 鸿 李 红 张 悦
孙立明 方亚芬 蒋桂红 徐小捷 苏庆东 张庆超 马耀楠 高林浩 魏 云
宫 帅 刘 路 隋 欣 刘珊珊 邱 丹 胡广新 陈大建 林文翔 崔金娜
曹梦森 张 欢 林粤川 徐 明 李欣然 李笑萌 张海娜 尹 伟 李 康
徐佳茗 徐 菲 文 艳 刘姗姗 范志凯

张舜尧助新金(100人)

王逸菲 符 让 白 杨 王佳华 田 天 倪俊玲 陆天宇 陈伟坤 吴 钢
汪 洲 谭仕鹏 刘 月 赵 鑫 姜旭辉 董丽丽 陈 飞 邢钰丹 李世伟
李佳谣 王思瑶 皮兰玉 肖建花 王玉婷 白 禄 夏 禾 陶宏伟 汤俊浩
李 力 郝 玮 邓正兴 崔兴圆 陈 媛 陈慧臻 曹 怡 张 琪 张力文
尼 娜 李钊颖 胡蓁蓁 赵晓昂 李 悦 何曼榕 马雪娇 赵域璋 张 元
喻刚元 唐 春 陈圣泓 祝佳成 张 圆 杨 楠 吕尚文 周 游 张德耀
尹 竹 王艺奇 毛敬元 李 贵 冯 雪 陈 鑫 邹林强 周 旋 肖 豪
蔡梦思 黄敬尧 刘湘君 秦 亮 晏 慧 宋玮婕 岑晓梦 李万民 樊晶晶
张 薇 张柳勤 王朝云 苏 蔼 韩 金 孙萌萌 刘亦璐 姜星星 陈 丹
杨 斌 吴鑫辉 王业开 王锶博 汪明君 柳美贤 李 萌 金 雷 冯雨龙
刘 寒 张鹏鹏 郭云龙 候雪冰 努尔台·马德提汗 亚尔麦麦提·图尔荪
丁鹏程 林凤翔 王俊芳 王天齐

中海油助学金(25人)

杨盼盼 陈 金 王 超 廉玺桢 周亚敏 林 畅 李文杰 杨 倩 王 兵
裴 妍 姚 恒 陈玲周 陈 鹏 罗 思 朱俊杰 李 伟 李晨煦 王红利
付 煜 高柏松 宁 垚 张艺烁 青热泽培 次巴旺堆 索朗达杰

专项奖学金获奖名单(73项)

序号	推荐单位	申请人	参赛及获奖情况介绍	类别	等级
1	物理科学学院	段潇洋	在顶级期刊 *Appl. Phys. Lett.* 发表论文2篇	个人奖	一等奖
2	艺术教育指导中心	胡碧云	2012年第八届两岸大学校园歌手邀请赛金奖	个人奖	一等奖
3	艺术教育指导中心	李枋柄	艺术中国·第四届全国艺术新人成年A组器乐 琵琶独奏金奖	个人奖	一等奖
4	体育部	王玥	第二届中国国际象棋男子名人赛第一名	个人奖	一等奖
5	体育部	蓝天	第二十一届"应氏杯"中国大学生围棋赛第一名	个人奖	一等奖
6	商学院	谭远奇	2011年第十届"全国信息化核心技能大赛"暨微软办公软件核心技能世界大赛中国区选拔赛学生组PPT2007项目二等奖	个人奖	二等奖
7	软件学院	宋梦蝶	全国大学生英语竞赛二等奖	个人奖	二等奖
8	体育部	赵金成	第九届"威凯杯"全国象棋冠军赛第二名	个人奖	二等奖
9	软件学院	刘春梅	第三届"创新杯"中国大学生数学建模挑战赛三等奖	个人奖	三等奖
10	体育部	王磐	第二十一届"应氏杯"中国大学生围棋赛第三名	个人奖	三等奖
11	体育部	张丽涵	2012"博瑞杯"第五届全国象棋青年锦标赛第三名	个人奖	三等奖
12	体育部	王昊	"蓝珀杯"常青藤全国国际象棋公开赛第三名	个人奖	三等奖
13	经济学院	屈正阳	第三届全国大学生数学竞赛(非数学类)全国三等奖	个人奖	三等奖
14	马克思主义教育学院	付亚奇	中壢市长杯台湾围棋公开赛五段组第一名	个人奖	优秀奖
15	软件学院	马宁宁	第三十七届ACM－ICPC亚洲区预赛浙江邀请赛优秀奖	个人奖	优秀奖
16	软件学院	莫然	第三十七届ACM－ICPC亚洲区预赛浙江邀请赛优秀奖	个人奖	优秀奖
17	软件学院	刘雨松	第三十七届ACM－ICPC亚洲区预赛金华邀请赛优秀奖	个人奖	优秀奖
18	商学院	王超凡	天津市第五届群众舞蹈比赛天津赛区选拔赛青年组二等奖	个人奖	优秀奖
19	体育部	刘云龙	第二届全国智力运动会围棋比赛大学生组第四名	个人奖	优秀奖
20	体育部	姜毅之	2012"博瑞杯"第五届全国象棋青年锦标赛男子组第四名	个人奖	优秀奖

续表

序号	推荐单位	申请人	参赛及获奖情况介绍	类别	等级
21	体育部	马鑫友	第二届全国智力运动会桥牌比赛青年男子组第五名	个人奖	优秀奖
22	体育部	黄晓迪	第十一届“应氏杯”中国大学生围棋赛女子个人业余组第五名	个人奖	优秀奖
23	体育部	王佩璇	第六届江苏省全民健身运动会围棋比赛成年女子第二名	个人奖	优秀奖
24	体育部	袁嘉华	“大连银行杯”第三届环渤海地区围棋“天元”赛成年组第二名	个人奖	优秀奖
25	体育部	李梦莹	2012年天津市大学生田径锦标赛女子高水平组七项全能第一名	个人奖	优秀奖
26	体育部	王铎	2012年天津市大学生田径锦标赛男子高水平组200米第一名	个人奖	优秀奖
27	体育部	范志越	2012年天津市大学生田径锦标赛男子高水平组铁饼第二名、铅球第三名	个人奖	优秀奖
28	体育部	胡新康	2012年天津市大学生田径锦标赛男子高水平组110米栏第二名	个人奖	优秀奖
29	体育部	毕团团	2012年天津市大学生田径锦标赛女子高水平组七项全能第三名	个人奖	优秀奖
30	体育部	顾婧	2012年天津市大学生田径锦标赛女子高水平组400米第三名	个人奖	优秀奖
31	物理科学学院	南开大学代表队	第三届中国大学生物理学术竞赛一等奖	集体奖	一等奖
32	信息技术科学学院	南开大学NKV5团队	第二届“华为杯”全国大学生智能设计竞赛全国一等奖	集体奖	一等奖
33	信息技术科学学院	12307	北美数学建模大赛(MCM)一等奖	集体奖	一等奖
34	信息技术科学学院	数学建模竞赛南开大学代表队	“高教社”杯全国大学生数学建模竞赛全国一等奖	集体奖	一等奖
35	艺术教育指导中心	南开大学学生合唱团	第七届世界合唱比赛一等奖	集体奖	一等奖
36	体育部	国际象棋队	第二届全国智力运动会国际象棋比赛大学生团体第一名	集体奖	一等奖
37	体育部	象棋队	第二届全国智力运动会国际象棋比赛混合团体第一名	集体奖	一等奖
38	经济学院	大学生数学建模竞赛小组	“高教社”杯全国大学生数学建模竞赛全国二等奖	集体奖	二等奖
39	信息技术科学学院	南开大学组	全国大学生电子设计竞赛国家二等奖	集体奖	二等奖
40	信息技术科学学院	丁涛、夏玉昊、张欢	全国大学生电子设计竞赛T1杯模拟电子系统设计专题邀请赛二等奖	集体奖	二等奖
41	信息技术科学学院	南开大学组	全国大学生电子设计竞赛国家二等奖	集体奖	二等奖
42	信息技术科学学院	南开大学组	全国大学生电子设计竞赛国家二等奖	集体奖	二等奖
43	信息技术科学学院	南开大学组	北美数学建模大赛(MCM)二等奖	集体奖	二等奖

续表

序号	推荐单位	申请人	参赛及获奖情况介绍	类别	等级
44	信息技术科学学院	南开大学 ACM 集训队	2012 年 ACM－ICPC 全国大学生程序设计邀请赛(长春)银奖	集体奖	二等奖
45	信息技术科学学院	南开大学组	全国大学生数学建模竞赛国家二等奖	集体奖	二等奖
46	信息技术科学学院	南开大学组	北美数学建模大赛(MCM)二等奖	集体奖	二等奖
47	数学学院	美国数学建模大赛小组	美国数学建模大赛二等奖	集体奖	二等奖
48	软件学院	NKU_Young	第三十七届 ACM 国际大学生程序设计竞赛亚洲区预赛长春邀请赛铜奖	集体奖	三等奖
49	软件学院	NKU_ 22DormB306	第十一届北京大学“360 杯”程序设计竞赛暨 ACM/ICPC 北大代表队选拔赛三等奖	集体奖	三等奖
50	信息技术科学学院	NKU_COLD	2012ACM/ICPC 国际大学生程序设计竞赛金华赛区邀请赛国家三等奖	集体奖	三等奖
51	信息技术科学学院	THRILLING HOT VI	2011ACM/ICPC 世界大学生程序设计竞赛亚洲区大连站铜奖	集体奖	三等奖
52	体育部	女子围棋队	第二十一届“应氏杯”中国大学生围棋赛女子团体第三名	集体奖	三等奖
53	体育部	男子排球队	2011－2012 年中国大学生排球甲级联赛团体第三名	集体奖	三等奖
54	信息技术科学学院	NKU－RELEASE	2011ACM/ICPC 世界大学生程序设计竞赛亚洲区上海站铜奖	集体奖	三等奖
55	信息技术科学学院	丁涛、张战、张欢	天津市 T1 杯大学生电子设计大赛天津市一等奖	集体奖	优秀奖
56	信息技术科学学院	赵宇丹、李灵毓、夏继业	全国大学生电子设计竞赛天津市一等奖	集体奖	优秀奖
57	信息技术科学学院	李旭楠、唐然、张欢	全国大学生电子设计大赛天津市一等奖	集体奖	优秀奖
58	信息技术科学学院	南开大学光电组天马队	全国大学生飞思卡尔杯智能车竞赛华北赛区三等奖	集体奖	优秀奖
59	信息技术科学学院	南开大学摄像头 STORM 组	全国大学生飞思卡尔杯智能车竞赛华北赛区三等奖	集体奖	优秀奖
60	医学院	南开大学代表队	第三届全国高等医学院校大学生临床技能竞赛华北赛区比赛二等奖	集体奖	优秀奖
61	商学院	南开大学创意蜂巢团队	第七届“挑战杯”天津市创新创业计划竞赛铜奖	集体奖	优秀奖
62	商学院	Innovation NKU	第七届“挑战杯”天津市创新创业计划竞赛金奖	集体奖	优秀奖
63	体育部	男子围棋队	第二十一届“应氏杯”中国大学生围棋赛男子团体第五名	集体奖	优秀奖
64	体育部	围棋二队	“大连银行杯”第三届环渤海地区围棋“天元”赛成团体冠军	集体奖	优秀奖
65	体育部	男子沙排一队	第八届中国大学生沙滩排球锦标赛专业男子组第五名	集体奖	优秀奖

续表

序号	推荐单位	申请人	参赛及获奖情况介绍	类别	等级
66	体育部	男子沙排二队	第八届中国大学生沙滩排球锦标赛男子组第八名	集体奖	优秀奖
67	体育部	女子排球队	2012年天津市大学生排球比赛女子高水平组第二名	集体奖	优秀奖
68	体育部	龙舟一队	第三届全民健身运动会龙舟比赛大学生男子组200米第一名	集体奖	优秀奖
69	体育部	龙舟二队	第三届世界大学生龙舟锦标赛男子组200米第四名	集体奖	优秀奖
70	体育部	男子田径一队	2012年天津市大学生田径锦标赛男子高水平组4×100米接力第一名	集体奖	优秀奖
71	体育部	男子田径二队	2012年天津市大学生田径锦标赛男子高水平组4×100米接力第三名	集体奖	优秀奖
72	体育部	女子田径一队	2012年天津市大学生田径锦标赛女子高水平组4×100米接力第一名	集体奖	优秀奖
73	体育部	女子田径二队	2012年天津市大学生田径锦标赛女子高水平组4×100米接力第三名	集体奖	优秀奖

2012届优秀毕业生名单(129人)

法学院(4人)

杨梦莎　袁　琳　张　荷　张若琦

汉语言文化学院(1人)

王海旭

化学学院(10人)

李恒明　刘玉静　张彦新　刘帅宇　董晓斐　师　楠　吕　哲　王　南　苏　杭
邱方亿

环境科学与工程学院(3人)

李　力　梁中耀　耿林霄

经济学院(21人)

邓　欢　张　欣　黄　凯　吕一凡　黄瑞琪　常　江　智　琨　韦爱静　林晓彩
占一杰　吴晓征　郝思婷　贾瑞杰　王夕辉　李　聪　刘　硕　张科丰　孙　欣
闫清波　郭亚东　秦加瑶

历史学院(3人)

张培培　苗润博　陈夏琼

马克思主义教育学院(1人)

钟子尧

软件学院(5人)

刘　婕　史　诺　王倩倩　郑安怡　严　俊

商学院(17人)

戢　妍　靳　颖　唐　怡　吴　迪　谢扬帆　王　晶　于剑乔　刘景红　肖观浜
崔宝强　陈　云　吴　俊　陈敏慧　王　谯　程　远　欧阳旭　蒋梦姣

生命科学学院(6人)

赵　佳　芦广庆　顾思怡　刘文轩　王　巍　刘晓玉

数学科学学院(8人)

白　洋　陈　超　张浩然　辛　君　朱　翔　胡　奕　虞　婧　严　兴

泰达学院(3人)

王姝玮　张　业　邓　全

外国语学院(6人)

刘　朝　侯典峰　于善英　吴兆红　郝晓阳　晏　如

文学院(9人)

徐少琼　宫暑卉　顾圆慧　许德娅　谢易慧　楚　萌　周延伟　陈　矗　赵晓慧

物理科学学院(6人)

赵志强　彭建涛　樊纯如　陈　锦　杨　帅　聂　伟

信息技术科学学院(15人)

胡晓晖　张　鑫　李天龙　杨　倩　邓一丁　李天一　邹勤谦　武文赟　李少阳
陈维政　王聪媛　赵振杰　肖天骏　相吉磊　华　弋

药学院(2人)

刘　琪　王国敏

哲学院(3人)

姜玉洋　戴　崴　王雪振

周恩来政府管理学院(6人)

赵　岩　杨明玉　刘　鹏　蒋　源　赵　岩　杨　玥

2012届毕业生三好学生名单(318人)

法学院(11人)

刘鹏玮　喻　聪　沈士雯　康宇珺　吕睿彬　郑丽景　于思源　张　翼　李　江
吕慧铭　徐行之

汉语言文华学院(3人)

陈玉娴　吴　岳　张乔姗

化学学院(25人)

崔宇翔　王　帅　张治平　丁　煜　任　佳　王克赛　李昊博　郑　洋　韩泽宇
马　驰　陈国军　邱方亿　赵　菲　王　洋　郑斯齐　李　铂　司　猛　穆　婧
程堂剑　徐　帅　王蓓蓓　赵津鹏　王建斌　侯天宏　王　俊

环境科学与工程学院(8人)

梁中耀　陆文涛　赵　罡　刘　畅　刘　楠　白　雪　何宇婷　耿林霄

经济学院(54 人)

孙佳星 马 英 王帅君 孙敏清 何 楠 韦爱静 李 田 马晨昕 郝思婷
张 欣 温 馨 王 皎 邱林晶 邬秀柔 赵 灿 尚 文 叶楚恒 王晓均
张瑞芸 钟宏菲 王 竹 张 英 智 琨 白一江 朱海坤 张云爽 赵欣茹
周旭瑶 陈伟凯 贾瑞杰 宋思文 赵欣彤 张科丰 黄 凯 周 怡 邵景然
张 健 孙 欣 叶 菲 刘 硕 邓 欢 秦 楠 饶蔚楠 肇 沫 连映雪
肖梦瑶 杨婷婷 甘露云 林晓彩 曲 悦 邵颖璐 郭亚东 王思禹 陈 莹

历史学院(8 人)

苗润博 栾艺嫱 何 青 秦 丽 赵树强 何松阳 徐 天 杨 云

马克思主义教育学院(2 人)

冯 元 张一凡

软件学院(12 人)

袁雅存 曲济时 王 璇 郝 丽 孙利鑫 韩 菁 史 诺 于 芳 刘 婕
王倩倩 张筱筱 林婷婷

商学院(34 人)

肖观浜 蒋梦姣 崔宝强 张 越 陈 云 吴 俊 朱建宇 李 昂 刘 骐
王玲丹 刘 哲 陈辉辉 胡 萌 朱 慧 程 远 赵 锴 张 明 靳 颖
陈敏慧 欧阳旭 王雨濛 王慧媛 孙 彤 陈 维 吕梦莹 吴 迪 费伟婷
王 谯 徐丹丹 倪 昊 武若男 佘秋红 马 南 夏惠娟

生命科学学院(13 人)

韩晓蕊 张雪莹 王 巍 韩 璐 张倩霞 张 琦 刘华希 刘文轩 赵 佳
孙 军 顾思怡 刘晓玉 芦广庆

数学科学学院(20 人)

何 熙 马仲晓 黄玮虹 张霜剑 于竹君 丛 林 郭若思 王云龙 柏 林
张天驰 胡凯博 邓涧秋 张璐琬 郑晓菲 王 力 张博涵 廖培州 樊书琴
刘 巧 王璟玥

泰达学院(6 人)

张 业 沈子欣 郁艳青 袁叶平 高燕翀 朱建旭

外国语学院(19 人)

熊正华 胡小溪 李 蔚 甘甜甜 韩晓萌 孙艺桐 崔青花 张亚卓 杨晓蕊
黄蕴娴 张彤瑶 吴兆红 毛虹元 郝晓阳 于潇潇 晏 如 刘 朝 邢菲菲
侯典峰

文学院(18 人)

尹茂磊 李宝玲 宫暑卉 许德娅 谢易慧 孙玮玫 周延伟 陈 矗 邓 璐
徐少琼 樊 哲 周瑢吉 楚 萌 王 振 杨 春 林芝玉 黄彩英 赵晓慧

物理学院(15 人)

吕松涛 叶明骁 陈 锦 杨 娜 石炎亮 樊纯如 王文琳 冯 捷 聂 伟
周 兴 刘文枝 曾欢欢 张 蒙 陈 曦 晏 敏

信息技术科学学院(35人)

胡晓晖　杨　倩　孟　超　苏丽丽　孙欣苗　肖天骏　郭倩怡　乌日娜　冯　梅
陈维政　姜　腾　张亚庆　王　妍　李天一　陈芳霖　张　茵　何静飞　白笑宇
夏长峰　武文赟　邹勤谦　华　弋　李亚楠　赵赫楠　李少阳　黄　乐　陈清艳
刘梦源　陈仲良　高　航　尹　芳　张慧云　翁明俊　张盼盼　赵连云

药学院(4人)

李林锋　王国敏　刘　琪　姜久英

医学院(6人)

刘　新　侯璐璐　卢　芳　孟祥智　王晓坤　吴雅楠

哲学院(5人)

王　梁　王雪振　朱云奇　姜玉洋　李倩玉

周恩来政府管理学院(20人)

杨小龙　杨明玉　刘宇婵　马文婷　秦　杉　赵琼玉　赵　威　徐宗辰　姚逸苇
刘　选　魏莎莎　刘伟新　杨　芊　富　博　王雨虹　杨　玥　薄玉娟　王　涛
刘　鹏　熊姝婷

2012届毕业生优秀学生干部名单(156人)

法学院(6人)

付　煜　王　方　张　凯　丁渤海　刘　苏　卢承书

汉语言文化学院(1人)

佟　倩

化学学院(12人)

张　磊　韩中兴　王力强　涂凯雄　阳乐涛　齐　琪　王佳平　王珠培　李全龙
张立祥　贾　凡　田春勇

环境科学与工程学院(4人)

王再冉　樊一冲　陆文涛　陆宇超

经济学院(27人)

罗冬来　马　越　金菲菲　伦晓初　王晓均　柯力涵　吴晓征　李　奕　闫清波
杨建华　吕一凡　邵　帅　沈赵初　高晓航　崔文婧　任子俊　常　江　王夕辉
孙世晓　李　聪　魏　薇　尚　文　张紫云　孙跃涛　陈　亮　阴　硕　孙佳星

历史学院(4人)

易　锴　刘雅茵　吴　迪　陈夏琼

马克思主义教育学院(1人)

鲁　楠

软件学院(6人)

康瀚文　林婷婷　郑安怡　杜姐颐　邓媛丽　代晓芳

商学院(17人)

富　靓　李先臻　唐　怡　项文文　谢扬帆　祝　哲　张一博　李菲菲　张爱东
朱伟民　张冰玉　罗显龙　黄晓光　李永靖　王　晶　于剑乔　邵小倍

生命科学学院(6 人)

杨潇潇 文 亮 吴同心 方银善 孙 露 蒋晓莉

数学科学学院(10 人)

安鹏达 潘 宇 张浩然 白 洋 张剑锋 程 玥 李文佳 李 君 王光辉 虞 婧

泰达学院(3 人)

任 盼 邓 全 李水玲

外国语学院(9 人)

张晶晶 张 默 张 茜 钱红秀 于善英 郑 洁 朱钰珏 马 雷 刘文静

文学院(9 人)

曹碧峥 周海东 周国英 顾圆慧 谷业凯 于 欣 卢嘉声 杨 航 李 思

物理科学学院(7 人)

高 扬 李树楠 张心铭 赵 丽 伍悦潮 苏 昕 彭建涛

信息技术科学学院(17 人)

王聪媛 黄福军 杜芳美 宋 杰 鲍若冰 石 彬 王素元 沈婧瑶 高晓昕 范孟秋 王洪杰 宋重钢 孙光泽 隗文钰 张 鑫 李天龙 庞赫洋

药学院(2 人)

赵 晶 张浩亮

医学院(3 人)

杨 彦 张 松 王晓坤

哲学院(2 人)

戴 崴 郭天秀

周恩来政府管理学院(10 人)

付 萌 王思懿 贾 楠 王帅伟 阮艳婷 王杏元 蒋 源 姜 薇 谭宏泽 赵 岩

志愿服务西部计划奖获奖名单(1 人)

姓名	学院	专业
田四通	软件学院	软件工程

2012 届专项奖学金获奖名单(22 项)

序号	申请人	学院	专业	奖项	获奖等级
1	温馨	经济学院	金融学	个人奖	三等奖
2	张海洋	泰达学院	物流管理	个人奖	三等奖
3	杨丽瑄	文学院	艺术设计	个人奖	二等奖
4	杜芳美	信息技术科学学院	电子科学与技术	个人奖	优秀奖
5	高晓昕	信息技术科学学院	电子科学与技术	个人奖	优秀奖
6	付晚羚等 2 人	经济学院	国际经济与贸易	集体奖	优秀奖
7	张本崇等 2 人	经济学院	金融工程	集体奖	优秀奖

续表

序号	申请人	学院	专业	奖项	获奖等级
8	罗冬来等 3 人	经济学院	经济学	集体奖	二等奖
9	林俊松等 2 人	物理科学学院	物理学	集体奖	二等奖
10	赵志强等 5 人	物理科学学院	物理学	集体奖	一等奖
11	王金超等 3 人	信息技术科学学院	电子科学与技术	集体奖	优秀奖
12	张雅囡等 4 人	信息技术科学学院	电子科学与技术	集体奖	优秀奖
13	何静飞等 3 人	信息技术科学学院	电子信息科学与技术	集体奖	优秀奖
14	蒋禔等 4 人	信息技术科学学院	电子信息科学与技术	集体奖	二等奖
15	丁欧南等 5 人	信息技术科学学院	计算机科学与技术	集体奖	优秀奖
16	石彬等 5 人	信息技术科学学院	计算机科学与技术	集体奖	优秀奖
17	肖天骏等 3 人	信息技术科学学院	计算机科学与技术	集体奖	三等奖
18	林嫣等 3 人	信息技术科学学院	通信工程	集体奖	优秀奖
19	王东辉等 3 人	信息技术科学学院	通信工程	集体奖	二等奖
20	杨柳等 3 人	信息技术科学学院	微电子学	集体奖	优秀奖
21	胡晓晖等 3 人	信息技术科学学院	微电子学	集体奖	优秀奖
22	王聪媛等 3 人	信息技术科学学院	智能科学与技术	集体奖	二等奖

2012年研究生奖学金及各类获奖名单

研究生获奖学生(集体)名单

1. 天津市先进集体(4个)

环境科学与工程学院2011级硕士生班
化学学院2011级无机化学博士生班
信息技术科学学院机器人与信息自动化研究所
法学院2011级法学硕士生班

2. 南开大学2012年天津市“十佳大学生”(1人)

信息技术科学学院2009级博士研究生 孙 宁

3. 天津市优秀学生干部(7人)

环境科学与工程学院	王 平
文学院	王 辰
周恩来政府管理学院	王修彦
外国语学院	杨 帆
马克思主义教育学院	郭 威
历史学院	程斯宇
化学学院	熊 洁

4. 天津市三好学生(3人)

医学院	刘 赜
经济学院	吕 越
信息技术科学学院	孙 宁

研究生先进班集体(31个)

法学院2011级法律硕士(法学)研究生班
法学院2011级法学硕士生班
汉语言文化学院2011级语言与应用语言学研究生班
化学学院2010级分析化学硕士生班
化学学院2011级高分子化学与物理硕士生班
化学学院2011级无机化学博士生班
环境科学与工程学院2011级硕士生班
经济学院2011级国际经济贸易硕士生班
经济学院经济研究所2011级博士生班

历史学院 2011 级世界史博士生班
历史学院 2011 级中国史硕士生班
马克思主义教育学院 2011 级硕士生班
软件学院 2011 级研究生班
商学院 2011 级会计学硕士生班
商学院 2011 级图书馆学情报学档案学硕士生班
商学院 MBA 中心研究生班
生命科学学院 2011 级硕士研究生一班
生命科学学院 2011 级研究生 6 班(生物工程)
数学科学学院 2011 级硕士生班
外国语学院 2011 级英语语言文学硕士生班
文学院 2011 级硕士生二班
物理科学学院 2011 级研究生班
信息技术科学学院 2011 级计算机 1 班
信息技术科学学院 2011 级通信班
信息技术科学学院机器人与信息自动化研究所
药学院 2011 级硕士生班
医学院 2011 级科研硕士生班
医学院 2011 级专业硕士班
哲学院 2011 级硕士生班
周恩来政府管理学院 2011 级社会学硕士生班
周恩来政府管理学院 2011 级行政管理研究生班

研究生优秀学生干部名单(180 人)

MBA 中心(10 人)

宋燕飞　段　勇　赵　璐　马　郁　李露露　逯　浩　沈　岳　邹　瑞　安　琦
刘瑛茜

陈省身数学研究所(1 人)

于立伟

法学院(7 人)

张　鑫　薛　杨　张　楠　王晓蕊　罗　荣　孙　明　马爱玲

高等教育研究所(2 人)

陈　沛　高云霞

汉语言文化学院(2 人)

陶　媛　游晓静

化学学院(19 人)

熊　洁　刘遂军　沈俊阳　何　鑫　孔　静　李　焓　商海波　曹　婵　王清霞
付　裕　郝　晶　曹　宇　张海霞　阎宝岩　刘俊华　黄康伦　丹美涵　李晨溪
苏明明

环境科学与工程学院(8 人)

韩金保　付　裕　万田平　李文超　王　平　王雅楠　吴　虹　孟　亮

金融发展研究院(1 人)

张亚飞

经济学院(20 人)

刘大勇　李伟华　席强敏　陈文哲　王文静　肖　哲　皮亚彬　庞　志　史佳颖
余玲铮　李紫沁　张　蕊　李佳胤　樊华敏　柯晓芳　李美玉　安　程　耿鹏志
蒋　猛　周　鑫

经济与社会发展研究院(1 人)

任小燕

历史学院(9 人)

雷晓鹏　刘　宇　聂　珍　程斯宇　郑月阳　邵　薇　王小凤　杜　伟　王　洋

旅游与服务学院(1 人)

陈文婕

马克思主义教育学院(3 人)

郭　威　王雪超　李茗茗

日本研究院(1 人)

王　雲

软件学院(2 人)

张啸丰　张璐恒

商学院(7 人)

杨晓颖　田　昕　褚玉萍　张　阳　张晓婕　谢奥然　张焕巧佳

生命科学学院(15 人)

刘　玥　王文娟　冯　俊　陈祥东　胖铁良　南　杰　刘春晓　杜　星　王明明
张　腾　刘文静　车世友　尚　青　邵　鹏　周亚楠

数学科学学院(5 人)

庞　玥　蒲　飞　赵　冰　朱　凯　林　霞

泰达学院(2 人)

康全利　梁　毅

外国语学院(7 人)

韩奕华　杨奕凤　陈　敏　杨　帆　单　红　张　慧　邓良艳

文学院(17 人)

张　虹　王　辰　李晓琳　祝　昊　王一澜　孙　玥　李欣然　彭　卓　刘梦茹
舒坤秀　刘冰亚　于　萌　李丽平　马　速　先其秀　杨一丹　郑　卉

物理科学学院(5 人)

周　翔　黄　明　卢旭岑　董　涵　陈　君

信息技术科学学院(15 人)

江国燚　宫亚涛　罗明明　李　晓　陈新娟　尚超凡　陈　欢　王　婧　张　振
徐　琦　韩宏宇　王继国　朱晓曦　谷文浩　徐　龑

药学院(3人)
王德智　肖怀远　崔庆新
医学院(3人)
李佳昕　方杨武　魏　巍
哲学院(2人)
马梦菲　李　卓
周恩来政府管理学院(11人)
王修彦　程婕婷　胡雨佳　李月怡　洪　双　刘依冉　侯星星　吴新民　高婉妮
卢文越　陆星木奕
组合数学研究中心(1人)
杜　康

研究生三好学生名单(152人)

MBA中心(10人)
刘飘羽　谢庆庆　王孝海　许治春　王　磊　张　楠　段英侠　杨　博　杨雪平
王艳艳
陈省身数学研究所(1人)
张若洋
法学院(5人)
张　楠　郑丹萌　余利勇　尹国庆　周囿杉
汉语言文化学院(2人)
王　慧　李亚男
化学学院(17人)
胡敏标　刘　光　苏　波　杨　朋　廖　望　杨昌江　李　鑫　马　悦　颜　欢
肖　雨　张大帅　刘敬民　韩　燕　李　丽　漆春辉　迟文浩　马建峰
环境科学与工程学院(6人)
董　恒　李维尊　宋　琪　郭海心　阮悦斐　王　钊
金融发展研究院(1人)
卓子越
经济学院(19人)
段白鸽　白瑜婷　吕　越　张　炜　邢华彬　陈维涛　王舒鸿　刘　斌　刘义瑞
徐晓燕　曾亚伟　邓丽质　沈　静　谭书诗　李炎荦　倪　沙　李叶妍　李广浩
靳宇辰
经济与社会发展研究院(1人)
杨　颖
历史学院(6人)
王　妍　任金帅　侯亚伟　赵中桥　王聪聪　刘　佳
旅游与服务学院(1人)
王红玉

马克思主义教育学院(2 人)

李　伟　崔福明

日本研究院(1 人)

付世莲

软件学院(1 人)

杨义根

商学院(7 人)

冯凯悦　苑翠然　刘一村　俞碧飏　刘　琳　马　琳　杨　静

生命科学学院(12 人)

夏铜梅　夏思源　刘华娟　魏　远　张　涛　张　勐　张振国　郝军凤　江萍萍

马　超　朱贺敏　王中玲

数学科学学院(5 人)

李康伟　王苏鑫　汪泽波　李世静　张君倩

泰达学院(7 人)

姚永鹏　王　垒

外国语学院(5 人)

陈　倩　王菲斐　吴艳虹　宋　蕾　林森茂

文学院(7 人)

盛益民　张　虎　罗　麒　刘昕亭　傅钱余　吴　敏　王珊珊

物理科学学院(5 人)

娄　凯　王肖珩　郭清华　王一凡　高　原

信息技术科学学院(15 人)

赵海东　王　东　朱小兵　李文彬　刘笑含　文　硕　许帅家　张　恒　焦　姣

张崇磊　王　嫄　董星亮　王惠圆　张　丰　孙　宁

药学院(3 人)

曾鑫海　万　玥　李兰涛

医学院(3 人)

刘　赜　姜　勇　武东翔

哲学院(2 人)

金晓燕　王东浩

周恩来政府管理学院(7 人)

朱　旭　张晓燕　隋佰玲　赖凯声　杨鹏飞　李金潼　王　琨

组合数学中心(1 人)

李　静

研究生优秀毕业生名单(235 人)

MBA 中心(20 人)

李大欣　孙东旭　张　帅　姚晓宇　杨　涛　王铁凡　牛智峻　梁　爽　周　健

戴　燕　严　寒　孟　亮　鹿　鸣　赵　磊　宋　好　王凯莹　曹　轶　牛晓郁

张钟予　南　涛

MPAcc 中心(2 人)

王　倩　鲁　莹

法学院(10 人)

龙　蒙　王雅楠　王　玲　郭　融　张维红　郭　浩　随　奎　袁　松　张　冲
赵　娟

高等教育研究所(1 人)

张纪伟

汉语言文化学院(3 人)

孟小淋　宋　燕　罗宇茜

化学学院(21 人)

常　娜　王　魁　田　佳　邢思洋　边文越　刘相红　戴卫理　王庆红　徐四龙
梁衍亮　陈　智　张　艳　李海霞　李　夏　郭　磊　贾书敏　千　海　赵倩倩
刘　斌　闫　锐　温　亮

环境工程与科学学院(11 人)

崔培培　周　彪　白晓瑞　王　敏　王秀明　葛灵灵　胡献刚　严　莎　孔少飞
刘　瑜　周亚飞

金融发展研究院(2 人)

王福利　赵　维

经济与社会发展研究院(3 人)

高珊珊　展佩佩　商绘绘

经济学院(35 人)

余泳泽　张庆昌　王道平　翟光宇　颜银根　黄秋菊　刘学良　李清彬　文　洋
史亚东　奎　潮　付丽君　齐　洁　沈雁寒　胡　洋　孙　茜　王亚欣　卞　超
张　之　李晓玉　杨　晗　鲁　洁　杨子璟　张先成　李佳明　陈瑞雪　丁　涛
郑婷婷　王　曼　杨红虹　王乐祥　吴玉琪　李蔚真　初金霞　刘文闻

历史学院(7 人)

刘卓伟　方万鹏　王　丁　王小蕾　江振鹏　吴家虎　赖继年

旅游与服务学院(2 人)

张　倩　李　倩

马克思主义教育学院(4 人)

李世辉　郑兴刚　陆　阳　马明冲

日本研究院(1 人)

张　博

软件学院(3 人)

宋　萌　吕　欣　岳勇华

商学院(21 人)

姬美婷　廖梦颖　宋雪冰　李爱丽　周晓聪　周翠翠　张迎迎　许　菲　赵　娜
梁　冰　吴　汾　彭　涛　韩　宇　胡玲玲　谢丽娜　佟泽华　史文娜　王　凯

徐　坤　李一平　张　蕾

生命科学学院(13 人)

闫晓洁　左照江　李　敏　郭文斌　史兴娟　王怀民　刘红杰　杨亚萍　苏俊杰
闫　彬　窦　岩　姚瑞娟　唐延婷

陈省身数学研究所(1 人)

刘　会

数学科学学院(6 人)

王丽霞　张庆月　马　康　任莎莎　杨　夏　庞　博

外国语学院(4 人)

冯全功　时　雨　王　晋　王丽霞

文学院(11 人)

郭　丽　李　国　张袁月　夏全胜　张　悦　郭运凤　陈琰娇　张　翔　刘　雪
白　杨　董晓璇

物理科学学院(6 人)

刘富才　金　亮　康　明　朱美玲　丁芳媛　王云峰

信息技术科学学院(17 人)

张逸竹　徐圣奇　贾承来　薛东旭　赵迎新　胡子阳　王　斐　张　颖　许昱玮
周剑夫　王家国　高　岩　陈新伟　刘　佳　郭春艳　刘曙光　官　莹

药学院(3 人)

李晓茜　张振兴　杨　猛

医学院(7 人)

陈　思　张　超　黄　涛　李景欣　张明洁　杨　悦　黄　鑫

周恩来政府管理学院(11 人)

周　望　郑春勇　薛　婷　向　华　柴民权　郭志远　郭　勤　安月梅　陈　冲
李忠礁　胡慧旋

哲学院(5 人)

赵　鹏　王绪琴　范冉冉　侯振武　李　杨

泰达学院(4 人)

张雪燕　文留青　石　凡　任梦昕

组合数学中心(1 人)

范久瑜

研究生国家奖学金获奖名单(330 人)

博士研究生(126 人)

文学院(7 人)

刘昕亭　高再兰　盛益民　刘士义　张　虎　傅钱余　罗　麒

历史学院(8 人)

杨　豪　任金帅　王　妍　陈　旭　陈　莹　侯亚伟　张　野　王　旭

日本研究院(1 人)

齐膺军

哲学院(4 人)

金晓燕　侯晓丽　王培培　刘晋祎

外国语学院(1 人)

赵长江

周恩来政府管理学院(7 人)

张　翔　李婷婷　左宏愿　张国军　朱　旭　万国威　王修彦

马克思主义教育学院(4 人)

夏静雷　滕翠华　李宗建　李　伟

经济学院(21 人)

刘　斌　毛其淋　吕　越　方　意　刘　健　王　伟　蒋冠宏　李炳念　张　亮
段白鸽　谢蕊蕊　闫文娟　余玲铮　王舒鸿　沈扬扬　范晓莉　席强敏　张　萍
刘根节　刘艳靖　李可爱

商学院(10 人)

张　辉　周文杰　韩正彪　徐业坤　陈　坤　高洪利　李慧聪　贾东琴　云乐鑫
孙轻宇

金融发展研究院(1 人)

王冠英

旅游与服务学院(1 人)

吕兴洋

数学科学学院(3 人)

杨宇宁　王兴春　李康伟

组合数学中心(3 人)

李　静　钟庆海　李恒哲

陈省身数学研究所(1 人)

胡昊宇

物理科学学院(4 人)

李健雄　王　槿　娄　凯　张文定

化学学院(18 人)

李　丽　杨珍珍　刘安华　谭　星　许建雄　马　悦　时鹏飞　赵芳华　谢伟龙
解沛忠　刘　鹏　马天翼　刘英哲　唐　青　陈　岭　胡敏标　苏　波　徐　彬

生命科学学院(13 人)

夏铜梅　王　峥　陈元利　张　涛　谢兴巧　由晓娜　李斯微　喻其林　徐　宁
边　鑫　孙晓东　李婧瑜　安　磊

环境科学与工程学院(5 人)

董　恒　彭新红　李彭辉　李维尊　王会芝

信息技术科学学院(8 人)

王延峰　王　培　孙　宁　张运喜　胡翔宇　卢　敏　范　飞　张　丰

医学院(4 人)

许蓬娟　苏龙翔　刘　赜　王慧娟

药学院(1 人)

李兰涛

泰达应用物理科学学院(1 人)

王　垒

硕士研究生(204 人)

文学院(8 人)

于文思　王　辰　王一澜　陈亚芩　杨一丹　张　虹　吴　敏　王珊珊

历史学院(6 人)

王　申　赵中桥　刘　佳　杨璐玮　谢晓晨　石　磊

日本研究院(1 人)

周晓霞

哲学院(2 人)

毛林林　苏国凤

外国语学院(8 人)

王红芳　孙喜晨　赵婷婷　张其英　王　璐　徐娜娜　陈彦君　杨　帆

法学院(11 人)

姜　哲　雷园园　汤雯雯　尹国庆　赵安萌　苏　萌　汪全军　周囿杉　郑丹萌
胡熙龙　余利勇

周恩来政府管理学院(9 人)

林　川　王　淳　赖凯声　隋佰玲　李梦婷　李金潼　杨鹏飞　唐永峰　张曙霞

马克思主义教育学院(2 人)

郭　威　李茗茗

汉语言文化学院(3 人)

李亚男　董倩倩　李晓萌

经济学院(24 人)

焦永刚　曹科学　刘辰涵　张　璐　文　茜　张　蕊　李叶妍　许素英　顾严放
周　泽　李紫沁　王　帅　胡　晓　祁　洋　王发军　安　程　余东发　刘群燕
刘永余　郑子龙　李美玉　沈　静　于新亮　赵　珏

商学院(31 人)

杨　静　顾春霞　张子晗　王　琳　俞碧飏　冯凯悦　宛离离　王　鹏　孟德龙
余帅峰　孙　彬　樊斐斐　唐　野　胡　轶　赵　华　杨运生　王娟娟　段　勇
李　峰　徐迎宾　段　颖　张姝蕊　应启宇　张敬勇　高　桐　许　健　田士尧
苏健秋　邹　瑞　牛丽霞　程　萃

金融发展研究院(1 人)

张亚飞

经济与社会发展研究院(2 人)

王海鹏　曹清峰

旅游与服务学院(1 人)

何　君

高等教育研究所(1 人)

陈　沛

数学科学学院(6 人)

李　莎　邱凤娟　黄瑞芝　李益永　魏秀杰　邱兴业

组合数学中心(1 人)

解红叶

陈省身数学研究所(1 人)

张若洋

物理科学学院(7 人)

孔令军　董　涵　邓志超　于　萍　郭　辉　杨淑英　马寅星

化学学院(20 人)

张小龙　王小辉　陈　晨　郭利静　颜　欢　张　伟　迟文浩　马建峰　胡冲冲　漆春辉　赵亚楠　孔　璇　王建芳　胥亚楠　张瑶瑶　赵达维　李　伟　王丹阳　杨亚非　黎丽曼

生命科学学院(16 人)

邢　杏　张晓丽　吕林娜　邵　娟　石桐磊　颜　菲　程欣欣　张建丽　郭亚娇　李　宠　王树杰　纪　伟　刘大志　魏晓超　刘　丹　杨　萌

环境科学与工程学院(9 人)

郭海心　冯　玺　赵　栋　刘　钊　宋　琪　唐云鹭　王　媛　王宝琳　王　钊

信息技术科学学院(20 人)

孙　辉　张　佳　张　翅　刘　阳　陈　瑶　吴　超　周昱含　左　杰　王一了　刘东辉　韦月飞　过辰楷　靳　星　倪东颖　李新琨　王　雅　吴东杏　曹　锐　李　铄　欧阳升

医学院(6 人)

李志贵　曾　青　洪　兵　齐　琪　穆　洋　马雪娇

药学院(5 人)

黄　娟　武志丹　潘成文　徐寅通　孟凡菲

软件学院(1 人)

杨　芳

泰达应用物理科学学院(1 人)

黄礼刚

泰达生物技术学院(1 人)

张真真

研究生优秀奖学金获奖名单(450 人)

特等奖(10 人)

数学科学学院	李康伟
信息技术科学学院	孙　宁
化学学院	李　丽　杨珍珍
生命科学学院	边　鑫
药学院	李兰涛
历史学院	杨　豪
周恩来政府管理学院	万国威
经济学院	刘　斌
商学院	张　辉

一等奖(170 人)

MBA 中心(9 人)

胡　铁　王娟娟　陈铁鹏　徐迎宾　张敬勇　许　健　张晓晨　郭丽君　杨　川

MPAcc 中心(1 人)

潘　洋

法学院(6 人)

姜　哲　雷园园　尹国庆　周囿杉　郑丹萌　胡熙龙

汉语言文化学院(2 人)

李晓萌　李亚男

化学学院(16 人)

李　丽　杨珍珍　刘安华　谭　星　张小龙　许建雄　马　悦　王小辉　陈　晨
郭利静　时鹏飞　赵芳华　谢伟龙　解沛忠　刘　鹏　颜　欢

环境科学与工程学院(5 人)

彭新红　李彭辉　董　恒　冯　玺　郭海心

金融发展研究院(1 人)

王冠英

经济与社会发展研究院(1 人)

王海鹏

经济学院(39 人)

刘　斌　毛其淋　吕　越　焦永刚　曹科学　刘辰涵　张　璐　文　茜　张　蕊
方　意　刘　健　王　伟　蒋冠宏　王舒鸿　李炳念　张　亮　段白鸽　谢蕊蕊
闫文娟　余玲铮　沈扬扬　范晓莉　张　炜　梅冠群　席强敏　王文静　白艳娟
陈维涛　王　硕　姜　欣　张　萍　刘根节　刘艳靖　韩　冬　曾淑婉　李可爱
李叶妍　许素英　顾严放

历史学院(5人)

杨　豪　任金帅　王　妍　陈　旭　陈　莹

马克思主义教育学院(1人)

夏静雷

软件学院(1人)

鄂金龙

商学院(28人)

张　辉　徐业坤　周文杰　韩正彪　陈　坤　高洪利　李慧聪　贾东琴　云乐鑫
景　璟　孙轻宇　王元芳　李　研　郭海玲　纪雪梅　周　鹏　何颖芳　李廷翰
汪敏达　杨　静　张子晗　王　琳　俞碧飏　冯凯悦　顾春霞　宛离离　王　鹏
张甄妮

生命科学学院(12人)

张建丽　王树杰　安　磊　石桐磊　喻其林　孙晓东　边　鑫　张　涛　陈元利
王　峥　张晓丽　刘　丹

数学科学学院(5人)

李康伟　钟立楠　杨宇宁　邱兴业　王兴春

外国语学院(5人)

刘　明　赵长江　荣立宇　李建波　王晓培

文学院(5人)

盛益民　张　虎　罗　麒　刘昕亭　傅钱余

物理科学学院(5人)

李健雄　郭清华　王　槿　娄　凯　孔令军

信息技术科学学院(13人)

卢　敏　孙　宁　童健聪　张　丰　王延峰　张运喜　胡翔宇　王　培　曹　锐
刘　阳　周昱含　韦月飞　王一了

药学院(3人)

李兰涛　李中华　黄　娟

医学院(1人)

苏龙翔

哲学院(1人)

金晓燕

政府学院(5人)

万国威　李婷婷　张　翔　张国军　左宏愿

二等奖(129人)

MBA中心(5人)

赵　华　郭建华　段　颖　应启宇　田士尧

法学院(6人)

汤雯雯　苏　萌　魏珍丹　赵安萌　汪全军　余利勇

汉语言文化学院(2人)

董倩倩　王　慧

化学学院(17人)

马天翼　李亚平　韩　燕　刘英哲　王彦霞　肖　雨　高俊飞　王玉霞　唐　青
王建芳　李庆锋　陈继强　李国春　田　俊　陈　岭　程立杰　杨　洋

环境科学与工程学院(6人)

李维尊　赵　栋　王会芝　王晓艳　宋　琪　刘　钊

金融发展研究院(1人)

叶　瑶

经济与社会发展研究院(1人)

曹清峰

经济学院(7人)

廖　慧　聂　召　周　泽　李紫沁　王　帅　胡　晓　祁　洋

历史学院(5人)

侯亚伟　张　野　王　旭　王　申　韩　佺

旅游与服务学院(2人)

吕兴洋　何　君

马克思主义教育学院(3人)

滕翠华　李宗建　李　伟

日本研究院(1人)

李　菡

软件学院(1人)

杨　芳

商学院(5人)

王　璇　王　颖　刘一村　苑翠然　杨晓颖

生命科学学院(12人)

柴民伟　夏铜梅　王艳会　徐　宁　纪凯华　李婧瑜　金　昊　李斯微　谢兴巧
由晓娜　纪　伟　魏晓超

陈省身数学研究所(1人)

李建泽

数学科学学院(5人)

周茂袁　孙吉江　张艳萍　李　敏　魏秀杰

外国语学院(5人)

赵婷婷　杨　帆　张其英　孙喜晨　徐娜娜

文学院(5人)

高再兰　邵明园　刘士义　张　艳　王万顺

物理科学学院(7人)

董　涵　王　垒　徐　伟　刘鹏翃　张文定　田　甜　冯页新

信息技术科学学院(13人)

耿鹏程　赵　耀　范　飞　李　铄　王金刚　欧阳升　张　翅　张　佳　吴　超
刘东辉　常立志　焦　姣　左　杰

药学院(3人)

潘成文　肖　雪　孟凡菲

医学院(4人)

许蓬娟　王慧娟　李心乐　张竹红

哲学院(4人)

侯晓丽　刘晋祎　李新士　毛林林

周恩来政府管理学院(6人)

朱　旭　赖凯声　杨鹏飞　林　川　王　淳　李金潼

组合数学中心(2人)

李恒哲　钟庆海

三等奖(141人)

MBA **中心(5人)**

杨运生　刘笑宇　王　鹏　沈　鹏　董　倩

法学院(6人)

章嘉苗　徐　静　杨　雪　董建凯　王丝白　马爱玲

高等教育研究所(2人)

陈　沛　张　晨

汉语言文化学院(2人)

燕　芳　董子辉

化学学院(18人)

段小川　宋　健　王　鑫　林秀珍　张大帅　王官耀　王晓蓓　方亮晶　晏南富
胥亚楠　廖圣云　王　浩　王亚丽　张希浩　刘敬民　李　慧　杨　帆　陈亚云

环境科学与工程学院(7人)

王　媛　唐云鹭　王宝琳　姜珊珊　阮悦斐　王　平　王　钊

金融发展研究院(1人)

张亚飞

经济与社会发展研究院(1人)

李海燕

历史学院(6人)

苏　聪　刘　佳　曾　磊　孔永红　张继刚　赵中桥

旅游与服务学院(2人)

妥艳媜　吴　凯

马克思主义教育学院(5人)

解庆宾　牛文浩　王雪超　郭　威　高媛媛

日本研究院(2 人)

方　宇　齐膺军

软件学院(1 人)

杨义根

生命科学学院(14 人)

郭亚娇　邢　杳　林晓龙　胡　阳　陈　果　颜　菲　李　宠　张耀方　杨云帆
林智杰　姜玫秀　郑文婷　刘大志　赵化冬

陈省身数学研究所(2 人)

张　俊　李　艳

数学科学学院(5 人)

陈　密　尹　志　韩永杰　冯　龙　邱凤娟

泰达生物技术学院(2 人)

杜慧谦　刘向前

泰达学院(2 人)

郭源源　吴晓璠

外国语学院(5 人)

高　剑　王红芳　张　慧　孟　云　吴艳虹

文学院(7 人)

李丽平　邓妙慈　朱学良　秦　彬　张　虹　吴　敏　王珊珊

物理科学学院(9 人)

张禧征　陈宗强　孔祥天　应翠凤　洪佩龙　翟召辉　裴子栋　张永强　王一凡

信息技术科学学院(14 人)

邵　斌　蒋鸿玲　解　伟　高海涛　孙　辉　徐　凯　陈　瑶　胡晓媛　莫云音
靳　星　吴东杏　倪东颖　林　楷　赵　磊

药学院(4 人)

徐寅通　王利强　武志丹　邢　玥

医学院(4 人)

蔡翔宇　张春燕　白　楠　李志贵

哲学院(5 人)

黄闪闪　王东浩　刘大为　苏国凤　李大明

周恩来政府管理学院(7 人)

高婉妮　朱光喜　潘同人　冯晓娟　王修彦　游腾飞　杨鹍飞

组合数学中心(3 人)

李　静　刘素娟　陈焕林

研究生单项奖学金名单(63人)

工银创新奖学金(30人)

一等奖(10人)

孙　宁　张　辉　张　翔　刘安华　吕兴洋　王发军　王　进　阎　旭　姚　凯
施伟熹

二等奖(20人)

王海鹏　杨宇宁　夏静雷　李恒哲　李建泽　李兰涛　郭海心　娄　凯　刘辰涵
陈　沛　史腾飞　台令玲　汪灿宇　庞明星　温　睿　杨　洋　张　毅　赵光夫
朱奕郦　祝一夫

台湾学生奖学金(19人)

博士研究生(10人)

一等奖(2人)

周伯钟　张景坤

二等奖(4人)

罗法圣　光相中　施正忠　刘长甡

三等奖(4人)

王国源　林靖宇　林复东　田青芬

硕士研究生(9人)

一等奖(1人)

陈鸿梁

二等奖(3人)

许倍瑜　卓筱华　谢中豪

三等奖(5人)

李建翰　林育安　林淑丽　徐丞敬　范创昀

宝钢港澳台学生奖学金(14人)

博士研究生(8人)

陈金明　孙建平　范志豪　黄柏喻　罗盛民　徐奎晖　欧朝铨　王宝明

硕士研究生(6人)

林志祥　廖美华　陈信隆　陈钧闳　陈宏修　吕少宇

研究生先进党支部、优秀共产党员名单

研究生红旗党支部(11个)

历史学院2011级中国史硕士生党支部

外国语学院2011级硕士生第三党支部
法学院2010级法律硕士(非法学)党支部
周恩来政府管理学院2011级社会学科硕士生党支部
经济学院国经所2011级硕士生党支部
商学院2011级人力图情档硕士生党支部
物理科学学院博士生第一支部
化学学院化学系分析化学教研室研究生党支部
生命科学学院2011级硕士生第二党支部
信息技术科学学院2011级通信硕士生党支部
医学院2006级临床医学党支部

研究生先进党支部(50个)

文学院2011级硕士生第二党支部
文学院2011级博士生党支部
历史学院2009级中国史硕士生党支部
历史学院2011级世界史博士生党支部
哲学院2011级硕士生党支部
外国语学院2011级硕士生第二党支部
法学院2011级法学硕士生党支部
周恩来政府管理学院2011级政治学科博士生党支部
周恩来政府管理学院2011级政治学科硕士生党支部
马克思主义教育学院研究生第二党支部
汉语言文化学院2010级汉语国际教育硕士生党支部
经济学院国经所2011级博士生党支部
经济学院保险系2010级硕士生党支部
经济学院经研所2011级博士生党支部
经济学院数量所2011级硕士生党支部
经济学院经研所2011级硕士生党支部
经济学院经济系2011级博士生党支部
经济学院金融系2011级硕士生党支部
经济学院国际商务2011级专业硕士生党支部
经济学院国经系2011级硕士生党支部
经济学院经济系2010级博士生党支部
经济学院保险系2011级硕士生党支部
商学院2011级会计硕士生党支部
商学院2011级硕士生管理一党支部
商学院2011级硕士生管理二党支部
经济与社会发展研究院2011级硕士生党支部
金融发展研究院2011级硕士生党支部

数学科学学院组合数学中心三支部
物理科学学院 2010 级硕士生第一支部
物理科学学院 2011 级硕士生第一支部
化学学院高分子所博士生第二党支部
化学学院化学系高分子教研室研究生党支部
化学学院元素所 2010 级硕士生党支部
化学学院高分子所 2011 级硕士生党支部
化学学院化学系物理化学教研室研究生党支部
生命科学学院分子所博士生第一党支部
生命科学学院 2010 级硕士生第一党支部
生命科学学院 2010 级硕士生第二党支部
生命科学学院 2010 级硕士生第三党支部
环境科学与工程学院泰达第二党支部
环境科学与工程学院 2011 级硕士生党支部
信息技术科学学院 2011 级计算机与信息安全硕士生党支部
信息技术科学学院 2011 强军党支部
信息技术科学学院 2010 级通信硕士生党支部
信息技术科学学院现代光学所博士生党支部
医学院 2011 级硕士生党支部
药学院研究生第二党支部
软件学院 2011 级研究生党支部
泰达学院泰达应用物理硕士生党支部
泰达学院泰达生物技术学院学生党支部

研究生优秀共产党员标兵(20 名)

文学院(1 人)
陈琰娇
历史学院(1 人)
赵中桥
哲学院(1 人)
范祖昂
外国语学院(1 人)
吴艳虹
法学院(1 人)
李 超
马克思主义教育学院(1 人)
王雪超
汉语言文化学院(1 人)
宋 燕

经济学院(2人)

李广浩　李伟华

商学院(2人)

冯凯悦　杨晓颖

数学科学学院(1人)

李建新

物理科学学院(1人)

于伟坤

化学学院(1人)

仝玉章

生命科学学院(1人)

张 悦

环境科学与工程学院(1人)

曾 毅

信息技术科学学院(1人)

王惠圆

医学院(1人)

张翊昕

泰达应用物理学院(1人)

梁 毅

高等教育研究所(1人)

刘庆琴

研究生优秀共产党员(221名人)

文学院(14人)

郭运凤　王一澜　王　辰　孔　婳　张　虹　孙　玥　杨一丹　柴高洁　邓　婷
武俐宏　王　莉　李晓琳　夏全胜　孔　卓

历史学院(12人)

刘　宇　邵大路　雷晓鹏　江振鹏　赵永翔　熊小丽　王聪聪　潘立宁　范　欣
何　隽　刘　昕　代龙飞

日本研究院(1人)

王　雲

哲学院(6人)

蔡长春　李训昌　薛方圆　王斯斯　李　杨　林　红

外国语学院(7人)

张国庆　王菲斐　焦　凯　张　雪　许彩彩　杨　艳　陈　倩

法学院(8人)

李　强　闫　隽　王晓蕊　李　鹏　闫　涛　佘利勇　郑丹萌　吴新宇

周恩来政府管理学院(13 人)

朱　旭　潘同人　赵　慧　刘　蒙　舒　畅　王　淳　卢文越　李莉苹　李梦婷
王　佳　程婕婷　田　丰　阿依古丽

马克思主义教育学院(4 人)

朱　健　赵润青　邱兴华　杨丽雯

汉语言文化学院(4 人)

李　敏　宫　旭　董倩倩　肖启迪

经济学院(23 人)

倪　沙　张　蕊　顾严放　郑霄鹏　王　硕　吕　越　王　静　韦　媛　庞　志
李艳明　李炎荦　靳宇辰　蒋　猛　黄平川　胡晓伟　白瑜婷　肖　哲　周　鑫
曾亚伟　余玲铮　于新亮　邢华彬　吴　蒙

商学院(18 人)

马　琳　徐　建　苑翠然　邱巧红　刘一村　马　婧　刘　琳　谢奥然　韩　蓉
孙轻宇　王鹏程　王睿智　高　跃　杨文霞　薛　梅　张　阳　褚玉萍　李　玮

MBA 中心(1 人)

黄译萱

MPAcc 中心(1 人)

张俊婷

旅游与服务学院(1 人)

贾　玥

经济与社会发展研究院(2 人)

王海鹏　曹清峰

金融发展研究院(2 人)

梁晋嘉　康元刚

数学科学学院(5 人)

朱　凯　王丽霞　林元吉　尹　志　李彦红

陈省身数学研究所(1 人)

申林志

组合数学中心(2 人)

计省进　贾岩涛

物理科学学院(5 人)

赵子宇　娄　凯　王　溪　卢曙光　戈　进

化学学院(28 人)

廖　望　刘遂军　韩　甜　刘　学　左艺劼　赵彦彪　赵凯娜　陈　智　孙　磊
吴玉昆　张　菲　杨成雄　王琢之　杨昌江　刘　光　宋　蒙　常　娜　张大帅
王　魁　徐　彬　蔡春龙　戴卫理　边文越　韩贵芳　漆春辉　郝　晶　马广迎
鲁振坦

生命科学学院(14 人)

塔　拉　田晓龙　王文娟　赵蕊丽　牛学良　肖　冬　夏思源　王　恺　刘　生

邵　鹏　原　辉　贺宪飞　党　凯　张　涛

环境科学与工程学院(15 人)

汪　东　王　平　阮悦斐　冯碧婷　万田平　王浩闻　孟　亮　张杏丽　蔡　记
董　恒　吴　虹　高颖楠　韩金保　牛海凤　李　多

信息技术科学学院(20 人)

刘永姣　王金木　张　振　陈新娟　张崇磊　韩宏宇　宫亚涛　刘海波　胡　娇
朱小兵　李　晓　胡彬彬　安大伟　谷文浩　金　涵　黄　翔　徐　琦　董星亮
李志国　焦　娇

医学院(1 人)

王丽娜

药学院(4 人)

肖怀远　郑　芳　万　玥　崔庆新

软件学院(2 人)

岳勇华　张宏雨

泰达学院(7 人)

康全利　谢桂娟　徐　源　孙晓龙　谢楠楠　曹　静　朱显明

研究生党员青年先锋(35 名)

爱心公益先锋(5 名)

法学院	吴新宇
经济学院	时 濛
物理科学学院	王一凡
信息技术科学学院	杨晓萍
泰达学院	李 静

敬业模范先锋(5 名)

马克思主义教育学院	郭　威
经济学院	李美玉
商学院	杨晓颖
环境科学与工程学院	王　平
信息技术科学学院	过辰楷

自强自立先锋(5 名)

法学院	董建凯
物理科学学院	郭清华
信息技术科学学院	张　昊
泰达学院	张书琴

泰达学院	车世友

实践应用先锋(10 名)

文学院	陈琰娇
历史学院	赵中桥
外国语学院	郑　莹
法学院	冀　鹏
汉语言文化学院	刘金哲
商学院	刘春华
生命科学学院	南　杰
信息技术科学学院	李　彤
医学院	武东翔
软件学院	张啸丰

学术科研先锋(10 名)

文学院	郭　丽
历史学院	江振鹏
哲学院	侯振武
经济学院	文　茜
商学院	韩正彪
化学学院	王　魁
化学学院	张志君
生命科学学院	郭文斌
环境科学与工程学院	郭海心
信息技术科学学院	孙　宁

研究生“创最佳党日”活动组织奖(10 个)

1. 文学院 2011 级硕士生第二党支部“记录我心中的‘公能’精神 寻阅南开前辈的‘公能’品质”系列活动
2. 外国语学院 2011 级硕士生第三党支部“投身志愿服务,践行党员宗旨”系列活动
3. 法学院 2010 级法律硕士(非法学)党支部“建网络律所,促学子维权”主题活动
4. 马克思主义教育学院研究生第二党支部“发扬光荣传统 引领时代发展”——北大、南开马列研究生学习贯彻胡锦涛总书记“五四”重要讲话精神主题论坛
5. 化学学院化学系分析化学教研室研究生党支部“爱心见证人间大爱,雷锋精神永驻南开”主题活动
6. 生命科学学院 2011 级硕士生第二党支部“品南开印象,铸‘公能’品格”校园文化公益活动
7. 环境科学与工程学院泰达第二党支部“毕业季文明起航”主题活动

8. 信息技术科学学院光学所硕士生党支部、光学所博士生党支部“缅怀已故南开理科四院士，培育时代南开特色新精神”主题活动
9. 信息技术科学学院2011级计算机与信息安全硕士生党支部“传递南开精神，服务南开师生”爱心服务特色活动
10. 药学院研究生第二党支部“健康之路，从心开始；拥抱阳光，成就梦想”主题教育系列活动

“知行南开”研究生社会调研项目(第一期)十佳调研团队、优秀调研团体、先进个人及优秀组织单位

十佳调研团队(10个)

1. 经济与社会发展研究院“我国农村医疗服务体系建设情况调研——以兰考、淳安等五地为例”团队
2. 生命科学学院“土著微生物处理化工废水的可行性调研与实践探索”团队
3. 旅游与服务学院“天津滨海新区旅游资源普查及现状分析”团队
4. 经济学院“新兴产业引领示范效应的解析——经济学院博士生镇江新区调研”团队
5. 商学院、信息技术科学学院“天津市外地农民工生活状况与信息行为调查及一站式服务平台构建”团队
6. 环境科学与工程学院“天津社会主义新农村建设垃圾无害化处理调研”团队
7. 文学院、历史学院等“中国留守儿童隔代教养现状及问题调研——以安徽省阜阳市行流镇为例”团队
8. 经济学院、环境科学与工程学院“环境效率与就业结构调整”团队
9. 文学院“北京独立书店生存现状及发展空间调研”团队
10. 周恩来政府管理学院“准大学生的心理期望现状与调试策略探究”团队

优秀调研团队(10个)

1. 文学院“商业舞台剧产业的生产机制和消费模式分析——以开心麻花剧团为例”团队
2. 法学院“案例指导制度的司法实践”团队
3. 周恩来政府管理学院“转型期民族群体性事件类型演化与阻断机制研究”团队
4. 马克思主义教育学院“天津市规划系统宣传思想文化工作调查研究”团队
5. 马克思主义教育学院“从南街村的精神文明建设看看社会主义核心价值观”团队
6. 经济学院“天津市保障房发展状况及其对周边房价影响研究”团队
7. 旅游与服务学院“我国旅游企业诚信问题及其公司治理现状调查研究”团队
8. 生命科学学院“阿拉善地区沙漠化现状调查及环保宣传”团队
9. 医学院“天津地区自闭症患者的生存状况以及人们的认知度调研”团队
10. 药学院“天津生物医药‘产一学一研’现状调查”团队

先进个人(10名)

经济学院	杜德瑞
经济与社会发展研究院	王海鹏
生命科学学院	李　强
商学院	王　颖
旅游与服务学院	淡艳茹
文学院	刘梦茹
经济学院	王舒鸿
文学院	赵　洁
周恩来政府管理学院	程婕婷
环境科学与工程学院	孟　亮

优秀组织单位(5个)

周恩来政府管理学院
经济学院
文学院
马克思主义教育学院
生命科学学院

研究生思想政治教育工作创新示范项目立项结果(12个)

外国语学院	"夯实专业基础,提升为公之能"研究生志愿服务接力计划
法学院	"鸣响"学术沙龙"班级共创,学术领航"专题活动
周恩来政府管理学院	"关注国策,锤炼'公能'"主题教育活动
汉语言文化学院	加强海外交流学生党员教育管理工作研究
经济学院	"'公能'知行耀滨海,志愿奉献学子情"经济学院研究生"公能"素质课堂活动
商学院	研究生创新实践育人工程
数学科学学院	"学高为师,身正为范"导师参与研究生教育管理机制建设
物理科学学院	"红色周末"研究生党建创新活动
化学学院	研究生"课代表"搭建第一、二课堂的互动桥梁
信息技术科学学院	第二届实验室文化建设工程
法学院等	以学术竞赛推动研究生综合素质能力提升
生命科学学院等	"明德树风 践行公能"研究生科研道德与学风建设系列活动

毕业生名单

2012年本科毕业生名单(3080人)

数学科学学院(187人)

何　山　冯　霁　田　竞　安弘扬　安鹏达　白　洋　白逸洲　柏　林　陈　可
程　宁　储　备　邓　路　邓睿之　樊　晨　冯　康　冯　元　郜申涵　郭若思
贾　潇　孔祥顺　况闻天　李　航　李　杰　李　乐　李沐西　李运博　林肇舒
刘　宽　刘　巧　刘新放　刘逸博　罗　敬　马岩波　马仲晓　祁　功　邵　辉
舒明良　宋凌祺　孙　放　王　成　王光辉　王　力　王　威　吴　磊　辛　君
徐铁成　张博涵　张霜剑　张天驰　张　屹　赵　冲　赵伟隆　鲍　蔚　蔡　捷
蔡欣婷　程　玥　樊书琴　郭靖阳　郭潍熙　侯丹琳　康同庆　李　丹　李　晶
林竹雨　刘文新　刘　莹　鲁　晶　潘　宇　任　傑　王　卓　吴　玥　谢　宁
叶　雪　于竹君　张艺凡　周　位　周　轩　邹　璐　陈康迪　丛　林　董长光
杜　军　高　煦　顾　然　侯宇诗　黄　杉　蒋将军　李　宇　刘　勍　任　诚
石道辰　苏伯策　王晨广　夏　添　严　兴　颜　轲　周　航　刘青阳　刘　健
虞　婧　傅景勇　郑晓菲　周安奕　陈大川　陈广宇　郭保桐　李凯乔　李　梦
李　硕　连　杰　廖培州　刘　博　刘孟白　刘同安　刘　勇　祁褒然　时道源
王一川　王云龙　王志益　王　治　吴文光　薛雨晴　张剑锋　朱　翔　蔡晓雨
曹珊珊　陈佳蔚　邓涧秋　杜晓婕　胡　奕　黄玮虹　李桂林　李抒阳　李文佳
刘　丹　石　健　史毓姝　孙雅璇　田　添　王　琦　王　潇　徐尚洁　杨柳柳
杨亚琦　尹卓菲　张静芸　张璐琬　周双双　孔祥瑞　胡　博　陈　超　董学辉
何　熙　李和瀚　王　博　张浩然　淦　压　任　黎　施若楠　王璟玥　吴新敬
何　山　冯　霁　景　超　康露海　陈天笑　张志浩　郜文彬　简书林　杜　昊
黄一熊　李昀天　孙　岳　王效杰　杨锦妹　贺行舟　罗　悦　吴亚奇　张左雄
蔡天荣　刘欣然　许　嘉　宗思竹　田世来　奚佳能　皇甫振国

物理科学学院(139人)

白　宇　杨　杰　安　鑫　陈良骥　邸丹宁　董明昊　杜幸夫　法鲁克·艾克拜尔
郭廷珂　韩志龙　郝家宏　郝金龙　计　成　黎育成　李　恩　李非也　李运美
林俊松　卢敏杰　路正光　罗维维　潘崇佩　乔少朋　秦雨静　苏　昕　孙　闯
孙骥文　唐　潇　滕培元　童小龙　韦雨辰　吴　迪　伍悦潮　杨　帅　杨　硕

杨晓云　叶明骁　张铮铮　赵志强　周发然　陈曦　樊纯如　李树楠　王晶伊
叶佳妮　银子瑜　俞景茹　曾欢欢　赵丽　关佳其　田非　丛容　赵子健
陈汉　陈伦杰　陈友虎　陈岳军　冯捷　吕松涛　宋伟清　张泼　张睿
赵大明　周兴　姜晶殷　王文琳　晏敏　张冠南　罗索瓦　奚旺　过文俊
马嘉驹　肖勇驰　徐志江　薛冰峰　张韶辉　陈锦　郭雅淳　刘文枝　秦嫈
史霄宇　王昕妍　杨娜　陈春晖　冯俊　何纯逵　孟立春　聂伟　彭建涛
温浩然　曾崇翔　詹凯　张心铭　郑超逸　郑义　周彬涵　陈璐　左一平
刘伟阳　郭耀亮　李塞　李珣　刘伟　马旭宁　石炎亮　王文颢　王轶
杨立　张蒙　吴玉泉　梁满庭　陈治成　黄文博　黎唤民　梁深　徐捷
胡天一　陈紫峰　张斌　张树科　赵珩　李承珉　刘磊　刘兆一　冯洁文
段端　韩文杰　胡晓森　王焕非　王旭东　贾小菲　周克芳　魏泽华　杨博
高扬　刘小涛　孙建勋　杨波　张成一

信息技术科学学院(339人)

刘九洲　苏鹏侃　王学鑫　李梦阳　高超　陈鹏　陈维政　陈昕宇　陈煜
邓绪华　丁欧南　董前琨　董自强　高杨　管凌鹏　郭利飞　侯树昇　侯洋洋
胡骋　江湘舟　李恒宇　李天龙　李艳坤　李洋　李洋　刘昌奎　刘亚辉
刘亚洲　罗俊　石彬　田宇力　汪李之　王盛　项锐　徐柳　徐青松
叶翔　张兴伟　赵连云　赵庆凯　朱健宏　陈歌　陈佳佳　成媛媛　段媛媛
谷伟艺　顾扬　和学英　胡文　贾晓薇　李红　李捷　李彦君　林琳
刘姗姗　刘晓威　庞赫洋　苏丽丽　苏娅　王妍　熊倩颖　姚丽文　尹芳
张慧云　张盼盼　张思雪　肖天骏　鲍若冰　蔡汉忠　陈森楠　邓一丁　杜浩然
郭培召　韩璐　姜腾　金家明　蓝淞　刘浩　刘骏皓　龙青辉　路晗
罗斌　倪佩佩　盛宏博　苏任昌　王新宇　卫达恺　吴于虎　夏长峰　夏凡
相吉磊　杨业伟　张志威　张宗　赵振杰　支亚　陈乐茵　陈清艳　黎金莉
沈婧瑶　杨立丽　赵瑞超　陈丹阳　陈芳霖　陈欣民　陈钊　费翔　冯睿
高君　孟超　宋杰　王典　王倜　王啸萌　张稳　周海锋　曹逸
黄露　李亚楠　林嫣　刘莉莉　刘明月　刘生爱　刘真真　刘振英　罗玮
石稚菲　汪蕾　王洪杰　谢莹　徐冉　于晨　白笑宇　付凯　韩迎东
黄福军　黄乐　黄乾　雷源　李昊　马立俊　马占良　宋新平　王华兵
王坚　王雨辰　杨柳　张立　张清华　陈乔杉　佴君　桂铭初　胡晓晖
刘佳黛　柳亚会　毛琪　盛云　塔娜　姚鑫　张盼盼　黄逸浩　李坤
何旭峰　黄舜　孔祥博　李盟　李天一　牛玉才　邵晨　宋建伟　王金超
王靖坤　吴限量　谢星星　杨磊　扎建　张正宇　周跃　朱炳文　杜芳美
冯梅　高晓昕　任媛　舒文斐　孙欣苗　杨婷婷　张雅囡　张宇蒙　庄再姣
包九宝　陈宇　程康　范孟秋　付银杏　何静飞　吉瑄　蒋禔　李恒
李少阳　李遥驰　李怡然　刘文璟　罗文浩　孟凡琛　彭俊宇　蒲富银　邵鹏伟
陶超　汪范　隗文钰　翁明俊　邢孔泽　徐兆军　杨统　尹艳辉　张帅
庄建鹏　赫祎诺　康珩　李美宏　李晓露　李艳新　刘玉玲　王琳　杨德凤

杨　倩　张梦妮　张　鑫　姚　尧　房九龄　孟李鹏　宋重钢　孙光泽　孙鹏宇
王　超　谢作孟　余文清　张培超　赵可昭　周成钢　朱洋达　东晓琬　窦梦媛
丰诗朵　高　鑫　胡铭曦　李　晶　李晓虹　李艳华　钱　堃　申玮玮　乌日娜
杨天宁　张　茵　张雨薇　赵赫楠　曹　玮　陈嘉杰　陈肃超　樊子豪　龚宗华
郭铁岩　李　萌　刘海波　卢鸿平　王　健　魏科宇　姚国璋　张缤艺　张　萌
张亚庆　邹勤谦　陈醉雨　何晓同　华　弋　秦楚玥　王素元　武文赟　杨春雪
杨潇潇　陈　赛　杜奕飞　陈仲良　段云山　冯　凯　郭　杉　金　纬　李广植
刘海丰　刘梦源　罗　靖　马召勇　汪亚男　王　超　王　萌　王一夫　张　生
张耀文　高　航　郭倩怡　何晓蓉　胡巧云　刘昕凝　刘亚萍　马巧慧　王聪媛
肖竹欣　邢妍姝　于婕遐　刘　昶　舒晨洋　万江波　王东升　张　浪　张旭辉
周　阳　黄真真　邓程山　肖　群　赵立男　张诣宙　郑添亮　于荣涛　贾少康
蒋　阳　雍文渊　王一丞　冯银乐　贺德华　王亚军　徐书韬　许　涛　李　旭
梁　津　王　鹏　徐动动　孙冬月　丁晓钰　扎西边久

化学学院(229 人)

刘智敏　凌　晶　赵　萌　陈功东　陈国军　陈　纪　陈希同　陈晓源　成　逊
程堂剑　丁　煜　董　楠　杜永乐　段如敏　高　翾　关振君　国　琦　韩泽宇
韩正禹　韩中兴　侯海波　侯天宏　黄　毅　金怀海　李恒明　李景龙　李全龙
李申桐　李　遥　廖潇啸　林　涛　刘宏伟　刘　璟　刘凯庆　刘凯祥　刘康敏
刘　帅　刘帅宇　刘颖琳　卢博为　马戴杰　满燕华　潘滢浩　彭　沣　齐　琪
邱方亿　渠　汇　施　旺　时贺光　舒　震　谭亲贵　陶　浩　田　曲　王海龙
王佳平　王建超　王力强　王　南　王　绪　王彦冰　王　泽　王周驰　吴金雄
谢翔宇　徐潮飞　徐　帅　颜雨坤　羊延欣　杨家骅　杨　扬　叶恺星　尹　涛
袁克星　翟　睿　张鹤鸣　张琳博　张巳龙　张旭杰　赵津鹏　赵　庆　赵欣达
郑　朋　仲逸人　周文武　朱光旭　朱旭东　邹　昊　陈　达　陈瑞云　崔宇翔
邓飞飞　董晓斐　段　颖　关金明　胡　霞　鞠华俊　李昊博　李　洁　李　婧
李盈盈　刘　玥　吕丹崖　任　佳　师　楠　石　玺　司　猛　苏　杭　田丽媛
王碧翠　王　俊　王　帅　杨承玲　于艳艳　苑斯雯　张　娜　赵　菲　赵蕙质
赵思倩　赵　婷　赵　彤　赵　钰　郑斯齐　周劲媛　周诗辰　祝淑哲　陈楚潼
董　伟　李　平　刘晓霏　刘心彤　王　昊　王　烁　魏杨扬　胡心悦　朱　莎
张　萌　郭　魁　王泽虹　王润雨　黄　晨　段　翀　段怿晨　耿志帅　顾　彬
顾建军　关　策　郭磊加　李　琛　林春水　卢雨辰　马　驰　秦天依　秦子轩
曲敖廷　舒　俊　宋　玥　孙纪云　谭国平　涂凯雄　王　程　王建斌　吴迪华
夏彦丰　阳乐涛　翟　伟　张栋玮　张　泽　郑　洋　周　淼　陈柏竹　杜　青
黄　维　贾　凡　景　娇　李　丹　李铭航　刘玉静　马　驰　穆　婧　王克赛
王文轩　王玉茹　王珠培　徐明月　于润含　张彦新　周婀成　周梅君　董兆龙
韩　旭　李　铂　刘博宇　吕　哲　田春勇　王秀庭　王　洋　徐昊旻　徐　涛
张治平　周冬冬　毛晓卉　毛雪冬　屈　晨　吴　静　朱宏秀　韩承启　张一鸣
胡　锐　李小坡　王永良　杨五林　张　希　牛　檬　窦培鹏　郭　毅　王　彤

谢　飞　杨　震　余　劲　张　雷　张立祥　于　淼　王　昊　高　凡　霍翟羿
张　磊　王蓓蓓　周铖亮　黄　茜

环境科学与工程学院(74人)

陈继淼　耿林霄　郝慧泽　李国光　李　海　李　力　梁中耀　卢　蔚　陆文涛
石济开　王　顺　王增伟　吴明明　杨驿昉　张兴东　章泽科　赵　罡　邹德坤
董蕾茜　樊一冲　高宝艳　葛佩燕　黄　津　黄　玥　李雅琦　刘秀梅　陆宇超
孟令宇　强彦雯　王　璐　王亚涛　姚天琦　于兴燕　郑伟巍　左九龙　毕兆亨
李凤久　李　朋　李蔚辰　李　响　李　勇　林成淼　刘　斌　刘　畅　刘　楠
刘廷海　刘一夫　秘雪岳　倪　磊　彭　乾　苏　峰　王　冬　王　权　王天宇
王再冉　武　杰　邹文浩　白　雪　何宇婷　李斯施　李晓艳　刘　畅　刘翠微
刘　娅　钱敏蕾　王　艺　吴姁徐　邢玉姗　张馨予　张　宇　方中阳　姚　澍
陈　骛　迪丽达尔·于提古

生命科学学院(125人)

冯　涛　陈龙飞　陈　阳　邓　譞　傅书锦　李国超　李延平　刘华希　刘　政
刘　铸　马　贵　倪　涛　彭仕儒　宋东民　孙　军　田高飞　王　巍　文　亮
吴同心　吴文祥　谢驰成　杨　浩　于中秋　俞金强　翟宝辉　赵育生　陈其然
范琳琳　顾思怡　韩　璐　侯　玺　姜增琳　蒋晓莉　李茹菇　林玲玲　刘晓玉
刘　瑜　马传洋　田明洁　王　婧　王　可　王晓婷　王　欣　翁　蕾　肖金芬
许　萌　许远蓓　杨渼仪　杨小娟　杨　阳　杨　洋　张　璐　张倩霞　赵子然
朱苗苗　沈俊芳　仇子龙　单欣蔚　方银善　高云龙　郭仁朋　何向军　金　磊
黎　源　李　圆　林永权　刘　畅　刘　学　刘耀辉　刘远航　芦广庆　宁清宇
潘晓轩　谭　号　王　帆　王宏钰　闫思源　燕江雨　杨宝鹏　俞　谦　曾　程
张荣飞　张晓辰　丁博建　董奇雯　高伟霞　宫　婷　郭　红　韩婷婷　韩晓蕊
韩志杰　户菲菲　李静林　李美仪　李筱丹　林　川　刘　晴　刘文轩　刘玉杰
芦泓宇　石晓宇　孙华岩　孙　露　孙向颖　王静雅　王雅欣　王　媛　杨　博
杨　洁　杨潇潇　张丽芳　张　萌　张　琦　张雪莹　赵　佳　赵　彤　周　蓉
朱义萌　张瀚文　李盛兵　李中昊　杨啸越　张道鸣　王月枫　卢蕴达

医学院(55人)

张朔瑒　范庆豪　陈　城　孟　鹤　梅振阳　赵佳佳　崔　博　蔡顺天　葛存锦
黄　鑫　李景辉　李伟伟　龙安华　罗　佳　罗　晋　陶海涛　王　博　徐文鹏
于　虎　袁邦拓　张士武　赵利轩　曹宝平　陈桂颖　陈天萌　陈　婷　范南南
高　娜　高　影　韩　茜　何云云　蒋朝旭　金美玲　李　明　连　元　梁　甜
刘　捷　马瑞珏　宁乔杨　乔凌亚　王钰铖　吴　莹　武丹丹　肖　雪　杨小凡
杨　悦　翟　伟　张国新　张　瑾　张明洁　张晓琳　张益琴　张　瑜　赵　朔
郑　郁

哲学院(46 人)

陈奕霖 崔栋杰 戴 崴 段航游 冯 旭 傅文星 韩东峻 何 睦 李 盼
连 易 刘 磊 刘 杨 刘 钊 罗洁浩 牛笛汀 饶晓曦 宋 磊 王 竞
王 梁 王雪振 王增强 湛天驹 张泽宇 钟斌民 周露军 朱云奇 崔 琳
邓玲芝 高 尚 高 原 官佩临 郭天秀 姜玉洋 李倩玉 刘 习 刘亚梅
石 津 苏 畅 孙嘉遥 王 蕊 席 堃 曾鸿堉 张 泳 查耀东 姚施霖
上官炳舜

外国语学院(185 人)

杨亚妮 张红梅 李 修 李濡晶 耿力莹 陈瑞权 董 闯 郭 正 侯典峰
胡庆斌 李 麒 李少泊 李 蔚 李泽弘 刘传文 刘 鑫 史笠淞 宋士伟
田 雨 王 冠 王云桥 夏云星 杨雪研 张加民 张若一 张 涛 张 漪
白 雪 常 畅 常 瑶 陈丹萍 陈丽君 陈 怡 董一睿 范慧芳 冯艺斐
甘甜甜 高艳玲 谷 珊 管文洁 韩晓萌 胡小溪 黄敬轩 黄蕴娴 蒋增艳
井上洋子 李谷雨 李 欣 李亚楠 李 耶 李雨桐 林蜀倩 林一霄 林 颖
刘 佳 刘梦瑄 刘文静 刘希玉 刘子晗 卢 可 吕婷婷 罗茂菊 毛虹元
孟 梦 孟晓珂 莫燕云 彭 茜 齐 蕾 秦 青 施海珍 宋培飞 宋晓灿
孙艺桐 陶 钰 王慧之 王 帅 韦 琪 魏 珊 吴艳娜 邢菲菲 徐 瑶
杨漫溪 杨晓蕊 杨云慧 姚 瑶 殷跃群 尹 榕 张晶晶 张 玲 张 默
张 茜 张永宓 郑程心 郑 洁 郑 柳 郑诗韵 郑婉婉 周诗礼 朱 倩
任思佳 赵博洋 吴兆红 李 浩 李照嵩 卢泽鹏 鲁兴刚 陶 鑫 熊正华
袁春华 曹梦伊 程梦悦 崔青花 高静雪 郝晓阳 胡泓泳 李 楠 廖月娥
林春霞 刘 朝 刘菁菁 马 雷 孟繁雨 宋 遥 孙惠子 唐云倩 王璞楠
王 芊 魏婧昕 薛萌萌 杨 沐 袁 艺 张碧玮 赵 南 赵玉琢 周玉洁
辛 强 何冰琦 姜 超 兰 溪 李若亚 廖 曾 刘 霜 鲁粉女 孟昭璇
潘 晴 钱红秀 王星同 徐晓琨 张亚卓 敬黎洋 李冰心 刘云锋 黄 莹
柳 颖 司韶羽 闫冰冰 晏 如 张爱莲 张诗雨 张彤瑶 赵 静 朱韶乐
朱钰珏 何 丹 李瑞承 史敏岳 肖池林 房亚茹 高 姗 贾玉杰 林菁峪
任 帅 唐 娟 王蕾蕾 项丹清 于善英 于潇潇 远 思 王自彪 段广宇
田 博 王 迪 袁玉龙 李璐佳 申 毅

经济学院(496 人)

刘庆建 胡子男 曹雪原 陈海硕 韦又文 尹 迪 陈理言 王 辉 王 正
刘 天 罗君华 何 楠 邱林晶 朱佳艺 崔道贤 葛 然 张兴龙 贾 卉
边恩民 曹忠顺 陈伟凯 丁树泽 窦 祺 韩墨缘 韩 腾 黄逸平 李 杰
李星星 刘 彬 刘 锐 刘 峣 罗冬来 马俊飞 马玉龙 马 越 潘锦雄
秦 旭 邵 帅 唐宽昊 田超阳 王奥运 王 磊 王有余 王 宇 吴昊坤
谢富强 袁文博 云一峰 张 健 张科丰 张 鑫 张义伟 赵 彪 赵劲骁

赵晓宇　郑东野　钟声悦　白森娜　陈　坚　程逍帆　邓　欢　高　霁　高晓航
郝一辰　金菲菲　李　菲　李启媛　李　坦　李　彤　李仪婷　李　正　梁迎春
廖　凌　林晓彩　刘畅文　刘静文　刘诗杨　伦晓初　马　英　玛依努·依沙克
梅筱雪　孟　淼　潘　银　普　珍　秦碧珺　邱月琼　史　青　孙　甘　涂　静
王睿思　王思禹　王婷婷　王希文　王钰杰　王月晖　王　卓　韦爱静　邬秀柔
吴　叶　谢孟超　熊天瑶　叶潇予　张　冲　张敬怡　张　欣　张　英　张紫云
宋炳宏　邵景然　丁笑寒　孙歌珊　李龙侠　冯萍萍　隋淑慧　靳少泽　王思聪
许海军　王泽璞　刘　格　张若宇　肇　沫　王　轩　刘雪娇　潘　媛　李　波
沙　金　马晨昕　郭亚东　李　想　刘　露　于　洋　毛竹青　肖　尧　王　竹
于　萌　阎子怡　张明瑞　陈路明　陈津健　陈　冉　戴惠斌　董　辉　冯　晟
郭振海　康　博　李　凯　梁英材　刘力豪　陆　迪　宁圣清　彭金宝　钱正和
邱春强　田　野　王　凯　魏志飞　温响宁　文家奕　许启钦　袁　刚　占一杰
张光辉　张　鹏　张　悦　白一江　陈丽颖　陈　思　陈　娴　崔文婧　丁雪竹
丁　莹　董　婧　方娅莛　付晚羚　高　静　顾　颖　郝　越　黄瑞琪　贾瑞杰
寇晓璐　李俊婷　李　润　梁娇娇　林　昀　吕慧珠　钱芳霖　钱　璐　秦　蕊
丘秀锋　孙冬雪　孙　欣　孙跃涛　王　斌　王柳洋　王梦潇　王　清　王　硕
王苏业　吴丹妮　肖梦瑶　肖湞慧　余佳佳　张啸凡　张馨月　赵文婷　周　帆
朱睿敏　朱星宇　朱雪玲　张　悦　汪碧薇　余敬敬　袁　鹏　包世越　龙　茂
马悦轩　汪虹杉　田　宇　王紫薇　常志娟　孙舸舰　魏　薇　计欣阁　王偲偲
周　弘　俞银娣　牛万春　王　辰　陈　冬　陈　亮　冯　晔　傅立拓　贺　祎
姜俊彬　任子俊　阮　锐　王迪康　王振国　武　帆　杨刚毅　余　驹　陈　莹
董乐宁　段　愿　郭明宇　李　田　李　庭　王　玮　徐　帆　于巧思　张涵宇
赵　灿　赵欣彤　朱　彤　孙　野　肖　准　任会扬　李冠宇　曹　明　常　江
常　智　陈　晨　段会亮　符史斌　付延宁　侯　璠　黄　凯　柯力涵　李　超
李　智　刘　健　刘　蒙　吕东海　罗国雄　漆宇飞　饶德彰　任金橦　沈大千
宋金峰　唐　煜　陶　乐　陶守峰　王超然　王海洋　王　涵　王　坤　王夕辉
魏继昆　夏广政　徐靖喆　杨竣博　杨　儒　袁宏运　张　帅　张　扬　赵欢欢
郑　钰　智　琨　周津腾　周威至　朱　睿　邹　杰　安　冉　白　莹　陈宇翔
崔　爽　高　雅　高　岳　何　萍　金凤仪　李　好　李　佳　李健莹　李祁济
李新霞　栗雅欣　林　苑　刘　婧　刘思佳　路梦文　马　琳　裴丽博　秦　楠
曲　悦　宋思文　孙　洁　孙世晓　孙竹林　王帅君　王　威　王　巍　温　馨
吴晓征　吴映红　薛溪雯　杨　柳　杨　茗　叶　菲　于　明　张瑞芸　张泽琨
赵　蕊　赵欣茹　赵颖初　郑翔允　周　怡　陈晓阳　曹浦政　曹　旭　崔　堃
关　旺　郭　凯　胡乔治　刘　京　刘龙文　刘　硕　刘曾志　吕　阳　申宏健
佟　帅　王　崇　荀　正　杨　栋　杨　艋　阴　硕　张本崇　张海强　张　彤
张宇驰　赵乙锟　赵　勇　周　爽　周振梁　冯　颖　高步渠　黄信兰　刘婉婷
罗　阳　秦加瑶　宋　潇　孙佳星　王晓均　杨振坤　于　扬　余　璇　张　卿
张　漾　张云爽　赵　奔　朱　虹　朱慧安　陆星文　乔　山　陈妍君　李晓彤
刘　姗　叶楚恒　李华慧　李姗珊　潘睿龄　任书洁　谭文佳　王　帅　冯文砚

周梦昕　胡凤丽　马　琳　朱海坤　陈明亮　付芳伟　高斐然　郭栩冰　郭　越
郝　志　侯　磊　贾青雷　李　韬　李　奕　李泽浩　栾洪禧　倪　俊　戚　悦
饶蔚楠　陶　野　王明彦　王　喆　熊　能　熊晓彬　闫清波　杨　超　杨建华
袁　健　张晓驰　郑中尉　周辉栋　周文皓　庄烁今　付　正　郭　倩　李　畅
李春霞　吕一凡　邵颖璐　沈璟辉　苏　勤　孙敏清　孙琦珠　王　皎　王立男
王丽娜　王晓艺　徐淑玉　姚　迪　张娥媛　张梦然　张怡然　钟宏菲　周旭瑶
张映平　郑　铎　张　虹　李　矛　郝思婷　韩　凉　赵宇鹏　李兆奇　陈晗之
王　鑫　杨　默　姚洪锐　樊雅婧　贾雪陶　阎欣蕊　杨　奕　朱子政　姚龙波
张　扬　刘宇希　杜妙雪　李碧蹊　刘宇翔　陈嘉迪　闫锐鹏　曹　喆　范　艾
高郁竹　张　铮　蒋正洋　张继涛　宋　浒　赵春阳　刘　倩　坤多姿·阿尼瓦尔
阿旺白桑　陈张秀卉　司马成龙

商学院（335 人）

郭双奕　王　成　蔡　宇　崔宝强　郭汉军　彭立群　唐　怡　谢　骏　杨一凡
赵　刚　鲍晓云　边晓宇　蔡蜀秦　黄　慧　李　季　李铃湘　李　璐　李奇璇
柳　婧　曲　超　任　敏　田　朔　王倩倩　王　芮　吴　迪　吴　俊　谢扬帆
徐晓凡　闫祥明　张　畅　郑婉宜　周宇露　卓小杨　刘　云　马一帆　王昕琳
何　翀　李永靖　刘东方　刘海洲　刘浩楠　刘志伟　卢根淮　罗显龙　马致远
吴利刚　吴日健　张李查　郑　磊　周乐天　朱济霖　陈丽威　高志丹　李彦环
连昊昱　梁　蕾　吕梦莹　罗佳忆　罗亚优　马　南　石慧敏　宋　晏　苏　菡
王　观　王　旭　王　萱　夏惠娟　张　硕　张义婧　朱鑫怡　倪　昊　黄　星
柴利倩　陈　涛　戴传民　黄博涵　黄　众　平　宁　商　策　吴　东　吴雁楠
肖观滨　谢　磊　闫　涛　杨　霁　张　超　周　晶　陈雪娇　陈　洋　樊容江
戢　妍　靳　颖　李　琳　李　哲　刘金玲　邵小倍　王丽媛　于婷婷　方建东
黄晓光　李　伦　李　阳　张争旗　陈　维　陈小亚　范红艳　林　青　刘蒙先
屈晓灿　佘秋红　张怡帆　朱　琳　左庆宇　程　骁　毕　杨　蔡　璠　蔡　伟
董万鑫　方若成　黄金钢　李田川　李先臻　李泽远　林晓益　刘光旭　刘　骐
刘　胜　刘　涛　陆　欢　童　滨　杨　剑　袁　熙　张　越　张宗睦　陈辉辉
何　玥　姜彩红　李瑶瑶　吕　娟　吕　烨　于晓蕾　张爱东　张　沄　真梦渊
朱建宇　谢春美　蔡　祥　邢　展　张　鹏　周路康　冯　希　冷晓爽　李　璇
马鹏珊　宋晨雪　孙　彤　田　玮　田云霞　王潇怡　武若男　谢　毅　胡柳旋
李　雪　陈潇楠　戴　锴　高　强　靳勇强　柯洧钒　尹继辉　张　明　张一博
蔡立凡　曹　静　陈　瑶　陈　云　丁丽阳　高梦然　黄立逾　贾　茹　蒋梦姣
孔明一　李菲菲　李旻序　李　璇　刘思瑾　孟珊珊　苏亚琼　孙　倩　万馨阳
王玲丹　魏　玥　闫诗雯　易国娟　张　帆　周　娜　董嘉宁　王　妤　程　远
单　瑞　董　欣　高永涛　刘召创　任广勇　檀祖谋　王　开　王玉杰　肖丹晨
肖索非　谢万彬　杨　均　勇文韬　赵佳胜　蔡林芮　陈敏慧　董瑞文　董晓旭
费伟婷　郭冠宁　郭媛媛　黄　洁　黄　雯　蒋怡新　金梦娇　李嘉莹　李健婷
李梦宇　李　伟　李潇瑞　李昕萌　李宇帆　刘　佳　马　洁　马艺芳　米　萱

欧阳旭　任文濛　宋　铮　王丹荔　王　晶　王　谯　王潇潇　王雨濛　徐丹丹
许培离　于剑乔　张　红　张金晶　张婷婷　张　潇　赵　青　赵文纬　周承睿
朱　月　陈　煜　甘伟祥　张文侃　李　昂　李　晨　刘景红　仝晓云　王慧媛
王梦頔　杨雅爽　郑飞天　董　浩　梁永生　刘小增　白一然　程若竹　程　远
富　靓　贡桑吉　刘　雯　刘心怡　马　睿　汪　静　巴为勇　蔡　铭　陈志刚
兰　宇　李祎行　刘　哲　吕思群　梅　伟　彭兵犬　王晓晨　吴波良　项　鹏
仰　刚　张先鹏　朱伟民　迟宇彤　范　丹　胡佳翼　胡　萌　蒋　婧　解　婧
李　萌　刘　方　宋燕琴　孙　迪　王　慧　翁炜炜　项文文　姚　柳　张冰玉
张卜浛　张　娟　朱　慧　朱雪萍　祝　哲　赵　锴　卢　尊　姚楚琪　杨天宇
戴威宇　祁建龙　马路耶　陈东龙　赖　燏　任世友　王宁伟　张宇阳　赵　正
程淮茜　朱勋懿　李德泷　申超飞　格桑卓嘎　旦增加布　吾金扎西　索郎德吉
木卡米力·吾甫尔　阿不力米提·卡德尔　艾合买提·阿力木

汉语言文化学院(25人)

郭　隆　李朝武　陈玉娴　陈　峥　焦　阳　李　玲　李雅宸　李彦圻　李　奕
刘　敏　刘　薇　孙语璠　佟　倩　汪　静　王海旭　王婷婷　王晓彤　吴　岳
薛海珍　尹怡萍　张　萌　张乔姗　张　月　郑晓曦　周宇宁

马克思主义教育学院(19人)

雷进华　李贺贺　刘　晗　刘　琦　史　涛　张锦宠　张廷厚　张现彬　冯　元
郭　玮　金　梦　李　婧　鲁　楠　满　媛　唐彩霞　王天则　魏　晶　张一凡
钟子尧

历史学院(81人)

孙世坤　白明欢　郭祥斌　韩　锐　李昊泽　刘森桐　马　津　邵红伟　孙宏哲
王　超　王彦升　向　明　徐　天　杨明亮　易　锴　赵家骅　边晶晶　郭　颖
何　青　胡诗雯　姬　昱　刘　彬　刘晓琢　刘雅茵　秦　丽　王　昕　杨婧雅
杨　云　姚　翔　张明蕾　朱潼歆　李　艳　蔡微粒　胡　元　李文涛　裴昱人
阮鹏程　田　欢　王志华　张家骥　张振春　赵树强　陈孝覃　杜　玥　何松阳
齐香钧　屈海曼　孙雅頔　唐雪梅　田秋棉　王　敏　吴　迪　武晨微　肖　含
杨雪芹　苗润博　张云飞　鲍朝阳　刘文俊　潘晓峰　邱俊西　仝延龙　詹瑜松
张林峰　郑旭东　包明艳　宝媛媛　蔡蕾薇　陈夏琼　李　敏　李筱艺　刘艳菊
栾艺嫱　欧阳珊　张培培　张欣雅　张　璇　赵雪婷　张士毅　魏珊珊　扎西措姆

文学院(183人)

李　硕　田小勇　陈泽伟　冯文欢　谷业凯　冀　钦　姜海泉　蒋荫国　李若晨
卢嘉声　马文超　任义锋　王浩然　王俊峰　叶嘉利　尹茂磊　张晨曦　张　恒
赵海龙　赵新定　朱同玲　陈沁妍　崔美玉　邓　璐　冯宝宝　冯　莹　耿梦雯
韩君颖　韩丽佳　韩　薇　黄彩英　黄小菊　李宝玲　李　玮　李颖出　刘　畅

刘馨园　刘　莹　刘禹彤　吕继北　吕湾湾　马　静　马　雪　冉秋景　宋楚龄
孙淑华　唐　佳　王君逸　魏璐璐　席满琴　徐少琼　许奕琛　薛昳璇　羊丽玲
易夜雪　于雅珊　虞璐琳　张一然　张　悦　赵晓慧　赵欣华　周　末　朱　婧
邹汝斯　张　伟　高　岩　郭曦然　刘　赫　刘克非　毋杰雄　杨启涛　赵　骞
周海东　安志潇　陈卉敏　陈　萌　陈　爽　楚　萌　郜　敏　宫暑卉　黄　静
李泽妤　苗静娴　平　静　孙玮玫　吴丹丹　吴梦娇　武兴华　闫雪婷　杨春溪
张晓娜　张瑛戴　周国英　樊　哲　毛　鑫　徐　阳　杨　航　赵　楠　包乃平
顾圆慧　何忆君　孔繁颖　李隽逸　李　楠　李　爽　曲文秀　苏　畅　苏　婕
夏桂玲　谢　宇　许德娅　杨　春　杨惠瑶　于　佳　赵英慧　周　媌　寇宏林
孙　毅　王　振　王祖培　徐振飞　尹显祖　周瑢吉　朱红帅　高晓舟　李　思
李宇琪　鲍　海　曹碧峥　陈　矗　高　山　郭　伟　侯均达　金　阳　李淼越
刘大伟　马世梁　唐　宽　王　睿　许子龙　殷　翔　张亚飞　周延伟　陈殿霞
陈晓春　傅　萌　高明瑞　郭　晶　郭旭东　韩　伟　黄婧婧　李亚楠　李依桐
林芝玉　刘　静　娄明裕　栾　琳　潘亚琦　孙　霄　王炳文　王春燕　王　璐
王小乐　谢易慧　杨丽瑄　于　欣　袁　博　臧若栋　张爱娜　张慧伶　张　倩
张婉秋　赵阿心　吕臣龙　史铁君　孙　猛　裴逸飞　王野苓　林　晨　刘仕洋
庞　博　王　玥　孙菽曼

软件学院(112 人)

孟维一　华　朕　王金宇　王天然　张奇琦　袁雅存　柴小虎　陈鸿志　陈铁南
戴骥达　郭富铭　韩冰杰　胡伟强　蒋文江　李　凯　李牧哲　李如松　李松犁
李　岩　李彦霖　李　勇　李占占　李子旸　刘　刚　刘宇辰　刘中欣　罗　辉
马　队　牛余山　邵光达　史宝珖　宋午阳　孙　健　唐苗苗　唐启源　田四通
王杰玮　王今晨　王　鹏　王　旭　王永鑫　毋轩宇　熊　明　许璐璐　严　俊
张　宏　张建龙　张　亮　张　鹏　张耀功　赵建金　周　旺　陈　萍　崔利华
代晓芳　邓媛丽　杜姮颐　高德政　高　娜　韩　菁　郝　丽　姜申坪　康瀚文
李　利　林婷婷　刘　婕　刘晓津　吕周南　蒙绮蕾　青雯菲　曲济时　史　诺
孙　蕾　孙利鑫　唐文静　佟昕馨　王洁馨　王丽凤　王倩倩　王　璇　项爱云
肖慧中　杨　艳　游妮婷　于　芳　于　娜　运　洁　张　巧　张小驰　张筱筱
张燕萍　郑安怡　郑谨星　周　瑜　朱淩夏　郭　赛　胡继雄　李永成　朱孟峰
赵　坤　胡春林　黄　琛　李浩洋　刘飞龙　刘继岩　庞亚洲　李诗乐　李羽纶
王利强　吴亚奇　徐扬奇　张　强

周恩来政府管理学院(194 人)

陈　凯　陈名明　冯忒言　李　磊　刘　明　刘　鹏　毛　伟　孙熙隆　王群光
杨小龙　付典典　高　蕾　金　宵　李文婷　马　倩　马　骊　茅军芳　秦　杉
阮艳婷　田　凡　王　萌　王燕玲　王　颖　殷　茵　余程程　张艳欣　郑虞婷
李　博　刘　臻　聂际慈　宋鹿豫　王帅伟　魏　惺　许少美　杨伟岳　张聿良
张忠良　赵　岩　邓　楠　郭瑞雪　韩雁娜　李　琳　李　璐　刘　双　刘伟新

刘元元 孙　迪 王　朦 王思懿 王　越 熊姝婷 许兰兰 杨　芊 张爱敏
张宏玉 晋　美 牛　犇 吴泽葆 戴天维 全日焕 佘燕娇 吴　娇 陈治霏
田斯羽 陈思阳 邓　健 富　博 郭正鹤 李　昂 李国良 李贺洋 李　健
林锦航 刘　访 刘海全 刘市委 刘　选 刘　扬 马遥亮 祁　鹏 秦新哲
田　旭 王　涛 王　永 徐宗辰 许焕发 许　强 薛　阳 翟凤超 张鑫喆
张兆欣 赵　威 赵　岩 高　鹏 贾　楠 蒋　源 蒋子悦 孔庆旭 刘江华
刘宇婵 娄旭辰 穆　裕 王　玮 韦　奥 吴　双 岳　改 张　超 左　琳
秦良成 王俊岭 高　琦 李　利 冯　经 付　冲 吉梦杨 李宝华 李祥蒙
李雨露 牛宝山 彭著华 孙泽江 谭宏泽 王小东 姚逸苇 崔匀菲 杜胜臣
房　芳 高艺菁 胡彩育 姜　薇 李　倩 刘梦格 刘　茜 刘莎莎 马文婷
田　栋 王　倩 王　倩 王雨虹 魏莎莎 朱　彤 邓吉尧 潘毅斌 杨飞飞
赵　琳 郑英威 薄玉娟 冯　超 李　蓉 李　薇 马婷婷 牛楠楠 乔　玥
王梦琪 王杏元 文　曼 巫　妙 徐　毓 严江笑 于建琳 袁婷婷 张恒茜
赵琼玉 黄　帅 吕　杰 王　磊 王甡生 刁　洁 付　萌 栾　茜 毛　丰
庞掬菲 彭晓茵 孙亚婷 汪　娜 王文超 杨明玉 杨　玥 张　涔 郑　妍
周丽娜 梁　哲 张　晓 王翔宇 张云鹏 陈宇驰 冯　博 温家坤 徐鑫鑫
索娜卓嘎 格古拉加 皇甫怡悦 努尔比亚·买买提 祖力皮努尔·艾力

法学院(113 人)

赖永明 贾圣真 刘鹏玮 丁渤海 丁　飞 段汉麟 付　冲 付　煜 高　远
郭世泽 何正暐 黄明巧 黄青松 季　彬 李　江 李伟旭 李湘至 李　杨
李志毅 刘楚铭 刘贺明 刘　群 路自寻 毛丹东 宁寿辉 潘杨鹏 曲志鹏
申友福 孙　伟 孙仲禹 王　方 王少棠 王宇东 王泽旭 邢国华 徐行之
闫伯之 闫仲之 于　上 鱼　冬 喻　聪 张　骄 张　凯 张世超 赵　鑫
周红节 阿明古丽·艾尼 蔡清芬 曹雅静 崔海婷 段梦怡 郭　敏 何　茜
洪　实 胡媛媛 黄润莹 黄正敏 贾　佳 金爱玲 鞠　濛 康雅婷 康宇珺
李佳妮 李　适 刘　冰 刘　畅 刘　嘉 刘　苏 卢承书 卢思含 芦月婷
鲁凯服 陆　晅 吕慧铭 吕睿彬 罗运帷 马　楠 孟无忧 牛舒超 裴凡星
全雨萱 沈士雯 孙　杨 孙　语 滕文嫣 汪敏霞 王　莹 徐子珺 闫丽杰
杨梦莎 犹　珩 于思源 袁　琳 曾明慧 曾晓芬 张　超 张　荷 张慧敏
张梦萍 张若琦 张天娇 张馨允 张薰之 张　翼 张　媛 赵双荣 郑丽景
周嘉颖 胡浩然 胡思聪 李慧君 木扎帕尔·麦合木提 艾山江·吾布力哈斯木

药学院(39 人)

崔　斌 付孟龙 郭向东 郭子栋 李林锋 李　森 刘　宸 刘　琪 刘永奇
马　骥 马永凡 宋　威 孙霁雪 王凯玉 王　轩 张浩亮 张俊奇 支亚坤
陈　晴 高慧儿 何　婉 姜久英 李　丛 刘　瑜 牛玉洁 宋艳杰 陶　瑾
汪　晶 王国敏 王　红 王　森 王之悦 徐　彤 赵　纯 赵　晶 郑孟琦
古丽布斯坦·米吉提 麦吾菊丹·阿力甫 斯琴高娃

泰达学院(61 人)

郭文刚 胡雨阳 蒋雅典 李文见 刘 亚 马 可 任 盼 沈子欣 石泽龙
宋宜璞 郁艳青 袁叶平 翟 旭 赵家庆 周 凯 巩 冲 郭 昊 贾 静
李东阳 李帅子 李 彤 梁乔艳 苗 雯 生桂霞 史晓华 王菲菲 王姝玮
于胜娜 张梦迪 钟园园 白一鹤 曹正程 陈建宝 程 敏 邓 全 胡舟嵊
李金滔 李军柱 李 帅 罗 杏 骆科松 石皓匀 王 冠 王建凯 王行广
张又木 陈楚月 高燕翀 郭新明 季爱红 姜晶晶 李水玲 刘 迪 刘同乐
杨娇娇 于昊淼 张海洋 张 锫 张 业 朱建旭 邢平飞

经管法试点班(43 人)

陈旭光 刘作栋 马万达 孟浩之 孙元瑞 王项超 俞斯泽 张晓阳 李 聪
王 果 王晓檬 张娜娜 张欣妍 张亚男 沈赵初 王希维 连映雪 尚 文
郁 琦 潘哲洲 张颖锋 徐 雪 何晓阳 张雨露 熊纳微 刘 轩 刘晓玲
贾 东 尚春宁 郑双保 程楚涵 李 彤 刘安琦 刘 星 孙丽远 杨婷婷
张骞文 赵倩雯 赵 野 生 悦 甘露云 严 桢 赵 冲

2012年毕业硕士研究生名单(2843人)

陈省身数学研究所(10人)

陈 潇　齐 飞　赵崇淼　周宇婷　孔 圆　朱文斌　张 群　陆 汛　戴 劲
张家宁

数学科学学院(64人)

范飞飞　刘 静　吴 非　张苗昌　杜承安　李智敏　严再立　李 兵　石亚峰
陈 超　王叶深　魏 红　张长庚　李 尤　孟 孜　万 里　章 皓　崔 嵬
龚佳佳　关 娟　李亚男　刘 鹏　邱晓聪　王兵兵　王佳佳　王谦谦　魏磊磊
闫 楠　杨桂明　张 旭　陈学俊　傅天煌　郝智恒　刘宏媛　马 康　任莎莎
尚锁平　申新兴　时桂灵　宋世禹　王 乐　韦贤武　吴建霞　武雅兰　肖 力
杨 礼　杨 夏　于文锋　赵 萍　周庆颖　周知洋　付英超　滑宇晨　敬 勇
王明晶　闫 娟　袁秀花　郑箫箫　刘 冬　庞 博　卓勇霖　梁 磊　汪润庆
余 亮

组合数学中心(6人)

陈小林　雷海生　李 岩　张莹莹　刘中然　许斌斌

医学院(102人)

杨小凡　武丹丹　丁艺华　宫莹莹　刘晓天　陈亚南　姜粉军　张朔瑒　孟 鹤
梅振阳　蔡顺天　葛存锦　于 虎　赵利轩　曹宝平　陈桂颖　陈天萌　范南南
高 娜　韩 茜　何云云　蒋朝旭　金美玲　李 明　连 元　梁 甜　宁乔杨
王钰铖　肖 雪　杨 悦　张国新　张 瑾　张晓琳　张 瑜　郑 郁　陈小庆
袁海滨　张孝涛　张 丹　崔 博　陈 婷　乔凌亚　张明洁　白 婷　常安涛
郭少聪　郭泽武　黄 涛　江鸣山　李登科　李宏悦　李洪浩　李 辉　李慧慧
李景欣　李 铭　刘春蕾　刘玉兰　罗旭峰　马蓓蕾　马 茜　秦坤华　宋海昭
宋小强　苏华宾　苏小敏　孙海丽　万嘉嘉　吴玲玲　武成磊　奚 洋　谢永玲
熊 敏　徐颖茜　杨玉姣　殷正云　袁 青　张华锋　范庆豪　陈 城　黄 鑫
李景辉　李伟伟　龙安华　罗 佳　罗 晋　徐文鹏　袁邦拓　张士武　高 影

姜春乾 李晨星 张海艳 赵佳佳 马瑞珏 吴 莹 翟 伟 赵 朔 陶海涛
王 博 刘 捷 张益琴

药学院(58人)

曹美荣 傅俊曾 雷 宇 李国敬 任春华 孙 红 王增勇 徐 灿 张 蕊
张太昌 郑 芳 郑阳阳 曹学峰 程 瑛 丁亚辉 桂丽萍 黄开盟 金 辰
李凌燕 李 敏 刘 超 刘春磊 刘功清 刘 强 吕昕泽 罗 钰 马维维
牟 通 宋 佩 孙 波 田静秒 田 溪 王 波 王辉辉 王佳佳 王 娜
王月然 徐梦莹 薛虎寅 闫 睿 杨红梅 杨 猛 杨 勇 翟佳黛 张计敏
张 林 张 玲 张 雪 张雪艳 张 燕 赵 辉 赵巧凤 赵越超 周立飞
董长明 方清洪 李晓茜 宋生有

物理科学学院(53人)

谌俊谋 李 倩 王 杨 王迎宾 杨冀翀 朱亚敏 曹雪峰 马志远 张 罡
张有福 代 林 孟凡杰 潘 登 田仙花 闫艳花 张 宇 朱美玲 王晓菲
丁芳媛 董职福 杜 鹏 李 斌 栾艳彩 乔 丽 王莲莲 王云峰 辛建康
张 超 赵 飞 章 祯 赵 虎 范小龙 郭燕磊 王 芳 闫 峥 尹鹏飞
王亚洲 杨 涛 张 铭 刘贺鹏 孟桂先 孙勇林 杨佳辉 赵明铎 邓洪华
翟耀绪 周 开 欧阳权 田春林 王尚强 赵建彬 胡永能 郑先明

泰达应用物理学院(15人)

刘文波 孟 涛 张建峰 孔凡磊 樊文博 李 莉 张光子 马 强 石伟科
栾 星 王 俊 张 功 张 盼 孟 楠 李广平

泰达生物技术学院(5人)

钱云云 文留青 姚芳芳 蒋 贝 朱 渊

泰达学院(6人)

陈小磊 程亚仙 范道鹏 赵小娣 马加翼 张雪燕

信息技术科学学院(207人)

唐 涛 刘 莉 赵 晗 魏石磊 陈进杰 刘 妍 孙舟璐 郑夕宝 杜忠勋
韩美锐 胡 冰 黄爱友 黄 鹏 蒋 鹏 黎 达 毛嵩程 唐延甫 王 芳
王 辛 魏承立 徐于萍 薛东旭 曾志文 赵 波 赵恩伟 赵捷峰 黄 翔
贾承来 牛 超 汪 希 魏仕彪 殷丽梅 王继光 李 超 刘 伟 王育剑
陈翠莹 马 征 谢国芬 马 骋 姜 韬 李新浩 李艳青 王 斐 吴 迪
杨素素 尹春建 赵星宇 程志强 何静婧 金 庆 李双亮 闫聪博 杨 明
曹 飞 陈永虎 傅民皓 顾 超 郭 凯 韩正洲 黎尧才 李艳红 李 扬
鲁 超 石 明 王 干 张一帆 张志明 陈雪蛟 黄贵兴 李亚娜 刘永姣

王欢　张南　甘俊位　宋巍　王大理　王华强　李韦鹏　刘晶冰　龙滨
阮建明　王利　战传娜　陈创业　杜伟　尹银　于家龙　赵铮铮　朱鹏飞
白瑞光　曹宝文　陈全勇　陈戊超　刘皓　袁丰华　张葛　程晓军　杜茜
韩捷成　贾秋菊　娄元明　王鹏程　徐美玲　邱四海　范云萍　刘曙光　陈红
郭春艳　何思明　刘宁夏　刘翔宇　石涛　杨棋　张国茂　吴江川　胡阳阳
曾锴　李大鹏　边旭霞　李宁　刘婧　杨华　杨汀　赵瑞思　曹瑞
官莹　孙杰　张莹　赵彬　周正吉　林伟坚　安诚　陈馥婧　陈亮
陈宪法　郭建奇　郭迎春　韩婷婷　胡永会　胡志超　李娇凤　李云龙　刘冰
刘国友　刘俊波　刘磊　刘磊　王冬　王轲　王璐　王琦琦　王伟
王晓宁　苑爱泉　翟耀华　赵伟　常鹏飞　邓华良　付垒朋　高岩　雷文胜
李金超　李楠　刘博　潘宜然　彭晓勇　任开　唐勇　周剑夫　王家国
曹瀛　焦立菁　刘勇　陈泰　陈秀娟　崔亚磊　戴小宛　李金良　刘佳
王春鹏　王昆烨　王思宇　曾龙　孙彦磊　豆亮亮　刘开征　王超　严寅辉
亚洲　张毅　卓月然　刘婷　任赛赛　王金凤　于博文　张迪　张丁贞
张邃　严欢　张天华　倪晋华　周建伟　毛越　张华军　李青山　王振涛

软件学院(41人)

陆春晖　宋萌　赵昆　赵博　董立明　董亚男　刘宾　马晓蓉　尚建
魏蒲萌　郑杰　刘柯　刘娉婷　刘天笔　刘鑫　吕欣　潘雄　王华章
王震　徐殿睿　翟晓晓　范志韬　贾鑫　庞晓东　姚晓晖　马殿军　唐艳艳
王维昭　于洋　赵婷　李立新　薛莹皓　白明宇　陈浩　刘春雨　王莉莉
张煜　董颖　叶文涛　岳勇华　张皓

化学学院(201人)

白红美　丁真贞　冯丹　冯欣　胡梦　郇庆娜　李辉　刘治芳　石爱华
司秀娟　王立夫　杨加芹　杨太利　姚美玉　张爱　张聪明　张鹏　赵倩倩
赵倩倩　赵伟玲　周倩　陈智　贺沄波　田海霞　王志刚　卜楠楠　方秀利
郝晓婕　贾书敏　菅桂芹　刘雨星　邵囡　王飞　危灿　肖好杰　薛芳敏
杨家林　杨美仙　陈杰　樊琳　高楠莎　龚蕊　李跑　刘晶晶　刘珊珊
孙思　张亚萍　朱保砚　唐春霞　罗翔宇　常续芳　陈丹峰　陈迪明　陈伟
崔兵　崔灿　崔晶晶　范冬娜　冯安政　冯会良　韩小珍　侯学森　孔莎莎
孔晓菲　李斌　李慧　李茂　李妍　李媛　刘殿甲　刘姗姗　刘亭亭
刘霞丽　刘豫鑫　刘云凤　尚君　申志祥　孙曼　孙一平　谭斐斐　滕锦林
王恒路　王蕾　王利叶　王苗苗　王琼　王小彬　王亚平　王志轩　吴宗绪
袭超　谢利芬　谢秀兰　杨丽华　尹庚文　张艳　赵晓辉　邹雯　郭陆川
国丹丹　胡春秀　江山　李芊　李智　千海　任景云　陶维洁　汪婧
王莹　魏志刚　赵华平　杨爱姣　柴燕　狄群　段琼　李佳　刘佳
刘金玉　吕旭旭　马志锋　时迎华　王国祥　王晖　王娜娜　王翔　辛翠
薛丽　杨洁　赵威　张鋆　边利峰　陈华昌　陈玉珠　董娟　段青姣

顾　超	郭　磊	韩玉彩	侯雷刚	孔　娟	李秋月	李睿智	吕秀林	石海婷
田会娟	汪　丹	王　瑀	相继欣	闫恩玮	姚红杰	于树芳	张　强	赵　娟
程　丹	耿　烨	贺　欢	侯跃龙	胡玉玲	李　忠	刘　斌	刘　堃	马程浩
王　达	王　平	项　睿	闫　锐	杨　婵	杨　洁	袁　亮	张　磊	张娅彭
吕　琳	王光霞	闵博飞	王　伦	郑　萌	郑业廷	苗文科	陈　明	丁　月
董小婷	房智明	高　鹏	黑　菲	李金秀	刘优林	亓　瞻	闫　超	张洪周
郑宗敏	李岱昕	李海霞	李　夏	潘跃德	蔡　余	刘团伟	刘　晓	王伟民
吴姗姗	赵　晖	石　楠						

生命科学学院(159 人)

董　博	洪彦航	齐林双	常大松	陈　凯	李　娜	刘龙会	潘　秀	任　聪
戎清清	于秀莲	张秋杰	朱　辉	尹彦人	张　敏	李莉霞	李明轩	马　丁
牟颖慧	王晶晶	王　瑞	王艳会	杨贵江	曹美娜	高　光	纪凯华	贾海云
贾晶月	解　慧	李冠男	刘艳超	罗　维	齐义彬	孙智雄	王明晓	王荣敏
许　鑫	杨亚萍	张　敏	张永富	陈　苗	窦　岩	李　昆	李　强	刘岳琪
吕鹏云	曲丽媛	苏俊杰	王丹丹	于　洋	朱庆磊	李　萍	乔坤艳	王枫林
闫　彬	赵环环	李　妍	刘健超	白庚岩	耿美娟	郭宏超	刘红杰	刘少华
秦婷婷	舒霏霏	孙　厦	田伟利	王　楠	张丽娟	赵丽娜	林绍煜	刘梦圆
任　远	宋　林	王在竹	尹　宇	曹佳彬	常振英	陈立霞	陈　娜	成　飒
程昆明	段晓露	高春英	高　国	高梅梅	韩　娜	韩香萍	姜　楠	孔秀琪
李　法	李垒垒	李　朋	李　伟	李兴广	李亚宾	梁　正	刘丛丛	刘海燕
刘鹏宇	刘　婷	刘艳坤	马　佳	马　敏	马园园	马泽芹	牛国君	潘苗苗
庞丽然	任广翔	师　莹	史晓丽	司伟雪	唐延婷	汪　颖	王怀民	王　静
王丽君	王　璐	王松慧	王亚鑫	王中华	许德德	杨　剑	姚瑞娟	岳　林
张　晶	张　静	张俊萍	张龙宇	张坛杰	赵　强	赵伟静	郑　亮	周志超
朱美峰	朱显明	陈思原	杜玉梅	胡乃月	李宏岳	毛丽娜	田报春	吴银杏
徐梦媛	张　芸	向闯南	高　静	贾　尝	李军鹏	魏茂英	徐静静	尹立佳
陈丽萍	赵雪莱	魏　坤	张　磊	张　梅	米祥忻			

环境科学学院(127 人)

白晓瑞	葛灵灵	李敏嫣	徐建新	杨　杰	周　彪	周军学	崔培培	胡利明
邵冠武	徐　宁	常　颖	陈瑞萍	陈　瑜	丁　潇	董璐玺	高琼洁	郭洪雯
韩　璐	贺　艳	李　宁	李学峰	陆　炳	路宗敏	罗　沛	马奇涛	任希珍
陶以军	汪艺梅	王嘉珺	王　轲	王林同	王　敏	王秀明	王　学	夏宏彩
邢　维	云海兰	曾　毅	张　楠	赵倩倩	赵雪艳	卞京娜	蔡　章	陈　鹏
巩　莹	郭彩霞	何　娜	黄　瑶	李姝娟	孙志威	王若男	吴　璇	张　莹
张志能	于宝勒	蔡　梅	陈昌振	陈维利	樊改肖	费兆辉	韩东东	何欢欢
黄盼盼	李　蕾	李思思	马　娟	王　倩	王乙震	吴丰鹏	余　辉	张志远
赵　宁	何　飞	吕祯宁	陶　芸	王　琼	杨江瑶	左　琛	柴　萍	陈楚楚

陈锐　崔晋鑫　杜浩　高爽　高喜超　高莹　黄晨　贾建辉　雷小虎
黎岭芳　李冬倩　刘文君　刘雨霞　刘志厚　吕璐　牛丽妍　任逸璇　孙磊
王夫美　王磊　王颖　魏春花　徐敏敏　许妍　杨迪尧　杨丽阎　张蕾
张娜　张启钧　张媛　赵彦琳　周煜　朱田田　屠腾　杨颖　丁洁
高颖楠　廖红英　穆东雪　潘洋　宋晓晖　王絮絮　闫勇　杨春玉　张肖阳
孟瑞红

汉语言文化学院(64 人)

程涵　杜鑫　贾蕊欣　李幸河　刘洋　牛彬　薛鑫　薛永婷　张寅平
赵雅楠　陈俊安　孟小淋　王磊　肖启迪　薛融　银沛月　张海云　张盼盼
陈曦丹　宋燕　陈旭　关旭东　韩飞　焦香香　刘登美　刘金哲　刘月颖
吕丽萍　乔丽倩　申涛　宋家坡　吴曈　张成悦　张晶晶　钟琳　李震
卢思思　安洋　冯亚静　葛苏津　黄婷　刘帅　罗宇茜　彭玉婷　任一寰
孙博　王欢　王真　杨旭　翟慧　张永雪　李敏　刘畅　韦慧
谭兴富　宋喜静　安仁淑　陈艳艳　阮海燕　潘范妮　郭玉梅　于旭　许娟娟
李抒映

文学院(120 人)

邱丽娜　张媛　张悦　赵乔　刘婧　贺延宁　刘洁　杨杰　郭运凤
李妍　高颖　李梦莹　刘苏兰　王俊婷　王文颖　吴军　墙斯　孙晓青
余美华　陈少敏　郭晨光　郭秋菊　和希林　蒋玉雪　李军超　李明　孙铭蔚
王海燕　王小兰　王艳　游琦　张芳　张景昆　张彦斌　陈玉凤　刘冰
刘靓　詹凌菲　张翔　高倩　李大伟　李汇川　刘佳　宋玉　孙璐
王磊　张艳丽　张阳　段莹　李方亮　潘麒羽　王天元　夏萌萌　徐胥
于冰轮　陈荣武　何飞　陈奕颖　方绍莹　李晓丹　刘丹亭　娜仁　张晨明
陈晓蕾　江静超　甘黎虹　张一静　陈荣花　符斯芸　王学斌　王奕斌　陈琰娇
乔璐　何梅　罗艳　张满　董晓璇　汪小汉　张紫微　李维　苗方轶
杨楠　冯志康　孔婳　孙颖　王光宇　祝梅　高晓坤　王凤　张显果
韩雨对　白杨　公阿宁　廉洁　罗玲　孙倩　万程　王斌　闫书龙
严顺美　张伟　张欣欣　周康　刘雪　吕承　田二瑞　杨贝贝　杨心慧
孔祥铮　陈静怡　刘晓飞　张婷婷　金将周　莫浩然　魏云峰　朴芝善　陈宗超
倪曼莉　史仲莲　陈阳

历史学院(78 人)

刘欣　舒青　董润泽　李宝军　刘颢婧　杨茜　赵冉　钟昕　董璐
何先成　刘艳艳　罗尧　杨鹏　李芳　石伟　王丁　谢佳静　余露
王勇　蔡红艳　常思远　冯雪梅　孔德阳　李建武　孟良　孙宜强　王爱美
赵俊超　赵伟洪　周毅　艾浩淼　陈斌　杜水莲　任小林　夏志刚　向珊
赵永磊　郭睿　黄晓光　刘卓伟　乔克　王小蕾　王晓　张艳斐　朱兴美

鲍莹莹　陈　祺　彭雾龙　许士科　曾彬彬　张道亮　周　雨　付随鑫　李传美
李耀阳　任庆虎　宋　丹　宋欣欣　王　楠　张　琳　张文辉　张学玲　钟冬樵
陈婷婷　陈志敬　崔　晔　韩鸿志　姜　君　焦　洋　梁春霞　刘书正　石巧品
王慧芝　岳改芩　陈　鑫　方万鹏　王　静　林　楚

哲学院(47人)

董　雪　何　齐　李　博　李晓兰　刘媛媛　王　娜　吴建永　侯振武　王　烨
路绪锋　蔡长春　李　杨　刘　丹　陆　斌　冒婧菁　徐长波　张天宇　赵　磊
廖小勇　王正荣　袁　媛　范祖昂　卞培培　陈津津　刘　萌　吕雪梅　付江坤
黄亚明　崔文芊　郭　艳　李莹莹　刘建坤　刘　琪　许　峥　张　丹　韦雷雷
王天波　张　丹　刘　宁　张　彤　王　鹏　王素华　石钧岩　王绍源　张保光
陈媛媛　霍云龙

外国语学院(109人)

蔡晓燕　晁　敏　傅福香　黄聪娜　孔俊文　李　芸　刘丛姣　刘瑞娟　乔永梅
阮　婧　孙晓霞　涂久明　万富荣　王　凯　王　倩　王青青　王　轶　文亦方
杨　乐　杨　柳　杨　敏　袁　芳　詹玲玲　张　楠　赵　林　陈爱宇　黄　艳
黎　丽　李　娜　李　欣　王　佳　王　晋　许　慧　杨　明　袁　源　张　超
张梦佳　张雅萌　周甫霞　蔡培琳　李　丽　杜　君　张　娟　周亚平　付　雪
梁中奇　崔　颖　东晓晴　郭　媛　万丽莉　王雅楠　吴维丽　窦莎莎　李　佳
杨云珍　赵　华　李　蕊　米晓丽　邢晓伟　杨盈盈　时　雨　芦雅楠　崔宁丽
邓　洁　段天山　何印玲　惠桂先　李福生　李　欣　刘宸妤　刘俊才　刘　艳
钱　瑶　孙　晶　孙甜甜　王华翠　王静舒　王雅娜　王志亚　杨雅婷　杨煜坤
袁茂祥　张冰洁　张　晶　周彬彬　朱　萍　郭红玲　张宗祥　白红岩　曹　颖
纪冬妮　纪朋君　李　凯　卢冠堃　王春艳　王丽霞　郑博文　成思思　李慧熹
刘东亮　佘　鹏　宋　博　王柳青　王　桐　王志勇　文一婷　张静斐　郭婧雅
谢海燕

法学院(150人)

王贤祥　袁　璐　张晓璟　毛玥栩　侯艳茹　李公惜　刘　蕊　刘书岳　李　龙
步美霜　冯月朋　郭大维　龙　蒙　宋　哲　于晓利　原　欣　朱小川　安永康
李玉玲　聂　浩　杨　娟　张伟德　王　进　车剑锋　纪　璐　马孟姣　拜　缇
黄　珊　吕佳琪　罗钰林　张　超　金　松　李　鹏　吕昆仑　董耀华　李远冰
张艳辉　赵　璐　周宽雯　王雅楠　周彦权　李　琛　刘欣玥　唐丽媛　袁　威
弓　舒　王　玲　杨　茜　刘晓逾　李红楠　李建婷　鄢博源　杨　雪　郭　融
董　雪　郭俊红　黄　旭　吴玉雯　张维红　唐香川　闫　涛　郑　绩　卢彤菲
白艳霞　方向华　张青松　毕一蓬　卞玉凤　陈　华　陈　凛　陈　璇　陈振中
迟　鑫　崔伟强　付　加　付筱淳　盖　倩　高华丰　高雪婷　郭　浩　何　然
贾　凯　金海洋　李凤敏　李高扬　李国兴　李洪栓　李佩姝　李　强　李　瑞

凌云鹏　刘　冲　刘剑锋　刘起运　刘晓东　刘　杨　路　娜　马红军　马　琳
孟李娜　牛卫卫　桑峄涛　史　彪　宋玲玲　宋甜甜　宋云娜　苏凤宇　随　奎
孙　芳　覃子轩　田　华　王春芳　王建刚　吴　珊　吴晓梅　肖　奎　谢　楠
徐华新　徐锡鹏　薛　慧　闫　隽　杨　蔓　袁　松　张　弛　张　冲　张　怀
张连超　张沛香　张庆云　张卫东　赵　程　郑兰兰　邹婷莉　曹　兴　牛新凯
齐　东　秦　建　孙超然　田　智　薛兰兰　闫伟文　张宏婷　赵　娟　赵　旭
爱　兰　张　策　郝丙云　李　宁　巴特尔　皇甫明霞

马克思主义教育学院(37人)

蔡姣婷　魏志敏　闫　磊　樊少华　江　毅　郑　伟　赵润青　王　旭　辛凤华
李　楠　史凤阁　杨文娟　王云民　李钰潇　刘　倩　邱兴华　石雨熹　侯丽静
马明冲　于安龙　刘旭虹　陆　阳　马振叶　庞红敏　王晓凤　谢丽娟　许　萌
杨　静　田　英　丁彦文　石　健　王　欢　王利娟　张巧稚　杨学平　贾　凯
田云飞

周恩来政府管理学院(140人)

德新健　郭萌萌　李志亮　刘海风　刘亚明　吕雪晶　杨超杰　翟永冠　安月梅
柴　昕　杜福芳　胡慧旋　鹿献策　熊　彩　赵　冶　胡建东　贾方方　刘　雯
孙严妍　田光强　赵　楠　陈　冲　邓子立　徐　婕　袁　婷　李　彪　李洪晓
李　勇　刘　爽　穆滢潭　乔　勇　苏　娟　王汉芳　赵芳婷　郑松岳　边银巧
郭志远　蒋依伶　刘　萍　马燕妮　张　侃　江佩佩　张宝平　张文潇　李冉冉
尚以迪　林子煜　李淑娟　郭　静　李普霞　李瑞弟　王嘉仪　徐　旻　张　艺
邹　洋　柴民权　何　婧　黄　艳　金欢欢　李娇娇　麦冬燕　方　娜　郭　怡
李久天　庞静泊　张　丽　郑玉昕　曹晓燕　范思爽　李忠礁　吕小尊　苗秋立
任　敏　任　煜　田珮竹　沈祖庭　王　慧　许宏山　段春艳　贾　霆　刘　琪
刘维爽　陆江燕　张　磊　佘婧芳　何亚邛　马　蕊　钱泽升　杨　霞　张　骏
郑钰凡　向　华　杨伟伟　于　淼　米晓海　阿依古丽　曹　茜　窦玉娟　郭　凯
黄　菊　计景成　牛　明　王　亮　王　松　王　莹　徐水明　闫　蓓　杨俊杰
周　娟　周　卫　曹亚维　郭　勤　韩　菁　郝瑞燕　李　丹　马宏剑　苗亚茹
孙　茜　王　茜　王亚青　徐燕飞　张晓丹　周长蒙　周　阳　庄　姝　玛迪娜
黎文新　杨平芳　冉志刚　云曙明　张向永　白　雪　李　振　柳　铮　牛晓艺
王　倩　王　新　于　洋　张　欢　张　丽

高教所(12人)

郝春浩　刘庆琴　王红雨　魏　雪　赵韵姗　嵇婷婷　刘蓓蓉　鹿凤霞　聂士杰
曾雅岚　张纪伟　李晗哲

日本研究院(12人)

高久瑞　李飞宏　张静瑜　赵　雷　宋鸿雁　孙雪天　武石桥　蔡田田　冯维浩

李　超　刘　进　张　帆

经济学院(386人)

饶婧婧　董　琳　杜明程　韩冬杰　徐南南　李白茹　孟祥怡　陈利娟　单新文
窦振星　季学晔　刘　佳　吕　杰　邢　磊　沈雁寒　王亚欣　王　玉　晏微微
余　进　张　艨　李　文　刘　青　卢光辉　许杰菲　张金明　张　倩　张小龙
王月伟　蔡　欣　侯　玥　金　迪　苏　莹　张晓沫　李　方　白金翠　董银花
李　文　李晓炫　刘　辉　孙晓梅　于冰洋　曾小飞　贾玉杰　梁　晨　宋　佳
杨　晗　杨　微　陈长亮　陈　澎　李皓鹏　宋　杰　陶诗培　朱祥龙　郭柳翠
牟美丽　王　旭　刘雯雯　张　之　许华林　钟全党　陈晓东　韩　军　蒋　泓
李一凡　邵梦春　王　昆　王志刚　徐雅茜　张　恺　朱　震　朱仲涵　陈　豪
范　新　方　翔　冯　华　冯　蕊　付丽君　高晓萌　管　宁　郭阿云　郝晓姝
刘文洁　莫晨栋　裴欢欢　孙　丽　谭文姣　万海燕　王金蕾　王　娟　王　萌
王　南　吴武源　吴　质　徐　昕　杨　钦　阴　豪　曾　颖　张　璞　张兴龙
张雪影　张泽文　郑　越　周　雷　周　阳　周阳浩　陈　帆　陈瑞雪　高雅慧
金玉姣　孔　倩　李佳明　李　毅　刘　方　刘丽华　刘　琦　马方园　聂　聪
陶泽旻　王珊珊　王振磊　魏　凯　席兴华　徐嘉烨　杨　飞　杨天山　张　婧
邓贵钦　黄利文　马春龙　王怀远　王　曼　杨　婧　李良俊　史小波　杨红虹
宋雪强　边　杨　白　昱　包守平　鲍　森　陈　键　陈　婷　陈维佳　邓欢欢
邓西贝　郭东东　郭利涛　郭永姗　韩亚飞　何百城　阚　威　黎　倩　李大朋
李苏娟　刘芳芳　刘文忠　刘　哲　毛丽娟　任芳欣　史占领　宋　博　孙　蕾
孙姝洁　王晶晶　王乐祥　王　理　王旻之　王　楠　王　婷　王微微　王雅静
徐　丹　许丹丹　尹倩倩　张　晨　张缔香　张少锹　张　升　张　伟　张学美
张　妍　张彦林　张志伟　赵　静　郑瑞霞　周晶晶　崔　刚　郭　吟　黄俊星
兰宏阳　李覃勤　李蔚真　刘欣琦　卓静远　崔世良　代　群　樊玉鹤　李晓鹏
吴玉琪　赵　飞　李明月　王　川　穆淑敏　王晓昆　张至洁　孙本超　鄂云飞
范本舰　贺利锋　胡玉军　李媛媛　文华思　吴晶晶　夏　天　甄士琦　常金成
都国雨　胡　洋　胡英瑛　马　龙　李衍良　王剑新　丁桂茹　韩　雪　黄怡淑
庄淑玲　萧惠玲　廖文聪　王佩縈　黄衍仪　张　玮　韩　菲　李瑞清　连耀山
凌子章　陈　思　杜维婧　李泉呈　李雅沁　彭　晨　王　宁　吴西贝　张　龙
张　阳　朱禁弢　卞　超　樊瑞猛　耿文雯　李晓玉　鲁　洁　申　琳　王　冉
王雅楠　王一珂　于丽洁　张傲冲　张晶琦　张启云　赵轩宜　牛　彬　宋太俊
徐　琳　蔡晓龙　陈　刚　陈　乐　陈晓菊　杜光玮　费　超　葛　婷　顾艺文
关　秋　关忠科　侯鑫彧　冀　楠　贾圆圆　姜　玲　解　静　李　沫　廖　文
廖　莹　刘大安　刘　莉　刘　龙　刘瑞瑞　刘晓萌　柳晓辉　栾　超　孟范超
全洪强　孙晶文　孙蓉蓉　王加冕　王　佳　席　楠　谢宝泉　谢盈莹　辛　芳
徐兴文　叶晓路　张　成　张奋雪　张画虹　张　敏　张萍萍　张少庆　张志敏
郑　琰　陈　思　初金霞　单增建　高　岩　蒋晓慧　李　初　李　娜　齐　洁
沈　航　田向薇　吴　爽　谢　璐　郑　健　张先成　代文娜　刘富海　刘　锐

吕　振 苏慧娟 王腾飞 肖金德 吕巧燕 罗　娟 孙　茜 郑婷婷 冯登赢
李　林 李　悦 林艳玲 牛　蕾 王雪怡 杨清帅 杨哲峰 郑福强 周　平
周晓轩 陈欣玮 邓明宇 韩昱洁 李惠芳 吴　虎 王保春 杨　阳 黄明泽
刘菲菲 路旭泽 蓝新光 刘文闻 崔晓洁 丁　涛 范　婧 郭　伟 胡春玲
郎梦圆 李　娟 梁　博 朱赫琳 王超贤 陈　杰 陈　鑫 杨子璟 谢文彬
朱科桦 周朝鼎 曾治国 李奕峯 萧　泓 简忠民 林宏文 米　沙 乔　昱
刘劲松 王大琦 韩　健 陈　倩 赵昕达 李功业 奥琪玛 欧阳文杰

商学院(543 人)

陈　剑 崔雪琳 董　远 韩　柳 何红梅 李　通 彭建梅 邱富斌 孙　赫
涂洪星 王树萌 李春艳 李一平 刘　森 刘婷婷 王　冰 张　蕾 赵　伟
张　宾 叶睿瑞 冯艳华 高　兴 何一楠 刘艳君 任兴华 童　婧 王学琰
王英允 王志恒 谢晓嫣 闫利焕 张秋霞 赵　静 周晓聪 朱　硕 陈　曦
冯　程 何子衡 霍悦昕 李爱丽 李宏飞 李田霞 李杏梅 廖梦颖 马竞超
宋雪冰 杨　帆 叶　丹 游晓颖 张蕾蕾 牛丽芳 盛　敏 白仲发 陈彩明
杜昌顺 高冰洁 韩　宇 孔安琪 李　珉 梁　冰 彭　涛 邱　琳 渠艳婷
舒爱丽 苏娟娟 王　芳 王田田 吴长军 吴　汾 熊文娟 徐　张 闫　冰
杨　佳 杨　磊 杨　涛 曾美欧 占小凤 张　斌 张方方 张　伟 赵　娜
赵培芳 郑　莹 车　静 陈延芳 陈玉梅 邓玉坤 范雅楠 宫　慧 关宇航
韩艾琳 何　娜 姜　何 焦龄慧 郎傲男 李　翠 李　竑 李　茜 梁　凡
刘　洋 骆　潇 隋　楠 王淑芬 韦家运 熊　莎 徐　坚 许　琨 杨　超
苑德江 翟孟亭 张迎迎 张云飞 赵婷婷 周翠翠 魏学志 赵海强 常玉鹏
刘　玲 孙灵燕 许　菲 陈冠宇 李　敏 李　翼 邵艺瑾 王振宇 魏亚欣
吴　超 徐　坤 徐　赛 张瑞姹 张忆潇 赵　静 李　玮 任　雪 王　凯
徐　建 严昀镝 李文涛 上官继兵 王　玲 原志红 陈秀秀 戴晓澜 方林美
郜冰蕊 姬美婷 李　媛 汤雪莲 赵恩杰 赵彦会 陈雅茜 成舒云 梁浩光
薛　玉 于斌斌 余　慧 赵　微 史文娜 冯　敏 胡玲玲 刘　静 孟庆阔
王丽娜 李赞梅 罗欣儿 谢丽娜 谷立红 田　红 杨晶晶 杨　青 胡丽娟
陈　娟 陈思聪 董　佳 冯　达 韩倩倩 侯松娅 李　杰 李　林 李瑞鹏
梁梅梅 刘凤丽 刘雲丽 鲁　莹 王娇娇 王丽萍 王　倩 王新娜 徐巧飞
许　静 薛艳梅 杨向飞 易　磊 袁善宸 周新梅 白亚群 崔玉珍 何　祥
李　鑫 刘　博 邵英俭 殷玉梅 张泰石 董斌哲 侯文凯 刘建超 王　颖
白秀艳 陈　忱 董　震 范景学 胡勃宏 黄晓明 刘　旭 刘　燕 刘迎春
刘　颖 骆建丽 马春霞 田丽丽 王举生 王　莉 王　娜 武彦鹏 张方圆
张　扬 赵春智 赵　美 陈剑白 陈丽嘉 储开轩 傅昌明 何武翰 李成伟
罗鑑伦 吴丽彦 谢树人 郑茜芫 卜　林 曹孔岳 陈展锋 戴　燕 董晓波
关国锋 贾学鹏 康　乐 李大欣 李　静 李　萱 梁华平 梁　爽 刘　棠
刘媛媛 刘正峰 卢　刚 孟　亮 牛智峻 任晓薇 盛　夏 石　磊 宋喜凤
苏　鹏 孙东旭 王　敏 王　玮 王轶凡 温笑津 夏　钦 许　哲 薛之烨

鄢浩军　严寒　颜宁　杨涛　姚晓宇　于涛　张浩　张帅　张旭
赵宁　赵志平　周健　谢珊　全熙成　朴柱英　张政铉　田晓冬　张志达
何妍　孔令闻　刘向克　倪伟　王宏亮　白羽林　毕宝艺　曹轶　常皓
陈建辉　陈雷　陈利　陈敏　陈树静　陈晚莉　陈伟明　陈晓磊　陈亦晴
陈宇硕　褚贞　崔家杰　崔永辉　戴伯岩　单一鸣　邓浩松　邓红芹　丁毅
杜曼溢　段俊宇　冯春宝　冯佳　冯娟　冯硕　付璟　付雅丽　高祥琼
高鑫　高旋　高英伦　葛华玲　葛智元　谷晓婧　顾佳　关剑辉　官清梅
郭栋　郭亮　郭宁　郭生龙　韩超　韩川　韩令正　韩培　韩鹏
韩伟　韩禹　郝近戎　何新　侯梦喜　胡晓聃　胡亚玲　胡云　滑峰
黄昊旻　黄河　黄磊　黄小冬　黄志鹏　纪承　纪翔　季津　贾志恒
贾宗魁　菅典杰　姜森林　景冠冠　鞠云凤　阚洪川　李宝　李才玲　李飞
李涵　李华宾　李建英　李菁然　李梦泽　李莎　李为鹏　李伟轶　李雪
李阳　李毅巍　李永维　李永祥　李雨珊　李鋆　李志峰　廖丽华　林佳
刘畅　刘发志　刘菲　刘福建　刘国仓　刘军　刘荔　刘琳林　刘佩岩
刘萍　刘骞　刘庆国　刘苒　刘盛　刘婉宜　刘昕　刘欣　刘璇
刘永利　刘仲强　鹿鸣　路娜　吕春廷　吕大为　吕阅　吕志勇　马龙
马姝玥　马壮　米少波　南涛　倪迎　宁宁　牛超　牛晓郁　牛雪菲
裴帅　齐俊起　齐鹏　齐振邦　乔楠　秦岭　曲凡　曲雪梅　屈开开
屈阳　邵帅　申琦　史尧　宋默琳　宋楠　宋蓬　宋韧　宋易
宋好　苏紫健　孙铭　孙彤　孙祥超　王海强　王宏波　王花　王桓
王会民　王佳　王嘉　王健　王凯莹　王立鸥　王良　王璐　王荦
王庆峰　王守来　王松涛　王维轩　王晓腾　王心月　王秀琦　王雪涛　王洋
王宇　王政　王志刚　魏杰　魏有伟　吴宝松　吴德强　吴迪　吴云
武丽霞　夏宝阳　项雯　肖苗　谢卫栋　辛荣　邢涛　邢子培　徐顶军
徐红丹　徐萌　徐雪　徐莹莹　薛天辅　薛燕龙　阎鹏　颜仕文　燕洁
杨惠贤　杨明明　杨蔚　杨晓雯　杨兴月　杨妍　杨远　殷光鹏　尹冰
尹洁　尹志强　于冉　余岳　岳瑶　云春明　张大伟　张玓　张健
张金燕　张利　张琳娜　张璐　张琦　张伟　张伟　张艳玲　张扬
张钟予　赵磊　赵巍　赵文娟　赵欣　赵新巧　赵英　赵彧　郑立华
郑强　郑艳　郑智超　钟晓晨　周希贤　周星　朱江　朱钜镔　朱明阳
朱晔　庄晓辉　汤浅拓也

经济与社会发展研究院(47 人)

桑志刚　王亚楠　高珊珊　王璇　高光耀　高宁　李倩宜　邵悦　陶如前
王晶　李丹　李宁　展佩佩　巴红霞　李永开　刘凡　王飞　杨皓
商绘绘　张艳薇　杨扬　包潜潜　杜慧　范九伟　冯伟　胡晓雯　蒋阳
李栋梁　李宁　孟辉　戚新童　祁靳　王玉娥　王震　姚晓璐　张翼举
陈蕾　房蒙　孔婷　孙清　王国新　左绘霞　童琦　王伟　高煜明
蒋伊菲　王赟

金融发展研究院(32 人)

柴　娜　郭　敏　郭晓晖　贺明华　黄依依　赖泉勇　李鹏飞　李　瑞　李婷婷
任　明　田　瑶　田元泉　王福利　王盛楠　王　颖　吴晓强　易文家　张文博
赵　进　别发文　董锋颖　姜　川　林浩然　刘　强　刘莹莹　苏　晨　田昕明
王　帅　徐　晖　何英慧　赵　维　赵　超

旅游与服务学院(12 人)

褚真真　李　倩　徐　荻　杨莹莹　张柯柯　张培玲　赵旭东　唐　赵　杨永梅
张洁琪　张　倩　周敏贤

2012年毕业博士研究生名单(701人)

陈省身数学研究所(7人)

朱高生　刘　会　肖玉明　陈国元　李　丹　光　炫　杨大宝

数学科学学院(7人)

陈　胜　陈观伟　王丽霞　赵晓明　张庆月　付建平　李智明

组合数学中心(16人)

施亚辉　赵阳洋　贾岩涛　朱佳文　李　磊　李　玮　范久瑜　李雪珊　刘　宏
桑冬鸣　李莎莎　孙跃方　刘　海　邓兴超　计省进　李一阳

医学院(23人)

刘仕昌　邵金平　苏位君　周曼倩　蒋成英　季佳瑶　刘晓峦　贾　岩　周满红
陈　思　王丽娜　胡　芬　玄　超　张朋军　李晶晶　任志午　胡芳科　卜国云
赵豫刚　宋跃帅　艾　青　张　超　王　楠

药学院(9人)

侯静丽　张　悦　李铁海　张振兴　段希焱　任丽梅　段静静　古国贤　赵洪芝

物理科学学院(17人)

叶卓艺　刘富才　黄章超　康　明　李燕丽　陈亚正　王延楠　汤　亮　薛　钊
张少君　金　亮　孟　坤　迟　鹏　杨荣巧　施曙东　李军青　程　辉

泰达应用物理学院(7人)

任梦昕　石　凡　辛非非　董江舟　刘　欣　曹　雪　张学智

信息技术科学学院(41人)

刘　昕　王　志　曾祥烨　尚佳彬　李晓兰　孙晓东　张逸竹　李　蕊　霍丙忠
郭　艳　张芹芹　徐圣奇　周春霞　张　颖　刘一鸣　许盛之　张　维　李博研

胡子阳 赵迎新 李海丰 董晓坤 刘　佳 邹宽胜 杜玉泉 陈新伟 许昱玮
孙　琳 董振华 隋新征 高裴裴 温延龙 张占营 司冠南 田　伟 杨群亭
焦小雪 张　帆 袁甜甜 赵春蕾 李　敏

化学学院(92人)

王学明 王庆红 马建丽 杨在兴 梁衍亮 刘　胜 戴卫理 陈　秋 李　娜
常　娜 霍淑慧 任呼博 杨成雄 杜国荣 高瑞霞 张　卫 吴英鹏 王　珺
刘小俊 王　鑫 周德重 王晓娟 张　勇 程　翠 田　佳 周娇艳 金　洁
张　曦 卢爱党 白　瑀 鲍吉来 闫　涛 刘鹏飞 邢思洋 吴　萌 王　越
王　楠 方　明 殷艳艳 王　超 刘秀明 窦衍叶 栗欢欢 崔　萍 温　亮
梅雪兰 董建勋 杨玉亭 刘相红 王　莉 李允伍 杜　斌 赵　强 杨　乾
边文越 刘　蕾 邢　斌 邢生凯 赵　甲 徐招兵 贾永光 李盛华 崔　佳
孔　勇 李国兴 王　冰 张　影 蔡　艳 宋　颂 曹朝暾 李秀涛 高　健
崔海燕 孔令兵 崔立迁 王　魁 夏　轲 吕浩挺 徐四龙 邢达杰 常子栋
许艳玲 于　伟 黄金宇 何坤欢 刘志清 路　熙 李千利 罗斐贤 孙晓静
田大伟 徐文波

生命科学学院(49人)

李　敏 刘家宇 张　晶 孔凡青 李　倩 廖　骐 郭　宇 闫晓洁 林育泉
温　倜 郝健磊 赵　瑜 张　帅 杨　雪 张金秀 胡文全 李战永 王宇凡
潘鹏炜 董焱鹏 黎　明 李　喆 李艳霞 朱宏飞 李　东 郝晓冉 孙亚民
郭文斌 谢池楚 史兴娟 宋萍萍 孙晓鸥 苏　丹 李　爱 吴　晓 金　凤
徐　凡 左照江 崔　英 刘　义 李海洁 孟宪邑 张　松 杨翠红 郭红彦
于爱群 赵玲侠 牛宝龙 王雪涵

环境科学学院(32人)

李鹏梅 吴丽萍 马晓利 张伦梁 刘光逊 李　威 吴济舟 王莉淋 肖致美
汪　东 张　墨 严　莎 胡献刚 李勇超 明红霞 李志勇 孔少飞 葛　明
齐珊娜 田晓刚 石春力 郝　翠 谭朝阳 岳尚超 王　丽 周亚飞 杨　磊
刘　瑜 马宏卿 姚　燕 段　梦 金　涛

文学院(45人)

石文颖 樊义红 王委艳 夏全胜 彭　飞 王　芳 吕长凤 王艳红 邵燕梅
吕为光 于正安 赵　晶 牛尚鹏 忻丽丽 刘　季 曾晓娟 张袁月 王慧敏
郭　丽 孙振涛 孔庆庆 罗海燕 刘少坤 韩　林 雷炳锋 王丽娜 李晓丽
王　勇 于宁志 邵　波 杨　亮 李　国 李俊霞 程娟娟 邹雅艳 杜　力
刘　璐 丰　琨 尹玉霞 朴爱华 时世平 王金双 张谷鑫 徐利华 辛　文

历史学院(64人)

郑承燕 吴伟华 杜林泽 朱梅莹 侯　波 葛　音 贺　喜 刘榕榕 王延敏
谢志恒 张献华 袁　艳 江振鹏 李艳洁 朱宇强 魏　芃 王涛锴 张　建
李曰强 张　磊 赵仁龙 谷丽伟 倪　彬 赵九洲 鄢国盛 赵永翔 王　璋
吴志远 刘　洋 吴志宏 陶继双 刘　祺 张志国 何　睦 何江丽 赖继年
付燕鸿 杨　东 张学见 冯　剑 刘　洁 吴家虎 孙增德 孙高杰 李军全
王　贞 闫廷亮 商爱玲 刘成栋 代国玺 崔一楠 王春敏 张丽霞 张　睿
郭明月 马晓林 张朔人 许三春 武民强 薛长刚 王建明 董　虹 李文健
祝　捷

哲学院(20人)

孙琳琼 何元元 刘自美 屈　婷 范冉冉 迟西琴 贺　曦 王绪琴 杨晋娟
杨　涛 尹业初 刘　慧 朱志伟 赵　鹏 徐学凡 姬海涛 李章吕 王加良
吴保平 莫日根巴图

外国语学院(8人)

罗　丹 吴力菡 崔晓霞 江慧敏 冯全功 王少爽 洪　薇 吴延国

马克思主义教育学院(22人)

李世辉 冯德军 郑兴刚 万　奎 邵新顺 王　可 赵　敏 高丽萍 韦幼苏
路晓锋 艾跃进 高建华 朱　健 赛　北 刘占奎 杨秀萍 伍绍勤 丁　咚
任春峰 郝幸艳 韩剑锋 梁丽辉

周恩来政府管理学院(31人)

卢红妍 韩　刚 葛建华 于家琦 乔福龙 韩晓捷 邓　艾 孙　爽 朱　军
郭　鹏 郑春勇 崔慧姝 范宏雅 高文珺 薛　婷 邓宁华 徐　晟 辛　怡
赵伯艳 周　望 董向芸 李　伟 王丽娜 冯光娣 周晓霞 鲁　敏 高响鸣
薛广庆 刘建军 随红侠 袁维杰

日本研究院(7人)

杨延峰 毕世鸿 周　仪 瞿　亮 尚　爻 张　博 山城智史

经济学院(142人)

邢　彬 王振华 龚贻生 廖勇诚 王碧波 何　佳 王洪涛 王　辉 王丽珍
尚　颖 陈　妍 奎　潮 李　龙 纪新伟 张沛东 吴宗翰 刘玉瀛 赵　放
杨彩丽 陈　冲 王晓军 孔　元 史亚东 韩元军 刘英基 顾文忠 张祎娜
吴文杰 曾伟鹏 梁　超 刘　晶 冯　冰 王丽华 李　慰 杨红彦 李贵茜
赵滨元 崔　昊 杨夫立 宁喆敏 刘国宏 娄振华 简美玲 谢政谕 吴　蕾

李　健　常殊昱　曾拥政　王宗林　陈　冀　王道平　樊　莉　过新伟　郭　娜
魏诗博　马　龙　张孝岩　季伟杰　翟光宇　孙红霞　刘　强　李顺毅　别　曼
代春霞　刘来平　刘心阳　李书华　朱翠华　徐　放　陈志卷　刘玉海　林沧海
颜银根　徐　杨　郑忠华　倪方树　段　楠　李大为　赵晶晶　罗　琼　欧吉虎
田　青　冯　跃　张　丽　彭　伟　林昆三　王　辉　武力超　文　洋　张庆昌
陈　磊　王　霞　张振华　谷留锋　张　瑜　连玉霖　柳　勇　高　林　刘学良
许平祥　周茂华　胡　晓　周　弘　冯　尧　蔡桂云　翟伟峰　张娉研　李　栋
张　勇　刘　豫　梁　成　于　佳　汪志远　李素慧　白战伟　张　桓　叶添财
李启航　余泳泽　杨成林　黄秋菊　王　帅　董树功　明　伟　高玉伟　李清彬
王丽萍　张长令　李　程　王　蒙　李　博　宁俊飞　王金杰　刘金顺　赵　莹
唐　红　潘赛赛　罗　畅　王海宁　徐春福　曹知修　林丁钦

商学院(62人)

刘霄仑　程广林　张文隆　邱艾超　罗　胜　严继超　郭勇峰　卞　娜　王鹏飞
蒋神州　任广乾　赵玉亮　曹春方　范建红　胡海清　许　骞　徐　昊　詹德超
宋文洋　刘俊业　官明郎　李艳飞　尤　荻　何建英　李海廷　张汉昌　钟俊達
戴　维　张敬伟　许淑敏　黄　炜　陈怀超　张红娟　薛冬辉　樊　硕　闫丽平
关凯瀛　王艳芝　吴化民　张慧玉　郭　净　李　巍　王勃琳　马云飞　卢宏亮
佟泽华　张义明　张素芳　周新杰　刘　亚　欧阳克　高　楠　刘　华　郑巴音
钱先航　汪延明　许　垒　张丽霞　陈永昶　林俞利　程　江　黄兰秋

2012年非全日制硕士学位授予名单(1379人)

经济学(132人)

艾烁　白帆　柏慧杰　边颖　常胜越　陈春梅　陈菁菁　陈云尚　陈智芳
谌倩　程劭薇　崔杰　邸兰茹　董武涛　杜娟　方俊芝　封倩　冯俊艳
付大任　付颖清　傅珊珊　傅玉　高飏　高毅　高越　葛莉莉　耿燕
郭磊　韩凯　韩熠　郝洁　何跃辉　胡萍　黄思思　黄天龙　贾丽娜
靳佳琨　李蓓　李东阳　李锦　李婧　李婧　李静　李静　李强
李庆斌　李小明　李莹　李玉龙　李志成　李志勇　李紫薇　梁薇　林尧
刘博宇　刘杭　刘佳宁　刘荣超　刘容　刘涛　刘西鸣　刘玥　刘子靖
罗薇　马宁　马宁　苗晋峰　彭晋龙　邱瑞锋　任清飞　宋莹　苏颖
孙菲　孙秀华　田欣　王蓓蓓　王斌　王彩华　王戬　王建军　王娟
王茹　王蕊　王西涛　王潇　王小娟　王嫣　王玉娟　王志山　魏薇
温淳　吴江　肖程　邢建霞　徐瑾　徐珅　闫鹏　阎晶晶　杨汉亮
杨洁　杨依林　叶炜姝　于胜永　于雯　于杨　袁树平　苑晓唯　张浩璐
张慧玲　张路阁　张萌莹　张楠　张钦锁　张庆岩　张鑫　张莹　张颖
赵海燕　赵昊昕　赵娟　赵丽丽　赵明　赵兴　赵彦玮　郑亮　郑志成
周冬梅　周天珏　朱博轶　朱彦　邹岩　欧阳立志

法学(31人)

陈艳梅　董一平　范永平　郝蓓　李津申　李君　刘家红　刘健　刘静
陆明亮　邱东晓　盛平　施嵩　施振涛　苏永刚　王静　王晓丽　王新
谢程昕　薛雯　杨凯　尹东梅　张骞　张伟新　张鑫　张勇　张振兴
赵东亚　赵颖　郑文柱　朱宏业

教育学(2人)

刘嘉　王涓

文学(9人)

范秋芳　李云鹤　刘宝亮　刘蕾　孙斐瑾　孙景　徐璇　徐阳　张鸾

理学(3人)

李文彬 王海勇 周 晶

工学(6人)

李 洋 倪序南 唐建斌 徐 召 杨 晨 张 彤

医学(2人)

侯伯轩 杨建海

法律硕士(196人)

安 智 贲永明 蔡淑琴 曹 静 陈斌斌 陈 超 陈惠锋 陈慧娜 陈建彬
陈进龙 陈 玲 陈 楠 陈 婷 陈 雯 陈 希 陈 翔 陈雪茹 程立洪
程 明 初 苗 邓 毅 底 涛 窦国超 杜 娟 房 洁 高 婕 高 强
葛 倩 宫亚南 顾 宁 郭 毅 韩嘉基 郝 珺 郝 真 胡炳辉 胡西茂
胡 颖 黄 坤 黄庆生 黄 薇 黄 霞 黄燕慧 贾立欣 姜 丽 蒋璇子
靳宝江 井 澈 鞠 虹 孔炜坚 兰 岚 黎俊彤 黎梓材 李 超 李江涛
李满怀 李 森 李明华 李 亭 李维维 李玺辉 李晓鹏 李晓青 李 欣
李雪仪 李子青 李作永 梁瑞坤 梁毅辉 梁 云 廖婷婷 林广文 林锦鸿
林 静 林 涛 林伟强 林玉坤 刘博文 刘东海 刘海亮 刘海燕 刘华冉
刘佳洁 刘 雷 刘 璐 刘 禹 刘玉姝 卢 智 麻志鹏 马 静 马青春
马志颖 毛旭飞 毛媛媛 孟繁伟 孟宪忠 宁 博 潘以晶 钱志刚 邱森淼
任 帆 尚文全 沈子轶 宋 敏 宋明强 宋伟利 苏小玉 苏晓龙 苏志康
孙 克 孙学会 田 鑫 田振雷 涂胜祥 汪 宏 王 晨 王 成 王大鹏
王会君 王 晶 王 磊 王力欣 王 亮 王 敏 王 琪 王 松 王晓静
王 旭 王 瑜 王钰诏 魏叶珍 吴抒航 吴晓琦 肖 丹 肖 炯 肖 爽
谢佳阳 谢进乾 谢进权 徐皖桐 许 娜 闫 璐 阎 涛 杨恩伟 杨金胜
杨 倩 杨炜俊 杨 欣 姚凤玲 姚文杰 叶小玉 殷 武 尹秀娟 于 静
于 源 余和杰 余志球 袁 敬 苑 平 詹庆齐 张宝晶 张 斌 张博扬
张 东 张红建 张 静 张静怡 张 筠 张荔颖 张 强 张 卿 张 帅
张晓川 张 昕 张欣悦 张鑫磊 张 雪 张 娅 张 熠 张 颖 张 颖
张元欣 赵 刚 赵 萍 赵 雅 郑肇艺 郑纵横 智瑞霞 钟淑仪 钟志华
周 兢 周润超 朱 博 朱礼加 邹凤丹 邹群英 左 杰

工程硕士(432人)

安薪睿 白建伟 白明杰 包 锐 鲍 围 边 峰 蔡佩辰 曹 斌 曹 溪
常万宏 陈 成 陈 海 陈建兵 陈 亮 陈鹏宇 陈 琪 陈晓芳 陈 翼
陈 雨 陈 玥 谌 莉 程 薇 程伟真 崔凤刚 崔 皓 崔 敏 崔 毅
戴海涛 戴 晶 单 钢 单 林 党天岳 丁 伟 丁 雯 董 欢 董 婧

董科鹏	董 铁	董欣伟	都 超	杜 瀚	杜明凯	杜 宁	段玉林	樊友田
范春艳	范开敏	方翔飞	方小玙	冯 超	冯国忠	冯 强	冯天韬	冯晓培
冯 壮	傅 岩	高 锷	高 斐	高浩博	高 华	高 健	高 明	高 明
高绍勇	高贤志	高 雅	高亚军	顾丹凤	顾 军	顾 柯	郭宝迪	郭鹏伟
郭 茜	郭庆才	郭全超	郭雯雯	郭锡涛	国 琳	韩广锴	韩 涛	韩潇潇
韩 旭	韩业飞	韩 轶	郝 杨	何建峰	何 莉	何雅琼	何 杨	侯彬彬
侯立正	胡兆新	花传宇	黄丽丹	霍华侨	纪 川	纪国杰	季竟昆	贾晓燕
姜 楠	姜召海	蒋华泽	蒋新涛	靳 霞	康 健	康连星	孔庆民	孔欣然
赖圆祥	郎向辉	郎需兴	雷旭丽	李昌福	李 晨	李 程	李 丛	李国峰
李宏强	李会萍	李甲申	李 进	李景梅	李 莉	李 莉	李 栎	李 林
李 娜	李 南	李 芃	李 平	李 蹊	李 旗	李 强	李 青	李清林
李 森	李少云	李绍海	李士锋	李 帅	李 思	李 文	李文国	李 欣
李 雪	李珣珏	李亚霖	李亚琴	李 扬	李永倩	李 勇	李 宇	李昱峰
李煜放	李 悦	李 云	李章建	李志伟	李 忠	梁 超	梁 明	梁玉祥
林 彬	林初建	林 琳	林莹莹	刘 博	刘长虹	刘萃芳	刘道园	刘冬梅
刘国锋	刘鸿波	刘继合	刘 皎	刘金毅	刘井军	刘 娜	刘书强	刘 涛
刘夕嘉	刘小菊	刘 杨	刘 迎	刘永军	刘泽林	卢长安	卢庆军	卢 颖
卢 钊	陆环姬	陆中华	吕晶薇	吕维娜	吕彦伟	吕 旸	罗 强	雒 恒
马盛铭	马 鹏	马书彦	马思阳	马婷婷	马维民	马秀君	马 英	茅歆白
么海荣	孟 惠	孟甜甜	孟婷婷	孟维锋	孟 伟	明 烁	牛芳芳	牛天波
潘道静	庞椿林	庞学媛	任中芳	沈 通	时丹凌	史 炜	宋 飞	宋世军
宋伟甲	宋晓漪	宋 予	宋志鹏	苏 超	苏培林	苏 鹏	苏 醒	孙朝昕
孙春厢	孙连海	孙 茜	孙铁成	孙 婷	孙艳萍	谭雯文	汤丛怡	唐春艳
田洪捷	田慧霞	田术娟	田 杨	田雨鑫	佟 超	佟东海	汪生月	王 斌
王 超	王超华	王 琛	王 丹	王海燕	王 浩	王 浩	王 浩	王洪莹
王佳楠	王家增	王 瑾	王 进	王井山	王景和	王俊行	王柯桀	王 岚
王 磊	王 勐	王 蒙	王明华	王千菘	王双锋	王爽英	王天德	王 薇
王 玮	王文美	王 曦	王晓磊	王新峰	王彦钧	王屹嵘	王 赢	王紫阳
魏利辉	魏留记	吴亚光	吴严培	夏翠娟	夏乐乐	夏艳松	夏依旦	夏 宇
项 哲	谢宜辰	兴 旺	邢雁军	徐 丹	徐 菲	徐 静	徐 军	徐 琳
徐正元	许志广	薛 方	闫 伟	阎 亮	颜 红	杨海滨	杨 浩	杨 骅
杨京亮	杨晶昊	杨 靖	杨琳琳	杨 薇	杨祥辉	杨艳生	杨 阳	杨 莹
姚 庆	姚燚雯	叶 枫	叶青玉	尤 旭	于 海	于洪彦	于 磊	于 淼
于 萍	喻万青	袁 超	袁 东	袁 健	袁文龙	曾 创	曾 磊	翟惠玲
翟 玥	张 斌	张 波	张 驰	张冬茂	张 和	张鸿鹏	张 虎	张佳伟
张 劼	张 娟	张 兰	张乐鹏	张 磊	张力丹	张立学	张利灵	张 林
张 鹏	张启平	张 倩	张 瑞	张润华	张绍峰	张 帅	张松涛	张 桐
张 伟	张晓帆	张晓更	张晓辉	张昕光	张 欣	张 兴	张 雪	张 艳
张阳阳	张 洋	张 宇	张 真	章德全	赵 彬	赵国勇	赵鹤征	赵 洹

赵金萍 赵侃 赵利华 赵伟娜 赵曦 赵欣 赵新月 赵耀煌 赵震
赵政 赵卓 郑凡 郑建璐 赵艳霞 郑旭 郑中华 周丹 周德东
周建宇 周璐璐 周楠 周汝春 朱代强 朱戈 朱建新 朱恺旻 朱鹏勇
朱平 朱寿东 朱咏梅 庄波 热汗古力·阿不拉 买买提艾力·买合苏提
宗海燕 邹新梧 阿克摆了江·尼亚孜 阿尼克孜·麦麦提 阿依努尔·苏来曼
庄健 布买尔亚木·达伊木 马丽古力·卡生木 买买提依明·阿布都热依木
卓萌 托合提古丽·夏木西 伊力夏提·伊力哈木

高级管理人员工商管理硕士(293人)

安璐 白常林 毕伟 卜建军 卜玫 蔡晓俊 曹晶 曹利滨 曹阳
陈波 陈韩辉 陈久全 陈琳 陈明华 陈晚鸿 陈伟华 陈卫华 陈响远
陈小奕 陈燕 陈贻平 陈逸菁 陈哲敏 程青 迟红 崔文涛 笪汉青
戴夫 戴青海 戴翊中 单志萍 丁永建 董建国 董玉舒 段晨钧 樊忠祥
范明月 范钦赞 冯焕富 冯雪松 冯勋斌 冯寅生 甘露 高贵敏 高娟丽
高鹏 高强 高青 高伟 高文凤 高文军 耿智祥 顾圣强 郭雷宏
郭秀君 郭杨 郭子杰 韩超 韩新亭 何年生 何深 何文祥 贺杰
贺金国 侯津淼 胡宝全 胡学东 胡益军 胡永明 扈朝阳 黄琛文 黄伟平
黄泽凯 惠文明 贾彦兵 姜培生 姜为农 姜智珲 金影忠 阚友钢 赖若雷
李卜海 李发林 李刚 李杭群 李宏远 李季吏 李金秋 李静 李军
李丽红 李名信 李莎莎 李树槐 李霞 李燕生 李茵陶 李永军 李宇红
李玥 李志 廖勋海 林帆 林剑锋 蔺新河 刘保杰 刘呈辉 刘澄
刘冬 刘洁 刘恋 刘瑞深 刘少军 刘述智 刘松 刘苏坡 刘文
刘兴明 刘妍 刘洋 刘逸荣 刘瑛 刘友森 卢叶 吕国清 罗媛
马德才 马林义 马万权 梅景文 孟军 苗逢光 聂利峰 聂雪林 牛俊宪
潘志峰 庞辉 裴兴社 彭春元 彭玉珠 祁延林 綦赟 骞丽君 乔霖
乔霞 秦勤 邱伟方 曲以波 阮小莉 沈凌云 盛晔 石增德 史文婷
宋振华 苏健 苏轶 孙德志 孙恒君 孙婕嫣 孙仲魁 邰召勤 谭培生
唐春胜 滕宝弟 滕铭久 佟斌 汪鸿滨 汪永成 王斌 王德华 王栋
王凡俊 王恒武 王洪岳 王华 王金才 王进青 王琳 王锐 王树春
王苏蓉 王小雷 王晓丽 王效丽 王欣 王歆明 王兴灿 王醒 王学军
王英峰 王英伟 王勇 王芸 王泽旭 王肇奇 王志民 魏国强 魏金奎
文娓 吴传炎 吴丽霞 吴苏华 吴兴立 吴玉立 吴兆松 武广斋 武建刚
夏传玉 向玉 谢炜 徐春生 徐卉茜 徐建彬 徐启哲 徐伟红 徐振华
许峰 许勇 闫志明 阎继红 杨福云 杨华 杨军 杨雷平 杨立
杨漫辉 杨孟申 杨耐明 杨清 杨万涛 杨西建 杨永鑫 杨咏桥 姚建伟
衣国斌 尹兆锋 尹子山 于洪波 于路 于汶 余云波 俞昊 郁峻
袁海 袁文革 袁谊 曾宪果 张超 张东杰 张广义 张国安 张荷莲
张继泉 张君刚 张俊喜 张珂琦 张魁民 张立东 张连英 张乃明 张排房
张寿权 张书军 张晚富 张伟 张兴起 张秀娟 张娅莉 张勇 张跃军

赵　莉　赵敏军　赵体光　赵　莘　赵　鑫　赵　燕　赵振东　郑　罡　郑　浩
郑元生　钟超敏　周　全　周旭东　周玉海　周云坤　朱博海　朱长城　朱传斌
朱国庆　朱怀贞　朱其龙　宗　辉　邹吉翼

工商管理硕士(7 人)

郭　科　李　昆　李志成　刘爱林　宋岳奇　孙国华　武玉珊

公共管理硕士(121 人)

安　彬　安智盈　边　昱　曹　飞　陈　旭　陈志艳　程伯义　程雯雯　崔玉杰
戴　冰　董辰尧　董印玲　范华琳　方嘉亮　冯庆民　冯　杨　付晓洁　高洪升
葛昌琨　巩莹莹　郭　卓　韩　伟　韩颜洁　洪　荻　侯自霞　胡　浩　黄　洁
黄　敏　贾小君　金　峰　客宪梅　孔含宁　李　峰　李海玉　李　娟　李　娜
李攀登　李　睿　李　胜　李　鑫　李　鑫　李秀银　李昱旻　梁咏辰　刘　畅
刘　嘉　刘建新　刘剑青　刘金柱　刘晶晶　刘晶钰　刘兰欣　刘澜波　刘　亮
刘　薇　刘振军　刘振宇　吕　玥　马佩瑶　马文娟　孟凡荣　孟庆楠　孟庆营
倪　震　潘志伟　逄　炜　乔若楠　邱　鹏　师海斌　宋婉春　宋晓菲　宋　阳
苏云毅　孙　帆　孙广辉　孙　艳　田海波　王春涛　王芳华　王海岩　王　衡
王涧峰　王　晶　王井宇　王　丽　王　宁　王　炜　王亚伟　王　彦　王增春
韦　洁　韦永梅　吴晓申　吴亚军　吴　瑜　肖　勇　薛利稳　闫　洁　杨　波
杨　军　杨　琳　杨　柳　于朝亮　于文乐　元　婧　曾小波　张海波　张建才
张　利　张　萌　张　术　张　莹　张志军　赵健新　赵津谊　赵　君　赵　骞
赵英杰　郑继勇　周建鹏　朱　晶

会计硕士(63 人)

鲍　晓　陈超芹　陈冬梅　陈楠博　陈　思　程　佳　丁春丽　董　伟　杜　杰
冯为民　高慧琳　高　鹏　葛　健　巩　妍　韩家彤　韩　涛　黄秀苓　姜　亮
姜　畔　寇文静　李晓津　李银戈　李　玉　李云鹏　林　霖　刘长富　刘东霞
刘　军　刘书杰　卢紫筠　马学斌　邳新悦　骈睿珺　秦云喆　苏　朝　苏　蕾
孙婧淼　孙　亿　王　晶　王　静　王润涛　王　鑫　王　一　席经治　肖　楠
肖　荣　许晓华　姚　靖　余红芳　张家琳　张敬勇　张静雅　张　磊　张雅静
张　岩　张　洋　赵　晖　赵　凯　周金爱　周　琪　周兴华　周　源　朱　然

汉语国际教育硕士(44 人)

白晶晶　蔡明剑　陈大慧　陈　丽　丁　玲　董　陶　董文雯　窦　雪　高春静
耿　婧　郝静波　和树平　黄　蕾　巨建林　李达莎　李宏杰　李　华　李　辉
李　军　李　娜　李晓曦　李雅静　李　颖　刘红梅　刘雪娇　刘　杨　穆　莹
庞晓华　孙成斌　孙广武　王佳伟　王　霄　王子恒　魏　民　徐博文　宣　艳
荀晓蓓　杨　柳　曾　辉　张　洁　张　旭　张　媛　赵　悦　周　政

翻译硕士(38人)

边元元 蔡淑红 陈　虹 陈艳娟 冯　超 鞠　波 康志梅 李国印 李孟南
李　维 李　艳 林兆娟 刘冬冬 刘丽津 卢　杉 吕　行 马　莉 邱景翎
任秀丽 宋秋怡 谭　俊 汪　倩 王　靖 王　坤 王胜男 王　薇 文　彬
谢春辉 谢祎平 薛正茂 杨　晴 姚君虹 姚　茜 尹　路 岳良昱 张　光
张　悦 郑兆莹

2012年继续教育毕业生名单(1796人)

专科(451人)

杨昊	王晓雪	尚骏	赵汉卿	徐志雯	张西顺	王腾	李丹	罗可惠
刘扬	郑钰	张妍	李君	米峥	阎晨	郭子正	朱燕	杨晓宇
韩涛	薛晶	毕烨	张書豪	陈阳	肖鸿益	董蓓蓓	李晓艺	于晓浛
李博然	王莹	刘洋秀	李雪梅	李娜	王培	张召军	何珍珍	郭俊华
张萌奕	白雅娜	张美	文金凤	赵晨	马维娜	孙碧霞	孟金凤	宋颖
王精精	韩雅文	黄顺	张丽玮	薛长艾	刘沛靓	赵鹏	董琳琳	钟晶
郭明	吕大卫	李峰	马铭求	陈明灿	张术华	刘春然	马蒙蒙	刘朋丽
樊美辰	王金环	杨圆圆	王一凡	申忠勇	李姗姗	于莉	韩铭	赵娜
翟静媛	由绍升	果旭	王寰	于喜艳	丁婧	李响	张璐	杜岳
李妍	张文强	臧荣荣	张斌	程柯满	张兆双	戴伟娴	张岩	王芮
高羽祥	李乐	李胜君	刘伟红	董娅楠	武效刚	于洪亮	刘泽翰	任昌盛
王博	刘政	王冠淇	沈玥	张茜	赵鑫	李君艳	陈萍	周晓彤
沈娜	祁妍	王萌	孙国婷	张楠	杨涛	殷昌阵	李菁	王贝贝
楚美婷	韩叶	随锦芳	牛少男	刘冲	刘鹏宇	赵琳琳	刘星月	申芳园
赵丹	韩廷臣	李炳达	郑连申	江妍姝	张虹	豆银	王宣	左一轩
魏璐	赵娜娜	徐广懿	李琳	于鹏	张扬	王业文	于龙	刘庆
侯娟娟	刘晗	张晶	刘娟娟	刘祥	刘辉	代瑞双	何艳丽	纪舒晨
沈硕	唐凤雨	尹梦婕	于丽平	郝娜	孙念来	叶婧	魏雅楠	高婕
吕本健	庄雯	张阳	刘佳	付慧	孙岩	徐晖	郭馨	吕晶
唐亮	何彬	李毅凡	姚丽丽	赵建隆	张李娜	刘荣	张悦	刘霞
张倩	张丽	程晨	李霞	杨绩莲	徐迎迎	杜秋月	夏宏伟	朱洪娇
付宪雷	宫永明	李静静	韩孟娅	马媛媛	马云倩	严鑫颖	王彩艳	朱宝
杨帆	刘浩	李晓林	侯润媛	叶镇棠	叶志良	曾慧玲	曾日富	吕敬
李维新	李海艳	董贺立	张欢	李枝鸿	安冰洋	王震宇	王纪鑫	王敬敬
王艳	毛宇轩	王丽君	杨军	刘向伟	尚路欣	杨建丽	孙嘉翎	靳春平
曹梦婕	翟晓晶	韩冰	马秀芬	陈健	李焕笑	李树春	李煜林	廖国星
刘海祥	刘伟桐	刘玉婵	刘志安	卢笑婷	罗旭昌	王彩仪	王锦滔	王丽清

王敏聪	王派辉	王群兰	王旭亨	王溢富	王自当	吴钧全	谢国和	谢锦顺
谢婉红	姚荐芳	叶淦深	叶惠伦	叶锦华	叶丽冰	叶银荷	吴耀光	徐炳坚
叶广志	袁桂祥	钟镇锋	周建勋	周学球	陈润华	陈伟乐	陈卫轩	邓国豪
邓嘉如	邓日效	邓锐钦	邓闰傍	邓婉媚	邓伟芬	邓占扛	邓志谦	丁艳嫦
黄焕权	黄沛光	黄琼慧	黄婷婷	黄小莲	黄苑云	孔浩铭	孔令泉	赖小玲
陈浩良	陈丽芬	陈仁兴	陈映庄	冯志庆	郭庆余	郭燕贤	郭奕昌	郭仲元
胡凤平	霍赞荣	旷新华	黎材坚	黎嘉慧	黎锐坚	黎瑞玲	黎树昌	黎伟球
李景祥	李礼娟	李玉君	梁连璋	刘静雯	刘玉梅	莫妙玲	莫秀容	王惠阳
吴锐彬	吴绍祥	刘亮光	刘顺华	刘伟强	刘伟雄	刘艳平	龙　姬	罗志斌
彭艳娇	吴照辉	夏　勇	肖应沛	谢　燕	许佩芬	杨映连	叶慈英	叶细华
叶小金	叶雪英	袁衬丽	张巧芳	张秋香	赵步成	赵　娟	赵礼娇	赵伟龙
赵映霞	周敏霞	邹小妮	陈炽培	陈日欢	成彩群	董　跃	冯锦昌	黄建新
黄菊慈	黄礼明	黄庆球	黄日福	黄淑玲	黄伟荣	黄伟文	黄小红	黄　怡
黄永强	黄志华	黄柱球	江萤羽	瞿德华	李俊源	李丽光	李雄路	李永祥
李玉莲	林德庆	林绮雯	刘凤琼	刘海青	刘惠玲	黄益超	陈慧雨	丁晖宝
冯巧玲	龚仁军	江廖琼	李国华	莫建球	莫任贤	彭丽霞	任　欢	石亚莉
巫碧丽	吴丽芬	吴　鹏	吴秀丽	严兴信	尹翠萍	袁培仔	曾宪光	曾小纯
翟伟宁	张　景	张明霞	赵静静	卓民有	陈丽芬	陈秋苗	罗冬艳	朱开国
梁文俊	钟永珍	李凯霞	余婷婷	韦秋枫	王文丽	梁春萍	陈　鑫	庞　华
梁文宁	何　强	徐山茗	周雪梅	余　丽	龙益明	易志乾	龙曙初	符有志
彭　柳	黄　靖	廖琪涟	黄益钒	谭　俊	蒋玉屏	唐雪梅	雷国华	黎建元
李少芬	雷　欣	黄宇馨	郭燕飞	梁　艳	蔡　江	张晓俭	赵秀琇	卢秀玲
张丽红	凌丽婵	钟爱花	钟玲荣	黄李财	冼　丽	潘洁静	陆进荣	淡　健
欧阳晓玲								

专升本(1345人)

吴　昊	陈艳阳	刘文清	林海敏	赵陶陶	罗　兵	陈泽珊	蔡　敏	张晓如
胡粤蕾	徐　威	喻桂林	袁倩君	曾强生	曾秀金	张会君	张俏莹	张世斌
张智敏	赵玄斌	钟　粲	邹国辉	缪小美	吴锦梅	刘　丽	陈慧瑜	付雄飞
林旭珠	邹福生	陈　娜	林丽兰	曹丽莉	辛卫红	沈元钦	廖剑飞	刘　鹏
许敏枝	杨　明	刘　欣	张　霞	林桂芳	林　捷	林燕宏	林粤海	刘茜茜
刘晓芳	卢炳河	罗彭源	罗铜刚	罗文锋	麦耀炜	莫勇辉	聂兰斌	潘月玲
钱　红	邱雪擎	邵　婷	孙　栋	孙慧琴	汪　威	王秋妹	温沛华	吴圣颖
萧素芝	谢鑫章	谢雪珍	颜真真	杨燕霞	尹淑琴	蒋佳德	齐莹莹	程玉娟
万亮亮	熊飞虎	岐　媛	朱丹婷	聂卿彪	刘兆兴	刘　隽	卜建光	陈彩霞
陈传民	陈　华	陈　敏	冯诗敏	关艳萍	何丹丹	何志伟	胡丽芯	黄大和
黄静容	江开娣	蓝盈盈	黎志坚	李巧玲	李志明	梁　创	梁植然	姜　玮
杨柳飞	王贤燕	于洋洋	李彩红	何丽萍	危清华	卢清梅	潘晓冬	戴　丽
袁瑞芳	倪绍莹	陈银霞	梁　艳	孙晓雁	陈美霞	赖仟妹	杨　柳	吴燕凤

陈丽娟	李杰	徐凡琴	邓文娟	林琳	郭锐	张星	丁腊	付颖
黄淑萍	李玲霞	银广亮	肖雁	韦初柳	农沁	黄杨英	苏宇	莫琳
石守真	刘冰	罗琼	万勇	张丹	殷莹	徐燕兰	邱洁	廖鸿雁
易玲	安娜	帅翠红	李丽	肖淑玲	施文华	胡梦晨	万君	尚家科
涂小英	廖怀亮	阮慧敏	孙远卓	颜丹	林海凤	胡金花	陈明贤	黄艳
刘明	梁小丽	王升迪	蒋玉娟	莫晓君	陈月声	黄琳茜	陆波	刘宁
刘凤莲	张秋芳	陈杰	王明明	唐蕊	张茜铭	吴恒	张华剑	冯欢
刘倩	余华	黄琴芝	钟定谕	苏子进	荣璇	黄爱云	黄亚昌	叶贻灵
杨盛学	滚昌贤	张宝鑫	姚琳宇	梁福田	罗德昊	罗明	彭彩景	谢素琴
卓艳芳	黎锐杏	张亮琴	黄恩来	蒋丹蓉	吴则丽	梁司明	覃日兰	覃曼
吴诚	黄传飞	李黎	韦柳苗	叶文彪	邱达明	李春菊	高丽娟	杨云淇
胡海宁	孙彦超	周严益	孔维权	秦永亮	赵晋红	孟晋亮	高小栋	王雅震
林生	卢璐	蓝玉凤	李娜	梁萌	周明	谢福全	邹敏	张魏娜
王湘	颜涛	陈彬彬	唐雪莉	胡泽玉	方巧华	李潇	卓丹燕	李驰
戴亚强	刘溢芳	葛文龙	韩幸	王芳芳	梁锋光	杜佳佳	王琳琳	赵俊杰
马旭峰	王彩琴	李壮壮	董杰强	展先鑫	胡静	李星	边鑫	林玲
李军	郭利萍	孙宇	许振鸿	张志刚	李美蓉	孙九路	吕菲菲	王长红
曹阳	李琳	冉雪沙	韦纯觃	马俊华	张琼心	黄延华	包尚武	包任如
吴天秦	杨剑	唐秀勇	陈尚家	雷登峰	廖智环	韦斌	韦红	韦展辉
黄春秀	樊秋玲	姚陈远	韦凡丰	李硕	刘赟	阮永兴	高琰	张鹏
王佳	武慧强	戴伟	刘斌城	安晓明	张功炜	谢智鑫	李鑫	黄荷
关婷	秦耀华	夏文捷	高红华	骆意	魏将	颜培丝	陈艳玲	赵杨
许翠芬	段玉琳	曾万利	何琨	李存显	阙嘉蔚	唐莹	余志愿	农东印
黄云	李冀	曾莹莹	李煜	曾顺	傅园园	汪琴涛	徐慧莹	巢晓林
孔令桥	徐慧莉	李彬	董正慧	王洁	徐玉芳	王涛	陈晓军	吴荣耀
周勇	刘慧颖	李飞	刘涛	李浩雄	陈丽莺	龚颖	黄荣荣	肖生
赵晓丽	唐建国	陈佳焕	刘慧生	廖惠文	黄科伟	黄善才	赵建堂	赵洁兰
赵立鸿	赵丽容	赵润辉	赵秀连	钟桂珍	钟庆省	周柏筹	朱威施	祁锡江
陶亮亮	刘永宁	白欣	黄祖泽	余建生	刘鄂成	唐峨	郭世来	麻复敏
胡国泉	余德彬	吴鹏	张显彪	张剑	杨俊华	黄永光	郝巧丽	陈霞
罗日舟	罗盛辉	罗寿丁	罗玉仪	骆小红	沈明慧	萧慧坚	谢志坚	杨玉华
姚玉琴	叶衬欢	叶芬芬	叶国强	叶汉光	叶惠芳	叶建锋	叶康达	叶群娣
叶伟成	叶伟东	叶伟如	叶锡权	叶贤贤	叶秀玲	叶秀英	袁国横	袁国威
曾敏敏	曾佩珊	黄伟容	黄文忠	黄映文	黄有凤	黎惠斌	李爱玲	李达明
李茂辉	李敏智	李润辉	李小虹	李小丽	梁桂容	梁燕文	林焕娣	林素灵
林泽佳	刘海林	刘美霞	刘日明	刘淑萍	刘伟明	刘自爱	吕耀明	罗德明
罗桂心	罗洪恩	罗沛如	罗茬昌	卢志敏	宋想富	谭瑞兴	谢焕康	叶启明
左乐	曹燕君	陈琦	陈燕芬	邓少颜	冯长娣	冯志标	黄宝利	黄碧霞
黄成昌	黄达峰	黄发如	黄凤霞	黄洪胜	黄惠民	黄家星	黄丽如	黄亮森

黄路如　黄沛伦　黄勤兴　黄素霞　黄穗华　黄伟玲　夏　航　舒　挺　贾　召
韦性貌　姚远青　胡小勇　谌欢欢　邓小芳　寇军成　凌　翔　张君子　董春红
柳　萍　戴玲玲　井立志　方　刚　王永军　刘　振　蔡英强　陈碧梅　陈碧娴
陈汉周　陈文政　陈燕宜　郭坚煌　李　刚　梁华生　林　英　龙汉峰　高　坤
孙　婧　邵建伟　王　懿　吕　楠　高　岚　夏月娴　丰　艳　李　鑫　王　荟
张　北　刘茂颖　张　婷　施克全　丁利平　詹海波　慕　杳　杨红梅　方　凯
姚　岑　王　娟　苏芙蓉　王再国　栾圣明　左立德　黄夏冰　甘友勇　赵吉光
徐俊强　王姗姗　张　婷　栗晓燕　吴　云　杨　健　唐嘉颖　王　荔　崔　翔
陈　建　吴文鹏　张海峰　刘志彬　刘　津　王　娟　李　莹　陈　桥　张秀湘
宋海光　王　双　普磊霞　张　晨　张　凯　马传捷　刘　岳　宋景媛　梁　丹
刘　悦　付　彬　韩　杨　张春晨　王　维　董　娜　张思雯　王　钊　王　倩
陈莎莎　杨莉曼　曹学明　尹　剑　徐学莹　朱晓菲　董　禹　刘　君　孙　坤
张　禹　綦　悦　赵　倩　王　娟　汪文凯　李　征　王鑫淼　王　雅　商　莹
陈婷婷　王　启　刘子旭　吴小哲　吴雪雁　王　泰　袁　莉　王　趁　李　琦
刘　丹　周莹莹　李　静　吕　丽　刘　燕　王　曦　王美娟　郭雅薇　王　静
马　超　李　耕　吴婵婵　张　璐　董　鹏　王　辉　耿　维　马　霞　梁广雯
张　钰　吴广宇　冯　瑞　李德宪　刘海超　赵　莹　庞　默　苏家云　高　原
高　霞　靳晓晨　高　媛　何桂菊　许莉莉　李　静　于春芳　高　翔　杨晓康
韩　越　李　苑　石　岩　高晓天　张馨方　张　娜　冉梅兰　高丽慧　陈　雯
崔　健　徐　璐　李超颖　姚文金　张江漪　高　璐　李　庆　闫雯雯　张　健
孙小雁　马莉华　孙广菊　穆　婵　苗　蕊　余玥炜　崔丽娜　石　宇　许文龙
李　爽　李明杰　由　雅　张亚利　刘　扬　李　倩　魏云鹤　冯兆年　王　静
鹿　宇　王　婧　宋禹呈　殷美玲　卢　勇　袁　媛　林丽媛　崔光静　刘　颖
杨　艳　邹少辉　刘　丽　刘　松　张　隽　段晓昕　安荣华　梁静艳　史　梦
李　楠　张桂真　李　珊　孙　钰　李国永　缴旭玥　刘　莹　赵　文　鲍春华
赵　宁　周世东　杨　彦　刘东墨　刘　毅　曹　晶　孙　雁　章　萌　曹　彧
赵　畅　刘　畅　王巍晓　苏晓丹　周　瑾　邓洪伟　李晶晶　丁　媛　姜　威
张　磊　臧　啸　李　林　牛学津　聂　爽　马　颖　马兰香　李雪静　李　鹏
吴　迪　高　娜　殷育力　滕长治　纪　惟　吴及颖　毕　坤　张　妍　王瑞乾
褚天舒　田　甜　杨　雯　黄　芳　冯　娜　杜国毅　彭　琳　李　娜　李　蕊
陈　怡　王　欢　褚明萨　吴文佳　魏　奕　敖祖昊　崔　颖　王文月　马　明
吕艳梅　刘华一　翟　璐　刘　云　赵　亮　郭　恺　张　莹　张　玲　韩　越
王　滨　张明圆　钱　娜　李　墉　李佳迅　王　甜　张　浩　张　绅　牛　婕
吴　沙　康　昱　唐　芸　朱　钰　丁　琳　万方芳　俞　洋　李苗苗　刘金利
薛　蕊　马　茹　田　添　李　霞　高明珠　张　婧　金媛媛　刘　莲　李　妍
梁　婷　马　聪　刘媛媛　康　清　许晓琳　王　卓　马宝红　朱　倩　张国栋
王　斌　李文艳　张　垠　李　楠　宋　莹　朱婧文　殷　晴　周　方　王涤非
张颖慧　王广娜　吴智勇　丁凤翔　李怡凡　王雅静　方　亮　陈苏媛　董雅丽
崔改平　王　薇　沈亚楠　魏　薇　郝丽娜　刘国俊　袁思婧　赵晓君　梁　娜

邵英杰	刘轩	王娜	李建春	王莹	李秋艳	孙爱芹	杨爽	王丽娜
马志欣	贾小颖	张秀娟	商卜文	李娟	黄金然	王璇	韩立景	李娜
赵艳丽	刁伟明	尚菲	李程	马晓蕊	林世心	刘馨	廉虹	张楠
沈娟	郭成林	周雅楠	邢媛	方瑾	徐婷	韩霞	马海红	王妍
李倩	吴楠	姚静妍	常月娟	岳鑫	王继云	牛雅萍	张泽	牛承倩
刘磊	纪明	王琪	郭一衡	齐朋娟	刘莹	匡翠伟	卢军军	李川
刘美艳	王影	陈洁	杜扬	沈辰	李颖	陈研	单文筠	于萍
徐天舒	张轶帅	张建川	王莹	刘丽娅	王斌	苏函	尹桂舫	郭振华
宋雪梅	刘旭	赵蕾	曹林林	祁坤	娄铎	任卓	徐亚南	马玥
王娟	贾桂芬	王欣	高雪燕	李耀宾	宁书楠	左娅	王璐	赵洪胜
王寅茜	谢莉莉	刘方	霍旭	王婷	国秀芳	武延庆	郭春侠	赵梦峤
郭国安	张爱	王璐杨	路娜	任勇	许晨	李菁	袁敏	张晟
张楠	王婷	杨宁	李阳	李华菲	王家杰	兰杰	郑伟	张旭
孟繁琦	张伯臣	赵娜	吴忠杰	薄海睿	白冰	张广学	孙小可	李秀莹
解婷	纪阳	傅亚楠	高嵩	韩振东	于吉林	俞双庆	安妮	王硕
刘佳	纪菀懿	常荔	刘智勇	安立根	马昕	陈梦祎	刘思雯	李萍
韩增军	蒋睿	盛雪娇	房惠洁	张沛	杨靓	王晓冬	李阳	韩远智
牛辛美	刘志磊	王宏增	马赛	陈德胜	李春香	徐欣阳	李浩	刘德文
王宵	刘鑫	王东子	许文娜	刘广军	唐磊	王玉喜	夏瑞雪	王春钰
赵晓永	冯晨冀	王鹏	曹乘华	李程	刘洋	刘清	吴燕	孙晨光
高子岚	王纲	王谦榕	谢欣	王洋	王军福	马赛	张利	张岳
陈洪	王成	马腾	李晓君	崔洪伟	周倩	张鸿飞	刘唯皓	苏彬彬
门静	杜旭	白志鹏	陈喆	宋扬	柳旸	李嘉昊	孟爱娟	许莉
赵菁	赵堃	陈健	马红源	高维军	邢广智	吕健	高茜	高廷亮
张倩	秦文	李丽	王炜	马昕	李响	光继红	唐淑慧	姚蕾
成昕	李西子	李艺	李红泽	张逸莹	刘梅颖	李硕	冯蕾	褚鹭
杜芸	王刚	郝喆	管波	马越	朱晓雪	刘丹	杨洋	曲恺华
蔺思羽	李娟	丁玲	姜女丹	李香宇	朱辰亮	夏静	陈彤	刘明轩
徐荔	周晓丁	朱凯	刘双	李鑫桥	杨婧	李增	安宝聚	高巍
刘泳	李彬	孙恩宏	张坤花	李元君	秦亚南	靳洪浩	李金颖	张哲
龙华	孙连岗	赵栩焱	王迎	王虹	陈静	练德瑒	张爽	边诗宜
田娟	崔悦欣	刘芳	颜世宏	纪娜	刘丽	刘宁	胡媛莉	陆春
高瑞	陈娟	王琼	王珍	刘瀚林	李文宾	朱文琳	许忠伍	赵沛泽
崔雅芳	刘娜	王建	马艳红	张晓丹	赵婵	李建丽	雷英杰	曹志博
朱静	白学英	李程	孟猛	田悦	马欣	马艳楠	陈博	郑伟伟
孙闻	刘洁	王嘉弘	胡娜	薄静	韩伟	张伟	张斌	李瑾
孙忠岭	乔秀梅	齐妍	薛鑫平	崔璐	杨蕊	苏建中	张静	李晓月
宁磊	周清	褚宁	陈亮	张垚	梁爱粉	于洪涛	王华	解翔宇
吕塬	焦健	刘馨	王正欣	谢晓光	刘杰	薛勐	贾晓韡	张顺

李　鹏　陈　雪　董朝霞　唐旭东　郭　燕　马潇洁　张　敬　董小源　王　欣
周雪飞　韩　莉　孙继超　田　军　张晓棠　王　璀　贾卫荣　田洁青　窦庆强
贾玥云　穆瑞刚　薛　琛　孙　伟　张庆刚　荣雪莲　朱　磊　蔡宏斌　孙　博
刘　银　郭　骉　郝甲甲　万春平　李　洁　韩　瑜　邢晓彤　刘　怡　李一囡
袁星光　田弘瑞　温　扬　武晓琳　孙　威　张　腾　李　佳　刘　鹏　王　璐
石　磊　王小鹏　李宗颖　朱祎博　纪思竹　韩　文　陈　楠　魏　琳　王　欣
姜　帅　苗富强　甄静芝　王晓伟　房　震　高　强　贺晓娟　朱　洁　罗　维
孙晓昆　张　玮　于　洁　刘　莹　王少砚　冯　鹏　王晶玮　刘　洋　李　森
刘　虹　宋　波　史云麟　杜维金　郭华珺　高　璐　刘　迎　张　蕾　张　弢
邢　童　张　阳　马志争　杨继海　沙　蓓　徐丽娜　王雪冰　郭　捷　周　明
丁　瑞　陈书森　李　颖　苏　蕊　杨慧琳　杜建瑛　吴　敬　王　凤　张津玮
葛博威　陈立楠　王芸芸　李　萌　张　梦　翟延龙　刘　新　张　蕊　刘　楠
陈晓明　张树芳　王　娜　夏志浩　马骏瑶　殷晓芬　王　林　张圣兰　胥　婕
甘玉涛　王昊云　李　芳　王　乾　冀海闻　刘　茜　王悦馨　孟汪园　张　莹
邹　雪　孙　晔　高丽娟　李　娜　孙　岩　张　瑶　邢方丹　王征远　季　磊
冯　璐　庄　娟　张　卓　王　琳　兰　钰　金丽丹　韩　玉　刘　萍　关　旗
韩　玥　崔　鑫　褚雅虹　马　颖　杨建平　关　晨　甄丽群　邢晓红　张利敏
刘　伟　邢　超　杨月英　王向昭　闫晶蕊　豆会森　李　鑫　李桢桢　赵　培
纪士君　杜　娟　陈荟屹　李晓杰　孙　颖　孟庆艳　张丽丽　田　苑　张　媛
郭　颖　何润娜　王敏敏　德力格仁贵

2012年现代远程教育毕业生名单(7056人)

专科(4060人)

金红兰　包梦宁　金晓波　董夫安　李燕华　陈　燕　汪玉梅　钱　薇　陈慧珍
池建飞　倪敏媚　戴　林　刘　霏　姚　田　陈永祥　俞树胜　刘福鑫　朱广强
刘　骏　莫青菁　褚菊萍　汪毅琴　黄佳伟　沈亚平　吴明华　王利峰　王新伟
沈　薇　王　斐　祝燕军　李晓春　张大光　黄惊涛　沈菲菲　沈世杰　盛建荣
王建平　张宝华　章晓明　傅　绮　王冬红　周蓝倩　李云华　孙庆军　曹　英
曹　谦　杨晓娟　王　平　杨永刚　鲁　东　梁金铃　陈　涛　徐咏梅　张彩云
尤玉华　王　龙　朱福丽　赵海晏　罗　军　李友良　李发萍　吕　刚　金丽燕
周芬华　王习位　邹玉娇　罗　兰　孙　巍　刘艳华　薛　松　朱荣富　梁　芳
魏海亮　黄　娟　赵建华　陈　伟　苏影文　邓秀成　纪　蒙　庄　严　刘贵泉
王　硕　陈　艳　龚　达　曲　波　吕　东　巫雪娇　牛　媛　朱　军　张岩玫
韩昊颖　李　超　刘旸巧　盛大鹏　曹　晶　陈　进　冯　利　李爱玲　姚　萌
刘颖彬　姜在垚　张　妍　肖　楠　李仁玮　宋　琦　史婉华　王　新　冯　玮
张学栋　肖　培　杨西林　郭振娇　张玉旗　张学丽　刘建明　郭俊海　田　伟
江　珊　楚　明　王　洋　刘　静　陈媛媛　刘　洋　曾　莹　潘依清　高国飞
高秀娟　张志君　曹　旭　许　倩　李　昶　秦基祖　曾　莹　普晓雁　张崇清
张宏伟　孙振荣　轩海明　秦　震　王　斐　张苗苗　尹丽敏　韩婷婷　蔡卫东
陈　军　杨惠婷　周洪达　陈　光　王　昭　李莎莎　刘　静　周西英　罗莎莎
曹　飞　段　超　潘　磊　杜　鹏　吉金霞　唐　军　杨家潭　陈雅兰　戎雪梅
单秋江　黄文静　范玉明　郝小程　张拴贵　李智强　段俊余　冯小雪　任婷婷
李　晶　任　鹏　潘军伟　张鹏英　王慧蕾　李　录　赵雪峰　陈　峰　靳俊丽
高　铁　胡瑞琴　张丽媛　张爱花　武俊龙　王　星　刘晓慧　王　锐　高　阳
冯　帅　郝　娟　张亮亮　吴　玮　亢发荣　张小涛　袁蒲林　张莉莉　何燕丽
曹志华　欧彦宏　张黎孛　樊婷婷　朱海婷　张芳芳　李　晶　崔亚峰　贾慧庆
李　婷　李　静　马丽婷　邢艳艳　张晓敏　刘亮杰　郑　达　赵　凯　李瑞霞
徐　风　李美芹　韩　磊　任晓冬　徐雪飞　赵化成　孙小桐　赵红霞　谭兴青
王　煜　隋海英　马　磊　孙　勇　李慧勇　王立新　宋　琛　仇延斌　李　琳
王　乾　赵　毅　徐艳莉　姜　涛　马业宏　逯　鹏　吴绍杰　闫　莹　杨茂昱

张天辅	张　旭	章　越	赵偲妍	耿　鑫	刘宝宗	王文静	沈嘉丽	周　磊
赵　楠	刘　军	王文彬	余振江	郝　山	闫凯斐	程　丽	台海燕	王　鹿
丁召雷	焦金军	项路军	卫　锋	吴德明	孙国静	顾德银	霍小伟	李丽丽
崔博文	冯　惠	孔伟静	李金苗	马长亮	沙金锋	李天祥	李梓轩	刘　月
冯　达	孙　平	田　雨	万　睿	王葵君	王怡丹	王艺瑾	王玉洁	魏茂泉
韩亚男	赵　婷	汪　唯	王　倩	张耀明	周　旭	刘雪姣	张　壮	李易静
郭学鹏	于　濛	王皓玉	吴景臻	侯玉宝	贾维芳	卢晓旭	曹馨木	邢会陶
赵容萱	赵　旭	吴良生	刘安安	王　政	焦合云	李　桦	刘　艳	刘　倩
王　睿	窦鑫园	岳文静	刘　鑫	赵　爽	王　旭	靳羽佳	陈　瑶	高　丹
刘　津	芦亚楠	彭智杨	刘雅慧	刘瑞斌	赵　斌	李乃枢	贾启超	李亚慧
闫殿娜	杨　浩	刘东坤	李俊杰	甄义武	李晓玲	周凤英	刘东晴	张　宁
宋德通	郭志胜	董存阳	张大为	王　鹤	李　濛	张胜楠	唐　磊	王德林
纪凤杰	张　锦	李春勇	任　爽	梁　琦	苏　鹏	罗凤英	闫焕强	陈　松
董　轩	李雨思	李　婷	李仕杰	欧乐华	齐小锋	胡书帅	何虹达	赵忠晓
赵旭霞	胡树群	闫　丽	帅海娜	罗廷成	王俊萍	孙槐楠	刘露露	张　英
史　彦	胡康华	王莘荣	耿伟利	李配章	孟　宇	李　健	董季兵	张　镔
孙　丹	焦会淑	焦蒙蒙	郭玉梅	张亚迪	李晓雪	曹亚茹	刘红燕	焦庆荣
谢文静	沈　燕	何　菲	黄　蓓	王　速	刘　勇	来　燕	王艺涵	刘双双
陈　珊	周　卫	刘一兵	陈　玥	李明琴	白晓明	刘钊华	吴言艳	牛　娟
李　娟	武妍莉	曹　微	屈旭末	李丹丹	尚珍珍	赵子宁	张　倩	吴　萍
魏其涛	任冠军	王　勇	李　益	申鹏飞	王晓飞	郭栋梁	董世林	翟慧慧
索晋红	郭　健	马明明	于双雪	缪远翔	蔺莉莉	原　勇	薛静静	陈　敏
张　慧	巴琛明	孔燕婷	李红梅	屈亚楠	曹玉弘	张　静	杜真真	王冬梅
李　丹	朱　懿	甄　杰	周朴业	刘　飞	吕字文	何升舟	江晓园	黄爱珍
钟婷婷	乔　榕	陈蓓蓓	赵甜媛	张文龙	张伟花	吕　静	金豆豆	王佩岚
温玉娟	孙　松	孙锦秀	张艳美	张　雪	陈艳玲	何肖蒙	闵　宝	程　威
王道星	马喜红	张　淼	宋　杰	侯李娟	杜　珊	武　磊	何　博	董瑞琳
陈晓银	张　璇	郝　璐	刘连胜	杨　帆	孙　琪	张　倩	段丽媛	徐　仙
王　洁	潘秋云	袁　敏	沈力敏	吴沁玲	张远兵	李　雯	辛海臣	陈锡康
杨晓春	秦家凯	张振芳	魏欣然	李　磊	靳　翔	赵雪鹏	郑凡凡	石姗姗
金　芳	蒋　丹	孙亚枫	肖　坤	环　增	石超政	闫会祥	马　宁	朱丽娟
程妤婉	彭顺钰	汤梦琪	丹　凤	何楠楠	杜苏娟	郑　莎	王　萍	郭姣姣
唐银霜	曹　凯	董兴龙	余朋朋	孙　琦	李　娜	蔡　映	刘晓鑫	田和杰
杨　晶	朱兰萍	夏天宇	王靖涵	胡金钰	黄　萍	王　琦	赵作琨	包　娜
范铁映	袁瑞雪	郭宇馥	崔　爽	祝　娜	彭　震	于婷婷	杨　静	马媛媛
拉　措	姜丽娟	王宇杰	党攀攀	米春娟	刘　丽	蔺莉莉	李丹丹	夏　溪
罗伟伟	吴天骄	黄馨仪	张笑宇	许　戈	薛　丹	张盛楠	孙　杲	吴　谦
曹　璐	刘春雪	程慧敏	李　凡	李　靖	王　莉	孙晓雅	张　猛	刘瑜珩
王　强	李　慧	马煜隆	刘文玉	李朝阳	许潇潇	贾茹斌	纪昊良	蒋思睿

张禹 曹哲 廖盛权 尚宏伟 兰阳 王羽 彭雪 宋偲 赵慧
刘正晨 秦健 唐筠竹 文倩 马晨宇 张洪溪 张亚琼 吴丹 赵楠
王乔 陈丹丹 杨霞 杨彩玉 周雅倩 李梦竹 岳蕊 郭威 李修远
李佩玉 项梦涵 潘敬宇 陆奔 何明强 谢航 吴华超 董贝贝 汪磊
王景卓 纪亚贤 袁碧云 赵航晨 胡琦 王洁超 刘姝含 吴昱飞 谢文彬
高艺博 余慧 金竹 汉校宇 汪淑珍 关堃 韩丽 张鑫 胡秋月
曾健博 拉旦多杰张敏霞 姜黎娟 顾坚琪 吕益 吕景 周洁 徐亚新
王树平 程国兵 覃春艳 顾尔列 张益芬 顾玲华 宋莉燕 蒋伟 张鹰
刘嫈婕 胡洁 李德峰 周晓丽 顾凤鸣 石彩娥 朱雪梅 吉鸿霞 童金秀
朱玉霞 王小松 王珂 王钰 郑立飞 赵艳芳 黄政伟 张长福 周新颖
王艳春 王子龙 刘庆锋 刘民 周宪梅 盛玉琼 高翔 蒋明 倪俊杰
宗淑超 陈震宇 唐扬林 岑炳 陈雪梅 吕旭辉 葛燕华 庄耀琴 陆科敏
和梦祥 井振江 孙浩茗 庄媛 张珉康 王艳丽 闫军丽 胡景涛 李亚锋
刘喜平 段楠 慎耀东 王志伟 黄伟 程莹莹 马志红 韩洪光 吴保建
倪旭玲 马利霞 刘素平 张永吉 何天宝 苏乐 张伟东 付琳琳 刘青
黄贾评 陈斓 薛亚南 蔡海萍 蔡焕青 周海奇 吕华峰 蒋丽娟 俞林燕
卢娜 饶伟芳 陈钥雅 顾伟女 钱菲 高琦 凌丽 傅涵宵 吴冠正
邱霞 张铃林 梁爽 陈琳 陈茂冰 张莲 龚建萍 陈军 黄舒盟
施建波 徐彩娟 冯芹平 岑敏洁 徐聪 毛秋梓 邵波 张珍 诸楹楹
张力 鲁建杰 孙杰 谢丹 陶秋静 黄亚君 徐尧康 赵银莲 奚群峰
顾悟意 谢艳艳 李江虹 章珂娣 王丽莎 凌杭琪 陈光泽 董通义 叶秀丽
金万成 徐孙隆 廖秀丰 戴巧谱 金跃微 付海燕 林笑 谢纯华 吕艳静
胡洪雷 钱利花 姚莎莎 应永兵 施绍锐 黄飞 陈晓强 黄鸣 方捍伟
郑建军 鲍文权 李懿行 许明军 韩艳 应娟 章秀慧 叶欣 葛辰婷
许芝华 王一萍 胡敏 沈涛 边志文 来小琴 陆卫娣 季晓燕 范欢琴
胡雅青 王涛 吴丽青 许卓彪 蒋雷桑 李丽云 王建刚 汪森军 郑云飞
郑翱 俞林杰 沈航 边睿 叶斌 黄建华 于红萍 鲁吉宏 姜莉
倪小红 周云 边雪丽 吴挺峰 邵宋波 詹云雷 张宇 蔡泽华 陈伟
汪小晶 刘斌 汪国进 郑小芬 曾珍子 杜灵灵 张吕燕 黄永生 周旭峰
梅建卫 项群 张英华 边丽波 厉烈 杨娟 滕维华 陈芬 曹辉
徐雪霞 虞孝尧 周哲萍 顾红兰 朱建达 朱巨龙 吴嘉青 邵叶伟 王剑英
俞世鹰 孙燕 沈玉珍 邹兵 彭德军 马敏 艾本辉 王兆伟 李忠梅
刘红霞 刘永林 李芸 宋强 黄捷 王易 李权 叶保满 卜佳佳
金丹丹 王欣 毛伟林 胡悦 陈希芝 朱依萱 任智宇 林丽 章建荣
陆冀峰 马赛艳 盛原 汪海龙 魏凡森 周立萍 姚灵春 永吉萍 陈琛
方海燕 梁立勇 彭鹏 劳董.托嘎王冬梅 陈月 李贤斌 丁莲 陈霞
孙巧 陈璐璐 李春俊 王贝贝 杨燕惠 焦健 王雪萍 李琛 祁燕斌
加贝尔江·麦麦提 帕如克江·麦麦提 严华荣 潘丽 徐志忠 晋栋梁
蒋桂红 杨雪琴 于全伟 刘杰 苏宝华 张华 李秦 罗剑成 陈润川

肖麟 黄涛 张巍 刘文化 黄娟 向金玉 王冬茹 樊亚伟 王良芳
左红艳 朱琳 朱俊杰 刘晓旭 朱玉奇 朱文静 姚会芳 王敏 张振东
姚军成 倪卫东 罗琴 刘雅娟 袁克军 赵德乾 覃丽艳 邓丽红 谭文峰
李伟 姚欣 于超 李娟 李跃新 李绪光 牛超 袁建华 韩世响
赵忠政 瞿婷 杨婷 王雪梅 张红梅 李艳玲 牟鸿 林艳敏 闫云丽
李霞 陈亚平 刘玉红 朱巧琳 马丽萍 王秋杰 朱晓慧 董海荣 罗婧
谢春梅 张红军 田震 张泽雷 马雪梅 古丽斯乃·达吾列提 王建莉
努尔莫哈米提·乌曼别克 马龙 吴正源 刘彤 杨炳清 钟晓玲 陈红媛
靳春花 韩智军 再努拉木·克音木 图尔浑·木太力普 沙尼都·加勒卡森
雍涛 杨燕 张国庆 王双英 侯山林 宋安臣 田聪 李建平 何春兰
韩庆涛 马慧 苏卫忠 谭君 陈丽茹 崔晓伟 荀建军 付晶 丁允涛
曾丽 田军虎 严卫东 严卫国 张秀琴 王红丽 李希舍 张积荣 陈晓
杨丽 金明 孙红媛 李翔 蒋雨欣 郝文芝 杨洋 史玉霞 马云宏
杨倩 谢爱德 吉永丽 杨彩弟 张永峰 刘宣言 王丹丹 韩芬 樊静
关顺增 秦罡 张磊 宋佳 杨桂良 孙晓青 刘磊 郭妍 郭俊诚
刘利 李晓龙 王金童 米光强 刘鑫 郑维 邵丹 叶生全 余腾花
白丽霞 张闪闪 刘慧 王聿瑶 张建明 陈小凤 黄稳庭 陈志玲 陈海荣
李伟坚 郑淑芳 黄嘤媚 莫雁红 陈冠华 钟喜禄 曾志文 文国良 陈美仿
欧细娥 钟燕茹 文国雄 麦振威 文喜庭 余亮 涂海 鲁兰蕙 黄勇
陈学伟 张峰 刘伟宁 黄组纹 冯捷彬 曾景仁 钟跃平 晏莎 袁敏琦
蔡妙婷 陈佩琪 陈佩珊 周丽 陈阳敏 陈少华 陈超华 麦卫森 黎伟均
陈志平 陈灿强 陈玉珍 庄维江 蔡镇军 郑仲凯 潘云鑫 刘中环 朱云云
穆玉梅 朱书卉 刘秋梅 谢伟基 罗建文 古伟明 李军 王智聪 周伟南
黄妙娴 申坤林 申燕容 颜飞强 李成芳 袁兰兰 罗亚红 周阿娜 黄志峰
赵霞 曾瑞球 杨晓晶 周莉萍 杨亮 付常凤 戴汝庆 曹捷 王鼎
刘琰佳 郑俊颖 李娟 陈斐 刘军 何瑞霞 姜德明 姜春艳 张圆媛
蔡冬梅 田尚军 李伟康 宗祥侃 黄栋 王芳 管红新 李峰 王翟永
徐铭东 薛松 翟建青 张渊 吴传剑 徐斌 金荣 何萍 施海晖
陈莉 袁莹 张琳 倪红明 龚斌 李红 徐宗徽 黄林华 李琴
何伟 黄超峰 吴银芳 陈刚 刘海 陆依 谢怡珍 汤哲韬 顾玲静
汪雁斌 肖利华 徐明龙 陆丽锋 徐夏民 王秋虎 张明 张洁 张辉
陈健 徐晓栋 朱庭康 朱良 朱泳健 甘峰 李伟波 陆琦 马骏
秦卫清 唐艳华 陶振威 胡志鹏 施绳杨 周崇跃 陈佳源 毛利佳 夏漪村
于君 刘昊舟 马毅明 张夷宏 曹景南 高蕾 苗晨晨 顾沈勇 顾胜平
周冬 陈佳 陆剑峰 陆剑锋 傅东杰 杨伟 尤兰 吴涛 周静芳
邓青 黄宏 于旭皓 黄骏 田义平 沈家伟 刘琳 刘东萍 杨寿强
李忠 王磊 王丁强 戴雅静 滕忠霖 汤丽丽 潘憬辉 宋澄宇 徐智中
谢宇穗 葛成瀚 沙加生 林恩 翁孝金 崔万洙 赵明亮 潘成辉 张磊
杨敏 石青顺 师卿 张健芝 孙爱华 梁培钰 李玲亲 付雪海 杨玉林

王忠贵	张利民	孙云飞	刘波磊	杨　丹	潘景武	张启文	李运栋	刘文彬
陆晨琪	徐　青	王晓峰	王昌兰	李晓英	贾　娟	程　露	蒋盼盼	陶　萍
李冰茜	王宜波	姚　峰	王　鑫	文瀚生	李云龙	蔡成全	任　淼	赵　慧
李洪宇	夏丽萍	刘丽敏	魏晓东	穆　群	鄂　岑	于潇成	徐才义	李黎黎
钟燕清	黄晓君	阳文涛	王银全	黄木飞	张素玲	冯春燕	阮文凤	郑丽萍
范宏建	吴燕娜	陈梦辉	张得璧	解　天	胡晓晖	孙树军	李　阳	谭　佳
阎艳平	许　晶	赖燕玲	崔蕴蕾	顾　萍	陈　洋	黄远梅	刘丹丹	王海燕
吴　娟	肖连丹	许连彩	段文平	梁燕珊	刘颖华	梁锦萍	陈楚恩	孙亮亮
刘　芳	梁建文	梁清汉	黄超华	胡淑英	韦云霜	陈爱连	杨园园	黄　颖
王品娟	欧勇祥	莫　琦	李林洋	张伟文	梁锦贤	唐爱军	唐建虹	霍析泉
老自鸿	肖俊艺	刘美玉	缪龙建	郑家衡	王影池	方良干	刘子江	黄培洪
高宇强	侯奕军	刘尧鑫	吴焕娣	王尚甫	周玉君	梁海堂	黄朝坤	吴泽秀
黄亚珍	姜永丹	张显辉	范润灵	李房有	古小灵	李华林	龙东学	卢启煊
卢　智	秦婷婷	陈校枝	陈洁清	周　灵	刘超文	罗勤枝	麦建开	李　燕
冯桂枝	谭宇光	钟境蔓	冯坤伦	李富芬	谢瑞青	郭巧珊	李　俭	李自强
廖妙玲	吕卫明	林江华	谢创明	芮　莉	许迦勒	曹琳韵	李显能	卢云飞
蒋东斌	徐　铭	于巧玲	刘雨滴	汤秀丽	李文璇	陆　丹	李剑云	罗婧雯
陈燕芹	张志文	郭慧敏	罗世玉	关光明	付宇平	刘永锋	陈辉燕	陈蕴芸
陈翠梅	许颖云	黄丽婷	冯能杰	黎　艺	宋青刚	颜克明	张文迁	钟爱玲
邹丽霞	徐　丹	罗玉娇	谌继美	罗一飞	赵　烨	宋　豹	谢丽容	周小红
刘　骞	郑　文	苏茂稳	屈成乾	刘德强	黄丽凡	李建霞	陈军建	何锦标
周楚泉	黄红杰	吴晓晓	刘圣建	欧阳慧	吴志刚	冯　娟	张晓慧	王求实
鄢显珍	徐丽玲	孙美玲	王总行	陶佩玲	王凤英	付卫琴	邱洪瑛	李　娟
朱晓彰	林成辉	赵婷婷	李小琴	曾金枝	江剑敏	邓日强	严永农	张银谋
李　辉	谢惠香	罗荟文	彭李丽	石兰芬	黄胜奎	琚　凯	林　伟	邱凌云
苏　东	崔　磊	邓　凯	丁运明	翁浩平	刘　滢	邹秀琴	陈　怡	林水莲
杨雪宁	袁明华	黄　亮	朱小芳	潘国荣	谢玉英	丘云英	何金娣	张碧文
梁敏杰	杨华智	张奕跃	朱静贤	胡红丽	黄艳妮	罗俊灵	林健升	林佳华
王转玲	吴奋明	詹伟珊	钟永昌	程曼莉	余景群	王元元	甄晓仪	王嘉英
谭双燚	胡淼丹	李　强	张　杰	陆　萍	钟双玲	邓虹仙	陈玉英	欧阳素梅
谢惠华	罗茂红	简水清	黄美英	杨西莉	邓丽群	陈梦月	肖　燕	杨高丽
张永墨	季计仟	罗　中	李　靖	李国侨	周　娟	孙志雄	韦秀娟	何容芳
万啊芸	李育玲	宋海良	李国标	张玉飞	成春林	李继军	李少辉	张静玉
毕秋婵	何杏婷	董昭光	王玉珠	潘冬妹	雷美娟	江一毅	陈建峰	陈昇容
马秋民	吴　东	陈惠娟	苏智坤	陈伟峰	洪婉玉	陈少宏	蓝志强	徐金标
朱立勋	李　丽	何　静	霍耀辉	汉炽良	李胜强	吴景民	文　军	肖　丹
赵威风	黄春娜	林梅芳	林　芳	杨丽淑	方亚招	宋章玲	谢贵煜	邱冬金
林轮墩	张碧媛	黄丽雅	苏小娜	施燕红	陈玲玲	叶丽珍	孙惠莲	林亚湘
陈月英	杨雅晴	胡　贞	林文琴	许晋荣	陈丽琴	陈司特	谢维仁	叶剑宇

丁真真　赵晓东　刘小珊　林　美　冯　竞　潘丽珍　吴红梅　王丽妃　林　娟
吴　敏　王　耀　方　燕　黄　金　林　精　徐幼敏　黄　超　曹明超　张景硕
陈　爽　阮世如　郭伟丽　钟丽惠　林小玲　邵加立　许燕珊　陈巧燕　赵　宁
姚淑英　许　捷　曾和文　林建财　张　珊　陈琴妹　朱建红　黄长青　高永胜
王朝煌　陈荔娇　姚军聪　高　瞻　邓群健　林　平　庄彦斌　金　锋　李亚波
贾富丽　贺花龙　张福刚　王　辉　薛新颖　邹　静　邱晓华　陈玉芬　谢守凤
单任明　曾小辉　史云辉　蔡金超　张　静　黄少晖　黄金莲　黄梅香　陈佳裕
赖保康　王震洪　陈吉萍　吴文荣　甘志德　尤一兵　姚振红　徐晨阳　邹学红
王　斌　董小雅　郑　杰　王　淼　周丹彤　李　莹　魏秋羽　赵苏雅拉图
郑　娟　郭小玲　席智星　王凤琪　范奉节　张　凯　杨　晶　李　丹　孟　玲
杨祖淼　张海鹤　李　蕊　张　静　戴　萍　施　政　王　健　张燕荣　付　雷
刘　蕾　苏杨钧　田宏强　白广武　贠赞扬　田　杨　贺　铭　侯卫民　王锁平
谢彦君　陈文龙　张雪云　高　莉　何　晶　邵丽霞　陈　洁　张文君　林　静
郭　晨　黄秀瑛　杜海峰　果　燕　程海平　谢春燕　张长江　薛小真　刘卫琴
肖银花　陈　虹　罗　增　张　华　周在军　于　飞　桂　磊　程鹏飞　胡海平
周　斌　李　涛　吴　倩　刘　清　尚殿虎　俞超群　胡　屹　陆丽花　旷江莉
卢东萍　尹丽华　龚丽芳　陈艳灵　廖汝兰　朱晓燕　常　乐　潘　哲　李　弘
韩　笑　范沛欣　朱　欢　郑　松　齐　娟　李俏婵　刘　玲　王　君　严长虹
周翠英　唐逸明　吴　霞　黄　丽　李　芳　林红霞　孙晓露　唐　杰　吴宇川
肖　卫　刘　伟　金　霞　张　娟　张巧琴　李明燕　贾双贝　谢梦轩　米　超
王利伟　董亚杰　邱登高　曾繁缘　彭　明　刘莉丹　陈献红　周彩连　谢静海
谢四海　杜雯斐　于　影　练　晶　胡佳颖　华　珊　张　航　花　蕾　陆华颖
李永梓　张家清　李　杰　顾婷婷　赫婉玲　陈　清　徐媛媛　李亚辉　王彦鹏
朱艳菊　李凯微　刘卓芬　黄文全　潘民座　向四晓　张术生　张流云　刘振兴
刘明慧　刘华伟　陆姣娜　张婷婷　朱夏婷　李　桑　许　磊　吉顺平　孔庆兴
周　骏　汪　涛　陈长宝　江　辰　姚　兵　唐海军　董　淦　赵振华　周　莲
戴剑峰　金成超　苏　敏　陈　盈　赵杜彬　江金献　隽均强　刘志坚　唐小勃
王哲浩　沃炯达　林　蒙　刘　琦　卢开平　刘爱梅　梁洪波　项　磊　周　瑞
华　叶　朱琪琤　姜雪丽　林　斌　钱梦渝　王　央　文　娟　曾丽娟　孟　薇
曹静芬　杨利容　海　真　吴竹新　徐卫均　杨　洁　曹惠娟　范笑笑　李祝军
徐　莹　左建志　汤宝涵　陈　勇　沈玉洪　蔡　月　蒋玲华　李　原　沈　晔
王进彬　李　英　宋明贤　高永兴　罗修静　沈青叶　张香练　刘　飞　汪　甜
黄文凤　范廷喜　杨思维　彭　旭　王　茹　赖茂林　王　彬　曹著蓓　苏　珊
吴长吉　李小淑　魏方镇　朱　静　徐　芸　李远航　徐　娜　许建春　唐敏敏
孙　敏　周　旭　徐　俊　周　健　陈　芮　林正浩　丁　婷　冯　花　周宏霞
周云花　朱珉颖　崔成艳　任露霏　潘　宇　徐　丹　李雯雯　龙　杭　付　文
万功帅　孔祥琳　王　帅　李史珍　刘玉辉　刘宏东　江　明　杨翠玲　肖景添
姜武斌　陈昊鹏　王　轩　郑朝晖　盛翠红　张风斌　莫　超　冯　丹　郑　清
高瑞芳　胡晓敏　徐　燕　高晓丽　金　燕　徐兴荣　吴林华　余美红　李碧波

盛国良	季旻	韩梦琴	付志红	陶春艳	李伟	殷秀娟	陈艳萍	童彪
蔡莲花	鲁佳	陈豪	张明波	张改真	周檪	王峥嵘	朱桂善	沈亮
宋宏伟	刘海南	徐丽君	牛激光	范卓	潘长青	汪文捷	陈丽佳	黄玲娟
徐灵珍	李明艳	王晓明	王涛	盖微	赵昆	陈琛	王靖媛	张喻
张晶晶	赵月	冯松楠	刘琳	陈瑶	陈钰涵	吴学永	李文涛	田文政
郑建红	姜莉	王真燕	张琪	王文荟	徐林华	陈梁	陶菊明	阙胜奇
周小英	宋文	陈国瑞	沈闉	吴正	杜青	郭靖	杨帆	刘唱
宋丹丹	王兴	胡光	陆永旭	贾俊生	高靖	张淑娟	陈少霞	易方妹
高桔红	朱晨	孙宝玉	张洁	叶童楠	窦已芳	刘桂红	王欢	周巍
陈德其	李锦	汤周华	金晓峰	袁春伟	王缨巡	陆春英	李佳	杨晓丰
王懿	钱旭东	陈磊	邱文君	徐寅康	欧彬	殷晓红	包家林	枣厥舜
姚彬彬	钱慧	陆辉	郁亚云	徐振艺	张志良	郭智俊	王文杰	王建青
顾珏	沈健	张城忠	毛永刚	徐凤	陈刚	施敏	宣进	宣毫杰
李键	孙建	奚晓健	吕超	黎斌杰	周军	李文娟	王晓军	杨叶锋
姚春娟	李传树	袁晓峰	沈雪锋	沈健	李长云	周剑平	孔真毅	忻琦
刘志刚	黄文倩	周琴	王岳生	胡玲玲	宋俊	朱伟国	金欧阳	鲍迪
曹锦华	韩建华	徐红良	曹文杰	白江	金晓燕	黄迎春	鲍丽萍	桂玉芳
汤杰	魏杰	王萍	支宵隆	白玥	吴春荣	徐锦锦	钟建军	吴海燕
张绿生	黄毅飞	金晓龙	卫云杰	张杰	杨斌麟	章豪	李范申	夏芸
汪亚男	徐磊清	姚燕君	蔡士敏	黄文琦	严育礼	秦国良	钱晨	倪良
翟燕婷	汪鸿	周伟荣	王辰	王珏然	徐旦荣	张玲	张志	林黎
王齐佳	陈东海	闪若橙	钟升旗	武兰华	陈树海	马德华	张勇	周晶
郭世花	李旺	王丽霞	张晓	白强	赵江	郑凡	王琪	刘冬利
林敏璇	蔡建玲	方燕川	肖爱花	林卓娇	黄瑞标	杨丽茵	徐红波	王枫林
徐琼	吴光媚	张祝君	卓仁杰	张立兴	冯君国	盛榆云	霍婉瑶	龙美云
何桂新	夏丽平	谭焕银	罗伟静	夏丽娟	朱婉芳	马金有	何剑飞	郭建
谢燕齐	陈小飞	吴华云	向志勇	唐成超	谢冠	许志杰	陈萍	金雨慕
潘秀光	覃少丽	陈洪锋	甘卫娟	徐秀娟	胡剑	宋煜钦	辛文	花婷婷
赵生平	马瑞	赵生昇	杨娟	颜军	王静芝	孙芳	陈泽	胡达波
施益锋	潘益	何霞	李金飞	吴妃	陈萌	蒋锡求	钟运琼	潘培泽
丘浩斌	杨佩	赖咏梅	邓爱芬	王鸣	方维	钟运梅	蔡侃祥	孙秀梅
卜春梅	李竹玲	陈兰	陈爱良	孔令功	王磊斌	张淑英	谢丰蔓	林瑞训
祝宇	严婷	余娜	王江	吴利平	徐学军	乔仙云	李浩源	曾德滨
陈俊杰	金红杏	管永红	玉娜	贺振华	蔡优	朱哲	陈贵文	陈颖妍
唐海迎	许沁蓉	杨海霞	池建辉	刘芳	梁金华	周勇超	陈冬梅	刘俊堂
龚志勇	李启远	钟素琼	潘盈威	陈慧欢	郭雪飞	谢福平	倪娟玲	林展昭
钟乃秀	王瑞强	孙梅真	何平喜	陈惠珍	郭金聪	蔡汉平	黄丽珍	陈小英
丁丽娜	叶文艳	丁葆杰	范吉福	高华	雒兴林	白义国	刘华	廖富荣
刘莉莉	朱恒毅	温伟涛	王凯	陈翀	曾斯	林桦	官雪梅	王玉华

陈伟伟	杨惠鲤	陈祥飞	李秋能	陈军荣	林小燕	郑智源	杨辉明	林玉叶
林子翔	严嵘嵘	李 凡	李 萍	王浩英	王 勇	林宇雄	蔡诗华	饶庆明
郑剑慧	陆子宇	吕建洪	陈冰彬	郑华利	林志刚	林 磊	莫笑容	卢月明
丁雪峰	庾婉兰	陈建中	周文兵	刁绿珍	王雪娟	林国史	黄祖旺	肖红梅
朱慧梅	莫栩湘	李春兰	吴春阳	刘丽云	吕建鑫	刘芬芳	黄仁潜	梁春燕
朱建桥	林超进	罗燕仪	胡锐林	黄晓静	郭永尚	李燕清	霍雪芳	高 坤
王志媛	车 峰	马 丁	谢惠琳	林 丹	高 健	刘 日	赵嫣熹	王培峰
曹桂芳	董恩娟	刘 莉	王永全	蒋 壮	车 昕	陈质强	黄志昌	黄映华
程 波	全 莉	李 敏	王 丽	麦玩章	冯洁芳	莫建新	梁 游	江振风
毛翠艳	胥 锐	方 雷	董 毅	孙露露	于艳苓	朱才华	雍文艳	汤 明
成 凯	周幼华	朱锦锦	吴 韬	蔡培霞	顾爱敏	白二花	顾 诚	吕 明
任 勇	黄 燕	高 阳	林美丽	赵 省	张美媛	李 浩	游良臣	徐晶晶
马占岭	张馨元	王艳丽	任超毅	张建雨	孙振香	韩羽婷	熊秋娟	何 倩
刘俊江	冯永新	罗云志	葛金帅	马 振	于秀秀	肖 旋	刘随波	杨海涛
管亚芬	梁炎炎	牛成珍	陶杨芳	朱文英	王 歆	顾晶艳	许育林	徐兵来
刘 梅	王丽华	郭雪峰	吴晓嗣	梁增君	邓为忠	孙元菊	闫 婷	刘艳妮
陈 晨	张志玺	杨 梅	贾小清	任长征	杨让丰	徐泓峤	史前一	崔建伟
陈 龙	李思维	李 帅	王震鹏	陈淑存	李荣宣	谢日娥	梁如辉	严艳萍
黄永军	熊春燕	彭玲芝	田 力	刘传才	安俊杰	李先先	蒲晓梅	刘宝姑
尹 磊	操艳红	颜风利	王桂飞	朱文华	马永恒	黄文才	陈焕龙	丁树华
陈伯欣	黄 源	黄中菊	陈镇丰	赵新颖	彭 娟	张 佩	苏运高	张三妹
莫开翠	黄中梅	丁雪君	谭小枚	徐梦雪	黄敏璇	王 菊	刘 维	何明娜
阳玉芳	曹丽丽	陈小英	廖德全	龚秀梅	李小芬	刘雪芬	李 娜	田小艳
钟小玲	陈 俊	刘 努	申双双	王保民	袁小岚	符艳杰	任 彬	张国辉
代东光	朱 萍	左 艳	王颖静	周 莹	孙月秀	陈巧玲	崔 峰	倪敏敏
高承工	张鸣杰	谢海玲	张晓骏	孙 云	王 翔	魏爱琴	陈尧清	林映红
郭少涓	刘达人	李晓琳	沈晶磊	卢晨凯	李蓓华	潘丙辉	高 军	梁超龙
毛小红	宋亚平	范凯珺	陈 勇	卢银芬	李江华	王惠雅	邹兴会	陈小艳
陈华婕	文 悦	邵琼慧	王杰峰	钟国文	蔡 娟	吴亚楠	杜李梅	徐 琦
陈丽华	余欢欢	王雪梅	胡金荣	许晓红	靳卫冬	王 芳	王永红	徐 伟
孔云帆	张玉亮	韩 建	汪千耕	周瑞锋	许丽娜	洪振芳	李惠如	潘忠毅
林 锋	石世忠	吴肇慧	蓝冬海	徐 梅	刘才亮	周宁春	梁 鹏	王莲莲
陈立花	张 帆	潘幼维	余瑜珠	邱静春	金波云	徐 玲	胡 丽	应贤海
王协丹	李法为	张旭升	姜 珍	程子明	颜莉莉	王森良	陈安容	赵红波
卞琼瑶	黄琳君	陆克平	崔伟涛	韩小红	殷秀红	陈财智	是 梁	郑丽丽
李 明	许 玲	宋 莉	严玉婷	茅秋芹	汪 苗	沈晓玉	杨 申	皇甫立辉
陈 菊	邓海华	张 巧	王 帆	杨俊明	肖春芳	俞丽丽	李 菁	张金霞
王 波	刘新竹	余荣华	张丽佳	王晓锋	郑晓娟	李霞菲	张裕泉	蔡小杰
蒋 影	徐 银	赵 会	陈 洁	金 超	章超伟	陆 芸	孙璐璐	章喜红

宋诚 祝建芳 陈红 毕玉刚 刘涛 姜承志 朱虹 施予惜 徐丽莉
俞美麟 李俊 洪晓琴 刘美华 沈清云 朱萍 刘小萍 韩金洺 叶海燕
徐玲丽 刘丽 董栋 郑丹 张晨晖 赖铭艳 郑嘉明 何娜 刘汉明
洪小平 马彩虹 吴新梅 陈惠 林婷 陶中奇 陈建明 陈丽丽 张英
王绍娟 叶金玉 翁武新 王风平 张云 陈永健 吴颖 刘聪 周辉煌
杨帆 姚小青 王斌 李密 茅宁 张德兰 马琳 张明明 夏司文
刘丽娟 马莉莉 吴雯雯 郭文菊 施威 肖丹 李亚杰 夏丽萍 王宇
赵洲 陈有伦 冷倩忠 曾增 王小龙 钟毅 王韬 陈碧霞 陈碧云
汤大强 林芳 阮怀亮 宇海燕 王婷 朱鲲 吴翔 蒋兵 魏锐
李建成 李全胜 褚晓星 赵敏 秦艳 张文静 陈云翔 于海龙 张兰
尹燕 秦玉昆 宗楠 吴德炙 蔡石蕊 尤泽辉 刘莹 顾玲 张策
张璧君 裴元熙 郑军勇 冀龙骧 柯珍娟 郑忠东 袁瑞琴 葛小峰 马春梅
蒋红 沈茵 杨晓苹 郑鹏 陆庆 任晶莹 王春晨 张骁 徐何文
沈富娟 沈琼 沈丽琴 孙磊 王兴凤 王洋 陈立清 李其荣 杨巧英
沈庆新 张胜斌 周春红 吴成炯 张菊云 钱正华 刘培德 徐卫仁 高璟
谈宏亮 董书芳 冯爽 汤敏 江丽 付红芳 周美霞 马晓梅 熊玲玲
王丹 张丽娜 张慧 赵洁 刘春英 李媛 张晓玲 戴丽哈·艾吾勒汗
李辉 陶兴萍 马克·地里夏提 沙吉旦·克依木 王运建 张跃荠 刘庆芳
李远卓 孙贻宝 李素青 邓建荣 马丽娜 刘劲松 赵毅 张芳琴 潘炜臣
李银生 刘淑敏 金亚峰 丁艳 纪辉 刘婧 王春红 陈亮 张悦
张凤梅 王梅 李晋 高江红 寇瑛楠 刘万铃 王海凤 王巨龙 戴志成
李建河 蔡铭军 樊小梅 陈美玲 樊文杰 郑新华 朱碧莲 张庆晓 刘悦熙
杨胜淼 张宇 李姗姗 张宇 李鹤 刘凤娟 朱军 李洁 贺书乾
万磊 卞海燕 穆禹诺 王有刚 李菁 于晓东 郝建斌 范莹 赵鼎
薛艳 张蕊 于洪波 胡喜娟 籍亚明 高文川 肖翔 刘洪昌 郭瑞斌
安治中 侯强 李阳阳 王熠镝 李敏捷 刘洪涛 韦栋 洪镈 胡冠通
芦丹 宋翠平 姜淑琴 杨彬 李青禹 李婷 戴晓晨 郝旭 郝卓
安震 刘志皓 崔君健 许金凤 张明 姜龙 唐凯 白艳红 常艳
潘宇超 裴任鸿 董文韬 郭艳芳 岳静 朱改梅 魏彦斐 高永红 尤冰
李俊 陈丽芳 沈煜 李晓丽 李俊峰 邢俊晨 李晓伟 朱永婷 蒋盛
杨建军 郭彦招 王松波 温晓敏 薄小军 薄莉莉 燕伟 梁峰 崔鹏
吴清文 马立苹 赵可 任福同 扈光民 史宁 郭海 巩翔 李宗仁
冯政委 邱聪聪 张荣荣 贾亚慧 闫青 张红泽 李云 杨新盼 张玉鑫
石莉莉 王志强 姜丽 王晨啸 卫淑玲 荆小玲 郭川 邵建萍 曲磊
丁万娜 陈香丽 李娜 李婧 宋敏 李玉凤 董芳菲 张晓红 谭睿
徐蕾 张明磊 安彧 张佳 乔伟 任彦朋 黄国苑 刘黎 于成
尹正盛 房瑞刚 李学深 姜秀常 陈兴华 乔东东 李玉霞 刘苏杭 张标
赵雪 韩义军 苗雨木 常文静 李宇航 于青青 贾宁 杨杰 蔡震华
郭霖轩 苗慧英 宋秋菊 田增军 王艳平 梅艳阳 张桂斌 袁礼 刘硕

马瑞杰	王安平	于卉芳	孔肖	季雪燕	侯海青	林爱霞	赵佳	靳加伟
杨菲	刘彦邦	张宇轩	张兴旺	曲志钢	冀新明	薛肖军	胡政	蔡鑫
王万海	杨瑞平	宋富玲	王希康	关晓春	于东东	魏亮	张雪娜	周克蛟
韦振东	王婷立	张学明	任吉明	任锦平	刘婷婷	曹华	耿文奎	王占锋
杨荣婷	田亮	孙成双	王岩岭	何斌	刘旖旎	秦相梅	张瑜	刘旭
么悦	孙琳	刘禺含	张子吟	赵志刚	王利	甄继文	张晓明	申鹏
勾瑞明	李宏生	邓银鹏	周文	王永梅	蒋欣伶	闫爽	武振华	何溪源
付丽	东周文加	多杰才旦	啊固巴特	杨国	李欣洋	康柯强	孙强	
李晓霞	李宇奇	苗路	赵燕琼	宁梦蓓	张玉博	周正梅	范路寒	李侠
高旭东	王欣	武静	王楚璇	惠晓龙	张源祺	韩伯龙	宋颖	张仕杰
杨子轩	高毅	黄婷	边永斌	张琦	张河	王欣	晏浩翔	张笑霏
晋梦龙	张航	杨志文	解长健	戴彦臣	吴婷婷	蒋方	李杨	康晨
张利	尹焜毅	房伟力	徐晓萌	王靖昕	范敬敬	杨茜	蒋国文	刘佳
刘晨秋	郭晨媛	刘爽	檀丹	周思彤	陈甜甜	陈祝安	陈晨	乔娅
杨帆	惠静平	陶静	夏玉	吕大智	左旭阳	聂兰兰	余宏伟	尕藏才让
郭鑫	田平	韦临曦	张博雅	张禹淳	郭金华	郑岩	朱伟强	毛建军
黄文明	蒋来胜	王多国	孙娟	武增杰	宋丹磊	张靖宣	顾斌	苏庆浩
刘明昊	刘月华	贾悦	逄月	郭宇锋	汪松	陈波	李伟	陈羽
赵昱	李琰	胡丽娜	张泽生	覃秋红	张茜	王利利	江红玉	刘普晶
陈文娟	许玲茹	吕海波	顾惠萍	徐翠微	周巍巍	刘佳	兰萍	石超男
周彩雁	吕祺	凌涵云	钱小余	徐立	邵卫旭	黄衍泉	张赟	何志强
陆凯	郑艳锋	肖建东	扶庆军	季云峰	张娣	钱文艳	凌云	张鸣
陈秋萍	杨华	缪华	颜安	黄静波	王淼	孙平	万新成	薛红梅
薛佳	宋晓燕	黄巳炎	刘莉	霍淼	钱小霞	史月汝	汤雪玲	薛燕娟
常青	吴亚芬	张玲	刘文燕	盖红霞	沈彐丰	姚红萍	奚恩蓉	潘素梅
施俊玲	谢莉	许文	束岚	陈莉	徐幼花	臧琴燕	白胜伟	周莹
潘晗逸	是晓英	柏菊艳	刘菁	戴春亚	冯春亚	芮晓红	徐洁	蒋玉佳
黄燕	黄湘莲	汤翠	陈羽	金蕾	孙昊	徐翔	陆梦娇	丁一飞
沈恬	洪雄伟	陈晓雁	金益鸣	杨燕	许佳	金春云	刘小伟	管明良
殷亚萍	袁建美	金冬良	倪美萍	赵晔旻	张俊	毛伟怡	张兆君	姜盈智
丁丽	范凌杰	庄晓勃	朱楚婷	王红	徐伟民	芮万新	刘新	马丽丽
卢平	郭露	鞠宏硕	李涛	刘亭亭	徐雪亮	聂莉娜	赵晓鹏	崔寒月
陈聪	李臣	孙宁	李晓强	陈子沛	卢铭涛	夏振桥	张蕊庆	李宗朝
刘京	石磊	孙海军	平旭	胡晓敏	张玉鹏	李金花	孙亮	宾友福
廖祖顺	徐荣阳	周金良	林萍	丁旭波	邬武立	王炜	俞杭峰	卢新发
陈子军	金丹	周培良	徐轲	求仕校	陈洁	张颖	陈益锋	楼鼎铖
张勇军	周烈	蒋桢	张霞	郭玲丽	王梅	顾秋梅	何泽棠	周伟江
李佩	吴秀英	叶小云	胡炎发	吴剑鸿	陈广贤	魏茂喜	冼惠珍	黄伟
冯惠全	蓝育培	梁惠强	张猛	谭佩芳	王昭亮	卢彦雨	张光云	开海

刘　进　刘　双　邓楮木　李彦飞　马　君　刘　全　陈开朗　林添福　唐小碧
张林香　梁健涛　曾润枝　肖冠超　黄嘉文　林浩钧　刘国强　冯健龙　高永熙
刘兰卿　廖杏仪　卢玲敏　何金凤　梁海明　黄恩桂　叶海欢　冯海明　颜锡开
黎北锦　卢权辉　何淑燕　刘恒英　吴建平　冯桓标　冯焕兴　何　君　符美华
梁小玲　尹海峰　陈舒云　叶寿禄　潘耀龙　崔小丹　黄　平　高夏霖　黄翠萍
段　云　黄奕阮　吴倩梅　贾胜妹　梁玉银　黎惠梅　叶　永　陈国伦　徐　明
李君熹　梁乐欢　汪玉霞　庞永桥　谢　姣　丘旺基　向　彩　陈沈峰　舒纯洁
夏红波　陈　亮　胡锦妮　应　敏　邵一娜　王佳佳　叶雷鸣　叶红娟　方　正
陈成荣　徐家亮　周礼钦　应卓昱　郑浩桀　黄丽燕　方建红　臧垚鑫　闫　达
沈小华　张　森　田　蕊　李珏晖　马学敏　黄庆昌　苏振辉　李新华　张宸宇
赵军豪　金梦捷　陶正虎　应　洁　徐　琦　杨　兴　郭汝强　吴青平　盛晓燕
游海津　郭贤淋　姜海君　俞梦娜　高刚生　胡玲艳　陈　婷　裴铁锋　徐松青
马丽娜　姚少炯　邢晓晓　蔡益方　章寒迪　王文龙　丁永明　冯　菲　方少荣
叶　婧　袁根莲　孙卫平　刘婧垚　叶进红　熊玉琴　陈　军　邱大朋　赵立波
徐幸运　秦　茂　陈　江　陈　力　王立英　李　胜　徐　婷　任　丽　任　欢
方　璟　忻建亮　罗　殷　余丽玲　郑士誉　章　蕴　吴章君　张真真　杨锦雄
赵秀莲　周艳萍　梁丽宏　林齐凤　吴高林　赵　征　李　幸　龙合秀　陆健礼
曾灶生　周先国　张俊金　高月明　黄汉坤　庞晓军　冯贤波　王艳雯　郭　华
孙庆银　周兴华　翁小军　缪成军　毛明艳　冯　佳　俞菲菲　赵丽波　张剑平
毛晓慧　史习武　周莎莎　俞宝囡　茅尔钧　韩聂磊　翁玲玲　张佰权　杨　园
丁国军　闻　杰　胡敬一　张秀祥　张胜强　钟学清　邓伟洪　曾丽桃　盛成武
陈　强　钟婉玲　汤文艳　郭亚巍　莫孔娇　方　芳　杨　青　任月娇　胡青花
程　捷　李永旺　刘　刚　赵倬艺　孟凡武　乔　进　魏晓龙　柳伟杰　周淑萍
岑丹玲　邵清清　朱家华　施　源　吴风云　黄建儿　何水良　陆爽爽　章丽岷
杨国海　张映波　陈幼青　姜金萍　周燕燕　蒋　涛　韩　丽　冯　琦　成虎林
阿德力江·居玛汗　阿米别克·哈力木拉提　伊力夏提　古丽孜拉·克亚提别克
克力木江·扎克尔　努尔夏提·迪力夏提　肖克来提·赛麦提　多吉尔·玛旦
徐　苗　胡少杰　王智勇　刘　印　张凤玲　李秀明　杨　菊　任云霞　冯　涛
冯　磊　李　建　罗玉峰　苏银佩　罗熙林　楚光辉　李喜玲　任　琳　牟春蕊
刘春梅　袁西萍　邓　丹　闫　丽　王瑶瑶　刘　瑶　柴立国　王红霞　王　浩
陈函璐　李海燕　赤克勤　陈璐敏　王　红　张素娟　朱海燕　马雪花　撒　梅
袁宝华　周红艳　唐海梅　黄小红　周亮亮　徐　芳　王　燕　郭月英　王宪江
荣保民　巩　俐　张万宏　徐建疆　宁　浩　董　璐　张向东　李进升　任　航
亢小娟　李国香　赵利娜　胡翠萍　陈雅琴　米　明　蔡　安　李生燕　易本茂
朱文斌　张新刚　刘晓华　徐海燕　陈倩如　卓俊萍　张　杰　牟洪迪　陈群燕
陈　虎　陈美辰　张玲祥　杨　格　王砚彤　严国萍　李永辉　蒋海云　姚　飞
方　方　万鹏程　朱　磊　郸云辉　张颖利　陈全春　张　霞　毛旭阳　高宏强
丁　泓　白　丽　王　伟　王方雪竹　沙尼娅·居马洪　吐鲁洪·阿布力孜
安铁杰　高　辰　李沙娜　韩　铁　詹达威　唐小英　刘　娟　黄志明　朱　丽

曾飞凌	欧鉴雄	梁穗玲	何秀英	饶春宏	林烈柏	何立平	程静文	冯军萍
党永宾	鲁美贞	龙伟红	巫惠冰	皮小琴	郭晓书	何丽容	冯惠清	张文秀
孙道传	严春梅	余海洋	李　琴	谢文良	游秋芳	程　雪	王思迪	陈静娴
杨德年	李开昊	潘志强	骆　麒	邓日红	何晓为	王建军	李数莉	王　敏
王　菁	孙　壮	李　娜	徐　白	王宝强	张　鑫	张晓平	怀子龙	蔡荣耀
罗智耀	林　平	黄佩仪	欧金曲	黄剑文	李超青	甄福谋	朱美娟	张邦军
兰崇坤	冉定寅	邹小玉	肖红梅	包其昌	代钊钊	陈少芬	姜伟征	罗　兰
陈晓滨	刘　霞	张新宇	徐金鹏	李玉圆	龙国光	张　艳	方晴晴	陈丁财
刘生文	王秋生	冯淑茵	黄树波	宋志福	罗　维	张永刚	冯容利	刘俊新
张智聪	吴炜荣	赵晓艳	曾泳聪	罗　琴	周业鸿	周业腾	刘小青	何丽萍
林灏良	林　鹏	高开辉	谢陆生	谢庆家	谢陆平	李　丽	温锦棠	任春林
施　敏	骆延燕	陈卫明	李劲锋	朱耀中	杨寿燕	杨　正	徐龙辉	孙兰花
杨汇芬	朱龙云	陈远征	戴喜珍	张本栋	范湘怀	罗　勇	黄国武	战　扬
张燕娟	霍慧枝	林桂庭	陈泽辉	胡方芳	钟倩雯	卢万安	薛　伍	邝水英
张　会	陈万里	江　磊	杜珈薇	李　涛	杨盛伟	李　飞	李雁冰	刘风华
马维艳	李　佳	陈伊曼	杨　利	余安安	黄淑英	蒋巧竹	丁小强	赵　静
郑伟才	杨世友	李斌斌	郭维新	欧海霞	林　娟	李今玉	王双双	邹　筠
刘荣兵	贺慧冬	程　芬	黄雅静	董敏敏	周锦荣	方金兰	成　梅	叶小静
孙静静	李　阳	姜　伟	郭炼航	郭丹妮	郑相九	刘函平	陈　芳	唐　灿
周小彬	熊甲玲	刘丽伟	胡玲春	朱　婷	林月秀	黄杰柱	何刚强	杨爱平
李海鹏	余　川	王尊文	李　志	符冬莲	马连良	杨荣军	游泽鸿	朱艳梅
汪永红	杨　盛	徐　凤	袁　丹	欧阳三东	薛长春	吴德保	张　帆	董双华
于东京	郭　玲	魏　芳	叶　欣	洪兴佳	刘　红	杨璨明	陈翔宇	唐吉祥
陈建平	黄贤权	李仁彬	付银丽	袁昌慧	张竹霞	李　静	廖天全	陈　军
蒋　燕	梁　钢	王行鹏	骆志敏	王荣东	陈学会	龙　婷	钟晓平	陈基珍
王甩侠	张宏晴	陈　燕	陈彦英	杨　敏	汪晓艳	李秉政	王雪芹	许冰心
秦宁宁	温忠俊	林敦伟	方传照	郑灵利	伍晓荣	毛小平	郑昌权	徐朝芳
龚建红	刘　莹	黎健妹	朱俊姬	汤晓燕	陈　翊	苏春鹏	黄　飞	王颖彬
于晓娜	陈宇敏	马小媛	方丽娟	蒙绪萍	陈　杨	李　晶	董　易	计云逸
周永红	王建牟	谢彩田	陈　佳	潘美玲	陈茂容	吴祥久	潘　灿	武芳雨
黄鹏程	夏　倩	张学婷	黄翠玲	张桂霞	张宇迪	刘丽玲	李　唐	钟建国
林玉静	宋智文	赵彩红	邱建广	周丽群	陈传明	吴海霞	刘志强	刘家蓉
赵红姣	刘世春	赵　颖	刘　高	詹国金	蒋永凤	刘水平	刘　倩	严洁梅
邹俊梅	陈　燕	张丽英	杨寿金	刘　慧	陈　强	赵海燕	田洪彪	龚理会
陈小新	邓　燕	陈　婉	柴春青	庄叶强	李　湘	李　欣	曹肖华	陆欢欢
韩　凌	朱　钦	季伟娟	姚哲伟	陆　斌	倪穗春	赵　韵	任春芸	沈德昇
施惠民	陶建华	张晓燕	刘　浩	钱　霞	陆　璐	沈　涛	冯蓉蓉	余华珍
刘　波	何思丁	左艳华						

专升本（2996 人）

田沙 倪晓红 王占一 薛景元 张慧 闫泰丞 张勇 袁灿 朱兴东
李司萌 刘玥 杨元茂 刘珺 杨晓娜 盛高举 孙强 张秀凤 张俊彦
王家学 杨其军 金炜 王建宏 王雅晶 郑芸 李梦旦 蒋秋兰 李敬之
吴春卫 朱青青 黄佳燕 顾鸣宇 金伟 王亦菲 刘晶 金丹 徐菊芬
兰文卿 陈佳靖 金卫红 刘燕 吴利群 郑寒烨 赵岚 宋丹 丁丹丹
杨红燕 徐斌 陈美玲 马艳 巴提古丽 张小丽 岳荣 马春红 马玉平
代迎祥 姜文静 张博 马艳平 方玉兵 党凤华 阿迪力 庄严 董哲
吴慧芳 王全丽 胡婷 柳江龙 陈龙 郑霞 杨红 陶昀 郭丽琴
徐红良 张倩 朱春荣 李义 陈承德 王月磊 庞礴 李海生 屈向辉
吴东伟 师鹏飞 迟宏伟 孙芸 赵丹 范海玲 刘峥 薛艳伟 王娜
王春娜 陈广旭 时文文 巴哈提 李继洋 俞玉龙 汤金龙 张海宁 毛建国
党东伟 刘铮 虞宝生 侯百征 张春辉 王磊 吴晓峰 胡锁群 张博婷
刘芳 王智超 齐建立 李剑堃 赵辉 刘树勇 刘金红 郎学鹏 韩鹏程
李学涛 李娜 王浙津 刘秉卓 董静 赵永华 郭雁 刘洋 公娜
荣啸寅 周金泉 史凤丽 张桂荣 王景鸣 高义科 刘露 刘玉明 王丽娜
汤超 张静 王冬然 肖捷 郭静 杨洋 张超 张荣荣 张辰皓
冯巨增 吴崇怀 张培友 周文会 白金伟 李熹 刘菁华 刘翼超 刘学伟
吕忠怿 张红兴 王永振 郁峻 刘晓晓 邢同顺 吴玲 杨超 丰兰兰
邵元和 朱莉 田娜 赵佳锋 杨文鹏 薛乃冬 宋勇 潘杰 姚凯
李晶晶 朱彦达 任志功 王春 王振斌 刘瑞卿 杨譞 胡晓霞 马晓红
王军 曹志杰 冯建云 周春燕 张佳琪 王文太 田兵 段四霞 王震
贾婷婷 王燕 雷蕾 唐功怡 潘永林 陈超 徐新鹏 姜鹏 隋程文
王旻曦 张焱 孙俊峰 姜茜 王宇红 王元东 张福祥 盖红光 于波
王钎合 韩超 牟莉莉 梁俊峰 肖立冬 闫翔鹰 张淳皓 佟丽旭 张晓梅
白茹雪 梁悦 张茜 殷志伟 郭晋 李维珍 张雪莹 夏昌胜 王时瑶
章炜 姜会钢 唐冠男 高学文 卢珊 孙公伟 肖敏 唐翊桐 张雅妮
邢立艳 梁茜 袁仲 周培杰 王莉萍 王劭婧 徐春亮 荣成基 林晓红
王晓娟 崔二强 曲世强 罗力山 王晶晶 周翔 刘晓萌 张东珺 柳红
王红娥 信金铭 刘睿 王晔 刘悦 张熠 司威 黄紫雄 王颖
李亚东 韩亚峰 周寅 刘春丽 李永恒 霍梦喋 吴畏 李鹏飞 黄晓婧
刘高辉 翟静 史毅 王曦嫒 刘雅静 赵金 崔建辉 李震明 赵显
梁文 王晓星 王泽栋 李霞 张伟 辛禹杉 孙英 张重君 窦书铎
吕静怡 郑岩 宋林铮 高雅 葛利利 吴楠 刘志国 孙维 王瑜
刘洋 周彤 侯昆 朱卫东 王钊 陈金来 张强 郭柱 叶建英
齐晖 刘鹏达 李雪姣 冯慧敏 王玉强 季克淮 王岗 陈彦奇 华丹
李晓凯 蒋超 于涛 冉达夫 刘月 李凯云 黄苇 兰措 蒋玲玲
陈旭栋 李倩芸 李季星 徐晴 邓哲裕 骆萍 杨洋 刘蓓 洛桑旦增

马宸	曹宇薇	田姝	应波	张健雄	贯效琴	邵婧鑫	刘悦	张杰
金霞	侯芃羽	郭金涛	滕文君	胡乐	张琳	龙汉英	陈丽娟	张颖颖
唐星文	郑玉珠	张宁玲	叶楠	王剑侠	谢颖	唐萍萍	郭玥	孙玚
李泰然	郝莹	许雯	王妍	权琪清	曾雅莉	韩晓蒙	周雪娇	陈莹
夏文	孙妍	张蒙霞	陈麟	吴金莲	周雯艳	倪婧	唐云茹	关雪娇
杨皓博	周佳鹏	高尔丁	范仲羽	李琼	姚鑫	刘瑞	林影	刘天明
吕冬梅	杨静	王爱辰	罗洋河	杜慧洁	毛书钰	罗月	黄媚	谭丽娜
邓宇丹	陈俊强	王静	董轶	薛付发	史光生	张军辉	张远宏	张盼盼
邓杰	苏青	刘志辉	朱金杰	郭真	徐之瑜	仲从红	谈红华	史浩
钟音琦	殷婷	朱伟强	汤之菁	张丹	方培	崔贵霞	田红民	叶凌晓
刘静妍	卢忠岭	雷彩霞	卢颖	彭秀青	刘强	杨平	曹先健	宋轶丹
李爽	辛怡葶	陈拥军	吕金伟	张喜来	王素琪	周艳丽	董保定	石航
王海峰	郗俊利	李向新	帖伟峰	侯新东	郜海杰	魏生贵	邵晓娟	杨承嘉
任仕君	董铭	陈晓	樊星辰	华道洋	张继超	谷蓉	牛凌云	卫少雄
吴喜强	何敏	路广伟	朱喆	韩莉敏	张春霞	徐春丽	段建莉	李毅
苏庆国	王正奇	金红英	周媛珍	张佳敏	俞彩萍	卢俊	李聪	刘恺
刘进杰	夏自谷	赵育彦	张珑	刘欣	纪欣彤	张升彦	陈卫红	娄卉
瞿惠兰	王岩	彭楠	孙海燕	赵文	王文欣	谷小会	薛万银	李君德
郭倩勍	许兆巨	应龙凯	方寅	金兰	陈洪	方锦平	郭瑜佳	魏浪英
楼卡飞	楼伟立	钱聪	张君丽	陈翡翠	郦桦栋	钱玲丽	楼钫琳	陈佳佳
卢滢羽	赵阅颖	蒋圣洁	陈佳玲	陈玲	华晨菲	蒋伟	沈颂康	杨文伟
郑君斌	朱金明	吴茜茜	倪月红	盛凤燕	李燕飞	韩建平	陈姿霖	申屠柏群
谢瑾	严小君	胡怀阳	金映文	童央央	姚华明	吴晓敏	陈康兴	秦马
吴增励	张宇	戴红妹	丁建杨	梁芳	余良美	方海峰	杨洁	陈安琪
王一佳	方娴	张丽洁	田美凤	陈菊	鲁俊	桑海建	叶文玲	陶建浩
赵樱	王巧从	傅莹	沈钦	徐丽	蔡明明	韩丹丹	汪潇	沈建华
田媛	项振	陈佳	章晶	王浩	杨春	冯渊璐	胡哲琴	朱琳娜
蔡文鞘	胡利囡	柴永春	卢雷	季宇	费剑	胡淳风	邵斐	徐晓春
华园园	汤佳燕	陶霞	孙佳凤	陈霞曦	曹亮	李昕洁	申琼	周晓莹
石建磊	王玉美	谢建梅	杨梅	梁敏燕	刘琼	凌停冰	吴冬晴	刘荷花
江治良	胡昕	鲍杨青	严海涛	韩雷	张依	陈泓伊	柯兰萍	蔡丽萍
周安娜	杨建伟	伍健	彭晖	童金平	李彦	杨楠	周丽君	高通
崔永鹏	郭志英	杨欣	赵芳	秦爱虹	黄昕	付小娟	丁江椿	吴新红
栾媛媛	李杨	李心桦	刘玉萍	吕茂华	李雪莲	黄顺江	谢江鹏	钟声
杨明霞	张殿佳	赵泰峰	赵涛	李振宁	吕毅	马静	李珑	张霞
韩菁	丁珣	马亮	郝海芳	侯勇	熊利	张海芸	张琛光	陶钢
史红英	吴颖碧	刘晓虎	余李明	杨梅	王成龙	李朝阳	窦丽川	黄刚
俞生涛	朱玉玲	王寿山	李靖	洪金宝	牟春琳	刘舒情	唐青	熊佳英
熊玮	冯会平	廖正凯	卞朝阳	聂国祥	谯树芳	李艳荣	吴永华	黄仲军

张沛明 张耀华 徐佳惠 陈雪峰 戴丽萍 陈晓凤 杨锦添 陈寄谊 黄荣彦
吴少真 雷元香 贾远良 王小芳 龙俊丞 吴 淇 周 莉 周 离 郭 慧
杨 绪 叶 莉 万英奎 陈玉艳 汪云霞 陈雪花 张志隆 傅继元 袁敏杰
戚荣春 许佳逊 蒋晨杰 黄佳煜 李瑜群 张 磊 徐绮华 贾美平 苗 晶
彭彦希 张舒悦 吴 爽 李慧春 徐 民 夏纯华 尹群芳 张文忠 杨 璐
施 宣 赵晓渝 倪伟铭 李 旴 居丽娜 裘成钢 潘 康 郭雪玲 徐晓明
潘 俊 戚栋华 朱丽霞 邓 耸 承韶菁 任俐慧 朱惊宇 任伟伟 朱 慧
王冬春 周培鑫 曹章明 范丽萍 黄润珠 赵 彬 杨淑雅 顾益民 潘存莉
金玉英 陈 皞 杨飞峰 许 怡 陈 强 陈小洪 赵 静 刘瑞丽 张晓平
顾宇洁 戚佳丽 谭 村 钱晓谨 路兴俊 顾春荣 沈建荣 顾春红 吴永明
李春梅 姚 卓 卢海焱 许智敏 范永春 吴晓云 浦继红 吴 龙 胡 钧
杨治强 孙 磊 胡佳赟 黄 艳 张 健 陈素苗 朱莉娅 何 晶 张 晨
聂时振 刘家荣 马金良 倪剑青 仇春花 赵鹏宇 周成文 刘 蔚 常 艳
刘玠男 韦丽娜 隋晓明 王岩绍 刘 威 张己伟 祁梦华 胡 昊 王彦凌子
禄亚娟 张永黎 李丹莹 崔海瑞 姚国骏 祁骏宇 张旭光 王旭亮 李沐蓉
梁岩泉 甄翰霖 李 杰 霍丽琴 贺宽明 朱首赵 马 艳 王瑞林 梅波兰
杨 虹 张巧林 易蓝萍 顾 莹 王书琳 董德银 蔡冬梅 王 超 李 坤
杨 莉 温 冰 王慧颖 张庆艳 谷兆进 李晓宁 林春梅 宋 亮 徐 婷
钟 伟 成 川 李会芳 黄利沙 梅 蕊 田 起 李 巍 杨丹丹 雷运生
梁 霞 郭惠利 王 萌 许慧娟 张 俊 陈 征 王 舒 李士超 袁伦霞
徐维佳 徐 玮 乐燕芳 翁建林 庄敏君 宋丽萍 萧琳议 张 燕 周晓明
吴爱英 陈思婷 霍秋松 王美燕 李惠梨 柯天齐 黄顺昌 黄伊环 段美娟
古志明 华海娟 曾秋群 左 琦 韦志洁 郭昌路 张小慧 蔡香莲 刘春丽
许益全 张 敏 王凤萍 刘 颖 路 静 赵宏伟 谭海玲 温红梅 陈裕军
谭武雄 杨 英 雷桂宏 李宗兴 黄其振 郭超文 陈秋瑜 冼 辉 杨荣婷
李玫颖 陈玉恩 陈 聪 林 全 孙宇人 刘和添 伊 超 廖周丽 丘武耀
黄雪丽 高志峰 余尊信 陈秀茵 邓翠妍 何妙芬 何顺育 黄礼华 劳敏施
黎少娟 黎少盼 卢 敏 黄 珊 高 丽 王 颖 刘国辉 陈淑华 林碧茹
卢肖君 卢子健 麦渭婵 区绮雯 苏少贞 张蔓萍 梁伟文 冯建峰 欧阳惠娟
陈 欣 李 英 马 爽 何晋阳 陈淑岚 夏天晨 杨毅怡 宋星星 肖广骏
邵 勇 张秀英 张翠英 林 琳 林菁菁 罗翠琴 朱小鹏 何肖珊 梁 耀
霍勇林 谭结玲 曾诗云 卢静思 梁柱朝 陈巧球 韦雪媚 肖 锐 李寿钦
叶文亮 陈战役 黎伟韬 向 颖 孔祥璐 曾颖达 张 文 冯汉田 黄秀芬
卢伟斌 黄瑞嘉 张丽红 林佰鑫 连文龙 陈少茵 朱卓旻 杨学鑫 李 腾
杜逢倩 蔡德泉 魏 哲 李 力 谭 丽 汤胜君 林绮燕 陈妙贞 曾国伟
何春霞 何耀全 吴健斌 钟向荣 高宇博 叶凡艺 戴 勇 唐嘉丽 李国辉
李 靓 廖 瑜 吴超文 容 达 温运强 程美玲 徐小勇 林晓烨 陈颖璆
胡林惠 李向荣 王 华 凌 云 刘燕贞 林桂玲 李祖伟 郑秀喜 陈 婷
范志凤 邹小花 冯贵兴 汤美珍 陈兴春 闫玉梅 赵健辉 李冬宁 稂兴春

马　虹　冯　征　付兵剑　刘翠英　黄中源　张海平　张琳琳　肖春霞　冯　芬
杨敏蓉　方红梅　吴丽红　陈　兴　马晓春　陈志凤　刘旭萍　吴雪虹　何剑英
喻爱华　陈　萍　唐　楷　卞则忠　陈伯春　林晨武　陈　琛　陈　艳　陈秋鸿
李敦莲　王　品　龚　臣　梁乐松　张京瑾　鲍淮光　李　博　陈　光　张玉倩
王　琳　鲍　洁　胡晓平　刘冬宁　郭圆圆　陈远登　黄云康　何达真　曾辉阳
庄永昶　张英瑜　陈敏川　林惠新　张韦伟　陈　娟　林萍萍　吴青芳　李琼安
叶秀林　姚　茜　孟丹丹　徐　越　唐　秦　花正芳　钱宏伟　黄文东　郑龙女
葛　峰　黄　杨　刘　健　杨　丹　王林虎　王　偲　张　露　唐红燕　郗　绒
张　莹　魏胜利　杨秋红　李　军　张春娜　李慧华　陈　玲　李晓丹　帅桥英
常艳宁　赵玉锐　钟　琴　骆文苹　黄深龙　邓显舜　冯彩红　肖　宁　李胜蓝
侯艳杰　唐　敏　刘　璇　杨　超　何晓利　江楚如　张　辉　鞠鸿波　康　君
柯军山　郑　杰　黄红丹　孙金凤　孟海龙　施　艳　闫鹏琼　蔡敏旭　姚　敏
余章荣　丁　敏　周　涛　秦其武　魏　蔚　陈春慧　蔡莉娟　陆慧祎　王海春
成中磊　覃春华　李　慧　凌　晔　谷慧丽　袁国安　成伟丽　刘　磊　张维娜
沈红燕　董　行　王迎晓　徐建仁　叶思远　张和平　郑磊明　叶幸杰　陆小利
陈科莹　吴定琴　董　曦　蒲晓勤　张秀珍　储善明　陈　菲　宣惠丽　朱骏军
陈巧玲　黄俊智　黄　勇　邵晓昀　杨臣青　吕　杰　纪冬梅　谢秧玲　刘贵龙
朱玉芳　王绪青　刘志华　邱晓彤　唐薇薇　陈淑敏　马红彪　周红接　王吉军
徐晓霞　李　婷　李艺锋　郑　娜　何丹丹　徐技红　林少瑜　洪晓洁　杨晓华
吴　丽　蔡金艳　庄朝曦　金之岚　唐晓靓　陈　镔　林娇仙　马竟宇　刘益兰
程　丽　吴芙蓉　徐建芬　周　琳　黄玉峰　张丽雯　田惠明　于雪涛　谷胜男
解红梅　李如伟　浦永力　吴维洵　王　琼　王　琴　郦金萍　程丽贞　夏菊萍
赵　春　张云筱　金　鑫　刘西建　庞晨筠　陈燕华　蔡怡文　沈一青　吕学军
毛小娟　潘蔚荣　叶晓林　赵张瑜　张　英　吴丽娟　陈克毅　陈青青　张玉霞
王警楠　杜红燕　谢　洋　苏　虹　田　宇　桂　阳　艾　夏　邹　瑜　周雪莲
林国华　薛美芸　郑苏和　陈笑柳　周　嘉　李跃宇　诸建华　张　艳　俞婷薇
许建华　李　峰　李露荷　冯姗姗　陈元元　徐力冬　邬慧娟　王青莹　张　海
秦　华　赵国栋　曹振彪　吕加荣　夏毅权　怀周莹　吴振海　支佳欢　万　剑
张　丽　毛振华　鲁　慧　金万选　洪　敏　金　冠　刘欣欣　王妍浇　钱　伟
张晨晨　赵泓娴　任永芃　邵　琳　陈江宁　芦志军　张明瑾　周倩倩　王　惠
邓　旸　陈伟新　杨春红　马丽娟　张祥艳　顾军芳　李　莎　刘琛迪　贺书莲
滕　龙　张雪飞　刘逢春　马　娟　江明丽　王培根　欧雪龙　肖　敏　康宏琴
夏燕萍　张昕霞　王晓慧　沈晓娥　阿不都黑力力·克孜尔　玉苏甫江·扎克尔
田淑丽　周宽强　李新民　张志新　李　薇　杨振兴　侯丽丽　张文远　李志鹏
张　萍　王永平　高　宏　牛　洁　付　婷　冯联铖　迪丽娜·热西提　徐　健
范　文　郭　刚　高素圆　张　晶　张继业　孟　维　杨金鹏　闫立丽　胡小波
孟　雪　张保双　王　晶　李艳华　常丁宁　邵建涛　王晶晶　孙飞虎　梅　霞
尼加提·阿不都米吉提　郭　珍　王　涛　关　军　张新云　孔新华　林　勇
丁新英　艾米拉古丽·肖克来提　许文博　向　莹　邓　斌　薛　雷　骆凌云

吴　帅	张志国	张丽丽	靳成龙	樊　华	高　莹	夏丽婷	张　铖	高　嵩
刘红梅	何　丹	杨　柳	赵林林	杜宝鹏	陶学华	刘陆军	刘　杰	崔晨旭
顾志东	丁玉林	刘凤凯	李会影	杨美双	尹国华	王存鑫	赵　纯	邵　岗
崔红平	张　雪	潘丽春	李是呈	张　蕾	卢永利	陈　静	訾岳莹	马长明
郑珊珊	蔡　薇	尹恩凤	赵　彤	周　坚	刘　丽	王　朋	王力强	杨玉怀
李　倩	李　洋	张敬亚	许鹏楠	尚向民	马　维	刘昱廷	郑旭生	李　洪
李　勇	王　震	薛恩智	闫　岩	高建军	何小晶	陈春华	谢锋琴	付　静
董　莹	宋　欣	张　一	武　妍	曲　毅	胡安琪	王　辉	张　黔	吴　平
息　莹	李　旭	王东宇	安培欣	马洪梅	孙克娜	许伟瑞	杨　娜	张宝娜
李广宇	王子华	韩乃文	娄　珠	吴永明	张　兴	高瑞娟	李　川	史建军
孙婧祎	杨　威	范爱银	张一楠	李丽红	高瑞亚	惠立丽	刘博佳	王晓颖
何新莉	周　乐	任亚娜	张　颖	高素云	原　铭	陈永林	李　斐	闫　蕊
王　斌	李　娜	李阳慧	张　海	朱晓华	曾　天	张莹洁	高　军	申　震
成佳润	李　静	周　余	李　萌	张惠民	刘月勇	李之耀	张万军	马媛媛
张洪娜	张　鹏	沈　冰	王冠南	任冬旭	王　璞	吴承如	刘晓慧	苏　航
孟婷婷	董诺晨	张　琳	王　晶	韩文昌	王玉林	高晓红	李亚枫	郭　瑞
赵　楠	顾欣荣	于婷婷	廉　敏	郭俊花	李　冰	牛智慧	薛　鹏	孟　涛
朱　霞	蔡　淼	冯小敏	高　媛	王　圆	董永礼	王晓红	何　震	丁培泉
魏　弘	周法海	刘甘霖	矫恒伟	王润杰	付洪启	谢彤阳	官小龙	常彩平
由晓飞	佟玉英	张　青	李红雷	王志超	马肖强	陈　文	王　飞	王　超
杨晓洁	刘汝强	孙　侃	王　玮	刘冬梅	王　霞	逄翔飞	施　原	周　毅
王　卓	王彦光	魏友太	于德仁	李　刚	刘　帅	王　浩	原　润	高　欣
衣文文	吴　昊	陈祥菲	彭永恒	徐海燕	李　岩	闫　青	于　洋	于平平
张晓勇	常　星	邵　辉	雷　鸣	刘　晓	马树娜	刘　策	李保平	井　杰
李　斌	刘　辉	刘虹汕	刘　舒	李　芳	刘占娟	谢永凯	王立静	孙　岩
陈万银	徐　强	李　东	邹　晖	张玉百	吴巾英	马文斌	张宏远	陈志君
季红亮	李爱艳	刘　澈	王　岩	佟月会	黄海涛	高　丽	任　萱	郭　佳
孙晓庆	孟　洋	程圆媛	马　楠	陈　健	王　玥	任崇琳	田玉新	王　超
杨　虹	商振宝	刘　欢	孙亚东	王　磊	许敬祥	刘永钢	谢　静	高　丹
王红波	赵春涛	陈　欣	李海坤	于秋惠	程敏行	缴丽君	刘成龙	刘　莉
庞　亮	梁筱迪	王　芬	昌　歌	邓　蕊	刘泳慧	倪宗忺	燕秉政	王宏财
何　争	范　湧	张　振	王　虹	刘焕博	张　颖	张　飞	张　哲	杨梓轩
孙　弢	宋佳鑫	于　佳	刘　静	常　蓉	高德旺	李　欣	唐　旭	王　丹
薛士恒	韩洪虎	梁国升	孔德华	赵润普	徐辰琛	王义洁	张　颖	唐晓义
申海波	包瑞华	王培君	唐剑莹	徐　磊	邹美琪	刘盛楠	武　彦	王　赫
王蕴霏	刘　璐	陈　雯	邓梓芃	王　振	许世鹏	梁　辰	祖思媛	钱　堃
郭　力	王　睿	田　硕	刘　晶	丁　禄	马丽娜	王　欢	李汶轩	李美莹
王　伟	刘　涛	蒋　珊	向建宗	李丁丁	占　伟	李　锴	张　弛	刘　洋
王美丽	张明淋	李志恒	雷　毅	许　翔	梁　毅	杨　丽	齐鹏飞	刘　洋

唐学峥	刘昕怡	郭晓楠	王 楠	赵 鹏	刘惠贤	孟 琦	李 倩	徐春燕
郎鑫磊	李 岋	李玥玮	张 鹏	薛海燕	王大圣	刘 曦	刘慧玲	欧阳群剑
韩 飞	杨 勇	吕彦茹	刘 鑫	梅子涵	邵 丹	刘 海	高新玉	才让卓玛
曹海丽	傅 岚	寇 玲	王卿瑶	吴若乔	王雪娇	孙 瑞	赵亚楠	申建顺
陈 靖	宁 波	罗 丽	刘思思	杨 璇	高 龙	马 超	朱敏娟	陈 玲
朱振君	郑 静	王美玲	徐 璐	吴海波	郭 欢	张 鸣	雷一鸣	张 旭
祁国颖	王僅茹	李重文	时 阳	贾 南	张 彤	周 琳	张 岩	王 琳
汪 轶	蒋晓艳	倪 颖	陈亚芬	倪鹏程	陈 佳	刘永祥	王 岐	刘莉萍
陆建芬	於可佳	曲珈易	丛浩言	郭佳慧	刘晓雅	郭美玉	胡珊珊	徐 艺
王雅迪	马跃峰	李宗儒	孙明月	齐丽丽	陆晶晶	刘 强	姜 姝	王 萌
白 杨	高 阳	徐米娜	周 坤	李文慧	武 昆	王 旭	孙 燕	张玉勇
孔瑞鹏	顾海明	陈素文	孙宁燕	李 涯	韦 敏	姜源添	林 莉	庄 俨
徐红霞	唐亚芳	娄庆平	张黎娟	董玲燕	董 健	白燕飞	唐 婕	尹小锋
张永梅	闫诗国	程炳豪	符成波	陈晓燕	张 凯	谢礼凯	樊慧敏	鲁同敏
张 京	王 石	颜景甫	徐天全	曹 宏	曹 斌	刘 洋	张 静	宋 萌
孙俊杰	孙彦丽	吴玲艳	姚艳艳	邢国丽	周 巍	王 盼	蔡瑜洁	陈国光
杨 帅	杨海霞	陈 龙	何 晶	陈 成	方 杰	顾玉佳	郑 来	吴烨锋
杨宝龙	陈 彦	孙彦国	段维冬	姜 静	王 兰	姜 萍	段传洪	李春生
李 娟	张 红	祁海娟	张 敏	何 欣	张雪瑶	刘史浩	刁 杰	李翠芹
梁日梅	梁秀芬	刘泽霞	张莎莎	吴庆潮	简 微	肖淞尹	江天兴	江 灿
陈通晓	曾 婧	王 帅	宋 娟	陈飞飞	陈 宁	袁建军	王 赢	赵锦娜
姚娇寅	赵伟菊	宣立飞	阮 宁	余燕飞	章 磊	朱美丽	黄乐潮	梁美好
田哲夫	罗嘉华	黄健豪	麦培瑜	杨明业	刘倩梨	李紫莲	梁美婵	徐军晓
陈瑞强	郭玉萍	朱浩月	彭 艳	吴翠媚	傅东旺	焦文清	刘保华	李飞华
陈三莲	刘 艳	何嘉强	谭海燕	孙海兰	张房基	林剑锋	段 均	郑成峰
吴 萌	钱 波	金潜力	许琼垚	卓玲明	谢卓群	王李珂	叶权灿	陈雨田
俞建杭	傅 超	程英华	金 辛	郑 佳	邵 亢	何 尘	范奎英	钮 雅
董建平	王美娜	杨 健	陈 思	张金伶	高松辉	余志超	蔡骏辉	高宇珊
童 新	林海洋	顾媛媛	吴伟梁	黄 挺	王寅淞	薛丹红	冯 强	陆小芳
张良杰	陆晓丽	李佳伟	黄利锋	许 峰	颜 挺	郑 晶	陈 义	江 波
徐淑蓉	钱慧敏	王亚文	陈秋凤	黄 栋	陈雪焱	赵学先	胡 伟	沈 莎
祝星宇	杨 先	陈宇晖	陈玉琪	李秀峰	陈 艳	王荣军	朱 寅	杨 鑫
甄站城	张玉平	陈国成	王 露	徐世震	陈 萍	夏兰芳	黄青青	许 宁
朱莎莎	方秋和	徐行健	章 茜	胡佳雯	吴 斌	徐海军	程少博	汪志娟
吕杭平	王 媚	王 震	常晓宇	杨小平	刘 宁	于小聪	王燕平	刘继平
刘 莉	杨艳娜	朱俊慧	张 磊	田逢春	王 霞	潘小飞	张叶君	夏 旦
胡慧洁	胡姗姗	沈燕琼	苏宗文	沈益聪	鲁 莎	蔡雪津	计苗耀	周玲玲
沈晓媛	刘海坤	蒋建文	林俊杰	阮雄鹰	陆 锋	谢丰懋	冯小飞	阮有贵
梁旭关	黎志鸿	吴 跃	黄 宝	张 铭	叶俊良	陆 健	李腾飞	冯贞洁

陈佳铃　李　华　陈海燕　莫小红　杨云志　李水旺　罗裕庆　李士云　王　沛
李金川　韩继英　张会敏　唐翠玲　张丽庆　李思琴　王　芳　木海买·开力
杜　磊　张文丽　刘　波　阿依努尔·艾力木江　塞尔哈孜·吐尔逊　哈布拉提
苏尔艳·买买提　包宏鹰　曾蜀君　徐振勇　刘　娟　贾巧娟　唐国强　段伊梅
耿翠娥　赵国珊　于姝蓉　谭春燕　吉旭梅　杨　帆　吴　军　李柔慧　陈作力
陈章健　黄　策　揭壁侨　吴丽君　石贤忠　裘佳琦　李　君　李毅斌　宣　昱
宋佳佳　魏晓雪　辛志远　潘海英　李　忠　李　玫　高　强　田　柳　郭　玲
王斯思　沙合班·吐尔逊　周佳昕　卢金玉　田明敏　陈媛媛　魏　熠　黄　爽
钟　巍　王翠萍　涂英恺　陈　江　杨　媛　虞建新　丁　成　李海琴　章祖来
胡　晓　祝雨萧　徐　凯　刘　栋　王建华　李　骏　赵　晶　陶　辉　孙学斌
冉小刚　吴志魁　张大鹏　邹　勇　漆娟宏　董　娜　陈智辉　马立锐　刘坤新
张保林　王　锦　郭　丽　李建忠　何凤丹　刘桂梅　李如高　陈卓烽　陈康丽
黄伟英　黄荔怡　夏志鹏　贺　佳　梁焕华　霍伟坚　冯丽智　黎剑峰　吴伟文
卢淑珠　莫丽程　徐敏珊　梁冬和　朱勇强　潘淑棠　卢子衡　王月珠　卢利祥
冯泳雪　卢琼端　张才广　梁玉莹　杨旗敦　陈元坤　蔡晓敏　杨增翔　淮小安
叶益贺　林杰仁　张俊良　蔡海军　周丽兰　翟锦霞　杜小明　叶满颜　麦冠康
麦冠荣　刘红微　康飞雪　金玉梅　李　勇　严　冰　吴倩伶　陈建彬　黄　鹏
李宝利　杨小凡　李亿军　邓国林　赵文海　梁丽霞　孙　卉　林燕雄　陈　宝
陈仰宣　伍凌波　项　菊　徐　静　尹志鹰　李红燕　李福星　付冬玲　贺婷婷
舒紫晨　黄志伟　肖　婵　吕正利　冯　海　肖幼苗　王尊维　夏　凡　晋佳佳
姚　娟　蒋　华　王芝平　黄菊玲　温　妍　李小娟　程永真　常丽姣　朱微一
杜明薇　张　靓　曹　婷　连晓东　程　梅　李爱月　李　敏　朱一力　章　艳
朱　萍　谢炜巍　杨　婷　赵　燕　吴晓炜　张芳芳　王继勇　王　琼　申文明
孟宪晖　徐　炼　胡晓红　陈　洁　王　华　蔡　莹　贺月婷　蔡爱柳　钟　杰
黄洁芳　陈之媛　高仁娟　吴玉华　周志华　顾连新　许智慧　张显耀　应海丹
杨文杰　顾伟萍　朱　艺　谢劭劼　刘宏霞　董依文　王伟青　屠翠萍　陈琼啦
陈广萍　刘　艳　杨一博　帅　骁　曹燕青　秦峻伟　赵　阳　杨秀装　李　哲
周　雯　凌立香　陈颖超　周莉萍　张伟明　姚圣金　倪传齐　黄广炜　赵　琪
袁臻威　王　蓉　陈方晓　王　磊　陈智阳　周安琪　贾朝敏　邬佳寅　范雪峰
尤　佳　唐淑芳　杨　剑　赵春兰　徐　雷　苏丹丹　沈　妮　杨　桦　陈莹辉
周文薇　梅哲凌　宋留英　张佳琳　张国光　张志鹏　韩赟斐　徐思益　金乐斌
沈佳钰　张笑松　谢秀权　尚福情　戴旭良　丁晓清　朱颖芬　施婷婷　谭　靓
袁黎雄　何苏云　丁　烨　丁湘琦　黄亮通　梁青妙　许双贤　谢丹琪　赵丽薇
钟燕璇　王　昊　余逸彬　黄　磊　蔡新桦　彭坚斌　徐　星　王伟红　潘跃明
余建华　李好华　石　慧　张　伟　顾　义　阮跃立　刘　丽　沈婉红　张　燕
叶怡彤　董明硕　张晋瑞　季静芸　贾　鹏　张丽娇　祁琴艳　范江峰　李安强
董晓坤　崔强强　房利飞　郝莉娜　翟晓锋　刘欣容　魏　娜　邵　瑞　马海斌
钟小燕　姚清漪　林翠芝　倪燕微　林敏铮　陈丽君　黄晓红　邱　暖　黄晓彬
詹振华　刘兰芬　叶振华　汤巧月　杨朋彦　张　彬　李耀宗　刘荣奇　李　林

张　鹏	苑艳美	朱翠翠	卞德涛	车家婷	李瑞丽	王慧超	王　建	邢春娟
臧　艳	马奎江	贾艳红	韩培沛	孔荣芳	靳　晶	屈志英	翟正义	马延春
王洪云	金　纳	郑　聪	秦威闻	孙留留	邹淑琼	芦金金	杨佩佩	王丽银
杨海燕	林咪娜	解凯翔	张　弦	许萱琪	毛露露	俞　芬	江虹霞	贺　栋
王君芳	吴　博	陈　翠	张乐中	柳璟琪	钟小强	杨莎莎	黄锦秋	徐国华
罗伟元	卢智宇	蔡催冬	崔永焕	林丽丽	何桂花	杨　明	徐秀芳	陈笑星
王　韡	钟　婕	易志浩	邵程晨	潘梅花	李银娣	解　敏	高　清	王春蕾
刘　义	颜　鹏	鲁　静	竺海捷	史飞英	吕　轲	周　敏	张乾斌	夏文洁
吕春华	王　慧	方成蔚	宋云霞	何夏盈	潘　炜	辜崇康	彭　鸿	白　玉
舒雪莲	王丽琴	黄昌平	李善斌	王鑫极	陈　昕	叶由田	陈　辉	尹玲君
任晓力	张祺昆	高升华	江　凌	翁良敏	蓝　轩	李志辉	郑志豪	徐　琛
李仁斌	吴妙丽	游润波	黄欢笑	赖燕娜	吴小群	吴小辉	傅文楠	李晨珠
黄丽青	宁学谦	赵　蓉	程跃丽	范霞萍	屠光伟	吴　滨	黄益新	吴　震
闵全红	杨亚琼	朱俏艳	赵　芳	余　音	周文超	郑　军	何琛林	孟伟伟
张振华	杨　平	梁舜威	曾　艳	李丽娟	易发艳	宁　庭	严双军	周雅琨
何惠妮	赵　琦	许　琴	杨晓秋	赖新洪	梁　立	张　瑜	吴奕廷	陈小雅
范丹玲	陈紫琴	彭宏彬	何玉春	李佰顺	杨惠容	李明生	李　烨	张　明
林　筠	郑　林	黄梅云	魏　宏	李　琛	邓超雅	何晓娟	王海玲	郭　军
陈燕萍	王　娜	梁天祥	李林峰	杨　磊	赵　欣	詹煜煜	潘志良	刘天闻
游少丽	周旭琦	刘江山	胡东亮	卢玮青	李秀丽	林伶珊	谭婉玲	章　熙
林凤清	何韶婕	翁　斌	宋立伟	叶　欣	张荣明	李建冬	杨　明	李红新
林延峰	李坤能	苏琳琳	许伟强	曾丽霞	陈　玲	曹嵩山	李玉龙	李秀珍
黄小明	林存英	朱健英	邓小燕	蒋春梅	高微妮	张　毅	张　勇	闵卫国
钱　雯	于　明	董　舰	庄　旭	张晓明	马少华	罗　军	于永鹏	闫欣韵
仲维成	穆国滨	赵洪华	黄华清	彭广成	林小霞	刘远福	刘　丹	陈惠容
陈伟平	杨　星	冼雪梅	杜　宪	张　浩	王　宇	张　扬	刘露蕊	李　强
谭玉晶	赵锦娟	肖　平	张智慧	蒋　莱	周亚丽	吴小青	李婷婷	邵　杰
汤晓红	陈　凯	周　君	刘希光	陈　丽	邵令轩	王子玥	刘佳艺	杜广智
吴　艳	陈建忠	沈智辉	周支园	冉　豹	李　贞	王世军	尹　静	沈菁菁
赵光成	李　嘉	曹晓音	纪　伟	毕　磊	祖　志	杨皓涵	李　曦	王睿经
王珊珊	李世萍	刘　娜	高　欣	王连军	王　磊	季小美	胡月明	王慧伶
秦　燕	张志杰	叶美娟	周骁睿	许　亮	邝亮星	朱守蓉	何文丽	肖卓伦
杨灿敏	赵建斌	王　英	文　霞	陈　亮	邹洪森	夏　晴	李汝淦	全金娥
黄曼曼	余永梅	董甜甜	熊亚琦	彭　茜	赵　爽	曾菁悦	周　宇	夏程旻
冯光宇	邵玉婷	张　妍	杨宗权	顾晨凯	王　滔	蔡　茜	覃晓阳	文　娟
李成斌	林立川	许　宗	贾光见	陶　蔚	李　静	刘国平	李彦瑾	王　建
刘　聪	廖宇健	李庆桃	何　莽	宁雯娟	张　辉	麦　欣	龚少容	蒋劲德
庄丽萍	崔军辉	龙　雷	吴　敏	文　峰	米冰洁	翟　强	顾季昕	朱博亮
秦　恺	王　波	沈永胜	罗瑞娥	潘熠林	杨　雨	金　兰	殷育红	杜秀蓉

吴沪兵	孟垂华	戴彦苗	毛策明	陈　震	陈建全	张土参	林碧芳	王科达
占保林	李岳锋	沈盈盈	史　瑜	刘媛媛	胡蜂沣	沈燕丹	俞　梁	孙建虹
钟泉炯	傅家亮	陈　磊	陈科飞	童晓燕	张　红	房　媛	顾鹏叶	陈　斌
丁晶晶	金伟君	陆茵茵	曹　霞	牟元波	张　芳	汪春叶	孙亚男	梁　洁
单　菲	李　博	周立旋	金　陵	储呈梅	李皓然	柳　艳	孔小慧	王　惠
邓大华	唐桂荣	王秀芳	丁　希	王春艳	陈小梅	司徒烨	王伟栋	张露韡
方　烨	徐剑挺	夏叶春	陈冰凌	李四美	徐崇恩	厉　理	杨倩倩	冯　锐
王　晶	马　雷	刘　旻	陈方圆	沈晓英	陈敏敏	杨　阳	王任亮	陈祁昌
许佳成	崔正爱	向定萍	王爱英	杜模芳	张群会	刘风芝	张　敏	柳继华
许　丁	刘　霞	程雪玲	杨俊陵	胡继全	曹蓓蓓	朱红芬	刘卫飞	应秀敏
王　芳	童丽亚	郭小丽	王　倩	许毅平	季晓英	邵　璐	黄聪聪	潘雯闻
连　俊	王婉琼	孙云锋	蔡莉莉	胡一淑	陈娟丽	陆熠强	朱　文	钱黎敏
洪春波	何晔君	沈月红	谢　莉	钱婵娟	黄燕秋	楼菲菲	张　钧	蔡　煜
周加宽	金丽梅	陈　菁	缪　刚	卢一佳	孙　燕	胡雨霖	郑琴利	王琳珺
潘海东	陈　燕	张秀芹	周肖璐	庞春燕	张　帆	何佳妮	冯玛莉	姚苗钧
程　林	张丽亚	朱丹妮	姜美萍	赖霖琼	林晓静	黄　晖	叶朝阳	王　楠
林木根	林疏影	王寒生	谢　辉	陈笑波	陆芃宏	张　卉	蒋沧桑	鲍　平
傅晓慧	陈晓坚	董　赟	郑明雄	王　婷	袁　汀	吴郦芳	严　玲	邵　丹
王　靖	丁玉成	阮小棉	范学青	朱　翊	罗天烨	周　立	肖　婷	彭　仁
叶　秀	王　菁	吴义萍	张　涛	雷惠强	范纯斌	郑燕霞	廖长春	张凌璇
林　鹏	苏　亮	毛素娟	郑　雯	张　萍	陈　诚	吴晓卫	陈格敏	陈立英
陈立雄	陈　润	刘　昀	芦红霞	蒋　瑞	孟祥青	柴伟伟	杨　阳	王　燃
畅丽萍	付银红	黄琰虹	巢　燕	陈佳忆	吴雅洁	许　敏	韦良辉	罗　莹
张凌燕	吴承亮	李　妍	胡晓媛	陈继君	沈　云	黄毅月	周红梅	张新红
张　铮	李明巍	王润琪	尹　萍					

2012 年大事记

2012 年大事记

1 月

1 月 4 日　第二十次全国高等学校党的建设工作会议在京召开。习近平、刘云山、刘延东、李源潮等中央领导同志出席。我校党委书记薛进文作为教育部直属高校代表，在会上作题为“弘扬南开精神，培养‘公能’兼济的优秀人才”的交流发言。

1 月 4 日　校长龚克主持召开今年第一次校长办公会议。会议审议并同意南开大学虚拟经济与管理研究中心的挂靠单位由商学院改为经济学院。审议并原则同意成立南开大学故宫学与明清宫廷研究中心。听取了教务处关于 2012 年本科生分专业招生计划编制情况的汇报、研究生院关于 2012 年研究生招生计划编制情况的汇报。研究了第九届全国大学生运动会南开大学承办项目的有关筹备工作。

1 月 5 日　国际知名国际商务与营销学者、美国密苏里大学邹绍明教授受聘为我校客座教授。副校长朱光磊向其致送聘书。

1 月 10 日　党委副书记、纪委书记张式琪主持召开纪律检查委员会全体会议。会议总结了 2011 年工作，研究部署 2012 年纪检监察工作。

1 月 10 日　副校长孙广平率相关部门负责人开展全校安全大检查。

1 月 11 日　美国天普大学副校长戴海龙来访。校长龚克、副校长关乃佳会见客人。

1 月 11 日　解放军总后勤部政治部干部部副部长朱明哲来访。党委副书记、副校长杨克欣会见客人。

1 月 12 日　举行 2011 年度蓝天基金颁奖仪式。副校长朱光磊出席。

1 月 12 日　举行全国中学生艺术冬令营。党委副书记、纪委书记张式琪，党委副书记、副校长杨克欣出席开营仪式。

1 月 13 日　召开人事人才工作研讨会。副校长佟家栋、校党委常委张亚、校长助理刘秉镰出席。

1 月 15 日　举行科学发展评价指标体系暨科学发展指数研讨会。教育部党组成员顾海良、南京大学党委书记洪银兴、我校党委书记薛进文、教育部社科司副司长张东刚、国家统计局统计科学研究所司长级干部杨京英、国家统计局统计科学研究所社会统计研究室主任吕庆喆、天津市统计局副局长张强、国家统计局天津调查总队副总队长杨维、中国社会科学院研究生院院长刘迎秋及课题负责人、我校逄锦聚等出席。

1月15日晚 党委书记薛进文、校长龚克邀请在校院士举办联谊活动,就过去一年的工作进展和未来一年的工作计划向院士们通报,并就新校区建设等学校改革发展相关问题征询意见。程津培、葛墨林、李正名、龙以明、宋礼成、周其林、陈永川等参加活动。校党委常委张亚陪同参加。

1月17日 党委书记薛进文主持召开本年度第一次党委常委会议。龚克、杨庆山、刘景泉、张式琪、杨克欣、佟家栋、关乃佳、朱光磊、孙广平、张亚出席,许京军列席会议。会议研究了机构和干部问题、新校区建设模式事宜、新校区规划建设领导小组工作机制问题、新校区建设工程设计变更金额审批权限问题。审议并通过《南开大学校级领导班子和领导干部2011年度考核方案》。审议并原则同意新校区建设土地置换调整方案、南开大学毕业30周年校友返校纪念活动方案。传达了天津市纪委九届十次全会精神。

1月17日 校长龚克主持召开今年第二次校长办公会议。会议听取了学校2011年科研工作的汇报、膳食工作委员会的汇报、第九届全国大学生运动会南开大学承办项目筹备工作的汇报。审议并原则通过《南开大学夏季学期实施办法》、《南开大学关于理科基础学科拔尖学生培养试验计划实施的暂行规定》。审议并原则同意中国哲学社会科学管理创新研究中心在原有运行机制的基础上设立理事会和执行机构,审议并原则同意成立南开大学中国金融租赁研究中心。

1月18日 举行加强和创新社会管理工作座谈会暨南开大学社会建设与管理研究院揭牌仪式。天津市委常委、政法委书记散襄军,滨海新区区委副书记、区长宗国英,市委政法委副书记马广智,我校党委书记薛进文、校长龚克、党委副书记刘景泉、副校长朱光磊出席。

1月18—19日 党委书记薛进文、校长龚克先后看望慰问了侯自新、母国光、洪国起、叶嘉莹、李原、逄锦聚、滕维藻遗孀、李治安、申泮文、罗宗强、陈茹玉、温希凡、陈洪、焦玮等老同志和专家学者,向他们致以新年的问候。校党委常委张亚陪同看望。

1月21日 举行2012年春节团拜会。校领导薛进文、龚克、杨庆山、刘景泉、张式琪、杨克欣、佟家栋、朱光磊、孙广平及校党委常委张亚与学校老领导、两院院士、专家学者、中层干部、离退休干部及师生代表共庆新春佳节。

1月23日 天津市南开区区委书记韩宏范来校慰问周其林、宋礼成院士。我校党委书记薛进文、党委副书记杨庆山陪同慰问。

1月23日 天津市委常委、组织部部长、市人大常委会副主任史莲喜来校慰问母国光院士。我校党委书记薛进文陪同慰问。

1月24日 美国霍华德·休斯医学研究所公布首届国际青年科学家奖名单。我校生命科学学院青年教师胡俊杰获奖。

1月25日 校长龚克在瑞士达沃斯出席第四十二届世界经济论坛冬季年会,并会见世界经济论坛主席克劳斯·施瓦布(Klaus Schwab)。25—27日,龚克参加"世界经济论坛全球大学领导者论坛",与耶鲁大学、牛津大学、剑桥大学等大学校长会谈,并会见中外政界、商界以及国际组织的有关代表。

1月30日 校长龚克率团访问荷兰格罗宁根大学,与该校校长西布兰德·帕皮玛(Sibrand Poppema)会谈。31日,龚克率团访问荷兰莱顿大学,与该校校长石楠德(Van der Heijden)会谈。

2月

2月9日 美国环球教育集团董事长罗宾·路易斯(Robin J. Lewis)来访。副校长关乃佳会见客人。

2月10日 台湾大学校长李嗣涔、研发长陈基旺、国际事务长袁孝维一行来访。党委书记薛进文、校长龚克、副校长关乃佳分别会见客人。

2月10日 教育部中国特色社会主义理论体系研究中心在京举行第二次会议。我校教授逄锦聚、刘景泉参加会议并当选新一届理事会顾问和理事。

2月13日 博洛尼亚大学校长特别代表、意大利前总理、我校名誉教授普罗迪(Romano Prodi),商学院院长博加明,中欧论坛创始人、我校客座教授高大伟(David Gosset),及中联部副部长于洪君等一行来访。校长龚克会见客人,副校长关乃佳陪同会见。双方签署校级合作备忘录及商学院间合作备忘录。博加明受聘为我校客座教授,并为师生作题为"在多极化世界来临之际对领导力的重新思考"的演讲。

2月14日 天津市委常委、市委教育工委书记苟利军到天津空港物流加工区调研南开大学蓖麻工程科技有限公司。我校党委书记薛进文,校党委常委张亚和校产办负责人陪同调研。

2月14日 国家科学技术奖励大会在京举行。由我校化学学院陈军、李玮瑒、陶占良、程方益、马华等完成的"几类无机材料的氢、锂、镁储存与电池性能研究"项目获2011年度国家自然科学二等奖(一等奖空缺)。

2月17日 天津市委常委、市人大常委会副主任、市委教育工委书记苟利军,副市长、市政协副主席只升华来我校召开西南村环境治理中期推动会。我校党委书记薛进文,党委副书记杨庆山,副校长孙广平,校党委常委张亚出席。

2月17日 校长龚克在京会见奥地利驻华使馆科技参赞穆娥(Birgit Murr)女士和奥地利TTTech公司执行董事魏彼得先生

一行。

2月20日 海南琼州学院院长武耀廷一行来访。党委书记薛进文会见客人,副校长朱光磊,校党委常委张亚陪同会见。

2月20日 团中央学校部部长陈光浩一行在团市委副书记冯侠的陪同下来我校,与天津部分高校相关负责人和学生代表就社会主义核心价值体系建设进行专题调研。我校党委书记薛进文,党委副书记、副校长杨克欣会见客人。

2月21日 副校长孙广平率相关部门负责人开展新学期安全及食品安全与校园环境卫生大检查。

2月22日 校长龚克主持召开今年第三次校长办公会议。会议听取了学校后勤工作汇报。审议并原则同意成立资源循环科学与管理系,隶属环境科学与工程学院。审议并原则通过《南开大学2011年度专业技术职务评聘工作指导意见》和《南开大学教师系列高级专业技术职务评聘业务条件规定》。

2月23日 召开2012年工作部署会暨党风廉政建设工作会。党委书记薛进文主持会议并讲话,校长龚克部署新学年工作。校党委委员、纪委委员、校务委员会委员、学术委员会委员、中层以上干部、重点实验室和社科基地负责人、"985"工程建设基地和平台负责人、重大项目负责人、各民主党派负责人、离退休人员代表等参加会议。

2月24日 天津市科学技术奖励大会举行。我校8项科研成果获2011年度天津市科学技术奖,其中自然科学奖一等奖1项、二等奖2项、三等奖1项,技术发明奖二等奖1项、三等奖1项,科技进步奖二等奖1项、三等奖1项。生命科学学院教授、英国科学家马克·巴特兰姆(Mark Bartlam)获国际科技合作奖。

2月24日 召开2011年度高级专业技术职务评聘及2012年国家"千人计划"候选人推荐与申报工作部署会。校长龚克、副校长佟家栋、校党委常委张亚出席。

2月25日 美国施坦威公司总裁兼首席执行官迈克尔·斯威尼(Michael Sweeney)一行来访。校长龚克会见客人,并应邀出席"未来10年中国音乐展望"论坛。

2月27日 举行第十七届新闻奖颁奖仪式。党委书记薛进文、校长龚克、党委副书记刘景泉、校党委常委张亚出席。

2月27日 中国银监会原主席刘明康来我校看望熊性美教授。党委书记薛进文、副校长佟家栋、校党委常委张亚陪同看望。

2月27日 举行国家汉办2012年赴尼泊尔汉语教师志愿者培训开学典礼。

2月28日 教育部党组成员、中纪委驻部纪检组组长王立英来我校作加强高校党风廉政建设专题报告。我校党委书记薛进文主持报告会,党委副书记杨庆山、刘景泉,党委副书记、纪委书记张式琪,副校长佟家栋、关乃佳、朱光磊,校党委常委张亚及天津大学负责人出席。南开大学、天津大学中层以上领导干部和部分重点领域关键岗位科级干部参加。

2月28日　美国天普大学法学院亚洲项目主任桑国亚(John W. Smagula)来访。党委副书记杨庆山会见客人。

2月29日　校长龚克率团访问台湾清华大学和台湾交通大学,分别与两校校长就深化校际交流合作交换意见,并与台湾清华大学签署学生交换备忘录。龚克还看望了在台湾高校交换学习的我校学生代表。

2月　荣获"天津市引进国外智力工作先进单位"称号。

2月　教育部公布2011年度"新世纪优秀人才支持计划"入选人员名单。我校18位教师入选:包群、陈建洪、孔晓红、李兰冬、李勇建、刘新奇、罗义、孙涛、孙卫国、武立东、武莉、杨立波、杨爽、尹正、岳纯之、张天浩、张拥军、周正洪。

2月　教育部公布2011年度博士研究生学术新人奖获奖名单。我校20名博士研究生获奖:马鹏翔、张庆昌、余泳泽、张靖佳、郑春勇、张袁月、江振鹏、董虹、刘会、杨宇宁、金亮、常娜、马天翼、郭文斌、秦晓红、胡子阳、杜玉泉、孔少飞、张红娟、邱艾超。

3月

3月1日　召开本科教学工作落实会。副校长朱光磊主持会议并讲话。

3月1日　召开党群工作部署会。党委书记薛进文,党委副书记杨庆山、刘景泉,党委副书记、副校长杨克欣,校党委常委张亚出席。

3月1日　校长龚克在台湾出席中国文化大学50周年校庆活动,并出席全球校长论坛,就"如何提升学生学习成效"作主题发言。

3月2日　教育部党组成员、副部长鲁昕率发展规划司、职业和成人教育司有关同志在津召开南开大学、天津大学新校区发展规划现场论证会。会上听取了我校党委书记薛进文关于新校区建设进展、学科布局等情况的报告,听取了同济规划设计院总设计师关于我校新校区总体规划方案的汇报。

3月2日　校长龚克访问台湾大学和长庚大学,并看望了在台湾高校交换学习的我校学生代表。

3月2日　美国赛默飞世尔科技公司中国区总裁兼总经理谢弗(Mike Shafer)来访。副校长许京军会见客人。

3月3日　举办"金融发展前沿学术论坛"。副校长佟家栋出席并作题为"政府在经济市场化中的作用"的演讲。

3月3日　举行2012年日本爱知大学现代中国学部南开大学现地教学开学典礼。副校长关乃佳出席。

3月5日　举行"学雷锋"活动启动仪式暨大运会志愿者动员大会。党委副书记、副校长杨克欣出席。

3月5日　召开第四届"周恩来班"命名暨第五届周恩来奖学金颁奖仪式。原全国政协副秘书长、周恩来邓颖超研究中心顾问赵炜,原中国新闻社副社长、周恩来的侄女周秉德,我校党委书记薛进文,党委副书记、副校长杨克欣,校党委常委张亚出席。第五届周恩来奖学金共有20名学生获奖。商学院2009级信息管理与信息系统本科生班获第四届“周恩来班”称号。

3月6日 党委书记薛进文主持召开本年度第二次党委常委会议。杨庆山、刘景泉、张式琪、杨克欣、佟家栋、关乃佳、孙广平、张亚出席。会议研究确定了我校出席天津市第十次党代会代表候选人初步人选考察对象名单。审议并通过了学校2011年财务决算报告。

3月7日 武汉大学副校长谢红星一行来访。党委副书记杨庆山会见客人,校党委常委张亚、校长助理刘秉镰陪同会见。

3月7日 召开机关党委扩大会。党委副书记张式琪出席。

3月8日 举行2011年全国大学生数学建模、电子设计竞赛颁奖仪式。校长龚克、副校长朱光磊出席并为获奖师生颁奖。

3月8日 举行庆“三八”才艺展演活动。天津市教育工会常务副主席李子星,我校党委副书记、教代会工会主席刘景泉,党委副书记、副校长杨克欣出席。

3月8—10日 我校代表队获得第十届国际人道法模拟法庭竞赛最佳书状奖(First Honourable Submission)和团体总分前5名(Top Five Teams),成为该赛事国内首所获奖高校。

3月11日 著名化学家和教育家,中国科学院院士,天津市政协原副主席,我校教授、博士生导师陈茹玉因病医治无效,在天津逝世,享年93岁,遗体告别仪式于3月15日举行。陈茹玉逝世后,胡锦涛、温家宝、李长春、习近平、李克强、王岐山、刘延东、李源潮、张高丽、朱镕基、李瑞环、吴官正等党和国家领导人以不同方式表示沉痛哀悼,并向家属表示深切慰问。中共中央组织部、统战部,国务院学位委员会、教育部、中科院学部主席团,中共天津市委、市人大常委会、市政府、市政协向南开大学及陈茹玉先生的亲属发来唁电、唁函,送来花圈。袁贵仁、白春礼、黄兴国、肖怀远、邢元敏等到灵堂吊唁或敬送花圈。校领导薛进文、龚克、杨庆山、刘景泉、张式琪、杨克欣、许京军、佟家栋、关乃佳、朱光磊、孙广平和张亚,原校领导洪国起、侯自新等,著名科学家和两院院士等以各种方式向陈茹玉的亲属表示慰问。

3月11日 天津市绿色消费教育研究基地在我校成立。中国消费者协会常务理事、市工商局局长王海福,我校党委副书记杨庆山出席。

3月13日 天津市学习型党组织建设研究会在我校成立。党委书记薛进文、党委副书记刘景泉及市有关部门领导出席研究会第一次会员代表大会。

3月13日 召开2012年京、津、沪、闽四地高校实验室建设工作研讨会。副校长孙广平会见北京高等学校实验室研究会理事长汪成楚教授一行。

3 月 14 日　召开文科科研工作会。副校长朱光磊、校长助理刘秉镰出席。

3 月 14—15 日　举行校级领导班子年度考核征求意见座谈会。党委书记薛进文、党委副书记杨庆山出席。

3 月 14—16 日　校长龚克访问英国，参加教育国际化高层论坛，会见中国驻英国大使刘晓明和英国 INTO 教育集团董事长安德鲁·科林（Andrew Colin），并与牛津大学校长安德鲁·汉密尔顿（Andrew D. Hamilton）、南安普顿大学校长纳特比姆（Don Nutbeam）、萨里大学副校长陈靖涵等分别进行会谈。访问期间，龚克还看望了在牛津大学学习的多位南开校友。

3 月 15 日　新西兰坎特伯雷大学副校长兼商学院院长艾德里安·索耶（Adrian Sawyer）一行来访。副校长关乃佳会见客人。

3 月 16 日　薛进文同志主持召开本年度第三次党委常委会议。杨庆山、刘景泉、张式琪、杨克欣、关乃佳、朱光磊、孙广平、张亚出席，许京军、焦玮列席会议。会议传达了市委常委扩大会议精神。研究了原南开大学深圳金融工程学院相关问题。

3 月 16 日　召开本科教学管理问题座谈会。副校长朱光磊出席并与学生代表座谈。

3 月 16 日　在第三届全国大学生数学竞赛决赛中，我校 7 名同学分获数学专业组一等奖 1 项、二等奖 2 项，非数学专业组一等奖 1 项、二等奖 1 项、三等奖 2 项。

3 月 18 日　由中国科学报社主办的“第三届寻找青年科学之星”颁奖典礼在京举行。我校生命科学学院胡俊杰教授获“生命科学”金奖，杨志谋教授获“材料科学”银奖，环境科学与工程学院王莹莹教授获“环境科学”铜奖，漆新华副教授获“气候变化”优秀奖。

3 月 19 日　召开校级领导班子和领导干部述职与民主测评会。党委书记薛进文代表学校党政领导班子就 2011 年学校工作和领导班子建设情况进行述职，校长龚克主持会议，校领导班子成员分别进行个人述职。到会的校党委委员、纪委委员、中层正职干部、专职教师代表、部分党代会代表、民主党派负责人、教代会代表、离退休老同志代表、学生代表，对校领导班子的思想政治建设、领导能力、工作实绩、党风廉政建设情况及校级领导干部的德、能、勤、绩、廉情况进行了民主测评。

3 月 19—20 日　我校验收“211 工程”三期建设子项目，验收按照子项目类别分 3 个单元进行。校内验收专家组成员包括党委书记薛进文，校长龚克，党委副书记杨庆山，副校长许京军、佟家栋、关乃佳、朱光磊，校学术委员会、学位评定委员会部分成员和学校相关职能部门负责人等。验收会由龚克主持。

3 月 19 日　环境科学与工程学院副教授姬亚芹获评“十一五”国家环境保护科技工作先进个人。

3 月 20 日　由中宣部、教育部、中国记协组织的“走基层、转作风、改文风”

活动报告团走进我校。党委书记薛进文、党委副书记刘景泉会见报告团一行。

3月20日 美国前国防部长、美国科恩集团董事长及首席执行官威廉·科恩(William Cohen)一行来访,并作题为"如何为决断时刻做准备"的主题演讲。校长龚克、副校长关乃佳会见客人。

3月21日 召开第九届全国大学生运动会南开大学赛区组委会工作会议。校长龚克,党委副书记、副校长杨克欣,副校长朱光磊、孙广平,校党委常委张亚出席。

3月21日 美国明尼苏达大学副校长罗伯特·琼斯(Robert Jones)一行来访。校长龚克会见客人。

3月21日 召开新提任中层领导干部廉政谈话会。党委副书记、纪委书记张式琪出席。

3月21日 我校在浙江省金华第一中学举行优秀生源基地挂牌仪式。副校长关乃佳出席。

3月22日 教代会工会召开民主沟通会,就新校区建设有关情况向教职工代表进行通报。党委副书记、教代会工会主席刘景泉,副校长孙广平出席。

3月23日 召开传达"两会"精神报告会。党委书记薛进文主持会议,全国人大代表、校长龚克,全国政协常委、副校长许京军分别传达了十一届全国人大五次会议和全国政协十一届五次会议精神。校领导及全校中层正职干部、民主党派主要负责人参加报告会。

3月23日 天津市副市长只升华率市有关部门负责人来我校检查指导工作。党委书记薛进文、副校长孙广平陪同检查。

3月24日 召开绩效考核工作研讨会。校长龚克、副校长佟家栋出席。

3月24日 牛津大学奥利尔学院、CBL国际公司与我校夏令营项目举行三方签字仪式。校长龚克出席。

3月24日 举行"阳光体育与全民健身同行"2012年冬季长跑团体赛。党委副书记、副校长杨克欣出席。

3月26日 2012年天津市高校团干部赴县级团委挂职工作会议在我校举行。团市委书记刘志强,市委教育工委副书记、市教委副主任李绍洪,团市委副书记冯侠出席。会前,我校党委书记薛进文会见与会领导。党委副书记、副校长杨克欣参加会见。

3月26日 杨庆山同志受薛进文同志委托主持召开本年度第一次党委全委会议暨八届三次全委会议。校党委委员出席会议。会议听取了南开大学推选出席天津市第十次党代会代表工作进展情况的汇报,以无记名投票方式确定了我校出席市第十次党代会代表候选人预备人选。

3月26日 薛进文同志主持召开本年度第四次党委常委会议。龚克、杨庆山、刘景泉、张式琪、杨克欣、佟家栋、朱光磊、孙广平、张亚出席。会议研究确定了我校出席天津市第十次党代会代表候选人初步人选。

3月27日 新疆喀什师范学院院长阿布拉江·艾麦提一行来访。党委书记薛进文、校长龚克分别会见客人，副校长许京军、校党委常委张亚陪同会见。

3 月 28 日 举行旅游管理硕士(MTA)兼职导师致聘仪式。会前，党委书记薛进文会见国家旅游局副局长、全国旅游管理硕士专业学位(MTA)教育指导委员会主任委员王志发，国家旅游局人事司司长魏洪涛及天津市旅游局局长佘清文等。校党委常委张亚陪同会见。

3 月 28 日 校长龚克出席 2012 年度天津市普通高校教学工作会议，并作题为“审时度势，改革转型——南开贯彻落实《国家中长期教育改革和发展规划纲要》的认识和行动计划”的报告。

3 月 29 日 校长龚克主持召开今年第一次院长联席会议。党委副书记、副校长杨克欣，副校长许京军，校党委常委张亚，校长助理冼国明出席。会议听取了本科招生工作情况汇报，研讨了提升招生工作特别是招生宣传工作水平的思路办法。通报了 2008—2011 年各学院投入资金、获得科研经费情况。研讨了学校拟提出的 2012 年转变作风服务师生的 20 件实事项目。通报了学校人事人才工作会议筹备情况。下发了《教育部 财政部关于实施高等学校创新能力提升计划的意见》。

3 月 29 日 中国移动通信集团天津有限公司领导一行来访。校长龚克会见客人，校党委常委张亚陪同会见。

3 月 30 日 校长龚克主持召开今年第四次校长办公会议。会议听取了校产办关于学校校办产业工作的汇报及实验室设备处、化学学院关于火灾隐患清理工作的汇报。研究了校学生申诉处理委员会委员库调整、体育部所属场馆施行物业管理、理化楼使用有关事宜。审议并原则通过第九届全国大学生运动会南开大学组委会成员名单和办事机构成员名单。审议并原则同意天津市津为建材经营服务部的注销申请。传达学习了教育部不久前召开的全面提高高等教育质量工作会议精神。

3 月 30 日 “公能”文化论坛开幕。三一重工股份有限公司执行总裁兼三一集团总工程师易小刚来访，并作题为“创新：腾飞的翅膀”的报告。校长龚克会见客人，党委副书记、副校长杨克欣陪同会见。

3 月 30 日 举行主题为“新校区大学生活动中心建设”的第六次校领导接待日活动。党委书记薛进文，党委副书记、副校长杨克欣出席并与学生代表座谈。

3 月 30 日 美国劳瑞德教育集团全球教育与服务总裁兼 CEO 葆拉·辛格一行来访。副校长关乃佳会见客人。

3 月 31 日 举办学生工作干部反腐倡廉专题培训会。党委副书记、纪委书记张式琪出席并作报告。

3 月 获评全国高等教育学籍学历管理工作先进集体荣誉称号。

3 月 获评“天津市对台工作先进集体”称号。

3 月 8 项调研成果获天津市教育系

统第七届优秀调研成果奖。其中一等奖 3 项、二等奖 4 项、三等奖 1 项。

3 月　获评 2011 年度天津市科技成果管理工作先进单位、技术交易先进单位。

3 月　由我校机器人与信息自动化研究所赵新教授课题组与美国加州大学洛杉矶分校何志明院士、美国心脏学会主席 Linda L. Demer 等课题组合作的论文《细胞骨架力学打破组织形态形成的左右对称性》(*Left—Right Symmetry Breaking in Tissue Morphogenesis via Cytoskeletal Mechanics*)以封面论文在国际期刊《循环研究》上发表,并被 F1000 数据库评价为"必读"论文。

4 月

4 月 1 日　召开理工科科技工作座谈会。副校长许京军出席。理工科各学院、国家(教育部)重点实验室、科技处、审计处、财务处负责人参加会议。

4 月 4—6 日　校长龚克、副校长许京军率团访问海南省相关单位洽谈合作事宜。学校办公室、发展委员会办公室、商学院、旅游与服务学院负责人陪同访问。期间,龚克一行访问海南大学、海南省农垦总局,并与我校海南校友座谈。

4 月 6 日　天津市国土资源和房屋管理局局长吴延龙、天津土地交易中心主任张志升一行来访。我校党委书记薛进文会见客人,党委副书记张式琪,副校长佟家栋、孙广平,校党委常委张亚,校长助理刘秉镰、基建规划处负责人陪同会见。

4 月 6 日　琼州学院党委书记韦勇来访。党委书记薛进文会见客人,校党委常委张亚陪同会见。

4 月 6 日　召开文科科研工作会。副校长朱光磊出席。社科处负责人、文科学院院长及主管科研工作负责人参加。

4 月 9 日　党委书记薛进文、校长龚克在深圳进行工作访问并拜会深圳市委副书记王穗明、副市长陈彪。党委副书记杨庆山、校党委常委张亚、校长助理刘秉镰陪同访问。

4 月 9 日　北京物资学院纪委书记兼工会主席赵凤琴一行来访。我校党委副书记、教代会工会主席刘景泉会见客人。

4 月 11 日　南开公能讲坛开幕。校长龚克为师生作题为"真实与责任——学术道德与规范的真谛"的专题报告。党委副书记、副校长杨克欣出席。

4 月 11 日　全国哲学社会科学规划办公室副主任杨庆存一行来我校调研,天津市哲学社会科学规划办主任李清华陪同调研。党委书记薛进文、副校长朱光磊会见客人。

4 月 11 日　广西河池学院党委书记韦春北一行来访。我校党委书记薛进文、校长龚克分别会见客人,校党委常委张亚陪同会见。

4 月 11 日　美国环球教育集团董事长罗宾·路易斯(Robin J. Lewis)来访。副校长关乃佳会见客人。国家发展和改革委员会国际合作中心信息咨询部主任张丝佳参加会见。

4月11日 校长龚克主持召开今年第一次部处长联席会。副校长许京军、佟家栋，校党委常委张亚出席。会议传达了《教育部关于全面提高高等教育质量的若干意见》。通报了学校人才与师资队伍建设工作会议筹备情况，就模拟绩效工资评价机制、高端人才引进培养等内容进行了讨论。研讨了构建部门横向协同机制的相关问题。

4月11日 召开党代表会议，选举产生我校出席中国共产党天津市第十次代表大会代表。校领导薛进文、龚克、杨庆山、刘景泉、杨克欣、佟家栋、关乃佳、朱光磊和校党委常委张亚出席。薛进文主持会议。选举产生党代表为：龙以明、申虹、江曼琦、陈军、洪国起、龚克、薛进文(按姓氏笔画排名)。

4月12日 中国共产党优秀党员，著名物理学家、教育家，中国科学院院士，发展中国家科学院院士，中国光学学会原理事长，天津市科协原主席，南开大学原校长母国光同志因病医治无效，在天津逝世，享年81岁，遗体告别仪式于4月16日举行。母国光同志逝世后，胡锦涛、温家宝、习近平、李克强、刘延东、李源潮、张高丽、李瑞环、李岚清、路甬祥、韩启德等党和国家领导人以不同方式表示沉痛哀悼，并向家属表示深切慰问。中共中央组织部，教育部、中科院学部主席团、国家科技部，中共天津市委、市人大常委会、市政府、市政协，国务院学位委员会、发展中国家科学院、中国科协等向南开大学及母国光同志的亲属发来唁电、唁函，送来花圈。袁贵仁、白春礼、陈希、赵启正、黄兴国、肖怀远、邢元敏、何立峰、高广滨、曹健林、李静海、程东红、程津培、韦钰、杨栋梁、尹德明、荀利军、段春华、史莲喜、张元龙、张俊芳、饶子和、曹小红、陈永川、李家俊、郭大成、胡海岩、许宁生、陈德文、王寒松、周绪红、袁桐利、刘琨、刘胜玉、李原、何国模、钱其璈、王鸿江、叶迪生、姚建铨、朱坦等到灵堂吊唁、发来唁电或敬送花圈。校领导薛进文、龚克、杨庆山、刘景泉、张式琪、杨克欣、许京军、佟家栋、关乃佳、朱光磊、孙广平和张亚，原校领导洪国起、侯自新等，著名科学家和两院院士等以各种方式向母国光同志的亲属表示慰问。

4月13日 中欧论坛创始人、知名国际关系专家、我校客座教授高大伟(David Gosset)来访，并作题为“2030年的世界”的演讲。党委书记薛进文会见客人。

4月14日 举行2012届法律硕士研究生学位授予典礼。党委副书记、纪委书记张式琪出席。

4月14日 外国语学院(原外文系)72级英语专业校友返校纪念入学40周年。校党委常委、校友总会秘书长张亚接待校友并与校友座谈。

4月14—15日 召开2012年春季远程教育教学指导委员会、教学指导小组工作会议。副校长关乃佳出席。

4月15日　天津市委常委、市委教育工委书记荀利军率团来我校滨海学院检查工作。我校党委副书记、副校长杨克欣陪同检查。

4月16日　天津银行行长袁福华一行来访。校长龚克会见客人,校党委常委张亚陪同会见。

4月16日　我校与渤海化工集团公司举行合作签约仪式。党委书记薛进文会见渤海化工集团公司党委书记、董事长赵立志。校长龚克、副校长许京军、校党委常委张亚、原校长侯自新出席。

4月16日　我校专家组一行5人访问新疆喀什师范学院。新疆喀什师范学院党委副书记艾尔肯·吾买尔会见我校专家组。

4月17日　天津市委副秘书长、第九届全国大学生运动会筹备委员会秘书长王津生,市教委副主任、大运会组委会常务副秘书长林炎生,市委办公厅副巡视员、大运会组委会办公室主任王一丁,市政府教育督导室副局级督学、大运会组委会办公室主任戈金亭一行来我校视察第九届大运会比赛筹备工作。我校党委副书记、副校长杨克欣陪同视察。

4月17日　诺贝尔化学奖得主、著名化学家、碳60发现者罗伯特·科尔(Robert F. Curl)受聘为我校客座教授。副校长许京军、关乃佳出席致聘仪式。

4月17—18日　在河南省商丘市第一高级中学、安阳市第一中学举行优秀生源基地揭牌仪式。

4月18日　校长龚克参加在比利时布鲁塞尔举行的"中欧高级别人文交流对话论坛"之"21世纪的学生——在全球化世界中的学习"教育论坛,出席我校与比利时鲁汶大学座谈会,并会见荷兰Delft大学校长Dirk Jan van den Berg、欧洲大学联盟秘书长Lesley Wilson。

4月18日　我校与百度公司举行"索引缓存算法"成果交付仪式。

4月19日　我校人权研究中心(国家人权教育与培训基地)举行首批研究员致聘仪式。党委书记、人权研究中心主任薛进文,副校长、人权研究中心学术委员会副主任朱光磊出席。

4月19日　北京市教育纪工委副书记王宏军率团来访,考察交流党风廉政建设工作。我校党委副书记、纪委书记张式琪会见客人。

4月19日　举行国家汉办2012年赴尼泊尔汉语教师志愿者南开大学培训营结业典礼。

4月20日　薛进文同志主持召开本年度第五次党委常委会议。龚克、杨庆山、刘景泉、张式琪、杨克欣、佟家栋、关乃佳、朱光磊、孙广平、张亚出席。会议研究了校保密委员会的席位组成和职责分工、进一步改进会风和提高会议效率的若干意见、人才工作,并听取了人才与师资队伍建设工作会议筹备情况汇报。审议并通过保密委员会成员调整名单。审议并原则通过2012年学校预算"二下"方案。审议并原则通过《南开大学关于进一步加强新形势下离退休人员工作的意见》、《南开大学关于对离退休人员实行两级管理的规定》、《中共南开大学委员会关于深入开展保持党的纯洁性教育的实施意见》、《南开大学关于执行“三重一大”制度的暂行办法》。听取了干部队伍建设情况汇报。

4月21日 召开化学学院首批工程硕士校外兼职导师致聘仪式。副校长关乃佳出席。

4月21日 举行第四届职业生涯规划大赛决赛暨闭幕式。党委副书记、副校长杨克欣出席。

4月22日 党委书记薛进文会见天津市建交委主任窦华港、常务副主任刘翠乔。副校长孙广平、校党委常委张亚、校长助理刘秉镰及相关部门负责人陪同会见。

4月22日 举行“我的南开(inankai.cn)”网站·手机客户端发布仪式。校长龚克,教育部思政司网络处处长李永智,中国联通天津分公司副总经理王建强,《中国青年报》新媒体中心主任何磊,党委副书记、副校长杨克欣出席。

4月23日 校长龚克主持召开今年第二次院长联席会议。副校长佟家栋、校党委常委张亚出席。会议传达了《教育部办公厅关于加强涉外办学规范管理的通知》精神,通报了人才与师资队伍建设工作会议的筹备进展情况。

4月23日 校团委获“2011年度天津市青年创业就业工作先进单位”荣誉称号。

4月23日 举行第二届读书节。副校长许京军出席。“南开大学图书馆电子图书网络阅读平台”同时开通。

4月24日 校长龚克主持召开今年第五次校长办公会议。会议听取了国际学术交流处关于学校国际交流与合作工作的汇报。审议并原则通过《南开大学校长办公会议工作规则》、校学位评定委员会学士学位评定分委员会成员调整名单、校图书工作委员会成员调整名单、校能源委员会成员调整名单。

4月24日 教代会工会召开民主沟通会,就第六次教职工代表大会暨第十五次工会代表大会提案进行答复。党委副书记、教代会工会主席刘景泉出席。

4月24日 举行主题为“校园网络建设”的第七次校领导接待日活动。校长龚克出席并与学生代表座谈。

4月24日 天津市委教育工委副书记、市教委副主任李绍洪一行来校调研罹患尿毒症的我校化学学院2009级硕士研究生袁霞救助情况。党委副书记、副校长杨克欣出席调研会。

4月25日 召开分党委书记会。党委书记薛进文,党委副书记杨庆山、刘景泉、张式琪,校党委常委张亚出席。

4月26日 举行新校区核心区项目委托建设签约仪式。天津市委常委、市委教育工委书记苟利军,我校党委书记薛进文、校长龚克,天津市教委主任靳润成,我校党委副书记杨庆山、刘景泉、张式琪,副校长孙广平,校党委常委张亚，校长助理刘秉镰，海河教育园区投资开发有限公司总经理米子明出席。龚克与米子明代表双方签署《南开大学新校区核心区项目委托建设合同》。

4月26日 校长龚克，党委副书记、副校长杨克欣会见参加“人民教育家论坛·全国优秀中学校长教育思想研讨会”的全国优秀中学校长。

4月26—27日 召开人才与师资队伍建设工作会议。校领导薛进文、龚克、杨庆山、刘景泉、张式琪、杨克欣、佟家栋、朱光磊、孙广平，校党委常委张亚，各学院党委书记、院长、主管人事工作副院长、教授代表，机关各部门主要负责人，民主党派代表、退(离)教师代表、青年教师代表、学生代表出席。会议出台5个文件征求意见，包括《南开大学教职工绩效考核工作指导性意见》、《南开大学“百名高端人才及学科带头人”支持计划》、《南开大学“百名青年学科带头人”培养计划》、《南开大学青年教师国际化培养计划》和《南开大学教师职业道德规范》。

4月27日 以山东省政府参事、山东省委高校工委原常务副书记田建国为组长的教育部专家组来校对高校辅导员培训和研修基地(南开大学)开展评估检查。我校党委书记薛进文会见客人。天津市委教育工委副书记、市教委副主任李绍洪，我校党委副书记、副校长杨克欣出席评估检查汇报会。

4月27日 由原天津大学校长单平教授任组长的天津市高校教学质量督导委员会专家组一行5人来校检查课堂教学和教学督导工作。副校长朱光磊会见客人。

4月28日 举行首届中国科协科技馆基金会合展励学金捐赠仪式。天津市委常委、市委教育工委书记苟利军，中国科协党组成员、学会学术部部长沈爱民出席。全国政协常委、中国科技馆发展基金会顾问齐让代表基金会与中国工程院院士、天津市科协主席王静康互赠捐赠证书。我校校长龚克，党委副书记、副校长杨克欣，天津大学校长李家俊以及市有关单位负责同志出席。

4月 确定2012年转变作风服务师生的20件实事，具体包括：上半年建成西南村菜市场；调整延长部分教室的开放时间；解决泰达与本部之间学生通勤班车问题；建立“网上预约投递”报销系统；延长网络服务中心业务受理时间；建设南开大学电子图书网络阅读平台，在新馆主要阅览室实现无线网络覆盖，增加每位师生的图书借阅数量；为离退休老同志进行每年一次的健康体检；组建教师发展中心；建立5至10个学生实践基地；建立“研究生资助管理信息系统”；打造学生模拟创业空间；新立项10门课程，为学生提供更多科学和人文艺术类选修课程；完善“教务信息查询系统”；制定《南开大学人事管理服务规范与办事程序》；资助校内重点国际引智合作项目；组织编印新版《南开大学电话号码表》和《南开大学办公电话簿》；办好 77、78 级毕业 30 周年校友返校纪念活动；建立设备综合管理、大型仪器共享、采购竞价、生物化学试剂电子商城等四大信息管理系统；开展科研项目结题审计档案利用专项服务，提供专门阅览室；完成学一食堂后厨房和学二食堂洗碗间维修工作等 10 个后勤具体项目等。

4 月　由"展望与创新基金会"法人代表伊蕾娜·科尔内女士为领队的法国青年代表团来访，团中央中国青年国际交流中心王婷婷、团市委国际部部长曹志刚陪同访问。我校党委副书记、副校长杨克欣会见客人。

4 月　我校与法国鲁昂高等工商管理学院（ESC Rouen Business School）合作的首个硕士研究英文项目开班。

4 月　我校 5 项课题入选天津市"十二五"高等教育科学研究课题。其中，3 项课题入选天津市重点课题，1 项课题入选天津市规划课题，1 项课题入选天津市青年专项课题。

4 月　旅游与服务学院和美国中佛罗里达大学罗森酒店管理学院签署迪斯尼乐园教学实习项目。

4 月　我校日本研究中心被确定为教育部首批区域和国别研究培育基地之一。

4 月　张琚教授被授予"全国五一劳动奖章"荣誉称号。

5 月

5 月 2 日　举行大学生创业实践基地揭牌仪式。校长龚克，党委副书记、副校长杨克欣，团市委有关负责同志出席。

5 月 2 日　举行国家试点学院改革调研会。校长龚克，党委副书记、副校长杨克欣，副校长许京军、佟家栋、朱光磊出席。

5 月 3 日　薛进文同志主持召开本年度第六次党委常委会议。龚克、杨庆山、刘景泉、张式琪、杨克欣、佟家栋、关乃佳、朱光磊、孙广平、张亚出席，许京军列席会议。研究了南开大学校务委员会换届调整事宜、校计算机及其网络安全保密工作小组调整事宜、机构和干部问题。审议并原则通过《南开大学校务委员会工作规则》（修订稿）、《南开大学学位评定委员会章程》、《南开大学三级、四级职员岗位聘任暂行办法》。听取了新校区规划建设工作进展情况的汇报。

5 月 3 日　我校与天津经济技术开发区举行战略合作协议签约仪式。校长龚克，天津滨海新区区委常委、经济技术开发区管委会党组书记、管委会主任何树山，副校长许京军，天津经济技术开发区管委会副巡视员、滨海综合发展研究院副院长王恺，校党委常委张亚出席。我校与天津经济技术开发区相关职能部门负责人，开发区内 30 余家重点企业负责人参加。双方签署《南开大学 天津经济技术开发区人才培养战略合作框架协议》、《南开大学与天津经济技术开发区共建人力资源教育培训与开发研究基地框架协议书》、《优秀外来建设者圆梦工程暨远程学历教育项目框架协议书》、《南开大学与天津经济技术开发区人才服务中心合作建设大学生实习基地项目框架协议书》。

5月4日 天津市委常委、市委教育工委书记苟利军来校调研袁霞救助情况,传达中共中央政治局委员、天津市委书记张高丽的重要批示精神。天津市委办公厅副主任孙学瑞,市委教育工委常务副书记魏大鹏,市委教育工委副书记、市教委副主任李绍洪,团市委副书记王晓亮,天津大学党委副书记李义丹,我校党委书记薛进文,党委副书记、副校长杨克欣等出席调研会。

5月4日 召开纪念建团九十周年南开大学共青团五四表彰大会。团市委副书记王晓亮,我校党委书记薛进文,党委副书记、副校长杨克欣,校党委常委张亚等出席并为获奖集体和个人颁奖。

5月4日 举行纪念建团九十周年优秀青年代表座谈会。党委书记薛进文,党委副书记、副校长杨克欣,副校长许京军出席。

5月4日 四川大学副校长安小予率团来访。我校党委书记薛进文会见客人,副校长孙广平陪同会见。

5月5日 召开滨海学院第三届董事会成立大会。我校党委书记薛进文,校长龚克,天津滨海新区大港工委副书记、管委会主任张传捷,副校长朱光磊,校党委常委张亚出席。

5月5日 南开大学第十三届企业文化节开幕。党委副书记、副校长杨克欣出席。

5月5—6日 我校首届香港免试生面试在深圳大学举行。

5月5—6日 由我校与北京大学、清华大学等高校共同主办的“2012两岸金融研讨会”在北京大学召开。校长龚克出任研讨会共同主席,副校长佟家栋出席。

5月6—8日 召开WITS贸易分析软件高级研讨会。副校长佟家栋出席并会见联合国贸易和发展会议专家桑原宏明(Hiroaki Kuwahara)。

5月6—10日 举行第十六届国际环糊精会议(the 16th ICS)。这是该会议首次在中国召开。

5月6—11日 校长龚克率团访问美国天普大学、布朗大学、哈佛大学、麻省理工学院、伊利诺伊理工大学和威斯康星大学麦迪逊分校,分别与各校校长就校级合作交流事宜举行会谈。副校长关乃佳陪同访问。期间,龚克还看望了在纽约、波士顿、麦迪逊地区的我校校友和学生代表。

5月7日 新疆师范大学副校长周作宇一行来访。我校党委书记薛进文会见客人,副校长许京军陪同会见。

5月7—11日 由陈省身数学研究所与莫斯科国立大学数学系联合举办的第二届K-理论、C*-代数和流形上的拓扑国际会议在我校召开。

5月9日　南开大学澳门校友会成立大会在澳门举行。我校副校长朱光磊、澳门特区政府行政长官办公室主任谭俊荣、澳门基金会主席吴志良、中央人民政府驻澳门特区联络办公室文化教育部副部长徐婷、国家外交部驻澳门特区特派员公署公共外交和新闻部副主任任育红、澳门科技大学副校长陈曦、一国两制研究中心主任杨允中等出席。

5月9日　于振起校友摄影展在我校开幕。中国前驻白俄罗斯大使于振起，党委书记薛进文，党委副书记刘景泉出席。于振起做客"与时代同行——南开大学毕业30周年校友系列报告会"，作题为"前苏联地区社会文明情况和自己对个人修养的见解"的报告。

5月10日　召开本年度第一次中层干部任期经济责任审计工作联席会议。党委副书记杨庆山、张式琪出席。

5月10日　希腊驻华大使塞德罗斯·耶奥卡凯罗斯（Theodore Georgakelos）、文化参赞爱琳娜女士一行来访。党委副书记张式琪会见客人。

5月10—11日　由我校金融发展研究院承办的全国博士后金融论坛在中国（天津）人力资源发展促进中心揭幕。天津市委常委、副市长崔津渡，我校副校长佟家栋出席。

5月11日　日本前首相福田康夫受聘为我校客座教授，并就中日关系发表主题演讲。党委书记薛进文为福田康夫颁发聘书并佩戴校徽。副校长许京军、天津市政府外事办公室主任田贵明、日本驻华使馆经济部参赞有马孝典等出席致聘仪式。

5月11日　召开学习胡锦涛总书记在纪念建团90周年大会上的重要讲话精神座谈会。党委副书记、副校长杨克欣出席。

5月14日　举行招生工作团、杰出青年教师讲师团成立大会。党委书记薛进文，党委副书记、副校长杨克欣，副校长朱光磊出席。

5月14日　举行首届"现代汽车雅科仕奖学金"授予仪式。副校长佟家栋，现代汽车中国投资有限公司营销战略部部长徐承铉出席。

5月15日　教育部社会科学司副司长张东刚来校解读"高等学校创新能力提升计划"（"2011计划"）。党委书记薛进文、副校长朱光磊、校长助理冼国明、原副校长逄锦聚、原常务副校长陈洪等出席。

5月15日　主题为"享科研乐趣，品文化韵味"的第六届天津大学—南开大学研究生联合学术文化节开幕。我校党委副书记、副校长杨克欣，副校长佟家栋，天津大学校长李家俊，天津市教委副主任孙志良，天津大学党委副书记李义丹出席开幕式。

5月15日　副校长孙广平率相关部门工作人员和学生代表开展食品卫生安全大检查。

5月15日　举办青年党政管理干部基本功竞赛。在岗的科级以下（含科级)、年龄在35岁以下的青年管理干部共189人以集中闭卷笔试的方式参加竞赛。

5月16日 毋国光先生追思会在省身楼举行。党委书记薛进文、校长龚克发来书面发言并委托代为宣读,党委副书记杨庆山、刘景泉,副校长佟家栋,校党委常委张亚,原党委书记洪国起,天津市原政协副主席姚建铨,中国光学学会副理事长、天津大学教授郁道银,天津市科协副主席白景美,天津大学教授张以谟,毋先生夫人池圆香出席。毋先生的亲属、生前友好、有关专家学者、弟子学生,学校有关部门负责人,信息技术科学学院负责人及教师代表,物理学院教师代表,现代光学研究所全体教师和研究生参加。

5月16日 物理系1957级40余名校友重返母校纪念毕业50周年。副校长许京军会见老校友。

5月16日 美国西敏学院商学院院长王进来访。副校长朱光磊会见客人。

5月17日 举行南开公能讲坛之"公益精神与公能品格"专场报告会。第七届"中华慈善奖"得主张俊兰、王芳应邀作主题报告。党委副书记、副校长杨克欣出席。

5月17日 持久性有机污染物论坛2012暨第七届持久性有机污染物全国学术研讨会(POPs论坛)在我校开幕。中国环境科学学会副理事长兼秘书长任官平,中国环境境科学学会POPs专业委员会主任、清华大学持久性有机污染物研究中心主任、清华大学环境学院院长余刚,我校副校长许京军等出席开幕式。

5月17日 举行资产经营有限责任公司董事会、监事会第二届第一次会议。公司董事长、副校长佟家栋出席。会议决定聘任张志尧为公司总经理,周占明、段爱龙、高红梅为公司副总经理。张志尧为公司法人代表。

5月17日 英国格拉斯哥大学第一副校长安德里·诺兰(Andrea Nolan)一行来访。副校长佟家栋会见客人。

5月17日 土耳其叶迪特佩大学(Yeditepe University)校长努尔肯(Nurcan BAC)一行来访。副校长关乃佳会见客人。

5月17日 武警杭州士官学校校长余和平一行来访。副校长孙广平、校党委常委张亚会见客人。

5月18日 召开离退休工作会议。党委书记薛进文、党委副书记杨庆山、副校长佟家栋、校党委常委张亚出席。

5月18日 召开理工科高校创新能力提升计划("2011计划")实施推动会。副校长许京军出席。

5月18日 举行第三届浦发励志奖学金颁奖仪式。上海浦东发展银行副行长刘信义,上海浦东发展银行天津分行行长、党委书记崔炳文,我校党委副书记、副校长杨克欣,副校长朱光磊,校党委常委张亚出席并为获奖学生颁奖。

5月18日 举行"五月的鲜花"合唱比赛。党委副书记、副校长杨克欣出席。

5月20日 全国社会保障基金理事会理事长、天津市原市长、我校教授戴相龙来校参加博士生毕业论文答辩会。党委书记薛进文会见戴相龙一行。天津市政府副秘书长陈宗胜，我校副校长佟家栋，校党委常委张亚陪同会见。

5月21日 知名国际关系学者、中国现代国际关系研究院研究员、《现代国际关系》杂志主编林利民教授受聘为我校兼职教授并作主题为“当前国际形势”的报告。

5月22日 召开节能监管系统建设研讨会。副校长、校能源委员会主任孙广平出席。

5月22日 举行“与时代同行——南开大学毕业30周年校友系列报告会”。我校哲学院1978级校友、天津《今晚报》高级编辑杨大遂作题为“现代媒体人的素质培养与技能储备”的报告。

5月22—26日 中国共产党天津市第十次代表大会胜利召开。我校代表龙以明、申虹、江曼琦、陈军、洪国起、龚克、薛进文（按姓氏笔画排名）参加大会。我校党委书记薛进文当选第十届天津市委委员，并当选天津市出席党的十八大代表。

5月23日 召开控制吸烟工作会。副校长孙广平出席。

5月24日 我校与大连银行天津分行举行合作签约仪式。大连银行天津分行行长、党委书记刘毅，我校副校长朱光磊，校党委常委张亚出席。

5月24日 南开香港校友会副会长陈金城一行回母校访问，并就捐赠LED节能灯项目与学校相关部门洽谈。副校长孙广平会见客人，校党委常委张亚看望客人。

5月25日 校长龚克访问美国芝加哥大学并会见该校校长罗伯特·锦穆尔（Robert Zimmer）。

5月25日 举行2012年本科生创新科研表彰暨新立项项目启动会。副校长朱光磊出席。

5月26日 举行“与时代同行”——南开大学毕业三十周年校友系列报告会之“七七之光”校友报告会。1977级光学专业校友，美国G－MEO公司大中国地区总裁孙晓云，美国花旗集团风险管理资深顾问刘江，英特尔公司总工程师严培洋，美国博通公司总工程师王江林，美国伯英格因格翰药物公司资深科学家周晓迈，天津大学水利系副主任戚蓝教授等6位校友出席。

5月27日 举行南开大学世界经济研究中心（World Economy Research Centre，Nankai University）成立仪式。世界经济论坛主席克劳斯·施瓦布（Klaus Schwab），天津市副市长任学锋，市政协副主席何荣林，市政府副秘书长朱军，我校党委书记薛进文，副校长佟家栋，校党委常委张亚出席。仪式上，施瓦布与薛进文共同为中心揭牌。施瓦布担任中心高级顾问。

5月27日 我校与中国农业银行、第一财经日报联合举办“助你成长大学生优才计划——未来经济领袖课堂”。中国农业银行监事长兼党委副书记车迎新,《第一财经日报》党委书记刘芳,中国农业银行首席经济学家、《环球财经》杂志总编向松祚出席活动。我校党委副书记、副校长杨克欣会见客人。

5月28日 举行传达天津市第十次党代会精神报告会。党委书记薛进文按照市委要求,结合学校实际,传达了党代会的基本情况和主要精神。校长龚克主持会议。校领导及学校中层正职干部、校第八次党代会代表、党支部书记代表参加会议。

5月29日 由我校与天津大学联合组建的"天津化学化工协同创新中心"在天南大联合研究大厦举行揭牌仪式。教育部副部长杜占元,天津市副市长张俊芳,中国科学院副院长李静海,中国工程院副院长谢克昌,全国人大常委会委员、全国人大教科文卫委员会副主任、中国科学院院士程津培,天津大学校长李家俊,我校校长龚克等出席仪式并为中心揭牌。揭牌仪式前,龚克、李家俊在天津大学共同签署《天津大学南开大学组建"天津化学化工协同创新中心"承诺书》,承诺充分发挥两校学科优势,以化学化工领域为中心,开展国家急需的战略性研究、探索科学技术尖端领域的前瞻性研究、涉及国计民生重大问题的公益性研究,建设重大创新平台和创新团队,并以此为契机大力推进两校在协同创新领域的机制体制改革,主动对接天津特别是滨海新区产业发展需求,打造我国高校协同创新的典范。

5月29日 中国石油大学(北京)党委书记蒋庆哲一行来访。我校党委书记薛进文、校长龚克分别会见客人,党委副书记杨庆山、张式琪,校党委常委张亚陪同会见。

5月29日 校长龚克主持召开今年第六次校长办公会议。会议审议并通过南开大学出版社转制工作领导小组名单、校军训领导小组席位制结构和成员调整名单、校征兵工作领导小组席位制结构和成员调整名单、校学生资助工作领导小组席位制结构和成员调整名单、校奖学金评审委员会席位制结构和委员调整名单、校本科生招生工作领导小组席位制结构和成员名单。审议并同意成立南开大学世界经济研究中心。审议并原则同意成立南开大学金融信息技术研究中心。审议并原则通过《南开大学人文社会科学研究奖励办法》、《南开大学国家科技计划项目间接经费管理办法(试行)》、《南开大学教职工绩效考核工作指导性意见》、《南开大学控制吸烟实施细则(试行)》。审议并通过校控烟工作领导小组席位制结构和成员名单。

5月29日 举行"与时代同行——南开大学毕业30周年校友系列报告会"。1981级校友、原副校长、政治经济学研究中心主任逄锦聚作题为"经济学的使命与经济学人的责任"的报告。

5月30日 召开教学指导委员会工作会

议。副校长许京军、朱光磊出席。

5 月 30 日—6 月 2 日 由陈省身数学研究所、数学学院、香港理工大学应用数学系和北京大学数学学院联合举办的张量谱理论国际学术研讨会在我校举行。来自中国、俄罗斯、意大利、澳大利亚、美国和法国等 6 个国家和地区的 80 多位代表参会。副校长许京军出席开幕式并致辞。

5 月 31 日 举行全国第九届大运会倒计时 100 天暨学校体育专题辩论赛。教育部体育卫生与艺术教育司副司长刘培俊，天津市教委副主任、大运会组委会常务副秘书长林炎生，市政府教育督导室副局级督学戈金亭，天津大学党委副书记李义丹，我校党委副书记、副校长杨克欣出席。

5 月 31 日 党委书记薛进文看望著名学者、我校教授来新夏并祝贺先生 90 寿辰暨从教 65 周年。校党委常委张亚陪同看望。

5 月 31 日 举行“旅游与文化融合——领略塔斯马尼亚的魅力”开放日。澳大利亚塔斯马尼亚州前总督、塔斯马尼亚博物馆和艺术画廊董事会主席盖伊·格林(Guy Green)爵士出席活动。副校长关乃佳会见客人。

5 月 我校 4 门课程入选 2012 年“精品视频公开课”，分别是文学院叶嘉莹教授主讲的“小词中的修养境界”、生命科学学院蔡峻教授主讲的“生命科学漫谈”、周恩来政府管理学院管健副教授主讲的“心理学与生活”、哲学院薛富兴教授主讲的“美与生活”。

5 月 我校 38 项课题获 2012 年国家社科基金立项，中标项目总数居全国高校第三，为历史最好成绩。其中，国家社科基金重点项目 5 项、一般项目 20 项、青年项目 13 项。

5 月 天津市政府学位委员会公布天津市高等学校第四期重点学科名单，我校共有 27 个一级学科入选：哲学、理论经济学、应用经济学、法学、政治学、社会学、马克思主义理论、中国语言文学、外国语言文学、中国史、世界史、数学、物理学、化学、生物学、生态学、统计学、光学工程、材料科学与工程、电子科学与技术、控制科学与工程、计算机科学与技术、环境科学与工程、植物保护、管理科学与工程、工商管理、图书情报与档案管理。

6 月

6 月 1 日 举行教育部首批区域和国别研究培育基地南开大学日本研究中心启动仪式。全国政协外事委员会副主任、外交部原副部长武大伟，教育部国际司司长张秀琴，我校党委书记薛进文、副校长关乃佳出席。教育部国际司专家处、亚非处，天津市经济技术开发区国际局，我校相关部门负责人，基地校外专家和师生代表参加。武大伟受聘为中心顾问，清华大学当代国际关系研究院副院长刘江永、东北师范大学历史文化学院院长韩东育受聘为中心校外特聘专家。仪式后,武大伟围绕国际国内形势、中日关系等主题作报告,并就日本研究中心的规划和建设与师生进行座谈。

6月1日　召开学术委员会文科成员工作(扩大)会议。党委书记薛进文,副校长佟家栋、朱光磊出席。校学术委员会文科成员,文科各学院院长,社科处、人事处负责人参加。会议就我校文科组织实施《高等学校创新能力提升计划》("2011计划")和制定《南开大学哲学社会科学繁荣计划(2011—2015年)》的情况进行通报和研讨,并介绍文科协同创新中心的建设筹备情况。

6月1日　举行2012届优秀本科毕业生表彰大会暨毕业生教育活动启动仪式。党委副书记、副校长杨克欣出席。

6月1日　举办来新夏先生著述展。副校长佟家栋出席。

6月1日　1978级校友、原中国科学院动物研究所所长黄大卫教授应邀做客"与时代同行——南开大学毕业30周年校友系列报告会",作题为"创新与创业——路在何方"的报告。

6月1日　中国保险监督管理委员会天津监管局党委书记、局长郭左践来访并做客"南开保险素质教育讲堂",作题为"天津保险市场的现状与发展"的报告。副校长佟家栋会见客人。

6月2日　马克思主义理论研究和建设工程在京召开工作会议。我校党委书记薛进文、原副校长逄锦聚教授出席。逄锦聚教授获得由中央马克思主义理论研究和建设工程办公室颁发的工程咨询委员、首席专家荣誉证书。

6月2日　我校校友、搜狐前总编、酷6网创始人、中欧国际工商学院创业学兼职教授李善友做客inankai系列论坛。党委副书记刘景泉会见客人。

6月2日　南开区在我校举行2012"第五届南开发展高层论坛"。副校长许京军,校党委常委张亚出席。

6月5日　召开膳食工作委员会工作会议。党委副书记、副校长杨克欣出席。

6月5日　法国鲁昂高等商学院校长阿诺德·墨里纳(Arnaud Langlois Meurinne)一行来访。副校长关乃佳会见客人。

6月5—8日　党委书记薛进文率团访问英国格拉斯哥大学、爱丁堡大学,分别会见两校校长,就校级合作进行会谈并签署相关协议。副校长朱光磊陪同访问。访问期间,薛进文一行参观格拉斯哥大学孔子学院,看望在英国学习和任教的部分校友,并参加在爱丁堡召开的2012年欧洲地区孔子学院工作研讨会。中国驻英国大使刘晓明在大使馆会见我校代表团。

6月6日　新加坡教育部副常任秘书黄子鹏来访。校长龚克会见客人,副校长关乃佳陪同会见。

6月6日　1978级校友、《光明日报》"文荟"副刊主编韩小蕙做客"与时代同行——南开大学毕业30周年校友系列报告会",作题为"通往职场成功的10个'一小点儿'——40年职场经验谈"的报告。党委副书记刘景泉会见客人。

6月6日 全国敬业奉献模范、全国劳动模范、全国"五一"劳动奖章获得者、"全国优秀共产党员"、"感动中国"人物、天津市出席党的十八大代表孔祥瑞做客南开公能讲坛,作题为"公民道德与公能品格"的报告。党委副书记、副校长杨克欣会见客人。

6月6日 1978级校友、天津东疆港保税区管委会主任张爱国做客"与时代同行——南开大学毕业30周年校友系列报告会",作题为"浅谈滨海新区东疆港发展和三十年工作体会"的报告。

6月7日 教育部"贯彻落实马克思主义理论研究和建设工程工作会议精神,推动高校哲学社会科学繁荣发展"座谈会在我校举行。教育部副部长李卫红,教育部社会科学司司长杨光、副司长张东刚,我校校长龚克、党委副书记刘景泉出席。东北师范大学、华东师范大学、吉林大学、复旦大学、南京大学、武汉大学、华中师范大学、中山大学及我校社会科学工作负责人和部分专家学者参加。

6月7日 发展中国家科学院执行主任穆伦齐(Romain Murenzi)一行来访。校长龚克会见客人,副校长关乃佳陪同会见。

6月7日 教育部社会科学委员会委员、中国国际关系学会副会长、华东师范大学国际关系和地区发展研究院院长冯绍雷受聘为我校兼职教授,并作题为"普京新政与俄罗斯的未来"的报告。副校长佟家栋会见客人。

6月7日 日本皇学馆大学代表团来访。副校长关乃佳会见客人。

6月7日 1978级校友、教育部高校日语教学指导委员会委员、全国商务日语研究委员会副主任王健宜教授做客"与时代同行——南开大学毕业30周年校友系列报告会",作题为"人生·社会与自我完善"的报告。

6月8日 召开学术委员会换届和教职工绩效考核工作会议。校长龚克、副校长佟家栋出席。

6月8日 举行幼儿园建园60周年庆祝大会。全国政协常委张大宁,天津市妇联副主席程树梅,校长龚克、副校长孙广平、校党委常委张亚出席。

6月8日 举行来新夏先生九十华诞暨从教六十五周年庆祝大会。天津理工大学校长马建标,天津职业大学校长董刚,教育部高校图书情报工作委员会秘书长、北京大学教授朱强,我校校长龚克出席。

6月9日 召开"全球金融危机与资本主义经济和制度的新变化"国际学术研讨会。副校长佟家栋出席。

6月9日 南开区举行科学技术奖励暨第二届南开区青年博士服务团成立大会。南开区委书记韩宏范,南开区委副书记、区长张丽丽,天津大学副校长舒歌群,我校党委副书记、副校长杨克欣出席并共同启动"南开区青年博士服务团——博士之家"交流服务平台。我校近百名在读研究生和部分青年教师受聘为第二届“青年博士服务团”。

6 月 10 日　1977 级校友、北京大学哲学系教授丰子义做客“与时代同行——南开大学毕业 30 周年校友系列报告会”,作题为“全球化与资本的双重逻辑”的报告。

6 月 10—12 日　我校参加第六届中国企业国际融资洽谈会暨第二届高校科技创新成果转化展洽会,与企业签署技术转让合同。我校教师创办的 3 家企业和我校“大学生创业实践基地”分别在教师创办企业展区和大学生创业规划展区参展。

6 月 11 日　台湾淡江大学副校长高柏园率团来访。副校长关乃佳会见客人。

6 月 12 日　天津市委副书记、市长黄兴国到海河教育园区专题调研二期工程建设进展情况。市委常委、市委教育工委书记朱丽萍,市人大常委会副主任苟利军出席调研会。我校党委书记薛进文汇报我校津南校区规划建设工作进展。市政府有关部门、海河教育园区管委会、津南区政府、海河教育园区二期相关高校以及相关建设单位负责同志参加调研会。

6 月 12 日　2012 年教育部国家大学生校外实践教育基地建设项目——南开大学临床技能综合培训中心举行揭牌仪式。校长龚克与南开大学人民医院院长吕文光为中心揭牌。

6 月 12 日　天津市教委巡视员、副主任黄永刚率市教委小学处领导到我校附属小学进行工作调研。南开区教育局局长刘向军、我校副校长朱光磊等陪同调研。

6 月 12 日　1977 级校友、经济与社会发展研究院副院长王迎军教授做客“与时代同行——南开大学毕业 30 周年校友系列报告会”,作题为“在不确定性环境中成长”的报告。

6 月 13 日　举行学生话剧《红旗谱》天津高校巡演活动启动仪式暨首场演出。天津市人大常委会主任肖怀远发来贺信。市委常委、市委政法委书记散襄军,市委常委、市委秘书长段春华,市委常委、市委教育工委书记朱丽萍,市人大常委会副主任、梁斌研究会会长罗远鹏,团市委书记刘志强,市文化局党委书记杜彩霞,天津中医药大学党委书记张金钟,市委宣传部副部长李毅,团市委副书记王晓亮,我校党委书记薛进文,校长龚克,党委副书记杨庆山,党委副书记、副校长杨克欣,校党委常委张亚等出席。

6 月 13 日　美国路易威尔大学亚洲研究部主任、亚洲研究杰出讲席教授、政治学终身教授华世平受聘为我校客座教授并作学术报告。副校长朱光磊向华世平致送聘书。

6 月 13—15 日　副校长佟家栋率团访问日内瓦世界经济论坛总部和世界贸易组织(WTO)总部,分别会见世界经济论坛创始人兼执行主席施瓦布(Klaus Schwab)、世界贸易组织首席经济学家帕里克(Patrick Low)。

6月13—16日 由我校历史学院与中国社科院历史所明史研究室联合主办的明代国家与社会学术研讨会在我校举行。原天津市人大常委会副主任王鸿江，中国明史学会名誉会长、中国社科院学部委员张显清，中国明史学会会长、中国社科院历史研究所研究员商传，我校副校长朱光磊，中国明史学会会长、我校历史所所长南炳文等出席。

6月14日 天津市委常委、市委教育工委书记朱丽萍来我校调研，并与我校党政领导班子进行座谈。市委办公厅、市委教育工委、市教委等部门负责人陪同。座谈会后，党委书记薛进文、校长龚克、校党委常委张亚陪同朱丽萍一行参观综合实验楼、大学生活动中心和大学生创业实践基地。

6月14日 召开"献策南开共话发展"主题座谈会。校长龚克，党委副书记、副校长杨克欣出席并与本科毕业生代表座谈。

6月14日 举行研究生科研道德和学风建设自律促进委员会成立大会。党委副书记、副校长杨克欣出席。

6月14日 我校终身教授范曾为师生作题为"宁静的世界"的讲座。校长龚克主持。

6月14日 举行2012年青年教师教学基本功竞赛。党委副书记刘景泉出席。

6月15日 举行雷海宗先生诞辰110周年纪念大会。首都师范大学校长刘新成，中国驻加拿大前大使、西南联大北京校友会副会长张文朴，我校校长龚克，教授魏宏运、范曾等出席。

6月15日 举行2011—2012年度研究生先进党支部、优秀共产党员表彰大会。党委副书记、副校长杨克欣出席。

6月16日 校长龚克赴深圳为校友作校情报告。党委副书记杨庆山、校长助理刘秉镰、深圳校友会会长李罗力出席。

6月16—17日 举行第二届旅游国际学术研讨会。中国旅游研究院院长戴斌、我校副校长朱光磊出席。

6月17日 举行新党员宣誓大会。党委副书记杨庆山出席。1157名新党员参加宣誓，其中教职工21人，学生1136人。

6月18日 薛进文同志主持召开本年度第七次党委常委会议。龚克、杨庆山、刘景泉、张式琪、杨克欣、佟家栋、朱光磊、孙广平、张亚出席。会议决定成立南开大学信息公开工作领导小组及其工作机构、南开大学学生就业工作领导小组。审议并原则通过《南开大学信息公开实施办法(试行)》、《南开大学关于在重点领域开展廉政风险防控工作的实施方案》、《南开大学哲学社会科学繁荣计划(2011—2015年)》。审议并通过南开大学第八届学位评定委员会委员及其四个分组组成名单、南开大学财经工作领导小组席位制结构和成员调整名单、南开大学银行贷款资金管理小组席位制结构和成员调整名单、教育部高校辅导员培训和研修基地(南开大学)建设和管理工作委员会席位制结构和成员调整名单、南开大学关心下一代工作委员会成员调整名单、机关党委委员调整名单。审议并同意提高离退休人员一次性生活补贴标准,列入2012年学校追加预算。传达了中央马克思主义理论研究和建设工程工作会议精神。研究决定紫光集团有限公司为津南校区一期建设工程非核心区项目融资建设合作方。

6月18日 美国圣克劳德州立大学校长俄尔·波特(Earl H. Potter III)一行来访。党委书记薛进文会见客人。

6月18日 举行2012届研究生优秀毕业生座谈会。校长龚克,党委副书记、副校长杨克欣,副校长佟家栋出席并与毕业生代表座谈。

6月18日 美国环球教育集团董事长、哥伦比亚大学国际公共事务学院(SIPA)前执行院长罗宾·路易斯(Robin Lewis)受聘为我校客座教授,并做客"周恩来论坛"作题为"高等教育的全球化"的报告。副校长关乃佳向其致送聘书并佩戴校徽。

6月19日 举行主题为"加强毕业生服务工作"的第八次校领导接待日活动。党委书记薛进文,党委副书记、副校长杨克欣,校党委常委张亚出席并与毕业学生代表座谈。

6月19日 举行2012届优秀毕业生座谈会暨年级理事致聘仪式。党委书记薛进文,党委副书记、副校长杨克欣,校党委常委张亚出席。

6月19日 1978级校友、天津广播电视电影集团管委会副主任、天津广播电视网络公司董事长马津力受聘为我校兼职教授。党委书记薛进文、党委副书记刘景泉出席。马津力做客"与时代同行——南开大学毕业30周年校友系列报告会",作题为"电视传媒的未来发展趋势"的报告。

6月19日 英国南安普顿大学副校长马克·斯皮林(Mark Spearing)一行来访。校长龚克会见客人。

6月19日 举行研究生学习科研状况调研报告发布会暨科学道德与学风建设报告会。副校长佟家栋,中国工程院院士、天津市科协副主席、我校农药国家工程研究中心主任李正名出席。

6月20日 天津市委常委、市委教育工委书记朱丽萍来我校看望龙以明院士。党委书记薛进文、校党委常委张亚陪同看望。

6月20日 举行孔子学院工作会议。党委书记薛进文,校长龚克,副校长关乃佳、朱光磊,校党委常委张亚出席。

6月20日 滨海学院举行2012届学生毕业典礼暨学位授予仪式。我校党委书记薛进文、副校长朱光磊,滨海学院院长张东升、党委书记张景荫出席。1750名学生毕业。

6月20日 举行2012—2014年度兼职组织员致聘仪式。党委副书记杨庆山出席。受聘为兼职组织员的32位同志是:崔然忠、吕可诚、张斗旺、李胜林、范海平、李平英、刘建平、俞新大、王树荣、刘新廷、孔祥悦、张铁荣、肖福堂、李淑华、刘静峰、曹建军、梁禹祥、姜军、项虹、刘津敏、张宪春、朱霆、霍晴、于洪来、曹扬、向曙、王连发、于莉、王连荣、杨志兵、刘秋甫、丁蕴丽。聘期自 2012 年 7 月至 2014 年 6 月。

6 月 20 日　举行第六届教代会暨第十五届工会代表培训会。天津市教育工会常务副主席李子星作题为“我国政治生态与学校民主管理”的报告。党委副书记刘景泉出席。

6 月 20 日　举行 2012 年勤工助学优秀个人表彰会暨校企共建大学生实习实践基地签约仪式。党委副书记、副校长杨克欣出席。

6 月 21 日　举行 30 年党龄党员座谈会。党委书记薛进文、党委副书记杨庆山出席。

6 月 21 日　世界经济论坛天津合作伙伴城市圆桌会议在我校召开。天津市副市长任学锋，国家发改委城市和小城镇改革发展中心主任李铁，天津市人民政府副秘书长朱军，世界经济论坛中国区执行董事施力伟（Olivier Schwab），世界经济论坛基础设施与城市发展部总监佩德罗·罗德里格斯·德·阿尔梅达（Pedro Rodrigues de Almeyda），我校副校长佟家栋等出席。中央部委有关部门、世界经济论坛和天津市相关部门的领导，国内外专家、学者及商界领袖 60 余人参加。

6 月 21 日　召开国防生培养工作座谈会。党委副书记、副校长杨克欣出席。

6 月 21 日　召开图书工作委员会工作会。副校长朱光磊出席。会议印发《南开大学图书工作委员会章程》、《南开大学图书工作委员会工作职责》。

6 月 22 日　举行爱知大学现代中国学部南开大学现地教学项目结业式。副校长朱光磊出席并为学生颁发结业证书。

6 月 22—24 日　召开第二届天津肿瘤微环境国际研讨会。天津医科大学副校长姚智、我校副校长佟家栋出席。

6 月 24 日　举行校园开放日暨 2012 年高考招生咨询会。校长龚克，党委副书记、副校长杨克欣到现场视察工作。

6 月 24 日　举行“聚散天涯，依依南开”毕业生晚会。校长龚克，党委副书记、副校长杨克欣，校党委常委张亚出席。

6 月 25 日　举行“爱岗守法知荣辱，敬业乐群秉公能”2012 届毕业生职业道德承诺宣誓仪式。校长龚克出席。

6 月 25 日　举行 2012 届研究生优秀毕业生表彰大会。副校长佟家栋出席并为获奖学生颁奖。共 235 名毕业生获表彰，其中博士研究生 70 名，硕士研究生 165 名。

6 月 25—30 日　举行公立大学国际论坛（IFPU）夏季博士生研修班。副校长关乃佳出席开学典礼。

6 月 26 日　举行 2012 届本科生毕业典礼暨学位授予仪式。校领导薛进文、龚克、杨庆山、刘景泉、张式琪、杨克欣、许京军、朱光磊、孙广平和张亚、冼国明出席典礼。2864 名本科生毕业。

6月27日 举行 2012 届硕士研究生毕业典礼暨学位授予仪式。校领导薛进文、龚克、刘景泉、佟家栋、关乃佳、朱光磊出席典礼。2546 名硕士研究生毕业。

6月28日 《香港与内地高等学校关于进一步深化交流与合作的意向书》签字仪式在香港特区政府大楼举行。教育部副部长郝平、中央人民政府驻香港联络办公室副主任殷晓静、香港特区教育局局长孙明扬出席签字仪式。北京大学、清华大学、南开大学等内地 17 所高校和香港大学、香港中文大学、香港科技大学等香港 12 所高校代表签署意向书。我校党委书记薛进文出席并代表学校签署意向书。

6月28日 举行 2012 届博士研究生毕业典礼暨学位授予仪式。校领导龚克、刘景泉、许京军、佟家栋、关乃佳、朱光磊出席典礼。736 名博士研究生毕业。

6月28日 举行 2011—2012 学年度本科生党建创新工程暨先进学生党支部、优秀学生党员表彰大会。党委副书记、副校长杨克欣出席并为获奖集体和个人颁奖。

6月29日 召开哲学社会科学繁荣计划推动工作会议。教育部副部长李卫红，教育部社会科学司司长杨光，天津市教委副主任韩金玉，我校党委书记薛进文，校长龚克，党委副书记刘景泉，副校长佟家栋、朱光磊，校党委常委张亚出席。

6月29日 召开中国共产党成立 91 周年纪念大会，表彰先进党组织、优秀共产党员，总结创先争优活动。校领导薛进文、龚克、杨庆山、刘景泉、张式琪、杨克欣、关乃佳、朱光磊、孙广平和张亚出席。受表彰的先进党组织和优秀共产党员、中层党员干部、党支部书记代表、兼职组织员参加大会。会上，校党委授予 5 个基层党组织“红旗党组织”称号，10 名同志“共产党员标兵”称号，28 个基层党组织“先进党组织”称号，81 名同志“优秀共产党员”称号。

6月29日 乐天奖学金财团副总经理权五祥一行来访。副校长朱光磊、校党委常委张亚会见客人。

6月30日 我校与紫光集团有限公司举行津南校区一期建设工程融资建设项目框架协议签约仪式。清华大学党委副书记、纪委书记韩景阳，清华控股副总裁、党委副书记李艳和，紫光集团总裁赵伟国，我校党委书记薛进文，校长龚克，党委副书记张式琪，副校长孙广平，校党委常委张亚，校长助理刘秉镰出席。龚克与赵伟国共同签署《南开大学津南校区一期建设工程融资建设项目框架协议》。

6月30日 举行 2012 年学生暑期社会实践启动仪式。校长龚克，党委副书记、副校长杨克欣，团市委有关负责人出席。33 支校级社会实践示范团队、10 支专业教师课题调研团队、100 余支院级社会实践队伍将赴近 20

个省市自治区开展社会实践活动。

6 月 30 日 美国旧金山湾区南开校友会原会长林昇恒来访。党委书记薛进文会见客人，校党委常委张亚陪同会见。

6 月 30 日 举行商学院 2012 届专业硕士学位授予仪式。校长龚克出席仪式并为学生颁发学位证书。共有工商管理硕士（MBA）、会计专业硕士（MPAcc）、项目管理工程硕士（MPM）等专业的 343 名专业硕士学员毕业。

6 月 我校信息公开在线服务平台上线试运行。

6 月 中国科学院学部换届选举结果公布。我校程津培院士当选中国科学院学部主席团成员，饶子和、张伟平、周其林 3 位院士分别当选中国科学院生命科学和医学学部、数学物理学部、化学部常务委员会委员。饶子和还当选为中国科学院学部学术与出版工作委员会副主任。

7 月

7 月 1 日 召开“三亚发展战略若干问题研究”系列课题评审会。副校长朱光磊，原校长、海南国际旅游岛发展研究院院长侯自新会见评审组组长、三亚市政协副主席周阳。

7 月 2 日 国家教育咨询委员会推进素质教育改革组一行来校调研。委员会组长、中国教育学会名誉会长顾明远，副组长、上海教育学会会长张民生，教育部原副部长韦钰，中国科技馆原馆长王渝生，我校校长龚克，副校长许京军、朱光磊，国家教育体制改革试点项目“化学学科教育教学改革”负责人申泮文院士等出席调研会。

7 月 2 日 召开互联网工作会。党委副书记刘景泉出席。

7 月 2 日 副校长佟家栋率团访问法国里尔高等商学院巴黎校区，并与该校签署两校学生交换协议。访问期间会见该校校长让·菲利普（Jean Philippe）、副校长史蒂芬·默多克（Stephen Murdoch）、中国驻联合国教科文组织大使尤少忠等。

7 月 2 日—8 月 10 日 我校 9 个学院的 26 名学子赴美国加州大学伯克利分校参加夏季小学期课程学习，并获得全球大学认可的正规学分。

7 月 3 日 马里兰大学副校长乔纳森·维尔肯菲尔德（Jonathan Wilkenfeld）受聘为我校客座教授。党委书记薛进文向乔纳森·维尔肯菲尔德致送聘书并佩戴校徽。

7 月 3 日 校长龚克主持召开今年第七次校长办公会议。会议审议并通过校本科生教学指导委员会组成和人员调整名单、校对口支援工作领导小组组成、校大型仪器管理委员会组成和人员调整名单、校国家（部门）重点实验室指导委员会组成和人员调整名单、校实验动物管理和使用委员会组成和人员调整名单、校实验动物福利伦理审查委员会组成和人员调整名单、南开大学与解放军总医院合作办学领导小组组成和人员调整名单、校卫生防疫和食品安全领导小组组成和人员调整名单、校计划生育委员会组成和人员调整名单、校环保委员会组成和人员调整名单、校绿化委员会组成和人员调整名单、校爱国卫生运动委员会组成和人员调整名单、暑期学生宿舍搬迁方案和2012级新生住宿安排。审议并原则通过本科生奖励资助项目调整方案。审议并同意成立南开大学书画艺术与美学研究中心、南开大学明代历史文献整理研究中心、南开大学国际发展研究中心。审议并同意将环境科学与工程学院环境工程与管理系更名为环境工程系。审议并决定撤销南开大学与延边大学对口支援工作小组、校绿色化学化工国家重点实验室筹备申报工作领导小组和工作小组、校卫生工作领导小组、校食品卫生管理领导小组、校甲型H1N1流感防控工作领导小组，成立南开大学对口支援工作领导小组。研究了校环境规划与评价所改制、规范开发印有学校标识的礼品和纪念品、迎水道98号院教工住宅区有关事宜。听取了2012届毕业生就业情况的汇报。

7月3日　天津市口岸服务办主任赵尚武一行来访。校长龚克会见客人，副校长许京军、校长助理刘秉镰陪同会见。

7月3日　党委副书记杨庆山率相关单位负责人开展安全大检查。

7月3日　教代会工会召开主席工作会。党委副书记刘景泉出席。

7月3日　副校长佟家栋率团访问法国鲁昂高等商学院，会见该校校长阿诺德·墨里纳(Arnaud Langlois Meurinne)，并与该校签署3+2学生联合培养协议。

7月3日　召开2012年国内访问学者接受工作表彰会。经评审，姜贵梅等12名国内访问学者被评为“南开大学2011—2012学年度优秀国内访问学者”；王立新等12名指导教师被评为“南开大学2011—2012学年度优秀国内访问学者指导教师”；杜倩影等4名教学管理人员获“南开大学2011—2012学年度国内访问学者管理工作优秀奖”。

7月4日　召开重点领域廉政风险防控工作动员部署会。党委书记薛进文，党委副书记、纪委书记张式琪、校党委常委张亚出席。各分党委、党总支书记，机关、后勤和直属单位各部门主要负责人参加。

7月4日　校长龚克主持召开了今年第三次院长联席会议。副校长许京军、朱光磊，校党委常委张亚出席。会议传达了教育部、财政部近日召开的“985工程”建设座谈会精神。听取了部分学院关于“985工程”三期建设情况的汇报。通报了拟于今年下半年召开的科技工作会议的有关情况、2013年实施夏季学期的有关筹备情况、2012级新生入学的有关安排、2012届毕业生座谈会的有关情况。

7月4日　召开科技工作体制改革座谈

会。校长龚克、副校长许京军出席。

7月5日 山西阳泉煤业(集团)有限责任公司总经理助理、人力资源部部长裴平星一行来访。党委书记薛进文会见客人。

7月5日 中国地质大学(北京)党委统战部部长张大林一行14人来访。我校党委副书记、纪委书记张式琪会见客人。

7月5日 启动“知行南开”研究生社会调研项目(第一期)。党委副书记、副校长杨克欣出席启动仪式。

7月5日 召开机要员培训暨机要保密工作会。副校长朱光磊、校党委常委张亚出席。

7月6日 华东理工大学党委书记杨贤金率团来访。我校党委书记薛进文,校长龚克,党委副书记、纪委书记张式琪,校党委常委张亚会见客人。

7月6日 英国阿伯丁大学副校长多米可·侯立汗(Dominic Houlihan)来访。校长龚克会见客人。

7月6—8日 举行2012年新教工岗前培训。校长龚克,党委副书记、纪委书记张式琪,副校长佟家栋及相关部门负责人为新教工作培训。

7月7日 举行高级管理人员工商管理硕士(EMBA)学员毕业典礼。校长龚克为毕业生授予学位并致辞。334名EMBA学员毕业。

7月7日 举行2012年南开大学青少年机器人科学示范营启动仪式。天津市科协常务副主席杨鑫传、副主席刘惠通,市教委副主任黄永刚,我校副校长许京军出席。

7月8日 举行留学归国人员座谈会。校长龚克、党委副书记杨庆山、副校长佟家栋出席。

7月9日 举行“荣誉教授”授予仪式暨“特别贡献奖”颁奖大会。党委书记薛进文,校长龚克,党委副书记、纪委书记张式琪,副校长佟家栋,校党委常委张亚出席。学校授予卢桂章、冯尔康、朱光华、刘泽华、李赫晅、谷书堂、张光寅、陈晏清、陈瑞阳、罗宗强、俞耀庭、高峰、蔡孝箴、廖代正、熊性美、薛敬孝、戴树桂、魏宏运等(按姓氏笔画为序)18位退(离)休著名学者南开大学“荣誉教授”称号并向他们颁发“特别贡献奖”。

7月11日 2012年天津市高校辅导员岗前培训班在我校开班。天津市委教育工委副书记、市教委副主任李绍洪,我校党委副书记、副校长杨克欣出席。

7月15—17日 召开2012年暑期办公会。校领导班子成员出席会议,有关部门负责人参加会议。党委书记薛进文、校长龚克主持了不同议题阶段的会议。会议研究了机关党政部门职责方案,审议并通过新一届校学术委员会成员名单,听取了新校区建设工程进展情况的汇报、原深圳金融工程学院办学纠纷情况的汇报、迎庆党的十八大工作安排的书面汇报。会议研究了公能素质教育纲要实施推进工作,书面听取了学科布局与学科建设情况汇报、学校“十二五”事业规划专项规划和学院规划制定进展情况汇报、2012年服务师生20件实事落实进展情况汇报，研究了下学期主要工作部署，听取了科研工作会议筹备情况汇报、研究生教育工作会议筹备情况的汇报。

7月15—19日 举行第四届全国中学生哲学夏令营。来自16个省份、60所重点中学的83名优秀中学生参加。

7月15—19日 举行首届有机化学夏令营。来自全国30余所重点高校的80多名本科生参加。

7月16—18日 举办软件学科优秀大学生夏令营。

7月22日 举行第三届全国中学生医学夏令营开营仪式。来自全国19个省、72所重点中学的182名优秀中学生参加。

7月24日 举行第三届全国中学生药学夏令营开营仪式。

7月25—26日 由我校中国社会史研究中心主办的“日常生活史视野下中国的生命与健康”国际学术研讨会在津举行。来自美、英、澳、日、韩及中国大陆、香港、台湾近50名专家学者参会。

7月28日 副校长许京军率团访问延边大学并出席两校2012年对口支援工作例会。校党委常委张亚陪同访问。

7月28日—8月2日 举行第三届全国中学生历史学夏令营。来自20多个省份、100余所重点中学的261名优秀中学生参加。

7月29日 副校长佟家栋赴新疆阿勒泰地区，慰问我校在阿勒泰地区第二高级中学进行支教服务的15名研究生支教团团员。阿勒泰地委、地区教育局及团委负责人参加慰问活动。

7月30日 天津市人大常委会副主任、大运会组委会执行主任荀利军，副市长、大运会组委会副主任张俊芳带领组委会相关部门负责同志来我校检查大运会场馆试运行情况。党委副书记、副校长杨克欣陪同检查。

7月 开展面向应届毕业生的2012年“我爱南开”年度捐款活动。共收到捐赠总额24593.9元，18个院(所)毕业生参与。

7月 举办“喜迎十八大南开大学教职工书画作品展”。党委副书记、教代会工会主席刘景泉出席并观看展览。

7月 获批组建天津市生物质类固废资源化技术工程中心。

7月 通过全国企事业知识产权试点单位验收。

7月 学生合唱团在美国辛辛那提举办的第七届世界合唱比赛中，获得室内混声组、宗教组及有表演民谣组3项金奖。

7月 举行南开大学－澳大利亚弗林德斯大学暑期全英文中国文化研修项目。

8月

8月1日 天津市委副秘书长、第九届全国大学生运动会组委会秘书长王津生，市教委副主任、大运会组委会常务副秘书长林炎生，市教委副主任孙志良一行来校检查大运会筹备工作情况。我校党委常委张亚陪同检查。

8月2日 由天津市市妇儿工委和我校商

学院联合举办的天津市学习贯彻“两个纲要，两个规划”专题培训班在我校开班。副市长、市妇儿工委主任张俊芳，我校副校长朱光磊出席。

8月3—5日　举行第二届“南开—知远”防务论坛。周恩来生前秘书、武警指挥学院原副院长纪东将军，中共中央文献研究室调研员、周恩来思想生平研究会副秘书长李清平，我校校长龚克等出席。

8月11日　“973”重大科学研究计划“功能导向的纳米超分子组装体结构调控和可控制备”项目中期总结会在我校举行。国家自然科学基金委副主任姚建年、科技部基础研究管理中心处长闫金定、天津市科委总工贾堤、我校校长龚克等出席。

8月12日　校长龚克赴甘肃省平凉市灵台县参加学生暑期社会实践活动。

8月13日　我校暑期社会实践基地揭牌仪式暨校团委与灵台县友好合作协议签约仪式在甘肃省平凉市灵台县第一中学举行。我校校长龚克，平凉市委常委、组织部部长丁巨胜出席并为实践基地揭牌。双方签署《南开大学团委与灵台县友好合作协议》。

8月13—14日　举行2012级本科新生辅导员岗前培训。党委副书记、副校长杨克欣出席并为新生辅导员授课。

8月14日　美国高校联盟公司(Academic Partnerships)高级副总裁辛西娅·詹森(Cynthia Jensen)来访。副校长关乃佳会见客人。

8日16日　召开2012级学生军训工作部署会。党委副书记、副校长杨克欣出席。

8月17日　西南联合大学校友、澳门科技大学张子云教授一行来访。校长龚克向老校友赠送《南开大学九十年》纪念册。

8月18日　召开文科协同创新中心建设工作推动会。党委书记薛进文，校长龚克，副校长佟家栋、朱光磊出席。

8月18日　党委书记薛进文，校长龚克，党委副书记、副校长杨克欣，校党委常委张亚来到本科生新生报到现场，欢迎3248名新生及家长，并慰问迎新现场师生。

8月18日　召开2012级新生代表座谈会。校长龚克，党委副书记、副校长杨克欣出席。

8月19日　举行2012级本科生开学典礼。校领导薛进文、龚克、杨庆山、刘景泉、张式琪、杨克欣、许京军、佟家栋、关乃佳、朱光磊、孙广平和张亚出席。

8月19日　南开公能讲坛举行新学期第一讲和第二讲。副校长朱光磊为新生讲解南开“公能”精神，高等教育研究所张晓唯教授为新生讲解南开校史。

8月20日　由陈省身数学研究所主办的第二十九届物理中的群论方法国际大会在我校开幕，这是该会议举办40年来首次在中国召开。副校长许京军出席。

8月20日　举行“央地关系与地方政府发展”暑期学校开幕式。台湾大学副校长赵永茂、我校副校长朱光磊出席。

8月21日　举行数学物理学界“魏格奖章”

(Wigner Medal)和"外尔奖"(Weyl Prize)颁奖典礼。美国明尼苏达大学教授奥尔登·米德(Alden Mead)和加拿大圆周理论物理研究院教授勒兹万·古雷(Razvan Gurau)分获2012年"魏格奖章"和"外尔奖"。副校长关乃佳出席并会见获奖者及其家人。

8月21日 台湾大学副校长赵永茂来访,并做客"周恩来论坛"。副校长关乃佳会见客人。

8月22日 乌克兰切尔诺维茨大学校长斯特潘·梅尔尼科克(Stepan Melnychuk)、光学科技中心主任伊戈尔·莫昆(Igor Mokhun)来访。副校长许京军、关乃佳会见客人。

8月22日 加拿大约克大学(York University)商学院院长德索·郝瓦斯(Dezs· Horváth)一行来访。副校长关乃佳会见客人。

8月22—25日 应奥地利技术研究院(Austria Institute of Technology)和奥地利科研联盟(Forschung Austria)的邀请,校长龚克出席在奥地利阿尔卑巴赫(Alpbach)小镇举行的欧洲技术创新论坛,分别会见维也纳技术大学校长塞德勒(Seidler)、格拉茨技术大学校长凯恩茨(Kainz)以及政府、企业和研究机构的相关负责人。

8月23日 举行2012级学生军事技能训练动员大会。武警81师副政委程金泉大校,我校党委副书记、副校长杨克欣出席。

8月25日 2012年教育部"拔尖学生培养试验计划"国际化培养及物理学科研讨会在我校举行。教育部高等教育司理工科教育处正处级调研员吴爱华、我校副校长许京军出席。

8月25—27日 由中国元史研究会、我校历史学院和张北县人民政府共同主办的"元代国家与社会国际学术研讨会"在我校举行。副校长朱光磊出席。

8月27日 韩国全北大学校长徐巨锡一行来访。副校长朱光磊会见客人。

8月28日 教育部体育卫生与艺术教育司巡视员、教育部国防教育办公室副主任廖文科,解放军总参谋部动员部民兵局副师职参谋冯耀忠大校一行来校对学生军训安全工作进行专项检查,并听取我校军训安全工作专项汇报。天津市教委体卫艺处、天津市警备区司令部学生军训办公室相关负责人参加检查。副校长孙广平会见廖文科一行。

8月29日 薛进文同志主持召开本年度第十次党委常委会议。龚克、杨庆山、刘景泉、张式琪、杨克欣、佟家栋、关乃佳、朱光磊、张亚出席。会议研究了学习贯彻胡锦涛总书记在省部级主要领导干部专题研讨班上重要讲话精神的安排意见。审议并原则通过第八次党代会以来党委常委会工作报告,决定向中共南开大学第八届委员会第四次全体会议报告。传达了教育部直属高校工作咨询委员会第二十二次全体会议精神,全国维护高校稳定工作会议精神,市委理论中心组读书会暨调结构、惠民生、上水平活动交流推动会精神。传达了中组部选人用人工作检查反馈意见，审议并原则通过我校整改方案。审议并通过校评模领导小组席位组成及人员调整名单。

8月29日　校长龚克主持召开今年第九次校长办公会议。会议听取了学生工作部门关于学校学生工作的汇报。审议并原则通过《南开大学本科生学则》(修订稿)。听取了学校与天津市口岸办共同筹建大口岸协同创新中心情况的汇报，研究了相关筹建事宜，同意成立大口岸协同创新中心领导小组。研究了与天津市人民医院共建南开大学附属医院的有关事宜。同意成立南开大学与天津市人民医院共建南开大学附属医院领导小组和工作小组。

8月30日　校党委召开八届四次全委(扩大)会议。校领导薛进文、龚克、杨庆山、刘景泉、张式琪、杨克欣、许京军、佟家栋、关乃佳、朱光磊，校党委常委张亚出席。校党委委员、纪委委员、中层正职干部参加。薛进文受党委常委会委托，向全委会作第八次党代会以来主要工作报告。会议传达了教育部直属高校工作咨询委员会第二十二次全体会议精神，传达了中组部对我校选人用人工作检查的反馈意见，传达了习近平同志在高校党的建设工作座谈会上的讲话精神，传达了全国维护高校稳定工作会议精神，传达了天津市委理论中心组读书会暨调结构、惠民生、上水平活动交流推动会精神。

8月30日　召开现代远程教育学院质量管理体系文件发布会(GBT/19001－2008/ISO9001:2008)，正式发布实施ISO9001质量管理体系文件。副校长关乃佳出席。

8月30—31日　副校长关乃佳应邀出席第三届中印教育论坛，并会见孟买大学副校长昌德拉(Naresh Chandra)。

8月31日　召开第九届全国大学生运动会南开大学赛区工作部署会。校长龚克，党委副书记、副校长杨克欣，校党委常委张亚出席。

8月31日　校长龚克看望慰问第九届全国大学生运动会学生志愿者和南开大学啦啦队。党委副书记、副校长杨克欣，副校长佟家栋，校党委常委张亚陪同。

8月31日　校长龚克来到2012级研究生迎新现场，与报到新生亲切交谈。党委副书记、副校长杨克欣，副校长佟家栋，校党委常委张亚陪同。

8月31日　召开2012级研究生新生座谈会。校长龚克，党委副书记、副校长杨克欣，副校长佟家栋出席。

8月　第二届中俄激光物理、光子学基础与应用研讨会暨青年暑期学校在我校举行。天津市科协副主席姜沂、学会部部长赵宝国，中国科学院院士姚建铨，我校副校长许京军出席。

8月　国家自然科学基金委员会公布2012年度国家杰出青年科学基金建议资助项目申请人名

单。生命科学学院教授胡俊杰(研究领域为生物膜结构与功能)和环境科学与工程学院教授孙红文(研究领域为环境地球化学)入选。

8月 校长龚克当选中国高等教育学会第六届理事会副会长。

9月

9月1日 经济学系77级校友康培莲、纪益员、杨雁征、张俊山、王玉茹代表经济学系77级全体校友向学校赠送为纪念大学毕业30年特别制作的《南开岁月—南开大学经济学系77级影集1978—1982》。党委书记薛进文会见康培莲等校友代表,党委副书记刘景泉、张式琪,校党委常委张亚陪同会见。

9月1日 北京语言大学党委书记李宇明、校长崔希亮一行来访。我校党委书记薛进文、副校长朱光磊、校党委常委张亚,原常务副校长陈洪出席座谈会。

9月1日 举行2012级研究生开学典礼。校领导薛进文、龚克、杨庆山、刘景泉、张式琪、杨克欣、许京军、佟家栋、朱光磊、孙广平,原常务副校长陈洪出席。4064名研究生入学学习。校长龚克为2012级研究生作题为"真实与责任——学术道德与规范的真谛"的讲座,副校长佟家栋介绍南开大学研究生教育发展的总体状况、学校在提高研究生培养质量方面的相关举措等内容。

9月2日 中央文献研究室室务委员、秘书长闫建琪一行来访,就社会建设与社会管理相关问题进行调研。校长龚克会见客人,校党委常委张亚陪同会见。副校长朱光磊主持调研座谈会。

9月3日 由北京大学、南开大学、中国社会科学院欧洲研究所联合成立的"世界文明与区域研究协同创新中心"培育启动仪式在北京大学举行。教育部副部长李卫红出席仪式并讲话。我校校长龚克代表学校签署协同创新组建协议并致辞,副校长朱光磊代表"两校一所"宣布组建培育期中心管理委员会成员、平台主任名单。

9月3日 校领导龚克、杨庆山、刘景泉、张式琪、杨克欣、许京军、佟家栋、关乃佳、朱光磊、孙广平,校党委常委张亚等分别走访各学院和教学单位视察教学工作,检查开学情况。

9月3—4日 党委书记薛进文应邀赴法国,访问里尔高等商学院巴黎校区并与该校校长阿莫(Jean—Philippe AMMEUX)签署3+2联合培养本硕连读学生协议。期间还与鲁昂地区10余所高校的负责人进行座谈,会见中国驻法国大使孔泉,拜访法国外交部长、我校名誉教授法比尤斯。

9月4日 党委副书记杨庆山对大运会南开大学赛区场馆进行安全大检查。

9月5日 召开保密委员会(扩大)工作会。副校长朱光磊出席。

9月6日 商务部原副部长廖晓淇来访。校长龚克会见客人,党委副书记、副校长杨克欣陪同会见。

9 月 7 日　举行 2012 级本科新生军训阅兵式、分列式和训练成果汇报展示。中国人民武装警察 8630 部队师副政委程金泉大校，天津市南开区人民武装部副部长史明和上校，中国人民武装警察 8634 部队政委徐荣华中校，中国人民解放军驻南开大学后备军官选拔培训办公室主任汪命锁中校，我校党委副书记、副校长杨克欣，副校长孙广平出席。

9 月 8 日　由我校和天津日报报业集团联合举办的“新闻传播学”研究生课程进修班开学典礼在我校举行。天津日报报业集团党委副书记、副社长霍静，我校党委副书记刘景泉出席。

9 月 8 日　重庆市副市长吴刚来访。党委副书记、副校长杨克欣会见客人，校党委常委张亚陪同会见。

9 月 8 日　日本长崎大学副校长佐久间正一行来访。副校长关乃佳会见客人。

9 月 8—9 日　举行“东亚文学与文化交流”国际学术研讨会。党委副书记杨庆山出席。

9 月 8—18 日　第九届全国大学生运动会在天津举行，我校承办本届大运会女子排球项目的全部 68 场比赛。

9 月 9 日　举行纪念经济研究所 85 周年华诞暨经济研究所原所长、荣誉教授谷书堂学术思想研讨会。谷书堂、熊性美、朱光华等老一辈学者，教育部社科司副司长张东刚，副校长佟家栋出席。

9 月 9 日　由第九届全国大学生运动会组委会和教育部体育卫生与艺术司共同举办的全国高校体育工作座谈会在我校举行。教育部体卫艺司司长王登峰、副司长刘培俊，天津市人民政府教育督导室督学戈金亭，我校校长龚克，党委副书记、副校长杨克欣出席。龚克作题为“弘扬优良传统，开创大学体育新局面”的演讲。

9 月 10 日　启动 2012 年本科教学观摩活动。党委书记薛进文、校长龚克分别听讲“商业银行管理学”和“生物化学”课程。

9 月 10 日　党委书记薛进文、校长龚克分别看望慰问教师代表荣誉教授魏宏运、李赫咺和任课教师宋峰、林晨。

9 月 10 日　召开青年教师座谈会。党委书记薛进文、党委副书记杨庆山、副校长佟家栋、校党委常委张亚出席。

9 月 10 日　召开教工代表座谈会。党委副书记、教代会工会主席刘景泉出席。

9 月 10 日　军事交通学院政治部副主任曹东元一行来访。党委副书记、副校长杨克欣会见客人。

9 月 10 日　分别召开本科教学安排工作会和文科科研工作布置会。副校长朱光磊出席。

9 月 11 日　召开新学期工作部署会。党委书记薛进文主持会议并讲话，校长龚克总结了学校上半年的主要工作，对本学期的重点工作进行了部署。校党委委员、纪委委员、校务委员会委员、校学术委员会委员、中层以上干部、重点实验室和社科基地负责人、“985 工程”建设基地和平台负责人、各民主党派基层组织负责人，以及离退休老同志代表参加会议。

9月12日 大运会组委会执行主任、天津市人大常委会副主任苟利军一行来我校观看女排比赛。党委副书记杨庆山向苟利军介绍大运会开幕以来女排的赛况及运动员、教练员的食宿等情况。校党委常委张亚陪同会见及观看比赛。

9月12日 召开重点领域廉政风险防控工作培训会。党委副书记、纪委书记张式琪出席。

9月12日 召开2012—2013学年第一学期学生工作部署会。党委副书记、副校长杨克欣出席。

9月13日 由天津市人民政府主办、我校承办的主题为“塑造未来经济：大学的职能与角色”的2012天津世界大学校长圆桌会议在我校举行。天津市副市长任学锋、加拿大阿尔伯塔大学校长英迪拉·萨马拉塞克拉(Indira V. Samarasekera)、我校校长龚克等出席。

9月13日 校长龚克会见加拿大阿尔伯塔大学校长英迪拉·萨马拉塞克拉，双方签署《南开大学与阿尔伯塔大学学生交换协议》。副校长关乃佳陪同会见。

9月13日 中华书局总经理徐俊一行来访。党委书记薛进文会见客人，校党委常委张亚陪同会见。

9月13日 召开网络舆情研讨会。党委副书记刘景泉出席。

9月14日 召开新一届学术委员会第一次会议。本届学术委员会由35人组成，校长龚克担任学术委员会主任，陈洪、龙以明、冼国明、周其林担任副主任。龚克介绍了新一届学术委员会成员产生过程的相关情况。会议审议了《专业学院学术委员会委员产生办法》。

9月15日 由南开大学、南京大学、国家统计局科学研究所共同组建的“中国特色社会主义经济协同创新中心”培育启动仪式在京举行。教育部副部长李卫红，教育部社会科学司司长杨光，我校党委书记薛进文，校长龚克，副校长佟家栋、朱光磊，校党委常委张亚，国家统计局局长马建堂，南京大学党委书记洪银兴出席启动仪式。仪式上，龚克、洪银兴、国家统计局总统计师鲜祖德共同签署《南开大学、南京大学、国家统计局统计科学研究所关于合作建设“中国特色社会主义经济协同创新中心”协议》。

9月15日 天津市卫生局党委书记、局长王贺胜，天津市人民医院院长吕文光、党委书记杨自付、副院长朱思伟等来访。我校党委书记薛进文、校长龚克、副校长许京军、校党委常委张亚与来访客人座谈。

9月15日 举行化学系1977级校友毕业30周年纪念活动。副校长关乃佳出席。

9月16日 大运会女子排球决赛比赛(天津队—北京队)在我校举行。天津市委常委、市委教育工委书记朱丽萍，市委教育工委常务副书记魏大鹏，市委办公厅副主任孙学瑞，市教委副主任、第九届全国大学生运动会组委会常务副秘书长林炎生，天津理工大学党委书记孟庆松，北京航天航空大学副校长魏志敏，市体育局党委常委、副局长黄维勉，市人民政府教育督导室副局级督学、第九届全国大学生运动会组委会委员戈金亭，天津农商银行党委书记、董事长李宗唐，我校党委书记薛进文，党委副书记、副校长杨克欣，校党委常委张亚到场观看比赛。最终天津队以总比分3:1成功卫冕。

9月16日 举行“钓鱼岛问题”工作会议。党委书记薛进文，党委副书记杨庆山、刘景泉，党委副书记、副校长杨克欣，校党委常委张亚及相关部门负责人出席。

9月16日 我校与敦豪全球货运（中国）有限公司（DHL）战略合作协议签字暨冠名课程开课仪式举行。副校长许京军和DHL华北区总监王峥代表双方签署合作协议。

9月17日 举行“钓鱼岛问题”座谈会。党委书记薛进文、党委副书记张式琪、校党委常委张亚出席。

9月17日 党委书记薛进文看望车铭洲教授。校党委常委张亚陪同看望。

9月17日 举行“科学与中国”院士专家巡讲团南开大学院士报告会。中科院院士欧阳自远作题为“嫦娥工程——中国人的探月梦”的主题报告。党委副书记、副校长杨克欣出席。

9月18日 举行庆祝车铭洲教授执教50周年座谈会。天津日报副总编辑王立文、我校副校长朱光磊出席。

9月18日 南开区副区长陈友东来校检查西南村综合菜市场运营情况。副校长孙广平陪同检查。

9月19日 召开2012年新留校青年管理干部座谈会。党委书记薛进文、党委副书记杨庆山出席。

9月19日 校长龚克应邀访问奥地利格拉茨大学，会见该校校长克里斯塔·诺伊佩尔（Christa Neuper），并共同签署两校合作协议。

9月19日 全国政协副主席、九三学社中央副主席王志珍来我校看望杨敬年教授。天津市政协副主席、九三学社中央常委、市委会主委陈永川，我校党委书记薛进文，校党委常委张亚陪同看望。

9月19日 副校长关乃佳应邀出席韩国水原大学建校30周年庆典仪式。

9月20日 召开青年教师培养计划征求意见座谈会。副校长佟家栋出席。

9月20日 对外经济贸易大学纪委副书记王涛一行来访。党委副书记、纪委书记张式琪会见客人。

9月20日 1978级外文系校友索金梅、左耀琨做客“与时代同行——南开大学毕业30周年校友系列报告会”，在外国语学院与青年学子开展主题为“漫谈大学与人生”的座谈会。

9月20日 1977级校友、中国社会科学院文学研究所党委书记、副所长刘跃进做客“与时代同行——南开大学毕业30周年校友系列报告会”,作题为“走向经典的途径”的演讲。

9月21日 世界贸易组织首席经济学家帕特里克·罗(Patrick Low)一行来访。党委书记薛进文会见客人,副校长佟家栋陪同会见。

9月21日 日本大妻女子大学校长、日本公立大学协会会长荻上紘一一行来访。党委书记薛进文会见客人,副校长关乃佳陪同会见。

9月21日 召开2012年本科生招生总结会。党委副书记、副校长杨克欣出席。

9月21日 举行庆祝刘珺珺先生八十华诞座谈会。副校长朱光磊出席。

9月21日 1978级校友、数学科学学院张春生教授做客“与时代同行——南开大学毕业30周年校友系列报告会”,作题为“性格与命运”的报告。

9月21—25日 第三届中国(天津滨海)国际生态城市论坛暨博览会在滨海新区举行。我校中美环境修复与可持续发展中心、战略环境评价研究中心与澳大利亚维多利亚大学、天津生态城环保有限公司共同承办“城市化进程中的生态修复”分论坛。

9月22日 民盟市委高教委2012年年会暨部分高校组织“关于高校内涵发展问题”座谈会在我校举行。党委书记薛进文会见参会的天津市政协副主席、民盟天津市委主委、天津师范大学校长高玉葆。

9月22日 举行第十二届“中国青年经济学者论坛”。中国社会科学院经济研究所所长裴长洪,我校副校长佟家栋出席开幕式。

9月22日 第四届全国科学社会学学术会议在我校举行。中国科学院副秘书长曹效业、中国科学学与科技政策研究会副会长穆荣平、我校副校长朱光磊出席。

9月22日 由陕西省眉碗团创作演出的大型秦腔现代剧《西京故事》在我校上演。西安交通大学副校长李伟,我校党委副书记、副校长杨克欣出席活动。

9月25日 “中国滨海金融协同创新中心”在天津财经大学揭牌成立。天津市政协副主席张有会,中国人民银行行长助理郭庆平,我校校长龚克、副校长朱光磊出席。

9月25日 颁发首届乐天奖学金。天津乐天百货法人长丁允省、我校副校长朱光磊出席并为10名获奖同学颁奖。

9月25日 举行第七十四期成功校友就业与创业论坛。1978级校友、现任美国美德莱公司(MID Labs Inc.)首席执行官及仪诺康科技(天津)有限公司董事长兼执行总裁陈凯,1978级校友邵军分别作报告。

9月25日 1978级校友、历史学院院长杨栋梁教授,1977级校友、历史学院陈志强教授分别做客“与时代同行——南开大学毕业30周年校友系列报告会”并作主题演讲。

9月26日 校长龚克主持召了今年第四次院长联席会议。副校长许京军、朱光磊,校党委常委张亚出席。会议研讨了国家高层次人才特殊支持计划、院务公开工作、深化科技体制改革问题。

通报了科研工作会筹备情况。传达了《关于深化科技体制改革,加快国家创新体系建设的意见》。

9月26日 举行第九届全国大学生运动会南开大学赛区总结表彰会。校长龚克,党委副书记、副校长杨克欣,副校长朱光磊、孙广平,校党委常委张亚出席。

9月26日 英国格拉斯哥大学研究生院院长、工学院院长、东亚事务办公室主任库珀(Jon Cooper)一行访问我校。我校党委书记薛进文、校长龚克分别会见客人,副校长关乃佳陪同会见。

9月26日 天津市军工保密资格审查认证组一行对我校军工保密资格申请进行现场审查认证。天津市国家保密局局长王津,我校校长龚克,副校长许京军、朱光磊出席会议。经审查评估,我校通过军工保密资格(二级)审查认证。

9月27日 中欧论坛创始人、知名国际关系专家、我校客座教授高大伟(David Gosset)来访并做客周恩来论坛,作题为“金融危机后的世界”的演讲。党委书记薛进文会见客人。

9月27日 海南大学副校长傅国华一行来访。副校长关乃佳会见客人。

9月28日 召开赵甘同志见义勇为先进事迹表彰大会。党委书记薛进文,党委副书记杨庆山、刘景泉、张式琪,党委副书记、副校长杨克欣,副校长朱光磊,校党委常委张亚出席。

9月28日 校长龚克、副校长孙广平应邀出席东北财经大学60周年校庆活动,并出席以“大学的治理与合作”为主题的中外财经大学校长论坛。

9月28日 举行2012年“迎新生·庆中秋”主题晚会。党委副书记、副校长杨克欣出席。

9月28日 外交学院党委书记秦亚青受聘为我校兼职教授,并做客周恩来论坛作主题演讲。副校长朱光磊出席致聘仪式。

9月29日 “2012天津·尹沧海书画艺术展”在天津美术馆开幕。全国人大副秘书长刘水生,中国文联副主席、党组副书记、书记处书记覃志刚,天津市委常委、市委政法委书记散襄军,市委常委、市委宣传部部长成其圣,副市长任学峰,武警天津市总队总队长刘长余、政委王献华,老同志曹秀荣、韩晓溪,北京军区联勤八分部政委苗爱民,市委宣传部副部长赵鸿友、李毅,天津日报社党委书记、社长杨桂华,天津商业大学党委书记陈学奇,著名学者、艺术家何家英、董长侠、张晓凌、陈绶祥等,我校党委书记薛进文,原校长侯自新,副校长朱光磊,校党委常委张亚出席开幕式。

9月29日 美国德州仪器(TI)公司首席科学家Dennis Buss,美国自然科学基金会(NSF)电子通信与网络系统部(ECSS)主任Robert Trew,英国皇家工程院外籍院士、韩国工程院院士、原韩国科技部部长J. U. Seo,国际电子设计自动化(EDA)专家连永君来访。校长龚克会见客人。

9月29日 举行“学习胡锦涛总书记7·

23重要讲话迎接党的十八大”学者论坛。党委副书记、马克思主义研究中心主任刘景泉出席。

9月 我校廉政研究中心被确定为高等院校及社科理论界14个廉政理论研究机构之一,入选中纪委纪检监察工作调研与创新联系点。

9月 我校文学实验教学中心入选教育部100个“十二五”国家级实验教学示范中心。

9月 云南省党委办公厅系统领导管理能力提升高级研修班在我校举行。党委副书记杨庆山会见参加培训人员并出席开班仪式。

9月 丹麦托普索公司总裁兼首席执行官克劳森(Bjerne S. Clausen)来访,并应邀为商学院“跨国公司在中国”系列讲座作首讲。副校长关乃佳会见客人。

9月 中共天津市委教育工委、天津市教委、天津市教育工会表彰三年来本市教育系统在教师职业道德建设和师生思想政治工作方面做出突出贡献、取得优异成绩的先进个人和先进集体。我校张晓峒获评“天津市德业双馨十佳教师”;阎孟伟、张晓峒、赵铁锁、鞠美庭、李天元、孙桂玲、王磊获评“天津市师德先进个人”;物理科学学院、汉语言文化学院获评“天津市师德建设先进单位”;傅佩缮、张健、袁婧、赵桂敏、易勇军、魏占玲、李军获评“天津市教育系统优秀思想政治工作者”;马克思主义教育学院党委获评“天津市教育系统思想政治工作先进集体”。

9月 马克思主义教育学院杨谦教授获评“全国高校思想政治理论课教学能手”。

10月

10月4日 我校书画艺术与美学研究中心揭牌暨尹沧海教授助学金捐赠仪式在天津美术馆举行。全国工商联副主席、天津市人大常委会副主任张元龙,市纪委副书记、静海县委书记孙文魁,市委宣传部副部长龚建生,天津日报社党委书记、社长杨桂华,中国美协理事、天津美协副主席王书平,天津商业大学党委书记陈学奇,我校副校长朱光磊及专家学者出席。

10月5日 举行哲学系(院)重建50周年庆祝大会。天津市政协主席、我校兼职教授邢元敏,市委副秘书长、市委研究室主任王小宁,市委宣传部副部长李毅,市委党校常务副校长祝宝钟,天津日报社党委书记、社长杨桂华,天津新闻出版局局长荣新海,天津中医药大学党委书记张金钟,天津科技大学党委书记李旭炎,我校校长龚克,党委副书记、副校长杨克欣,副校长朱光磊出席。哲学院老教授陈晏清、苏驼、方克立、杨瑞森、车铭洲、刘珺珺、王兴华、童坦在主席台前排就座。庆祝大会后,举行南开哲学发展论坛。

10月5日 举行李瑞环同志为我校哲学院题词揭幕仪式,题词为“传授原理,引导应用”。天津市政协主席、我校兼职教授邢元敏，市委副秘书长、市委研究室主任王小宁，市委宣传部副部长李毅，市委党校常务副校长祝宝钟，天津日报社党委书记、社长杨桂华，天津新闻出版局局长荣新海，天津中医药大学党委书记张金钟，天津科技大学党委书记李旭炎，我校党委书记薛进文，校长龚克，副校长朱光磊，校党委常委张亚，荣誉教授陈晏清出席。

10月6日　召开1977、1978级本科生和1978、1979级硕士生毕业30周年纪念大会。党委书记薛进文、校长龚克、党委副书记刘景泉、校党委常委张亚出席。老教授魏宏运、朱光华、翁心光、陈晏清、姚凤仪、马振玲、李建民、白继祖在主席台前排就座。会上，各系校友代表共同启动"我爱南开"纪念校友林植树仪式。

10月6日　举行社会学学科建立30周年庆祝大会。校长龚克、副校长朱光磊出席，社会学系老教授和原系领导苏驼、杨心恒、刘珺珺、曹静、唐德增在主席台前排就座。大同市副市长操学诚、天士力集团董事长兼总经理李文、浙江省金融办副主任包纯田、天津日报调查中心邵杰、北京大学社会学系刘能以及天津市民政局干部房新枝代表不同年级的校友致辞。

10月6日　由永泰红磡控股集团捐建的南开大学高端继续教育(EDP)中心永泰红磡馆落成移交仪式举行。我校校友、永泰红磡控股集团董事长李德福，执行董事长兼总裁夏慈涛，我校校友、中源协和干细胞生物工程股份公司董事长王勇，我校党委书记薛进文，党委副书记刘景泉，副校长关乃佳出席。

10月8日　举行2012年学生社会实践工作和青年志愿服务工作表彰大会。党委书记薛进文，党委副书记、副校长杨克欣出席。

10月9日　教育部"直属高校国家教育体制改革试点项目及'三重一大'决策制度执行情况专项检查"第三检查组来我校进行专项检查。校领导薛进文、龚克、杨庆山、刘景泉、张式琪、许京军、关乃佳、朱光磊、孙广平，校党委常委张亚出席汇报会。

10月10日　延边大学校长朴永浩一行来访。我校党委书记薛进文、校长龚克分别会见客人。副校长许京军、朱光磊，校党委常委张亚陪同会见。双方签订《南开大学 延边大学共建"东亚跨文化研究协同创新中心"协议书》。

10月10日　召开"中国特色社会主义经济协同创新中心"专题办公会。校长龚克、副校长朱光磊出席。

10月11日　召开新一届本科生教学指导委员会例行会议。校长龚克，副校长许京军、朱光磊出席。

10月11—14日　举行天津国企中高级人员培训班。天津市副市长王治平、比利时安特卫普省省长贝嘉蒂(Cathy Berx)、比利时驻中国大使奈斯(Patrick Nijs)、天津市国资委主任李福明、我校党委书记薛进文出席开学典礼。

10月12日 校长龚克主持召开今年第十次校长办公会议。会议听取了研究生院关于修订《南开大学研究生助管津贴管理办法》的汇报,研究了有关事宜。审议并同意成立南开大学旅游管理硕士专业学位(MTA)教育中心。研究了与天津国际生物医药联合研究院联合培养研究生的相关事宜。审议并原则同意《南开大学百名高端人才支持计划》、《南开大学百名青年学科带头人培养计划》、《南开大学教师国际化支持计划》、《南开大学人才引进工作暂行办法》、《南开大学聘用制人员管理暂行办法》。

10月12日 党委副书记、纪委书记张式琪应邀出席美国莱斯大学建校100周年校庆活动。期间会见该校校长李达伟(David Leebron)、中国驻休斯敦总领事馆科技参赞姚为克,并看望当地学生代表及校友。15日,张式琪访问马里兰大学孔子学院,与院长韦思敏(Donna L Wiseman)进行会谈。

10月12日 举行第二届"南开大学·现代集团雅科仕奖学金"颁奖典礼。现代汽车(中国)集团本部长安柄柱、我校副校长佟家栋出席。

10月12日 北京大学国际关系学院院长、中国国际关系学会副会长王缉思教授受聘我校兼职教授并做客周恩来论坛作主题演讲。副校长佟家栋向王缉思致送聘书。

10月13日 我国高校首个化学研究机构南开大学元素有机化学研究所举行成立50周年庆祝大会。教育部、科技部和国家自然科学基金委员会相关负责人,我校党委书记薛进文、副校长孙广平出席。

10月13日 由国家自然科学基金委员会和中国化学会主办,我校和天津师范大学联合承办的第六届全国物理无机化学会议在天津师范大学召开。天津市政协副主席、天津师范大学校长高玉葆,国家自然科学基金委员会化学一处处长陈荣,我校副校长许京军等出席。

10月15日 先正达(Syngenta)公司代表团团长黛博拉·基斯(Deborah Keith)一行来访。副校长关乃佳会见客人。

10月16日 薛进文同志主持召开本年度第十一次党委常委会议。龚克、杨庆山、刘景泉、佟家栋、关乃佳、朱光磊、孙广平、张亚出席,许京军列席会议。会议听取了科研工作会筹备情况汇报,原则通过会议的日程和议程安排。审议并同意根据中央和教育部精神对我校"十二五"事业发展规划纲要的部分内容进行调整。审议并通过"中国特色社会主义经济协同创新中心"、"世界文明与区域研究协同创新中心"和"中国滨海金融协同创新中心"等三个协同创新中心我校推荐的理事会成员名单。

10月16日 天津社团局评估组专家一行来访。党委书记薛进文会见客人,校党委常委张亚陪同会见。

10月16日 “2012天津·尹沧海书画艺术展”在天津美术馆闭幕。中国作家协会原副主席蒋子龙，江苏省徐州市人大常委会主任王希龙，天津市委宣传部副部长赵鸿友，天津市委宣传部副部长李毅，天津商业大学党委书记陈学奇，我校党委副书记杨庆山，校党委常委张亚等出席。

10月16日 南开大学—天津市高级人民法院法学教育实践基地揭牌仪式在天津市高级人民法院举行。天津市高级人民法院院长李少平、我校副校长朱光磊出席。

10月17日 2012天津夏季达沃斯论坛工作总结会在天津礼堂举行。天津市副市长任学锋、市政协副主席何荣林、我校副校长关乃佳等出席。我校国际学术交流处和世界经济研究中心获评“2012天津夏季达沃斯论坛先进集体”，我校教师盛斌、李莉、彭支伟、张宁、董霞、莫栋、崔宇获评“2012天津夏季达沃斯论坛先进个人”。

10月17日 召开人事人才工作调研部署会。副校长佟家栋出席。

10月17日 召开资产公司董事会、监事会第二届第二次会议。副校长、资产公司董事长佟家栋出席。

10月17—18日 召开科研工作会议。党委书记薛进文，校长龚克，党委副书记刘景泉，副校长许京军、佟家栋、关乃佳、朱光磊、孙广平，校党委常委张亚出席。各学院教师代表，各学院分党委书记、院长、分管科研工作的副院长，学校各直属单位、机关各部门负责人，民主党派代表和离退休老教师代表参加。龚克作题为“加强科技创新，促进科教结合，努力培养公能兼备的拔尖创新人才，为建设创新型国家作出更大贡献”的报告。会议进行分组讨论及讨论情况汇总，并印发了《南开大学关于进一步促进科技创新工作的指导意见（征求意见稿）》、《南开大学哲学社会科学繁荣计划（2011—2015年）》。

10月18日 北京师范大学原校长、中科院院士王梓坤先生来访并作主题为“学习与成才”的讲座。党委书记薛进文会见客人，校党委常委张亚陪同会见。

10月18日 举行北京、天津、上海、重庆四市教育纪检监察工作交流研讨会。北京市教育纪工委书记王文生，天津市纪委驻市委教育工委、市教委纪检组组长张金刚，上海市教卫纪工委书记黄也放，重庆市委教育工委委员、市教育纪工委书记时琳琳等出席。我校党委副书记、纪委书记张式琪会见客人。

10月18日 召开校园安全管理工作会议。党委副书记杨庆山、校党委常委张亚出席。

10月18日 美国加利福尼亚大学伯克利分校（UC Berkeley）项目负责人布伦达（Brenda）、美国天普大学国际处主管马丁·米勒（Martyn Miller）来访，分别举行针对暑期课程和两校间交流合作项目的宣讲会。

10月19日 党委书记薛进文率团访问北京师范大学、中国农业大学，分别会见北京师范大学党委书记刘川生、中国农业大学党委书记瞿振元,就研究生教育管理体制和培养机制改革等进行调研。副校长佟家栋、校党委常委张亚陪同调研。

10月19日 加拿大阿尔伯塔大学教务长兼常务副校长卡尔·阿姆瑞恩(Carl Amrhein)一行来访。校长龚克会见客人,副校长关乃佳陪同会见。

10月19—20日 举行2012年南开大学运动会。校长龚克,党委副书记刘景泉、张式琪,副校长许京军、孙广平出席开幕式。党委副书记刘景泉、校党委常委张亚出席闭幕式并为获奖者颁奖。学生运动员20人次打破8项校运会纪录,教工运动员8人次打破6项校运会纪录。

10月20日 举行"第八届彭桓武理论物理论坛"。国家自然科学基金委员会数理学部常务副主任汲培文,校长龚克、副校长许京军出席。

10月21日 我校联合天津经济技术开发区启动"圆梦计划",300余名优秀外来建设者获得参加我校远程教育学历项目学习机会。副校长关乃佳出席。

10月22日 举行福昕软件—南开大学PDF专业软件捐赠仪式。我校校友、福昕软件公司副总裁林昇恒,福昕软件公司运营总监许兵,我校党委书记薛进文、副校长朱光磊、校党委常委张亚,校友总会理事长侯自新出席。

10月22日 天津市教委专家组一行来我校检查毕业论文管理工作。副校长朱光磊会见客人。

10月22日 第二届全国旅游管理硕士专业学位(MTA)教育指导委员会会议在津举行。副校长佟家栋出席。

10月23日 召开新媒体建设座谈会。党委书记薛进文、党委副书记刘景泉、校党委常委张亚出席。

10月23日 党委书记薛进文为滨海学院教师和管理干部作主题为"高等教育的形势和独立学院建设"的培训讲座。

10月24日 中华人民共和国第九届大学生运动会总结表彰大会在天津礼堂召开。我校获评"中华人民共和国第九届大学生运动会先进单位",体育教学部、保卫处、接待服务中心获评第九届"全国大学生运动会先进集体",计景成、吕军、张弥力、赖鸿杰、周凯等5位同志获评"中华人民共和国第九届大学生运动会先进个人"。

10月24日 俄罗斯矿业EN+集团首席执行官阿蒂姆·沃雷涅茨(Artem Volynets)受聘为我校金融发展研究院顾问,并做客"亚太经济发展论坛"作题为"西伯利亚与远东:推进俄罗斯发展,助力亚洲增长"的演讲。校长龚克会见客人。

10月24日 南开学生话剧《红旗谱》在天津师范大学音乐厅上演。天津市政协副主席、天津师范大学校长高玉葆,天津市梁斌研究会常务副会长郑法清、副会长宋安娜,天津师范大学党委副书记史瑞杰,我校党委副书记杨庆山,天津市委政法委、团市委有关部门负责同志以及各兄弟高校的师生代表观看演出。

10月24日 中国建设银行天津分行行长助理屈宏志一行来校举办招聘会。党委副书记、副校长杨克欣会见客人。

10月25日 由微软亚洲研究院和南开大学、天津大学联合主办的第十四届“二十一世纪的计算”大型国际学术研讨会在天津大礼堂举行。天津市委常委、市委教育工委书记朱丽萍，微软全球首席研究官、副总裁 Rick Rashid，“图灵奖”获得者、美国康奈尔大学教授 John Hopcroft，微软亚洲研究院院长洪小文，我校校长龚克，天津大学校长李家俊等出席开幕式。

10月25日 美国高校联盟公司(Academic Partnerships)高级副总裁辛西娅·詹森(Cynthia Jensen)一行来访。副校长关乃佳会见客人。

10月25日 第六届中国社会科学前沿论坛在江苏徐州举行。副校长朱光磊应邀出席并作主题演讲。

10月25—29日 教育部2012年研究生教育创新计划项目“环境历史与人类文明”全国博士生学术论坛在我校举行。

10月26日 召开就业工作会议。校长龚克，党委副书记、副校长杨克欣，校党委常委张亚出席。

10月26日 天津现代口岸协同创新中心成立大会在天津大礼堂举行。副市长任学锋，市政府副秘书长李培生，市政府口岸服务办公室主任赵尚武，我校校长龚克、副校长许京军及国家口岸办、国家发改委、本市相关单位负责同志出席。

10月26—27日 由微软亚洲研究院与南开大学、天津大学联合主办，主题为“推进研究和教育创新”的“2012亚洲教育高峰会”在我校举行，250多名世界著名高校和研究机构的学者和研究员参会。期间，上海交通大学校长张杰，“图灵奖”获得者、美国康奈尔大学教授 John Hopcroft，美国加州大学伯克利分校教授 Michael Jordan，我校校长龚克等参加教育专家小组讨论。

10月27日 校长龚克应邀出席北京航空航天大学建校60周年庆祝大会。

10月27日 第二十七期学生业余党校和第六期研究生业余党校开班。党委副书记、副校长杨克欣出席并作题为“坚定理想信念，自觉加强党性修养”的报告。

10月28日 举办首届国际交流文化周。副校长关乃佳出席开幕式。

10月28日 天津市首届普通高等学校教育学科研究生论坛在我校举办。副校长朱光磊出席。

10月30日 党委书记薛进文会见我校毕业国防生、总后勤部评选出的“优秀地方大学生干部标兵”刘宪善。党委副书记、副校长杨克欣陪同会见。

10月30日 副校长朱光磊为滨海学院教师和管理干部作培训第二讲，就《南开大学素质教育实施纲要》相关内容进行解读。

10月31日 举行研究生科研道德和学风建设自律促进委员会工作会议。校长龚克，党委副书记、副校长杨克欣出席。龚克受聘委员会顾问。

10 月 31 日　英国社会科学院院长、牛津大学名誉教授、著名国际问题研究专家亚当·罗伯茨(Adam Roberts)爵士受聘为我校客座教授，并做客“周恩来论坛”作题为“联合国改革与世界秩序的未来”的演讲。校长龚克出席致聘仪式并向罗伯茨致送聘书。副校长关乃佳陪同会见。

10 月 31 日　举行主题为“导师在研究生科研中的作用”的第九次校领导接待日活动。校长龚克，党委副书记、副校长杨克欣，副校长佟家栋出席并与研究生代表座谈。

10 月 31 日　党委书记薛进文，党委副书记、副校长杨克欣出席 2010 级社会学本科生党支部举行的主题为“‘喜迎十八大·图说党代会’之与十八大代表面对面——对话薛进文书记”的党日活动。

10 月　我校获准新设计算机科学与技术、管理科学与工程 2 个博士后科研流动站；因学科、专业调整，获准增设考古学、世界史、统计学、生态学 4 个博士后科研流动站；确认中国史、数学、生物学 3 个博士后科研流动站。至此，我校共有博士后科研流动站 27 个。

10 月　我校 4 位教授的成果入选 2012 年《国家哲学社会科学成果文库》名单，分别是历史学院教授王利华《人竹共生的环境与文明》，日本研究院教授李卓《“儒教国家”日本的实像——社会史视野的文化考察》，外国语学院教授李兵《阿尔泰语言元音和谐研究》，文学院教授王志耕《俄罗斯文学经典的一种文化阐释》。

10 月　南开香港校友会副会长陈金城向母校捐赠价值 15 万元的 LED 灯，分别用作大中路路灯和数学科学学院、陈省身数学研究所的教室与楼道照明灯。

11 月

11 月 1 日　召开全体专职学生工作干部会议。党委副书记、副校长杨克欣出席。

11 月 1 日　环境科学与工程学院教授祝凌燕、数学科学学院教授刘民千荣获第十一届天津青年科技奖。孔晓红、乔文涛、孙红文、张敏英、陈景灵、周震荣获第十一届天津青年科技奖提名奖。

11 月 2 日　薛进文同志主持召开本年度第十二次党委常委会议。龚克、杨庆山、刘景泉、张式琪、杨克欣、佟家栋、关乃佳、朱光磊、张亚出席。会议研究了机构和干部问题。审议并原则通过《南开大学机关部门职责》。审议并通过新一届校务委员会组成名单。研究部署了党的十八大召开期间学校相关工作。

11 月 2 日　党委书记、十八大代表薛进文与机关部分青年党员干部座谈。党委副书记、纪委书记张式琪出席。

11 月 2 日　中共天津市委党校副校长赵晓呼应邀为我校第六期研究生业余党校暨十八大精神学习班作专题报告。党委副书记、副校长杨克欣会见客人。

11月2日 化学学院1977级校友边国民做客“成功校友就业与创业论坛”，作题为“提高素养赢在职场——浅谈现代企业选择人才的基本要求”的报告。副校长关乃佳出席。

11月2日 牛津大学奥利尔学院菲利普·霍克特斯来访，并就2013年暑期课程项目进行宣讲。副校长关乃佳会见客人。

11月2日 召开保密委员会工作会。副校长朱光磊、校党委常委张亚出席。

11月3日 西南联合大学建校75周年纪念大会在清华大学举行。西南联大校友全国人大原副委员长王汉斌、全国人大原副委员长彭佩云、全国政协原副主席孙孚凌、“两弹一星功勋奖章”获得者王希季院士、诺贝尔物理学奖获得者杨振宁等，我校校长龚克，清华大学校长陈吉宁，北京大学党委常务副书记、副校长张彦，云南师范大学校长杨林，台湾新竹清华大学校长陈力俊、副校长冯达旋，我校党委常委张亚等出席。

11月3日 我校与澳大利亚弗林德斯大学合作举办国际经贸关系第十二期、十三期和医院管理第八期硕士学位授予仪式暨研究生毕业典礼在我校举行。弗林德斯大学校董史蒂夫·格拉克(Stephen Gerlach)、校长迈克尔·巴伯(Michael Barber)、常务副校长迪恩·福布斯(Dean Forbes)，我校副校长关乃佳、校长助理刘秉镰出席。380名毕业学员和两校教师代表参加。

11月4日 举行第二十七期学生业余党校结业仪式暨学生党建工作研究会成立大会。党委副书记、副校长杨克欣出席。

11月5日 薛进文同志主持召开本年度第十三次党委常委会议。龚克、杨庆山、刘景泉、张式琪、杨克欣、佟家栋、关乃佳、朱光磊、孙广平、张亚出席。会议审议并通过我校推荐天津市第十三届政协委员、第十二届全国政协委员、第十六届人大代表候选人建议人选名单。研究了本年度我校银行贷款还款事宜。

11月5日 英国格拉斯哥大学化学院院长史蒂芬·克拉克(J. Stephen Clark)来访。校长龚克会见客人，副校长关乃佳陪同会见。

11月6日 匈牙利国会副主席伊斯特万·乌伊海伊博士一行来访。校长龚克会见客人，副校长关乃佳陪同会见。

11月7日 党委副书记杨庆山率保卫处、党委学工部、实验室设备处等相关部门负责人对学校进行安全大检查。

11月7日 举行研究生“公能”素质教育创新示范项目现场展示会。党委副书记、副校长杨克欣出席。

11月7日 台湾成功大学、台湾中兴大学、台湾中正大学、台湾中山大学等组成的台湾综合大学系统访问团来访。副校长关乃佳会见客人。

11月7—8日 举行第三届污染生态学国际学术会议。副校长关乃佳出席。

11月8日 新西兰惠林顿维多利亚大学(Vicoria University of

Wellinton)副校长罗伯特·拉贝尔(Roberto Rabel)一行来访。副校长佟家栋会见客人。

11月8—14日 中国共产党第十八次全国代表大会隆重召开。我校党委书记薛进文作为十八大代表出席大会,校长龚克应邀列席大会。11月14日,大会选举产生新一届中央委员会和中央纪律检查委员会,龚克当选为中国共产党第十八届中央委员会候补委员。

11月9日 全国人大常委会委员、中国科学院院士、我校教授程津培作题为“科研创新必须与优良学风结伴而行”的报告并与学生座谈。党委副书记、副校长杨克欣出席。

11月9日 举行2012年留学生奖学金颁奖典礼。副校长关乃佳出席。

11月9—10日 在中国高等教育学会大学素质教育研究会2012年会上,我校共有4项成果获第一届大学素质教育优秀研究成果奖。其中文学院陈洪教授主持的《大学生母语文化素质教育研究与改革》、数学科学学院顾沛教授主持的《南开大学数学文化课程的建设与推广》获试验成果类一等奖,文学院杨岚教授主持的《南开大学艺术教育公选课教学模式改革探索》、物理科学学院李川勇教授主持的《自主组织系列讲座提升大学生的综合素质》分获试验成果类二、三等奖。

11月10日 民盟南开大学委员会为4位年届八旬的老盟员陈生玺、姜希媛、陈作仪、孙雅光举行贺寿会及民盟工作总结会。天津市政协副主席、民盟天津市委员会主委、天津师范大学校长高玉葆,民盟天津市委会原副主委魏继中,民盟天津市委员会副主委兼秘书长郭维丽,我校副校长许京军出席。

11月10日 南开深圳校友会2012年理事大会、校友大会暨迎新大会在惠州举行。副校长朱光磊、南开深圳校友会会长李罗力、南开澳门校友会理事长刘成昆以及300余名深圳校友出席。

11月12日 美国圣克劳德州立大学校长俄尔·波特(Earl H. Potter III)来访。副校长关乃佳会见客人。

11月13日 召开2012年优秀学生奖学金评审会。党委副书记、副校长、学校奖学金评审委员会主任杨克欣出席。

11月13日 台湾凯基证券股份有限公司董事长魏宝生一行来访。副校长关乃佳会见客人。

11月13日 举行南开大学—天津港保税区(空港经济开发区)优秀外来建设者“圆梦计划”2012年远程教育秋季入学开学典礼仪式。天津港保税区管委会副主任周利、我校副校长关乃佳出席。

11月14日 召开新提任中层领导干部集体廉政谈话会。党委副书记、纪委书记张式琪出席。

11月14日 举行“关注体育发展,推进素质教育”学生座谈会。党委副书记、副校长杨克欣出席并与学生代表座谈。

11月14日 召开教学指导委员会工作会议。副校长许京军、朱光磊出席。

11月14日 举行魏宝生南开荣誉校友授予仪式。台湾凯基证券股份有限公司董事长魏宝生，原校长、南开校友总会理事长侯自新，校党委常委、南开校友总会秘书长张亚出席。

11月16日 教育部国家教育体制改革试点项目及“三重一大”决策制度执行情况专项检查组第三小组组长、东北师范大学党委副书记、副校长杨晓慧，教育部科技司综合处调研员杨东占来我校反馈检查意见。我校领导薛进文、龚克、刘景泉、张式琪、杨克欣、许京军、佟家栋、关乃佳、朱光磊、孙广平和张亚出席反馈会。

11月16日 薛进文同志主持召开本年度第三次党委全委(扩大)会议暨八届五次全委(扩大)会议。校党委委员、纪委委员、副校长、机关党群部门负责人出席。会议传达学习了党的十八大精神。审议并原则通过《中共南开大学委员会关于认真学习贯彻党的十八大精神的决议》。

11月16日 由南开大学、海南大学、海南改革发展研究院共同组建的“绿色智慧岛”协同创新中心授牌仪式在海南大学举行。海南省副省长林方略，海南大学党委书记刘康德、校长李建保，海南改革发展研究院副院长罗一飞，我校原校长侯自新出席。

11月16日 国际顶级刊物《科学》杂志发表由我校化学学院陈永胜教授组博士生李娜和美国德州达拉斯大学雷·鲍曼教授组博士后马修·立玛共同担任第一作者的研究成果。该研究发明了由石蜡填充的碳纳米管纤维制造的人工肌肉，可驱动超过自身体重10万倍的重物，并提供超过天然骨骼肌85倍以上的机械功率。

11月17日 举行金融学系庆祝恢复重建30年中国金融创新与监管高端论坛。天津市人大常委会副主任李亚力，我校党委书记薛进文，校党委常委张亚出席。

11月17日 组织全校处级干部参加2012年天津市领导干部法律知识考试。党委副书记、校普法工作领导小组组长刘景泉，校党委常委张亚巡视考场。

11月18日 南开金融校友会和南开金融教育基金成立。副校长朱光磊出席。

11月18日 我校代表队获得首届全国模拟环境法庭大赛冠军。

11月19日 著名数学家、前英国皇家学会会长迈克尔·阿蒂亚爵士(Michael Francis Atiyah)做客南开名人讲座作题为“年轻的数学”的演讲。副校长关乃佳会见客人。

11月19—21日 就首批重点领域廉政风险防控第一阶段工作分三组召开沟通汇报会。党委副书记、纪委书记张式琪出席。

11月20日 召开会议传达学习党的十八大精神。党委书记薛进文出席并传达会议精神。校领导、学校中层干部、校第八次党代会代表、各民主党派负责同志、思想政治理论课教师和学生代表参加。党委副书记刘景泉主持。

11 月 20 日 举行 2012 年光华奖学金颁奖仪式。党委副书记、副校长杨克欣，光华教育基金会代表贾宁等出席并为获奖学生颁奖。

11 月 20 日 举办“百项十年”系列活动之“本科生创新教育 10 年回顾展”。校长龚克为展览题词：“学然后做，做然后知困，困则求新，求新则更思学，学用结合，知行统一，创新之道”。

11 月 21 日 召开人事人才工作推动会。副校长佟家栋、校党委常委张亚出席。

11 月 21—24 日 由教育部思想政治工作司主办，我校承办的第三十九期全国高校辅导员骨干培训班在我校举行。党委书记薛进文应邀作题为“认真学习贯彻党的十八大精神”的报告。党委副书记、副校长杨克欣出席。

11 月 22 日 党委中心组集体学习党的十八大精神。党委书记薛进文主持，校中心组成员和有关部门负责人参加。

11 月 22 日 逄锦聚教授被中央国家机关工作委员会聘为党的十八大精神宣讲团成员，并为教育部机关作题为“全面建成小康社会的奋斗目标和战略部署”的首场宣讲。教育部领导和各司局负责同志出席。

11 月 22 日 举行研究生“公能”素质教育创新示范项目——外国语学院研究生志愿服务接力计划分享总结会。党委副书记、副校长杨克欣出席。

11 月 22—23 日 副校长关乃佳应邀出席在摩洛哥穆罕默德五世大学举办的第六届公立大学国际论坛(IFPU)年会。关乃佳连任 IFPU 执行副主席。会议决定 2013 年年会将在我校举行。

11 月 23 日 举行“高举旗帜 继往开来”南开大学庆祝党的十八大胜利召开教职工合唱音乐会。党委副书记刘景泉、张式琪，副校长孙广平出席。

11 月 23 日 召开军工认证年度会议。副校长许京军出席。

11 月 23 日 召开文科学院和研究机构负责人工作会议。副校长朱光磊出席。

11 月 23、24 日 党委书记薛进文、校长龚克分别到熊性美教授家中看望，祝贺从教 60 周年。学校办公室、经济学院有关负责人陪同看望。

11 月 24 日 第二十次学生代表大会、第三十一次研究生代表大会开幕。党委书记薛进文，校长龚克，党委副书记、副校长杨克欣，副校长朱光磊出席开幕式。第十九届学生会委员会主席团及第三十届研究生会委员会主席团的成员，各学院党政领导、团委书记和来自学生会、研究生会的 356 名学生代表参加会议。

11 月 24 日 校长龚克主持召开今年第十一次校长办公会议。会议研究了范曾先生留赠学校作品的保管事宜。研究了与海南省全面合作的有关事宜。审议并同意成立南开大学滨海新区科技成果转化中心。研究并同意，根据学校可用财力，适当调增教职工补充公积金缴存基数，并保持缴存比例不变。审议并原则同意《南开大学岗位聘任工作指导性意见》(2012 年 9 月—2014 年 8 月)、《南开大学科级机构及岗位设置和科级管理人员任用暂行办法》。

11 月 24 日 举行“融通基金会 2012 年实践与就业论坛——暨南开大学优秀校友职业发展与行业趋势分享活动”。党委副书记、副校长杨克欣出席。

11 月 24 日 第三十九期全国高校辅导员骨干培训班结业仪式在我校举行。教育部思想政治工作司司长冯刚,党委副书记、副校长杨克欣出席并为学员颁发结业证书。

11 月 25 日 “2012 中国公司治理指数”发布与研讨会在京举行。中国证监会副主席庄心一,中国上市公司协会会长陈清泰,我校校长龚克,东北财经大学校长、我校公司治理研究院院长李维安等出席。

11 月 25 日 举行国际经济研究所建所 25 周年暨熊性美教授执教 60 周年庆典。老教授谷书堂、薛敬孝,副校长佟家栋,校长助理冼国明等出席。

11 月 26 日 召开理科单位 2012 年科研工作管理和组织年会。副校长许京军出席。

11 月 26 日 荷兰格罗宁根大学数理学院院长贾斯珀·库伊斯特(Jasper Knoester)一行来访。副校长许京军会见客人。

11 月 27 日 中央电视台和我校历史学院“专业人才双向培养基地”签约仪式举行。党委副书记刘景泉会见中央电视台人力资源管理中心党总支书记王铮。

11 月 27 日 召开新聘期(2012年9月—2014 年 8 月)岗位聘任工作部署会。副校长佟家栋、校党委常委张亚出席。

11 月 27 日 保持党的纯洁性教育办公室召开第三次工作会议。党委副书记张式琪、校党委常委张亚出席。

11 月 27—30 日 副校长关乃佳应邀出席在波多黎各举办的国际大学联合会(IAU)第十四届年会。

11 月 28 日 召开第八届纪律检查委员会第三次全委(扩大)会议。党委副书记、纪委书记张式琪出席。

11 月 28 日 副校长孙广平主持召开“985 工程”专题办公会。“985 工程”办公室、科技处、社科处、财务处、审计处等部门负责人参加。会议总结汇报了我校中央专项资金使用情况。会议强调,各主管部门要督促和指导各项目单位精心安排资金,积极推动项目进度,提高资金使用效益。

11 月 28 日 在第八届“挑战杯”复星中国大学生创业计划竞赛中,由我校 4 名学生组成的探元创业团队以“探元绿色科技有限责任公司”项目获金奖。我校“翼通城市车位物联网有限责任公司”和“巴派客(B—packer)服务有限公司”2 个项目获铜奖。

11 月 28—29 日 主题为“中国的复兴带给世界的机遇与挑战”的第十届中欧论坛在意大利博洛尼亚大学开幕。校党委书记薛进文受邀出席论坛,并在开幕式上作题为“中共十八大与中国的发展”的演讲。期间,薛进文会见意大利前总理、我校名誉教授普罗迪,联合国教科文组织助理总干事汉斯·德奥维尔(Hans d'Orville),西班牙驻华大使欧亨尼奥·布雷格拉特(Eugenio Bregolat)。

11月29日 授予台湾海峡两岸经贸文化交流协会荣誉会长江丙坤先生名誉博士学位,校长龚克为其颁发学位证书。这是1985年以来,继国际数学大师陈省身、物理学家吴大猷等之后,我校授予的第八个名誉博士学位。全国政协港澳台侨委员会副主任、海峡两岸关系协会驻会副会长李炳才,天津市政协副主席张有会,市政协秘书长刘琨,市政协原副主席、天津海峡两岸经贸文化交流联合会会长王文华,我校副校长朱光磊及市有关方面负责人出席。仪式后,江丙坤作"两岸关系与台湾经济"的报告。

11月29日 光明日报社和天津市委教育工委在我校联合举办深入学习贯彻十八大精神座谈会。光明日报社副总编辑方正辉、天津市委教育工委副书记李绍洪、天津大学党委副书记李义丹、我校党委副书记刘景泉出席。

11月29日 举行2012年张舜尧及友人奖助学金颁奖典礼。香港泰昇集团主席、天津市政协委员张舜尧,圣恩纳有限公司总裁李铭,我校党委副书记、副校长杨克欣出席并为获奖学生颁奖。

11月29日 在"2012·第六届中国专利周"天津地区启动仪式上,我校专利"防治玉米田杂草组合物"(专利号93101976.1)被评为"天津市最有价值发明专利"。天津市副市长王治平向专利发明人、中国工程院院士李正名颁发证书。

11月29日 中国社会科学报副主任祝晓风受聘为我校兼职教授。校学术委员会副主任陈洪向祝晓风致送聘书。

11月30日 由中国化学会主办、天津市化学会和我校承办的"第二十六届全国高中生化学竞赛暨冬令营"开营仪式举行。中科院院士、天津市科协主席王静康,中科院院士、中国化学会副理事长张希,两院院士李正名、宋礼成、周其林,天津理工大学校长马建标,中国化学会副秘书长刘正平,天津教委副主任刘欣,全国高中学生化学竞赛委员会主任段连运,我校副校长朱光磊等出席。

11月 档案馆接收陈茹玉院士个人全宗档案加入学校名人全宗。

11月 "第十一届天津市高校青年教师教学基本功竞赛"成绩揭晓,我校参赛31名选手全部获奖。其中,10人获一等奖,6人获二等奖,6位教授获得优秀指导教师荣誉称号,校工会获优秀组织奖。

11月 我校教师张健获天津市第一届高校思想政治理论课青年教师教学技能大赛一等奖第一名,孟锐锋获二等奖。

11月 在团中央、中国青年志愿者协会组织的第九届中国青年志愿者评选表彰活动中,我校数学科学学院研究生汪泽波获"中国青年志愿者优秀个人奖”。

11月　由我校牵头申报的中国资源综合利用行业工程试验室被认定为“CRT玻璃资源综合利用行业工程实验室”。

11月　我校21人入选天津市首批“用三年时间引进千名以上高层次人才”资助人选名单，数量居全市首位。

12月

12月1日　举行“周恩来论坛”之名刊系列——“高校社会科学研究与高水平学术期刊的协同创新”高端研讨会。校长龚克、副校长朱光磊会见与会代表。

12月1日　举行2012年香港福慧慈善基金会·达利慈善基金助学金颁发仪式。福慧慈善基金会副会长、国际佛光会香港协会理事严崔常敏居士，天津日报社党委副书记、副社长霍静，天津日报社资深主任记者、我校校友张俊兰，党委副书记、副校长杨克欣出席并为获奖学生颁发证书。

12月1日　举行渤海青年课外理论学习社团研讨会暨学习十八大精神主题论坛。党史研究专家、中共中央党校党史教研部副主任、我校兼职教授谢春涛作学习十八大精神主题报告。我校党委副书记、副校长杨克欣出席并会见客人。

12月1日　“中央文献对外翻译与传播协同创新中心”在天津外国语大学举行启动仪式。天津市委常委、市委教育工委书记朱丽萍，中共中央编译局副局长王学东，天津市教委副主任韩金玉，天津外国语大学党委书记李虹、校长修刚，全国科学技术名词审定委员会副主任刘青，对外经济贸易大学副校长林桂军，解放军外国语学院副院长程工，我校副校长朱光磊等出席。

12月2日　南开大学药物化学生物学国家重点实验室举行揭牌仪式。科技部基础司基地处处长周文能，天津市科委总工程师贾堤，中国科学院大连化学物理研究所张玉奎院士，我校校长龚克、副校长许京军出席。周文能和龚克为实验室揭牌。

12月2日　由天津市科技传播发展基金委员会、天津市天文学会和我校共同主办的天津市第十三届大学生天文节闭幕式在我校举行。原市委常委、原市人大常委会副主任王成怀，我校党委副书记、副校长杨克欣出席。

12月3日　党委书记薛进文应邀访问土耳其叶迪特佩大学（Yeditepe University），会见该校校长努尔肯，双方签署校际合作协议和学生交换协议。叶迪特佩大学副校长兼教务长阿赫迈德、副校长兼外语学院院长纳德利特等参加会见。

12月3日　副校长关乃佳与美国德雷赛尔大学副教务长朱莉·莫斯托夫代表两校签署框架合作协议，将就学术研究、师生交换、联合刊物以及国际学术会议等领域展开合作交流。

12月4日　召开信息化建设工作推进会。副校长许京军出席。

12月4日 举行第二十六届全国高中学生化学竞赛暨冬令营闭营式暨颁奖典礼。天津市化学会理事长、中国科学院院士周其林，中国科学院北京化学研究所研究员习复，天津市化学会副理事长、我校化学学院院长刘育，全国高中生化学竞赛委员会主任段连运，中国化学会副秘书长刘正平，天津青少年科技中心主任孙志敏，中国化学会副秘书长方智，北京大学化学学院副院长裴坚，北京市化学会秘书长贾海顺，我校副校长许京军等出席并为获奖选手颁奖。

12月5日 召开理科拔尖学生培养研讨会。副校长许京军出席。

12月5—7日 副校长关乃佳应邀参加INTO 2012大学合作伙伴年会系列活动并作主题为“南开大学及其国际化进程”的演讲。

12月6日 举行2012年本科生奖助学金颁奖典礼。党委副书记、副校长杨克欣出席。

12月6日 举行庆祝“十八大”诗词楹联朗诵会。党委副书记、副校长杨克欣出席。

12月7日 法国鲁昂高等商学院校长阿兰·杜兰德(Alain Dulondel)、副校长赛琳·达维斯尼(Céline Davesne)一行来访。党委书记薛进文会见客人。

12月7日 中国科学技术信息研究所召开中国科技论文统计结果发布会。副校长许京军受邀作为高校唯一代表在大会发言并介绍我校情况。我校“表现不俗”论文所占比例跃居全国第二位，2篇论文入选“2011年度中国百篇最具影响的国际学术论文”，分别为母国光与陈平课题组发表在*LASER PHYSICS LETTERS*中题为*Detecting viability transitions of umbilical cord mesenchymal stem cells by Raman micro-spectroscopy*的论文以及胡俊杰与刘新奇课题组发表在*PNAS*(《美国科学院院刊》)中题为*Structures of the atlastin GTPase provide insight into homotypic fusion of endoplasmic reticulum membranes*的论文。2篇论文发表于“世界四大名刊”，居全国高校第八位，分别为胡俊杰课题组发表在*CELL*的论文以及胡俊杰与刘新奇课题组共同发表在*PNAS*的论文。

12月7日 举行纪念“一二·九”运动77周年火炬长跑暨南开大学阳光体育长跑活动启动仪式。党委副书记、副校长杨克欣出席。

12月8—9日 举办“迈向新时期中国社会学与社会发展学术论坛”，庆祝社会学系成立30周年。中国社会学会会长宋林飞、副会长潘允康，我校副校长朱光磊，中国心理学会理事长乐国安等出席。

12月10日 召开2012年度党风廉政建设责任制考核工作部署会。党委副书记、纪委书记张式琪出席。

12月11日 英国格拉斯哥大学校长安顿·马斯凯特里(Anton Muscatelli)一行来访。党委书记薛进文会见客人，副校长佟家栋陪同会见。

12月11日 召开重点领域廉政风险防控工作(绘制流程图阶段)交流研讨会。党委副书记、纪委书记张式琪出席。

12月11日 举行"知行南开"研究生社会调研项目(第一期)总结表彰大会暨南开大学研究生服务经济社会发展交互网开通仪式。党委副书记、副校长杨克欣出席。

12月11日 新疆阿勒泰地区地委委员库兰,阿勒泰地区地委副秘书长柳运森,阿勒泰地区教育局党委书记姚永利一行来访。同日,我校召开研究生支教团对口服务新疆阿勒泰地区十周年座谈会。党委副书记、副校长杨克欣,副校长佟家栋出席。

12月11日 召开仪器设备采购管理及实验室安全工作会。副校长许京军出席。

12月12日 党委书记、人权研究中心主任薛进文及常健、赵正群、唐颖侠参加由中国人权研究会和中国人权发展基金会共同主办的第五届"北京人权论坛"。薛进文在会上作题为"互联网时代的人权保障"的演讲,并就互联网发展中的人权保障问题接受中央媒体专访。

12月12日 加拿大驻华大使馆公使唐兰一行来访。副校长关乃佳会见客人。

12月14日 举行"大江东去——南开大学教师合唱团建团20周年音乐会"。党委副书记、教代会工会主席刘景泉,党委副书记、纪委书记张式琪,原党委副书记孔繁丰,原副校长刘振祥等出席。

12月14日 上海理工大学党委副书记、副校长白苏娣一行来访。我校副校长朱光磊、校党委常委张亚会见客人。

12月14—15日 召开经济学学科建设、科研评价与人才队伍建设研讨会。校长龚克、副校长佟家栋出席。来自北京大学、清华大学、中国人民大学等高校的经济学院负责人,以及《中国社会科学》、《经济研究》等学术刊物的主编参加会议。

12月15日 我校和天津市教委德育处共同举行中国特色社会主义理论教育研讨会,庆祝我校马克思主义教育60周年。市委教育工委副书记、市教委副主任李绍洪,教育部社科司原司长杨瑞森,我校党委书记薛进文、党委副书记刘景泉,原副校长、教育部马克思主义学部主委逄锦聚出席。

12月15日 "企业效率、市场环境和中国崛起"南开论坛开幕。《经济研究》编辑部主编裴长洪,厦门大学副校长杨斌,对外经济贸易大学副校长林桂军,上海国和董事总经理李莉,我校校长龚克、副校长佟家栋等出席。

12月16日 第七届全球孔子学院大会在京开幕。中共中央政治局委员、国务委员、孔子学院总部理事会主席刘延东出席开幕式并致辞。教育部部长袁贵仁主持开幕式。我校汉语国际推广领导小组组长、党委书记薛进文出席开幕式,并领取"孔子学院先进中方合作院校"奖。副校长关乃佳陪同参加。

12月16日 党委书记薛进文会见美国马里

兰大学前任校长牟德(C. D. Mote Jr.)、意大利博洛尼亚大学校长伊万诺·迪奥尼吉(Ivano Dionigi)。副校长关乃佳陪同会见。

12月16日 校长龚克主持召开今年第十二次校长办公会议。会议研究并同意校产管理办公室关于注销天津市天骄公关服务中心的申请。审议并原则通过《南开大学2012年度专业技术职务评聘工作指导意见》、《南开大学授予成人高等教育本科毕业生学士学位工作细则》。审议并同意调整部分专业技术职务评审机构的组成人员。审议并通过《南开大学2012年度研究生国家奖学金评选办法》。

12月17—19日 全国旅游市场处长培训班在我校举办。国家旅游局副局长祝善忠、旅游促进与国际合作司司长李世宏,天津市旅游局局长佘清文、副局长何智能,我校副校长朱光磊等出席开班仪式。

12月18日 召开2012年度专业技术职务评聘工作部署会。党委书记薛进文、副校长佟家栋、校党委常委张亚出席。

12月18日 举行"百项工程"十周年座谈会。副校长朱光磊出席。

12月18日 举行"回顾百项十周年"暨2012创新教育文化节闭幕式。副校长朱光磊出席。

12月19日 薛进文同志主持召开本年度第四次党委全委(扩大)会议暨八届六次全委(扩大)会议。校党委委员、纪委委员、副校长、中层正职干部出席会议。会议传达学习了中央政治局关于改进工作作风、密切联系群众的八项规定和中共中央办公厅、国务院办公厅关于贯彻落实八项规定的实施细则。传达学习了习近平总书记在中央政治局会议上关于改进工作作风、密切联系群众的重要讲话精神。

12月19日 中国进出口银行董事长、行长李若谷受聘为我校兼职教授。党委书记薛进文、副校长佟家栋出席致聘仪式。

12月19日 召开安全工作会议。党委副书记杨庆山出席。

12月19日 世界经济论坛高级总监马迪娜·格穆尔、总监马丁·尼格勒和中国区高级经理张苏粤一行来访。副校长佟家栋会见客人。

12月20日 举行校领导与学生会、研究生会新一届主席团成员座谈会。党委书记薛进文,党委副书记、副校长杨克欣出席。

12月20日 举行第六届周恩来奖学金评审会。奖学金评审委员会主任、党委书记薛进文出席。

12月20日 教育基金会召开2012年第二次理事会会议。党委书记、基金会理事长薛进文出席。

12月20日 甘肃省扶贫办社会帮扶处副处长张玉水一行来访。党委书记薛进文会见客人,校党委常委张亚陪同会见。

12月21日 召开学位评定委员会八届三次会议。学位评定委员会主席、校长龚克出席。

12月21日 召开"'公能'特色马克思主义教育60年"研讨会。党委副书记刘景泉出席。

12月22日 举行故宫学与明清宫廷研究中心揭牌暨单霁翔等兼职教授致聘仪式。文化部党组成员、故宫博物院院长单霁翔，原文化部副部长、故宫博物院前院长、我校兼职教授郑欣淼，故宫博物院前副院长李文儒，校长龚克，副校长朱光磊出席。党委书记薛进文会见单霁翔一行。

12月22—23日 举行“政治哲学与生活世界”全国学术研讨会。中华全国外国哲学史学会会长赵敦华、中国现代外国哲学学会会长江怡、副校长朱光磊出席。

12月25日 召开南开大学五位一体总体布局与科学发展理论研讨会。党委书记薛进文、党委副书记刘景泉、副校长朱光磊、荣誉教授陈晏清出席。

12月25日 举行“创新之路——南开大学研究生党支部学习贯彻党的十八大精神文艺汇演”。党委副书记、副校长杨克欣出席。

12月25日 国家环境保护部科技司专家组来我校评估“国家环境保护城市空气颗粒物污染防治重点实验室”。环境保护部科技司司长赵英民、副校长许京军等出席评估会。

12月26日 举行南开大学医学院、南开大学人民医院、南开大学口腔医院2013年教学联谊会。天津市卫生局副局长王建国、我校副校长许京军等出席。

12月26日 举行“环球大讲堂”系列公益讲座暨环球时报奖助学金颁奖仪式。环球时报总编辑胡锡进、副校长朱光磊出席并为获奖学生颁奖。仪式后，胡锡进为师生作题为“世界是谁，中国是谁，我们是谁”的演讲。

12月27日 举行主题为“学生创新创业工作”的第十次“校领导接待日”活动。党委书记薛进文，党委副书记、副校长杨克欣出席并与学生代表交流。

12月27日 举行2013年外籍师生新年招待会。副校长关乃佳出席。

12月27日 经济学院国际经济与贸易系、现代远程教育学院网络远程教育团队、图书馆信息部、信息化建设与管理办公室等4个团队获评2012年度天津市教育系统“教工先锋号”先进集体。陈朝辉等18位教职工获评2012年度天津市教育系统“教工先锋岗”先进个人。校工会《深入基层 开拓创新 建设服务型工会》获评天津市教育系统工会工作第四届“十大创新发展成果”。

12月28日 由中国政法大学、南开大学、武汉大学、厦门大学、对外经贸大学共同组建的“全球治理与国际法治协同创新中心”培育启动仪式在京举行。教育部副部长李卫红出席并讲话。教育部社会科学司司长杨光，我校校长龚克、副校长朱光磊，中国政法大学校长黄进等出席。龚克代表学校签署协同创新组建协议并揭牌。

12月28日 第十一届全国政协常委、博鳌亚洲论坛秘书长、外交部原副部长、前驻美大使周文重受聘为我校兼职教授。党委书记薛进文向其致送聘书并佩戴校徽，副校长关乃佳出席。

12月28日 教代会工会召开工作总结交流会及基本功竞赛表彰会。党委副书记、教代会工会主席刘景泉出席。

12月28日 由天津出版传媒集团与天津市摄影家协会联合主办的吴军江生态摄影展在我校开展。天津市出版传媒集团总经理肖占鹏,我校党委副书记刘景泉、原常务副校长陈洪参观展览。

12月28日 举行共青团落实素质教育专题研讨暨2012年工作总结交流会。党委副书记、副校长杨克欣出席。

12月28日 教育部学位与研究生教育发展中心副主任、《中国研究生》杂志执行主编王立生做客"走近中国名刊"系列作题为"中国研究生的使命和责任"的报告。会前,副校长佟家栋会见客人。

12月29日 校务委员会主任、党委书记薛进文主持召开新一届南开大学校务委员会第一次会议。出席会议的有校务委员会副主任龚克、洪国起、侯自新、杨庆山、刘景泉、张式琪、焦玮,校务委员会秘书张亚及38名委员。张亚同志向会议通报了校务委员会换届调整的有关情况,宣读了《南开大学校务委员会工作规则》和《新一届南开大学校务委员会组成人员名单》。会议听取了校长龚克作的校务报告。

12月29日 台湾四维创新材料股份有限公司董事长杨慧玲,台湾和硕集团总经理蔡进国,日本三木株式会社、天津网球协会等负责人来访。党委书记薛进文会见客人,校党委常委张亚陪同会见。

12月29日 举行2013新年音乐会。校长龚克出席并送上新年贺词。党委副书记、副校长杨克欣出席。

12月 我校获评2012年"天津市普通高等学校毕业设计(论文)管理工作先进单位"。

12月 我校获评"天津市普通高校创新创业教育与就业工作示范校"荣誉称号。

12月 校党委常委张亚受党委书记薛进文、校长龚克委托,看望慰问了卸任的校务委员会委员朱光华、罗宗强、张光寅、熊性美、魏宏运、车铭洲、李正名、戴树桂、张自立、孙仲林、李剑鸣、李万华、谷书堂、陈洪、薛敬孝、申泮文、程津培、金桂玉、王磊等,代表学校对他们为校务委员会的辛勤付出表示感谢,对他们为学校发展作出的贡献致以敬意。

12月 由化学学院教授史林启牵头的"功能高分子材料"研究团队入选2012年度教育部创新团队。我校累计已有7支团队入选。

12月 中国教科文卫体工会全国委员会授予党委副书记、教代会工会主席刘景泉全国"先进女职工之友"荣誉称号。

12月 周恩来政府管理学院青年志愿服务与社会实践中心荣获天津市优秀志愿服务团队奖。

12月 12种教材入选教育部公布的"第一批'十二五'普通高等教育本科国家级规划教材书目"。

12月 我校参评活动获天津市委教育工委组织开展的2009—2011

年度教育系统“创最佳党日”优秀活动，获教职工组一等奖 1 项、二等奖 1 项，获大学生组一等奖 1 项、二等奖 1 项，党委组织部获优秀组织奖。

12 月　天津市教育工会表彰 2012 年度“我为教育事业科学发展献一计”活动，经济学院谢思全教授的《南大西南村生活服务市场的治理》提案获“十大金点子奖”，历史学院陈志强教授的《尽快出台青年人才培养计划，发挥高端人才学术创新能力》提案获“优秀合理化建议和教代会提案奖”。

12 月　我校青年教师获 2012 年天津市高校青年体育教师教学基本功大赛一等奖 2 项、二等奖 1 项。

附　　录

2012年新闻媒体报道南开大学主要消息索引

报刊名称	文章题目	版次	作者	刊登日期
每日新报	43岁南大保卫身负重伤擒仨贼(附图)	A6	陈荣喜 张旭 王凯峰	2012-1-1
每日新报	闲话“扯子”	B8	薛宝琨	2012-1-1
渤海早报	听叶嘉莹谈诗(附图)	19	董向慧 王晓明	2012-1-2
城市快报	新年祝福的岁月变迁	7	李宁	2012-1-2
科学时报	南开大学:新年乐曲放飞希望(附图)	5		2012-1-4
社会科学报	“体形歧视”影响就业	B7	潘杰	2012-1-4
中国社会科学报	网络匿名性易强化认识偏差	B7	乐国安 薛婷	2012-1-4
渤海早报	南大19位教师入选杰出人文社会科学家	17	张剑 邵隽	2012-1-5
渤海早报	人机交互做你所想(附图)	18	游思行 平扬	2012-1-5
渤海早报	南大以“百项工程”为平台鼓励本科生参与创新科研	18	邵隽 张丽 冀宁 张铁帆	2012-1-5
城市快报	南开学子废电脑里练出黄金(附图)	1	标题新闻	2012-1-5
城市快报	南开学子废电脑里练出黄金	9	刘晓艳 陈鑫	2012-1-5
每日新报	中国杰出人文社会科学家名单公布南开大学19位教授当选	B3	李海燕 张剑	2012-1-5
天津教育报	南开大学学生开发驾驶员前方视觉辅助系统	2	张铁帆	2012-1-5
天津教育报	南大研究生评选“良师益友”	1	相羽 平扬	2012-1-5
每日新报	数学要锻炼文科生多种思维模式	D2	顾沛	2012-1-6
渤海早报	14200名考生报考南大硕士	17	张剑 平扬 邵隽	2012-1-7
城市快报	美国教授来津面试南大学子	1	标题新闻	2012-1-7
城市快报	美国教授来津面试南大学子	2	刘晓艳	2012-1-7
城市快报	将爱传递(图片)	2	姜宝成 陈晨	2012-1-7
城市快报	南大师生获“光学奖”方案用于“天宫一号”	2	刘晓艳 李培新 张铁帆	2012-1-7
每日新报	研究生考试今开考14200人报南大	A6	任悦 李海燕 张剑 平扬	2012-1-7
城市快报	全国165万人昨起考研(附图)	1	姜宝成 任永华 平扬	2012-1-8
城市快报	藏进象牙塔 躲着就业潮(附图)	2	刘晓艳 于春沣 姜宝成等	2012-1-8
城市快报	何炳林纪念馆开放 纪念铜像南北同立(附图)	2	刘晓艳 平扬 张更辉	2012-1-8
光明日报	用自己的语言去写作(附图)	5	熊培云	2012-1-8
每日新报	也说“刺儿头”	B7	薛宝琨	2012-1-8

续表

报刊名称	文章题目	版次	作者	刊登日期
城市快报	为学生体育锻炼建立“保险制度”	3	王丽	2012－1－9
今晚报	善德从网络传到校园	13		2012－1－9
每日新报	原子弹幕后功臣何炳林纪念馆开放	B3	李海燕 平扬 张更辉	2012－1－9
每日新报	加州大学来南大抢生源	B3	李海燕 张剑	2012－1－9
天津日报	建州南大选才	5	赵晖 张剑	2012－1－9
今晚报	出席市政协会议代表发言(图片)	3	张丽 宁柯	2012－1－10
天津日报	刘景泉委员发言(图片)	4		2012－1－10
今晚报	出席市政协第六次会议的委员投票选举(图片)	2	张力 宁柯	2012－1－11
中国社会科学报	金融发展程度影响海外资产和贸易结构	6	韩其恒 李俊青	2012－1－11
中国社会科学报	加州大学洛杉矶分校南开抢生源	6	张剑	2012－1－11
光明日报	300 年前康熙未能收到的一封信	11	吕颖	2012－1－12
人民日报	南开将出台新规促进师德升级	8	朱虹 平扬	2012－1－12
社会科学报	苏联剧变:历史与现实因素的契合	3	马闪龙	2012－1－12
每日新报	平民写史 靠不靠谱?	B16	刘超群 张赫洋	2012－1－13
天津日报	海河教育园区二期开工在即天南大新校区建设进入实质性阶段	2	赵晖	2012－1－13
渤海早报	南大自主招生夏令营考生最高享 40 分优惠	17	邵隽 平扬 韦承金	2012－1－15
城市快报	3600 学子今考南开大学“小卷”	4	刘晓艳 平扬 韦承金	2012－1－15
今晚报	中国官办第一家	9	李喜所	2012－1－15
今晚报	南开大学自主招生开考(图)	1	左山	2012－1－15
每日新报	改角儿和活宝	B7	薛宝琨	2012－1－15
渤海早报	南开大学自主招生开考(图)	17	邵隽	2012－1－16
每日新报	自主招生南大开考(图)	1	新华社发	2012－1－16
每日新报	3600 多人昨赶考南大“自招”	A04	李海燕 姜宝成 平扬 韦承金等	2012－1－16
每日新报	高考是重头 锦上“添花”别“添乱”	A05	李海燕 朱潇骁 平扬	2012－1－16
天津日报	南开自主招生开考(图)	2	姜宝成 陈晨 平扬 韦承金	2012－1－16
中国教育报	立足文化育人培养功能兼济人才	3	中共南开大学委员会	2012－1－16
天津日报	南大推出科学发展指数	2	胡晓伟	2012－1－17
文摘报	教授朱一玄	6	王译民(新民晚报)	2012－1－17
天津日报	一部周恩来研究的力作	14	刘景泉	2012－1－18
渤海早报	南大一研究院昨揭牌成立	18	张铁帆 邵隽	2012－1－19
今晚报	《清明上河图》里的市井风情	17	李冬君	2012－1－19
天津日报	中学生慰问中科院院士母国光	5	刘耀辉	2012－1－20
天津日报	天津精神表述语深得人心	2	赵晖 何会文 张晖	2012－1－20
中国社会科学报	南开大学社会建设与管理研究院	2	张铁帆	2012－1－20
今晚报	关羽崇拜	9	鲁德才	2012－1－21
今晚报	水映彩虹金凤舞 风旋瑞雪玉龙飞	9	田蕴章	2012－1－22
渤海早报	在津外籍师生欢度龙年新春	11	张剑 邵隽	2012－1－24
人民日报	外籍师生过龙年	2	朱虹	2012－1－24
城市快报	南大青年教师胡俊杰上榜	3	刘晓艳 张剑	2012－1－25

续表

报刊名称	文章题目	版次	作者	刊登日期
每日新报	南大青年教师胡俊杰获首届国际青年科学家奖	A4	李海燕 张剑	2012—1—25
每日新报	近百名外籍教师留学生南开园内欢度中国年	A4	李海燕 张剑	2012—1—25
今晚报	“务实创新”准确凝练	1	马庚申	2012—1—26
今晚报	在年里寻找天津幸福密码	1	蒋娟	2012—1—26
今晚报	冬季达沃斯论坛将迎“天津之夜”	1	尉迟建平	2012—1—26
每日新报	南大留校生 校园欢度大年	A4	李海燕 张丽	2012—1—27
天津日报	南大青年教师获首届国际青年科学家奖	1	赵晖 张剑	2012—1—27
新华每日电讯	美权威研究所大奖中国获奖人数最多	3	任海军	2012—1—27
渤海早报	南大教师获首届国际青年科学家奖	10	张剑 邵隽	2012—1—28
每日新报	现代“白求恩”苦研包饺子	B01	任悦 李海燕 朱潇骁	2012—1—28
科技日报	中国7位科学家获国际青年科学家奖	1	陈磊	2012—1—29
每日新报	“犯棱”和“犯傻”	A15	薛宝琨	2012—1—29
天津日报	高校学子做天津精神传播者	1	赵晖	2012—1—30
光明日报	南开大学：青年学子爱上传统文化	6	陈建强 陈鑫 张丽	2012—1—31
中国青年报	百岁“00后”	10	张国	2012—2—1
中国社会科学报	清朝的满蒙联姻续谈	A5	杜家骥	2012—2—1
中华读书报	《作家·思潮》：一部现当代文学研究的厚重之作	19	吴开晋	2012—2—1
城市快报	南大学生调研津城菜价变化	7	刘振超 余柳	2012—2—3
天津日报	津典热词 皮纹测试	3	周志强	2012—2—3
光明日报	也谈社会主义核心价值体观的凝练	11	杨永志	2012—2—4
今晚报	旗袍系列 凝眸	13	沈佺	2012—2—4
文摘报	杨敬年，104岁还在工作	6	张国(中国青年报)	2012—2—4
城市快报	部队里上演“新兵故事”	3	刘晓艳 李巍然	2012—2—5
每日新报	“了事儿”和“挑事儿”	B07	薛宝琨	2012—2—5
每日新报	“指头”代替“舌头”近七成孩子靠网络沟通	A6	任悦 李海燕 朱潇骁	2012—2—5
人民日报	发展健康向上网络文化的三个着力点	7	人民日报	2012—2—6
中国社会科学报	日本规避能源约束的政策策略	B8	尹晓亮	2012—2—6
城市快报	五所高校新校区加快建设	2	刘晓艳	2012—2—7
今晚报	懂得是真爱	26	袁辛	2012—2—9
科技日报	艾滋病研究领域的年轻女科学家——记南开大学医学院孔晓红教授	10	吴红月	2012—2—9
南方周末	数学的精神	22	陈克艰	2012—2—9
人民日报	大学之本 培养人才	12	朱虹	2012—2—10
渤海早报	南开大学探索每年三个学期	17	邵隽	2012—2—11
城市快报	南大将实行夏季小学期	2	刘晓艳	2012—2—11
光明日报	核心价值观究竟该如何凝练	11	王虎学	2012—2—11
今晚报	革命一次的历史演进	13	李喜所	2012—2—11
中国教育报	“人生路上的脚步变得沉稳”	3	平扬 张宝敏	2012—2—12
天津日报	社会管理理念的更新	10	齐艳红	2012—2—13

续表

报刊名称	文章题目	版次	作者	刊登日期
中国教育报	南开教师获首届国际青年科学家奖	6	南轩	2012—2—13
城市快报	南开大学牵手世界最古老大学	3	刘晓艳 冀宁	2012—2—14
今晚报	本市 16 项成果获国家科技奖	1	马庚申等	2012—2—14
今晚报	唐代的白话诗	17	孟昭连	2012—2—14
每日新报	南大牵手欧洲“大学之母”	B2	李海燕 冀宁	2012—2—14
每日新报	南大历史学家常建华讲述王爷陵的历史	B3	任桐 徐燕 李柏彦	2012—2—14
渤海早报	16 项成果获国家科技奖	17	谷菲	2012—2—15
渤海早报	研制新材料让电池“延寿”	17	陈鑫 邵隽	2012—2—15
城市快报	手电筒是我的第一位“导师”	2	刘晓艳 宋雪峰 陈鑫	2012—2—15
每日新报	本市 16 项成果获国家科技奖	1	导读	2012—2—15
天津日报	南开大学领衔项目获国家自然科学二等奖	2	赵晖 陈鑫	2012—2—15
天津日报	本市 16 项成果获国家科技奖	15	张璐 赵晖	2012—2—15
每日新报	科技创新成果 改变我们生活	A4	任悦 李海燕 陈鑫	2012—2—15
中国科学报	南开与博洛尼亚大学签约合作	6	冀宁	2012—2—15
渤海早报	南大 20 博士生获教育部学术新人奖	17	张剑 邵隽	2012—2—17
城市快报	本市四所高校招百名“港生”	4	刘晓艳	2012—2—17
天津教育报	本市高校成为科技创新重要支撑	1	陈欣然 陈鑫 宋雪峰	2012—2—17
每日新报	仰老婆撖头汉	B7	薛宝琨	2012—2—19
人民日报	胡俊杰:探索细胞内部的秘密	20	朱虹	2012—2—20
每日新报	本市道德楷模昨抵香港	A8	朱健 张艺诺 万力闻	2012—2—21
渤海早报	热心洋邻居爱管邻居事	18	孙毅 靳煦男	2012—2—22
科学时报	打快板的留学生	8	陈晨	2012—2—22
人民日报	“豪车”投保理赔难在哪	4	曲哲涵	2012—2—22
天津日报	专家帮你解读楼市玄机	7	宋景怡	2012—2—22
中华读书报	七十年师生琐碎情——纪念启功老师百年冥诞	7	来新夏	2012—2—22
今晚报	神判	21	鲁德才	2012—2—23
每日新报	乾隆曾有五次驻跸台头行宫	B7	王渐 郝颖 佟芳	2012—2—23
天津教育报	本市大学生探讨践行“天津精神”	1	陈欣然	2012—2—23
天津教育报	施展艺术才华 彰显青春风采	1	张策	2012—2—23
天津教育报	树南开青年 建百年社团	2	蒋雨宏	2012—2—23
天津教育报	南大 20 名博士生获教育部“学术新人奖”	1	张剑	2012—2—23
光明日报	南开大学免试招收香港地区学生	2	陈建强 平扬 韩诚	2012—2—24
每日新报	南大天大首招香港免试生	B2	任悦 李海燕 平扬 韩诚	2012—2—24
天津教育报	南大与博洛尼亚大学签约合作	1	陈欣然 冀宁	2012—2—24
天津日报	天南大免笔试各招 15 名港生	5	赵晖	2012—2—24
中国教育报	南开首次面向香港招收免试生	2	张宝敏	2012—2—24
每日新报	冰心情系天津紫竹林	B4	单炜炜	2012—2—25
天津日报	新型功能配位聚合物的构筑与结构性能调控	4	佚名	2012—2—25
天津日报	我的根在中国——记本市国际科技合作奖获得者	2	赵晖 张璐	2012—2—25

续表

报刊名称	文章题目	版次	作者	刊登日期
每日新报	吃软不吃硬	B7	薛宝琨	2012—2—26
渤海早报	众名家建言天津大剧院	28	杨扬	2012—2—27
每日新报	音乐论坛预热天津大剧院开幕	c20	曹嵩博	2012—2—27
天津日报	雷锋精神的南开表达——南开大学创新开展青年志愿服务活动综述		汪伟 赵晖 平扬 孟杰	2012—2—27
天津日报	“未来10年中国音乐展望”论坛在津举行	8	马竞宇	2012—2—27
今晚报	吃“折箩”	17	来新夏	2012—2—28
科技日报	“雷锋元素”大学校园正流行	7	林莉君	2012—2—28
光明日报	雷锋精神的永恒价值	4	张硕	2012—2—29
每日新报	天津元代遗迹不多应进行抢救保护	B9	王渐 王曾 郝颖 佟芳	2012—2—29
人民日报	保障教师全面发展	18	龚克	2012—2—29
天津教育报	南大青年教师获首届国际青年科学家奖	1	陈欣然 张剑	2012—2—29
天津日报	读一点通俗文学	16	张铁荣	2012—2—29
天津日报	雷锋精神长驻津城	5	姜宝成 陈晨	2012—2—29
中国教育报	规范考试，让自主招生不走偏	6	张纪伟	2012—2—29
中国社会科学报	张伯苓与何廉的教育理念	A5	魏宏运	2012—2—29
每日新报	专家：静海是宋军的大后方和重要物资储备基地	B6	王渐 王曾 郝颖 佟芳	2012—3—1
天津教育报	雷锋精神不out新时代下新内涵	1	李楠	2012—3—1
天津教育报	企业招聘拒绝挂科生，你如何看？	2	马婉星	2012—3—1
天津教育报	幸福于我	4	赵美欧	2012—3—1
中国青年报	北大孔庆东教授被指涉嫌抄袭	3	张国	2012—3—2
城市快报	330名考生拿到考南大“优惠券”	2	刘晓艳 韩诚 平扬	2012—3—3
每日新报	南大自主选拔招生、保送生面试成绩公布	A3	任悦 李海燕 韩诚 平扬	2012—3—3
天津日报	学术“蝗虫”为何捕杀不尽	6	周凡恺	2012—3—3
中国教育报	50年，雷锋在校园里扎根	1	高靓	2012—3—3
渤海早报	330余名考生获南大自主招生资格	17	韩诚 平扬 邵隽	2012—3—4
每日新报	丑话说在前头	B7	薛宝琨	2012—3—4
人民日报	2012年：国家财政性教育经费支出占GDP的比例将达标——4%，新的起点	8	赵婀娜 冀业 袁泉	2012—3—4
天津日报	出席全国政协十一届五次会议的天津委员满怀豪情步入人民大会堂(图)	2	许凯	2012—3—4
渤海早报	南大开展系列活动学习践行雷锋精神	17	陈鑫 邵隽	2012—3—5
今晚报	践行雷锋精神 共建美好家园	1	张虹虹 马庚申 刘超	2012—3—5
人民日报	学雷锋在行动——各地各部门开展系列活动	4	赵婀娜 魏薇 江宝章 梁小琴 朱虹 张志峰 白天亮	2012—3—5
天津日报	天津委员在“实业强国圆桌会议”的发言赢得认同和关注	2	刘平 张洪伟	2012—3—5
今晚报	志愿者学雷锋誓师大会举行	2	蒋娟	2012—3—6
人民日报	民意怎样写进报告	12		2012—3—6

续表

报刊名称	文章题目	版次	作者	刊登日期
天津日报	“南开好人网”开通	6	赵晖 赖鸿杰	2012－3－6
天津日报	弘扬雷锋精神 开展志愿服务	5	刘冬梅	2012－3－6
新华每日电讯	八大民生热点都有回应	5	宋振远 刘元旭 杨金志	2012－3－6
渤海早报	南开大学公布考研复试分数线	17	陈鑫 邵隽	2012－3－7
城市快报	南开公布考研复试分数线	6	刘晓艳 陈鑫	2012－3－7
今晚报	代表委员声音	2		2012－3－7
每日新报	南开大学考研复试分数线公布	B4	李海燕 张一博 陈鑫	2012－3－7
天津日报	南大考研复试分数线公布	5	赵晖 陈鑫	2012－3－7
天津日报	一首小诗 百年不衰——鲁迅与殷夫译作《自由与爱情》	16	王秉钦	2012－3－7
中华读书报	重吃“折箩”	3	来新夏	2012－3－7
中华读书报	叶赛宁早期的婚恋	18	龙飞	2012－3－7
渤海早报	天津高校流行“三八”节前过“女生节”	17	邵隽 陈鑫	2012－3－8
今晚报	参政议政庆“三八”(图)	1	尉迟建平	2012－3－8
人民日报	实体经济怎么兴	6	鲍丹 王珂 杨旭 刘成友	2012－3－8
人民日报	激发民主“末梢神经”的活力	10	赵婀娜 彭波 冀业 袁泉	2012－3－8
天津教育报	本市高校学雷锋系列活动如火如荼开展	1	陈欣然 陈鑫 朱宝琳	2012－3－8
天津教育报	间奏	4	徐芳宇	2012－3－8
天津日报	天津代表团昨天上午在人民大会堂天津厅举行全体会议	1	宋子明 许凯	2012－3－8
天津日报	“两会”代表合影	2		2012－3－8
中国青年报	网聊热见面冷 84.6%受访者感觉当下青年缺乏真实沟通	6	洪欣宜 黄冲	2012－3－8
城市快报	全国见义勇为模范 天津两人候选	5		2012－3－9
城市快报	“我们欢迎总理常回家看看!”——温家宝总理通天津代表一起审议政府工作报告侧记	4	王立文 李川	2012－3－9
城市快报	全国见义勇为模范 天津两人候选	头条导读	刘晓艳	2012－3－9
今晚报	殷殷嘱托 浓浓乡情——温家宝总理同天津代表一起审议政府工作报告侧记	1		2012－3－9
今晚报	南开大学美国留学生陆梦生表演快板《三打白骨精》(图)	9	刘乃文	2012－3－9
每日新报	君自故乡来 共商国家事——温家宝总理同天津代表一起审议政府工作报告侧记	A3	王立文 李川	2012－3－9
人民政协报	时代特征和进步意义明显——社科界委员谈刑事诉讼法修正案草案	A6	司晋丽	2012－3－9
人民政协报	当代中国画五十家 杜滋龄作品选登	D8		2012－3－9
天津日报	殷殷嘱托 浓浓乡情——温家宝总理同天津代表一起审议政府工作报告侧记	1	王立文 马波 李川	2012－3－9
渤海早报	大学宿管员井延英入选全国见义勇为英雄模范候选人	20	邵隽	2012－3－10

续表

报刊名称	文章题目	版次	作者	刊登日期
光明日报	探索世界一流大学的创建路径——访全国人大代表、南开大学校长龚克	10	陈建强	2012—3—10
今晚报	“倒福”与“倒蝠”	13	孟昭连	2012—3—10
天津日报	侯欣一委员建议改革高校社科类科研经费管理	2	刘平 张洪伟	2012—3—10
城市快报	全国见义勇为英雄模范候选人井延英：四个多小时 我和绑匪拉家常	头条导读	刘晓艳	2012—3—11
光明日报	日本汉学家来华讲演	12	叶言材	2012—3—11
每日新报	“顺眼”和“爽神”	B7	薛宝琨	2012—3—11
渤海早报	南开成立国内首家绿色消费教研基地	4	刘晓艳 张剑	2012—3—12
城市快报	粗“翻”滥“译”受虐的是读者	11		2012—3—12
人民政协报	重内美还是重外美？——文化发展三人谈	C5		2012—3—12
天津日报	出席两会的代表和委员继续审议和讨论(图)	2	宋子明 许凯	2012—3—12
中国青年报	守住社会正义的最后一道防线	1	崔丽	2012—3—12
中国青年报	两高报告，有些套话没必要	3	林衍	2012—3—12
渤海早报	南开学子运用课堂知识帮农民发“低碳”财	18	平扬 邵隽	2012—3—13
渤海早报	南开大学教授孙立群再登《百家讲坛》	34	杨扬	2012—3—13
光明日报	“委员说出了我们法官的心声”——社科界政协委员讨论“两高”报告侧记	3	李慧	2012—3—13
今晚报	南开大学启动实施特色素质教育 培养公能兼备人才	1	张虹红 马庚申	2012—3—13
每日新报	南大“进口生”“铁心”学相声	B10	郝颖 吴迪	2012—3—13
天津日报	男大学生“金点子”引入碳权交易新理念	5	赵晖 平扬	2012—3—13
天津教育报	温家宝总理同天津代表一起审议政府工作报告时说——教育观念更新，反映在实践中极为重要	1	焦玉	2012—3—14
天津日报	市政协副主席陈茹玉同志逝世	1		2012—3—14
天津日报	天津学习型党组织建设研究会成立	5	赵晖 张轶帆	2012—3—14
天津日报	《清史》编纂进入最后冲刺	13	何玉新	2012—3—14
天津日报	南开大学举办雷锋事迹展览	18	任永华	2012—3—14
中国科学报	全国人大代表、南开大学校长龚克：大学章程制定不宜操之过急	4	陈彬	2012—3—14
中国青年报	舆论评判与司法审判如何平衡	T3	崔丽 付雁南	2012—3—14
天津教育报	南大赛扶团队开发新项目 助力农民低碳致富	1	陈欣然 平扬	2012—3—15
中国青年报	万人调查：71.1%青年认为自己受益于本次两会	7	王聪聪 黄冲	2012—3—15
今晚报	陈茹玉同志遗体火化	2	刘超	2012—3—16
人民日报	大学之风 恒久绵长——对话南开大学党委书记薛进文教授	18	赵婀娜	2012—3—16

续表

报刊名称	文章题目	版次	作者	刊登日期
天津教育报	本市学习型党组织建设研究会成立	1	陈欣然 张铁帆	2012—3—16
天津日报	陈茹玉同志遗体昨日火化	2	刘平	2012—3—16
天津日报	生命科学“解谜人”叫响国际	2	赵晖 张剑	2012—3—16
新华每日电讯	史家·家谱·自传:普通人笔下的历史	13	王京雪	2012—3—16
光明日报	再论”以人为本、民主公正“的核心价值观	11	包心鉴	2012—3—17
每日新报	纪念陈茹玉、何炳林特刊:他们是一辈子的同桌	特1、B1、B2、B3	王虹 尹杰	2012—3—17
每日新报	“随和”与“随它去吧”	B7	薛宝琨	2012—3—18
科技日报	43名青年科研人员获青年科学之星称号	1	李大庆	2012—3—19
人民政协报	43名青年科技工作者获“青年科学之星”称号	1	新华社电	2012—3—19
中国科学报	第三届青年科学之星揭晓	1	黄明明	2012—3—19
中国科学报	谁逼博士生中断科研生涯	3	朱广清	2012—3—19
中国青年报	人才培养比选拔更重要	2	龚克	2012—3—19
中国社会科学报	哲学界·书——《资本主义理解史》	B1	王南湜	2012—3—19
中国教育报	43名科研工作者获评”青年科学之星”	2	刘琴	2012—3—20
渤海早报	南开大学将选派学生赴牛津大学参加夏令营	17	邵隽 张铁帆	2012—3—21
城市快报	南开30余名学子远赴牛津拿学分	3	刘晓艳 张铁帆	2012—3—21
城市快报	美前国防部长第5次做客南开 与同学们分享成长经历	2	刘晓艳 张铁帆	2012—3—21
今晚报	张高丽会见美前国防部长科恩	1	李贤	2012—3—21
今晚报	感知责任使命 传递温暖力量——“走转改”活动报告会在津举行	3	蒋娟	2012—3—21
每日新报	美前国防部长南大演讲“为决断时刻做准备”	B2	任悦 李海燕 张铁帆	2012—3—21
每日新报	“南开好人网”做好事是需要鼓励的	D3	刘亚洲	2012—3—21
天津教育报	南大发起成立滨海低碳循环发展传略联盟	1	陈欣然 张剑	2012—3—21
天津日报	“走转改”活动报告会在津举行	2	李川	2012—3—21
天津日报	张高丽会见美前国防部长科恩	1	马波 赵晖	2012—3—21
中国科学报	南开大学发起滨海低碳循环发展战略联盟	7	张剑	2012—3—21
中华读书报	百年中国文化一道靓丽的风景	6	孙昌武	2012—3—21
今晚报	孙中山“民生史观”的再认识	21	李喜所	2012—3—22
天津教育报	美国前国防部长科恩来南开大学演讲	1	张铁帆	2012—3—22
天津教育报	“中国校园健康行动”在津落户	1		2012—3—22
天津教育报	人神共舞——游西宁塔尔寺有感	4	赵美欧	2012—3—22
渤海早报	千人伸援手捐款8万元	1	陈鑫 张更辉 邵隽	2012—3—24
城市快报	微博“急救”南开女硕士	2	刘晓艳 陈鑫	2012—3—24

续表

报刊名称	文章题目	版次	作者	刊登日期
今晚报	难忘一九八四年	13	郭玉琴	2012—3—24
人民日报	专题询问让人大监督更具刚性	3	彭波	2012—3—24
今晚报	爱心誓比病魔跑得快	1	蒋娟 陈鑫	2012—3—25
今晚报	爱属“私”也要顾及“公”情绪	10		2012—3—25
每日新报	天津话“人啦”	B7	薛宝琨	2012—3—25
新华每日电讯	稀土之争 胜算几何	4	王亚光 沈洋 岳瑞芳	2012—3—25
今晚报	南大学子收获冠军	17	迟昕欣	2012—3—26
每日新报	南大师生开展募捐帮尿毒症女生	B4	任悦 李海燕 陈鑫 张更辉	2012—3—26
天津日报	北京大学生电影节开幕	8	新华社北京专电	2012—3—26
中国社会科学报	再论“羊左”传说在汉代的流传	A7	党超	2012—3—26
今晚报	南开电影论坛举行	9	刘静华 江浩	2012—3—27
天津日报	共创平安 春满校园——本市公安机关推进“平安高校”建设纪实	1	赵荣君 刘晓霞	2012—3—27
新华每日电讯	范曾向法国前总理拉法兰赠送绘画作品	2	戴旭明	2012—3—27
光明日报	精心组织严格把关 千锤百炼打造精品	2	何自力	2012—3—28
天津日报	母爱颂	16	王秉钦	2012—3—28
中华读书报	学人的学术家园	14	罗宗强	2012—3—28
中华读书报	中国史学史研究领域的新开拓	15	乔治忠	2012—3—28
天津教育报	南开大学推出校园手机报	1	张丽 韩诚	2012—3—29
城市快报	4岁小娃娃“面试”104岁大教授	1版导读	刘晓艳 陈鑫 任永华	2012—3—30
城市快报	4岁小娃娃“面试”104岁大教授	10	刘晓艳 陈鑫 任永华	2012—3—30
城市快报	南开教授成果启迪器官培育	9	刘晓艳	2012—3—30
天津教育报	春回大地植树忙(图)	2	李想	2012—3—30
光明日报	重读传统 学会讽刺	9	薛宝琨	2012—3—31
每日新报	南大津南校区“十二五”期间基本建成	A4	任悦 李海燕	2012—3—31
每日新报	收集那些温情的光阴——纪念何炳林陈茹玉院士清明节特刊	B4	王小柔	2012—4—1
渤海早报	看剪影皮影 品味浓津味	19	檀昕尧	2012—4—2
今晚报	日常行为中的生产力	9	流畅	2012—4—3
人民日报	把思想认识统一到中央决策部署上	1	陈杰 曲昌荣 何聪 汪志球 马跃峰 包蹇 祝大伟	2012—4—3
中国青年报	高校团干走出象牙塔之后	4	张国	2012—4—3
人民日报	团结一致把我们的事业推向前进	1		2012—4—4
中国教育报	南开大学系列活动践行雷锋精神	8	张宝敏	2012—4—4
中华读书报	喜读《林则徐年谱长编》及往事回想——恭贺来先生九十初度从教65周年	10	周轩	2012—4—4
中华读书报	译诗的境界——论查良铮对普希金诗艺的再现	18	谷羽	2012—4—4
渤海早报	南大新校区公建设计方案确定	18	陈鑫 邵隽	2012—4—5
今晚报	周氏兄弟对杨荫榆的态度	21	张铁荣	2012—4—5
天津教育报	南开学子扫墓祭奠先辈(图)	1	任永华	2012—4—5

续表

报刊名称	文章题目	版次	作者	刊登日期
天津教育报	南开举行"地球一小时"活动(图)	2	李想	2012—4—5
天津教育报	与翔宇剧社共同腾飞——记南开翔宇剧社社长何伯旸	2	蒋雨宏 张哲宇	2012—4—5
光明日报	平生知己半为鬼	16	来新夏	2012—4—6
今晚报	孙立群——历史解读不可娱乐化	10	杜中华	2012—4—6
天津教育报	南大教授在国际顶级期刊发表封面论文	1	陈欣然 张轶帆	2012—4—6
渤海早报	津企印尼员工来南大学汉语	1	游思行 韩诚	2012—4—7
每日新报	《雍正传》作者冯尔康教授解读《甄嬛传》相关史实	B9	王虹	2012—4—7
光明日报	审视传统法律的复杂性	5	侯欣一	2012—4—8
光明日报	倾听大学的声音	5	黄达人	2012—4—8
每日新报	"符神儿"还是"伏神儿"	B7	薛宝琨	2012—4—8
每日新报	5分钟诊疗仿真患者临床"斗法"细节至上	A3	彭未风 李栋	2012—4—8
天津日报	下岗女工站上南大讲堂	5	宋德松 寇益	2012—4—8
天津日报	甲醛除味剂 治标不治本	6	陈忠权	2012—4—8
城市快报	不给谣言成长留一寸土壤	5	刘晓艳	2012—4—9
每日新报	社会学家:建立系统管理机制	A4	李佳萌 王健	2012—4—9
中国社会科学报	构建增强家庭养老能力的公共服务体系	B3	吴帆	2012—4—9
天津日报	实施实名制遏制网络谣言	1	马庚申	2012—4—10
城市快报	"故事大王"要为女硕士筹10万善款	3	刘晓艳 朱宝琳	2012—4—11
人民日报	南开大学社会工作专业硕士研究生孙茜:学习着 憧憬着	17	张洋	2012—4—11
天津教育报	18名印度尼西亚学生南大学汉语	2	陈欣然 韩诚	2012—4—11
天津日报	经典语经典的阅读	16	宁宗一	2012—4—11
中国科学报	南开大学校长龚克:学生定位是一切工作定位的基础	5	陈彬	2012—4—11
渤海早报	天津各界拥护党中央决定	18	孔令彬	2012—4—12
城市快报	35万爱心捐款 全靠"微力"	1		2012—4—12
城市快报	救助重病女硕士,"微力"大!	10	刘晓艳 陈鑫	2012—4—12
城市快报	网上信息不盲从 不做谣言传播者	10	刘晓艳	2012—4—12
天津教育报	心怀理想 传播真知——访南开大学优秀学子郭威	2	聂文斐	2012—4—12
天津日报	患病女生体验"围脖"爱心	5	赵晖 陈鑫	2012—4—12
天津日报	月光	12	张学正	2012—4—12
城市快报	让居民放心消费,先解决"后顾之忧"	3		2012—4—13
光明日报	广大干部群众认为 中央决定表明党坚决惩治腐败的决心	1		2012—4—13
检查日报	广大干部群众认为 中央决定表明党坚决惩治腐败的决心	2		2012—4—13
人民日报	以实际行动维护改革发展稳定良好局面	4		2012—4—13
天津日报	广大干部群众认为 中央决定表明党坚决惩治腐败的决心	3		2012—4—13

续表

报刊名称	文章题目	版次	作者	刊登日期
天津日报	彰显责任 做网络谣言终结者	2	赵晖	2012－4－13
新华每日电讯	广大干部群众认为 中央决定表明党坚决惩治腐败的决心	1		2012－4－13
中国纪检监察报	广大干部群众认为 中央决定表明党坚决惩治腐败的决心	1		2012－4－13
中国教育报	坚决拥护党中央的正确决定 全力维护政治社会大局稳定	1	张兴华 张宝敏	2012－4－13
渤海早报	南开大学原校长母国光院士逝世	17	邵隽	2012－4－14
城市快报	南开老校长母国光院士去世 天堂里他仍将“与光同行”	2	刘晓艳	2012－4－14
城市快报	留学生运动会 600 人嘛都比	2	刘晓艳 赖鸿杰 姜宝成	2012－4－14
每日新报	师光耀学道 公能铭吾心	A3	彭未风 金学思 邢珊	2012－4－14
人民日报	增强辨谣能力 树立责任意识——高校师生积极抵制网络谣言	4	赵婀娜	2012－4－14
人民日报	南开大学举办留学生运动会(图)	6	朱虹 赖鸿杰	2012－4－14
天津日报	母国光院士逝世	2		2012－4－14
天津日报	南开大学举办留学生运动会(图)	7	姜宝成	2012－4－14
天津日报	南开大学校长龚克——增强体质、发展体能是青年自身发展的需要			2012－4－14
中国教育报	物理学家、教育家母国光逝世	2	张宝敏 王思北	2012－4－14
中国青年报	一女生患病牵动大学内外	1	张国	2012－4－14
每日新报	嘛都敢信 嘛也不信	B7	薛宝琨	2012－4－15
每日新报	淡泊名利真先生 教子爱妻大丈夫	A4	彭未风 邢珊 冀宁	2012－4－15
今晚报	南开区评出十杰青年	2	刘超	2012－4－16
人民日报	泰坦尼克,永不沉没	22	白阳 丁小希	2012－4－16
人民政协报	物缘有尽 心谊长存——从《富春山居图》跋文到被盗窃的一幅台静农先生书画	C3	叶嘉莹	2012－4－16
天津日报	宏达深邃 粹然儒者——记来新夏先生	12	伍立杨	2012－4－16
新华每日电讯	网络大爱筹 35 万元善款 南开重病女孩续写青春	4	中国网事记者	2012－4－16
渤海早报	逾四旬本科毕业生 携手“小同学”创业(图)	1	游思行	2012－4－17
渤海早报	台湾大叔的津城“一品”梦	18	邵隽	2012－4－17
天津日报	母国光同志遗体昨日火化	2	刘平	2012－4－17
中国青年报	母国光院士:人已逝,光永存	3	张国	2012－4－17
渤海早报	南大校长和教授为即将牛津之行的同学送上建议	18	邵隽 张轶帆	2012－4－18
渤海早报	诺奖得主罗伯特·科尔受聘南大	18	邵隽 陈鑫	2012－4－18
城市快报	南开教授又多一位“诺贝尔”	2	刘晓艳 陈鑫 姜宝成 任永华	2012－4－18
每日新报	南开大学参加 2012 年赛扶中国创新公益大赛	B4	金学忠 张一博	2012－4－18

续表

报刊名称	文章题目	版次	作者	刊登日期
每日新报	去牛津拿学分 南大校长支招	B4	邢珊 张轶帆	2012—4—18
每日新报	诺贝尔奖得主南大论“碳”	B4	梁爽 邢珊 陈鑫	2012—4—18
人民日报	铲除网络谣言需要全民行动	5		2012—4—18
人民日报	善用专家资源 完善公共决策	17	朱旭峰	2012—4—18
人民政协报	笔墨的生命力——论杜滋龄写意人物画	B4	松明	2012—4—18
天津教育报	南大师生痛悼老校长	1	陈欣然 冀宁	2012—4—18
天津日报	诺贝尔化学奖得主受聘南大客座教授	5	赵晖 陈鑫	2012—4—18
渤海早报	南大每年可选派10名旅游专业本科生赴美	17	邵隽 陈鑫 陆阳	2012—4—19
天津教育报	“我爱南开”留学生运动会举行(图)	1	赖鸿杰	2012—4—19
天津教育报	家事国事天下事,事事关心——记南开大学《红旗谱》青年读书会	2	文斐	2012—4—19
天津日报	津典热词 村级市	6	周志强	2012—4—19
天津教育报	南大旅游专业学生赴美迪斯尼实习	1	陈欣然 陈鑫	2012—4—20
天津教育报	诺贝尔化学奖得主受聘南大客座教授	1	陈鑫 李想	2012—4—20
天津日报	1:150 器官移植缺口之痛	9	徐杨	2012—4—20
科技日报	永不消逝的光波——追记著名光学科学家、南开大学原校长母国光院士	3	张剑 冯国梧	2012—4—21
中国青年报	南开学生挑战“电动车歧视”	2	张国	2012—4—21
每日新报	天津生态城举行大学生绿色创新大赛决赛	A11	苑冰 韩蔓	2012—4—22
每日新报	不到火候不揭锅	B6	薛宝琨	2012—4—22
渤海早报	熊培云:好书依旧能出很多版	40	董向慧	2012—4—23
渤海早报	14岁华裔女孩为花赋词走红	17	邵隽	2012—4—23
渤海早报	24岁博士创新搜索技术	17	张轶帆 邵隽	2012—4—23
城市快报	南大85后博士影响亿万网民	1		2012—4—23
城市快报	校园土丘因她而浪漫起来	3	刘晓艳 姜宝成	2012—4—23
科技日报	南开博士生发明成果用于百度	1	冯国梧 张轶帆	2012—4—23
天津日报	填词几百首 芳龄刚十四	5	赵晖	2012—4—23
天津日报	成果百度相中 博士生今年二十四	5	赵晖 张轶帆	2012—4—23
中国科学报	母国光:不灭的科学与教育之光	6	洪蔚	2012—4—23
中国科学报	食为政首:历史的经验	A4	王利华	2012—4—23
城市快报	天南大定向招生贫困地区60名额	2	刘晓艳	2012—4—24
城市快报	南开五科夏令营面向应届生开招	2	刘晓艳	2012—4—24
科技日报	2012“生态城杯”大学生绿色创意大赛颁奖地阿里举行(图)	3	周维海	2012—4—24
每日新报	14岁华裔女孩眼界学问皆长进	B3	李佳萌 姜宝成	2012—4—24
中国教育报	母国光:一生与光同行	3	张轶帆	2012—4—24
中国教育报	犹吊遗踪一泫然	3	池圆香	2012—4—24
今晚报	南大职业生涯规划赛落幕	2	蒋娟	2012—4—25
人民日报	让社工更体面地工作	17	吴帆	2012—4—25
天津日报	网络,让“全民慈善”更简单	9	耿堃	2012—4—25

续表

报刊名称	文章题目	版次	作者	刊登日期
中国青年报	“正能量”点亮袁霞的笑脸	1	张国	2012—4—25
渤海早报	南开大学为留学生开设全英语课程	18	张剑 平扬 邵隽	2012—4—26
天津教育报	南大引领“宅”阅读新风尚	1	聂际慈	2012—4—26
渤海早报	南开大学新校核心区将开建	18	邵隽 赖鸿杰	2012—4—27
渤海早报	“网络鬼才”马伯庸南开大学讲座受热捧	33	杨扬	2012—4—27
人民日报	留学南开大学可以不会中文	23	朱虹	2012—4—27
天津教育报	南大滨海学院法政学系实践基地在大港凤栖中学落户(图)	1	张超	2012—4—27
天津日报	南大日本研究中心入选教育部研究基地	2	赵晖 韦承金	2012—4—27
天津日报	南大全球诚招百名“牛”教授	5	赵晖 张铁帆	2012—4—27
天津日报	超4万学子为绿色“献智”	11	万红	2012—4—27
中国青年报	六成教师为本校毕业生 南开大学欲遏制“近亲繁殖”	1	张国	2012—4—27
今晚报	康熙何以推崇程朱理学	17	鲁德才	2012—4—28
今晚报	《非你莫属》百期特别节目五一热播	12	刘桂芳	2012—4—28
文摘报	母国光:一生与光同行	6	张铁帆	2012—4—28
今晚报	中科协在南大天大设奖学金	2	黄建高	2012—4—29
每日新报	不是冤家不聚头	B7	薛宝琨	2012—4—29
天津日报	中科在南大天大设奖学金	2	胡晓伟 张璐	2012—4—29
光明日报	《中国共产党经济思想90年》评介	6	逄锦聚	2012—4—30
渤海早报	今晚《非你莫属》上演抢人大战	10	沈啸	2012—5—1
渤海早报	大学生“客串”厨师保安	18	游思行 陈鑫	2012—5—1
城市快报	劳动节大学生体验当“大厨”	2	刘晓艳 姜宝成	2012—5—1
今晚报	无纸化社会	13	刘畅	2012—5—1
每日新报	第九届全国大学生运动会志愿者培训工作启动	A3	邢珊 彭未风	2012—5—1
天津日报	南大学生自发参加食堂、接待中心工作(图)	2	姜宝成 陈鑫	2012—5—1
中国青年报	南开学生当一日校工	1	张国	2012—5—1
渤海早报	南大与生态城共建学生社会实践基地	18	刘长海	2012—5—2
光明日报	要用制度遏制大学师资“近亲繁殖”	2	胡乐乐	2012—5—2
今晚报	南开千余名同学体会劳动者快乐与辛苦(图)	1	左山	2012—5—2
科技日报	中国科协在南开天大设立奖学金	3	梁波 冯国梧	2012—5—2
每日新报	情系中国结 下岗女工登大学讲台	B7	王渐 郝颖	2012—5—2
天津教育报	南大将设置百名高端人才及学术带头人岗位	1	陈欣然 张铁帆	2012—5—2
天津日报	童年的记忆——永远怀念堂兄王伯仁烈士	16	王秉钦	2012—5—2
中国社会科学报	崛起的为什么是欧洲	A6	关永强	2012—5—2
渤海早报	南大学生创业实践基地落成	17	邵隽 游思行	2012—5—3
光明日报	环绕着袁霞的生命乐章	10	陈建强 陈鑫	2012—5—3

续表

报刊名称	文章题目	版次	作者	刊登日期
今晚报	关于李鹤年先生书法的随想	12	刘运峰	2012—5—3
天津教育报	他,23 岁影响亿万网民	1	张铁帆	2012—5—3
天津教育报	南开学子获社会企业家挑战赛季军	2	陈鑫	2012—5—3
天津教育报	南开学子与校工一同劳动(图)	2	陈鑫	2012—5—3
渤海早报	南大牵手泰达保障人力供应	2	苏杰	2012—5—4
城市快报	开发区联合南开圆外来大学梦	4	李文博	2012—5—4
科技日报	陈省身、杨振宁铜像在东莞理工学院揭幕	12	谢达铭	2012—5—4
每日新报	下岗女工当上南大兼职教师	B12	万力闻	2012—5—4
每日新报	五一小长假 校园 HIGH 起来	D3	聂文斐 李欣 赖鸿杰	2012—5—4
每日新报	开发区与南开大学合作	B6	余璐 刘杰	2012—5—4
天津教育报	中国科协科技馆基金会合展励学金捐赠仪式举行	1	李想	2012—5—4
渤海早报	大学生毕业前创办公司获无息贷款	17	李晶 史怡	2012—5—5
今晚报	南大培养百名青年学科带头人	2	蒋娟 张铁帆	2012—5—5
今晚报	大运会志愿者培训工作启动	2	蒋娟 左山	2012—5—5
今晚报	市领导深入高校看望学雷锋先进集体个人	2	蒋娟	2012—5—5
天津日报	市领导深入高校看望学雷锋先进集体个人	2	赵晖	2012—5—5
天津日报	笑容绽放源于身后力量	1	赵晖	2012—5—5
新华每日电讯	走在时代前列 投身伟大实践	4	新华社记者	2012—5—5
中国青年报	走在时代前列 投身伟大实践	1	新华社记者	2012—5—5
渤海早报	南开大学第 13 届企业文化节开幕	17	邵隽	2012—5—6
每日新报	该着杠着	B7	薛宝琨	2012—5—6
天津日报	南大携手泰达 为外来工圆大学梦	1	胡晓伟	2012—5—6
中国青年报	天津举行学习座谈会	6	张国	2012—5—6
每日新报	36 岁农药学博士 10 万起家 打造亿元产值公司	A12	吴彦	2012—5—7
中国社会科学报	感念范文澜与吴廷璆	B7	魏宏运	2012—5—7
光明日报	为祖国发展贡献青春、智慧和力量	2	陈建强 张丽 艾伟俊	2012—5—8
今晚报	大学生“实战”创业	6	左山	2012—5—8
每日新报	天南大新校区基础设施工程全面铺开	B1		2012—5—8
天津日报	吊瓶班	4	周志强	2012—5—8
文摘报	大学应限制“近亲繁殖”	1	张国	2012—5—8
中国青年报	30 岁不成功就没戏? 88.2%的人坦言这给青年很大压力	7	洪欣宜 黄冲	2012—5—8
每日新报	选出你身边的十佳“明星”社区	A8	骆文靖 谢菁 孙岩朵 田娟	2012—5—9
每日新报	鞠美庭:我国生态工业园建设方兴未艾	29		2012—5—9
天津教育报	老冀五点希望 绽放无悔青春	1	陈欣然	2012—5—9
天津教育报	推动学雷锋活动深入持久开展	1	李想	2012—5—9
天津日报	为责任担当公益	2	何会文	2012—5—9

续表

报刊名称	文章题目	版次	作者	刊登日期
中国科学报	坚守“育人为本”才是大学正道	5	龚克	2012－5－9
中华读书报	查良铮怎样学俄语	19	谷羽	2012－5－9
城市快报	南开天大向香港首次免试招生	3	刘晓艳	2012－5－10
今晚报	都市报主流化石时代课题	1	王军杰 樊国安	2012－5－10
天津教育报	南开大学举办企业文化节	1	陈欣然 陈鑫	2012－5－10
天津教育报	南开赛扶帮扶大学生创业项目显成效	2	李楠	2012－5－10
天津日报	点滴微捐见证一“网”情深	5	耿堃	2012－5－10
天津日报	前驻俄大使于振起摄影展在南开大学举行(图)	8	姜宝成	2012－5－10
中国青年报	本科生发论文屡遭歧视	3	张国	2012－5－10
光明日报	南开大学博士生童健聪创设“索引缓存算法”	6	陈建强 张轶帆	2012－5－11
光明日报	中国画如何雅俗共赏	12	杜滋龄 刘健 谢志高	2012－5－11
每日新报	南大香港免试生面试结束	B5	邢珊 张学良 平扬 韩诚	2012－5－11
天津教育报	南开大学将为留学生开设全英语课程	2	陈欣然 张剑 平扬	2012－5－11
渤海早报	福田康夫受聘南大客座教授	17	张轶帆 邵隽	2012－5－12
城市快报	日本前首相福田康夫受聘南开	2	刘晓艳 张轶帆	2012－5－12
城市快报	挺最会讲故事的史学大师说历史	7	肖明舒	2012－5－12
今晚报	张高丽深入教育系统调研并召开座谈会	1	李贤	2012－5－12
每日新报	日本前首相福田康夫昨受聘南开客座教授	A7	邢珊 张轶帆	2012－5－12
天津日报	张高丽深入教育系统调研并召开座谈会	1	马波	2012－5－12
今晚报	福田教授:中日携手可改变世界	1	蒋娟 张轶帆	2012－5－14
天津日报	福田康夫受聘南大客座教授	2	赵晖	2012－5－14
天津日报	天南大啊今年略扩招	5	赵晖	2012－5－14
中国青年报	14 岁华裔女孩南开旁听博士课	12	张国	2012－5－14
渤海早报	泰达助外来建设者圆大学梦	20	苏杰	2012－5－15
今晚报	南大尿毒症女生上午手术	2	黄建高	2012－5－15
天津日报	南大患病女生今日手术	5	徐扬 赵津	2012－5－15
渤海早报	南大患尿毒症硕士袁霞换肾	17	邵隽 陈鑫	2012－5－16
城市快报	“微笑女孩”亲体移植昨手术成功	1	任永华	2012－5－16
城市快报	“微笑女孩“换肾成功	2	刘晓艳 陈鑫 任永华	2012－5－16
今晚报	“微笑女孩“换肾成功	1	黄建高 蒋娟	2012－5－16
天津教育报	张高丽深入教育系统调研并召开座谈会	1	焦玉	2012－5－16
天津教育报	南大首个社交本地移动网络平台发布	2	陈欣然 赖鸿杰	2012－5－16
天津日报	南大“微笑女孩”成功肾移植	5	赵晖 徐杨 陈鑫	2012－5－16
天津日报	7 分钟办本电子“芯”护照	5	赵荣君	2012－5－16
天津日报	学习英语者的良师益友	16	王玉章	2012－5－16
中国社会科学报	启蒙与国故整理	A5	谷丽伟	2012－5－16
中华读书报	曹禺的启蒙老师张彭春	7	龙飞	2012－5－16
今晚报	结婚后要有男人样	26	艾跃进	2012－5－17
每日新报	母国光追思会昨日举行 好有学者弟子共忆往事	A3、A5、A6	赵睿	2012－5－17

续表

报刊名称	文章题目	版次	作者	刊登日期
人民日报	本科生为何不能署名"第一作者"	16	柏木钉	2012－5－17
天津教育报	11所高校走进新天津博物馆	1	刘东岳 刘芳菲	2012－5－17
天津教育报	南大研究生袁霞完成肾移植手术	1	陈欣然 陈鑫 朱宝琳	2012－5－18
今晚报	早期美国人对中国的认识	17	李喜所	2012－5－19
天津日报	向不合格博士生说NO	15	李雅民 孟宪东	2012－5－19
每日新报	话说"活局子"	B7	薛宝琨	2012－5－20
城市快报	"解剖室"里解读生命的可贵	3	刘晓艳 聂际慈	2012－5－21
城市快报	南开招660人 天大681人	2	刘晓艳	2012－5－21
渤海早报	南大今年在津计划招生660人	18	陆阳 邵隽	2012－5－22
渤海早报	"微笑女孩"术后恢复顺利	18	邵隽	2012－5－22
城市快报	微笑女孩恢复不错	1	刘晓艳 陈鑫	2012－5－22
今晚报	市第十次党代会上午开幕 市民收听收看大会直播	1	马庚申	2012－5－22
今晚报	南大公布今年本科招生计划	2	蒋娟 陆阳 韩诚	2012－5－22
每日新报	多所高校公布今年在津招生计划	A 10	标题新闻	2012－5－22
每日新报	多所高校公布今年在津招生计划	B10		2012－5－22
天津日报	"微笑女孩"三周内有望出院	10	赵晖 陈鑫	2012－5－22
城市快报	第一位征服"地球三级"的中国女性走进南开大学谈人生	9	黄萱 吴迪	2012－5－23
今晚报	李乐诗博士南大讲环保	13	刘筝	2012－5－23
天津教育报	南大日本研究中心入选教育部研究基地	2	陈欣然 韦承金	2012－5－23
天津日报	裸现本我的潜意识细节	23	张学正	2012－5－23
中国社会科学报	1959年曹操评价的史学史意义	A5	高希中	2012－5－23
今晚报	出席天津市第十次党代会的代表继续分团讨论	1	张凯林 尉迟建平	2012－5－24
每日新报	南开论剑 高管、学者共话人力	D6	李茜 崔砚冬	2012－5－24
每日新报	今年本市高校本科生招生新增一批专业	B1	彭未风 邢珊	2012－5－24
社会科学报	全面解读拜占廷历史的关键点	5	陈志强	2012－5－24
天津教育报	南开大学为学生开展创业模拟实训	3	刘婷	2012－5－24
渤海早报	爱心募捐救年轻生命	21	张铁帆 邵隽	2012－5－25
城市快报	救同窗,南开掀爱心"蝴蝶效应"	3	刘晓艳 张铁帆	2012－5－25
今晚报	真抓实干,开创发展新局面	2	张苗苗 马明 蒋娟 高羽 李倩	2012－5－25
人民日报	大学内涵岂能量化	12	杨旭	2012－5－25
文汇读书报	学者来新夏90华诞学术思想研讨会在萧山举行	2	朱自奋	2012－5－25
文汇读书报	馈贫之粮,夜行之烛	7	张建智	2012－5－25
光明日报	美国的人权模式有问题	4	常健	2012－5－26
中国教育报	爱心接力续写"微笑女孩"美好青春	2	张宝敏 陈鑫	2012－5－26
渤海早报	首届全国博士后金融论坛在津举行	17	李晶 史怡	2012－5－27
渤海早报	农行优才计划走进南开大学	21	张兆瑞	2012－5－27
光明日报	聚才汇智求创新	1	陈建强	2012－5－27
今晚报	代表们进行投票选举(图)	2	张凯林 尉迟建平	2012－5－27

续表

报刊名称	文章题目	版次	作者	刊登日期
今晚报	谋划发展大计 共绘美好蓝图(图)	3		2012－5－27
每日新报	大眼瞪小眼	B7	薛宝琨	2012－5－27
天津日报	代表们进行投票选举	3	陈国兴 宋子明	2012－5－27
今晚报	黄兴国会见世界经济论坛主席施瓦布	1	马明	2012－5－28
今晚报	天津女排名将走进南大交流	18	谢晨	2012－5－28
天津日报	黄兴国会见世界经济论坛主席施瓦布	1	魏武 赵晖	2012－5－28
天津日报	杨志行教育思想	10	陈洪	2012－5－28
天津日报	热恋的安娜和寡情的罗斯	12	张学正	2012－5－28
今晚报	范曾获加拿大大学特别荣誉博士学位	9	蒋娟 冀宁 聂际慈	2012－5－29
每日新报	天津小吃版高校版争相登场	B5	王渐 王月焜	2012－5－29
每日新报	天津女排宿将走进南大与学子互动	A21	孟凡强	2012－5－29
天津日报	天津女排宿将走进南开大学	8	孟凡强	2012－5－29
天津日报	朱老忠的铡刀与颂莲的剪刀	11	张学正	2012－5－29
中国教育报	南开大学:秉承传统 加快哲学社会科学发展	4		2012－5－29
渤海早报	天南大打造高校协同创新典范	17	邵隽 李丹 王涛	2012－5－30
城市快报	天大南开“联组”天津化学化工协同创新中心	3	刘晓艳 李丹 王涛	2012－5－30
人民政协报	善尔 PPC 细胞治疗技术进入临床试验阶段	B1	王信霞	2012－5－30
天津教育报	南大成立世界经济研究中心	1	陈欣然 韩诚 聂际慈 余梦圆	2012－5－30
天津教育报	本市高校师生认真学习市第十次党代会精神	1	陈欣然 等	2012－5－30
天津日报	“天津化学化工协同创新中心”组建	2	赵晖	2012－5－30
天津日报	南开“蝴蝶效应”挽救年轻生命	5	赵晖 张轶帆	2012－5－30
天津日报	四铭的“肥皂”与 T 先生的“腿”	16	张学正	2012－5－30
中国教育报	天津化学化工协同创新中心揭牌	1	张宝敏	2012－5－30
中国青年报	南开天大拆除“围墙”协同创新	1	张国	2012－5－30
中国社会科学报	南开大学成立世界经济研究中心	2	聂际慈 余梦圆	2012－5－30
渤海早报	《职来职往》举办就业指导课 在本市集中招募选手	17	邵隽	2012－5－31
今晚报	说唱三侠五义的本子	21	鲁德才	2012－5－31
天津教育报	南大师生为患病学子发起募捐	1	张轶帆	2012－5－31
天津教育报	心托逸致,琴挑知音——记南大古琴学社	2	聂文斐	2012－5－31
天津日报	世界经济论坛主席施瓦布:双方合作 前成远大	1	赵晖	2012－5－31
中国青年报	基础学科专业大排名	T1	陈竹	2012－5－31
今晚报	德才兼备才能获得好薪情	1	刘英潮 郭芥舟	2012－6－1
中国青年报	因人而异的人才发展模式	8	陈李娜	2012－6－1
中国社会科学报	《金瓶梅》作者“新说”引学界争议	1	张春海	2012－6－1

续表

报刊名称	文章题目	版次	作者	刊登日期
今晚报	高雅艺术进南大	9	高丽	2012－6－2
每日新报	别逮理不让人	B7	薛宝琨	2012－6－3
天津日报	第五届南开发展高层论坛昨举行	2	廖晨霞	2012－6－3
天津日报	把天津建设成为国际港口城市、北方经济中心和生态城市	5	江曼琦	2012－6－4
天津日报	在区域发展中发挥更大作用	7		2012－6－4
天津日报	得意而忘形	20	张学正	2012－6－4
中国社会科学报	新中国第一个博物馆专业的创立	B7	魏宏运	2012－6－4
今晚报	来新夏学术讨论会周末举行	9	何树青	2012－6－5
每日新报	做强“软实力”打造“城市名片”	A5		2012－6－5
天津日报	不经意间，私密尽泄	11	张学正	2012－6－5
渤海早报	“微笑女孩”袁霞昨出院	18	邵隽	2012－6－6
城市快报	“微笑女孩”昨天出院	1		2012－6－6
城市快报	“微笑女孩”出院了	9	刘晓艳 陈鑫 任永华	2012－6－6
每日新报	南大“微笑女孩”昨出院	B7	邢珊 陈鑫 任永华	2012－6－6
天津日报	2012 年度国家社科基金项目揭晓	1	刘平 杨向阳	2012－6－6
天津日报	南大“微笑女孩”昨出院	5	赵晖 陈鑫	2012－6－6
天津日报	习焉不察	16	张学正	2012－6－6
天津日报	春蚕心不死 有生不挂笔	13		2012－6－6
中国科学报	天大、南大联合组建协同创新中心	6	李丹 王涛	2012－6－6
渤海早报	天津 79 个课题获批国家社科基金项目	18	杨超 杨向阳	2012－6－7
今晚报	解读乔布斯：“第三种文化”的视角	21	刘畅	2012－6－7
今晚报	舌尖上的高校“吃的是回忆”	28	孙婕	2012－6－7
每日新报	欣妍：睡觉？我在上班	D1	翟玉静	2012－6－7
中国教育报	南开大学创新机制发展人文社科	2	张宝敏 张丽	2012－6－7
光明日报	打造高校协同创新典范	6	陈建强 李丹 王涛	2012－6－8
今晚报	津门红学家忆周翁	9	何树青	2012－6－8
文汇读书周报	《藏书：因鲁迅而展开》集《鲁迅全集》版本之大战	11	婧华	2012－6－8
文汇读书周报	博学达观话来老	5	韦泱	2012－6－8
城市快报	90 岁南开教授从教 65 年	3	刘晓艳 陈鑫	2012－6－9
中国教育报	推动高校哲学社科繁荣发展	2	焦新	2012－6－9
每日新报	不是别人就是他	B7	薛宝琨	2012－6－10
光明日报	参与工程教材编写的体会	11	何自力	2012－6－11
天津日报	在国学与西学中漫游	10	李喜所	2012－6－11
天津日报	科学发展与社会和谐的实践诠释		逄锦聚	2012－6－11
中国教育报	大科学时代需要大协同创新	2	龚克	2012－6－11
渤海早报	18 个项目找到“婆家”	18	邵隽	2012－6－12
天津日报	第四类“动机”	16	张学正	2012－6－12
渤海早报	给人有内涵有分量的新闻	19	刘运峰	2012－6－13
今晚报	建传世精品 育产业人才	1	马明	2012－6－13
科技日报	2012 年两院院士大会(图)	4		2012－6－13

续表

报刊名称	文章题目	版次	作者	刊登日期
人民日报	中国人权事业平稳有序发展	6	王比学	2012－6－13
天津日报	高水平建设传世精品工程	1	魏彧	2012－6－13
天津日报	梦非梦	16	张学正	2012－6－13
中华读书报	回忆与李霁野先生的交往	7	杨建民	2012－6－13
今晚报	父亲该是什么样的男人	30	艾跃进	2012－6－14
每日新报	创业路漫漫 学子勿怠慢	D7		2012－6－14
人民政协报	英文教育家柳无忌的南开岁月	B3	李丛勇	2012－6－14
天津教育报	南大举办毕业生相声演出	1	李楠	2012－6－14
天津教育报	学生维权领军人	2	聂文斐	2012－6－14
天津教育报	妖娆(图)	4	木谷	2012－6－14
中国教育报	阿尔伯塔大学授予范曾特别荣誉博士	3	张宝敏	2012－6－14
渤海早报	大学生话剧红旗谱将赴高校巡演	19	艾伟俊 陆阳 邵隽	2012－6－15
今晚报	南大学生话剧《红旗谱》高校巡演启动	1	马庚申 蒋娟	2012－6－15
每日新报	刷夜族 怎比高考还苦?	D1	刘德胜	2012－6－15
人民日报	创业实践,能走多远?	18	杨明方	2012－6－15
天津教育报	建设高水平传世精品工程	1	焦玉	2012－6－15
天津教育报	南大幼儿园迎来建园60周年	1	陈欣然	2012－6－15
天津日报	南大学生话剧《红旗谱》高校巡演启动	1	赵晖 李川	2012－6－15
文汇读书报	纸质书的生命——读来新夏《书文化九讲》	8	五谷	2012－6－15
中国教育报	南开学子发起学风自律委员会	2	张宝敏	2012－6－15
中国科学报	中国科学院各学部第15届常务委员会选举结果	2		2012－6－16
每日新报	吃甜咬脆儿	B7	薛宝琨	2012－6－17
渤海早报	医学表观遗传学协同创新中心揭牌	17	刘莉 邵隽	2012－6－18
城市快报	首个医学表观遗传学协同创新中心落户津城	3	刘晓艳	2012－6－18
天津日报	探索人类DNA第二遗传密码	6	赵晖	2012－6－18
中国教育报	南开大学葛墨林院士:基础研究要与技术创新结合	2		2012－6－18
渤海早报	校园毕业季迎来“跳蚤市场”	17	游思行 陈鑫	2012－6－19
渤海早报	来新夏:身藏“邃谷”著文章	39	刘世明 陈君	2012－6－19
天津日报	治学、藏书,从收集鲁迅著作开始	11	刘运峰	2012－6－19
中国青年报	南开学生自设学术自律委员会	6	张国 张铁帆	2012－6－19
光明日报	大师是“冒出来”的不是评出来的	9	王庆环	2012－6－20
人民日报	高校育人,新起点上再奋进	6	赵婀娜	2012－6－20
天津教育报	南大学生话剧《红旗谱》高校巡演启动	1	陈欣然 艾伟俊 陆阳	2012－6－20
天津教育报	天津医科表观遗传学协同创新中心在医大揭牌	1	陈欣然	2012－6－20
天津日报	挥别母校留下最美的风景	9		2012－6－20
天津日报	记来新夏先生二三事	20	宁宗一	2012－6－20
中华读书报	好诗犹如山泉水	19	谷羽	2012－6－20
城市快报	海河上赛龙舟	T4	孙震 钱进 王建一 王春雨	2012－6－21

续表

报刊名称	文章题目	版次	作者	刊登日期
今晚报	早期中国人对美国的认知	21	李喜所	2012－6－21
人民日报	剩男是个大问题	19	李晓宏	2012－6－21
天津教育报	南大毕业生植树报答母校	21	韩诚	2012－6－21
城市快报	大三男生北京南站“捡”弃婴(图)	1	姜宝成	2012－6－22
城市快报	20岁大学生车站“捡”弃婴	3	刘晓艳 姜宝成	2012－6－22
今晚报	世界经济论坛天津合作伙伴圆桌会议召开	2	高羽	2012－6－22
今晚报	南大学生合唱团赴美参加世界合唱比赛	9	高丽	2012－6－22
今晚报	能力越强越需要有很好的德行	9		2012－6－22
今晚报	“90后”大学生温暖弃婴	13	王学军	2012－6－22
每日新报	胡宝珠的画	B11	刘云峰	2012－6－22
每日新报	90后大学生给“来福”当“奶爸”	A7	曹宝艳 王曾	2012－6－22
天津日报	加强大气PM2.5污染防治工作	2	刘平	2012－6－22
天津日报	能力越强越需要有很好的德行	5		2012－6－22
天津日报	南大学生合唱团将赴美参赛	6	张帆	2012－6－22
中国青年报	大三男生与弃婴的48小时	3	张国	2012－6－22
渤海早报	市民热议“时代楷模身边好人”	17	于强	2012－6－23
今晚报	平民英雄引领人心向善	1	高羽 李倩	2012－6－23
今晚报	丛刊序言·读词杂记	13	崔国良	2012－6－23
天津日报	世界经济论坛天津合作伙伴圆桌会议在津召开	2	岳付玉	2012－6－23
新华每日电讯	11天大婴儿被弃,大学生带回宿舍当起“奶爸”	4	毛振华	2012－6－23
城市快报	龚浩发微博回应质疑	3	刘晓艳	2012－6－24
每日新报	南大天大招生“分数优先”	A3	邢珊 韦承金	2012－6－24
每日新报	吃里扒外	B8	薛宝琨	2012－6－24
天津日报	2012中国·海河龙舟节落幕	4	梁斌 王梓 张棣 张悦	2012－6－24
城市快报	5万人赶高考咨询会	17	邵隽	2012－6－25
今晚报	市领导到高校推动工作看望两院院士	2	蒋娟	2012－6－25
每日新报	就业前景不再是选择专业的唯一指标	B6		2012－6－25
天津日报	市领导到高校推动工作看望两院院士	2	赵晖	2012－6－25
天津日报	留美幼童悲喜剧的文化解读	10	李喜所	2012－6－25
渤海早报	南开大学旅游系主任徐虹	29		2012－6－26
人民政协报	葛墨林院士:给大师“冒出来”的学术环境	C3	葛墨林	2012－6－27
中国社会科学报	南开大学纪念雷海宗先生	A5		2012－6－27
中国社会科学报	世界古史比较研究迫切需要中国学者参与	A21	曾江 叶民	2012－6－27
天津教育报	南开辩协 辩论文化的沃土	2	张芮	2012－6－28
天津教育报	研究生打响科学道德保卫战	1	陈欣然 张轶帆	2012－6－28
今晚报	国学浸润孩子心灵	1	高羽	2012－6－29
每日新报	南开大学校长龚克深圳作校庆报告	B2	南深	2012－6－29
渤海早报	多种艺术形式见证学子蜕变	12	杜琳	2012－6－30

续表

报刊名称	文章题目	版次	作者	刊登日期
每日新报	再见 我的校园	B1	韩小蕙	2012－6－30
渤海早报	南开大学启动暑期社会实践	17	孟杰 冀宁 邵隽	2012－7－1
每日新报	说话"讨人嫌"	B7	薛宝琨	2012－7－1
每日新报	南大东艺系九人展昨日开展	14	曹嵩博	2012－7－2
今晚报	人性的堕落：换妻俱乐部	17	鲁德才	2012－7－3
每日新报	高校食堂食用油、面粉集中采购运行良好	B4	朱丹	2012－7－3
渤海早报	高校加快培育融资租赁人才	26	张兆瑞	2012－7－4
今晚报	南大东艺系九人展举行	10		2012－7－4
天津教育报	大学生社会实践无色旗帜耀中华（图）	1	李想	2012－7－4
中国青年报	最早站起来的人居功至伟	7	张国	2012－7－4
今晚报	男人应酬也是为了家	26	李强	2012－7－5
人民日报	深入挖掘老子思想中蕴含的管理智慧	7	郑伟凡	2012－7－5
天津日报	水泥锥	3	周志强	2012－7－5
渤海早报	南开大学设励学金鼓励学生实地调研	19	张铁帆 邵隽	2012－7－6
今晚报	高校学子踊跃提交作品	2	马庚申	2012－7－6
光明日报	专家研讨资本主义经济和制度的新变化	7	王璐	2012－7－7
今晚报	幼读国学 受用一生	1	高羽	2012－7－7
今晚报	南大青少年机器人科学示范营开营	17	张铁帆 邵隽	2012－7－8
每日新报	势利眼	B7	薛宝琨	2012－7－8
城市快报	一部红色话剧的台前幕后	11	姜宝成	2012－7－9
每日新报	新报小记者对话南开博士生	A17		2012－7－10
天津日报	《铁木前传》轶事	12	冉淮舟	2012－7－10
天津日报	中心妇产科医院南开大学医学院联合建立社会实践与志愿服务基地	13		2012－7－10
渤海早报	南大设荣誉教授和特别贡献奖表彰前辈学者	17	陈鑫 邵隽	2012－7－11
城市快报	18 位学科泰斗获"最高荣誉"	2	刘晓艳 陈鑫	2012－7－11
每日新报	南大为 18 位著名学者颁发"特别贡献奖"	B5	邢珊 陈鑫	2012－7－11
天津日报	专家点评《孙犁十四章》	16	宁宗一	2012－7－11
光明日报	中国当代社会史研究的总体运思	11		2012－7－12
今晚报	"85 后"教师辅导"90 后"学生	2	高羽 冀宁	2012－7－12
天津日报	机器人天津总动员	11	肖秋生	2012－7－13
文汇读书报	吴趋风情今再见	8	来新夏	2012－7－13
中国青年报	不向"土政策"妥协的长江学者	4	张国	2012－7－13
中国社会科学报	医疗或可"麦当劳化"	A8	李嘉琪	2012－7－13
每日新报	南开大学博导孟昭连"谈古论今"	B6	王虹 许哲娜	2012－7－14
城市快报	南开天大在津招生 1500 余人	2	刘晓艳	2012－7－15
今晚报	暑假，大一学生忙实习	1	高羽 李洁	2012－7－15
今晚报	周汝昌的国剧情结	9	田蕴章	2012－7－15
科技日报	南开大学在药物传输载体研究中获重要进展	1	周兴龙 韦承金 冯国梧	2012－7－15

续表

报刊名称	文章题目	版次	作者	刊登日期
每日新报	南大实录人数比计划增近百	A3	邢珊 冀宁	2012—7—15
每日新报	冤大头	B7	薛宝琨	2012—7—15
天津日报	清华、天大、南大大幅扩招	2	赵晖	2012—7—15
渤海早报	南开大学在津增招录近百人	17	邵隽	2012—7—16
今晚报	邃谷书缘	21	刘运峰	2012—7—16
中国社会科学报	十六所高校研讨学习全国科技创新大会精神	1	黄辛	2012—7—16
中国社会科学报	吟诵:文化精神潜移默化的教育手段	A8	张静	2012—7—16
中国青年报	长江学者李卫东时间引争议	7	张国	2012—7—18
中国社会科学报	史林	A5		2012—7—18
中华读书报	试析柴可夫斯基死亡之谜	19	龙飞	2012—7—18
中华读书报	情思如缕"霜叶红"	19	谷羽	2012—7—18
光明日报	独具特色的《资本论》教材	3	《〈资本论〉导读》教材编写课题组	2012—7—19
今晚报	事业应该是男人唯一的"化妆品"	26	艾跃进	2012—7—19
今晚报	南大学生合唱团捧三金	9	高丽	2012—7—19
中国青年报	校媒记者分享"寻访"成果	1	陶涛	2012—7—19
每日新报	新变化 新词语 收词遵循众多原则	A14		2012—7—20
每日新报	专访中国语文现代化学会会长马庆株	A15	刘超群 张赫洋	2012—7—20
渤海早报	本市各高校严格落实安全管理责任制	17	张丽 刘思思 邵隽	2012—7—22
每日新报	惹祸头	B7	薛宝琨	2012—7—22
科技日报	第七届世界合唱比赛落下帷幕	2	卞晨光	2012—7—23
人民政协报	谭汝为与天津话研究	c20	来新夏	2012—7—23
天津日报	见义勇为 感动全国	2	赵荣君	2012—7—23
渤海早报	本市今年95名毕业生成功入选"西部计划"	17	李晶 史怡	2012—7—24
今晚报	南大合唱团放歌纽约林肯中心	9	高丽 王志方	2012—7—24
每日新报	志愿服务西部95名高校学子昨启程	B4	任悦	2012—7—24
每日新报	图片新闻	A19		2012—7—24
天津日报	莎士比亚的婚姻考证	16	王秉钦	2012—7—25
中国科学报	从"李卫东事件"看国外经验的中国消化	5	尤小立	2012—7—25
中国社会科学报	不要让吟诵变成才艺表演	B4	汪梦川	2012—7—25
中国社会科学报	刻板印象威胁研究开启全新审视视角	B2	管健	2012—7—25
中华读书报	虚岁、实岁辩	3	来新夏	2012—7—25
中国教育报	学习贯彻六中全会精神 繁荣发展高校哲学社会科学	4		2012—7—27
中国科学报	数学演绎人生之美	6	陈文华 刘国华	2012—7—27
每日新报	《英伦风》面试首日"风"行津城	A6	朱健 时蕊	2012—7—28
天津日报	本市各界深入学习胡锦涛重要讲话精神	1	赵辉	2012—7—28
天津日报	《英伦风》面世首日一抢而空	1		2012—7—28
渤海早报	七十年师生琐碎情——纪念启功老师百年冥诞	22	来新夏	2012—7—29
每日新报	张巴燕儿	B7	薛宝琨	2012—7—29

续表

报刊名称	文章题目	版次	作者	刊登日期
城市快报	南大教授“追蝶”8 年	3	刘晓艳 姜宝成	2012—7—30
天津日报	天津:近代中国奥运第一城	10	张博	2012—7—30
城市快报	理解地域文化 高端楼盘突围	D10	李程	2012—8—1
中国科学报	南开大学举办中学生哲学夏令营	6	张丽	2012—8—1
中国社会科学报	“国际世界史研究前沿与中国世界史学科建设”高层论坛介绍	A5	丁见民	2012—8—1
今晚报	纪晓岚与《阅微草堂笔记》	21	孟昭连	2012—8—2
今晚报	张伯苓与奥运	27	金彭有	2012—8—2
每日新报	地上表面风光 实则有硬伤	特 3		2012—8—2
城市快报	为发展妇女儿童事业创造有利条件	2	韩雯	2012—8—3
新华每日电讯	虚岁、实岁辩	11	来新夏	2012—8—3
今晚报	洋姑爷包的饺子,真香!	1	马庚申	2012—8—4
天津日报	那些关于录取通知书的记忆	5	姜宝成	2012—8—4
天津日报	魅力从入学“请柬”开始	5	赵晖	2012—8—4
渤海早报	国学最好“润物细无声”——专访南开大学教授孙立群	22	董向慧	2012—8—5
每日新报	穷大手	B7	薛宝琨	2012—8—5
天津日报	沿着中国特色社会主义伟大道路奋勇前进	9	朱光磊 朱坦等	2012—8—6
天津日报	滨海新区创新 发展的理论与实践	10		2012—8—6
中国社会科学报	第一次工业革命的发展机理	A6	毛立坤	2012—8—6
城市快报	天南大将向社会免费开放图书馆	2	刘晓艳	2012—8—7
今晚报	“天人合一”的历史本义	21	李喜所	2012—8—7
每日新报	马氏相声:津派相声的魂	C5	曹蒿博	2012—8—7
每日新报	奥运小记者暑期很快乐	A15	万力闻	2012—8—7
天津日报	天南大开放图书馆 免费借书指日可待	5	赵晖	2012—8—7
中国科学报	南开大学举办第二届“南开—知远”防务论坛	6	陈鑫	2012—8—8
中国社会科学报	招标概念滥用直接导致腐败	A7	何红锋 何溪莹	2012—8—8
中国社会科学报	当下,博士学位仍应与论文挂钩	6	卢晓东	2012—8—8
中华读书报	为什么一定要有女性自己的历史	11	索金梅	2012—8—8
渤海早报	南开入选中国“新汉学计划”首批招生高校	18	平扬 邵隽	2012—8—9
今晚报	南大首批入选“新汉学计划”	2	蒋娟 平扬	2012—8—9
今晚报	马氏相声有人缘	9	高丽	2012—8—9
今晚报	关羽斩貂蝉的背后	21	鲁德才	2012—8—9
每日新报	南大 9 月面向世界招“洋博士”	B4	邢珊 平扬	2012—8—9
每日新报	南大新校区一期工程主要建设内容确定	B4	王月 李泽亚	2012—8—9
每日新报	下半年楼市或现小阳春 8 月刚需仍是主力	特 2	李程	2012—8—9
社会科学报	意外“走红”新议	5	乔治忠	2012—8—9
今晚报	南开大学等 13 所高校获准全球招收“洋博士”	10	张建新 王思北	2012—8—10

续表

报刊名称	文章题目	版次	作者	刊登日期
每日新报	我是围棋小王子	D4	赵荣昌	2012—8—10
中国社会科学报	古希腊青铜时代的历史和文化	A6	杨巨平	2012—8—10
城市快报	南开百余名学子分赴牛津、加州伯克利等高等学府	2	刘晓艳	2012—8—12
每日新报	人来疯	B7	薛宝琨	2012—8—12
天津日报	西晋兴亡启示录(上)	10	孙立群	2012—8—13
今晚报	捡球擦地,都一次次练	10	时敏 陈超	2012—8—14
渤海早报	大运会组委会培训赛事承办高校食堂负责人	17	邵隽	2012—8—15
城市快报	津味美食麻花包子 款待大运会运动员	2	刘晓艳 姜宝成	2012—8—15
光明日报	制度创新:当代中国发展进步的强大动力和根本保障	9	逄锦聚	2012—8—15
今晚报	本市精心安排大运会食宿	2	蒋娟	2012—8—15
每日新报	烹饪名师亲定菜谱名校"大厨"受培训	B1	彭未风 邢珊 朱潇骁	2012—8—15
每日新报	运动员宿舍改造特别定制加长床	B2		2012—8—15
人民日报	大运会组委会面向高校开展餐饮培训	17	朱虹 田靓	2012—8—15
天津日报	大运会食谱,有天津味儿	5	赵晖	2012—8—15
中国科学报	南开首批入选"新汉学计划"	6	平扬	2012—8—15
中华读书报	中国13所高校向全球招收外籍汉学博士	2		2012—8—15
渤海早报	大学校园走出的小夫妻	25		2012—8—16
今晚报	"爱拼"、"敢拼"才是男人真正的美	26	艾跃进	2012—8—16
每日新报	同学 代表着一种温暖	D4	李杨	2012—8—17
新华每日电讯	身教胜言传,南开校长带学生走基层	2	翟永冠	2012—8—17
科技日报	蚊香驱蚊,对人到底有没有害?	4	康楠	2012—8—18
渤海早报	南开大学校长带学生走基层	17	邵隽 陈鑫	2012—8—19
每日新报	小性儿	B7	薛宝琨	2012—8—19
每日新报	南大本学年起施行"夏季小学期"	A3	金学思 邢珊 陆阳	2012—8—19
渤海早报	南大新生开学典礼举行 邀中学校长及家长参与	17	陆阳 邵隽	2012—8—20
城市快报	探秘大运会 礼仪集训营	1	张磊	2012—8—20
城市快报	大学第一课:大学是什么	2	刘晓艳 陆阳	2012—8—20
城市快报	南开校长龚克带学生走基层	3	刘晓艳 陈鑫	2012—8—20
天津日报	南开大学百余支社会实践团队奔赴全国	2	赵晖	2012—8—20
天津日报	服务大运会 90后冲在前	5	张磊	2012—8—20
天津日报	电信企业校园"晒网"争用户	6	万红 王婷婷	2012—8—20
天津日报	西晋兴亡启示录(下)	10	孙立群	2012—8—20
渤海早报	大运会进行首次啦啦操和吉祥物互动表演	17	邵隽	2012—8—21
每日新报	大运会吉祥物"津津"彩排亮相	B2	邢珊 李泽亚	2012—8—21
天津日报	大运会啦啦操与吉祥物集体亮相	5	赵晖	2012—8—21
城市快报	30至34岁年龄段男多女少最明显	4	张辰	2012—8—22

续表

报刊名称	文章题目	版次	作者	刊登日期
今晚报	本市6名科学家入选八年度国家杰出青年科学基金	2	马庚申	2012—8—22
中国科学报	第29届物理中的群论方法国际大会在南开召开	6	陆阳 余梦圆	2012—8—22
中国社会科学报	由私立南开“1929年事件”看当代大学教师流动	B7	宋秋荣	2012—8—22
光明日报	生态史:历史的生态学畅想	6	王利华等	2012—8—26
每日新报	透亮杯儿	B7	薛宝琨	2012—8—26
新华每日电讯	“两岸五校”大学生寻访西南联大足迹	2	陈海宁	2012—8—26
科技日报	两岸五校大学生寻访西南联大足迹	1	陈海宁	2012—8—27
人民政协报	两岸五校大学生寻访西南联大足迹	1		2012—8—27
中国教育报	两岸五校大学生寻访西南联大足迹	2	陈海宁	2012—8—27
中国青年报	以科学的态度看待创业	10		2012—8—27
中国社会科学报	从中庸看中观	A5	刘畅	2012—8—27
中国社会科学报	汤用彤南开时期讲义手稿(一)	8	赵健	2012—8—27
天津日报	本市6名青年科学家入选国家杰出科学基金建议资助项目申请人	1	张璐	2012—8—28
每日新报	“快餐”教学法 物理其实很简单	D2	刘德胜	2012—8—29
人民日报	发扬我们党重视并善于学习的优良传统	19	教育部中国特色社会主义理论体系研究中心	2012—8—29
天津日报	断臂维纳斯的故事	16	王秉钦	2012—8—29
中国科学报	中国应携“兄弟国家”一路前行	1	冯丽妃 郭毅	2012—8—29
每日新报	人人为我 我为人人	D1	翟玉静 赵建伟	2012—8—30
人民日报	来新夏:誓不挂笔苦读人	24	陈鑫	2012—8—30
天津日报	未来科学家梦开始的地方	15	肖秋生	2012—8—31
中国科学报	南开大学教授王莹莹:“细节是科研的上帝”	4	冯丽妃 郭毅	2012—8—31
每日新报	鬼难拿	B7	薛宝琨	2012—9—2
今晚报	大学生活应从“心”开始	14	张小洋	2012—9—3
中国社会科学报	汤用彤南开时期讲义手稿(二)	B3	赵建永	2012—9—3
今晚报	南大4000余名研究生新生开学	2	蒋娟 陆阳 张芮	2012—9—4
天津日报	创业梦想如何照亮现实?	9	杜洋洋 张雯婧	2012—9—5
天津日报	要把名著读到这种程度	16	来新夏	2012—9—5
天津日报	《心灵投影》编后赘语	16	宁宗一	2012—9—5
今晚报	哄老太太文化	21	鲁德才	2012—9—6
每日新报	天津部分高校转专业大全	D4		2012—9—7
天津教育报	第九届全国大运会科学论文报告会举行	1	柳艳芳 吴文峰	2012—9—7
天津教育报	学知识 长才干 做贡献	2	陈欣然	2012—9—7
文汇读书报	汤用彤先生整理《高僧传》的五项建议	8	来新夏	2012—9—7
城市快报	南开大学:各项工作准备就绪	5	王津 张悦	2012—9—8
今晚报	第九届大运会首相活动科学论文报告会举行	2	蒋娟	2012—9—8
每日新报	首批参赛队入驻南开大学准备就绪	A10	王津 张悦	2012—9—8

续表

报刊名称	文章题目	版次	作者	刊登日期
天津日报	第九届大运会科学论文报告会在津举行	2	赵晖	2012—9—8
今晚报	夏季达沃斯的中国议题	10	钱贺进	2012—9—9
每日新报	得便宜卖乖	B7	薛宝琨	2012—9—9
渤海早报	全国高校体育工作座谈会在南大举行	17	邵隽 张铁帆	2012—9—10
城市快报	这里首创中国物价指数	2	刘晓艳	2012—9—10
天津日报	张晓峒:要建设学生最喜欢的课程	15		2012—9—10
天津日报	天津市师德先进个人、教育系统优秀思想政治工作者名单	16		2012—9—10
中国青年报	"想学"和"真想学"	2	李连江	2012—9—10
中国社会科学报	汤用彤南开时期讲义手稿(三)	B3	赵建永	2012—9—10
渤海早报	大运会上的教师节祝福	18	李成悦 陆阳 邵隽	2012—9—11
今晚报	专家聚津研讨转型热点	3	刘英潮 郭芥舟	2012—9—11
今晚报	万承韬:我要把津津演活	17	谢晨	2012—9—11
天津日报	搭台,唱戏,发出中国和天津的声音	T2		2012—9—11
天津日报	天津已经融入世界论坛	T2	门心洁	2012—9—11
天津教育报	第九届大运会女子排球赛在南开大学举行(图)	1	李想	2012—9—12
天津教育报	本市评出德业双馨十佳教师	1	张策	2012—9—12
每日新报	南大承办2012天津世界大学校长圆桌会议	B2	邢珊 张铁帆	2012—9—14
天津日报	2012天津世界大学校长圆桌会议召开	2	门心洁	2012—9—14
天津日报	登报检查	7	周志强	2012—9—14
中国社会科学报	南开经研所迎85周年华诞	2	马献忠	2012—9—14
今晚报	服务大运会 全家齐上阵	15	谢晨	2012—9—15
今晚报	要把名著读到这种程度	9	来新夏	2012—9—16
每日新报	褒贬是买主	B7	薛宝琨	2012—9—16
每日新报	快擦手:8秒钟的大运会	B8	段铁刚 付煜	2012—9—16
天津日报	教体结合提高大学生体育素养	2	赵晖	2012—9—16
天津日报	美丽校园也精彩	1	赵晖	2012—9—17
中国教育报	南开大学构建"公能"特色素质教育体系	6		2012—9—17
中国青年报	大学校长开学演讲务虚收敛淡定	3	叶铁桥	2012—9—17
中国社会科学报	汤用彤南开时期讲义手稿(四)	B3	赵建永	2012—9—17
今晚报	"嫦娥之父"带来科普盛宴	2	蒋娟 李硕	2012—9—18
每日新报	"嫦娥之父"南开开讲:掌握了月球,就更好地掌握了地球	B5	邢珊 李硕	2012—9—18
中国教育报	坚决拥护我国政府维护领土主权	1		2012—9—18
渤海早报	专家声音:高铁像一台"抽水机"	51		2012—9—19
每日新报	天津院士龙以明:非常骄傲地告诉同行我来自天津	A21		2012—9—19
天津教育报	南大承办世界大学校长圆桌会议	1	陈欣然 张铁帆	2012—9—19
渤海早报	学术道德成"必修课"	18	邵隽	2012—9—20
城市快报	开学第一课讲学术道德	4	刘晓艳	2012—9—20
城市快报	南开教授成"双料"会士	T1	刘晓艳 张铁帆	2012—9—20

续表

报刊名称	文章题目	版次	作者	刊登日期
天津日报	“学术道德”成高校师生必修课	5	赵晖	2012—9—20
渤海早报	200 青年学者来津共议中国经济热点	17	陈鑫 陆阳 邵隽	2012—9—23
每日新报	南大滨海学院四位大学生难忘志愿者生活	A3	金学思 康娜	2012—9—23
每日新报	嘛对嘛 哪跟哪	B7	薛宝琨	2012—9—23
中国社会科学报	环境税的双重红利及其现实	A6	乔晓楠	2012—9—24
中国社会科学报	南炳文的明史研究	B2	何孝荣	2012—9—24
今晚报	协同创新 推动技术转化应用	2	蒋娟	2012—9—25
天津日报	说写书序	16	来新夏	2012—9—26
中华读书报	80 年前雷海宗对国际汉学研究的关注	15	朱政惠	2012—9—26
天津日报	尹沧海书画艺术展将举行	7	周凡恺	2012—9—27
天津日报	中国滨海金融协同创新中心成立	2	赵晖	2012—9—27
今晚报	尹沧海书画艺术展明举行	13	刘静华	2012—9—28
每日新报	中外学子做月饼迎中秋	B11	邢珊 郝静秋 刘瑞麟	2012—9—28
天津教育报	南大教授当选美国光学学会两委员会委员	2	陈欣然 张轶帆	2012—9—28
天津教育报	中国滨海金融协同创新中心在天津财大揭牌	11	陈欣然 吴华	2012—9—28
每日新报	著名书画家尹沧海:笔墨归于朴 心意安于常	B6	王虹	2012—9—29
渤海早报	尹沧海书画艺术展在天津美术馆开幕	17	陈鑫 邵隽	2012—9—30
文汇报	天外有天	5	来新夏	2012—9—30
城市快报	这么简单,为何难认	4		2012—10—3
光明日报	传授原理 引导应用——写在南开大学哲学学科重建 50 周年之际	1	陈建强	2012—10—3
光明日报	理论自觉是一种责任担当	3	天津市中国特色社会主义理论体系研究中心	2012—10—4
今晚报	尹沧海书画展震撼观众	6	刘静华	2012—10—4
天津日报	写禅画意 复归于朴——尹沧海书画艺术展部分力作选登	4		2012—10—4
今晚报	南开大学书画艺术与美学研究中心成立	6	刘静华	2012—10—5
每日新报	南开大学书画艺术与美学研究中心成立	A3	周凡恺	2012—10—5
天津日报	南开大学书画艺术与美学研究中心成立	3	周凡恺	2012—10—5
渤海早报	南开大学哲学院庆祝重建 50 周年	17	赖鸿杰 邵隽	2012—10—6
城市快报	南开哲学系重建 50 年	4	刘晓艳	2012—10—6
光明日报	南开大学庆祝哲学学科重建 50 年	2	陈建强	2012—10—6
今晚报	南开大学哲学院重建 50 周年	1	刘超 蒋娟	2012—10—6
今晚报	太欢乐啦!	5	张立 郝桢	2012—10—6
每日新报	尹沧海书画艺术展开幕 津城市民饱享视觉盛宴	10		2012—10—6
每日新报	南开大学昨庆祝哲学院重建 50 周年	A5	邢珊 赖鸿杰	2012—10—6
天津日报	庆祝南开大学哲学院重建 50 周年	1	刘平 赵晖	2012—10—6
渤海早报	毕业 30 年,重走青春路	17	陆阳 邵隽	2012—10—7

续表

报刊名称	文章题目	版次	作者	刊登日期
城市快报	重走青春	4	刘晓艳 姜宝成 陆阳	2012－10－7
今晚报	谭汝为与天津话研究	9	来新夏	2012－10－7
每日新报	“天博讲堂”昨日再开课	A12	曹嵩博	2012－10－7
每日新报	30 年后 回南开重走青春路	A4	彭未风 邢珊 陆阳	2012－10－7
天津日报	30 年后重走青春路	2	赵晖 陆阳	2012－10－7
渤海早报	中国进入“大众旅游”时代	19	陈鑫 邵隽	2012－10－8
城市快报	重塑“总理像”再建	2	刘晓艳	2012－10－8
光明日报	人才立区 人才强区	9	刘秉廉	2012－10－8
今晚报	神鬼也受贿	17	鲁德才	2012－10－9
天津日报	天津巡讲团赴亚非开“名家讲坛”	7	张帆	2012－10－9
今晚报	潮平两岸阔，风正一帆悬	11		2012－10－10
今晚报	好风凭借力，送我上青云	11		2012－10－10
天津教育报	南开大学哲学院喜迎重建 50 周年	1	陈欣然 赖鸿杰	2012－10－10
渤海早报	南开学者孙立群赴亚非三国开“讲坛”	17	陈鑫 邵隽	2012－10－11
渤海早报	七家航空公司拟招 2000 人	22	于强	2012－10－11
人民日报	中国环境史学的发展前景和当前任务	4	王利华	2012－10－11
渤海早报	会展前沿系列讲座昨日南大隆重开讲	51	刘晓亮 冯滑楠	2012－10－12
光明日报	南开大学等“两岸五校”青年学生代表寻访西南联大足迹(图)	13	陈海宁	2012－10－12
今晚报	天津国企培训班开班	1	马明	2012－10－12
每日新报	男大学生的“神碳计划”	D1	刘德胜 赵荣昌 李瑞雪	2012－10－12
天津日报	南大书画艺术与美学研究中心成立	2	陈欣然 韦承金	2012－10－12
天津日报	天津国企中高级人员培训开班	1	魏彧 岳付玉	2012－10－12
今晚报	也说西文字母词	13	刘大枫	2012－10－13
每日新报	打人别打脸 骂人别揭短	B7	薛宝琨	2012－10－14
城市快报	专家聚焦地铁这张网	2	刘云峰 高雪莲	2012－10－15
今晚报	再说西文字母	21	刘大枫	2012－10－17
今晚报	水墨归于朴 淡清蕴哲思	10		2012－10－17
天津教育报	“中国青年经济学者论坛”在南大举行	2	陈欣然 陈鑫 陆阳	2012－10－17
天津教育报	南大元素有机化学研究所成立 50 周年	1	陈欣然 陈鑫	2012－10－17
天津日报	城以港兴 港为城用	1	万红	2012－10－17
中国教育报	理论创新：锐意进取的行动前提	9	逄锦聚	2012－10－17
中国社会科学报	完善地方官员治理 促进城商行健康发展	A6	李维安 钱先航	2012－10－17
中华读书报	中日相互认知的不对称行亟需改变	9	王洪波	2012－10－17
渤海早报	津门学子首秀 G20 青年峰会	18	邵隽	2012－10－18
城市快报	在青年精英峰会上 我获得了全新体验	4	刘晓艳	2012－10－18
文汇读书报	吟诵：让心与心共鸣	11	叶嘉莹	2012－10－19
中国社会科学报	汉语国际传播为中国文化走向世界搭桥	1	胡言午	2012－10－19
每日新报	海航旗下七家航企在津招飞招乘	A9	张琦 孙翼飞	2012－10－20
每日新报	“尹沧海书画艺术展”日前落幕	A8	曹嵩博	2012－10－20
天津日报	林兆华戏剧邀请展将开幕	2	翟志鹏	2012－10－20
今晚报	务实择偶也存在风险	10	李强	2012－10－21

续表

报刊名称	文章题目	版次	作者	刊登日期
每日新报	车多不挡路	B7	薛宝琨	2012－10－21
渤海早报	315名外来建设者在津圆大学梦	18	苏杰	2012－10－22
城市快报	315名外来建设者在津圆大学梦	2	李文博	2012－10－22
天津日报	小站文化研讨昨举行	7	张帆	2012－10－22
天津日报	315名外来建设者在津圆大学梦	5	万红	2012－10－22
天津日报	319名员工圆大学梦	2	马明	2012－10－22
新华每日电讯	南开为三百名外来务工人员圆大学梦	2	孙洪磊	2012－10－22
人民日报	外来工的大学梦	13	靳博	2012－10－23
天津教育报	本市高校大力服务滨海新区建设	1	陈欣然	2012－10－24
中国社会科学报	南开大学哲学院庆祝重建50周年	B7	马献忠	2012－10－24
中国社会科学报	学者寄语十八大	2	吴楠 郝日虹	2012－10－24
中国社会科学报	优化融资环境 提高出口绩效	A6	阳佳余	2012－10－24
渤海早报	津城专家学者热议展演活动	18	孔令彬	2012－10－25
渤海早报	大学文学社团跟着莫言一起火	51	江浩	2012－10－25
渤海早报	第五届中国・小站文化研讨会隆重举行	30		2012－10－25
每日新报	本周文博讲座 今起去文庙领票	B8	王月 田家馨	2012－10－25
天津日报	第五届中国・小站文化研讨会盛大举行	15	张润芝	2012－10－25
今晚报	“二十一世纪的计算”国际研讨会在津开幕	2	蒋娟	2012－10－26
今晚报	《香莲案》再造传奇	9	刘佳	2012－10－26
今晚报	沈佺的人物肖像“三部曲”	10	杜仲华	2012－10－26
每日新报	戴上“腕表”手指两米外能操控电脑	B1	彭未风	2012－10－26
天津教育报	南大学生巡演《红旗谱》	1	刘东岳 摄	2012－10－26
天津教育报	“二十一世纪的计算”国际学术研讨会在津开幕	1	李想	2012－10－26
天津日报	“二十一世纪的计算”国际研讨会在津开幕	2	赵晖	2012－10－26
中国教育报	从“211工程”到“2011计划”	8	唐景莉	2012－10－26
今晚报	天津现代口岸协同创新中心成立 建设国际一流大口岸	2	蒋娟	2012－10－27
今晚报	明有“津门谈古”讲座	6	解建国	2012－10－27
每日新报	九旬教授申葆嘉 我在西南联大读书的日子	特01		2012－10－27
每日新报	我的大学“给了我脑子”	B01	王虹	2012－10－27
每日新报	没书的图书馆 多用的床铺	B02	王虹	2012－10－27
每日新报	三校顾全大局 化解矛盾磨擦	B03	王虹	2012－10－27
天津日报	“中国文化.名家讲坛”天津巡讲团凯旋	6	张帆	2012－10－27
天津日报	天津现代口岸协同创新中心成立	2	万红	2012－10－27
天津日报	“中国文化.名家讲坛”天津巡讲团凯旋	6	张帆	2012－10－27
天津日报	天津现代口岸协同创新中心成立	2	万红	2012－10－27
每日新报	说大话 使小钱	B07	薛宝琨	2012－10－28
渤海早报	“二十一世纪的计算”研讨会首次在津召开	22	宋雪飞	2012－10－29

续表

报刊名称	文章题目	版次	作者	刊登日期
天津日报	传授原理 引导应用——南开师生畅谈李瑞环同志为南开大学哲学学科重建50周年题词	9		2012—10—29
今晚报	狐狸与天书	21	卢德才	2012—10—30
每日新报	“南开大学爱情表白条例”火爆网络	B7	王渐 王月焜	2012—10—30
人民日报	全党大型学习之风	10	杨雪梅 张垚	2012—10—30
渤海早报	本市首届高等学校教育学科论坛举行	18	邵隽	2012—10—31
每日新报	南开学子成为“征兵宣传大使”(图)	B7	郭晓莹 邢邦明 杜建雄	2012—10—31
天津教育报	天津现代口岸协同创新中心成立	1	陈欣然 陈鑫	2012—10—31
中国科学报	工程教育的“科学化”隐忧	7	王珊	2012—10—31
渤海早报	南大学设计智能检测系统获全国大赛一等奖	17	张铁帆 邵隽	2012—11—1
城市快报	“人流量”一测就知道	2	刘晓艳 张铁帆	2012—11—1
今晚报	南开五虎(图)	19		2012—11—1
今晚报	医学院教授参与儿童子病症康复治疗(图)	13	刘筝	2012—11—1
天津日报	要测试 找高校	1	张璐	2012—11—2
天津日报	海归才女叩响孤独症孩子心门	5	赵晖	2012—11—2
天津日报	学子发明系统预防群体性事故	5	赵晖 张铁帆	2012—11—2
中国社会科学报	走近鲁迅世界	B4	刘运峰	2012—11—2
中国自然科学报	《百喻经》之譬喻论说	B2	赵纪彬	2012—11—2
今晚报	亲近自然学知识(图)	5	刘筝	2012—11—3
每日新报	南开大学昨举行2012届毕业生首场招聘会	A6	彭未风 邢珊 陆阳	2012—11—3
城市快报	这里走出了一位位大师	2	刘晓艳	2012—11—4
每日新报	老例儿印着古文化	B7	薛宝琨	2012—11—4
天津日报	西南联大举行建校75周年纪念大会	2	赵晖	2012—11—4
今晚报	多彩校园 喜迎盛会	33	杨玉燕	2012—11—7
中国科学报	学生和学科,谁为大学之本	7	龚克	2012—11—7
中国社会科学报	“性别视角与文学文化研究“学术论坛举行	2	许航	2012—11—7
中国社会科学报	追求国家独立和社会公正	B5	韩琦	2012—11—7
今晚报	胡总书记报告振奋人心	1	蒋娟 刘超 雷风雨 李倩 郭娟	2012—11—8
今晚报	“虎父犬子”谈	25	李强	2012—11—8
人民日报	高举旗帜,科学发展向未来	6	彭国华 张垚 胡洪江	2012—11—8
渤海早报	知名奋斗方向 注入无穷动力	17	邵隽	2012—11—9
城市快报	名校高材生 就业选天津	6	刘晓艳	2012—11—9
城市快报	出席党的十八大天津代表团全体会议的中共中央政治局常委、国务院总理温家宝与全体代表及工作人员合影	1	宋子明 许凯	2012—11—9

续表

报刊名称	文章题目	版次	作者	刊登日期
今晚报	出席党的十八大天津代表团全体会议的中共中央政治局常委、国务院总理温家宝与全体代表及工作人员合影	1	宋子明 许凯	2012—11—9
每日新报	南开大学跑步协会:200 人一起跑步的幸福	D2		2012—11—9
每日新报	出席党的十八大天津代表团全体会议的中共中央政治局常委、国务院总理温家宝与全体代表及工作人员合影	A7	宋子明 许凯	2012—11—9
人民日报	始终保持共产党人的政治本色	7	张垚 马跃峰	2012—11—9
人民日报	各地干部群众热烈庆祝十八大胜利召开	12	人民日报记者	2012—11—9
人民日报	提高高校党建科学化水平	10	张垚	2012—11—9
天津日报	出席党的十八大天津代表团全体会议的中共中央政治局常委、国务院总理温家宝与全体代表及工作人员合影	1	宋子明 许凯	2012—11—9
新华每日电讯	辉煌成就举世瞩目,美好蓝图催人奋进	7	新华社记者	2012—11—9
中国青年报	全国各族干部群众喜庆党的十八大召开	7	新华报记者	2012—11—9
光明日报	十八大报告解读:坚定不移地推进改革开放	10	逄锦聚	2012—11—10
今晚报	天津代表团继续讨论十八大报告	2		2012—11—10
科技日报	专家学子心系十八大	3	赖鸿杰 张轶帆 冯国梧	2012—11—10
天津日报	天津代表团继续讨论十八大报告	2		2012—11—10
城市快报	津城 13 高校参与“西部温暖计划”	3	刘晓艳 高立红 陆阳 宋思哲	2012—11—11
今晚报	南大与澳大利亚弗林德斯大学合作	2	蒋娟	2012—11—11
每日新报	爱心捐助 帮西部孩子过冬	A5	李汝斌 王悦	2012—11—11
每日新报	良心是杆秤	B7	薛宝琨	2012—11—11
天津日报	出席党的十八大天津代表团在会议间隙继续讨论(图)	2	宋子明 许凯	2012—11—11
天津日报	津城 13 所高校启动“2012 西部温暖计划”	4	赵晖 陆阳	2012—11—11
中国教育报	矢志谋发展 奋力创未来	1		2012—11—11
光明日报	“共同见证一个伟大的时代”	12	陈建强	2012—11—12
今晚报	学党史 肩负起时代使命	2	李倩 江珊	2012—11—12
人民日报	孔子学院传播中国传统文化	3	张旸	2012—11—12
光明日报	培育中国特色大学精神	9	薛进文	2012—11—13
光明日报	全面推进依法治国	10	侯欣一	2012—11—13
今晚报	赠书后篇	17	来新夏	2012—11—13
人民日报	办好人民满意的教育	9	谢雨 魏贺 孔祥武 刘志强	2012—11—13
渤海早报	南开大学“圆梦计划”助保税区企业员工深造	17	郝静秋 邵隽	2012—11—14
城市快报	百名外来建设者圆梦南开	特 3	刘晓艳 郝静秋	2012—11—14
城市快报	爱心从天津“传”到青海	特 3	黄萱 吴迪	2012—11—14

续表

报刊名称	文章题目	版次	作者	刊登日期
每日新报	南大联手天津港保税区再圆104名外来建设者大学梦	B2	彭未风 朱潇骁等	2012—11—14
每日新报	会展人才培养高端化国家化	A6	金学思 康娜	2012—11—14
天津教育报	推动高校教育内涵式发展	1	陈欣然	2012—11—14
新华每日电讯	科学发展凝聚力量,缅怀信心奔向未来		2012—	2012—11—14
中国社会科学报	再论国际关系与国际关系学科	B3	王黎	2012—11—14
渤海早报	台湾同胞南开寻根 被授予荣誉校友	17	陆阳 邵隽	2012—11—15
检查日报	虐童女教师涉罪行为的法理解析	3	王军强	2012—11—15
每日新报	好创意要有好平台	D2		2012—11—16
天津教育报	南开师生深入学习十八大精神(图)	1	田楠	2012—11—16
天津教育报	南大与天津保税区签署远程教育合作协议	2	陈欣然 郝静秋	2012—11—16
中国教育报	学习贯彻十八大精神 加强高校党建工作	6	焦新	2012—11—16
中国教育报	南开大学党委书记薛进文:坚持社会主义办学方向	6		2012—11—16
渤海早报	“人工肌肉”有超级力量	1	陈鑫 陆阳 邵隽	2012—11—17
城市快报	人造“纳米肌肉”力增200倍	1	刘晓艳 陈鑫 陆阳	2012—11—17
每日新报	南大博士成果登上国际顶尖杂志《科学》	A4	彭未风 邢珊 陈鑫 陆阳	2012—11—17
天津日报	出席党的十八大天津代表团全体代表及工作人员合影	5		2012—11—17
天津日报	南大纳米超肌肉登上《科学》杂志	2	赵晖 陈鑫	2012—11—17
渤海早报	应征女兵学历高	20	王晓明 王松柏	2012—11—18
渤海早报	海内外诗人云集南开大学	11	扬扬	2012—11—18
每日新报	“怨我不行嘛”	B7	薛宝琨	2012—11—18
每日新报	每一天都有感人故事上演	A7	朱健 付煜	2012—11—18
天津日报	我国破译世界首例双峰驼基因图谱	2	于嘉	2012—11—18
渤海早报	孵化创意:一个立项三个试点	48	闫天浩	2012—11—20
渤海早报	考研报名确认结束 全国1.4万人报南开	17	陈鑫 陆阳 邵隽	2012—11—21
天津日报	14015人报考南大研究生	5	赵晖 陈鑫 陆阳	2012—11—21
渤海早报	南开学子创“一对一”式长期助学社团	17	邵隽 郝静秋	2012—11—22
城市快报	南开大学学生自发成立“紫荆助学会”	2	刘晓艳 郝静秋	2012—11—22
今晚报	本市启动高校对口中学团建促进行动试点	2版	蒋娟	2012—11—22
每日新报	女研究生背着小提琴来体检	B2	郭晓莹 邢邦明 刘志鑫	2012—11—22
天津教育报	南大学子调查显示:大学生村官渴望在农村实现人生价值	1	陈欣然 陆阳	2012—11—22
天津日报	南大“紫荆花学会”三年间共助学58名孩子	6	赵晖 郝静秋	2012—11—22
光明日报	来津建设者南开圆了“大学梦”	9	陈建强 郝静秋	2012—11—23
光明日报	致力理论创新 提供智力支持	6	逄锦聚	2012—11—23
今晚报	教育系统召开会议学习贯彻十八大精神	2	殷莹	2012—11—23

续表

报刊名称	文章题目	版次	作者	刊登日期
每日新报	纪念闽派琴宗李禹贤古琴名家音乐会将于京、津两地举办	C6		2012—11—23
每日新报	孙犁长女会见记	D8	刘运峰	2012—11—23
天津教育报	人工"肌肉"力大无穷	2	陈欣然 王冰 晨光 陈鑫 陆阳	2012—11—23
天津教育报	教育系统召开会议传达学习贯彻党的十八大精神	1	张策 李想	2012—11—23
天津日报	努力办好人民满意的教育	2	赵晖	2012—11—23
中国教育报	智力理论创新 提供智力支持	3	逄锦聚	2012—11—23
每日新报	"高标准"城管岗位引来女硕士	A3	彭末风 等	2012—11—24
渤海早报	校务委员会将有学生席位	17	马宇平	2012—11—25
每日新报	万金难买"早知道"	B7	薛宝琨	2012—11—25
中国青年报	南开大学校务委员会首设学生席位	1	张国 马宇平	2012—11—25
渤海早报	上市公司治理"有效性"偏低	17	陈鑫 邵隽	2012—11—26
城市快报	南开仍要踏实为学	2	刘晓艳	2012—11—26
人民日报	南开大学学生代表首次进校务委员会	12	朱虹	2012—11—26
天津日报	2012 上市公司治理"有效性"偏低	6	赵晖 陈鑫	2012—11—26
天津日报	坚持中国特色社会主义政治发展道路积极稳妥地推进政治体制改革	9	朱光磊	2012—11—26
天津日报	尊重自然、顺应自然、保护自然——推进人类文明转型的重大理论贡献	9	朱坦	2012—11—26
新华每日电讯	学生进校委会是有益的民主实践	3	时言平	2012—11—26
渤海早报	聘用制教师"非升即走"	17	张铁帆 邵隽	2012—11—27
城市快报	南开学生代表首进"校务会"	2	刘晓艳 马宇平	2012—11—27
科学时报	校务会设学生席效果有待观察	1	芦荻秋	2012—11—27
人民日报	公司治理 中小板优于主板	10	朱虹	2012—11—27
新华每日电讯	阵地尽失，国产手机遭安卓"绑架"	5	邓中豪 吉哲鹏	2012—11—27
中国青年报	让校园参政成为民主历练	2	胡印斌	2012—11—27
中国社会科学报	宗教改革运动的理智起源	A5	张仕颖	2012—11—27
光明日报	南开大学国内首家"公司治理研究院"	14	杨建梁	2012—11—28
光明日报	南开大学人群密度与轨迹智能跟踪	6	陈建强 张铁帆	2012—11—28
每日新报	"我爱南开"17 年 BBS 昨新版上线	A11	李泽亚	2012—11—28
每日新报	高校 BBS 还能被顶起来吗?	A12	李泽亚	2012—11—28
天津日报	庞德与中国	20	索金梅	2012—11—28
中国科学报	校务委员会首设学生席位额的意义	5		2012—11—28
中国科学报	南开篦麻工程:提升技术创新能力	8	潘西	2012—11—28
中国青年报	"紫荆花"与 58 个孩子的求学梦	6	张国 郝静秋	2012—11—28
中国青年报	上市公司中"铁公鸡"占三分之二	5	张国	2012—11—28
中国社会科学报	国有企业员工身份多元化管理的研究范式	A6	郑刚	2012—11—28
渤海早报	万件棉衣起运温暖西部孩童	18	游思行	2012—11—29
光明日报	唐宋前后南北地域差异的博弈整合论纲	11	李治安	2012—11—29
天津教育报	校园风采	1	刘东岳	2012—11—29

续表

报刊名称	文章题目	版次	作者	刊登日期
天津教育报	南开学子用创意涂鸦告别老版 bbs	2	马宇平	2012—11—29
天津教育报	南开大学开设学生特护宿舍(图)	2		2012—11—29
渤海早报	把青春播撒在西部大地上	24	邵隽 孟杰	2012—11—30
光明日报	本报与天津市委教育工委举办座谈会探讨高校创新发展	6	陈建强 邓晖	2012—11—30
天津日报	9 项发明成"最有价值发明专利"	6	张璐	2012—11—30
中国科学报	我学者发现改良"万用细胞"的重要因子	3		2012—11—30
中国社会科学报	积极应对执政条件的历史性变化	A05	朱光磊	2012—11—30
城市快报	南开研究生获志愿服务最高奖	1		2012—12—1
城市快报	放弃高薪和出国 就为支教戈壁滩	2	刘晓艳 孟杰	2012—12—1
今晚报	道德模范党的十八大精神宣讲进高校与道德模范共学十八大精神	2	蒋娟	2012—12—1
每日新报	简讯	A4	彭未风 朱潇骁	2012—12—1
每日新报	cctv 财经频道纪录片《货币》走进南开大学	A10	张琦 孙翼飞	2012—12—1
天津日报	我们的未来一定光明美好	1	赵晖	2012—12—1
渤海早报	道德模范高校宣讲十八大精神学习心得	17	谷菲	2012—12—2
每日新报	天津卫腻味"大尾巴鹰"	B6	薛宝琨	2012—12—2
天津日报	南开大学授予江丙坤名誉博士学位	2	赵晖 马宇平	2012—12—2
天津日报	一堂凝聚力的党课	2		2012—12—2
天津日报	一堂凝聚力的党课	2		2012—12—2
天津日报	香港福慧慈善基金救助南开学子(图)	2	刘耀辉	2012—12—3
中国社会科学报	中央文献对外翻译与传播协同创新中心揭牌	4	郑成宏	2012—12—3
渤海早报	金融企业"招聘大单"频现	2		2012—12—4
渤海早报	"爱心包裹"传关爱	42		2012—12—4
渤海早报	看完话剧再联谊	42		2012—12—4
渤海早报	南开大学校园招聘会(图)	42	史嵩	2012—12—4
渤海早报	"五点三区"是区域经济腾飞关键	4	陈鑫 陆阳 邵隽	2012—12—5
每日新报	南大专家出书助力津城发展	B2	彭未风 邢珊 陈鑫 陆阳	2012—12—5
天津教育报	为实现中华民族伟大复兴而努力奋斗	1	陈欣然	2012—12—5
中国科学报	南开大学发布中国公司治理指数	6	陈鑫	2012—12—5
中国社会科学报	近代中国法治变革回顾	A7	侯欣一	2012—12—5
中国社会科学报	十八大为马克思主义理论学科建设提出新课题	A21	沙言	2012—12—5
中华读书报	吴大猷在西南联大	7	龙飞	2012—12—5
天津教育报	历史的朗读者	4	彭立敏	2012—12—6
光明日报	凝望"货币"	10	温源	2012—12—7
今晚报	《相声大辞典》出版	9	高丽 徐丽梅	2012—12—7
每日新报	产业多元化 实业更壮大	A16	苑涛	2012—12—7
文汇读书报	《常州祠堂》	8	来新夏	2012—12—7
每日新报	拔闯	B6	薛宝琨	2012—12—8
天津日报	南开学子纪念"一二·九"七十七周年	2	姜宝成	2012—12—8

续表

报刊名称	文章题目	版次	作者	刊登日期
渤海早报	《货币》主创人员走进南开大学	21	张兆瑞	2012—12—9
今晚报	长跑传承爱国心	1	蒋娟 宋雪峰	2012—12—9
今晚报	诗词吟咏十八大 楹联颂扬中国梦	1	马庚申	2012—12—9
每日新报	大学生干兼职 高薪比肩"金领"	A3	彭未风 朱潇骁	2012—12—9
中国青年报	天津：大学生骨干宣讲十八大精神	2	张国	2012—12—9
今晚报	听宣讲增信心 干事业添激情	1	刘超	2012—12—11
今晚报	推进决策科学化民主化	1	高羽	2012—12—11
今晚报	办好让人民满意的教育	2	蒋娟	2012—12—11
今晚报	成了．成为．成为了	21	孟昭连	2012—12—11
天津日报	凝心聚智为天津发展建言献策	1	马波 刘冬梅	2012—12—11
天津日报	全面开创教育事业科学发展新局面	2	张雯婧	2012—12—11
天津日报	宣讲凝聚共识 提振创业精神	2	任勇	2012—12—11
光明日报	为人民幸福不懈奋斗的中国共产党	13		2012—12—12
光明日报	制度建设是生态文明建设的重要保障	13		2012—12—12
今晚报	宣讲鼓舞士气 坚定必胜信念	2	黄建高	2012—12—12
人民日报	用公平托起中国梦想	4	周人杰	2012—12—12
天津教育报	全面开创教育事业科学发展新局面	1	李想	2012—12—12
天津教育报	纪念"一二·九"弘扬爱国精神	16	李想	2012—12—12
天津教育报	南开"紫荆花"温暖绽放	2	陈欣然	2012—12—12
天津日报	宣讲鼓舞士气 坚定必胜信念	2	任勇	2012—12—12
中国社会科学报	研究社会问题 彰显社会学力量	2	马献忠	2012—12—12
中华读书报	李何林先生在南开的岁月	7		2012—12—12
渤海早报	南大保送招生25日前网上报名	17	邵隽	2012—12—13
天津教育报	纪念"一二·九"弘扬爱国精神	1	李想	2012—12—13
天津日报	提高工作科学化水平	2	李川 杨宇良	2012—12—13
渤海早报	大学生助农民卖炭权创收	18	马宇平 邵隽	2012—12—14
城市快报	种树不卖树，农民成了"卖炭翁"	T3	刘晓艳 马宇平	2012—12—14
光明日报	要把名著读到这种程度	16	来新夏	2012—12—14
光明日报	南开大学：设立"人才特区"鼓励创新	6	陈建强 张轶帆	2012—12—14
今晚报	南大明年自主招考"瘦身"	14	蒋娟 马宇平	2012—12—14
每日新报	公益活动与诚信变现纳入考核范围	B1	彭未风 邢珊 马宇平	2012—12—14
天津日报	南大重面试 天大求"专才"	5	赵晖	2012—12—14
采风报	李纯与南开"秀山堂"	22		2012—12—14
天津日报	南开学子项目组捧全国金奖	5	赵晖 马宇平	2012—12—14
光明日报	中国信息公开法制建设中的公众参与及其人权保障意义	6		2012—12—15
人民日报	公众参与及其人权保障意义	6	赵正群	2012—12—15
人民政协报	学子风采尽显血浓于水	C2	孙权	2012—12—15
天津日报	中国科学院院士、数学家、南开大学教授龙以明来到母校北师大天津附中	2	刘耀辉	2012—12—15
今晚报	大学生帮农民"卖碳"致富	2	蒋娟 马宇平	2012—12—18
今晚报	校园相声火爆校园	9	刘筝	2012—12—18
渤海早报	南开大学十三校辩论赛拔头筹	30	闫天浩	2012—12—19

续表

报刊名称	文章题目	版次	作者	刊登日期
渤海早报	南大试水夏季小学期	18	邵隽	2012—12—19
人民政协报	南开大学校长:大学生要勇于迈出第一步	C3	飞飞	2012—12—19
人民政协报	《留学人员与辛亥革命》一书出版	A3	廉维亮	2012—12—19
天津教育报	南开大学出台2013年自主选拔招生办法	2	陈欣然 马宇平	2012—12—19
天津教育报	“天趣——2012刘国栋书法作品展”在南开举行	1	刘东岳	2012—12—20
城市快报	120份新年礼物 五千里外的温暖	7	刘晓艳	2012—12—21
天津教育报	专家学者研讨十八大 喜庆南开马克思主义教育60年	1	陈欣然	2012—12—21
天津日报	相声名家周日签售《相声大辞典》	11	周凡恺	2012—12—21
中国教育报	“中国高校哲学社会科学发展论坛2012”召开	2	黄金鲁克	2012—12—21
中国教育报	全国马克思主义理论学科博导论坛提出——推动马克思主义理论学科发展	5	杨增崇	2012—12—21
中国社会科学报	2012美国社科研究经济学唱主角	A5	王黎	2012—12—21
今晚报	从贾宝玉的性格说起	17	鲁德才	2012—12—22
每日新报	青年学子决战“创业之巅”	C12		2012—12—22
渤海早报	南开大学教师合唱团举办建团20周年音乐会	24	游思行	2012—12—23
渤海早报	南开大学计划招收故宫学博士研究生	17	邵隽 陆阳	2012—12—23
城市快报	南开将招收“故宫学博士”	1	刘晓艳 陆阳	2012—12—23
渤海早报	津城20余所高校参加原创动漫大赛	26	杜琳	2012—12—24
渤海早报	《相声大辞典》在津首发	26	杨扬	2012—12—24
今晚报	《相声大词典》首发签售	9	高丽 徐丽梅	2012—12—24
每日新报	《响声大词典》首发 相声名家齐捧场	A14	仇宇浩	2012—12—24
人民日报	2012中国平安励志计划论文获奖名单	8		2012—12—24
中国青年报	理解中国政治:从关键词入手	2	田心	2012—12—24
中国青年报	《救助管理办法》亟须修改	11	潘志贺	2012—12—24
渤海早报	南大设资助计划为本科生做实验买单	17	邵隽 张剑	2012—12—25
渤海早报	75岁学生照顾恩师25载	27	任东海	2012—12—25
今晚报	重回翟庄子	21	来新夏	2012—12—25
天津日报	南大为保险企业量身定制管理人才	6		2012—12—25
天津日报	“玩”个科研项目成校园时尚	6	赵晖	2012—12—25
城市快报	南开博士生:大自然越美,环境破坏越让人痛心	3	刘晓艳	2012—12—26
天津日报	张伯苓:为育英才,我愿做那个挑粪工	14		2012—12—26
渤海早报	大学生就业青睐“小巨人”	17	谷菲	2012—12—27
天津教育报	南开大学为本科生做实验“买单”	1	陈欣然 张剑	2012—12—27
光明日报	协同创新 繁荣发展	7	逄锦聚	2012—12—28
今晚报	南开大学落实“八项规定”	2	殷莹 李亮	2012—12—28

续表

报刊名称	文章题目	版次	作者	刊登日期
今晚报	“哈汉一族”透出文化自信	1	郭熠	2012－12－28
中国社会科学报	职称考核 要去表格化	A7	乔清举	2012－12－28
中国教育报	把立德树人作为教育的根本任务	3	龚克	2012－12－29
每日新报	吴军江生态摄影展南大开展	A30	仇宇浩	2012－12－30
每日新报	不是一家人 不进一家门	B6	薛宝琨	2012－12－30

2012年新入职教职工基本情况

序号	单位	姓名	性别	学历	所学专业	毕业院校	人员类别	备注
1	文学院	黄一	女	博士	文艺学	南京大学	教师	
2	历史学院	王哲	男	博士	历史地理学	复旦大学	教师	南开大学经济学院 博士后
3	历史学院	张国文	男	博士	科学技术史	中国科学院研究生院	教师	
4	历史学院	谢楠	女	硕士	法律	南开大学	思教	
5	哲学院	陶锋	男	博士	美学	清华大学	教师	
6	法学院	高通	男	博士	诉讼法学（刑事诉讼法）	中国人民大学	教师	
7	法学院	李高扬	女	硕士	法律	南开大学	思教	
8	周恩来政府管理学院	周望	男	博士	行政管理	南开大学	教师	
9	周恩来政府管理学院	程胜利	男	博士	社会学	南开大学	教师	山东大学社会工作系 教授
10	经济学院	廖显春	男	博士	应用经济学	美国奥本大学	教师	美国密西西比州立大学资源学院博士后
11	经济学院	孙希芳	女	博士	国民经济学	北京大学	教师	韩国首尔大学经济学系 助理教授
12	经济学院	王道平	男	博士	金融学	南开大学	教师	
13	经济学院	董晓璇	女	硕士	新闻学	南开大学	管理	
13	外国语学院	刘维爽	女	硕士	行政管理	南开大学	思教	
14	金融发展研究院	杨甜娜	女	博士	金融学	英国曼彻斯特大学	教师	
15	商学院	崔连广	男	博士	工商管理	瑞典延雪平大学	教师	
16	商学院	吕峰	男	博士	工商管理	南开大学	教师	北京大学光华管理学院 博士后
17	商学院	周翠翠	女	硕士	企业管理	南开大学	思教	
18	旅游与服务学院	杨德进	男	博士	城市规划与设计	天津大学	教师	

续表

序号	单位	姓名	性别	学历	所学专业	毕业院校	人员类别	备注
19	旅游与服务学院	李晓义	男	博士	企业管理	南开大学	教师	南开大学经济学院 博士后
20	外国语学院	韩雯	女	博士	日本文学	日本创价大学	教师	
21	外国语学院	吴桐	男	博士	语言学	法国新索邦巴黎第三大学	教师	
22	外国语学院	冯全功	男	博士	英语语言文学	南开大学	教师	
24	公共英语教学部	时雨	女	硕士	外国语言学及应用语言学	南开大学	教师	
25	汉语言文化学院	刘璐	女	博士	比较文学与世界文学	南开大学	教师	
26	马克思主义教育学院	陈文旭	男	博士	马克思主义基本原理	北京大学	教师	
27	体育教学部	李兰忠	男	硕士	体育教育训练学	北京体育大学	教师	
28	泰达学院	李慧	女	硕士	语言学及应用语言学	中国人民大学	思教	
29	数学科学学院	黄超	男	博士	统计学	英国曼彻斯特大学	教师	英国曼彻斯特大学数学学院 博士后
30	数学科学学院	光炫	男	博士	概率论与数理统计	南开大学	教师	
31	数学科学学院	王柳青	女	硕士	翻译	南开大学	管理	
32	物理科学学院	邵熙	女	博士	物理学	南京大学	教师	南开大学物理科学学院 博士后
33	物理科学学院	宋燕	女	硕士	语言学及应用语言学	南开大学	思教	
34	物理科学学院	周新梅	女	硕士	会计硕士	南开大学	管理	
35	泰达应用物理学院	任梦昕	男	博士	光学	南开大学	教师	
36	化学学院	李悦	男	博士	物理化学	中国科学院化学研究所	教师	
37	化学学院	张洪涛	男	博士	有机化学	中国科学院化学研究所	教师	
38	化学学院	谢召军	男	博士	有机化学	南开大学	教师	
39	化学学院	杨成雄	男	博士	分析化学	南开大学	教师	
40	化学学院	王笛	女	硕士	材料学	厦门大学	实验技术	
41	化学学院	张娅彭	女	硕士	高分子化学与物理	南开大学	管理	
42	化学学院	李海霞	女	硕士	材料物理与化学	南开大学	管理	

续表

序号	单位	姓名	性别	学历	所学专业	毕业院校	人员类别	备注
43	信息技术科学学院	于宁波	男	博士	医学机器人	瑞士联邦理工学院	教师	瑞士苏黎世联邦高等工业大学 博士后
44	信息技术科学学院	陈晨	男	博士	计算机	哈尔滨工业大学	教师	
45	信息技术科学学院	王志	男	博士	运筹学与控制论	南开大学	教师	
46	信息技术科学学院	赵迎新	女	博士	微电子学与固体电子学	南开大学	教师	
47	信息技术科学学院	许昱伟	男	博士	计算机应用技术	南开大学	教师	
48	信息技术科学学院	潘麒羽	女	硕士	中国现当代文学	南开大学	思教	
49	信息技术科学学院	张颖	女	博士	物理电子学	南开大学	实验技术	
50	信息技术科学学院	李妍	女	硕士	计算机科学与技术	中国石油大学（北京）	实验技术	
51	信息技术科学学院	刘妍	女	硕士	光学	南开大学	管理	
52	软件学院	任明明	男	博士	基础数学	南开大学	教师	北京计算科学研究中心 博士后
53	软件学院	白庚岩	男	硕士	细胞生物学	南开大学	思教	
54	环境科学与工程学院	胡献刚	男	博士	环境科学	南开大学	教师	
55	环境科学与工程学院	张墨	女	博士	环境科学	南开大学	教师	
56	环境科学与工程学院	钟文珏	女	博士	环境科学	中国科学院生态环境研究中心	实验技术	南开大学环境科学与工程学院 博士后
57	生命科学学院	江毅	男	硕士	军事思想	南开大学	思教	
58	生命科学学院	刘宗琳	女	硕士	细胞生物学	西北工业大学	实验技术	
59	生命科学学院	王瑞	男	硕士	动物学	南开大学	实验技术	
60	医学院	苏位君	女	博士	肿瘤学	南开大学	教师	
61	医学院	田报春	女	硕士	生物化学与分子生物学	南开大学	实验技术	
62	医学院	陈亚南	女	硕士	免疫学	南开大学	实验技术	
63	药学院	段莉莉	女	博士	化学	德国波恩大学	教师	

续表

序号	单位	姓名	性别	学历	所学专业	毕业院校	人员类别	备注
64	药学院	郭宇	男	博士	生物化学与分子生物学	南开大学	教师	
65	药学院	李玲	女	博士	有机化学	南开大学	实验技术	
66	药物化学生物学国家重点实验室	韩巍青	男	博士	微生物学	南开大学	教师	美国乔治亚州立大学化学系 博士后
67	药物化学生物学国家重点实验室	杨雪	女	博士	生物化学与分子生物学	南开大学	教师	
68	药物化学生物学国家重点实验室	肖楠楠	女	硕士	药物化学	中山大学	实验技术	
69	药物化学生物学国家重点实验室	刘宁	女	硕士	制药工程	天津大学	实验技术	
70	药物化学生物学国家重点实验室	董璐玺	女	硕士	环境科学	南开大学	实验技术	
71	药物化学生物学国家重点实验室	崔长智	男	硕士	生药学	山东大学	管理	
73	学生工作部	朱庆磊	男	硕士	微生物学	南开大学	思教	
74	学生工作部	李彪	男	硕士	社会学	南开大学	思教	
75	组织部	张志伟	男	硕士	中国现当代文学	武汉大学	管理	
76	宣传部	陆阳	男	硕士	思想政治教育	南开大学	管理	
77	研究生院	李嫦娟	女	硕士	国际工商管理	美国孟菲斯大学	管理	
78	研究生院	郑君良	男	硕士	政治学	中国人民大学	管理	
79	人事处	牛可钦	男	硕士	生物化学与分子生物学	四川大学	管理	
80	科学技术处	王冰	女	博士	有机化学	南开大学	管理	
81	实验室设备处	白雪亮	男	博士	植物学	南开大学	管理	
82	国际学术交流处	郝志强	男	硕士	职业技术教育学	天津大学	管理	
83	审计处	苏俊溪	女	硕士	建筑技术科学	天津大学	管理	
84	财务处	李田霞	女	硕士	会计学	南开大学	管理	
85	保卫处	吕雪晶	女	硕士	政治学理论	南开大学	管理	
86	房产管理处	李春艳	女	硕士	管理科学与工程	南开大学	管理	
87	后勤管理办公室	张蕾	女	硕士	管理科学与工程	南开大学	管理	

续表

序号	单位	姓名	性别	学历	所学专业	毕业院校	人员类别	备注
88	继续教育学院	刘婷婷	女	硕士	管理科学与工程	南开大学	管理	
89	基建规划处	李宜晨	女	硕士	会计学	中央财经大学	管理	